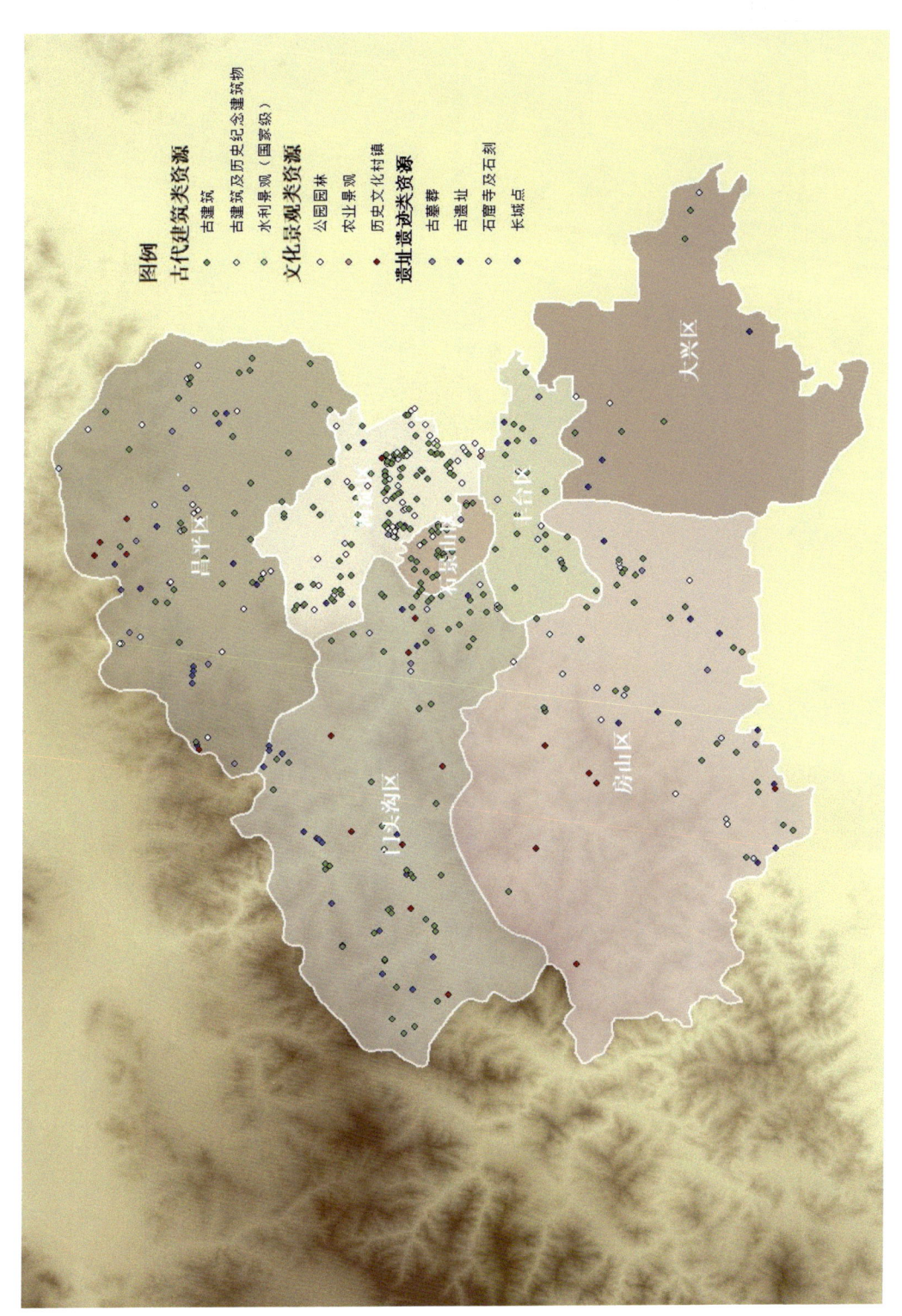

不可移动遗产资源分布图

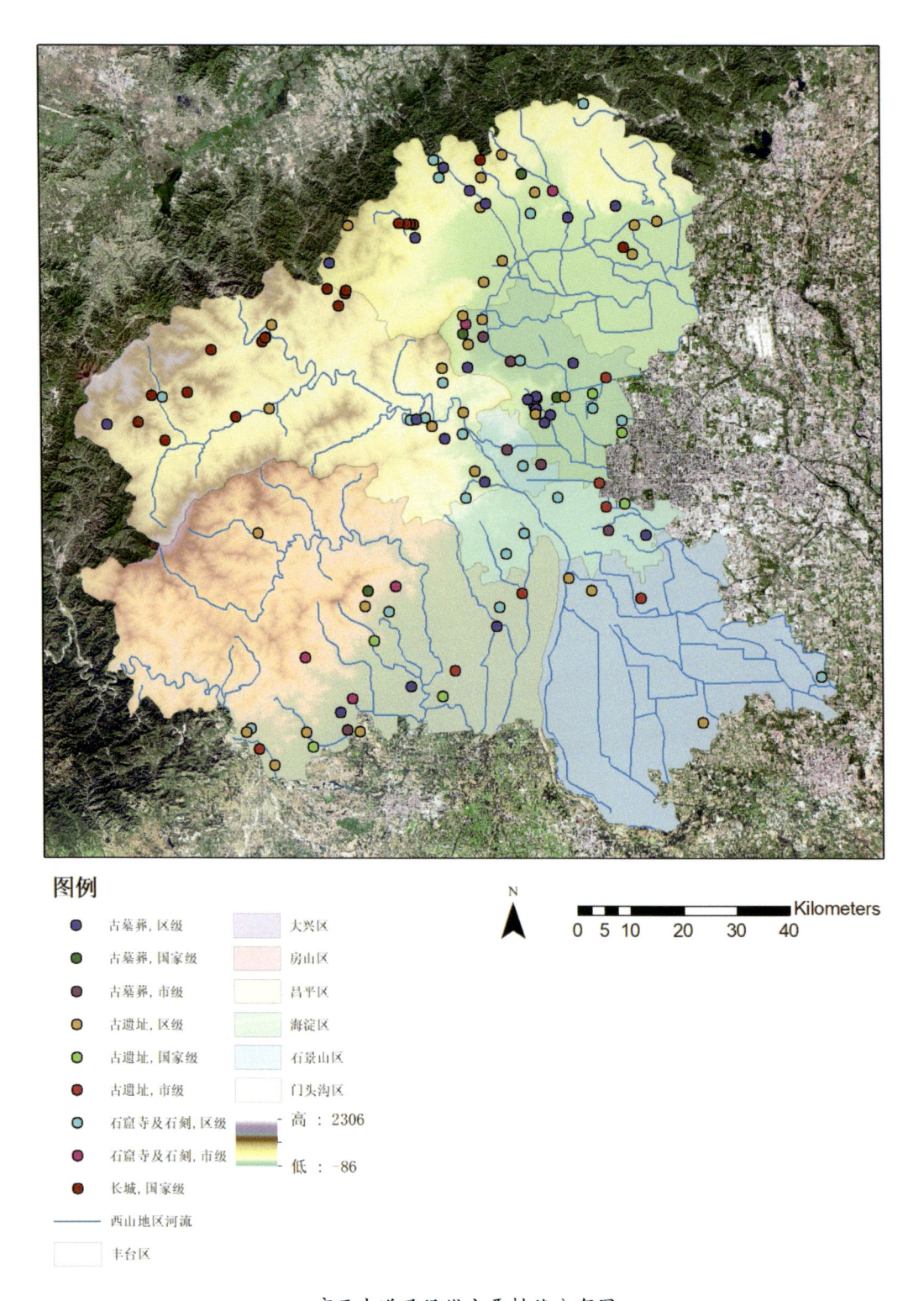

京西古道及沿线主要村落分布图

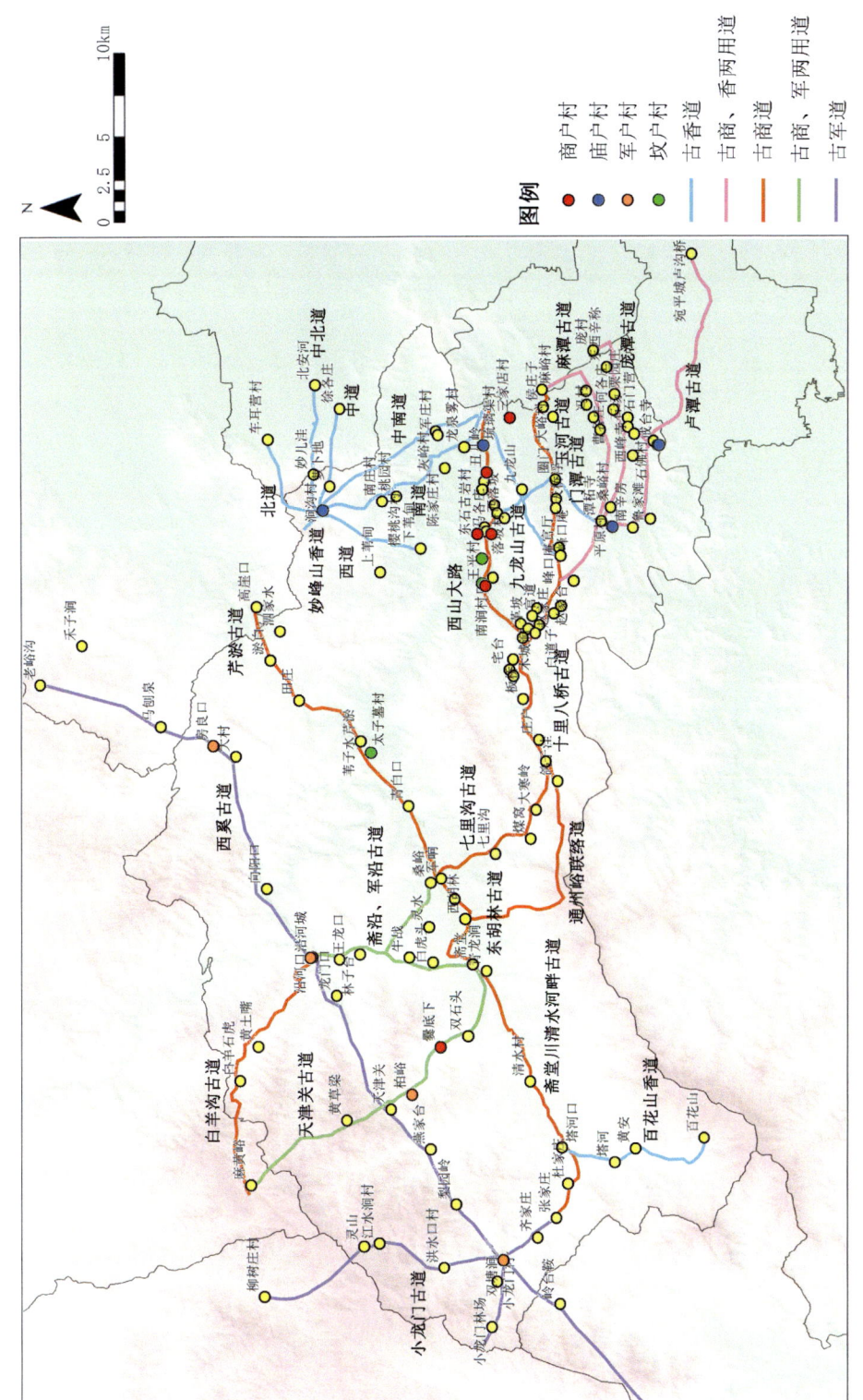

遗址遗迹类资源分布图

传统村落分布图

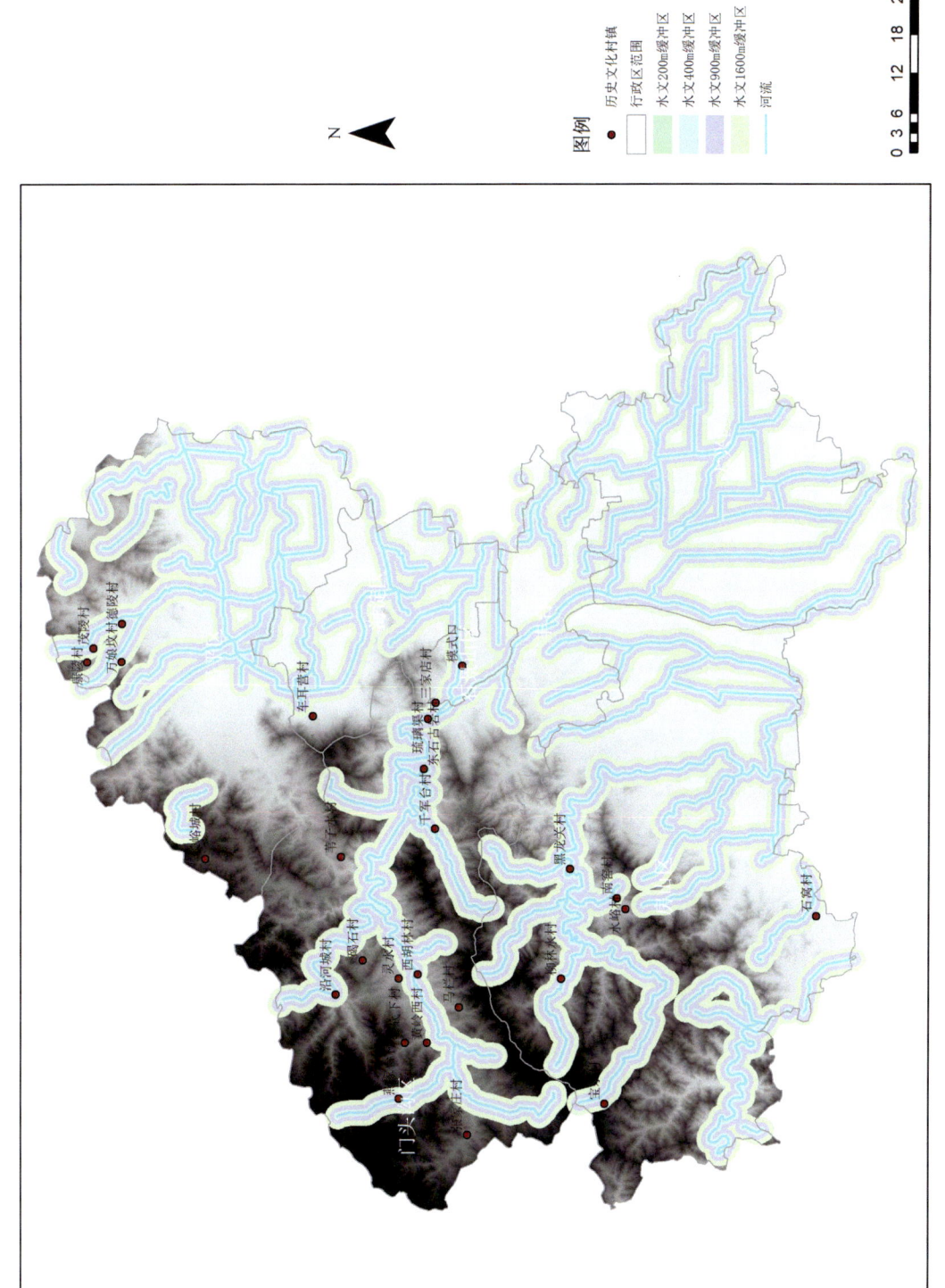

传统村落水文分析图

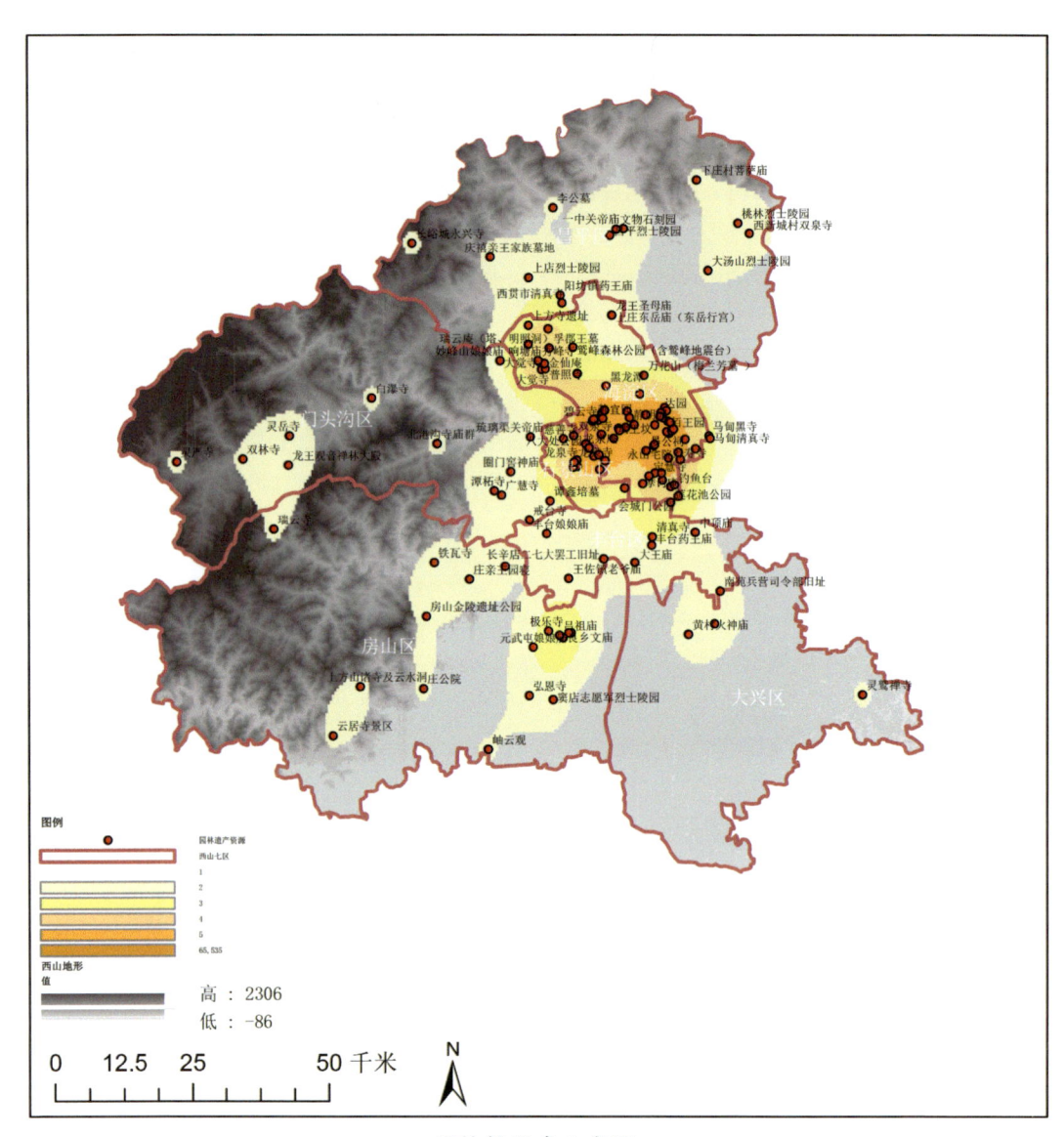

园林核密度分布图

# 西山永定河文化带
## 历史文化遗产调查蓝皮书
## (2022)

主编 赵世瑜

执行主编 鞠熙 李扬 向岚麟

学苑出版社

图书在版编目（CIP）数据

西山永定河文化带历史文化遗产调查蓝皮书（2022）/ 赵世瑜主编；鞠熙，李扬，向岚麟执行主编 .—北京：学苑出版社，2023.9

ISBN 978-7-5077-6759-9

Ⅰ．①西… Ⅱ．①赵… ②鞠… ③李… ④向… Ⅲ．①永定河—流域—文化遗产—保护—调查报告—北京 Ⅳ．① K291

中国国家版本馆 CIP 数据核字 (2023) 第 182212 号

**责任编辑**：战葆红
**出版发行**：学苑出版社
**社　　址**：北京市丰台区南方庄 2 号院 1 号楼　100079
**邮政编码**：100079
**网　　址**：www.book001.com
**电子邮箱**：xueyuanpress@163.com
**联系电话**：010-67601101（营销部）　010-67603091（总编室）
**印　刷　厂**：北京建宏印刷有限公司
**开本尺寸**：710 mm×1000 mm　1/16
**印　　张**：30
**字　　数**：600 千字
**版　　次**：2023 年 9 月北京第 1 版
**印　　次**：2023 年 9 月北京第 1 次印刷
**定　　价**：180.00 元

主　　编　赵世瑜
执行主编　鞠　熙　李　扬　向岚麟

各章作者：
总　论　向岚麟　李　扬　鞠　熙
第一章　第一节　向岚麟　吴海婷
　　　　第二节　高宇虹
　　　　第三节　张濒心
　　　　第四节　刘　莹
　　　　第五节　杨　琳
　　　　第六节　魏　文　王彦嘉　高宇虹　张　喆
第二章　第一、二节　鞠　熙
　　　　第三节　高　洁
　　　　第四节　胡可昀
　　　　第五节　刘嘉雪
　　　　第六节　石千千
第三章　第一节　李　扬
　　　　第二节　张　喆
　　　　第三节　叶玮琪
　　　　第四节　张巧妮
　　　　第五节　汪舒帆
附　录　叶玮琪
参考书目　宋　爽

# 序

赵世瑜

西山永定河文化带是在北京市全国文化中心建设规划中确定下来的概念，与长城、大运河文化带相比，更能体现北京市独有的地方历史文化特色。但长期以来，无论是在历史文化资源的挖掘、整理，还是在研究成果上，其水平大大低于长城和大运河研究，当然也从未受到与前二者同等的重视。即便是在这个概念提出之后，也经历了从"西山文化带"到"西山永定河文化带"的变化，说明人们的认识还不是十分确定的。所谓"文化带"，就是指带状的文化区。西山和永定河为什么可以合成为一条文化带？山区与河流流域之间的关系是怎样的？长城文化带和大运河文化带本身是带状的实体，长城和大运河就是两条不言自明的带状文化载体，具有相同的文化特质。假如西山、永定河确实构成一条文化带的话，相同的文化特质是什么？

在2020年4月发布的《北京市推进全国文化中心建设中长期规划（2019年—2035年）》中，第四章即"依托三条文化带构建历史文脉和生态环境交融的整体空间结构"，第三节为"融会一山一水，彰显西山永定河文化魅力"，主要提到5个方面的目标：构建"四岭三川一区两脉多组团"山水格局、加强三山五园地区整体保护、加强文化遗产保护传承利用、修复永定河生态功能和加强文化生态旅游功能。从内容重点来看，除了"三山五园"外，对西山永定河文化带其他地区的文化遗产资源状况强调得并不多，更关注生态保护和旅游开发，而"三山五园"由于大多属于国家重点文物保护单位，又多与皇家有关，早就受到各有关部门和专家学者的重视，研究基础比较雄厚，旅游资源开发较早，此前与北京市的工作关系不大。

与此同时，北京市推进全国文化中心建设领导小组还制定了《北京市西山永定河文化带保护发展规划（2018年—2035年）》，于2018年底完成，其后还继续进行了修订。这份文件对西山和永定河的自然地理和文化遗存分别做了概括性介绍，但没有对西山永定河地区可以被视为和称为一条文化带的道理做出任何表述。这样，我们就不清楚这份规划中划定的涉及8个区、共5070平方千米的范围，是不是根据具有相同文化特质的文化带概念确定的，所谓"精华区"和"辐射区"是根据目前旅游打卡热度来确定的，还是根据这种文化特质的强度和彰显度来确定的。

之所以存在上述问题，主要是因为北京的区域研究相对滞后，而区域研究的滞后，在于我们对北京现存的历史文化资源了解不够、认识不足，虽然在近年来市文物、文旅部门和有关各区做了一些规划和普查工作，但因基础研究薄弱、"家底"摸得不清、跨区跨部门合作机制缺乏等原因，对这一文化带的定位、特色及未来发展还没有呈现出一个清晰的蓝图。

具体来说，关于西山永定河文化带历史文化遗产资源的调查与研究，目前存在的主要问题是：

首先，对传统重点和非重点的文化遗产资源的调查与研究水平形成极大反差。比如，海淀区所属"三山五园"由于多属皇家园林，房山区的周口店遗址涉及人类起源，以及门头沟区的妙峰山香会，历来受到研究者，特别是国内外知名学者的重视，具有较为丰富的成果。对于近年来列入传统村落名录的一些村落的资料搜集和研究流于泛泛，更不用说对一般村落的调查研究，乡镇志、村志、地名志的编纂出版并不普及，使那些受重视的遗产或列入各级各类"名录"中的项目成为这一文化带研究上的"文化孤岛"。

其次，资料的搜集、整理、出版、数字化水平相对较低，虽然近年来有《首都博物馆藏清代契约文书》《北京西山大觉寺藏清代契约文书整理及研究》《中国民俗文化志·北京市门头沟卷》《房山碑刻通志》这样的优秀成果出现，但只是凤毛麟角。我们没有对这一文化带上各区的现存全部碑刻、契约文书、家谱、地方档案、宗教科仪书、日用杂书等民间文献进行全面的搜集、整理、出版和数字化，也很少对全部非遗项目和未进入名录的民俗事象进行全面的音像化记录，以往的普查资料并不完整。

再次，国际一流研究成果少。相比国内的江南、闽南、徽州、山西、珠三角等地区，国内外一流学者对本地区的关注不多，也没有什么国内外瞩目的学术研究成果。检索知网的论文索引，在国内外一流刊物上发表的有关京西的研究论文数量极其有限，在高端的学术会议上，除了三山五园、妙峰山、云居寺等少数国宝级遗产外，京西地区的研究很少出现，其原因就在于资料基础工作的薄弱。

从目前出台的市级和区级保护规划的内容来看，几乎都没有将资源普查、资料搜集、整理、出版、解读、研究这些基础工作作为重点，加强投入，多强调景点打造（如国家公园等）和旅游开发。在北京，我们至今没有看到像山西覆盖全省的《三晋石刻大全》、县级如浙江的《龙泉县司法档案选编》《汤溪鱼鳞图册合集》这样多卷本资料合集的出版，而本项目的主要承担者鞠熙副教授参与的多卷本《北京内城寺庙碑刻志》在出版了前4卷后，后面各卷的出版经费竟无着落。

因此，我们希望开个头，做一点扎扎实实的、不打算毕其功于一役的基础工作。在北京市委宣传部、北京市文联的支持下，对西山永定河文化带内的历史文化资源进行普查，并形成一种"跨界"整合的保护与利用认知（突破文物部门只负责物质遗产，文旅部门只负责非遗，住建和园林部门只负责古建等现行体制的约束），从而一方面推进这个目前较薄弱的文化带的建设，另一方面为这一地区优秀文化遗产的创造性转化提供具有扎实研究基础的建议。

这就是本项目的缘起和本书的由来。

我为推进这个项目而建立的公众号定名为"畿甸山河"，该词出自明何景明《入京篇》中的诗句，"畿甸一千里，山河十二州"（《大复集》卷12）。何景明是河南信阳人，16岁中乡试魁首，弘治十五年（1502）20岁时中进士，可谓少年成名。他是"前七子"之一，在文坛享有盛名，但不到40岁便英年早逝了。

他的这首《入京篇》大约是在入京参加会试时所写，"一千里"和"十二州"都是虚指。前者源自《周礼》中的"王畿方千里"，后者是司马迁认为，到舜的时候，大禹划分的九州又在北方地区析分出并州、幽州和营州，于是就有了"汉地十二州"的说法。所以，这并不是对京畿地区的客观描述。尽管如此，何景明在题为《入京篇》的诗中这样写，特别是前后句为"轩车若水流，宫阙似云浮。畿甸一千里，山河十二州。城中甲第共崔嵬，别起云甍接露台。旭日才临万户动，飞尘遥见九关开。九关鸡鸣竞车马，百僚已集金门下"等等，可见他是用这样的表达来形容京城的地位的。何况所谓"十二州"中新增的幽州正是后世北京的所在。

明朝中期人何景明并不是一个特别有名的人物，在北京也并没有生活多少年，可能绝大多数号称北京研究专家的人都没有注意过他，但他却写下很多首关于北京西山的诗歌，不仅记录他的游历，而且多次表达了他的政治立场和人文情怀，这里只引一首长诗为证：

> 君不见，玄明宫中满荆棘，昔日富贵今寂寞。祠园复为中贵取，遗构空传尊臣作。雄模壮丽凌朝廷，远势连衮跨城郭。忆昨己巳年来事，秉权自倚薰天势。朝求天子苑，暮夺功臣第。江艘海舶送花石，戚里侯门拥金币。千

人力尽万牛死，土木功成悲此地。碧水穿池象溟渤，黄金作宫开日月。虹霓屈曲垂三梁，蛟龙盘挐抱双阙。城中甲第更崔嵬，亲戚弟兄皆阀阅。戚里歌钟宾客游，排门冠剑公卿谒。生前千门与万户，死时不得一丘土。石家游魂泣金谷，董相燃脐叹郿坞。宫前守卫无呵呼，真人道士三四徒。石户苍苔生铁锁，玉阶碧草摇金铺。星宫昼开见行鼠，日殿夜祷闻啼狐。游客潜窥翠羽帐，市子屡窃金香炉。桑田须臾变沧海，桃树不复栽玄都。我朝中官谁最贵，前有王振后曹氏。正统以前不得闻，成化之间未有此。明圣虽能断诛罚，作新未见持纲纪。天下衣冠难即振，中原寇盗时复起。古来祸乱非偶然，国有威灵岂常恃。玄明之宫今已矣，京师土木何时止。南海犹催花石纲，西山又起金银寺。君不见，金书追夺铁券革，长安日日迎护敕。（《大复集》卷14）

这首明确指斥宦官的诗有清晰的时间标记，所谓"己巳"即明正德四年（1509）己巳，是时正是刘瑾当政的时期。这首题为《玄明宫行》的诗，就是指向刘瑾祸国殃民之举的。与他同为"前七子"领袖的李梦阳在听说此事后，也写下同题诗，其中也有"神厂择木内苑竭，官坑选石西山空"之句。神木厂在通惠河二闸，是储存沿运河运来的西南大木之处，将它与西山并提，说明它们同是明代京师营建的用料来源地。当时也有官员直接上疏皇帝，建议停止斋醮："只如今日刘瑾建玄明宫、钱宁建十【石】经山、张雄建大慧寺、张锐建寿昌寺、于经建碧云寺、张忠建隆恩宫，所费金银不可胜计。"（《皇明名臣经济录》卷13）这里提到的寺庙大都在西山的范围。

另一个例子是明末清初人王思任的《游西山诸名胜记》，这篇游记长达三千多字，也未见多少研究者提及。王思任字季重，浙江山阴人，其家世代为医，其父曾为太医院医官，所以他出生在北京西江米巷的一个药铺里。万历十七年（1589），他借籍于宛平考取生员，万历二十二年（1594）中顺天乡试，次年中进士，所以也可以算作北京人了。

此文中有这样一段话：

> 去十三里，至净德寺，寺僧本宁韶令妥妙，似家有长子，然其生也与予同物，周旋爱敬，使予不可堪。一楼百尺，亦用备武者。望浑河一带渺渺，索予扁为题"云镜"二字。顷之村酤饶鲙，有鱼二尺者三头，为煤窑户所登，不解食而私之，窑主即寺僧也，人生口腹缘如此。

又二宿而游所谓寿云庵者，诘曲僻处，樱桃林迷绿，止有丝水豁豁，飞花歌鸟。一少僧出迓，新供甚腆，若豫待者，则宁公有庄户敕之耳。西山小庵皆附庸于大寺，只语片字，其应如响，素所约束也。

净德寺，讹称敬德寺，在五里坨。本为唐代佛寺，早废，后有敬德寺村，亦已拆迁，现被石景山区规划为净德寺遗址公园。五里坨村在永定河东岸，与其东的模式口、河西的三家店并称连接京城与京西商道上的重要商埠，王思任文中写道，"望浑河一带渺渺"，可见其位置，可以说这里是西山文化带与永定河文化带的交汇点。据《日下旧闻考》卷104引嘉靖重修净德寺碑，该寺建于正统改元后，嘉靖时重修。据其儿孙编订的《王季重先生自叙年谱》，当时的净德寺住持僧本宁与王思任同年同月同日生，文中又称该寺同时是煤窑的窑主，可见明代采煤已是这里的重要产业，而佛寺则是京西重要的控产势力。"房山褊小邑，距京师七十里。邑西山多产煤，诸珰希煤利，趾相错焉，构斗纷然无宁刻"（《抱膝庐文集》卷3，《井房山传》），作者刘宗泗，康熙朝举人，传主井凤鸶，万历时河南襄城人，所记当为明万历时事。由此可知当时宦官也非常看重煤窑之利，而西山寺僧与宦官有密切联系，有可能成为这些寺人控产的代理人。

寿云庵未见他书记载，据文中"西山小庵皆附庸于大寺，只语片字，其应如响，素所约束也"，应是净德寺的下院，本宁派手下庄户提前通知，庵主便提前预备了水果迎客。可见至少在明代，西山一带有一个由与内廷关系密切的佛寺及其下院和所控产业形成的网络体系。

我之所以在此随意举出一首诗歌和一篇游记，而且没有对诗中和游记中透露出的丰富历史信息——进行解读，意在表明我们不要说对有史以来的整个北京，就是对今天北京所辖的西山地区和永定河流域来说，了解的也不过是九牛一毛。北京的区域研究与江南、珠三角等地区相比差距极大，原因之一在于我们对各个区域的历史文化资源状况并不知根知底。我们大多把时间、精力和金钱花在泛泛的、没有深度的，甚至是对付的工作上，很少有人经年累月地去做历史文化资源搜集调查等基础工作，导致我们的许多重要规划所依赖的学术基础，甚至许多宣传媒体上传播的关于北京历史文化的知识，存在知识陈旧、认识错误，甚至完全空白的问题。

我注意到我国各级政府都有自然资源（资产）清单这个概念，其中又分出不同的类别，比如2019年深圳市政府就曾发布深圳的自然保护地清单。但在文化资源方面，各级政府就没有这个概念，对比自然资源部和文化和旅游部、国家文物局的官网，差别就一目了然。我认为，文化资源清单或历史文化资源清单这个概念是很有用的。国家对农耕用地有条18亿亩红线，在历史文化资源的保护上应不应该也有一条红线呢？我们没有给政府提供充分的基础数据，即使要设一条红线，也设不出来。

所以我们所要做的，就是以西山永定河文化带做个试验田，看看能不能在前人积累的基础上，在各级政府部门、社会人士的大力支持下，经过我们的不断努力，把西山永定河文化带的历史文化资源清单拉出来。

本项目团队的构成，包括民俗学、历史学、社会学、人类学、博物馆和古建筑等多学科的年轻学者，意在调查研究的过程中取长补短，互相启迪，更在希望超越现行管理体制的条块分割、"各人自扫门前雪"的局限性，实现资源、信息的共享，因为各类历史文化遗产都是同一区域内人民生活中的组成部分。而北京民间文艺家协会只是提供这种跨学科合作的平台，为目前遗产研究进行方法上的创新做出一点尝试。通过编写这本《西山永定河文化带历史文化遗产调查蓝皮书》，希望提出一些对未来研究、决策有参考价值的建议。在这个过程中，项目组得到了市、区文物部门、文化馆、博物馆、文联、民协等单位的领导和许多一线工作人员、协助调查和接受采访的热心人的大力支持和协助，在此表示真诚的感谢。

本书只是迈出了第一步。由于疫情的原因，项目组的田野调查受到很大限制；又由于项目管理上的要求，本书的调查和写作只有7个月的时间，所以一定存在粗疏、缺漏，甚至讹误之处。我希望各级政府部门、专家学者和所有关爱北京历史文化的人对项目组的工作提出批评和建议，使我们通过几年扎扎实实的努力，尽量摸清北京历史文化资源的家底，为做出无愧于时代和北京"首善之区"称誉的国际一流研究成果奠定更好的基础。

2023年1月

# 目 录

总　论 ········································································ 1

**第一章 物质文化遗产编** ················································ 18
第一节 西山永定河文化带物质文化遗产调查概述 ··············· 18
第二节 考古遗迹类文化遗产调查报告 ······························ 31
第三节 文化线路相关遗产调查报告（以京西古道为例） ······ 48
第四节 传统村落调查报告 ·············································· 62
第五节 园林遗产调查报告 ·············································· 80
第六节 古代建筑类文化遗产调查报告（以寺庙建筑为例） ··· 98

**第二章 非物质文化遗产编** ············································ 152
第一节 西山永定河文化带非物质文化遗产调查概述 ··········· 152
第二节 口头传统类非遗调查报告（以民间故事为例） ········ 161
第三节 表演艺术类非遗调查报告（以山梆子戏为例） ········ 184
第四节 社会实践、仪式与节庆活动类非遗调查报告（以庙会为例） ········ 204
第五节 有关自然界和宇宙的知识与实践类非遗调查报告（以求雨为例） ··· 228
第六节 传统手工艺类非遗调查报告（以酿酒为例） ··········· 246

**第三章 记忆遗产编** ····················································· 273
第一节 西山永定河文化带记忆遗产概述 ··························· 273
第二节 西山永定河文化带档案调查报告 ··························· 287
第三节 西山永定河文化带碑刻调查报告 ··························· 304
第四节 传世文献调查报告（以永定河诗词为例） ·············· 317
第五节 民国时期社会调查研究报告（以燕京大学毕业论文中的北京社会
　　　 调查为例） ······················································· 337

**附录：西山永定河文化带碑刻目录全编（以地区为序）** ·················· 354
  一、丰台区 ······················································································ 354
  二、门头沟区 ·················································································· 369
  三、石景山区 ·················································································· 388
  四、房山区 ······················································································ 408
  五、大兴区 ······················································································ 451
**参考书目** ························································································· 454

# 总　论

2016年，北京市结合《北京市"十三五"发展规划》和《北京市"十三五"时期加强全国文化中心建设规划》编制，在会同市、区等有关部门反复调查研究的基础上，提出构建长城文化带、运河文化带、西山永定河文化带（简称"三个文化带"）的设想[1]。北京城市总体规划（2016年—2035年）中也提出了对西山永定河文化带的建设要求："依托三山五园地区、八大处地区、永定河沿岸、大房山地区等历史文化资源密集地区，加强琉璃河等大遗址保护，修复永定河生态功能，恢复重要文化景观，整理商道、香道、铁路等历史古道，形成文化线路。"《北京市西山永定河文化带保护发展规划（2018年—2035年）》（下文简称《规划》）中更是明确指出该文化带"文化、生态"双重定位——它既是北京历史文化名城保护体系中的重要组成部分，同时也是北京的后花园。依据该规划，截至2022年，应当建立西山永定河文化带文化遗产（含非物质文化遗产）资源数据库，并出版文化带文化内涵的挖掘与研究系列成果。本蓝皮书正是在这一背景下编写的。

## 一、西山永定河文化带的自然环境

根据保护规划中的界定，西山永定河文化带是以京西太行山脉和横亘其中、东南流经平原地区的永定河"一山一水"为基本骨架的宽带状文化区，其地跨海淀、丰台、石景山、门头沟、房山、昌平、大兴、延庆八个行政区，拥有世界级、国家级和市级等各级文化遗产400多处，还有鹫峰国家森林公园、百望山森林公园、十渡和石花洞等以自然景观为主的风景名胜区。西山永定河文化带以生态山水文化为基础，以皇家园林文化、民间民俗文化、宗教寺庙文化、古村古道文化、革命军事文化、特色物产

---

[1] 王玉伟：《"三个文化带"建设是北京文物保护理念的创新发展》，《北京文博文丛·文化带专刊》，北京：北京燕山出版社，2018年，第2页。

文化为主要特色的文化聚集发展带，是北京区域文化的重要组成部分和展示交流窗口，被誉为北京人的精神家园。

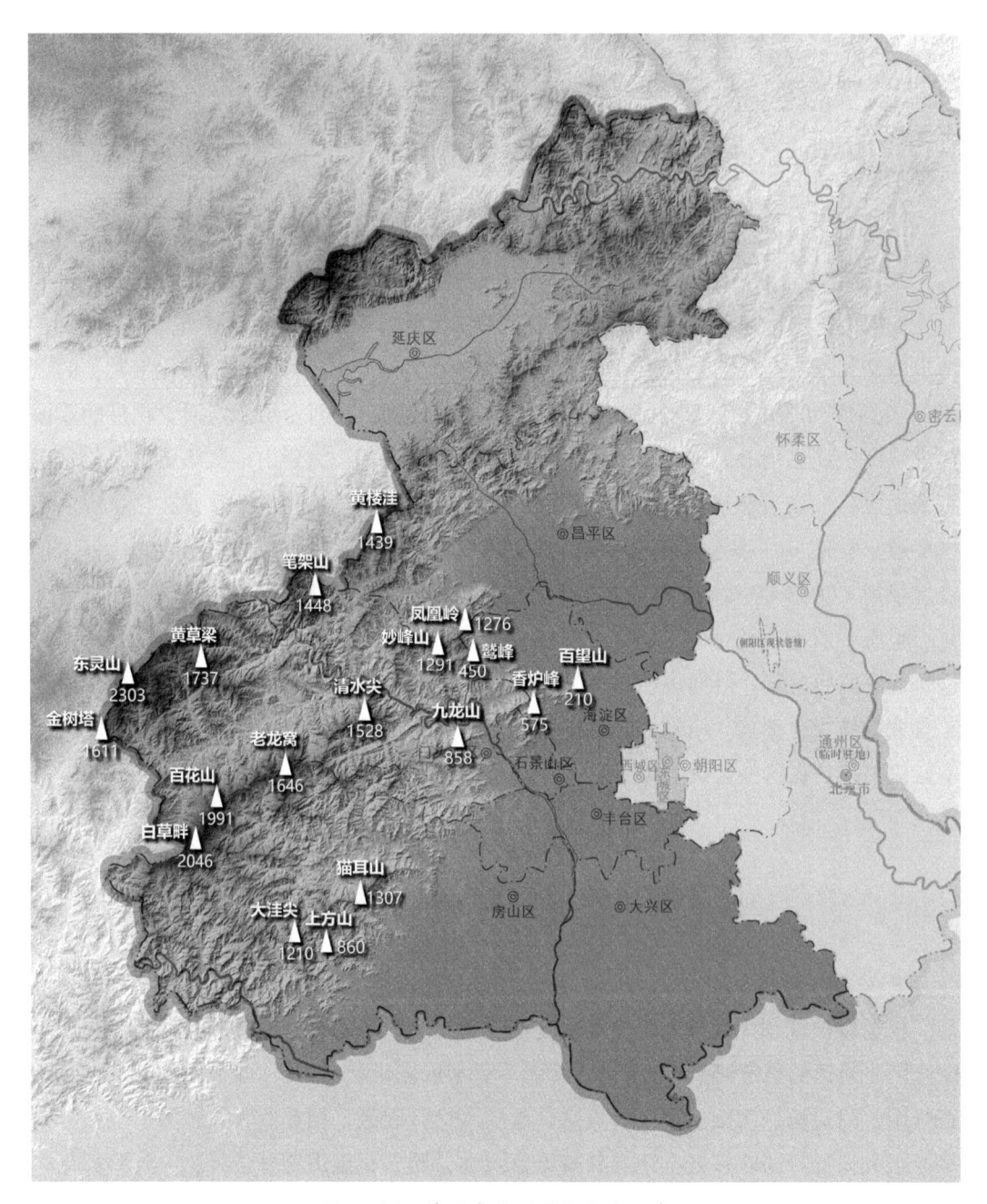

图 1　调研范围内地形图和主要山峰

大西山是对北京西部山地的总称，它属于南北山系太行山的北端余脉，向北延伸至昌平关沟，在此处与北部的燕山山系相对峙；南抵拒马河谷。大西山地跨北京海淀、石景山、门头沟、房山、昌平五大区，总面积约占北京市域的六分之一。永定河中上游大西山的森林、煤矿、岩石和沙砾，为北京城提供了大量的建筑材料、能源和农副产品。

永定河发源于山西，作为海河水系的支流，流域地跨山西、内蒙古、河北、北京、天津五个省市区。永定河由洋河、桑干河、妫水河三大支流组成，在官厅水库合流之后流出段称为永定河。永定河全长680千米，流域面积4.7万平方千米，在北京地区，河段长170千米，流域面积3168平方千米，流经门头沟、石景山、丰台、房山和大兴五个城区，加上官厅水库上游的延庆妫水河段，永定河流域跨六个区。[1]永定河奔腾穿越太行山，到三家店始脱离山体束缚，在平原地段左右摆荡，形成大片洪积冲积扇，既造就了肥沃的土地，又留下了大量湖沼和丰富的地下水，为北京城的形成和发展提供了优越的地域空间。古永定河上的卢沟古渡口作为历史上幽燕地区的南北交通枢纽，是北京城原始聚落蓟城形成的主要条件之一。永定河古道形成的莲花池水系、高梁河水系，是从金中都到元大都和明清北京城的主要水源。永定河被称为"北京的母亲河"，不无道理。如今，西山永定河文化带地区同时也是"京西绿色生态走廊和城市西南生态屏障"。

西山地区的山形走势起伏较大，可概括为"四岭两沟"走势。"四岭"为西山山脉上涌起的四条东西走向的山脉，从外向内分别是金树塔—东灵山—黄草梁—笔架山—黄楼洼；白草畔—百花山—老龙窝—清水尖—妙峰山—鹫峰—凤凰岭；在大西山与平原地区接壤部分则被水系分割成了两脉，北边是九龙山—香炉峰—百望山；南边房山地区的猫耳山—上方山—大洼尖。前两道横岭海拔较高，后两道山岭海拔较低，尤其从九龙山到百望山海拔逐渐降低，但因深入平原地区，在形态上非常突出。而"两沟"则是这几条横向山岭围合起的沟谷，清水河和大石河，与永定河一起，构成门头沟和房山区主要的地形地貌。

西山作为燕山运动的重要构造带，其地质地层涵盖了38亿年的6个断层结构，其中，马兰黄土是全球分布最典型的黄土地貌遗迹，在门头沟区分布有丰富的冰川遗迹。房山区有典型的北方喀斯特岩溶地貌形态，如拒马河北京段的十渡岩溶峰林峡谷风景区，被誉为"北方小桂林"；大石河南侧的石花洞风景名胜区在84.7平方千米的土地下，蕴藏着30座景观奇特的岩溶洞穴。大洼尖—猫耳山一带浓缩了华北30亿年来地质演变史，包括地质学上典型的"冲蚀障谷"。

大西山山峰海拔跨度很大，东灵山最高峰达到2303米。四列山脉植被垂直带谱明显，海拔由高到低依次分布有亚高山草甸（海拔1900米以上）、云杉、落叶松林和桦

---

[1] 吴晨阳：《永定河（北京段）文化地理研究》，首都师范大学硕士学位论文，2014年。

树组成的针阔叶混交林（海拔 1600~1900 米）、山杨林和桦树林等阔叶混交林（海拔 1200~1600 米），以及海拔 1000~1200 米的油松林、栎类林、油松栎类形成的针阔叶混交林，以乔木、花灌木、观赏地被为主的植物带。西山永定河复杂的地形、多样的土壤为不同物种安家创造了条件。这一带物产丰富，如苹果、柿子、核桃、枣、玉巴达杏、京白梨等。拥有千余种植物资源和近万棵古树名木资源。动物资源丰富，野生动物中国家一级、二级重点保护动物，北京市级保护动物近百种。

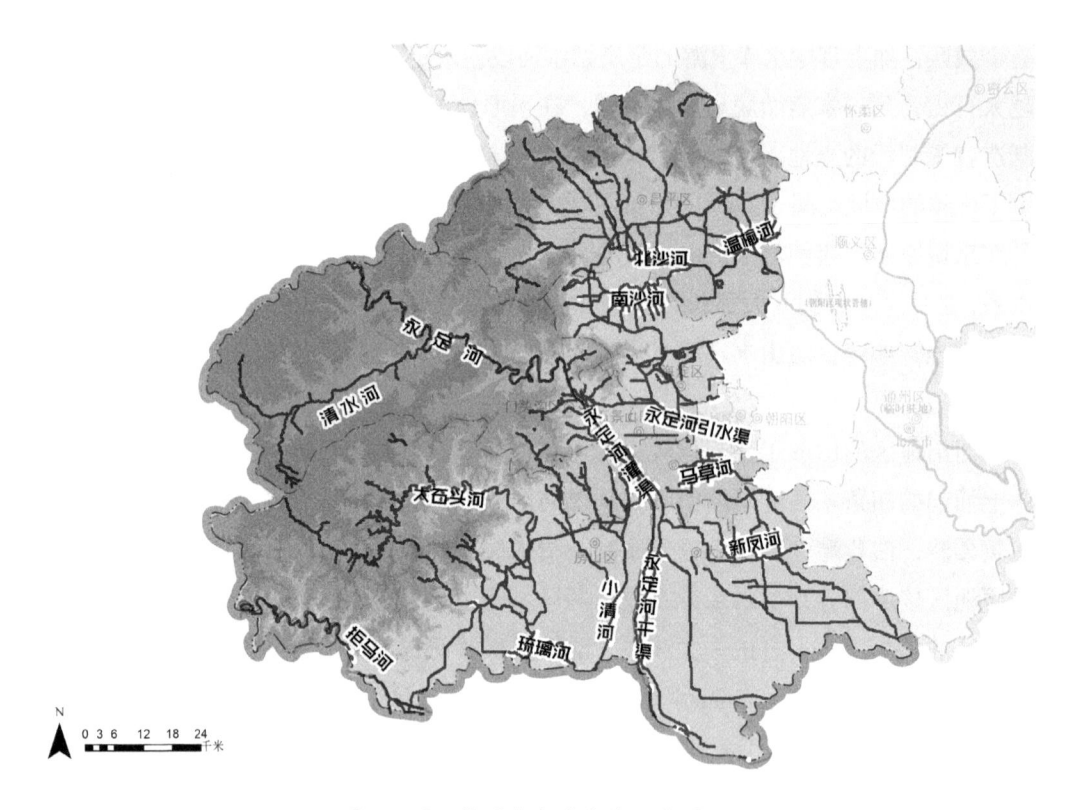

图 2　调研范围内水系分布示意图

北京地区的天然河道自西向东有五大水系：拒马河水系、永定河水系、北运河水系、潮白河水系和蓟运河水系。多由西北部山地发源，向东南蜿蜒流经平原地区，最后分别在海河汇入渤海（蓟运河除外）。西山永定河文化带内的主要水系是永定河、大石河、拒马河——三条贯穿北京西部、西北部和西南部的河流。河流以及沿岸的历史文化遗址遗迹、传统村落、水库湖泊、森林、湿地等构成了山水林田湖共生系统。大石河发源于房山区霞云岭乡堂上村西北，其下游琉璃河镇以北之地古称圣聚，是周口店北京人遗址以及西周初召公所封燕国都城所在，是为北京人和北京城的源头所在。拒马河古称涞水，民间又称之为渠水。山区河道长年有水，是北京市唯一一条水资源量较多、水质达到饮用水水源标准的河流。共有水库湖泊 14 个，其中永定河及清水河流域 5 个，分别为珠窝水库、落坡岭水库、三家店水库、大宁水库、斋堂水库，规划建设水库一个（陈家庄水库），是重要的湖泊资源。这些水系与湖泊构成了北京西部独特的"山岭＋河谷＋湖泊"的生态空间。

永定河流域多年平均降水量在 360~650 毫米，不同地区降水量差异颇大，多雨区和少雨区相差将近 1 倍。降水量年际变化大，少雨年和多雨年相差 2~3 倍，汛期（6—9月）降水量占全年的 70%~80%。永定河山区 1956—2010 年平均径流量 14.43 亿立方米，径流量年内分布不均，年际间变化大。最大年和最小年径流量比值接近 5。近十年，永定河主要河段年均干涸 121 天，年均断流 316 天，生态系统退化严重。其中，三家店至卢沟桥段基本处于长期断流状态，卢沟桥至屈家店段基本全年干涸。自 2019 年以来，北京市协同天津、河北、山西共四省市，连续四年开展永定河跨流域生态补水，持续涵养永定河流域地表地下水生态环境。

概言之，西山永定河文化带位于北京的西部和西南高海拔地区，与东部和东南部的平原地区形成鲜明对比，与北部山区相比也有不同的特点，这就是为什么在这三个地块上分别形成西山永定河文化带、大运河文化带和长城文化带的自然地理基础。为什么这三者中后两者是以人造景观为标志，而前者以自然景观为标志？重要原因之一是后两者自然环境的通达性要比前者好。在不同的历史时期，通达性的好坏对于人的生存来说具有不同的意义，在人的能力有限的时候，居住在江河旁边就比居住在山麓或浅山地带危险性大，这就是为什么古人类的遗址遗迹、西周早期的城址可以在西山永定河文化带发现。明长城之所以主要修筑于北部山区，就在于明代蒙古人可以更容易地从北部山区突入畿内。至于大运河，就更是通达性的明显标志了。因此，这种自然环境特征一方面导致了西山永定河文化带保留了更多的较早历史阶段的多样化的历史文化遗存，而后两者则保留了以明清时期为主的相对单一的历史文化遗存，另一方面由于北京的都城地位，出于国家利益要求，对于通达性更为重视，才造就了大运河和长城这两个文化带在晚近以来的更大发展。

## 二、西山永定河文化带的历史文化层累

**"过渡地带"与"边疆之城"**

北京地理环境在整体上构成一个重山环绕的半封闭小平原。侯仁之借用美国地质

学家贝利·维理斯（Bailey Willis）的说法，将这片三面环山、一面开敞的小平原称为"北京湾"。[1] 有考古学者指出，北京的交通与区位特点，使其与周围连通，处于面向内陆和面向海洋两大文化区的过渡地带。其北部山区面向内陆，即欧亚草原带的东缘，与欧亚大陆中西部文化颇多联系；南部平原面向海洋，与黄淮海平原文化交流频繁。面向内陆与面向海洋的两大文化区之间又存在碰撞与融合。[2] 两大文化带的交错地带可以说构成了北京早期历史文化演变的独有特征。

西山永定河文化带正是"北京湾"得以形成的地理基础。西山文化带历史文化底蕴深厚，正是两大文化带碰撞与融合的前沿地区，见证了北京地区"文化层累"的演进过程。早在新石器时代，西山永定河流域的房山即有周口店"北京人"遗址的发现，1929年"北京人"头盖骨的发现揭开了北京旧石器时代先民的神秘面纱。到新石器时代，西山、永定河地区的门头沟东胡林遗址、房山镇江营遗址等均为典型遗址，其中东胡林遗址在公元前9000—前7500年，镇江营遗址在前4500—前4000年。[3] 进入西周时期，以房山琉璃河燕国都城遗址和墓葬为代表的聚落遗存，是北京地区燕文化的重要代表，见证了北京早期城市的诞生。琉璃河遗址从20世纪70年代初开始发掘，不仅发现了重要的遗迹，而且获得了上万件出土遗物。考古学者多认为该遗址是西周初年召公封燕后所建都城。[4] 有历史学者提出不同看法，认为召公并未到过燕国，第一代燕侯并非召公而是其子克，但召公死后葬于燕地，因此琉璃河墓地标志性的1193号大墓乃召公墓地。[5] 尽管如此，琉璃河燕都遗址的发现仍见证了北京早期封国的历史，1193号大墓出土的克盉与克罍两件青铜器及其铭文，为北京3000余年的建城史提供了直接证据。

秦始皇完成了中国的"大一统"，燕地也成为其北部郡县的重要组成部分。秦朝因政治及军事发展的需要，交通驰道建设在全国全面展开，为商业发展提供了条件。史载秦"为驰道于天下，东穷燕齐，南极吴楚，江湖之上，濒海之观毕至。道广五十步，三丈而树"。[6] 以蓟城为中心，向东经渔阳到达碣石（今秦皇岛、北戴河地区）；向西北经军都县过居庸关到达云中和上郡（今内蒙古中部和陕北）。蓟城因此成为南达中原、西连云朔、北接蒙古之枢纽。

《史记·货殖列传》称："夫燕亦勃、碣之间一都会也。南通齐、赵，东北边胡。

---

1　侯仁之：《北平历史地理》，北京：外语教学与研究出版社，2013年，第1页。
2　韩建业：《北京先秦考古》，北京：文物出版社，2011年，第1页。
3　韩建业：《北京先秦考古》，北京：文物出版社，2011年，第52—53页。
4　李伯谦：《北京房山董家林古城址的年代及相关问题》，《北京建城3040年暨燕文明国际学术研讨会会议专辑》，北京：北京燕山出版社，1997年，第72—79页。
5　赵光贤：《关于琉璃河1193号周墓的几个问题》，《历史研究》1994年第2期。
6　（东汉）班固：《汉书·贾山传》，北京：中华书局，1962年，第2328页。

上谷至辽东，地踔远，人民希，数被寇，大与赵、代俗相类，而民雕捍少虑，有鱼盐枣栗之饶。北邻乌桓、夫余，东绾秽貉、朝鲜、真番之利。"[1]司马迁在这里说的燕，因为在渤海与碣石之间，应当就是燕都蓟城。[2]《史记·货殖列传》还提出了四个基本经济区，即"山西""山东""江南"与"龙门、碣石北"一线："夫山西饶材、竹、穀、纑、旄、玉石；山东多鱼、盐、漆、丝、声色；江南出柟、梓、姜、桂、金、锡、连、丹沙、犀、瑇瑁、珠玑、齿革；龙门、碣石北多马、牛、羊、旃、裘、筋、角；铜、铁则千里往往山出棊置。"[3]燕地又处于"龙门、碣石北"这一经济区的范围。

从出产物品来看，这一地区有游牧区与半畜牧区相杂糅的特点，手工业亦比较发达。如西山永定河地区的海淀清河镇朱房乡就发现了汉代的冶铁遗址，出土有大量的兵器及农具如锄、镬、铲等，此外还有鼎、镜、车具、马饰等其他器具。[4]此外，秦汉时期西山永定河流域还发现了大量的陵墓聚落，主要包括邓庄墓群、史家桥墓群、老山汉墓、良乡汉墓、石楼墓群等。自西周到秦汉时期，如果从历史遗存的空间分布格局上看西山永定河文化带，其文化遗迹的分布存在两个核心区：其一是琉璃河、董家林一带，这个区域是西周时期燕国都城所在地，秦汉时期设置有良乡县和广阳县；其二是南口镇至白浮村、辛力屯一带，这个区域在秦汉时期设置有军都县和昌平县。这些文化遗迹主要分布在山前平原区域，集中在燕都城、蓟城、军都、昌平、广阳、良乡等城市周围。总体上呈现出沿居庸关古道和太行山东麓古道分布，很多都属西山地区。

三国曹魏时代驻兵蓟城、负责防御北边的"征北将军"刘靖在蓟城郊外屯田种植水稻。也正是在这一时期，北京有了历史上最早的水利工程，即建造于西山永定河流域的古梁山（石景山）南麓的戾陵遏拦水坝以及车厢渠（引水渠）。它的开凿，将戾陵遏分出的河水，平地导流，经过现在的八宝山迤北，向东偏北，直注入蓟城西北高梁河的上源，沿高梁河两岸再开支渠，使受益面积多达两千多顷。[5]说明北京的农业生产开始有一定程度的发展。唐代高宗永徽年间，担任幽州都督的裴行方"引卢沟水广开稻田数千顷，百姓赖以丰给"。[6]

从三国直至隋唐时期，北京在整体上仍属中原王朝的"边疆之城"。这一时期北京的地位，正如侯仁之先生所说："中原王朝统一、强大时，蓟城是中原民族向边远地区扩散的通道；而当中原处于分裂、虚弱时，蓟城便容易被北方入侵者控制，继而

---

[1] （西汉）司马迁：《史记·货殖列传》，北京：中华书局，1982年，第3265页。
[2] 雷虹霁：《秦汉历史地理与文化分区研究》，北京：中央民族大学出版社，2007年，第53页。
[3] （西汉）司马迁：《史记·货殖列传》，北京：中华书局，1982年，第3253—3254页。
[4] 苏天钧：《十年来北京所发现的重要古代墓葬和遗址》，《考古》1959年第3期。
[5] 侯仁之、金涛：《北京史话》，上海：上海人民出版社，1982年，第30页。
[6] 于德源：《北京农业经济史》，北京：朝华出版社，1998年，第133页。

成为其征服大平原其他地区最便捷的军事基地"。[1] 三国直至南北朝时期北京属后一种情况，隋唐时期则属前一种情况。而且，北方游牧民族沿古代大道的入侵过程，恰好与中原王朝向北方和东北方扩张的过程反转，两种趋向都加强了蓟城的交通地位，西山永定河正是这种军事征服的主要交通线。拉铁摩尔在其《中国的亚洲内陆边疆》一书中讨论了"长城边疆"的意义，认为这一边疆是世界的绝对边界之一，长城内外的人口、农业生态、种族、语言、宗教与政治组织都有不同。[2] 那么，西山永定河地区正处于长城边疆的周边地带，见证了游牧民族与农耕民族的冲突与融合。

**都城建设与西山、永定河地区的历史社会变迁**

对西山、永定河的环境开发与文化形塑影响更大的无疑是金元代以来的都城建设。金代对西山地区影响最大的工程应当是金陵的营建。金朝海陵王贞元元年（1153）迁都燕京之后，贞元三年（1155）三月乙卯"命以大房山云峰寺为山陵，建行宫其麓。五月丙寅，如大房山，营山陵"。[3] 从房山的行政建制来看，为营建金陵，金代在涿州专门设置了奉先县："大定二十九年（1189）置万宁县以奉山陵，明昌二年（1191）更今名。有房山、龙泉河、盘宁宫。"[4] 这一行政设置自此调整了房山原有的行政区划与发展格局，其行政中心与商业未能协调发展，相反曾长期作为县治的良乡经济发展则一直领先。正如有学者指出的："房山西境建置的确立与房山城作为治所始自金代，乃是服务于金陵的需要。如果金陵不设在房山，几乎可以肯定，房山西境不会另立一县，至今应当是以东境的良乡县作为县治。"[5] 但这一行政设置的案例则反过来说明都城建设与国家行为对周边地区的长久影响。

其次，皇家行宫与苑囿的建设。自金代开始就有帝王在西郊建设行宫别院，如金代有名的西山"八大水院"，包括大觉寺（清水院）、法云寺（香水院）、栖隐寺（灵水院）、玉泉山芙蓉殿（泉水院）、香山寺（潭水院）、黄普寺（圣水院）、双泉寺（双水院）、阳台山金山寺（金水院）。[6] 这些寺庙很多就是行宫，如《金史·地理志》称，"宛平县，有玉泉山行宫"。[7] 金代帝王钟情于西郊山水，尤其对佛教寺庙情有独钟，可见金代统治者对佛教的推崇。此外，金代的游猎传统与捺钵制度也使其统治者

---

[1] 侯仁之：《北平历史地理》，北京：外语教学与研究出版社，2013年，第48页。
[2] [美]拉铁摩尔：《中国的亚洲内陆边疆》，唐晓峰译，南京：江苏人民出版社，2010年，第16—18页。
[3] （元）脱脱：《金史·本纪第五·海陵》，北京：中华书局，1975年，第104页。
[4] （元）脱脱：《金史·地理志》，北京：中华书局，1975年，第575页。
[5] 杨亦武：《房山历史文化研究》，北京：奥林匹克出版社，1999年，自序。
[6] 苗天娥、景爱：《金章宗西山八大水院考》，《文物春秋》2010年第4、5期。
[7] （元）脱脱：《金史·地理志》，北京：中华书局，1975年，第573页。

关注西山并营造宫苑，如《金史》记载金章宗多次"如大房山"，在大兴建有建春宫。元代统治者在永定河下游的大兴地区设有"飞放泊"，进行围猎活动。这也就是明代南苑的前身。明代在其基础上扩建南苑，使其成为皇家苑囿，设上林苑监专门管理。清代帝王又多次在南苑"大阅"，并在此接待西藏蒙古王公贵族与宗教领袖。[1] 而清代三山五园皇家园林的建设，尤其是康熙帝开启的园居理政传统，更使得皇家园林成为仅次于紫禁城的清代政治中心。同时清代帝王在北京西郊打造出宛若江南的帝都胜景，同样极大改变了北京西郊的环境与文化生态。

元代与明清时期的都城建设对西山、永定河地区的影响更为巨大，带动了这一地区的开发。如元代的《析津志》里引述郭守敬的一段话称："在前亡金时分，旧城以西，将浑河穿凿西山为金口，引水直至旧城，上有西山之利，下乘京畿漕运，直抵城有来。在后河道闭塞了。如今有皇帝洪福里，将河依旧河身开挑呵，其利极好有。西山所出烧煤、木植、大灰等物，并递来江南诸物，海运至大都呵，好生得济有。"[2] 这段话给我们描述了都城建设、城市供水与水利发展，尤其是随着河道建设，西山大量的物资与矿产源源不断进入大都，与江南漕运物资补给一起造就了元大都的繁荣局面。

《宛署杂记》中记载了金大定十八年（1178）刊刻于仰山栖隐寺的一方石刻榜文，其中描述了经天会、正隆年间直到大定年间长达半个世纪的山林纠纷。一方为栖隐寺，另一方为本地民人李仁莹等，最终因前者有皇家背景而判定后者败诉。[3] 这反映了西山、永定河的开发与都城建设之间的密切互动，直接影响了该地区的生态环境与人群生计。如以城市生活中的燃料为例，有学者研究指出，元明清三朝定都北京以后，城市能源中的木柴、木炭主要来源于周边地区的森林。林木的过度砍伐，对太行山北段、燕山南麓山区造成了显著的生态破坏，在明清时期表现得尤为突出。煤炭自元代以来在北京城市能源构成中的地位越来越重要，但采煤对西山一带的地表形态、植被覆盖、河流水源等也造成了一定危害。北京能源供应的发展过程伴随着一系列连带的生态效应。[4]

自金元以来房山与门头沟石料的开采也同样可以说明这一问题。据新出《房山碑刻通志》编者的介绍，自辽营建南京，一直都从房山大石窝采取高等石料，但当地碑刻中也没有明代以前的相关记录。从该书所收唐代云居寺碑志看，石经所用石料均产自本地，所谓"勒石传文，凿山开室"。[5] 大石窝独树村元至顺元年（1330）《重建帝

---

[1] 刘仲华：《讲武习勤的皇家苑囿——南苑历史文化区研究》，北京：社会科学文献出版社，2019年。
[2] （元）熊梦祥：《析津志辑佚》，北京：北京古籍出版社，1983年，第243—244页。
[3] （明）沈榜：《宛署杂记》，北京：北京出版社，1961年，第260—261页。
[4] 孙冬虎：《元明清北京的能源供应及其生态效应》，《中国历史地理论丛》2007年第1期。
[5] 《涿州白带山云居寺东峰续镌成四大部经纪》清宁四年（1058），杨亦武编：《房山碑刻通志》卷三，北京：社会科学文献出版社，2018年，第33页。

顺庙碑》提到，元朝便在这里设金玉府石局山场。[1] 著名元朝官员苏天爵曾为房山人贾彝撰写墓表："君世涿州房山人，曾大考金，尚医某；祖考贞祐三年进士，伏翼县丞景山；考处士君德全，母康氏，娶焦氏，早卒。继赵氏，子男叔让，提领金玉府采石山场，季常，司石局库，次即彝也。"两兄弟均在采石机构任职。贾彝亦曾请苏天爵为他伯父贾和写墓志，贾和为金朝进士，志文称系贾岛的后裔，"君出纳有方，久之别藉采石提举司。当宫城肇建，栏槛、陛础、舆梁、池台悉资玉石，供亿浩穰，主者莫能支，辟君掌其文书，事集而工不扰"，文末铭辞亦有"瞻彼西山，有石如玉"句。[2] 按《元史·百官六》，大都留守司下设石局总管，又设大都等处采石提举司，后者罢后设采石局山场。[3] 上述两篇墓志应该是明代之前关于房山石材用于大都营建及在当地设置机构的较早记录。至明代迁都以降则开发日甚。石料的开采也极大改变了西山地区的环境生态，大量山神庙与山神信仰随之兴起。[4]

永定河流域的生态环境变迁及其治理更是西山文化带历史变迁的核心内容之一。永定河作为北京的母亲河，为北京原始聚落的发展创造了条件。此后正因为元代以来都城的建设，永定河上游为北京城提供树木、煤矿与石材，导致其森林破坏与水土流失，泥沙淤积，因此永定河下游河道常常改道并洪水泛滥。为了解决宫苑用水与漕运问题，金元时期开始开凿河渠，引永定河水东流，金口河的开凿就是例证。明清时期，为了北京城的安全，防范永定河水东出冲淹北京城，便大力修筑加固石景山至卢沟桥间的永定河东岸河堤，迫使永定河出山之后只能流向东南。清代治理永定河在清初康熙年间取得一定成绩，但终究因生态环境变迁而不能彻底解决问题，直到清末民国年间仍然水灾频发。[5]

**西山永定河地区的宗教与社会**

在西山永定河文化带的历史演变过程中，宗教文化可谓源远流长。早在燕国时期，北京地区就有所谓"方士文化"。顾颉刚先生曾指出："方士的兴起本在战国时代的燕、齐地方，由于海上交通的发达，使得人们对于自然界发生了种种幻想，以为人类可以靠修炼而长生，取得和上帝同等的地位。"[6] 史载秦始皇第四次出巡就到过燕国旧地，

---

1 杨亦武编：《房山碑刻通志》卷二，北京：学苑出版社，2018年，第78页。
2 苏天爵：《滋溪文稿》卷一九，北京：中华书局，1997年，第319—321页。
3 （明）宋濂、王祎：《元史·百官志》，北京：中华书局，1976年，第2157页。
4 参见李扬：《京西地区的山神信仰研究》（未刊稿）。
5 尹钧科、吴文涛：《历史上的永定河与北京》，北京：北京燕山出版社，2005年。
6 顾颉刚：《秦汉的方士与儒生》，上海：上海人民出版社，2005年，序。

大约经今太行山东麓北上，渡治水至蓟城。治水就是今天的永定河。此次巡游到达碣石："（秦始皇）三十二年，始皇之碣石，使燕人卢生求羡门、高誓。刻碣石门。"[1] 可知此地早有丰富的方士文化与谶纬观念的土壤。当然，后世这一地区宗教的发展与秦汉时期的情况是否有承继关系，目前并不清楚。

我们可以在西山永定河文化带看到北朝以来佛教传播的遗迹，如海淀苏家坨镇车耳营村建于北魏太和二十三年（499）的造像，为北京地区现存年代最早、文物价值最高的彩绘石佛像（现藏首都博物馆）；房山燕山地区迎风中路14号燕山公园内发现的北齐河清三年（564）摩崖造像是目前北京地区发现有明确年代题记的最早的摩崖造像。隋代智泉寺僧人静琬在幽州北山刻石板经，唐代在此基础上建云居寺，此后经辽金元明清历代不断建设与刊刻石经，留下唐至明清的大量佛塔、佛像以及众多善本佛经以及最早的大藏经之一的《契丹大藏经》。此外，门头沟的潭柘寺与戒台寺、房山孔水洞万佛堂等寺院也是北京隋唐以来西山地区佛教发展的代表。此外还有房山景教十字寺遗址、谷积山灵鹫禅寺、良乡多宝佛塔、天开寺，门头沟的灵严寺、双林寺、龙王观音禅林大殿等。可以说，北京地区辽金元时期的佛教寺院绝大多数都在西山永定河文化带，使这一地区形成了独特的社会文化特色。我们确信，在隋唐尤其是辽金时期，佛教在西山永定河地区的开发与社会秩序的重建过程中扮演了十分重要的角色，房山大量辽金以来的石刻碑文与寺庙遗址都充分说明了这一点。

金元以来道教与藏传佛教因统治者的推崇与民众信仰诉求又得到了极大发展，明清时期更是达到高峰，这表现为京城皇家文化、士大夫文化和民间文化三者汇聚交集的空间，是其他区域文化极为少见的特色。其中，元明清藏传佛教寺院大多是在辽金寺院和元代旧寺的基础上发展起来的，如西山大觉寺、潭柘寺、戒台寺皆辽代故寺，寺门朝向东方；真觉寺或在元代高梁河寺的遗址上兴建，这就构成了以佛教建筑为地标的北京社会发展史。房山、门头沟与石景山及海淀等地形成大批寺庙建筑群，如房山上方山诸寺、谷积庵东舍利石塔；石景山的法海寺及西山八大处寺庙群；门头沟太清观与妙峰山娘娘庙；海淀区的真觉寺、慈寿寺塔、摩诃庵、碧云寺及其金刚宝座塔和罗汉堂以及三山五园的寺庙建筑群等，形成西山独特的宗教文化带。而且皇室与宦官、朝廷官员、商人与民众等广泛参与其间，形成与政治、社会的紧密互动。大量寺庙的兴建也推动了民间宗教的发展，朝山进香更成为中国现代民俗学研究的重要议题。妙峰山香道、天泰山香道、芦潭御道等见证了清代以来北京民间信仰的活跃状态，是我们理解明清时期国家与社会关系的极佳切入口。

纵观西山永定河地区的历史演变，"北京湾"的地理环境背景与区位特点决定了

---

[1] （西汉）司马迁：《史记·秦始皇本纪》，北京：中华书局，1982年，第251页。

其面向内陆与海洋的过渡地带特色，此后也即是农耕文化与游牧文化的过渡地带，正如美国学者拉铁摩尔所谓的"内陆边疆"。这也决定了西山永定河文化带处于这一"内陆边疆"的范畴之内。西周燕国奠定了北京早期文明的基础，而从司马迁《史记》中的经济区划来看，燕国仍然处于"面山"与"向海"两种经济模式之间。这种特色随着北京作为都城的崛起而逐渐弱化，行政中心地位的加强提高了北京汲取资源的能力，人口的迅速增加、都城与陵墓、宫苑的兴修、水利与漕运建设使得北京逐渐成为以消费性为主的城市。这种转变极大改变了北京周边的环境生态、人地关系以及民众的生计模式，自金元直至明清时期达到顶峰。金陵的建设、房山县的前身奉先县的设置、元代以来西山周边森林的砍伐、煤炭开采、明清时期房山大石窝与门头沟矿业的开发以及永定河流域生态的剧烈变迁等都是鲜明的例证。这也正是西山永定河文化带自金元以来持续发展变化的历史逻辑。

宗教的发展是西山永定河文化带发展的另外一条重要线索。虽然北京地区的宗教如佛教发展晚于中原地区，但至少自隋唐以来，历代统治者均重视宗教建设，都城内与周边郊区的寺庙宫观并行发展，尤其以西山地区最为发达。金元以来随着统治者的重视，各类宗教蓬勃发展，民间宗教也异常活跃，国家与社会的多元互动在西山地区透过宗教活动得以充分展现。我们认为，这二者共同构成了西山文化带的"文化层累"，如果说地理环境与生态变迁造就了西山永定河文化带的物质文明基础，那么宗教文化带的形成则是西山永定河地区精神文明的重要载体，数百年延绵不绝。二者和谐共生，共同形塑了西山永定河文化带的历史文化谱系。

## 三、三个文化带之中的西山永定河文化带

在《北京城市总体规划（2016年—2035年）》中，"西山永定河文化带"被定位为历史文化名城保护体系的组成部分之一，与长城文化带、大运河文化带一起，构成京郊的"三大文化带"。三个文化带首尾相连，将京城包围其中，事实上形成了京城四郊的环形文化圈：长城在北、运河在东，西山最高峰的灵山—百花山—白草畔一线正是北京西界，而永定河在北京境内的南段则勾勒出京南边缘。西山永定河文化带，基本上意味着北京西—南郊畿的文化圈。同时，这三个文化带又不只是空间的呈现，它们之间也构成了一个时间的过程，即西山永定河文化带主要呈现的是一个长时段的、特别是中古时期及以前的北京史，大运河文化带和长城文化带更集中呈现的是中古时期，特别是明清以降的北京史。

京城四郊，既贯通交流又各有不同，这是历代北京书写者早就注意到并不断强调的特点。元代以后，各色"大都赋""北京赋"和"皇都赋"成为固定文类，它们承汉代上林赋之文体，咏当下京城之壮丽，无不历数四郊景观，塑造了关于京畿文化的想象图示：东郊运河连海通杭、百货云集，是财富的集散地；北郊长城矗乎云表、镇扼朔漠，象征着边关永固；西郊重山叠翠，润泽皇阙，确乎大地上一幅真实的山水画；南郊督亢丰腴、海子蕃育，正是《诗经》所说"经始灵台"的具象表达。站在今天的立场上看，这些说法毫无疑问是以偏概全的，抹杀了文化带内部的差异性与多样性。例如，受永定河润泽而形成的南海子周边区域，既有历代垦殖的嘉蔬沃壤，也不乏洪泛造成的贫瘠沙地。但我们也无可否认，四郊的确各有特色，古人所建构的文化图示不仅是对当时情况的总结，也为后世历史的发展提供了蓝图。他们的总结为我们今天理解西山永定河文化带与其他两大文化带的联系与区别，提供了进一步思考的基础。

三个文化带环绕京师，作为北京城市周边的带状区，它们必然首先具有文化上的共性，对它们各自特性的讨论，需基于此种共性方能进行。站在一个比较长的历史时段来看，三个文化带的共性也许可以归纳为以下三方面。

首先，三个文化带都是以京城为中心的供应链。大运河是东南漕运的基础，它肇始于春秋，贯通于隋朝，鼎盛于明清，将作为政治中心的北京和作为经济中心的长江中下游地区一水相连，历来是南北交通的大动脉、国家统一的经济线和财富流通的大通道。较少提及的是，长城与西山事实上也扮演着京城供应链的角色。明代重修长城后，京畿长城上的镇扼关锁紫荆关、居庸关与山海关，西控太行八陉之军都陉和蒲阴陉，东扼东北交通之咽喉要津，成为关外货物运送北京的必经之路。这一经济通道至少在隋唐时已基本成型。唐武宗会昌元年（841）蓟州军吏吴仲舒至京师请节钺平叛，称："幽州粮食皆在妫州及北边七镇。万一未能入，则据居庸关，绝其粮道，幽州自困矣。"[1]说的就是长城关沟一线对于北京粮食供应的重要性。而西山中的"西山大路"更是一条"乌金之路"。清同治十一年（1872）西山几十村落共同捐资整修西山大路，为此所立《西山大路碑》中开头就说："西山一带仰赖乌金以资生理，而京师炊爨之用，尤不可缺，道路忽尔梗塞，各行生计攸关。"关于这条煤炭供应链的西山大路，本报告在第一章第三节中有较为详细的说明。

其次，三个文化带的形成或多或少都带有战争的底色，这是由北京的地理位置所决定的。北京地处华北平原北部，位于东亚大陆第二级阶梯隐入东部大平原的边缘，其东北到西南一线基本与400毫米等降雨线和胡焕庸线重合，是华夏中国与草原中国交错的前线。正如拉铁摩尔所说，环境分界线造成政治与社会发展的地理边界，从大

---

[1]（宋）司马光：《资治通鉴》卷二四六，北京：中华书局，1956年，第7963页。

的时空格局来看，这一区域的确是政治军事和文明长期冲突的地区。这些冲突不仅为北京造就了上谷突骑、幽州骑射、山后八军等历史中的英名，更留下了汉匈战场"大寒岭"、杨无敌庙、拒马河边古战场等遗迹。长期共有的战争记忆凝聚在战场遗迹中，使之成为塑造集体文化的"记忆之场"，以它们为中心，大量口传叙事被创造、传承并层垒至今。一个最典型的代表就是名列国家级非物质文化遗产代表性项目名录的"杨家将（穆桂英）故事"，它在三大文化带中都有广泛分布，并往往与战场遗迹及其记忆有关。本报告在第一章物质文化遗产中涉及这些遗址遗迹，并在非物质文化遗产报告部分提及了"杨家将（穆桂英）故事"的搜集研究情况。将这两类遗产分开是出于写作布局的需要，事实上我们深知，民间故事的传承无法离开物质性的印迹，这也是当前非遗保护中尚未注意到的关键问题。还值得一提的是大运河，它作为华夏文明腹地的大动脉，通常很少与战争联系起来。但如果我们还记得，隋炀帝修大运河的最初目的就是发兵征辽，使"器械资储皆积于涿郡。涿郡人物殷阜，屯兵数万"[1]，我们就不难理解大运河与战争的关系。

最后，三个文化带既是对峙地带，又是交流通道，这使得它们都具有文明走廊的性质。以青藏高原东缘为中心，北边的祁连山—贺兰山—阴山—大兴安岭一线，向南延伸的横断山脉及其邻近高地，共同构成一道半月形区域，童恩正先生称其为"半月形文化传播带"。杰西卡·罗森（Jessica Rawson）受其启发，指出这道"中国弧"是理解先秦时期中西文化交流的关键。而北京，正位于这道弧线的北方地区中间，东西文明历来经由这里交往互通。石景山古城村出土吐蕃禄东赞六世孙墓葬，门头沟辽墓壁画是中国食用西瓜的最早证据之一，都是这种交流的证明。更重要的是，蒙古高原南缘的河流在山间冲刷沉积出一个个小盆地，既造就出相对隔绝的生存环境，又为长城内外来来往往的族群提供了和平共处与融合发展的小天地。正是在这种环境中，当地族群既可以在峡谷间耕作农业，也善挽硬弓牧牛羊，这种天然的混杂性直到今天仍有表达。例如，永定河支流清水河畔台地上的东胡林人，早在新石器时代就开始利用和食用粟黍，而仅仅一山之隔的斋堂沿河城地区村落，就历来以山羊牧养和山果采集作为主要生计来源。大运河通州段的龙王庙，既有源自南宋江淮的金龙大王，亦有带有明显萨满教特色的柳仙蛇神，这也是文化混杂性的例证。

但是，西山永定河文化带与其他两个文化带的差异也是相当明显的。最直观的差别就是，长城与大运河都是人造物，而西山和永定河却非人力所为。如果说另外两大文化带首先是人类活动在大地上造成的印迹，那么正是在西山与永定河这山水攸系的关系中，北京城才确定了它的形态与位置。换句话说，如果人类活动在长城与运河文

---

[1] （宋）司马光：《资治通鉴》卷一八三，北京：中华书局，1956年，第5703页。

化带中居于核心地位的话，西山永定河文化带则更突出反映了"地球生命共同体"的特点。人类文化只能在自然环境的框架中才能展开，其表现形式可以归结为以下四个方面：

第一，山河互构，地理环境富于变化，因此形成了高度多样性的生计方式与文化表象。西山如皇居之右胁延展而南，"磅礴数千里，林麓苍黝，溪涧镂错，其中物产甚饶，古称神皋隩区也"[1]。永定河发源于山西省宁武县管涔山天池，出西山后冲积形成北京湾平原，随后转而向东，最终汇入渤海。从海拔2300多米的东灵山陡然过渡到海拔-80米的冲积平原，在总面积约5000平方千米的西山永定河文化带范围内，集合了高山草甸、曲流峡谷、浅山丘陵、冲积平原、盐碱沙地、潜水溢出带与湿地沼泽等若干地貌，农、林、牧、矿、猎等各种生计方式几乎都能在这里找到影子，相应也就造成高度的文化多样性。本报告中提到的非物质文化遗产项目既多且杂，尚未得到关注与搜集的非遗资料如恒河沙数般不可计数，更难以清晰归纳并分类，亦与这种高度丰富的文化多样性有关。

第二，山河相连，直接决定了人类聚落位置尤其是城市选址，这造成文化的层垒性特征明显。大规模人类活动不能离开永定河水源，也不能离开西山的物产养育，还离不开河水在山间和平原形成的交通条件。永定河既为北京湾提供了地下水源，平原上密布的河网又构成南来北往的天然障碍。只有华北平原的西部边缘，也就是太行山东麓的南北一线高地，便于形成横跨永定河的渡口，因此成为人们进入华北平原以北地区的必经之路。城市只能选址于永定河畔渡口，较大聚落也只能存在于永定河支流附近，这导致这一文化带内的文化遗迹特别丰富，文化层垒性相当明显。举世闻名的周口店直立人遗址表明，在距今60万至20万年间，房山的浅山地带已有早期人类活动。到了晚期智人阶段，山顶洞人再次选择在这里繁衍生息。房山区塔照村与镇江营村的遗址中，夏家店下层文化遗存被叠压在殷商时期的先燕土著文化层之下，且二者之间有明显影响的痕迹。这是早期西山地区人类活动即有明显层垒性的两个例子。从整个西山永定河文化带范围来看，重要遗产从商代至今从未断绝：商代房山刘李店墓葬，西周琉璃河燕都，春秋战国燕中都窦店古城、丁家洼遗址，汉代良乡、广阳古城、大葆台汉墓，以至魏晋以后西山腹地大量存留的石刻、长城、墓葬、壁画、庙宇等各类文物，都清楚表明西山永定河文化具有很强的生命力与连续性。本报告附录中提供了丰台、房山、石景山、大兴和门头沟五个区的碑刻目录全编，共涉及石刻2300余种，时间上起东汉元兴元年（105），下迄2007年，绵延将近2000年，是这种历史连续性的有力证明。在本报告第三章第三节中，将对这些碑刻资料来源及性质进行详细说明。

---

1 （清）于敏中：《日下旧闻考》，北京：北京古籍出版社，2001年，第1673页。

第三，山水如画，景观多样而奇特，这使得西山永定河文化具有明显的超越性气质。在中国传统文化中，山水是大地上的超越之地，当"逝者如斯夫，不舍昼夜"启发孔子关于生命与时间的永恒命题，"巍巍不动如泰山"则赋予短暂人世以想象永恒的具象图景。故此，西山永定河文化带内不仅历来多古寺，亦是北京城市居民理想的"西天乐土"与"洞天福地"。明嘉靖年间吏部尚书郑善夫《西山杂诗》中说："西山五百寺，多傍北邙岑。土木春岩尽，楼台海雾深。僧皆传玉食，地更垒黄金。纵目翻愁极，长安岁岁阴。"清初陆嘉淑认为，"西山五百寺"这一数字远低于实际情况，盖明嘉靖以后"增建益多，难以更仆数矣"[1]。丘处机之后继任全真掌教的李志常，曾派其弟子遍访京师神仙洞府，所得三处洞天福地，皆在房山大石河畔的群山石洞之中。至于西山永定河范围内的历代墓葬、墓地与坟茔，更是不胜枚举。本报告第一章中将对其中部分寺庙、墓地与遗址加以介绍。有理由认为，本文化带内久负盛名的庙会文化，至少部分地与墓地聚集人群和处理死亡的仪式有关。关于这些庙会的分布与分类情况，亦可参见本报告第二章内相关内容。

第四，山川宝藏，是近代工业首先在此落地生根的决定性因素。在现代工业对自然生态造成破坏之后，西山永定河文化带也成为北京最早开始大规模生态转型的地区。西山富蕴矿藏，有"燕石"之称的汉白玉早在战国时期已名满天下，辽代京西已有采煤、烧瓷、开矿的确凿证据。到元代时，西山煤业相当兴盛，《析津志》不仅记载了专门的煤市和煤行经纪，还有不同价格和品质的煤炭体系。以丰富的煤矿储量与长期开采历史作为基础，清政府选择了京西作为最早引进西方机器、推行洋务运动的试点区域。1872年京西通兴煤矿（门头沟煤矿前身）创办，它也是北京地区最早引入蒸汽动力装置的工矿企业。随后，西山永定河文化带见证了中国近代工业史上的无数第一：通兴煤矿改由中美合办，成为国内第一个引进外资的煤矿企业。1897年，北京第一个火车站——马家堡火车站在南苑建成。1899年，德国西门子公司在南苑修建了第一条有轨电车交通线。1919年3月，段祺瑞政府在石景山组建"龙烟铁矿附属石景山炼铁厂"，这是华北地区最早的近现代钢铁企业。在长辛店爆发的京汉铁路工人大罢工，是中国共产党领导的第一次工人运动的高潮顶点。丰富的近现代工业遗产，同样是西山永定河文化带历史文化遗产中不可忽视的部分，只是由于篇幅原因，本年度报告内未予呈现，姑待日后加以补充。进入21世纪以后，在"两山精神"的指导下，西山永定河文化带内实施了包括全面关停矿山、关闭各类窑口灰厂、实施永定河补水工程等一系列生态政策。伴随着这些生态措施的推进，房山大石窝石作技艺、煤窑习俗等一大批民俗事象成为真正意义上濒临失传、急需保护的非物质文化遗产。本年度报告中提及了这类

---

[1] （清）于敏中：《日下旧闻考》，北京：北京古籍出版社，2001年，第1757页。

抢救性保护工作的急切性和紧迫性，但尚未充分展开。在今后的调查中，我们将就此类遗产倾注更大精力，并形成专题报告。

在漫长的历史过程中，西山永定河文化带曾经作为人类生存和早期城市的摇篮与屏障，也成为北方民族政权进入中原王朝序列的立足点。随着中国东南地区的经济文化繁荣，使得北京的发展重心向东转移，这一地区的经济文化脚步变得迟缓，但却从未丧失其区位特色。到今天的生态文明时代，具有"畿甸山河"优势的这一地区，将以北京地区最悠久、最深厚、最多样的历史文化层累，为北京的未来发展提供丰富多彩的资源。

# 第一章　物质文化遗产编

## 第一节　西山永定河文化带物质文化遗产调查概述

本章是"西山永定河文化带历史文化资源普查"项目中物质文化遗产普查成果概述。物质文化遗产资源是以物质形态表现出来的文化遗产资源，其普查是西山永定河文化带文化内涵外显化的载体调查工作，是北京推进全国文化中心建设，构建历史文化名城保护体系的重要工作内容之一。作为北京三条文化带之一的西山永定河文化带目前研究工作推进较快，北京社会科学院、北京市文物局与北京联合大学等单位曾共同就西山永定河历史文化遗存进行挖掘，并开展北京西山永定河文化高峰论坛以扩大探讨交流范围。北京联合大学应用文理学院课题组在《规划》中统计西山文化带目前有世界文化遗产2处，国家重点文物保护单位27处，市级文物保护单位47处，区级文物保护单位15处，国家森林公园8处，中国历史文化名村4处，入选中国传统村落名录16处，这一初步统计并不完整。总体上看，西山永定河文化带相关地区文化资源研究有一定基础，成果形式多样，但研究视角较为分散，对文化带内涵挖掘不足。

本课题组首先对"物质文化遗产"（Material Cultural Heritage，以下简称物质遗产）概念予以界定。当前国内外立法文件中没有对物质遗产的内涵及外延进行一致性规定，不同部门不同文件都有所差别。[1]联合国教科文组织（UNESCO）虽然没有明确世界遗产的定义，但设定了范围：遗产是指人类罕见的、目前无法代替的财富，是全人类公认的具有突出意义和普遍价值的文物古迹和自然景观。并分为了四大类：文化遗产、自然遗产、文化与自然双重遗产或文化景观及其他形式的世界遗产（主要包括线性遗产、人类口述和非物质遗产、世界记忆遗产、世界农业遗产、世界湿地遗产等）。世界遗

---

1　段济秦：《物质文化遗产概念的法律界定》，《中国文物科学研究》2019年第1期，第26—34页。

产的分类根据形态分为物质文化遗产（文化遗产、文化和自然双重遗产、记忆遗产等）和非物质文化遗产，即有形和无形文化遗产。文化遗产主要包括纪念地、建筑群及遗址。由于文化遗产内涵是历史上形成的，主要是人为因素干扰形成的结果，而自然遗产是因自然力作用而形成，因而"物质遗产"不包括自然遗产。

在国内，2005年国务院将物质文化遗产定义为具有历史、艺术和科学价值的文物并分为三大类，包括古遗址、古墓葬、古建筑等不可移动文物，历史上各时代的重要事物、艺术品、手稿等可移动文物，以及在建筑式样、分布均匀或与环境景观结合方面具有突出普遍价值的历史文化名城（街区、村镇）。[1]而在2017年《文物保护法》修正本中的划分更为简要、可辨识化。物质文化遗产被分为五大类，包括：①具有历史、艺术、科学价值的古文化遗址、古墓葬、古建筑、石窟寺和石刻、壁画；②与重大历史事件、革命运动或者著名人物有关的以及具有重要纪念意义、教育意义或者史料价值的近代现代重要史迹、实物、代表性建筑；③历史上各时代珍贵的艺术品、工艺美术品；④历史上各时代重要的文献资料以及具有历史、艺术、科学价值的手稿和图书资料等；⑤反映历史上各时代、各民族社会制度、社会生产、社会生活的代表性实物。

项目组依照UNESCO对世界遗产的范围设定，结合《文物保护法》中的划分对西山永定河文化带物质文化遗产进行普查。同时在文化和旅游部、住房和城乡建设部、自然资源部、水利部、生态环境部等部门对物质遗产的分类基础上，按类别属性进行合并，将物质文化遗产整合为三大类：遗址遗迹类、文化景观类和古代建筑类。其中文化景观类在分报告中分成文化线路、传统村落和园林遗产三个细类具体普查概述，古代建筑类以寺庙类建筑为例进行详细说明。

西山永定河文化带物质遗产包含遗产要素、文化类型、地理要素等信息，反映出文化带的功能指向和文化主题，以此作为遗产资源的统计分析基础内容进行普查。普查工作分两个调查阶段：第一个阶段，搜集目前已公布在各政府部门保护名单的遗产资源，进行现场走访。尽管有《规划》范围定义可依托，但文化带具体的边界范围一直存在争议，有学者认为是昌平、海淀、石景山、丰台、门头沟和房山六区[2]，在北京市对永定河覆盖行政区界定中除上述六区外还包括延庆和大兴区共八区。基于《规划》范围定义和文化资源调查可行性，本次调查研究范围涉及昌平、海淀、石景山、丰台、门头沟、房山和大兴七个城区。

第二个阶段，根据文献现有记载未被列入保护名单里的物质遗产进行搜罗。目前本报告针对第一阶段的搜集结果进行概述。已被政府列入保护名单的物质遗产中，国

---

[1] 《国务院关于加强文化遗产保护的通知》，中国政府网，2005年12月22日。
[2] 温宗勇、曹雨傲、邢晓娟、娄维思、穆海音：《图观北京之西山永定河文化带》，《北京规划建设》2020年第6期，第133–143页。

家级有 111 个，北京市级有 116 个，区级有 268 个。通过统计西山永定河文化带物质遗产各类资源的数目，并落位于空间上，分析得到不同遗产类型的空间分布特征：资源的空间分布比较依赖于所处的地形地势、水系道路等自然要素，密集分布于地势平坦的地区，而这些地区往往是城市的中心或区中心，即便在山谷地带，资源点也如沙漠中汲取水分的根系，多分布在地势相对平坦的沟谷或半山。西山永定河文化带拥有自然山水文化、宗教文化、园林文化、古村落文化、军事防御文化等丰富的文化类型，这些文化内涵都可从不同区域物质遗产的特征属性表现出来。本报告依据现存物质遗产点的空间分布特征，将西山永定河文化带分成海淀核心文化区、妙峰山—九龙山文化区、白沟河上游文化区、大房山东麓文化区、斋堂川文化区和军都山南麓文化区这六大文化区。

## 一、不可移动文物资源统计与空间分布特征分析

### （一）各类遗产统计学特征

项目组将物质遗产分为遗址遗迹类、文化景观类和古代建筑类三大类别。按照《文物保护法》的划分类型，将古遗址、古墓葬、石窟寺、石刻、壁画、历史纪念建筑、近现代重要史迹及代表性建筑归为遗址遗迹类，由于古建筑类遗产数目庞大，将其单独分出历史纪念建筑物和水利景观两类，此处单独简述文化景观类型的内涵和来由。"文化景观"是遗产保护学、历史地理学、风景园林学、城乡规划学等领域研究的重点内容，美国地理学家 C.O. 索尔首次明确定义了文化景观，即"附加在自然景观上的人类活动形态"，1992 年，文化景观正式确立为世界文化遗产的特殊类型。与遗址遗迹和古代建筑类遗产相比，文化景观类遗产更为突出在面积上的广袤和物质上的自然生态两方面。

**表 1.1.1　区级以上物质文化遗产数目统计**

| 类别 | 细类 | 数目 | 占比 |
|---|---|---|---|
| 遗址遗迹遗产 | 古墓葬 | 29 | 15.18% |
|  | 古遗址 | 36 | 18.85% |
|  | 石窟寺及石刻 | 29 | 15.18% |
|  | 近现代重要史迹及代表性建筑 | 51 | 26.70% |
|  | 长城点 | 46 | 24.08% |
|  | 合计 | 191 | 36.66% |

续表

| 类别 | 细类 | 数目 | 占比 |
|---|---|---|---|
| 遗址遗迹遗产 | 农业景观 | 2 | 2.53% |
|  | 历史文化村镇 | 28 | 35.44% |
|  | 公共园林 | 49 | 62.03% |
|  | 合计 | 79 | 15.16% |
| 遗址遗迹遗产 | 古建筑 | 238 | 94.82% |
|  | 古建筑及历史纪念建筑物 | 12 | 4.78% |
|  | 水利景观 | 1 | 0.40% |
|  | 合计 | 251 | 48.18% |

表1.1.2 各类区级以上物质文化遗产申报级别占比统计

| 遗产类型 | 国家级 | 市级 | 区级 |
|---|---|---|---|
| 公共园林 | 12 | 16 | 21 |
| 古建筑 | 32 | 41 | 165 |
| 古建筑及历史纪念建筑物 | 3 | 7 | 2 |
| 古墓葬 | 3 | 8 | 18 |
| 古遗址 | 7 | 8 | 21 |
| 近现代重要史迹及代表性建筑 | 9 | 13 | 29 |
| 历史文化村镇 | 17 | 11 | 0 |
| 农业景观 | 2 | 0 | 0 |
| 石窟寺及石刻 | 0 | 6 | 23 |
| 长城点 | 46 | 0 | 0 |
| 水利景观 | 1 | 0 | 0 |
| 其他 | 0 | 1 | 7 |
| 合计 | 132 | 111 | 286 |
| 占比 | 24.95% | 20.98% | 54.06% |

说明：表1.1.1与表1.1.2中占比是指该单项遗产占西山永定河地区的区级以上物质文化遗产数量的比例。本统计主要通过查询各区文保单位、官网获得。

西山永定河物质遗产目前统计共有529个，其中遗址遗迹类有191个，占比36.66%，比重最多；文化景观类有79个，占比15.16%，占比最少；古代建筑类有251个，占比45.5%，比重最多。在遗址遗迹类遗产中，各细类数目构成和占该类比重大致相同，文化景观类遗产中公共园林资源占大多数，占比62.03%；古代建筑类遗产中古建筑资源占绝大多数，达94.82%。

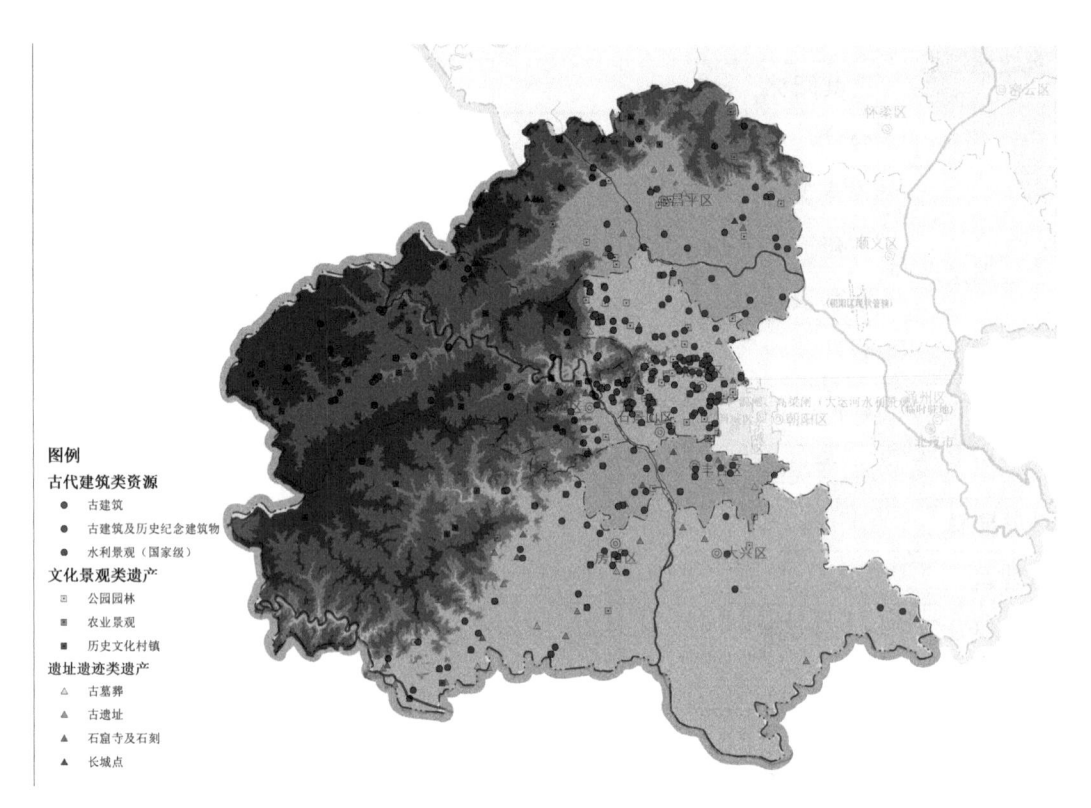

图 1.1.1　西山永定河物质文化遗产资源分布图

图 1.1.1 的底图来源于北京天地图全市域图，比例尺 1∶100 万，审图号：京 S（2022）019 号。

在文化带中不同保护级别的资源占比不一（见图 1.1.1），区级保护的资源数目最大，国家级和市级资源数目大致相当。国家级不可移动文物资源有 132 个，占比 24.95%，北京市级则有 111 个，占比 20.98%，区级有 286 个，占比 54.06%。其中，国家级遗产最多的类型为长城类资源，其次为古建筑类，而水利景观类资源和石窟寺及石刻数目最少，前者仅有 1 处，国家级的石窟寺及石刻目前数目为 0。市级遗产中，古建筑占比最大，其次是公共园林和古建筑，但暂无市级的农业景观、长城点和水利景观类遗产资源。区级遗产中古建筑类数目占其中一半以上，但历史文化村镇、农业景观、长城点和水利景观类遗产资源数目为 0。总体上古建筑在三个保护级别保护申报成果相对较多，但历史文化村镇、长城点、水利景观和农业景观类遗产资源尚未得到重视，缺乏不同级别保护申报工作。

（二）各类遗产空间分布特征

表1.1.3　各行政区区级以上物质文化遗产资源统计

| 资源类型 | 昌平区 | 大兴区 | 房山区 | 丰台区 | 海淀区 | 门头沟区 | 石景山区 |
|---|---|---|---|---|---|---|---|
| 公共园林 | 19 | 1 | 3 | 1 | 22 | 2 | 1 |
| 古建筑 | 0 | 4 | 33 | 17 | 94 | 62 | 28 |
| 古建筑及历史纪念建筑物 | 0 | 0 | 3 | 0 | 9 | 0 | 0 |
| 古墓葬 | 0 | 0 | 5 | 2 | 16 | 4 | 2 |
| 古遗址 | 0 | 4 | 12 | 3 | 8 | 9 | 0 |
| 近现代重要史迹及代表性建筑 | 0 | 0 | 13 | 3 | 19 | 14 | 2 |
| 历史文化村镇 | 5 | 0 | 6 | 0 | 2 | 14 | 1 |
| 农业景观 | 0 | 0 | 1 | 0 | 1 | 0 | 0 |
| 合计 | 43 | 10 | 88 | 32 | 177 | 141 | 38 |
| 占比 | 8.13% | 1.89% | 16.64% | 6.05% | 33.46% | 26.65% | 7.18% |

表1.1.4　各行政区区级以上物质文化遗产资源统计

| 等级级别 | 昌平区 | 大兴区 | 房山区 | 丰台区 | 海淀区 | 门头沟区 | 石景山区 |
|---|---|---|---|---|---|---|---|
| 国家级 | 22 | 0 | 19 | 5 | 30 | 53 | 3 |
| 市级 | 5 | 3 | 22 | 8 | 42 | 16 | 15 |
| 区级 | 16 | 7 | 47 | 19 | 105 | 72 | 20 |
| 合计 | 43 | 10 | 88 | 32 | 177 | 141 | 38 |
| 占比 | 8.13% | 1.89% | 16.64% | 6.05% | 33.46% | 26.65% | 7.18% |

海淀区有着数目最多、类别最为丰富且等级高的遗产，共有177处，占比33.46%，其中国家级遗产有30处。门头沟区有141处，占比26.65%，蕴含丰富的古建筑、长城点和历史文化村镇类遗产资源，并且拥有最多的国家级遗产，共有53处，占比40.15%。房山区则有88处，占比16.64%。石景山区、昌平区和丰台区物质遗产留存较少，分别占比7.18%、8.13%和6.05%。大兴区物质遗产数目最少且等级低，仅有10处遗产资源，占比1.89%。物质遗产主要集中分布在区域中心海淀区和门头沟区东部范围内；而在文化带边缘地区，即门头沟区西部范围和房山区西南部也呈现出小集中之势。

利用ArcGIS10.2核密度分析工具对西山文化带整体的物质遗产进行核密度分析，

可以直观反映出资源点在连续区域内的分布情况。区级以上遗产资源在西山永定河文化带内形成"一核一环四带"的空间分布形态。在海淀区南部分布有最为密集的遗产资源点，聚集形成文化带的核心；而在海淀区北部、门头沟东部和丰台区围绕核心分布较为密集的资源点，如同核心的环；在房山区西南向、门头沟西向、昌平区东西向形成四条密集带。

## 二、西山永定河文化分区

通过文化分区可以更好地理解西山永定河的遗产文化内涵特征。文化带中蕴含文化遗存类型十分丰富，其中，海淀、门头沟、房山均是北京市文物大区，有以"三山五园"为代表的皇家园林，金陵、景泰陵为代表的墓葬文化，以潭柘寺、大觉寺为代表的宗教文化，以妙峰山为代表的民俗文化，以爨底下、灵水、三家店、琉璃渠为代表的古村落文化，以北魏造像为代表的石刻文化，以霞云岭、挺进军司令部、双清别墅为代表的红色文化等。结合物质遗产的聚集分布空间形态特征、山形地势以及水系道路地理特征进行聚合归纳分析，西山永定河物质遗产的文化分区可初见雏形。

### （一）文化分区依据及结果

以西山永定河文化带的山形地貌、水系走向（见总论部分），以及道路走向特征三类自然基础条件特征作为文化分区依据。道路走向特征方面，海淀区、石景山区、丰台区，以及房山区与大兴区部分处于六环绕城高速公路范围内，行政区之间通过交通环线快速联系，门头沟通过京西深山走廊109国道东西向联系市中心。房山区则通过东西向108国道、西南向京昆高速和京港澳高速联系市中心。大兴区则通过大广高速和京台高速两条主要南北向道路连接环线进行南北联系。昌平区通过京礼高速和京新高速两条主要南北向道路联系区域内部。除了主要高速线外，城市主干道、次干道和支路也是区域内部联系的重要毛细血管，为此对这些城市道路进行分布核密度分析，研究范围内的道路交通走向特征，可概括为"东密西疏""纵繁横稀"。道路的密集度与地形地势有很大关系，东部平原地区海淀区、石景山区、丰台区、大兴区和昌平区南部集中分布了整个研究区最为密集的道路交通，西部山地地区的道路分布则十分稀少，总体沿山谷山沟建设横向联系的道路。结合区级以上遗产分布核密度结果，西山永定河文化带的物质遗产在六片区域簇拥成团，并与区域地理水系文化特征有着紧密的关系，最终将西山永定河文化带分为六个文化区（见图1.1.2）：海淀核心文化区、妙峰山—九龙山文化区、白沟河上游文化区、大房山东麓文化区、斋堂川文化区和军都山南麓文化区。

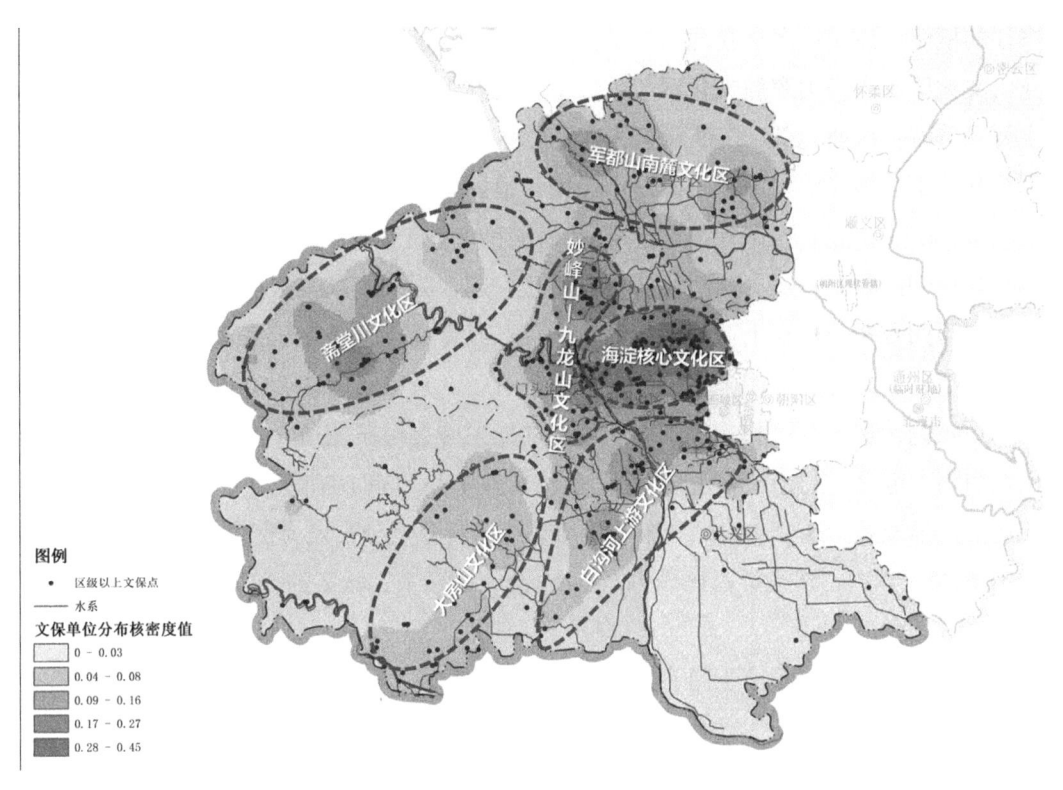

图 1.1.2　文化分区示意图

### （二）文化分区特征

#### 1. 海淀核心文化区

物质遗产最集中的区域在海淀区沿高梁河水系和其北侧的温榆河支流清河流域，从永定河出山口三家店向东一直到海淀区东界，涵盖海淀区南部、石景山北部和丰台西部。文化区地势平坦、交通网络发达，处于北京老城西北郊范围。早在辽代时就建立了玉泉山行宫；金中都时期，又修建了香山行宫、金山行宫、芙蓉殿行宫。元大都修建时，引高梁河水系供给大都日常所用，更形成了该区密集的物质遗产点分布。此外，该地还蕴藏着深厚的红色革命文化，孙中山、李大钊曾在这里从事革命活动，一二·九运动、平津战役重要谈判都在这里发生。另外，此处模式口与麻峪曾是通往京西古道煤运的北、中支路分界点，是京西古道的重要链环，历史上古道商贾云集，驼队迤逦而行，颇为富庶。在此文化区中，分布有最密集的不可移动遗产资源点，共有157个，占比29.68%。其中古建筑类占比最多，有92个，占整个文化区的58.60%。海淀核心文化区具有浓厚的皇家园林文化，以"三山五园"为首的皇家园林遗产是该地区的明显特点。

#### 2. 妙峰山—九龙山文化区

太行山东麓南北大道穿过居庸关山海关等燕山孔道，是中原地区和塞外民族交通来往的枢纽，该交通大道在北京市域范围内被分成了南北两部分：分别是妙峰山—九龙山文化区和大房山东麓文化区。妙峰山—九龙山文化区可简称为两山文化区，该区主要涵盖海淀区西北部、门头沟区东部两个区域。该区处山体和平原交接地带，主要围绕九龙山、妙峰山和凤凰岭等浅山丘陵，遗产点密集分布在河道附近。此地庙会活动兴盛，妙峰山和九龙山皆有庙会。辽金时期称"上巳春游"，在妙峰山上建造释、道、儒不同信仰的殿宇；元、明两代庙会进一步兴起，明末建成娘娘庙；清至民国期间，每年农历四月初一日至十五日举行庙会，日以万计的香客络绎于途。庙会兴盛时期还有花会活动，并建设茶棚施茶施粥，目前仍有 130 余档民间花会遵循传统会规到妙峰山朝顶献艺，进香香道和一些茶棚遗址点如龙泉寺万缘茶棚留存至今。九龙山与妙峰山之间隔永定河，九龙山是明清以来门头沟煤业中心，同时也带动了手工业如陶瓷业、琉璃产业等发展。这个文化区分布不可移动遗产资源点分布较为密集，共有 89 个，占比 16.82%。其中古建筑类占比最多，有 51 个，占整个文化区的 57.30%。

3. 斋堂川文化区

斋堂川文化区主要位于门头沟区西部，永定河重要支流清水河河谷地带。此处虽远离北京城市中心，但自唐朝以来即为重要的军事道路[1]。西南可"通涿鹿、易州"；西北经沿河口、天津关通怀来、延庆；北行向阳口，经昌平白羊口长城可通居庸关等要塞。最迟在唐后期，此地交通已十分通达，南可到华北平原，西北通永定河主道，达山西蒙古塞外。北宋末年，宋金夹击辽南京，即由此行进入永定河主道，长驱入燕京。此后一年金军夺燕京，亦取道其北沟峪，足见此地交通区位的重要性。元顺帝时此处以大宁城为军备防守中心，沿永定河干支流的多条道路汇集于此，元末至明清斋堂又形成了采煤烧炭的重要采矿点。采煤业带动该地区发展出较为发达的经济和文化生活，如侯秀丽等人调查，"斋堂川村村有唱大戏的风俗"[2]，五十八村龙王大会也是该文化区的跨村联合求雨仪式。斋堂川也因此在永定河腹地形成了一个遗产点密集分布区。这个文化区不可移动遗产资源点分布共有 83 个，占比 15.50%。其中长城点和古建筑类占比最多，分别有 27 个和 25 个，占整个文化区的 32.53% 和 30.12%。

斋堂川文化区物质遗产点分布共有 132 个，占比 17.6%。其中古建筑类、长城点和历史文化村镇占比最多，分别有 56 个、27 个和 22 个，占整个文化区的 42.2%、20.5% 和 16.7%。丰富的长城遗址资源给该文化区带来厚实的防御军事文化内涵与特色。在明代为了防御北方外敌，沿长城设置重兵驻守，并对长城防线实施分区管理，形成

---

[1] 许辉：《永定河流域的交通文化》，吴文涛主编：《北京历史文化研究——永定河历史文化研究》2007 年第 7 期，北京：北京燕山出版社，第 103—117 页。
[2] 侯秀丽、刘德泉：《门头沟区的戏曲文化遗产》，吴文涛主编：《北京历史文化研究——永定河历史文化研究》2007 年第 7 期，北京：北京燕山出版社，第 190—204 页。

北方地区严密的防御体系，即九边十一镇[1]。九边是指建设于明成祖至明孝宗时期的九个重镇，包括辽东镇、宣府镇、大同镇、延绥镇、宁夏镇、甘肃镇、蓟州镇、山西镇和固原镇。明嘉靖年间，在北京西部地区和西北部地区增设真保镇和昌镇。每个镇内部署有不同规模的兵力，进而形成不同等级的城堡，城堡下还设有关口、烽火台、敌台等防御工程，整体形成以镇为单元、以城堡为载体的军事管理体系。京西永定河的上游流域属于真保镇的管辖范围，所以在该地区建设有大量的关口和敌台，并设有斋堂城、沿河城等城堡，这些城堡在历史的演变中虽已渐渐转化成村落，但仍保留有部分城堡形态。除了军事防御设施外，村落所在的天然险峻山水格局也一同组成军村军事防守的最基本要素。

4. 大房山东麓文化区

大房山东麓文化区位于房山区中部，拒马河与大石河之间，西邻绵亘数十里的大房山山脉。此处有着极为深厚的历史底蕴，以"龙的故乡"饮誉华夏。该文化区是太行山东麓南北大道的一部分。史前时期，"北京猿人"就在周口店龙骨山一带渔猎谋生。自新石器时期以来，此处就是文化遗址密布区：周成王封召公于燕地，即位于房山琉璃河镇董家林[2]；唐辽时期，此地已是村墅连绵[3]；至金朝又在此修建金太祖陵等金代帝陵十七座，金世宗封"大房山山神"为"保陵公"，并在附近驻军守陵；明朝帝君为震慑"金陵"王气，甚至派人掘损山体，割断金气"地脉"以图破坏山陵风水，此处陵地相关故事非常之多。清朝中后期，煤炭资源开发利用使得这一片地区尤其是南窖乡村人口激增，村民富庶，部分村落商贾云集，店铺林立，驼煤商队来往。随着人口的增加，民间活动如祈雨组织、花会活动也空前活跃，京城著名戏班也加入民间花会活动中，成为当时房山县一景[4]，留下密集的遗产点。这个文化区不可移动遗产资源点分布共有 43 个，占比 8.13%。其中古建筑类数目最多，共 15 个，占整个文化区的 34.88%；其次是古遗址，有 8 个，占整个文化区的 18.60%。

5. 白沟河上游文化区

白沟河上游文化区地跨永定河下游东西两岸，涵盖房山区东部、大兴区北部和丰台区。凉水河支流马草河穿过丰台区，小清河穿过房山区东部。历史上这里是古代交通大道，地处良乡与琉璃河之间的窦店村成为贯通南北的通衢大道，民间谚语"井对井、庙对庙、穿心碑、八股道"形象描述当年交通大干线的景象。在西周，燕国曾在琉璃

---

[1] 关达宇：《京西北地区明长城沿线防御聚落保护利用研究》，北京工业大学硕士学位论文，2019 年。
[2] 尹钧科主编：《北京建置沿革史》，北京：人民出版社，2008 年。
[3] 孙冬虎、许辉：《北京历史人文地理纲要》，北京：中国社会科学出版社，2016 年。
[4] 罗少华：《南窖乡民间文化艺术探究》，载《2011-2013 中国民间文化艺术之乡全集》，北京：中国戏剧出版社，2013 年，第 346—347 页。

村附近建立初都，留存西周、西汉诸侯墓地与城址宫殿，金中都遗址也在此处，彰显着北京城的发源与发展历史。此地属永定河下游河流泛滥淤积地带，明初山西山东移民多来此设屯耕种，形成"七十二座连营"的村落聚集景观。此外，这里亦有璀璨的近现代发展印记，卢沟桥、窦店志愿军烈士陵园等红色文化载体见证了地区抗战历史，良乡烈士陵园、原子能"一堆一器"旧址等遗产点记录了新中国成立之初国家现代科技建设的艰辛历程。这个文化区不可移动遗产资源点分布共有 63 个，占比 11.91%。其中古建筑类数目最多，共 31 个，占整个文化区的 49.21%；其次是近现代重要史迹及代表性建筑，有 11 个，占整个文化区的 17.46%。

6. 军都山南麓文化区

《金史》："中都（金首都，今北京广安门一带）之有居庸关，犹秦之有崤函，蜀之有剑门。"居庸关是首都西北的门户和屏障，关沟峡谷沟长谷深，自古就有"绝险""天险"之称，成为兵家必争之地。历史上在居庸关、八达岭一线留下过很多次战争的史迹，决定了中华民族的兴衰荣辱。

军都山南麓文化区主要涵盖昌平区中部。此处与北京市中心距离远，交通联系度不高，从怀柔水库南下的京密引水渠流入其中，另有十三陵水库和响潭水库流出的西北向水系，这些水系与关沟一同组成该文化区的主要水系结构。西北部山区以居庸关所处关沟为界，关沟又名军都陉，乃《吕氏春秋》之《有始》篇与《淮南子》之《地形》篇中都提到的"天下九塞"之一。它是北京去往怀来、宣化、内蒙古草原的天然通道，自古为兵家必争之地，见证了许多王朝的兴衰。太行与燕山两大山脉的交会构成了关沟雄奇险峻特殊地质剖面，也成就了依自然天险而成的居庸著名关口，成为两千多年北京的北门户。北齐在此建设有一段大岭沟长城，补全明代长城防御体系空缺的重要位置，与上关城、居庸关和南口城一起构成不可多得的长城遗产组团。这个文化区不可移动遗产资源点分布共有 55 个，占比 10.40%。其中古建筑类数目最多，共 16 个，占整个文化区的 29.09%；其次是古墓葬和长城点，分别有 7 个和 6 个，占整个文化区的 12.72% 和 10.90%。

## 三、物质文化遗产保护中存在的问题

在《北京市西山永定河文化带保护发展规划（2018 年—2035 年）》中指出了文化带资源保护中存在的问题："文化遗产整体保护难度大""统筹协调难度大，部门之间、地区之间缺乏有效联动，造成文化遗产保护传承利用难以形成保护合力，进而影响文化价值的整体呈现""生态价值和文化内涵呈现不足，尚未与城乡发展、旅游开发相融合""文化带的一些文化遗产……亟待通过数字化技术和虚拟仿真技术进行保护与挖掘利用"等，从实施性、管理、利用三方面提出整体性的遗产保护问题。在这基础上，项目组结合实际普查情况对文化区物质遗产提出具体细节保护现状问题。

（一）保护分类需要细致化

项目组在普查前遇到的第一个实操性问题是遗产的分类不明，目前不同保护部门对遗产的细类划分是不一致的，并且现有的保护分类并不完全包含所有的物质遗产类型，还有许多遗产类别并未被考虑到，尤其是园林遗产，目前保护对象集中于建筑。文保单位目录下的园林遗产多被划分在"古建筑""古遗址"，或为这两类的附属环境，而园林中的整体山水环境、水系驳岸、花草树木等或未被保护，或被不同部门分别管理。遗产资源的分类不明不细使得普查难度上升，除此外也会导致部门保护划界不清晰的问题，不利于物质遗产的保护。

（二）不同行政区之间普查和申报工作强度差别大

首先是数目之差，许多历史遗存尚未纳入任何保护级别、任何保护名录文件，不利于后续保护。七个行政区中，海淀、门头沟和房山三个区就占整体的76.75%，其他四区占比不及一成，大兴区甚至仅占1.89%，另外在昌平区仍有大量防御性关城未纳入文保单位。其次是保护等级差，物质遗产保护级别过低会引起控制建设地带划界不明的问题。在区级以上的遗产数目中，门头沟区的国家级遗产数目就占总体的近一半，而大兴、丰台和石景山三区国家级遗产数目之和占比近6.06%，大兴区国家级遗产数目为0，不排除存在申报国家级资源难度大等原因，但市级和区级遗产一共也仅有10处，数量也是极少的，大兴区资源普查申报工作的开展势在必行。另外还有资源多样性之差。海淀、门头沟、石景山、丰台和房山区物质遗产类别多样，遗产类别数目至少6种以上，海淀区多达10种，但昌平和大兴资源类别数目仅有三四种，一些遗产类别如农业景观的遗产认定工作重视程度不够，存在经认定的遗产数量少，社会知晓度低，价值体现不充分等问题。

（三）文化价值保护力度不足而面临消失处境

一方面许多物质遗产仍未得到保护。如关城的城墙大部分已坍塌损毁，古道风貌损坏、杂草丛生，难以辨认，沿线上不少村落已经荒废，不复存在，另外摩崖风化严重，许多字迹变得越来越模糊，相关史迹正在随着时间流逝而消逝。另一方面，有些物质遗产虽已修缮，但由于缺乏人力，管理情况参差不齐，有的甚至常年紧闭门户，文物破坏情况也并不鲜见，这方面问题对于古村落、遗址遗迹类遗产尤为明显，如门头沟区永定镇的太清观。古道沿线风貌的原真性也正在遭受现代建筑和错误修缮的冲击破坏，各个古道不同段落的修缮情况参差不齐，修缮后也仅立一碑进行文字介绍，缺乏更有力的保护。

### （四）保护动力不足

保护资金不足是物质遗产保护实际操作过程中最大的阻碍。历史文化村镇这类遗产的活化是非营利工程，并且传统村落多分布在交通区位欠佳、经济欠发达、城镇化相对滞后的地区，需要投入大量资金，在资金不到位情况下，保护历史文化村镇就无从谈起。近些年来，政府投入是文化遗产保护资金的主要来源，但政府能够投入的资金有限，难以将文化遗产保护工作长久维持下去。而已获得历史文化名村保护级别的村落，开发建设受到限制，村落民房缺少维护资金，甚至需要自掏腰包进行修建，自身无法支撑村落保护，这对村落可持续保护带来很大阻碍。另外，村落由于个体规模有限、功能缺失，导致发展动力和竞争力不足，也使得物质遗产的可持续保护困难重重。

## 四、对策与建议

### （一）提升物质遗产保护意识

细化物质文化遗产保护类别，制定文保名录和相关遗存修缮规范，对内涵丰富、种类多样的遗产类型进行必要性的专类保护。加强物质遗产的保护级别申报，强化各区组织联系，搭建西山永定河文化带资源申报小组。行政区之间遗产数目、遗产申报级别和遗产多样性的问题很大程度可归咎于遗产申报力度强弱的差别，不同行政区由于经济发展水平不同、人口数不同、相关职员数目也有所差别。因此成立沟通联系七区的专职物质遗产申报组织十分有必要，理顺其职责分工，平衡区域之间资源申报，把更多力量倾斜于遗产弱势行政区来提高弱势区的遗产普查和申报，从而缩减目前遗产强区和遗产弱势区的差异，保障西山永定河文化带文物事业良性发展。

### （二）改善物质遗产保护方式

对物质遗产进行全要素、整体性的保护和利用，尤其注重遗产与周围环境、设施的整体性保护。构建"群域—组团—特色"的空间集群保护发展结构，形成物质遗产联合周边资源的集群协同保护发展结构。以村落集群带动周边零散的历史文化"点"突出文化带历史文化资源的空间效应，能够更好地促进物质遗产的保护。另外可以建立线路信息数据库和遗产信息资源库，既便于管理，也可以为使用者提供更翔实准确的信息。

### （三）鼓励公众参与，拓宽资金来源渠道

针对物质文化遗产资源保护困难和发展资金短缺问题，一边积极争取政府投入力度，重点增加文物保护技术经费比例，一边吸收社会多元资金注入，通过合理适当结合旅游产业来助益物质文化资源保护传承。鼓励吸引民间及企业赞助，将收入再用于文物保护的投入，形成良性循环。不仅如此，民间力量对文物保护可能充满热情却没有渠道，可以通过宣传、活动举办等方式提升公众参与度，更好地对文物进行保护利用。

## 第二节　考古遗迹类文化遗产调查报告

### 一、考古遗迹类文化遗产概述

（一）本报告中考古遗迹类文化遗产的范围

根据1972年11月联合国教科文组织通过的《保护世界文化和自然遗产公约》，文化遗产主要包括历史文物、历史建筑（群）和人类文化遗址。根据《中华人民共和国文物保护法》，文物保护单位（以下简称"文保单位"）被定义为纳入保护对象的古遗址、古墓葬、古建筑、石窟寺与石刻、近现代重要史迹和代表性建筑等不可移动文物的统称，涵盖不同时期人类生产生活的各个方面。并将其分为全国重点文物保护单位、省级文物保护单位和市县级文物保护单位等保护级别，实行分级管理。依据文化遗产资源的性质和功能，本课题组主要集中讨论古遗址和古墓葬、石窟寺与石刻以及长城，并将其定义为考古遗迹类文化遗产。需要说明，长城在文物保护单位中类属于古建筑/古遗址，但因其作为世界文化遗产具有鲜明的特征，内涵诸多，且代表了中华民族的精神象征，因此与其他考古遗迹分开单独叙述。

古遗址：古遗址又称古文化遗址，是古人类活动遗留下来的文化遗存，既有用途不一的群体建筑，又有人们利用自然资源改造的一些加工场所，是古人类生活痕迹的重要体现，可分为聚落遗址、都城遗址、寺庙遗址和其他古遗址等。[1]

古墓葬：古墓葬是古人安葬逝者形成的相关物质遗存。根据考古资料显示，中国至迟在旧石器时代晚期已有墓葬，经新石器时代以至夏、商、周、秦、汉及以后各历史时代，墓葬制度随着社会生产力、生产关系和上层建筑的发展而不断演变，显示出一定的规律性。古墓葬包括地上建筑、墓室（墓穴）、葬具及附属物等，主要有帝王陵寝、名人或贵族墓、普通墓葬等。

石窟寺与石刻：石窟寺及石刻包括石窟寺、摩崖石刻、碑刻、石雕、岩画和其他石刻。本报告中摩崖石刻占比较大。摩崖石刻是中国古代的一种石刻艺术，指在山崖石壁上所刻的书法、造像或者岩画。摩崖指的是直接刻于天然崖壁上的文字或造像[2]，而摩崖石刻就是利用天然石壁以刻文记事的石刻，属于石刻的一个类别[3]。

长城：长城是举世闻名的古代建筑工程，以其庞大的规模、复杂的构成、磅礴

---

[1] 李晓东：《文物学》，北京：学苑出版社，2005年，第227页。
[2] 马衡：《凡将斋金石丛稿·中国金石学概要》，北京：中华书局，1977年，第68页。
[3] 徐自强、吴梦麟：《古代石刻通论》，北京：紫禁城出版社，2002年，第94页。

的气势、壮美的景观和无与伦比的价值为人们所熟知。长城的修建过程历经十几个王朝、2600余年的时间，至明代形成了由墙体、单体建筑（敌台、烽火台、马面）、界壕/壕堑、关隘城堡及相关遗存所构成的完善、立体的军事防御体系。

考古遗迹类资源研究范围为昌平区、海淀区、门头沟区、石景山区、房山区、丰台区、大兴区七区。本次调查主要依据北京市政府和各区政府公布的各级文保单位名录进行分析。依据文物保护单位的名称及地址数据，应用坐标拾取系统获取其精确坐标值并转化坐标系纠正偏移（WGS-84坐标系）。西山永定河地区的考古遗迹类文物共有164处。

（二）考古遗迹类物质文化遗产的研究概述

本类文化遗产的分类主要参照我国的文保单位，因此在此概述文保单位相关研究现状。1982年，我国颁布了《文物保护法》，这是我国文物建筑保护领域由国家最高立法机关（全国人民代表大会）颁布的第一部法律，明确规定了文保单位的保护类别。2000年，国际古迹遗址理事会（ICOMOS）中国国家委员会参照国际宪章，根据中国文物建筑保护的具体情况，制定了符合中国国情的《中国文物古迹保护准则》。2006年9月，国务院公布了《长城保护条例》，这是我国历史上第一次为了保护一个具体建筑文化遗产而制定特定的保护条例。同年11月，文化部又施行了《世界文化遗产保护管理办法》，旨在有效地保护世界文化遗产。

目前关于文物保护单位的相关研究，主要侧重于规划和空间布局、对文物本体的介绍、现状调查研究、文物保护和利用、文化遗产旅游、文化记忆演化特征等方面。单霁翔于2009年出版《文化遗产保护与城市文化建设》，从文化遗产保护和城市文化建设的历史和现状出发，说明了城市发展对文化建设的影响，呼吁将文化遗产保护纳入城市建设的范围。[1] 邢少华在2010年对北京延庆所有的文保单位展开研究，指出历史文化遗产的重要价值，并明确提出了保护的基本原则和整体性保护理论。[2] 包书月在《北京文物保护单位时空分布及其对城市文化空间结构的影响》[3]中通过实地考察，对北京各级文物保护单位的数量、类型的空间分布进行分析，还对其时间分布进行分析，最后对文物保护单位的历史背景和形成过程进行探讨。2018年，北京市政协教文卫体委员会联合平谷、密云、怀柔、延庆、昌平、门头沟6区政协与北京国际城市发展研究院，编辑出版了北京长城文化带丛书《长城踞北》，丰富了目前北京长城的研究。

（三）西山永定河文化带考古遗迹的基本情况

在本次普查中，考古遗迹类文物总数为164处，从行政区划上来看，昌平区和门

---

[1] 单霁翔：《文化遗产保护与城市文化建设》，北京：中国建筑工业出版社，2009年，第1—358页。
[2] 邢少华：《延庆县县级文物保护单位保护规划研究》，哈尔滨工业大学硕士学位论文，2010年，第39页。
[3] 包书月：《北京文物保护单位时空分布及其对城市文化空间结构的影响》，首都师范大学硕士学位论文，2012年，第16—46页。

头沟区的文保单位最多，均为47处，且国家级文保单位数量多。其原因为本次普查中将长城纳入考古遗迹类的范畴，昌平区、门头沟区两区为普查范围中唯一存在长城遗址的行政区，长城国保单位数量较多。除此之外，海淀区的文保单位同样具有数量多、保护等级高的特点。

表1.2.1 西山永定河文化带的文物保护单位数量

| 序号 | 行政区 | 总数 | 国家级 | 市级 | 区级 |
|---|---|---|---|---|---|
| 1 | 门头沟区 | 47 | 27 | 2 | 18 |
| 2 | 昌平区 | 47 | 20 | 1 | 26 |
| 3 | 海淀区 | 29 | 4 | 6 | 19 |
| 4 | 房山区 | 25 | 5 | 8 | 12 |
| 5 | 丰台区 | 8 | 1 | 3 | 4 |
| 6 | 大兴区 | 5 | 0 | 1 | 4 |
| 7 | 石景山区 | 3 | 0 | 2 | 1 |
| 合计 |  | 164 | 57 | 23 | 84 |

表1.2.2 西山永定河文化带各类型的文物保护单位数量

| 类型 | 古遗址 | 古墓葬 | 石窟寺及石刻 | 长城 | 合计 |
|---|---|---|---|---|---|
| 数量 | 50 | 38 | 30 | 46 | 164 |

古遗址

古遗址中国家级文保单位有7处，分别是海淀区圆明园遗址、元大都城墙遗址，房山区周口店遗址、琉璃河遗址、十字寺遗址和房山大白玉塘采石场遗址，以及丰台区金中都水关遗址。市级文保单位有8处，其余35处均为区级文保单位。

古墓葬

在西山永定河文化带区级以上文物保护单位的古遗址类型中，有38处文物属于古墓葬，分别位于昌平区、海淀区、门头沟区、房山区及丰台区。其中国家级3处，市级9处，区级26处。在年代分布上，从西汉的老山汉墓到近代梅兰芳墓等均在保护范围内。古墓葬主要为十三陵、景泰陵等皇家陵墓，以及近代名人如梅兰芳、谭鑫培、齐白石、梁启超等人的墓葬。

石窟寺及石刻

在西山永定河文化带区级以上文物保护单位的古遗址类型中，有23处文物属于石窟寺与石刻，分别位于海淀区、门头沟区和房山区。石窟寺及石刻无国家级文保单位，

古墓葬

古墓葬中国家级文保单位有 4 处，分别是昌平区十三陵、海淀区景泰陵、醇亲王墓和房山区金陵。市级文保单位有 8 处，区级文保单位 26 处。十三陵地区周边分布有众多乡村聚落，大部分为依托帝王陵园形成与发展的"陵邑"。

古墓葬的分布具有明显的集聚性特征，主要集中在海淀区，国家级文保单位的分布也主要位于北部的昌平区和海淀区。

表 1.2.5　古墓葬类文保单位统计

| 名称 | 文物级别 | 地址 | 行政区 |
| --- | --- | --- | --- |
| 十三陵 | 国家级 | 长陵镇十三陵特区 | 昌平区 |
| 李公墓 | 区级 | 南口镇南口村 | 昌平区 |
| 马国柱墓 | 区级 | 南口镇东园子村 | 昌平区 |
| 孙公墓 | 区级 | 南口镇东园村 | 昌平区 |
| 庆禧亲王家族墓地 | 区级 | 流村镇白羊城村 | 昌平区 |
| 恭亲王墓 | 区级 | 崔村镇麻峪村 | 昌平区 |
| 何营村伯哈智墓 | 区级 | 南邵镇何营村 | 昌平区 |
| 王氏墓 | 区级 | 南口镇臭泥沟村 | 昌平区 |
| 张公墓 | 区级 | 流村镇马刨泉村 | 昌平区 |
| 景泰陵 | 国家级 | 香山路娘娘府 2 号 | 海淀区 |
| 醇亲王墓 | 国家级 | 七王坟路 17 号 | 海淀区 |
| 梁启超墓 | 市级 | 北京植物园内，卧佛寺东 | 海淀区 |
| 孙岳墓 | 市级 | 温泉路 118 号北京老年医院内 | 海淀区 |
| 孚郡王墓 | 市级 | 苏家坨镇草场村 | 海淀区 |
| 佟麟阁将军墓 | 市级 | 香山北正黄旗村 18 号 | 海淀区 |
| 熊希龄墓园 | 区级 | 香山街道香山煤厂街 | 海淀区 |
| 万安公墓 | 区级 | 四季青镇万安里北 | 海淀区 |
| 孙传芳墓 | 区级 | 北京植物园内 | 海淀区 |
| 齐白石墓 | 区级 | 金山陵园内 | 海淀区 |
| 梅兰芳墓 | 区级 | 北辛村北万花山上 | 海淀区 |
| 马连良墓 | 区级 | 北辛村北万花山上 | 海淀区 |
| 刘半农墓 | 区级 | 玉皇顶上 | 海淀区 |

续表

| 名称 | 文物级别 | 地址 | 行政区 |
|------|---------|------|--------|
| 刘天华墓 | 区级 | 玉皇顶上 | 海淀区 |
| 瑞王坟 | 区级 | 四季青镇瑞王坟村甲12号 | 海淀区 |
| 高时明墓 | 区级 | 苏家坨镇大工村 | 海淀区 |
| 田义墓 | 市级 | 金顶街街道模式口大街80号 | 石景山区 |
| 老山汉墓 | 市级 | 老山街道老山西街老山驾校教练场东南侧 | 石景山区 |
| 金代壁画墓 | 区级 | 色树坟乡南岗村 | 门头沟区 |
| 周自齐墓 | 区级 | 城子村西九龙山山坡上 | 门头沟区 |
| 耿聚忠墓 | 区级 | 龙泉镇龙门村西 | 门头沟区 |
| 谭鑫培墓 | 区级 | 永定镇栗园庄村 | 门头沟区 |
| 金陵 | 国家级 | 周口店镇龙门口村北的九龙山主峰下大宝顶前约15米处 | 房山区 |
| 唐幽州卢龙节度使刘济墓 | 市级 | 长沟镇坟庄村 | 房山区 |
| 王爷坟 | 区级 | 西甘池村 | 房山区 |
| 望诸君墓 | 区级 | 良乡官道乡富庄村东 | 房山区 |
| 贾岛墓 | 区级 | 石楼镇二站村南 | 房山区 |
| 大葆台西汉墓遗址 | 市级 | 黄土岗乡 | 丰台区 |
| 傅子范墓 | 区级 | 南苑乡大红门久敬庄60号 | 丰台区 |

**石窟寺及石刻**

石窟寺及石刻中尚无国家级文保单位，市级有6处，分别为海淀区魏太和造像、门头沟区河北村东魏武定三年石刻、房山区上方山诸寺及云水洞、白水寺石佛、伊桑阿墓石刻、北齐河清三年摩崖造像，其余17处均为区级文保单位。

其分布同样集中在西山山前区一带，特别是门头沟区东侧有多处摩崖石刻分布。整体集中在东侧门头沟、海淀、丰台、房山一带呈多点状分布。

表1.2.6　石窟寺及石刻类文保单位统计

| 名称 | 文物级别 | 地址 | 行政区 |
|------|---------|------|--------|
| 十三陵水库纪念碑 | 市级 | 十三陵镇十三陵水库纪念碑公园内 | 昌平区 |

续表

| 名称 | 文物级别 | 地址 | 行政区 |
| --- | --- | --- | --- |
| 文物石刻园 | 区级 | 城北街道南大街 | 昌平区 |
| 龙潭石刻 | 区级 | 南口镇龙潭村 | 昌平区 |
| 仙枕石刻 | 区级 | 南口镇居庸关村 | 昌平区 |
| 摩崖造像 | 区级 | 南口镇四桥子村 | 昌平区 |
| 北庄村石塔 | 区级 | 延寿镇北庄村 | 昌平区 |
| 魏太和造像 | 市级 | 苏家坨镇车耳营村 71 号 | 海淀区 |
| 显龙山石刻 | 区级 | 温泉镇显龙山 | 海淀区 |
| 凤凰岭石刻 | 区级 | 苏家坨镇凤凰岭公园内 | 海淀区 |
| 蓟门烟树碑 | 区级 | 花园路街道西土城路甲 2 号 | 海淀区 |
| 金河堤诗碑 | 区级 | 火器营桥北，京密引水渠西 | 海淀区 |
| 雍正御制碑 | 区级 | 古城街道首钢总公司制氧厂内 | 石景山区 |
| 河北村东魏武定三年石刻 | 市级 | 王平镇河北村 | 门头沟区 |
| 石古岩摩崖石刻 | 区级 | 王平镇东石古岩村 | 门头沟区 |
| 摩崖对联 | 区级 | 妙峰山乡桃园村南路边崖壁 | 门头沟区 |
| 大魏武定三年刻石 | 区级 | 王平镇河北村永定河道北岸 | 门头沟区 |
| 崇化寺碑刻 | 区级 | 龙泉镇城子村西崇化寺内 | 门头沟区 |
| 通仙观碑刻 | 区级 | 清水镇燕家台村 | 门头沟区 |
| 摩崖造像群 | 区级 | 永定镇石佛村 | 门头沟区 |
| 上方山诸寺及云水洞 | 市级 | 韩村河镇圣水峪村 | 房山区 |
| 白水寺石佛 | 市级 | 燕山街道办事处羊耳峪社区 | 房山区 |
| 伊桑阿墓石刻 | 市级 | 岳各庄乡皇后台村 | 房山区 |
| 北齐河清三年摩崖造像 | 市级 | 迎风中路 14 号燕山公园内 | 房山区 |
| 燕山公园摩崖造像 | 区级 | 燕山地区迎风中路 14 号燕山公园内 | 房山区 |
| 大峪沟摩崖造像 | 区级 | 张坊镇 | 房山区 |
| 三合庄摩崖造像 | 区级 | 三合庄 | 房山区 |
| 萨公墓碑 | 区级 | 采育镇大里庄村东北 100 米 | 大兴区 |
| 张辅、张懋墓前石雕 | 区级 | 长辛店镇吕村连山岗 | 丰台区 |

续表

| 名称 | 文物级别 | 地址 | 行政区 |
|------|----------|------|--------|
| 和隆武碑 | 区级 | 西南坟村 | 丰台区 |
| 石五供 | 区级 | 王佐镇 | 丰台区 |

长城

长城作为专项类别单独讨论，遗产点均为国家级长城重要点位，共46处，包括城堡、挡马墙、敌台、烽火台、关堡、马面。其分布呈带状沿昌平、门头沟北部边界自西向东分布，主要在门头沟斋堂镇、雁翅镇、清水镇和昌平区南口镇、流村镇。最为集中分布的是昌平区的高楼长城敌台共15座。长城遗存的分布自然与军事活动关系密切，如门头沟沿河城区域的关堡敌台等，在文化线路上位于京西古道的古军道上，部分城堡也转化成了村落。

表1.2.7 长城文保单位统计

| 名称 | 文物级别 | 地址 | 行政区 |
|------|----------|------|--------|
| 高楼长城敌台1号 | 国家级 | 流村镇长峪城村东北8千米 | 昌平区 |
| 高楼长城敌台2号 | 国家级 | 流村镇长峪城村东北7千米 | 昌平区 |
| 高楼长城敌台3号 | 国家级 | 流村镇长峪城村东北7千米 | 昌平区 |
| 高楼长城敌台4号 | 国家级 | 流村镇长峪城村东北7千米 | 昌平区 |
| 高楼长城敌台5号 | 国家级 | 流村镇长峪城村东北7千米 | 昌平区 |
| 高楼长城敌台6号 | 国家级 | 流村镇长峪城村东北7千米 | 昌平区 |
| 高楼长城敌台7号 | 国家级 | 流村镇长峪城村东北7千米 | 昌平区 |
| 高楼长城敌台8号 | 国家级 | 流村镇长峪城村东北6.5千米 | 昌平区 |
| 高楼长城马面9号 | 国家级 | 流村镇长峪城村东北6.5千米 | 昌平区 |
| 高楼长城敌台10号 | 国家级 | 流村镇长峪城村东北6.5千米 | 昌平区 |
| 高楼长城敌台11号 | 国家级 | 流村镇长峪城村东北6.5千米 | 昌平区 |
| 高楼长城敌台12号 | 国家级 | 流村镇长峪城村东北6.5千米 | 昌平区 |
| 高楼长城敌台13号 | 国家级 | 流村镇长峪城村东北6千米 | 昌平区 |
| 高楼长城敌台14号 | 国家级 | 流村镇长峪城村东北6千米 | 昌平区 |
| 高楼长城敌台15号 | 国家级 | 流村镇长峪城村东北6千米 | 昌平区 |
| 高楼长城烽火台16号 | 国家级 | 流村镇长峪城村东北4千米 | 昌平区 |

续表

| 名称 | 文物级别 | 地址 | 行政区 |
| --- | --- | --- | --- |
| 高楼长城烽火台17号 | 国家级 | 流村镇长峪城村东北4千米 | 昌平区 |
| 高楼长城烽火台18号 | 国家级 | 流村镇长峪城村东北4千米 | 昌平区 |
| 沿字贰号敌台 | 国家级 | 斋堂镇沿河城村北200米山坡上 | 门头沟区 |
| 沿字叁号敌台 | 国家级 | 斋堂镇沿河口村 | 门头沟区 |
| 沿字肆号敌台 | 国家级 | 斋堂镇沿河口村 | 门头沟区 |
| 沿字伍号敌台 | 国家级 | 斋堂镇沿河口村 | 门头沟区 |
| 沿字陆号敌台 | 国家级 | 斋堂镇柏峪村黄草梁 | 门头沟区 |
| 沿字柒号敌台 | 国家级 | 斋堂镇柏峪村黄草梁 | 门头沟区 |
| 沿字捌号敌台 | 国家级 | 斋堂镇柏峪村黄草梁 | 门头沟区 |
| 沿字玖号敌台 | 国家级 | 斋堂镇柏峪村黄草梁 | 门头沟区 |
| 沿字拾号敌台 | 国家级 | 斋堂镇柏峪村黄草梁 | 门头沟区 |
| 沿字拾壹号敌台 | 国家级 | 斋堂镇柏峪村黄草梁 | 门头沟区 |
| 沿字拾贰号敌台 | 国家级 | 清水镇洪水口村 | 门头沟区 |
| 沿字拾叁号敌台 | 国家级 | 清水镇洪水口村西北 | 门头沟区 |
| 沿字拾肆号敌台 | 国家级 | 清水镇洪水口村西北 | 门头沟区 |
| 沿字拾伍号敌台 | 国家级 | 清水镇小龙门村 | 门头沟区 |
| 沿字壹号敌台 | 国家级 | 斋堂镇沿河城村 | 门头沟区 |
| 沿字未编号敌台号敌台 | 国家级 | 斋堂镇柏峪村黄草梁 | 门头沟区 |
| 梨园岭敌台 | 国家级 | 清水镇梨园岭村北山顶 | 门头沟区 |
| 沿河城南山烽火台1 | 国家级 | 斋堂镇沿河城村西岭山坡上 | 门头沟区 |
| 沿河城南山烽火台2 | 国家级 | 斋堂镇沿河城村西岭山坡上 | 门头沟区 |
| 居庸关 | 国家级 | 南口镇居庸关村 | 昌平区 |
| 沿河城关堡 | 国家级 | 斋堂镇沿河城村 | 门头沟区 |
| 斋堂城城堡 | 国家级 | 斋堂镇东斋堂村 | 门头沟区 |
| 雁翅镇房良村北挡马墙 | 国家级 | 雁翅镇房良村北 | 门头沟区 |

续表

| 名称 | 文物级别 | 地址 | 行政区 |
|---|---|---|---|
| 雁翅镇房良村南岭沟城圈挡马墙 | 国家级 | 雁翅镇房良村北500米 | 门头沟区 |
| 雁翅镇马套村北洋沟旧城鞍挡马墙 | 国家级 | 雁翅镇马套村东南 | 门头沟区 |
| 雁翅镇马套村旁路沟东台岭挡马墙 | 国家级 | 雁翅镇马套村西北 | 门头沟区 |
| 雁翅镇大村要井沟挡马墙 | 国家级 | 雁翅镇大村西北 | 门头沟区 |
| 清水镇燕家台村鳌鱼涧挡马墙 | 国家级 | 清水镇燕家台村西200米 | 门头沟区 |

（三）文物保护单位空间分布的影响因素

自然环境为文化遗产的产生提供了物质基础，交通、河流、气候、地形、海拔等因素综合影响着文化遗产的空间分布。一般而言，人们喜欢择水而居，依靠河流获得必要的生活保障和方便的水运交通，温暖湿润的平原和低山地区成为人类主要活动区，文化交流频繁，是产生文化遗产的天然福地，因此文化遗产具有亲水性和低海拔性。

（1）地形地貌

在 ArcGIS 中，根据西山七区研究范围 DEM 生成坡度图，并通过 Extractvaluestopoints 工具提取文物保护单位高程、坡度数据，导出并转化为 Excel 格式数据，统计不同高程分区下文物保护单位的数量。将高程分为6级，文物保护单位数量和统计结果如下表所示。所有的考古遗迹类文物保护单位均在高程为1500米以下的区域，其中海拔在500~1000米的有40个，数量最多，占所有文保单位的24.39%。

表1.2.8 考古遗迹类文物保护单位高程、坡度信息统计

| 高程区间/m | 文保单位数量/个 | 占比/% | 坡度区间/° | 文保单位数量/个 | 占比/% |
|---|---|---|---|---|---|
| H ≤ 50 | 35 | 21.34 | 0 ≤ S < 5 | 76 | 46.34 |
| 50 ≤ H < 100 | 34 | 20.73 | 5 ≤ S < 15 | 50 | 30.49 |
| 100 ≤ H < 200 | 24 | 14.63 | 15 ≤ S < 25 | 22 | 13.41 |
| 200 ≤ H < 500 | 27 | 16.46 | 25 ≤ S < 35 | 15 | 9.15 |

续表

| 高程区间 /m | 文保单位数量 /个 | 占比 /% | 坡度区间 /° | 文保单位数量 /个 | 占比 /% |
|---|---|---|---|---|---|
| 500 ≤ H < 1000 | 40 | 24.39 | 35 ≤ S < 45 | 1 | 0.61 |
| 1000 ≤ H < 1500 | 4 | 2.44 | | | |
| Σ | 164 | 100 | Σ | 164 | 100 |

在 ArcGIS 中以 5°为步长，对文物保护单位的坡度进行分区统计，结果表明：随着坡度增大文物保护单位数量呈递减趋势。坡度在 5°以下的文物保护单位达到 76 处，占文物总数的 46.34%；坡度在 5°~15°的文物保护单位数量共有 50 处，占 30.49%；坡度在 15°~25°的文物保护单位数量共有 22 处，占文物总数的 13.41%；坡度在 25°~35°的文物保护单位数量共有 15 处，占文物总数的 9.15%；坡度在 35°~45°的文物保护单位数量有 1 处，占文物总数的 0.61%。大于 45°的险坡没有考古遗迹分布。因此，西山永定河文化带考古遗迹类文物保护单位大部分分布在坡度小于 15°的平坦区域。

（2）水文因素

为了探讨考古遗迹分布与河流的关系，运用 ArcGIS 的多环缓冲区工具，对西山永定河文化区干流水系建立半径分别为 1 千米、3 千米、5 千米的多环缓冲区，并与考古遗迹类文物保护单位进行叠置分析，然后统计落入缓冲区内的文物数量可知，河流 1 千米缓冲区范围内的考古遗迹类文物保护单位有 74 处，占总数的 45.12%；河流 1~3 千米缓冲区范围内的考古遗迹类文物保护单位有 65 处，占总数的 39.63%；河流 3~5 千米缓冲区范围内的文物保护单位有 10 处，占总数的 6.10%。由此可见，考古遗迹类文物保护单位主要分布在距河流 5 千米为半径的缓冲区内，文物保护单位数量由主要河流水系向外围递减，表明河流是影响文物保护单位空间分布不可或缺的因素，西山永定河文化带上文物保护单位具有明显的沿河流分布的特征，且影响程度的大小与距河流的远近有密切关系。

表 1.2.9　河流缓冲区与考古遗迹数量统计

| 缓冲区半径范围 /km | 落入缓冲区的文保单位数量 /个 | 占比 /% |
|---|---|---|
| 0~1 | 74 | 45.12 |
| 1~3 | 65 | 39.63 |
| 3~5 | 10 | 6.10 |

## 三、代表性考古遗迹介绍

（一）古遗址和古墓葬类

明十三陵

明十三陵，位于昌平区境内天寿山南麓，由明朝（1368—1644）明成祖朱棣及其以后共计十三位皇帝的陵墓组成，具有规模宏大、体系完备和保存较为完整的特点。陵区面积120余平方千米。长陵，是成祖朱棣的陵寝，始建于1409年，是明朝帝陵中建筑保存最完好的一座。定陵，是神宗朱翊钧和两皇后的合葬墓，是我国按计划进行考古发掘的第一座帝陵。定陵地宫建筑，深邃神秘。共出土帝后衣冠和金银器皿等珍贵文物多达3000件左右，是不可多得的明史研究实物资料。昭陵，是近年按照明朝旧址全面复原的陵园，该陵松柏参天，殿宇辉煌，气势恢宏。1957年，北京市政府公布十三陵为北京市第一批重点文物保护单位。1961年，国务院公布十三陵为全国重点文物保护单位。2003年7月，经联合国教科文组织世界遗产委员会第27届大会审议通过，明十三陵作为明清皇家陵寝的扩展项目列入《世界遗产名录》。

从明十三陵建筑遗存的现状情况来看，明十三陵经过近百年的历史，历经战乱、改建与生产生活建设，现存考古遗迹情况与过去相比，已有很大区别。在陵区祭祀功能逐渐淡化之后，各类型遗存的管理利用方式也与之前大不相同。明十三陵自明朝建设起，有专门的部门进行管理，日常的祭祀、帝后谒陵等礼祭活动也有专门部门负责；到清朝，基本延续明朝管理方式；民国时期，设立警察对陵区进行巡管；新中国成立后，陵区功能转变，陵区内的保护管理活动和居民的生产生活分由不同部门进行管理。

十三陵的帝陵属于十三陵特区管辖，其保存状况经过近些年的科学修缮，状况基本较好。其管理利用情况可分为两类，少部分满足开放条件的以开放展示为其功能；大部分因其建筑情况难以管理的，以封闭管理为主。各陵建筑遗存经修缮后保存情况较好，除建筑有遗存外，陵园内还散落有各种石质构件，其管理状况较差。

帝陵在十三陵的各种建筑遗迹中属于现存状况较好的，保护力度较大的。除部分复原新建的建筑外，各陵园内部基本保持了清代改建后的陵园格局与状态。从保护的角度来看，各陵寝都有较为明确的边界范围，面对陵寝的保护修缮工程也得以及时展开，陵内设置值班室与安防监控等保护设施，这些保护手段对各陵现状的保护提供了最基本的保障。从利用的角度来看，目前仅长陵神道、长陵陵园、定陵、昭陵常年对外开放，康陵可通过预约进行参观外，其余各陵尚处于封闭管理之中。[1]

---

[1] 任毅：《明十三陵建筑遗存的风险管控研究》，北京建筑大学硕士学位论文，2022年，第40页。

## （二）石窟寺及石刻类

### 魏太和造像

魏太和造像是北京仅存的最完整、最古老的一尊石佛，1957年被公布为北京市第一批市级文物保护单位。魏太和造像原位于苏家坨镇车耳营村北台地上魏太和造像亭内，北魏太和二十三年（499）雕刻。佛像赤脚立姿，由一整块椭圆形的花岗岩雕刻而成，身高1.65米，佛头顶为螺旋发髻，造型自然大方，站在半米高的莲花台座上，通高2.2米。佛像面部丰满、端庄、慈祥，神态自如，袒胸露足，左手自然下垂、右手曲肱胸前；斜披袈裟，袖口垂地；下系羊肠大裙，衣褶凸凹分明，显示出造像者极高的技艺。背光上分层刻有忍冬纹，身旁及头部周围有吹、拉、弹、唱歌舞伎、乐天31尊，形态生动，惟妙惟肖。佛像后面雕刻有12排124尊小佛，最小佛像仅有4厘米高。石像下面有"太和十三年三月十五日阎惠端为皇帝、皇太后造像"字样。整座佛像雕刻得庄严大方，艺术水平极高，是北京仅存的最完整、最古老的一尊石佛，是不可多得的文物瑰宝，该造像现存于首都博物馆。魏太和造像亭矗立在一座顶部似五塔形的正方形花岗岩建筑内，该建筑高8米，四面辟有拱券形门窗。

从造像风格来看，它应同山西云冈石窟同属一个时代（云冈石窟始凿于北魏兴安二年即公元453年，大部分石窟完成于太和十九年即公元495年迁都洛阳之前），而这个时期正是希腊艺术与印度佛教混合而成的犍陀罗石刻艺术传入中国并形成高潮期。这尊佛像正是融合了东西方艺术之精华的代表。石像造于太和十三年（489），据历史记载：献文帝（拓跋弘）信佛教，轻功名，薄富贵，皇兴五年（471），让位于元宏，但实权仍由献文帝掌握。承明元年（476）六月，冯太后毒死献文帝，临朝称制。太和十四年（490）九月冯太后死，孝文帝元宏理政。太和十三年正是太皇太后主持朝政期间。

《妙峰山琐记》载："石佛殿在洞之西北，山门一，殿三楹，并东向，有咸丰三年石刻题名。殿中奉魏孝文帝太和十三年阎惠端等造石佛一躯；背面下方刻有造像记。"经查考，在民国期间，天津富商到妙峰山进香朝拜路过此地，曾多次提出购买石佛，看守人姚家未许，可能在此期间宝石被人盗走。石佛还有一点不容忽略，在其身两侧各有长方形穴眼两个，传说过去装着翅膀，从京城运到聂各庄，靠人工抬走，原想运至黄普院瑞安庵，抬到车耳营村西再也抬不动了，便在该村落了户。在抬搭过程中，不小心将翅膀碰摔了，甚为可惜。[1]

---

[1] 奉宽：《妙峰山琐记》，回神山大学民俗学会，1929年，第71页。

## 四、考古遗迹类文化遗产资料搜集问题

数据整理和信息公开存在不足。本次调查数据来源主要为政府网站。北京市公共数据开放平台公开有北京市级以上所有文物保护单位的详细信息。丰台区人民政府网站在政府公开数据中公布了丰台区不可移动文物名录，包括名称、类型、年代、级别属地以及各保护单位的简介，内容全面。海淀区人民政府网站同样公开公布了文物保护单位并实时更新，包括名称、地址和级别。石景山区人民政府网站在政务公开项目中公布了区级文物保护单位名录，包括类型、年代和地址。然而，大兴区、门头沟区、房山区政府官方网站都没有相关信息公开，数据来源于其他文化遗产研究网站。综上可见，西山永定河文化带涉及的区域内，在物质文化遗产保护与信息公开方面，还存在数据整理和公布不及时的问题。

缺乏统一的数据库平台。在各区的文保单位公开数据中，信息的内容和种类也不尽相同。对物质文化遗产的地址、级别、类型、年代和简介等的公开程度均有差别，没有统一的数据标准，造成信息搜集困难、信息完整性不足等问题。另外，目前只能以行政区为单位进行资料检索，西山永定河文化带概念的空间界限较模糊，无法依此检索物质文化遗产的范围和类型，缺乏统一的针对西山永定河文化带的数据平台。

# 第三节　文化线路相关遗产调查报告（以京西古道为例）

## 一、京西古道文化线路特征

文化线路属于线性遗产的一种分支，遗产要素空间分布呈线性特征，其自身的突出价值点在于其见证的不同国家或地区间的文化交流。2005年，"文化线路"被世界遗产委员会列入《实施世界遗产公约操作指南》之中。[1] 2008年，国际古迹遗址理事会颁布了《文化线路宪章》，进一步总结阐述了文化线路的遗产价值。[2] 通过对其进行解读可以发现，从依托媒介上，文化线路依托具有较长时间跨度和较广空间尺度的、真实存在或存在过的文化交流路线（通常应为交通线路）；从动因上，文化线路产生和发展需要不同国家或地区间，在宗教、商业、政治或其他特定目的上进行交流作为动力[3]；从结果上，文化线路应当促进"不同民族、国家、区域或大陆之间、在相当长的时期内的贸易、思想、知识和价值观念上的多维度、持续和相互的交流"[4]。因宗教民俗、商业贸易、军事防御等需求形成和发展的京西古道有两千多年的历史，是真实存在的古代交通线路网，促进了不同区域文化之间的交流，具有影响延续至今的跨文化意义。作为文化线路，京西古道承载着厚重的文化历史信息，是西山永定河地区的重要遗产。

北京"城西三十里曰西山，总名也"[5]，西山地区的古道互通有无，形成了纵横交错的交通网络体系，是晋、冀、蒙各地进京的重要线路，被称为京西古道。古道主要有芦潭古道、玉河古道和西山大路三条主道，以及若干条支线和副线。京西古道是在特殊地理环境上产生和分布、在特殊人文背景下出现并发展的古代道路。[6] 按其功能，可以分为商旅古道、进香古道和军事古道。[7] 参考政协北京市门头沟区文史资料研究委

---

[1] Global Strategy for a Representative,Balanced and Credible World Heritage List,http://whc.unesco.org/en/globalstrategy.

[2] Operational Guidelines for the Implementation of the World Heritage Convention,http://whc1.unesco.org/archive/opguide08-en.pdf,2008.

[3] 徐桐、向岚麟：《文化线路建构的事件驱动与文明驱动》，《南京社会科学》2020年第9期，第148—157页。

[4] 王建波、阮仪三：《作为遗产类型的文化线路——〈文化线路宪章〉解读》，《城市规划学刊》2009年第4期，第86—92页。

[5] （清）周家楣、缪荃孙等编：《光绪顺天府志》卷二十《地理志二》，北京：北京古籍出版社，2018年，第612页。

[6] 吴涛、安全山：《京西古道》，北京：中国长安出版社，2015年，第41页。

[7] 政协北京市门头沟区文史资料研究委员会编：《京西古道》，香港：银河出版社，2002年，第5—8页。

员会编著的《京西古道》、中国百大古道丛书《京西古道》以及北京门头沟国家步道规划方案，梳理得到商旅古道共 13 条，进香古道共 7 条，军事古道共 4 条。

  在学术历史上，一些学者通过对京西古道的考察与研究，完成了详尽的学术著作。安全山先生是中国十大古道十大保护人之一。1998 年，由他设计方案，区政协文史委组织人员对门头沟区境内古道进行了大规模考察，区电视台跟踪报道。之后，他 1.3 万字的《玉河古道考察记》文史稿全文刊登在《北京文史资料》上。安全山先生的作品包括已经出版 3 个版本的《京西古道》、2 个版本的《京西商旅古道》《京西军旅古道》《京西古道驿站》《妙峰山古道》《妙峰山香道与茶棚》《斋堂古道商贸》等专著合著。2015 年，安全山先生所著的《京西古道》出版，是《中国百大古道丛书》之一，内容包括京西古道全线的资料、沿途景观、徒步路线、徒步攻略及手绘路线图。书中的文字和绘制的地图，都是安全山先生用双脚走出来的。北京史地民俗学会副会长常华先生则与妙峰山香道结缘。1996 年，他完成了《妙峰香道考察记》，随后被北京出版社出版，是"海淀史地丛书"之一，被誉为"记载妙峰古香道最为详尽严谨的作品"。2017 年常华先生再次对妙峰山香道进行徒步考察、拍摄和研究工作，所完成的《古今妙峰山香道》于 2020 年出版。该书为学界了解妙峰山香道的现状如何、有关的研究工作有何进展提供了资料。除了关注线路整体情况的著书，也有学者完成的成果是针对京西古道的文化背景下自然村落的发展与营造模式。2018 年，北方工业大学建筑与艺术学院的潘明率副教授所著的《京西古道聚落之建筑营造》，是"建筑营造体系研究系列丛书"之一。该书以京西古道沿线村落为研究对象，追溯了京西古道的历史发展过程，梳理了古道区域的文化特征，重点从村落形态特征、村落公共空间、建筑物质形态三个方面阐述了京西古道沿线村落的营造模式。

  通过学习前人的研究，可以知道京西古道的文化特征影响着沿线的村落，并在历史变迁之中留下来丰富的遗产、蕴涵厚重的文化底蕴。但目前暂无专门的著作对京西古道全线的物质遗产进行系统性的总结。本章将介绍京西古道沿线村落的情况，并从商道、香道、军道三方面对京西古道文化线路的物质文化遗产展开梳理。依据《中华人民共和国文物保护法》中文物保护单位（以下简称"文保单位"）中的分类，物质文化遗产包括古遗址、古墓葬、古建筑、石窟寺与石刻、近现代重要史迹和代表性建筑等。本章调查内容综合京西古道沿线的各类遗产的情况，讨论包括古建筑、古遗址、近现代重要史迹及代表性建筑、历史文化村镇、石窟寺及石刻以及长城在内的考古遗迹。各类考古遗迹的解释性叙述可见本章第一节。

## 二、京西古道沿线村落基本情况

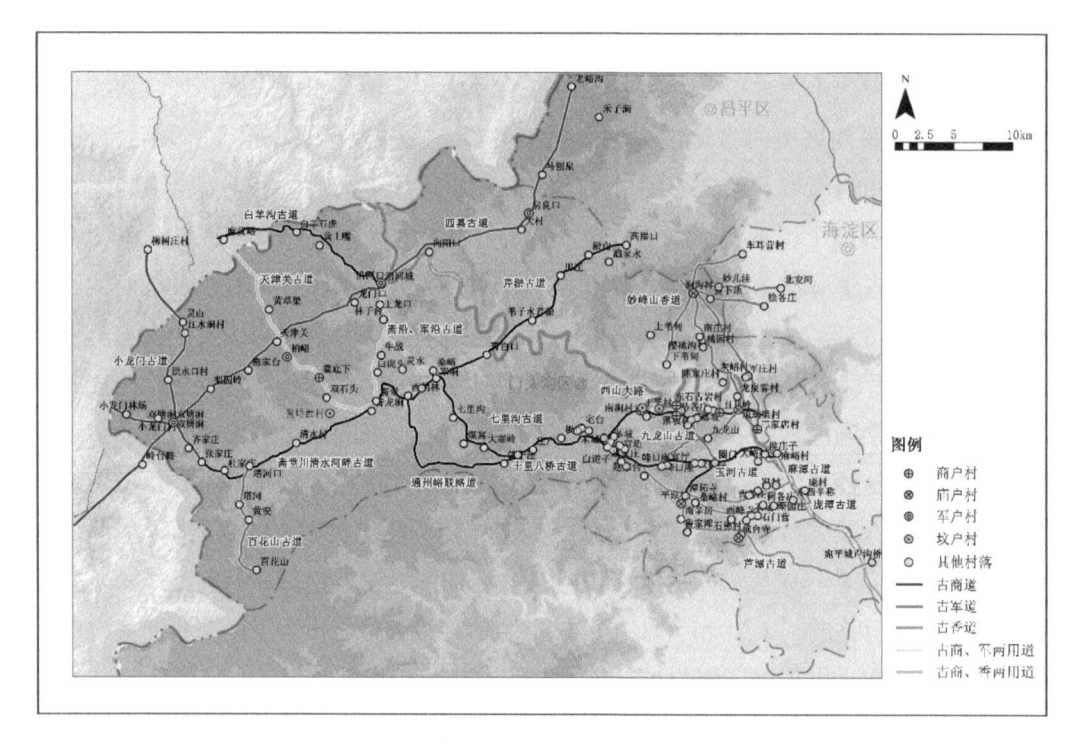

图 1.3.1　京西古道及沿线主要村落分布

普查得到京西古道沿线的村落 130 余座（图 1.3.1）。这些村落大多位于山脉间的沟谷中，其分布特点受到了自然地理和人文环境因素的共同影响。河流、山脉、矿产都是影响村落选址的自然因素。交通道路、庙宇、内长城关口进一步影响了村落的文化特征。根据形成原因和主要功能等村落特点，可以将部分村落分为商户村、庙户村、军户村和坟户村[1]（表 1.3.1）。商户村 6 座，主要因商道经过村落，为往来旅客、牲口提供饮食、休整、住宿等服务形成，往往有包括骡马店在内的各色店铺，商业氛围浓厚。庙户村 5 座，因香道上许多大型的寺庙都有丰厚的庙产，会把土地租给农民耕种，为寺庙服劳役的农民聚居形成的村落为庙户村。庙户村的农民除了务农之外，还会为进香祈福的香客提供各项服务。军户村 4 座，主要因分布在边关隘口附近形成，村民主要由戍边军士及其家属组成。当时实行南兵北戍，家属随军后落户在边关附近，形成军户村。坟户村 3 座，是由看守王侯或其他坟墓的看坟户在墓地附近繁衍生息而成的村落。位于西山大路的河北村由看守清朝镇国公星海墓的看坟人发展而成。同样位于西山大路的色树坟村也是守墓成村。黄岭西村曾是以曹氏、王氏家族为主的坟户村。

---

[1] 潘明率:《京西古道聚落之建筑营造》，北京：中国建筑工业出版社，2018 年，第 36—40 页。

寄斋堂贾氏篱下的曹、王两姓祖先，自愿定居于此为贾家守墓，由此繁衍生息，渐成村落。坟户村的产生和发展体现了地方政治与居民生活的连接，是北京特别地方社会发源史的一部分。各个商户村、庙户村、军户村将在本章的第三至五节中进行介绍。

表1.3.1 京西古道上的商户村、庙户村和军户村

| 古道 | 村名 | 村落类型 | 地址 |
| --- | --- | --- | --- |
| 西山大路古商道 | 水峪嘴村 | 商户村 | 门头沟妙峰山镇 |
| 天津关古商道、古军道 | 爨底下村 | 商户村 | 门头沟斋堂镇 |
| 西山大路古商道 | 韭园村 | 商户村 | 门头沟王平镇 |
| 西山大路古商道 | 东石古岩村 | 商户村 | 门头沟王平镇 |
| 西山大路古商道 | 王平村 | 商户村 | 门头沟王平镇 |
| 妙峰山古香道、西山大路 | 三家店村 | 商户村、庙户村 | 门头沟龙泉镇 |
| 妙峰山古香道、西山大路 | 琉璃渠村 | 庙户村 | 门头沟龙泉镇 |
| 妙峰山古香道 | 涧沟村 | 庙户村 | 门头沟妙峰山镇 |
| 芦潭古香道 | 石佛村 | 庙户村 | 门头沟永定镇 |
| 芦潭古香道 | 平原村 | 庙户村 | 门头沟潭柘寺镇 |
| 天津关古商道、古军道等多条古道 | 沿河城村 | 军户村 | 门头沟斋堂镇 |
| 天津关古商道、古军道 | 柏峪村 | 军户村 | 门头沟斋堂镇 |
| 西奚古军道 | 房良村 | 军户村 | 门头沟雁翅镇 |
| 小龙门古军道 | 小龙门村 | 军户村 | 门头沟清水镇 |
| 西山大路 | 色树坟村 | 坟户村 | 门头沟王平镇 |
| 西山大路 | 河北村 | 坟户村 | 门头沟王平镇 |
| 天津关古道 | 黄岭西村 | 坟户村 | 门头沟斋堂镇 |

资料来源：根据潘明率《京西古道聚落之建筑营造》、吴涛《京西古道》、北京永定河文化研究会组织编《门头沟传统村落》绘制。

### 三、京西古商道与沿线物质文化遗产

西山地区矿产资源丰裕，尤其以煤矿最为出名，是旧时北京城的能源主要供应地。门头沟煤业的开采历史始于辽、金时期。[1]《元一统志》记载："石炭煤：出宛平县西

---

[1] 张燕：《门头沟清代煤业合同窑址考》，《首都博物馆论丛》2011年，第164—172页。

四十五里大峪山，有黑煤三十余洞，又西南五十里桃花沟，有白煤十余洞。"[1] 可见自元朝以来至明清时期的京西煤炭在北京城内应用广泛。京西古道中的西山大路、玉河古道和庞潭古道连接了北京老城九座城门中的阜成门。阜成门又被称为"煤门"，城内所需煤炭皆由此运入。西山大路和玉河古道是煤运依赖的干道。随着京城用煤量的增大，阜成门一门不足以支撑煤炭运输所需。在康熙年间，运输队也被允许从西直门进出城。除了承担着煤炭运输和销售中转的功能，古道同时也兼顾运输其他建材和商品，逐渐形成了庞大的交通网络。其中西山大路、玉河古道、麻潭古道、庞潭古道、芦潭古道、十里八桥古道、七里沟古道、东胡林古道、天津关古道、石羊沟古道、斋沿古道、军沿古道、芹淤古道和通州峪联络道共同组成了京西古道的商道网络（表1.3.2），联系繁华京城和京西的煤炭、建材产地，同时也帮助实现京西和京城内的生活用品流通。

表1.3.2　京西古商道

| 商道名称 | 起止点 | 功能 | 使用时间 | 长度 | 主要物质遗存 |
|---|---|---|---|---|---|
| 西山大路 | 三家店—王平口 | 运送煤炭、干鲜果品进城，运送日用百货进山 | 元代、明代、清代使用频繁，至1977年下清公路建成后自然废止 | 约19.5千米 | 寺庙、茶棚、关隘、碑刻等 |
| 玉河古道 | 麻峪—王平口 | 运煤 | 修建始于唐代 | 约29.7千米 | 关隘、戏楼、寺庙、蹄窝等 |
| 麻潭古道 | 麻峪—赵家台 | 有古商业街 | 明清时期频繁使用 | 约19.7千米 | 寺庙、碑刻等 |
| 庞潭古道 | 庞村—十字道 | 运输煤炭、石灰、石料、石板 | 在元代是交通干道 | 约23.1千米 | 寺庙、碑刻、煤矿旧址、古宅等 |
| 芦潭古道 | 卢沟桥—戒台寺 | 运输马鞍山的煤炭、石灰 | 原为民间古香道，乾隆年间成为御道 | 约15.7千米 | 石刻、寺庙、牌坊等 |
| 十里八桥古道 | 王平口—大寒岭 | 是商道"咽喉"路段 | 明代开始频繁使用 | 约14千米 | 石刻、煤矿旧址、寺庙、碑楼、古墓葬等 |

---

[1] （元）孛兰肹等编纂，赵万里校辑：《元一统志》卷一《中书省统山东西河北之地·大都路》，北京：中华书局，1966年，第18页。

续表

| 商道名称 | 起止点 | 功能 | 使用时间 | 长度 | 主要物质遗存 |
|---|---|---|---|---|---|
| 七里沟古道 | 大寒岭—军响 | 运煤，设"煤窝古道驿站"迎送过往客商行旅 | 明代开始频繁使用 | 约17.1千米 | 寺庙、碑刻、过街楼等 |
| 东胡林古道 | 军响—斋堂 | 运输商品 | 明代开始频繁使用 | 约9.7千米 | 教堂、过街楼、寺庙等 |
| 天津关古道 | 斋堂—麻黄峪 | 运输斋堂川一带生产的煤炭到涿鹿、怀来 | 从汉代开始频繁使用，一直繁荣至京张铁路的开通 | 约31.3千米 | 寺庙、石刻等 |
| 石羊沟古道 | 军响—麻黄峪 | 商贩赶牛羊从此路去北京大红门 | 明代开始频繁使用 | 约37.5千米 | 石刻等 |
| 斋沿、军沿古道 | 斋堂—沿河城、军响—沿河城 | 运输商品 | 明清时期繁荣 | 约20千米 | 近现代重要史迹及代表性建筑等 |
| 芹淤古道 | 芹淤—高崖口 | 运输斋堂产的煤炭 | 金朝开始频繁使用 | 约15千米 | 近现代重要史迹及代表性建筑等 |
| 通州峪联络道 | 西胡林—鸽子洼 | 运输商品 | — | 约26.4千米 | 煤矿旧址等 |

（一）古商道沿线村落和兴盛的商户村

古商道沿线的村落90余座，东多西少，尤其以西山大路和玉河古道最为集中，这与两条古道繁荣的商业活动密不可分。在商业交流需要的推动下，古道沿线产生了商行、商铺、客栈等业态，以满足煤厂和运输驼队的需求。逐渐增多的小酒馆、商铺等吸引了人群的聚集，使得沿线村落逐渐壮大。位于交通枢纽的三家店村连接了西山大路和西直门，凭借地理位置优势，成了京西商贸物流集散中心之一。京西所产的煤炭、石灰、琉璃制品和各种山货都从三家店村运往京城，行人在入山口休憩补充物资，让三家店村形成了集运输、中转、仓储、饭店、住宿于一体的商业村落。位于北京通往关外的古道上的爨底下村也是依靠为旅客、牲口提供食宿发展起来的。除了骡马店，爨底下村还有瑞衡堂、瑞庆堂、三义堂、三勇堂、宝全兴等8家经营"地方特产"的商户，被村民称为"八大家"。他们收购山里的杏仁、核桃仁等特产去北京、天津等地销售，并将山外的日常用品等货物运到山里。除了三家店村和爨底下村，水峪嘴村、韭园村、东石古岩村和王平村都是商道上繁荣的商户村，一度商户林立，热闹非凡。

（二）古商道沿线考古遗迹特征

古商道沿线的考古遗迹十分丰富，主要集中在门头沟东部地区的西山大路、玉河古道、庞潭古道和麻潭古道。其中有商队往来，骡马长时间踩踏形成的蹄窝景观。线路上的三家店村、琉璃渠村、石古岩村、西胡林村、爨底下村是国家级历史文化村镇。东胡林古道上发现有东胡林人遗址，是继北京人和山顶洞人旧石器文化遗址之后的又一重要发现。古道沿线有五座古墓葬，分别属于清慈禧太后父惠征、京剧艺术表演大师谭鑫培、清代公主、清镇国公星海和举人杨增广。近现代重要史迹及代表性建筑主要包括宛平县人民抗日战争为国牺牲烈士纪念碑、北京日报社西山基地、几处煤矿旧址和抗日战争时期留下的考古遗迹。沿线古建筑类型丰富，有牛角岭、王平口等关城城堡，有清工部琉璃窑厂办事公所、刘宏瑞宅院等老宅院，还有戏楼、寺庙等等。重修道路碑记、摩崖石刻、王平口关城重修碑等石窟碑刻记录着商道及沿线村落的兴衰变迁。关于碑刻的详细资料，可见第三章第三节。

古商道沿线多有寺庙，信仰氛围浓厚。从空间分布上看，寺庙在西山大路、庞潭古道和麻潭古道分布较多，其他古道也有少量分布。大部分寺庙为民间祭祀寺庙，建制宗教寺庙较少。民间祭祀寺庙主要位于村落之中的重要位置，既是村民精神信仰的载体，也是公共活动场所。民间神灵的崇拜与祭祀在商道沿线的村落中十分普遍，如关帝庙、龙王庙、城隍庙、山神庙等。沿线龙王庙众多，与永定河流经此地密不可分。人们供奉祭拜龙王与虫王，祈求风调雨顺、河水平稳。西山地区煤业繁荣，人们因上山开采煤炭死亡的事件时有发生，因此该地区为掌管采煤业的窑神设立神祠，祈求其护佑信众平安。庄户村、千军台村、板桥村的古幡会就有窑神幡。圈门的窑神庙是北京现存的唯一窑神庙。龙王庙庙会和窑神庙庙会都和生产生活密切相关，详情见于第二章第四节。

## 四、京西古香道与沿线物质文化遗产

京西险峰叠嶂，自然环境宁谧幽静，适合宗教文化扎根与流传。对于佛、道两教来说，宗庙选址往往位于优美静谧之所。依山而建是历代高僧选山建寺时的重点考虑选择。山中人烟稀少，云雾缭绕，适合僧人或道士修身养性。潭柘山麓的潭柘寺、妙峰山金顶上的娘娘庙、九龙山上的九天圣母庙和百花山的娘娘庙均形成了一定规模的进香朝拜活动。人们进香所走的古道是京西古道中的古香道，包括通往潭柘寺的麻潭古道、庞潭古道、芦潭古道、门潭古道（表1.3.3）；通往妙峰山娘娘庙的妙峰山香道；通往九龙山九天圣母庙的九龙山古道和通往百花山娘娘庙的百花山香道。古香道的开通带来交通便利，吸引了更多进香朝拜的人，带动了沿线村落的经济发展，促进了庙宇的兴建。同时经济增长也促进了香道的修建和开通，以适应不断增加的人群。

表1.3.3 京西古香道

| 商道名称 | 起止点 | 功能 | 使用时间 | 长度 | 主要物质遗存 |
|---|---|---|---|---|---|
| 麻潭古道 | 麻峪—赵家台 | 通往潭柘寺 | 明清时期频繁使用 | 约19.7千米 | 寺庙、碑刻等 |
| 庞潭古道 | 庞村—十字道 | 通往西峰寺、戒台寺、潭柘寺 | 在元代是交通干道 | 约23.1千米 | 寺庙、碑刻、煤矿旧址、古宅等 |
| 芦潭古道 | 卢沟桥—戒台寺 | 用于民间进香，也是皇家进香的古御道 | 原为民间古香道，乾隆年间成为御道 | 约15.7千米 | 石刻、寺庙、牌坊等 |
| 门潭古道 | 圈门—潭柘寺 | 通往潭柘寺 | 明代开始频繁使用 | 约6.7千米 | 寺庙、碑刻等 |
| 妙峰山香道 | 聂各庄—妙峰山、北安河—妙峰山、大觉寺—妙峰山、灰峪村—妙峰山、陈家庄—妙峰山、下苇甸—妙峰山 | 通往妙峰山娘娘庙 | 明朝至民国年间十分繁荣 | 约20千米 | 众多茶棚、寺庙、过街楼等 |
| 九龙山古道 | 西落坡—圈门、琉璃渠—峰口庵 | 通往九天圣母庙 | 明清时期频繁使用 | 约15.8千米 | 寺庙、古墓葬等 |
| 百花山香道 | 塔河—百花山 | 通往百花山娘娘庙 | 清朝频繁使用 | 约17千米 | 近现代重要史迹及代表性建筑等 |

潭柘寺位于潭柘山麓，寺院所处坐北朝南，背山面水，周围有九座高大的山峰呈

马蹄形环立。民间俗谚云"先有潭柘寺，后有北京城"。潭柘寺早在西晋时期就已建成。通往潭柘寺的古道最初由国家和皇室出资修建，后又有民间香会或当地商号、百姓集资修建。以潭柘寺为核心，发展出四条主要的古香道。麻潭古道、庞潭古道、芦潭古道、门潭古道都是同时承担商旅和进香功能的古道。其中，芦潭古道曾被称为进香御道，即清朝皇家前往潭柘寺、戒台寺进香所走的道路。作为一条君王巡幸、国戚出游的皇家御道，芦潭古道沿线风光秀美，有摩崖碑刻和众多寺庙。戒台寺位于潭柘寺东南方向不远处，很多人会将两寺一并游玩。《燕京岁时记》有云，"凡至潭柘者，必至戒台"。[1] 位于岢罗坨村的西峰寺曾是戒台寺的下院。

妙峰山曾有九天圣母庙，供奉九天玄女，俗称娘娘庙。盛大的娘娘庙会始于明，兴于清，盛于民国。《燕京岁时记》载："每届四月，自初一开庙半月，香火极盛……前可践后者之顶，后可见前者之足。自始迄终，继昼以夜，人无停趾，香无断烟……人烟辐辏，车马喧阗，夜间灯火之繁，灿如列宿。"[2] 妙峰山娘娘庙会举办众多民俗活动，是宗教信仰与民俗文化紧密结合的一处重要公共活动场所。妙峰山也是中国现代民俗学田野调查的发祥地。妙峰山的六条古香道（北道、中北道、中道、中南道、南道、西道）中，南道风景幽胜，有山有水；西道和北道香客人数相对较少，历史遗存大多已毁坏。

九龙山岭脊腰部曾有九天圣母庙，明清时期由门头沟煤窑主和窑工集资兴建，供奉九天玄女，曾有盛大的庙会，并因此形成多条香道。现今庙会已不再举办。

百花山有护国显光禅寺、娘娘庙、菩萨庙、窑神庙、龙王庙等古寺庙，历史久远，香火旺盛。每年阴历五月十八举办的百花山娘娘庙民间传统庙会，形成影响了百花山香道。

关于各处庙会的详情，请参见本书第二章第四节。

（一）古香道沿线村落和寺庙影响下产生的庙户村

古香道沿线村落40余座，其中附属庙宇的村落被称为庙户村。妙峰山香道上的涧沟村于辽代建村，村址位于妙峰山金顶下东沟、北沟、西沟三条沟的交汇处，是距离妙峰山娘娘庙最近的村落，因妙峰山娘娘庙而兴。芦潭古道上的平原村是在潭柘寺务工的人留下而形成的聚落，是潭柘寺建成后形成的第一个村落。潭柘寺庙产丰厚、香火旺盛，平原村村民一方面为寺庙服务，一方面在村东面最靠近古香道的位置为香客提供服务。除了涧沟村和平原村，还有与妙峰山娘娘庙关系密切的三家店村和琉璃渠村，与戒台寺毗邻的石佛村，村落的形成和发展都受到了寺庙和庙会的很大影响。

---

[1] 潘荣陛、富察敦崇：《燕京岁时记》，北京：北京古籍出版社，1981年，第60页。
[2] 潘荣陛、富察敦崇：《燕京岁时记》，北京：北京古籍出版社，1981年，第62—63页。

（二）古香道沿线考古遗迹特征

香道沿线的考古遗迹以茶棚和寺庙为主，大约有40座茶棚。茶棚主要分布在妙峰山香道上，与香会有关，承担修桥补路、夜间照明、缝补衣服、提供住宿等保障性服务，为香客提供茶、粥、馒头、咸菜等食物。[1]一般的茶棚都设在庙前或香道上，倚门设灶，供应茶水。因设有娘娘神驾，故被视为娘娘行宫，武会过此必须展现自己的绝技。香道上的茶棚有的是用树枝和芦席搭建的简易茶棚，有的是用砖瓦搭建的茶棚，也有茶棚是琉璃瓦覆顶的砖木结构庙宇。今天，香道沿线的村落大多依旧保留着进香的传统，但简易茶棚几乎湮灭，其他类型茶棚也大多成为遗址，仅有少数几座保存较好。其中妙峰山南道上的"万缘同善茶棚"是其中规模最大、建筑最精美、保存最完好的一座。该茶棚坐北朝南，庙宇式院落，西墙开门。

## 五、京西古军道与沿线物质文化遗产

《宛平县志》载，"皇居右胁，千山拱护，万国朝宗。山奥而深，形胜如张图画。土肥而衍，美利悉属生成，梁赵为之腹心"[2]。西山地区的沟谷纵横交错，沟谷间的小径又是天然通衢，再加上长城防御体系的存在，共同构成了北京西部的军事屏障。西山地区也因此被称为"神京右臂"。这些小径逐渐发展为京西古道系统中古军道，既是能源之路，又是国防要道，连通着京西重要屏障"沿河城—灵山"防线乃至宣怀盆地。

天津关古道、斋沿和军沿古道、西奚古道和小龙门古道是京西古道中的主要军道（表1.3.4）。在政权更迭的过程中，古道作为军事运输路线发挥了重要的军事防御作用。天津关古道自战国时起就是燕国边陲防御的重点，数代王朝都在此设关把守。《明实录·英宗实录》有载，"（景泰二年）初左参将都指挥魏忠言，天津关去龙门口六十里，本口山高险峻，而天津关路通境外，至为紧要，宜徙晟等守备，故有是命"[3]。直到元朝建立，西山的军事防务淡化，天津关古道由军道转变为重要的商道。明朝为加强北京西北防御，在原有老长城基础上大修内长城。明内长城有三个重要的关口，即居庸关、倒马关、紫荆关，合称"内三关"。与天津关古道交汇的西奚古道是"内三关"连线道路中的一段。斋沿、军沿古道明清时被用于运输军用物资、建筑材料，军队的移防，敌台与敌台之间的联络等。相传斋沿、军沿古道上的"城子台"是古屯兵之所。小龙门古道为古军事间道，古道上的梨园岭口、洪水口、西小龙门口等，在明代时属于沿

---

[1] 常华：《古今妙峰山香道》，北京：北京燕山出版社，2019年，第4—8页。
[2] （清）李开泰等纂，王养濂修：康熙《宛平县志》卷一《地理·形胜》，第19页。
[3] 《明实录·英宗实录》卷之二百四《废帝郕戾王附录第二十二》，"中央研究院"历史语言研究所校印，上海：上海书店，1984年，第4374页。

河口下辖的十隘七口。

表 1.3.4 京西古军道

| 军道名称 | 起止点 | 功能 | 使用时间 | 长度 | 主要物质遗存 |
| --- | --- | --- | --- | --- | --- |
| 天津关古道 | 柏峪口—河北怀来 | 是古代北京平原与西北高原的重要通道 | 从汉代开始使用，一直繁荣至京张铁路开通 | 约18.4千米 | 敌台、长城等 |
| 斋沿、军沿古道 | 斋堂—沿河城、军响—沿河城 | 运输军用物资 | 明清时期频繁使用 | 约20千米 | 敌台、烽火台、城堡等 |
| 小龙门古道 | 双塘涧口到市界和灵山 | 为古代军事间道 | 明代频繁使用 | 约18千米 | 敌台、长城等 |
| 西奚古道 | 房良口—唐县倒马关 | 后成为明内长城三关（居庸关、紫荆关、倒马关）之间的联络道 | 辽金时期起有军事活动，明朝成为重要军道 | 约55千米 | 挡马墙、敌台、烽火台等 |

（一）古军道沿线村落分布和隘口附近的军户村特征

古军道沿线的村落分布较为分散，共30余座。在这些村落中，军户村是由守卫边关将士的后裔们组成发展的村落。古时世代从军，包括家属也充当军差，户籍隶属军府，称为军户。军户子弟世袭为兵，不经皇帝或兵部尚书特许，任何人都不得自行改籍，父死子替，兄亡弟代，世代相袭。这些军户村主要分布在边关隘口附近。西奚古道上的斋堂镇沿河城村就是典型的军户村落。村中碑文有载："访殷实，以养马。"当时沿河城村许多家庭几乎都有1~2人在军营吃粮当兵，同时"养马于民"的制度让他们还多了一份收入。天津关古道上的柏峪村是天津关军户成村。柏峪村的石墙堡子之上有两处石砌神龛，内供貔貅，《晋书》中的"貔貅之士"即勇猛的军士。西奚古道的房良村，在天津关建口后成为军户村。小龙门古道上的小龙门村，是在明"内三关"长城沿河口城系统中的西小龙门影响下形成的军户村。

（二）古军道沿线历史遗存特征

（1）考古遗迹

古军道沿线的考古遗迹大多分布在险要关隘处，包括地道、城堡、城墙、城门、挡马墙、敌台、校军场、烽火台、碉楼、衙署、鞑寨和近现代战争遗存。王平镇西落坡村有碉楼、大寨及地道，构成了一套古代军事防御体系。传说为"元末垒寨"之遗存，又有金代关押宋徽、钦二帝之处之说。房良村北、房良村南岭沟城圈和燕家台村鳌鱼涧有挡马墙修在峡谷中，用以阻拦骑兵队。除了古代考古遗迹，日军侵华在京西古军道上留下了近现代战争遗存，包括斋堂镇牛战村的"王家山惨案"遗址、大台地区板桥村的"鬐鬏山之战"遗址战壕和王平口关城的侵华日军炮楼。

（2）长城

在线性遗存方面，除了用于军事作用的道路，京西古军道上还有长城城墙遗存。明内长城经过八达岭、门头沟，入河北的紫荆关、山西雁门关、宁武关和偏头关，在偏头关和外长城汇合。门头沟境内的长城经怀来镇边城而来，没有连续墙体，总计墙体全长大约4000米，有沿字号敌台15座和未编号敌台2座。西奚古道上的房良村和大村村北有北齐长城，一直连接到昌平区马刨泉村。《四镇三关志》中记载，沿河口"空心敌台一十五座，隆庆五年至万历二年节次建"[1]。其中沿字一至五号空心敌台位于沿河城段长城上，沿字六号至十一号空心敌台位于黄草梁段。位于天津关到黄草梁之间的沿字六号至十一号6座敌台与一座未编号敌台合称"七座楼"，由2300多米的明长城连接。梨园岭段长城、洪水口段长城、小龙门段长城位于小龙门古道上。梨园岭段有100余米城墙，未编号敌台1座。洪水口段有100余米城墙，有沿字十二至十四号敌台。小龙门遗址沟南城墙有200余米长，除沿字十五号敌台外的城台和烽火台已被拆毁。王平口关城有数百米明长城遗存，位于王平口南的北山坡上，长城上有烽火台遗基。

（3）关隘和驻军地

京西古道系统中，在军事上较为重要的村镇被作为关隘和驻军地（表1.3.5）。部分道路虽不是主要军道，但沿途也多设险关要隘，以控制和保护古道线路。整体来看，关隘较多设于多条古道交汇处，如天津关、王平口关城。峰口庵关城和牛角岭关城虽不是古道交汇处，但都位于地势险要之处、南北两山夹峙之间，适合选为关城城址。黑石崖口关城位于"内长城"内侧防线七口（黑石崖、泉水涧、王平口、乌龙潭、大草岭、圣水峪、黄山庙口）的北端。宛平城是明崇祯年间为保卫京师建造的卫城。宛平城初建时命名为拱北城，清初更名为拱极城，是扼守京城西南通衢官道的必经之处。

**表1.3.5　京西古军道关隘和其他驻军地**

| 古道功能 | 古道 | 名称 | 类型 | 地址 |
| --- | --- | --- | --- | --- |
| 军道 | 天津关古道、西奚古道 | 天津关 | 关隘 | 门头沟区西北部深山，斋堂镇西北，柏峪村东 |
| 军道 | 西奚古道 | 大村 | 关隘 | 门头沟区雁翅镇大村 |

---

1 （明）刘效祖等撰：《四镇三关志》卷二《形胜考·真保镇形胜·乘障》，明万历丙子四年（1576）原刊本，第47—48页。

续表

| 古道功能 | 古道 | 名称 | 类型 | 地址 |
|---|---|---|---|---|
| 军道 | 斋沿、军沿古道、斋堂川清水河畔古道 | 斋堂城城堡 | 其他驻军地 | 门头沟区斋堂镇东斋堂村 |
| 军道 | 斋沿、军沿古道、斋堂川清水河畔古道 | 军响村 | 其他驻军地 | 门头沟区斋堂镇军响村 |
| 军道 | 斋堂川清水河畔古道 | 清白口 | 其他驻军地 | 门头沟区斋堂镇清白口村 |
| 其他用途 | 石羊沟古道 | 沿河口城 | 其他驻军地 | 门头沟区斋堂镇沿河口村 |
| 其他用途 | 七里沟古道 | 杨家村 | 其他驻军地 | 门头沟区斋堂镇杨家村 |
| 其他用途 | 十里八桥古道 | 大寒岭关城 | 关隘 | 门头沟区军响乡吕家村 |
| 其他用途 | 十里八桥古道、西山大路、玉河古道 | 王平口关城 | 关隘 | 门头沟区永定镇王平口村 |
| 其他用途 | 芦潭古道 | 宛平城 | 卫城 | 丰台区宛平城西门马路西侧 |
| 其他用途 | 玉河古道 | 峰口庵关城 | 关隘 | 门头沟区龙泉镇圈门以西5千米处 |
| 其他用途 | 西山大路 | 三家店村 | 其他驻军地 | 门头沟区龙泉镇三家店村 |
| 其他用途 | 西山大路 | 牛角岭关城 | 关隘 | 门头沟区王平镇韭园村东的山岭上 |
| 其他用途 | 西山大路 | 黑石崖口 | 关隘 | 门头沟区王平镇东石古岩村 |
| 其他用途 | 西山大路 | 河北村 | 其他驻军地 | 门头沟区王平镇河北村 |

## 六、京西古道物质文化遗产现状问题

（一）研究资料说法不一

在与京西古道相关的资料中，对于具体有哪些古道纳入京西古道体系中说法不一。例如，《门头沟国家步道系统规划》中的通州峪联络道并未出现在其他著述中，不能确定其历史沿革和用途，并且也存在古道名称、使用时间和起止点的不同说法。不同类型古道的研究情况也有一定差异，相较于古商道和古香道，具有针对性的京西古军道研究成果较少。

（二）保护现状参差不齐

京西古道体系中，不同古道的保存修缮情况参差不齐。各个古道不同段落的修缮情况差异大，有的保存完好，有的道路风貌损坏、杂草丛生，难以辨认，修缮后也仅立一碑进行文字介绍。在历史遗存方面，很多沿线的历史遗存尚未纳入任何级别、任何文件的保护名录。随着古道沿线的村落的荒废，例如十里八桥古道沿线村落，村中的古建筑、古遗址也因而毁坏殆尽，早已无法分辨。对于文化线路相关遗产的认定保护范围、认定保护对象和认定保护方法还缺乏一个具有指导意义的标准。

# 第四节　传统村落调查报告

## 一、传统村落研究综述

（一）西山永定河文化带传统村落的研究进展

目前关于京西地区传统村落的研究著作颇丰，视角多元，体裁多样。有从整体性视角对京西村庄空间、风貌、人文等进行研究的学术性著作。尹钧科所著的《北京郊区村落发展史》中对于北京郊区的村落进行了详尽的分类研究，其中关于门头沟地区传统村落也有大量介绍，成为后来学者对门头沟展开研究的重要依据资料。[1] 也有学者从微观视角对单个典型村落进行详细描述，业祖润教授的《北京古山村——川底下》对川底下村的历史、村落布局特征、山地合院住宅、村落公共空间以及村落景观等均进行了较为深入的研究与分析，是目前从建筑学角度对北京典型古村落所做的较为全面深入的研究成果。随着技术的进步，对京西传统村落的研究应用更多技术手段以及采用了更加宏观的视角。[2] 例如，叶珍对京西地区传统村落的分布演变进行总结，并归纳出影响因素、演变特征与规律[3]；袁琳、韩维初基于ArcGIS等量化工具，对门头沟地区传统村落的分布及空间结构进行分析，并总结出其规律[4]；王萌对桑干河流域历史文化名城名镇名村空间分布及类型特色进行研究[5]。此外还有一些普及性读物，如孙克勤编著《探访京西古村落》登载了门头沟区具有传统风貌的村落图片及资料[6]；画册《散落京西的山地古村落》，则利用仿古老照片的方式，对京西地区传统村落的民俗活动、建筑及古迹等进行了展示[7]。

（二）传统村落概念与分类

2002年，《文物法》提出：中国历史文化名村是由住建部和国家文物局共同组织评选的，保存文物特别丰富、且具有重大历史价值或纪念意义的，能较完整地反映一

---

[1] 尹钧科：《北京郊区村落发展史》，北京：北京大学出版社，2001年。
[2] 业祖润：《北京古山村——川底下》，北京：中国建筑工业出版社，1999年。
[3] 叶珍：《京西传统村落空间分布演变研究》，北京林业大学硕士学位论文，2014年。
[4] 袁琳、韩维初：《基于ASTER GDEM数据的京西古村落空间特质浅析》，《华中建筑》2016年第4期，第122—127页。
[5] 王萌：《桑干河流域历史文化名城名镇名村空间分布及类型特色研究》，河北工程大学硕士学位论文，2022年。
[6] 孙克勤：《探访京西古村落》，北京：中国画报出版社，2006年。
[7] 陈志强：《散落京西的山地古村落》，北京：中国和平出版社，2008年。

些历史时期传统风貌和地方民族特色的村。

传统村落这一概念，发源于"古村落"的概念，经过社会各界的研究、讨论后改变了其内涵及外延，发展为"传统村落"。2012年春季，住房和城乡建设部、文化部、国家文物局、财政部共同进行我国现存传统村落的普查工作。同年9月，上述四部局联合成立了由建筑学、民俗学、规划学、艺术学、遗产学、人类学等专家组成的专家委员会，开始评审《中国传统村落名录》。评定的着眼点为历史建筑、选址与格局、非物质文化遗产三个方面。传统村落保护和发展专家委员会明确指出："传统村落是指村落形成较早，拥有较丰富的传统资源，具有一定历史、文化、科学、艺术、社会、经济价值，应予以保护的村落。"此次评审中，将原先"古村落"的称谓改为"传统村落"，以强调这类村落富有珍贵的历史文化遗产和传统，突出其文化价值及传承意义。2012年12月19日，中国官方的传统村落名录由住建部、文化部和财政部联合公布，并由此明确了其定义为：1980年以前建村，较好地保留了历史沿革，村落内建筑环境、建筑风貌、村落选址未有大的变动，具有独特民风民俗，虽经历久远年代，但至今仍为人们服务的村落。

2018年发布的《乡村振兴战略规划（2018—2022年）》也提出了全面保护文物古迹、历史建筑、传统民居等传统建筑，尊重原住居民生活形态和传统习惯，传承发展中华优秀传统文化的要求，对历史文化名村、传统村落、少数民族特色村寨、特色景观旅游名村等自然历史文化特色资源丰富的村庄，统筹好保护、利用与发展的关系，保护好村庄的完整性、真实性和延续性。

2018年3月，北京市人民政府办公厅印发《关于加强传统村落保护发展的指导意见》，发布了首批44个市级传统村落，其中22个也是国家级传统村落。2021年3月1日，北京市人民政府发布的《北京市历史文化名城保护条例》正式实施。《条例》指出，传统村落是北京历史文化名城的重要组成部分，为北京市传统村落的保护和发展提供了政策依据，梳理传统村落的文化特色，传承传统村落的文化脉络，对建设全国文化中心、保护北京历史文化名城具有重要意义。

（三）数据来源与数据统计

1. 数据来源

本报告中涉及的传统村落主要来自住建部公布的：① 中国历史文化名镇（村）名单；② 中国传统村落名录村落名单；③ 北京市级传统村落名录。

目前研究区域内共有中国历史文化名村4个，国家级传统村落17个，市级传统村落21个。因为部分村庄同时获得了多个评定等级，最终研究范围内的传统村落共27个。

2. 村落分布

从行政区域的分布情况而言，门头沟共有14个，石景山区共有1个，昌平区共有

5个，房山区共有6个，海淀区共有1个。其中门头沟区的数量最多，房山次之。

表1.4.1　各区传统村落数量

| 辖区 | 海淀区 | 石景山区 | 门头沟区 | 丰台区 | 房山区 | 大兴区 | 昌平区 |
|---|---|---|---|---|---|---|---|
| 传统村落数量 | 1 | 1 | 14 | 0 | 6 | 0 | 5 |
| 占传统村落总数量比例 | 3.7% | 3.7% | 51.9% | 0.0% | 22.2% | 0.0% | 18.5% |

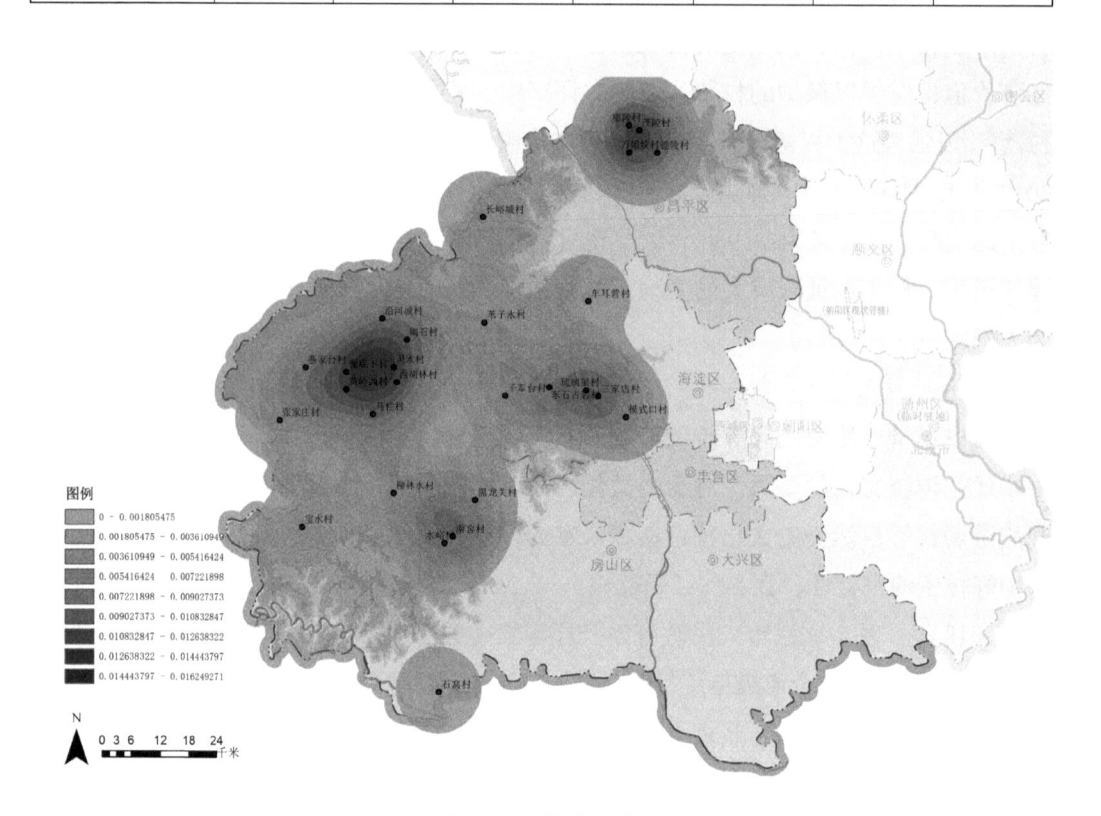

图1.4.1　村落分布

3.村落年代分析

隋朝有1个，唐朝有2个，辽2个，金4个，宋朝2个，元朝2个，明朝9个，清朝5个。现有传统村落年代久远，半数形成于明清时期。

表1.4.2　传统村落形成时间

| 朝代 | 隋 | 唐 | 辽 | 金 | 宋 | 元 | 明 | 清 |
|---|---|---|---|---|---|---|---|---|
| 传统村落数量 | 1 | 2 | 2 | 4 | 2 | 2 | 9 | 5 |
| 占传统村落总数量比例 | 3.7% | 7.4% | 7.4% | 14.8% | 7.4% | 7.4% | 33.3% | 18.5% |

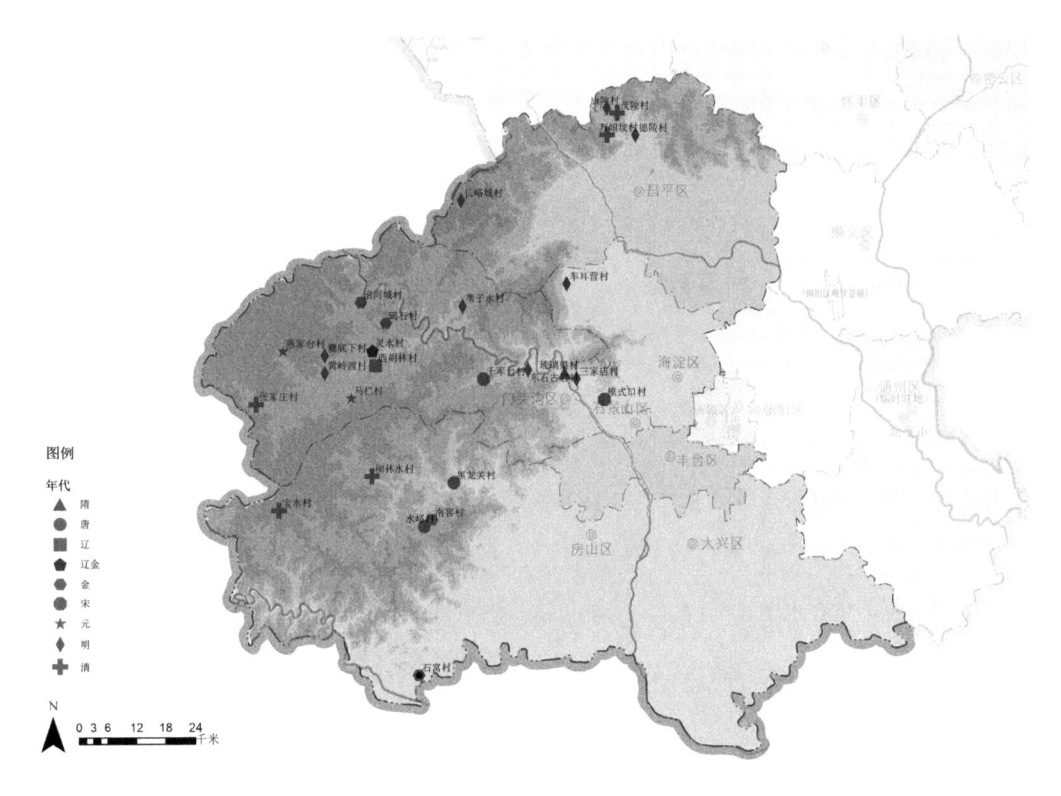

图 1.4.2　村落年代分布

## 二、传统村落分析

（一）传统村落资源分析框架

按照"要素梳理–特征识别–集群保护发展"的思路，从点类资源拓展到景观资源、生态资源，明确区域数量和类型，在此基础上解析空间特征，明确村落集聚的成因及空间组织方式，以此作为构建集群保护发展空间结构的依据和基础。

从宏观尺度通过"群域层"保证了实现集群保护发展的区域环境，是实现分区保护的基础；中观尺度的"组团层"具有较强的空间、文化、景观、生态等联系，能够形成并具有明确的级别层次划分和较为清晰的类型结构特征；微观尺度的"特征层"在群域和组团的整体协同下，起到带动和发挥个体优势与特色的作用。

（二）传统村落的分区（宏观层面）

研究区域内的传统村落的形成与其山水格局息息相关。

1. 大部分传统村落分布在山麓平原或山间盆地

通过输入北京DEM数据（来自地理空间数据云网站），获取传统村落的高程信息。传统村落分布在海拔400米的丘陵和平原有13个，占研究范围内传统村落的48.1%，有14个传统村落分布在海拔400米以上的山区，且大部分分布在400米至800米的低山处，占整体比重的44.4%。山麓平原相对较高，避免洪水，满足防洪排水的需求。盆地坡度平缓，土层厚，土壤肥沃，适宜耕作，同时，山岩易于加工成碎片，为房屋的建造提供了丰富的石头。一般来说，北京的传统村落大多分布在地势稍高的地区。

表 1.4.3 传统村落所处地势类型

| 地形 | 村落数量 | 占总村落比例 | 村落名称 |
| --- | --- | --- | --- |
| 平原（200米以下） | 8 | 29.6% | 东石古岩村、琉璃渠村、模式口村、黑龙关村、德陵村、石窝村、三家店村、车耳营村 |
| 丘陵（200米~400米） | 5 | 18.5% | 柳林水村、西胡林村、茂陵村、万娘坟村、水峪村 |
| 低山（400米~800米） | 12 | 44.4% | 沿河城村、燕家台村、千军台村、南窖村、张家庄村、马栏村、碣石村、苇子水村、黄岭西村、爨底下村、灵水村、康陵村 |
| 中山（800米~2250米） | 2 | 7.4% | 宝水村、长峪城村 |

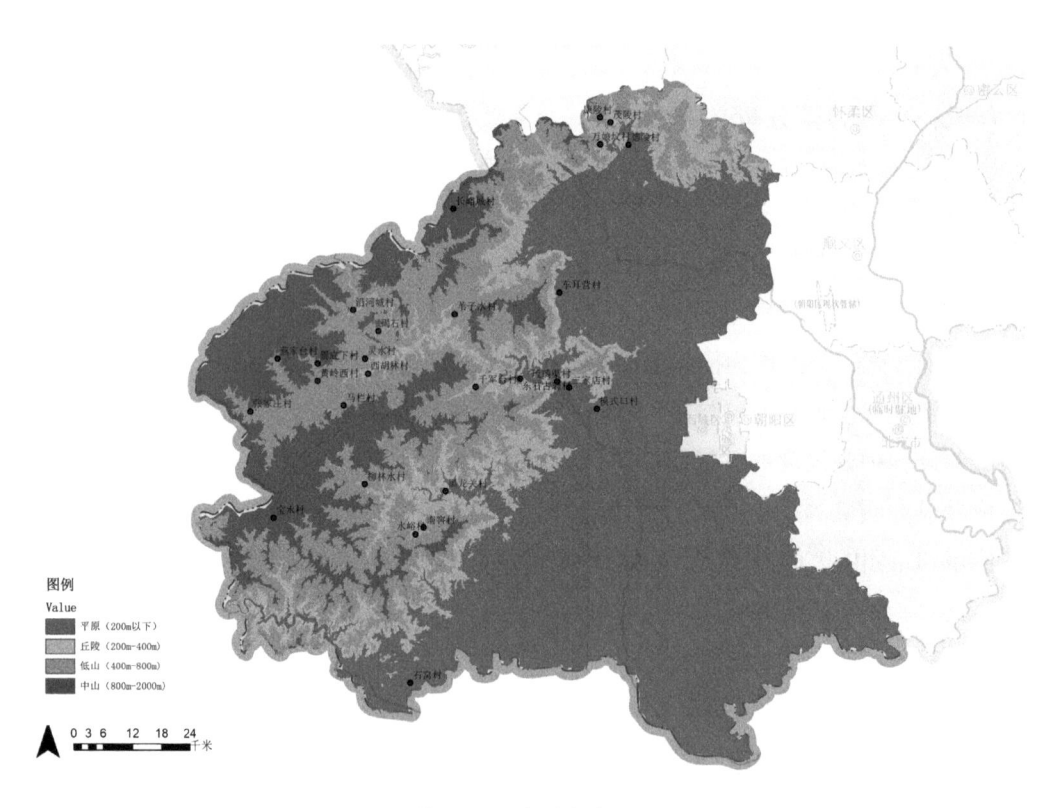

图 1.4.3 地形分布

## 2. 大部分传统村落分布在缓坡上

利用ArcGIS中的坡度工具进行坡度的分析，其中低缓坡5个，缓坡13个，斜坡3个，陡坡5个，急坡1个，险坡0个。

表1.4.4 传统村落所处坡度

| 坡度 | 村落数量 | 占总村落比例 | 村落名称 |
| --- | --- | --- | --- |
| 低缓坡（5°以下） | 5 | 18.5% | 石窝村、西胡林村、车耳营村、东石古岩村、模式口村 |
| 缓坡（5°～15°） | 13 | 48.1% | 南窖村、碣石村、灵水村、德陵村、三家店村、苇子水村、茂陵村、柳林水村、张家庄村、琉璃渠村、水峪村、马栏村、沿河城村 |
| 斜坡（15°～25°） | 3 | 11.1% | 爨底下村、万娘坟村、燕家台村 |
| 陡坡（25°～35°） | 5 | 18.5% | 长峪城村、康陵村、黄岭西村、宝水村、黑龙关村 |
| 急坡（35°～45°） | 1 | 3.7% | 千军台村 |
| 险坡（45°以上） | 0 | 0.0% | |

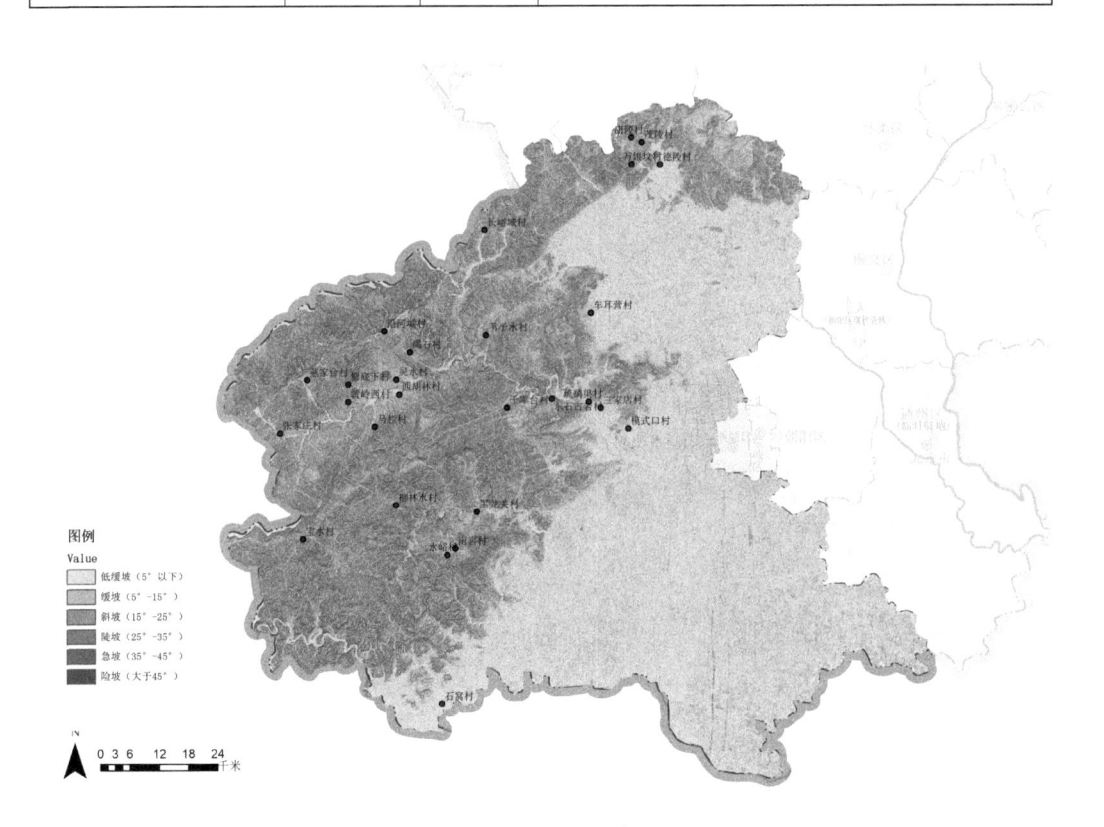

图1.4.4 坡度分析

3. 大部分村落位于阳面或半阳面

在 27 个传统村落中，63% 的村落位于阳面或半阳面，其中，7 个村落位于阳面，9 个村落位于半阳面；6 个村落位于半阴面，5 个村落位于阴面。阳面或者半阳面的村庄日照更加充足，更有利于人们的居住与耕作。大多数村落一般位于此处。

表 1.4.5　传统村落所处坡向

| 坡向 | 村落数量 | 占总村落比例 | 村落名称 |
| --- | --- | --- | --- |
| 阴坡（0~45°、315°~360°） | 5 | 18.5% | 沿河城村、水峪村、黑龙关村、西胡林村、车耳营村 |
| 半阴坡（45°~135°） | 6 | 22.2% | 碣石村、苇子水村、茂陵村、琉璃渠村、黄岭西村、模式口村 |
| 阳坡（135°~225°） | 7 | 25.9% | 爨底下村、万娘坟村、灵水村、德陵村、三家店村、康陵村、宝水村 |
| 半阳坡（225°~315°） | 9 | 33.3% | 燕家台村、千军台村、南窖村、柳林水村、张家庄村、马栏村、长峪城村、石窝村、东石古岩村 |

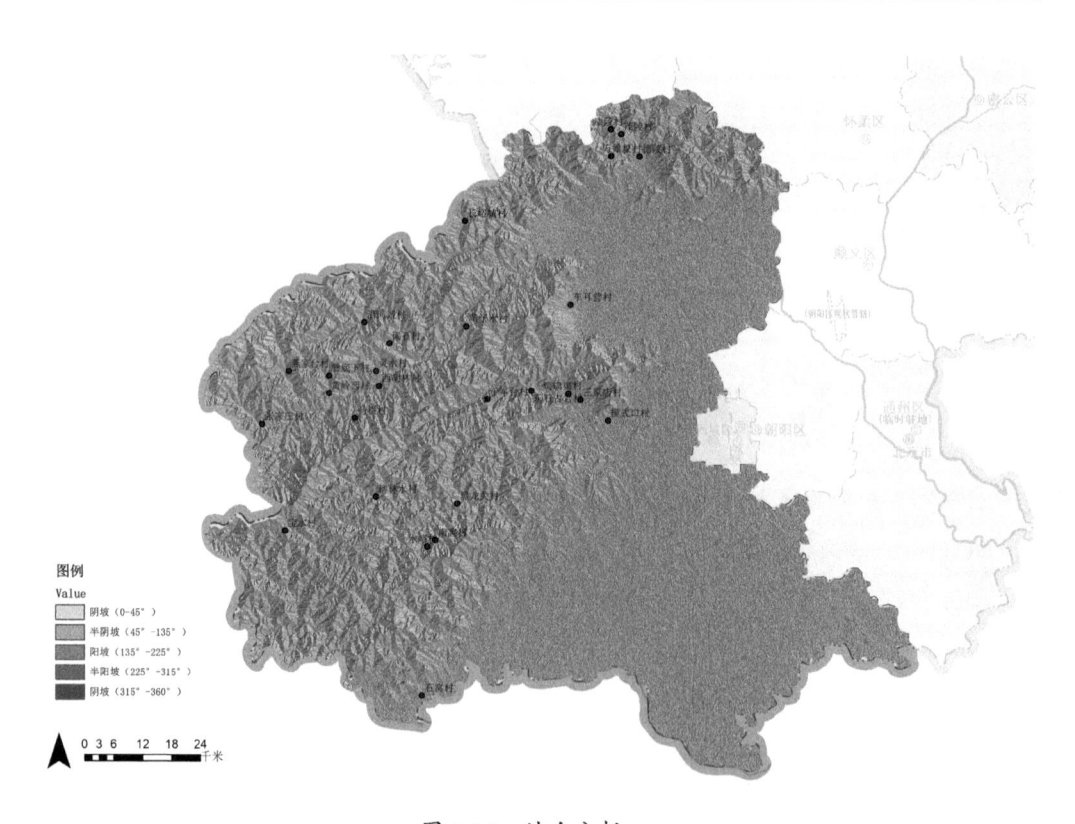

图 1.4.5　坡向分析

4. 靠近河边

利用 ArcGIS 中的缓冲区工具对河系进行 200 米、400 米、900 米、1600 米间隔的缓冲，可得到传统村落与相邻河流的距离。在 27 个传统村落中，59% 的村落靠近河边，其中距离河流 200 米距离有 3 个，距离河流 400 米距离有 5 个，距离河流 900 米距离有 6 个，距离河流 1600 米距离有 2 个。靠近村庄的河流可以美化环境，保持适当湿度，为村庄提供生活用水与生产用水，符合人们"水聚富"的传统观念。

表 1.4.6　传统村落与河流距离

| 与河流距离 | 村落数量 | 占总村落比例 | 村落名称 |
| --- | --- | --- | --- |
| 200 米以内 | 3 | 11.1% | 东石古岩村、琉璃渠村、沿河城村 |
| 200 米～400 米 | 5 | 18.5% | 燕家台村、柳林水村、模式口村、黑龙关村、西胡林村 |
| 400 米～900 米 | 6 | 22.2% | 千军台村、南窖村、茂陵村、万娘坟村、德陵村、宝水村 |
| 900 米～1600 米 | 2 | 7.4% | 石窝村、三家店村 |
| 1600 米以上 | 11 | 40.7% | 张家庄村、马栏村、长峪城村、碣石村、苇子水村、黄岭西村、爨底下村、灵水村、康陵村、水峪村、车耳营村 |

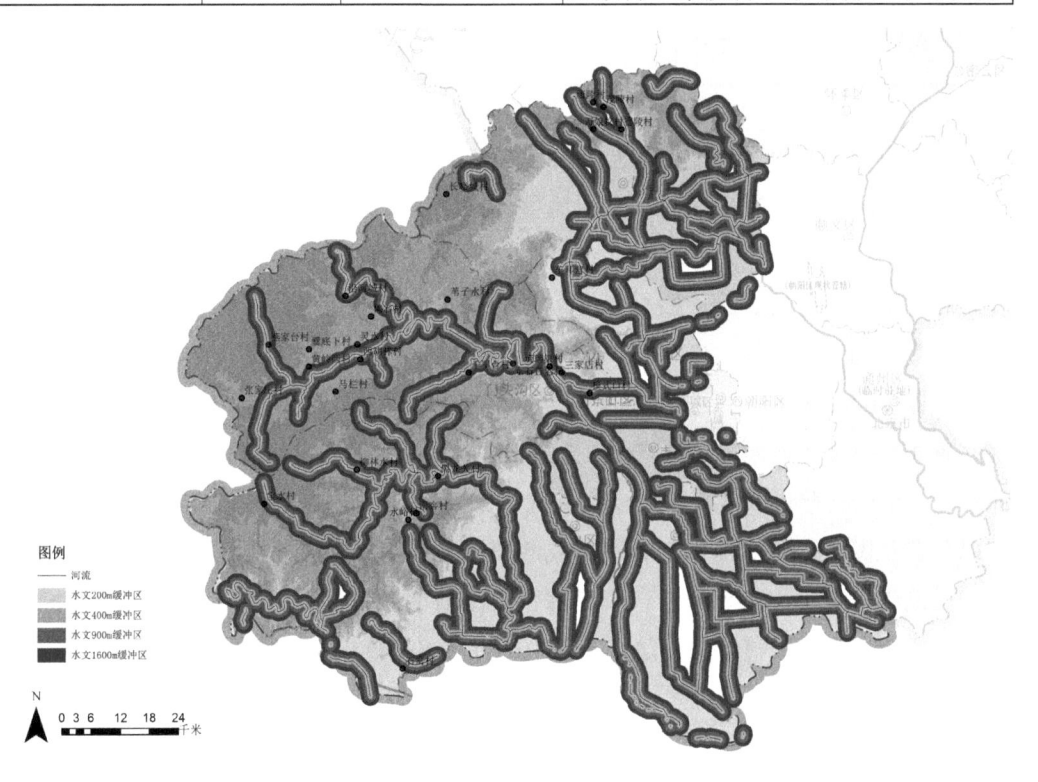

图 1.4.6　水文分析

### （三）传统村落的分级分类（中观层面）

结合总报告中提到的六个文化分区，海淀核心文化区、妙峰山—九龙山文化区、斋堂川文化区、大房山东麓文化区、白沟河上游文化区、军都山南麓文化区，在传统村落的分布上，也呈现对应的文化区分布。

#### 1.斋堂川传统村落聚集区

表1.4.7　本区传统村落一览

| 辖区 | 聚集区村落 | 年代 | 地形 | 坡度 | 坡向 | 水文 | 级别 |
| --- | --- | --- | --- | --- | --- | --- | --- |
| 门头沟区 | 爨底下村 | 明 | 低山 | 斜坡 | 阳 | 1600米以上 | 中国历史文化名村、国家级传统村落、市级传统村落 |
| | 黄岭西村 | 明 | 低山 | 陡坡 | 半阴 | 1600米以上 | 国家级传统村落、市级传统村落 |
| | 灵水村 | 辽 | 低山 | 缓坡 | 阳 | 1600米以上 | 中国历史文化名村、国家级传统村落、市级传统村落 |
| | 西胡林村 | 辽 | 丘陵 | 低缓坡 | 阴 | 200米~400米 | 国家级传统村落、市级传统村落 |
| | 马栏村 | 元 | 低山 | 缓坡 | 半阳 | 1600米以上 | 国家级传统村落、市级传统村落 |
| | 碣石村 | 金 | 低山 | 缓坡 | 半阴 | 1600米以上 | 国家级传统村落、市级传统村落 |

斋堂川传统村落聚集区以清水河为主体，其整体形态较为稳定，不似永定河蜿蜒曲折。清水河位于西部山区内，其干流上连接了众多来自山间的支流，依据村落"近支流远干流"的选址特征，清水河沿线的村落更倾向于靠近支流，而非清水河。

斋堂镇的马栏村、黄岭西村、灵水村都是位于山中涧沟的交汇处。河流走向构成了村落整体的空间骨架，建筑与耕地顺应等高线拾级而上，形成自由的村落边界和丰富的垂直空间层次。[1]

表演艺术文化方面，山梆子戏在斋堂川广为传唱，该区域有许多负有盛名的戏班。此外这一带的村落形成常与军队戍边驻扎有关。在京西边关地带，军户村皆有村戏传承，如以燕歌戏闻名、兼演山梆子和蹦蹦戏的柏峪村。本书第二章第三节关于山梆子戏源流的讨论中，勾画出山陕梆子在军户内普遍传唱承袭的背景。结合山梆子戏在京西一带的空间分布，这些村子也正落点于灵山—黄草梁山岭以南，为都门屏藩。

庙会资源方面，爨底下村在乾隆年间形成了一项制度，在正月十五那天全村人大

---

[1] 吴艳莹:《京西永定河流域传统村落的空间格局与发展规划研究》，北京交通大学硕士学位论文,2021年。

团圆、转灯游庙。每年正月十五前村民们会准备灯场、挂起条幅、供奉牌位等，每到正月十五，转灯的队伍会在灯场前的河滩集合，然后再排队集体上村，这中间还有音乐班、法器班、彩旗和灯笼等很多队伍，场面宏大，好似一条长龙盘踞村中。

清康熙年间，斋堂川地区文教渐兴，家传户诵。在斋堂川开办的私塾中，灵水的教书先生最多，当时有"灵水先生遍斋堂"之说。无论是里社之学、民间私塾，均促进了灵水地区读书风气的形成。

宗族文化方面，大多数家族都有家谱，如爨底下通过写家谱、祭祖坟、立村规等，以维系宗族关系的传统精神和韩氏家族的稳定发展。[1] 宗族文化在村落环境布局及四合院民居中也有明显的表现，以爨底下为例，村落强调以中轴线建立等级分明的居住空间秩序。在村内居于龙头山下的村落制高点处修建的广亮院正房就是全村最年迈、最有威信的长辈居住的地方。同宗同族聚居为这种整体村落有机布局提供了可能性。

2. 妙峰山—九龙山村落聚集区

表1.4.8 本区传统村落一览

| 辖区 | 聚集区村落 | 年代 | 地形 | 坡度 | 坡向 | 水文 | 级别 |
| --- | --- | --- | --- | --- | --- | --- | --- |
| 门头沟区 | 东石古岩村 | 明 | 平原 | 低缓坡 | 半阳 | 200米以内 | 国家级传统村落、市级传统村落 |
| | 琉璃渠村 | 隋 | 低山 | 缓坡 | 半阴 | 200米以内 | 中国历史文化名村、国家级传统村落、市级传统村落 |
| | 三家店村 | 明 | 平原 | 缓坡 | 阳 | 900米~1600米 | 国家级传统村落、市级传统村落 |

该传统村落聚集区分布在妙峰山与九龙山之间的永定河沿岸，永定河沿岸地区地理情况有别于他处，在地壳运动中，太行山支阜不断抬升，永定河水快速冲刷并在河床处不断下切，最终在岸边形成多层阶地与台地。这些村落在建造之初强调与自然的和谐相处，顺应山势进行建造，常常借助山地、台地、河滩等地形地势特点营造宜居的空间，内部自由灵活。该地村落与河流关系密切，讲求"开源"即近水，宜位于河流聚集处，及"节流"即合理利用地势和水源，保证聚落安全，促进农耕发展。此外，大部分村落位于河水流速较慢的河曲之内的"澳位"，这样可以有效抵挡冬季风侵袭保护村庄。该区域很多村落位于近京平原区，村落基地高差较小、相对平坦宽阔，村落形态呈现集团型特征。

产业方面，三家店村、琉璃渠村由于便利的交通促进了商业的发展，成为典型的

---

[1] 席丽莎：《基于人类聚居学理论的京西传统村落研究》，天津大学硕士学位论文，2014年。

产业型村落。琉璃渠的发展及繁荣主要受社会因素影响，从元代开始，村落成了皇家琉璃生产地，经济的繁荣加快了村落的发展。琉璃渠矿产资源丰富，当地传"门头沟有煤八千万，琉璃渠独占十分之一"。元中统四年（1263年）朝廷在此设有管理机构——琉璃局，并以"琉璃局"作为村名，后依谐音改为"琉璃渠"，琉璃局属元大都四窑场之一，北京城内外皇家苑囿、宫殿所用琉璃均为琉璃厂烧造。依托于此，琉璃渠村现有国家级传统手工艺类非遗——琉璃烧制技艺。此外，西山进京路上运载煤炭的驼、马、驴、骡络绎不绝，成为京西特有景观。京西运煤主要干道经过的琉璃渠、大峪、三家店等村落，有煤商、煤厂数十家，这些村落的发展与生产和运营煤炭密切相关。

民间花会方面，该区域有形式多样的民间花会，如太平鼓队、修道会、水茶老会、桥道会、路灯会、桌子会、音乐会、五虎少林会，且花会的内容与西山大道、九龙山茶棚、妙峰山茶棚等密切相关。

宗教信仰方面，该区域村落中的一些庙宇会同时供奉几座神明，如三家店的二郎庙供奉碧霞元君和二郎显圣真君，琉璃渠的三官阁供奉文昌帝君和三官大帝，圈门过街楼同时供奉药王、文昌大帝和关圣帝君。寺庙中多神信仰的发展有可能是适应区域整合的要求，即除了供奉主要神灵之外，将其他信仰的神灵同时供奉，这就使得信仰不同的居民都可将该寺庙作为共同崇拜的精神空间。

3. 西山东麓传统村落聚集区

表1.4.9　本区内传统村落一览

| 辖区 | 聚集区村落 | 年代 | 地形 | 坡度 | 坡向 | 水文 | 级别 |
| --- | --- | --- | --- | --- | --- | --- | --- |
| 房山区 | 柳林水村 | 清 | 丘陵 | 缓坡 | 半阳 | 200米~400米 | 市级传统村落 |
| | 水峪村 | 唐 | 丘陵 | 缓坡 | 阴 | 1600米以上 | 中国历史文化名村、国家级传统村落、市级传统村落 |
| | 南窖村 | 金 | 低山 | 缓坡 | 半阳 | 400米~900米 | 国家级传统村落、市级传统村落 |
| | 黑龙关村 | 唐 | 平原 | 陡坡 | 阴 | 200米~400米 | 国家级传统村落、市级传统村落 |

房山区是北京的西南门户，西北方向海拔高于东南方向，作为华北平原和太行山的交界处，包含山地、丘陵、平原和洼地等地势。位于山地地区的传统村落一般是依山而建，随形就势。山麓之间的传统村落相对于山地平缓，相对于平原较高，地理环境优越，适宜人类居住，因而有大量的村落在此形成。而地形不同，所形成街巷空间

也有很大的区别。

除了地理因素，生产因素也是村落形成的重要原因。房山水峪一带最初没有形成村落，少数山西移民商人在商道路过地区开设客栈，从此薪火相传。水峪村则是山西移民为主要动力，源于明朝实行的军屯政策，三万多户居民先后十九次来此定居。黑龙关村情况相似，村内郭姓都是从山西移民而来。

煤炭运输带来的商贸发展是推动村落发展的重要因素，根据《房山县志》记载，光绪十年（1884年），南窖地区的煤窑就有南窖村窑、水峪村窑、安子村窑、北窖村窑。房山地区通过网络纵横的京西古道，为京城，乃至内蒙古、山西等输送煤炭资源，也通过古道运回本地稀缺物品。水峪村因煤炭生产而兴，南窖村以煤炭运输而盛。

邻近河流、山泉的村落，以农耕为业，清代常有旗人地庄，也有祈雨惠泽农事的仪式。黑龙关村自元代以来就有祈雨习俗，村外龙潭有黑龙关龙神庙。如逢天旱向龙王求雨，在龙王庙前戏台为龙王爷唱戏，祈求天降甘霖，详情可参见本书第二章第五节求雨方面。房山区水峪村祈福庙会以烧香祈福性质为主，会队从村中心戏台出发游街走巷，沿途敬拜各路神明，去各寺庙烧香祭祀。

4. 十三陵传统村落聚集区

表 1.4.10　本区传统村落一览

| 辖区 | 聚集区村落 | 年代 | 地形 | 坡度 | 坡向 | 水文 | 级别 |
| --- | --- | --- | --- | --- | --- | --- | --- |
| 昌平区 | 茂陵村 | 清 | 丘陵 | 缓坡 | 半阴 | 1600 米以上 | 市级传统村落 |
|  | 康陵村 | 明 | 低山 | 陡坡 | 阳 | 400 米~900 米 | 市级传统村落 |
|  | 德陵村 | 明 | 平原 | 缓坡 | 阳 | 400 米~900 米 | 市级传统村落 |
|  | 万娘坟村 | 清 | 丘陵 | 斜坡 | 阳 | 400 米~900 米 | 市级传统村落 |

在十三陵世界遗产地周边分布有众多乡村聚落，其中"陵邑"村落占绝大部分。"陵邑"村落依托帝王陵园形成与发展。明十三陵的陆续兴建，为陵区及其周边地区村落的形成与发展奠定了基础。这些村落明代均为各陵的神宫监，神宫监是太监住的地方，专门管理陵宫祭祀等事务，因此建于陵宫附近。明亡以后，清初为了维护明室皇陵，在各陵神宫监分别设司香官和陵户，负责祭奠和管理各陵，后子孙繁衍，居民增多，逐渐演变为村落。[1]

在发展的过程中，距离开放陵寝较远的"陵监"村发展缓慢，如康陵村、茂陵村，这些村落格局保持完整，村落整体无较大变化，空间形态基本保持原始方形肌理，陵

---

[1] 赵之枫、闫惠、张健：《世界遗产地传统村落空间演变与发展研究——以明十三陵风景名胜区"陵邑"村落为例》，《华中建筑》2010 年第 6 期，第 93—95 页。

监墙能够较为完整地保存下来，村内古树也较好地存留下来。德陵村部分外延村落整体空间形态变化较大，由陵监墙围合的原始空间肌理依稀尚存，陵监墙部分保存下来。

这些村落一方面与城周分布的明清皇陵有十分密切的关系，有不少就是由守陵人后代聚居而形成，另一方面，还有不少村落与北京城内的达官贵人有着各种直接或间接的关系，是这些王公贵族的佃户长工聚居之所和田庄劳作之地。因此，这些古村落在形成过程中必然受到"皇城文化"和"胡同文化"的深刻影响。在这里，由于皇陵或宗亲坟墓的选址多基于风水理论，取地理、方位及风水极佳的地点进行建设，因此借由其修建活动而形成的古村落，在空间布局上也具有风水位置佳，且集中布置的特征。如相邻而建的茂陵村与德陵村、李家坟村与七王坟村等。[1]

（四）传统村落的典型聚落（微观层面）

综合各传统村落的分类及自身特色，对每一种类型的典型村落进行详细阐释。

1. 灵水村

（1）现状概况

门头沟区斋堂镇辖村，村域面积 6.4 万平方米，2023 年北京市门头沟区人民政府官网 2023 年数据显示，全村共 230 户，700 余人，均为汉族。村民以刘、谭两姓为主，还有田姓等姓氏。2005 年入选第二批中国历史文化名村，2018 年入选北京首批市级传统村落名录。

（2）地理区位

灵水村地处山谷地带，自然地形形成方向一致的汇水面，雨季短时汇水量较大。原地下水位高，埋深约 10 米，泉水资源丰富，传说村中原有水井 70 余眼，村子也是以水"灵"而出名，后因大规模组织开采村旁及邻近地域的煤炭资源，导致地下水位急剧下降，井水枯竭，村旁溪流也日益干涸。

灵水村位属北京西山区域，地处低山谷地，平均海拔高约 430 米，东侧以鏊鬏山为前部屏障，三面环山，西北侧背靠莲花山，南侧临南岭西桃山，东北侧倚大岭头北桃山。

村落地势西北高，东南低，略成长方形。从村南的南岭看去，村落形状似龟，是吉祥和长寿的象征。龟头朝南，尾朝北，三条东西走向的街道与南北走向的胡同构成分明的龟纹，龟纹的大小块体是由四合院组成的。[2]

（3）历史渊源

灵水村历史悠久，据说约于唐代形成雏形。在村子西侧有一处南海火龙王庙，龙王庙正殿梁架上有金代墨书题记，可见其在辽金时期就已初具规模。灵水村于元代快速发展，并在明清两代达到鼎盛时期，当时住户有 300 余户，居住人口约在 2000 人，

---

[1] 张大玉：《北京古村落空间解析及应用研究》，天津大学博士学位论文，2014 年。

[2] 李雅祺：《北京灵水村传统村落文化景观保护与传承研究》，北京林业大学硕士学位论文，2017 年。

形成了规模庞大、历史悠久的古村落。

据《宛署杂记》记载，灵水村中的灵泉禅寺在明代已存，修建于汉代，当时灵水村被称作"凌水村"，属宛平县桑峪社。清代属宛平县齐家庄巡检司。传言村中曾有约72眼水井，曾也被称为"冷水村""拎水村"，皆为灵字的谐音。据传村中曾有庙宇18处，灵泉禅寺是该村有文字记载的最早寺庙。村中庙宇散布在古村四周山坡和高台上，形成了大小不同的四个古庙建筑群。

（4）文化遗产资源

区级文物保护单位1处：龙王庙及戏台；古树名木：柏抱桑、柏抱榆、"雌雄一体"的银杏树；村内现有物质遗产遗迹5处：灵泉禅寺、文昌庙、魁星楼、南海火龙王庙、天仙圣母庙。

戏台龙王庙门前倒座的古戏楼建于明代，与南海火龙王庙山门相对，坐南朝北，建在石砌台基之上，硬山皮条脊，灰筒瓦顶，面阔6.8米，进深8.7米，台口高2.64米，戏台中部有隔扇，分为前、后台。至今保存完好。每年风调雨顺庆丰收，逢年过节，都要在这里唱戏。历史上有戏班子，唱的是蹦蹦戏，是评剧的前身。灵水的蹦蹦戏红火时，还经常被请到外村演出。文昌庙位于灵水村村口魁星庙侧的券洞城台上，主供神为文曲星，也叫文昌帝君，明代以前创建。魁星楼属道教建筑，明代以前创建，坐落于灵水村东北坡一个高台上。魁星又称奎星，是星官的名称，为二十八宿之一。南海火龙王庙位于灵水村西莲花山麓，建于金代（又说建于明嘉靖十五年）。龙王庙院内有一株胸径达3米许的古柏，其上长出桑树一株，被称为"柏抱桑"，又叫"柏抱桑孙"。西跨院有古柏一株，胸径2.2米，其上长榆树一株，径0.5米，被人称为"柏抱榆"，又叫"柏抱榆子"。天仙圣母庙位于灵水村西，建于清代康熙十九年（1680）。

村中有一种特殊的传统习俗，就是每到"立秋"之日，全村共喝"举人粥"。来自全村各家的杂粮在村内街道上的大锅熬成杂粮粥，用百家粮，由百家做，集体喝粥。"共喝秋粥"是村民们聚会的好机会，相互探讨生产经验、交流信息。立秋是农历二十四节气之一，在我国北方，立秋往往在秋收之前，正是农民企盼丰收的时节。"秋粥节"是将岁时节令与人的社会活动有机结合的产物，在每年立秋之日举村欢庆，祈求神灵保佑风调雨顺、五谷丰登，充分体现了传统文化中天人合一，人与自然和谐共存的思想。

2. 三家店村

（1）现状概况

三家店村位于龙泉镇东部，永定河出山口，辖孙桥、东店、西店、中店等自然聚落。村域面积2.7平方千米，耕地86亩。西连太行山，东望北京湾平原，是北京城连接西山地区，远达河北、山西的交通枢纽。北京市门头沟区人民政府官网2023年数据显示，全村共6788户，15759人。主要姓氏为孙、刘、冉、王。2002年入选北京第二批历史文化保护区，2012年入选第一批中国传统村落名录，2018年入选北京首批市级传统村落名录。

（2）地理区位

三家店村位于永定河的出山口及永定河的中下游平原处，整体平面呈扇形，边界清晰。三家店北部山脉为主山，植被丰茂，对村落形成环抱之势，且山势西高东低。气聚者暖，气散者冷。这种基址条件，不仅在冬季可以帮助村落抵御西北风的侵袭，还可以在夏季利用西南风带来的湿润空气，以缓解干燥。永定河在流经三家店的位置坡势骤然变缓，于村南蜿蜒流淌而过，似金带环绕；村庄位于河流的北侧即永定河的凸岸，水抱边可寻地，水反边不可下，不仅能够避免河流的冲刷，保障居民的安全，还利于河流交通的发展、方便农业的灌溉。在永定河南部有九龙山余脉与之形成对应关系。整个村落被山水环绕，地势平坦但又有一定的坡度，是典型的利于村落发展的"枕山面水，金带环绕"的理想格局。

（3）历史渊源

三家店村在古代曾是一个具有复合功能的大型渡口，是进出山区的咽喉。将聚落整体建设成船形以祈求永定河河水安定以及渡口水运的顺利，并在西侧建有铁锚寺，里面曾供奉重达400斤的大铁锚以镇永定河水，聚落形态与寺庙相互呼应，反映了该聚落民众的风水观念。三家店村坐落在九龙山、南大岭山峰之间，为玉河古道进出所经之地，也是去九龙山娘娘庙进香的香客歇息之地。旧时，天桥浮至峰口庵是京西重要煤炭产地，运煤、买煤之人和运煤牲畜多在此住宿，以便第二天早起去煤窑。据说由于此地客店繁多，以方位命名为东店、中店、西店，后来三店总称，为村名由来。

（4）文化遗产资源

物质文化遗产中，以宗教建筑为主要类型。现存区级文保单位包括白衣观音庵、龙王庙、关帝铁锚寺、二郎庙、龙王庙、马王庙、山西会馆。白衣观音庵可能始建于唐代，三合院，内有石碑三通。二郎庙为四合院，内有石碑二通、须弥座一个。龙王庙为三合院，内有石碑三通。关帝铁锚寺为三合院，光绪年间曾为义和团拳坊。马王庙为清代三合院，现为社区服务站。山西会馆现为三家店小学，曾为"山西社公议局"所在地。树神庙、三官庙、太清观现已不存。树神庙清嘉庆、道光、光绪年间均重修。三官庙"文革"时拆除，改为副食店。太清观曾为妙峰山南道子孙万代粥茶棚所在地，本地石灰业供奉祭祀师祖。

非物质文化遗产中以花会最为突出。分别有东店村的大旗会、中店村的七星会、西店村的支单会、道经会，各档花会均参加每年的九龙山庙会活动。三家店村还是妙峰山娘娘庙会"朝顶进香"南道中的山路起点，因此餐饮、旅宿、运输业兴旺，由此促进村落进一步发展，优越的地理位置使这里成为京城内外物品交换与贸易的市场。

3. 南窑村

（1）现状概况

南窑村地理位置优越，不仅风景秀丽，还是乡政府所在地，不负"西山小京城"盛誉。建村600余年，商业繁茂，以其悠久的古商道文化闻名。南窑村以汉族为主，2020年中国传统村落数字博物馆官网2020年数据显示，全村共有户籍人口2553人，常住人口2600人。2016年进入中国第四批传统村落名录。

（2）地理区位

南窑村沿河道分布，海拔高度在260米至300米，地势东高西低，村民结合地形设置村口、住所等，整体格局藏风纳气，形成盆地形式，具有极高的建村智慧。南窑村是典型的深山型古村落，位于大房山北麓低山区，四周群山环绕，背靠中窑梁，面朝南窑沟，南侧有馒头山、猫耳山。其空间环境使村庄达到了阴阳二气和合、山气茂盛的自然状态，整个村落地势西高东低，南部坡度平缓，形如窑形盆地。从村西水峪口向东，南北两侧山退谷开，豁然开阔，至村东龙王庙才逐渐缩窄，形成一个核形小盆地。传统村落风貌所在区域位于村落中部，一条古商道沿东西方向贯穿全村，建筑沿古商道呈线性向外辐射。

（3）历史渊源

早在元代之前，南窑地区就有"窑"形特色的沟谷地貌，南窑村南侧有南窑沟，这些山川形胜为南窑先人选址建村提供了必要条件。但因其位于京西深山区，直到唐末开辟进山道路后（成为后来南窑古商道的雏形），才为古村发展提供了先机。明代迁都后，几次大规模山西移民至直隶各地。南窑地区蕴藏着丰富的煤炭资源，依托资源优势迅速集聚人口及财富，开采煤炭的同时也带动了商贸运输等服务业的发展，商业繁荣，与交道、窦店和琉璃河一起成为当时的京西南四大村落。民国时期，煤炭的开采和运输采用新技术，大幅提升了煤炭的开采量及运力，南窑发展到鼎盛，逐步成为北京西山地区著名的物资集散地，有"西山小京城"之称。[1]

（4）文化遗产资源

商业街西起南窑村娘娘庙，东至南窑上庄，长约1千米。其形成发展依托重要的节点，如娘娘庙、北极玄帝庙等庙宇建筑，呈线性发展。大量商铺、商号沿街道两侧密集排列，涵盖吃食糕点、布匹衣锦、米粮肉食、铁匠、药铺、理发、私塾等各个方面。临街住户将沿街部分作为对外经营的店铺，将居住功能置于院落内部，形成分区明确、前店后宅的院落空间。街市商贸的繁荣催生了茶馆、酒楼、客货栈、赌坊等服务型行业的繁荣发展，为商人、手工业者、来往行商乃至周边的村民提供了丰富的选择。另外，

---

[1] 赵之枫：《北京市房山区南窑村乡土聚落调查研究》，《古建园林技术》2018年第3期，第64—69页。

村内还有戏楼、瓮桥、西过街楼（东过街楼已被拆毁）等公共建筑。

南窖村非物质文化遗产众多，南窖灯笼会、南窖银音会、狮子会、吵子会、炮会、灯花会等体现了当地丰富的民间文化底蕴。

### 4. 康陵村

（1）现状概况

昌平区十三陵镇下辖村，位于明十三陵景区的西北部，泰陵西南1千米，金岭东麓。博雅地名网2016年数据显示，全村共70户，176人，总面积170公顷，其中耕地面积324亩，山场面积1525亩。2018年入选北京首批市级传统村落名录。

（2）地理区位

该村四面环山，村南是原始松林。康陵的地理位置是明陵中最差的，由于山的走势，康陵被迫采取东西向，而且整个陵寝位于众山环抱之中，就像处于井底，常年难见阳光。陵后的山峰周围百姓称为"恋花山"。

（3）历史渊源

康陵是明朝第十位皇帝武宗朱厚照和皇后夏氏的合葬陵寝。康陵建于正德十六年（1521）四月。次年建成。自清顺治元年（1644）设司香官和陵户，后发展成村，称康陵监，民国后演变为今称，是十三陵各陵寝周边村庄中历史风貌保存最好的村落。

（4）文化遗产资源

康陵村的宅基地方整，全村71户除有1户以外全部居住在呈正方形的陵监墙里面，陵监墙至今保存良好。村内现有一棵正在生长的千年银杏、两棵百年国槐，均为市一级保护古树；村庄依山而建，山景秀丽，村庄宁静优美，生态环境较好，最主要的历史资源是位于村落西北100米处的康陵陵寝。

老银杏树位于村庄的中心，被人们尊称为"许愿树"。树上还有善男信女的祈福带，成了村内旅游景观的重点打卡景观。两棵古槐树也被称作夫妻槐。[1] 皆为国家一级保护树木。

## 三、问题总结

根据搜集的资料与实地调研，传统村落的文化遗产的搜集与保护主要体现出以下几方面问题：

（一）传统村落中非物质文化遗产的复杂性

与物质文化相比，对京西传统村落的非物质文化遗产保护在技术层面上是一个多

---

[1] 朱瑞兴：《互联网+背景下北京美丽乡村公共文化广场营造的研究》，北京建筑大学硕士学位论文，2019年。

学科协作的过程。相比建筑实体等物质文化遗产，非物质文化遗产往往对于作为它生存土壤的社会环境有更大的依存性。在获取资料的过程中，传统村落关于物质文化遗产的资料远多于非物质文化遗产。并且除了少部分村落有详细的资料记录并形成出版书籍外，大部分传统村落的非物质文化遗产并未被完整地记录。此外对于非物质文化遗产的信息描述可能会有错误，需要通过多方资料的查证与核对。

（二）保护与发展之间的矛盾

《世界文化遗产公约实施守则》中提到"与艺术品相反，文物建筑保护的最好方法是按需使用它们"。对于传统村落而言，保护的完整性不但是将作为文物保护单位的建筑、一般的传统民居建筑及街巷空间完整保护，村落周边环境也是其整体风貌的组成部分，必须纳入保护范围之列。随着社会的不断进步，村落环境被改善，有些传统村落开始建立新村，但由于人们尚未形成保持传统文化的观念，一些传统建筑材料难寻以及传统技艺流失，新村的建立与老村风貌不是特别统一。一些进行旅游开发的村落如爨底下，村落出现居民为增加接待游客数量而增建房屋的情况。

（三）现有保护缺少资金或整体规划

由于村民收入普遍不高，很少有居民愿意投入旧建筑的修缮，使建筑逐年衰败，缺少有效的保护更新。现有保护更新传统村落建筑的资金多由政府提供。从整体规划来说，缺少从历史发展的角度看待传统村落分布规律，缺乏区域统筹，导致村落单一化、同质化现象严重，村落发展不均衡。

（四）村落空巢化造成的保护与传承动力不足

伴随京西地区煤炭业的衰败，经济发展落后，村落中的年轻人大都进城务工，或搬迁至镇上，这些宅院又大多处于空置状态。村落中几乎只有因恋土情结而留下的老年人，这种居民外流速度加快的情况促使人口构成趋于老龄化。现居住多为老年人，大量宅院空置。因此，在后续的传统村落文化遗产保护能力上，其自身是无法支撑村落保护的。就传统村落文化遗产的传承而言，部分传统村落中对村庄所有文化资源十分了解的人越来越少，其有效传承堪忧。

总而言之，传统村落相比较文物古迹而言更具有动态发展性，它向人们所展示的不仅是文物建筑，还有村落的鲜活的整体风貌。对于传统村落而言，离开了人的活动，环境就失去了生命和活力。

## 第五节　园林遗产调查报告

### 一、相关概念及前人研究

（一）概念界定

目前园林遗产相关概念主要围绕历史园林、园林遗产、园林文物等。历史园林是指从历史或艺术角度而言民众所感兴趣的建筑和园艺构造，是文化、风格与时代的见证，[1] 分为古代历史园林和近代历史园林。在此基础上，参考其他相关定义，如：北京市园林绿化局对历史名园定义"具有突出的历史、文化、生态、科学价值，能体现特定历史时期造园技艺，对城市变迁或文化艺术发展产生过影响的园林场景"[2]，中国传统园林遗产相关定义"中国传统园林遗产是指那些在历史上曾经存在并留有痕迹的园林类遗产。按当代的解释，遗产包括物质的和非物质的（或曰有形的和无形的）两类"[3]，以及其他关于园林文物的文献说明，如"历史上曾经存在的园林，包括园、囿、圃、苑、行宫、园池及其内部的亭、台、楼、阁等，随时间流逝或兵燹破坏，有的地上建筑及栽培、禽鸟已经消失，有的地表存有部分建筑残体，但地下都存有建筑基础，这些园林现在都已被破坏、废弃，不再使用，可称为园林遗址。在此类遗址中发掘出土或地表采集的文物，即可称为园林文物"[4]。

总结上述定义，并结合西山永定河文化带历史园林遗产现状，本书所用定义为：在北京市海淀区、石景山区、门头沟区、丰台区、房山区、大兴区、昌平区范围内，历史上曾存在且留有痕迹、能反映西山永定河文化的历史园林，包含古代历史园林及近现代历史园林。

（二）前人研究

关于北京园林的相关研究甚多，基于北京是五朝古都且历代帝王兴建皇家园林、文人墨客、官员豪绅建造私家园林的情况，围绕皇家园林、私家园林研究较多；三山五园地区相关研究尤甚。对于园林遗产相关研究在研究对象上可以分为聚焦于园林遗产历史状况和聚焦于现存情况两类。历史沿革方面，有对于整体园林史的著作中包含

---

[1] 国际古迹遗址理事会、国际历史园林委员会：《佛罗伦萨宪章》，1982年。
[2] 北京市园林绿化局：《北京市公园分类分级管理办法》，2016年4月。
[3] 朱光亚、余惟佳：《中国传统园林遗产保护的理念初探》，《建筑遗产》2021年第4期，第1—8页。
[4] 杨程斌：《园林文物的分类与研究——以园林类博物馆为例》，《文物鉴定与鉴赏》2020年第9期，第86—90页。

有北京园林或西山地区园林的研究，如周维权先生的《中国古典园林史》中对北京及北方园林进行考证总结；汪菊渊先生的《中国古代园林史》对北京地区园林进行详细研究等。也有关于北京园林的专著，如赵兴华先生的《北京园林史记》；王珍明主编，张宝章撰写，中国人民政治协商会议北京市海淀区委员会参与出版的《海淀文史·京西名园》等。除此以外，也有针对北京各类园林的专著，如贾珺先生的《北京私家园林志》和《北方私家园林》、王同祯先生的《寺庙北京》、张恩荫先生的《三山五园史略》等，均针对某园林类型进行详述，研究成果丰硕。除论著外，对个体园林进行详细分析的论著及研究数量繁多，研究细致，因为本书基于园林遗产整体的考虑，不在此列举。

而在北京现存园林遗产调查方面，目前主要为北京市园林绿化局主导。根据2015年前后结束的北京市历史园林遗址首次普查，北京尚存皇家园林、私家园林、寺庙园林等各类园林遗址423处。因笔者能力所限，未能找到此次普查结果的具体条目，因此本次调查并未参考。但考虑到此次普查涉及范围为北京市，并未针对西山永定河文化带进行普查，以期后续研究可进一步结合西山永定河文化带特征进行进一步整理。同年，北京市园林绿化局确定了北京历史名园首批名录并公布，其包含25处公园。可以发现名录以具有较强影响力的开放性公共园林为主，未强调寺庙园林、未开放的私家园林等。在此名录基础上，本课题组亦根据西山永定河文化带进行筛选。此外，各类园林历史沿革等的记述、研究的专著中亦有大量实地踏勘成果。学位论文中聚焦于西山永定河文化带和园林遗产整体研究数量较少，多为对某类园林的空间布局、风水理论等角度研究，如汪亚婷2019年硕士学位论文《北京西山地区寺庙园林空间布局研究》、吴昕泽2019年硕士学位论文《多元文化影响下三山五园地区私家园林空间特征研究》等，但其研究范围及研究对象与本书有所出入。

整体上，与北京西山永定河地区园林相关研究颇丰，但并未进行系统的梳理，未将此范围现存的园林遗产整体进行界定、梳理、说明。本书旨从园林遗产整体研究的角度，对其现状进行调查。

## 二、调查范围及数据来源

目前我国园林遗产多以古建筑、古遗址等形式列入各级文物保护单位，此类整体上偏重于认定保存完好的中国古典园林。北京市园林绿化局公布的历史名园名录（第一批）的评选标准为：一是园林景观要始建于1949年以前；二是位于北京市域范围内，曾对城市变迁或文化艺术发展产生影响；三是园林格局及园林要素要至今尚存，具有可开放性。结合上述两类名录进行筛选，并结合公园现状调研等，共同确定西山永定河文化带园林遗产 146 处，其中皇家园林 11 处，私家园林 10 处，寺观园林 82 处，陵寝园林 14 处，近代园林 29 处。

本书参考的园林名录主要来源为：（1）北京市历史名园名录（第一批）公示的历史名园；（2）包含国家或省级、市级、区级古建筑、古遗址等文保单位的园林；（3）其他近现代纪念性历史园林。

## 三、总体分布情况及特征

经过整理共涉及 7 个区 146 处园林遗产，其中以海淀区为最多，70 处；其次石景山区、昌平区、房山区、门头沟区较为接近，15 处左右；而丰台区及大兴区最少（表 1.5.1）。

表 1.5.1　各行政区园林遗产数量

| 行政区 | 海淀区 | 石景山区 | 门头沟区 | 丰台区 | 房山区 | 大兴区 | 昌平区 |
| --- | --- | --- | --- | --- | --- | --- | --- |
| 园林遗产数量 | 70 | 17 | 13 | 8 | 17 | 2 | 19 |
| 占园林遗产总数量比例 | 48.0% | 11.6% | 8.9% | 5.5% | 11.6% | 1.4% | 13.0% |

地形上，西山永定河文化带整体位于北京西侧，地形有平原、丘陵、低山和中山。其中有 127 处位于海拔 200 米以下的平原地区，占了全部园林遗产的 87%，而位于丘陵地区的园林遗产为 9 处，位于低山地区为 8 处，位于中山地区有 2 处（表 1.5.2）。在丘陵、低山、中山地区，园林遗产主要沿山沟分布，或沿山势分布于山麓位置，整体借由山势分布。平原地区中，以海淀区分布最多，在海淀区山脉延续至平原位置大量分布，并在昌平区和房山区呈组团分布（图 1.5.1）。

表 1.5.2　各地形园林遗产数量

|  | 平原 | 丘陵 | 低山 | 中山 |
| --- | --- | --- | --- | --- |
| 海拔范围 | 200 米以下 | 200 米 ~500 米 | 500 米 ~1000 米 | 1000 米以上 |
| 园林遗产数量 | 127 | 9 | 8 | 2 |
| 占园林遗产总数量比例 | 87.0% | 6.2% | 5.5% | 1.4% |

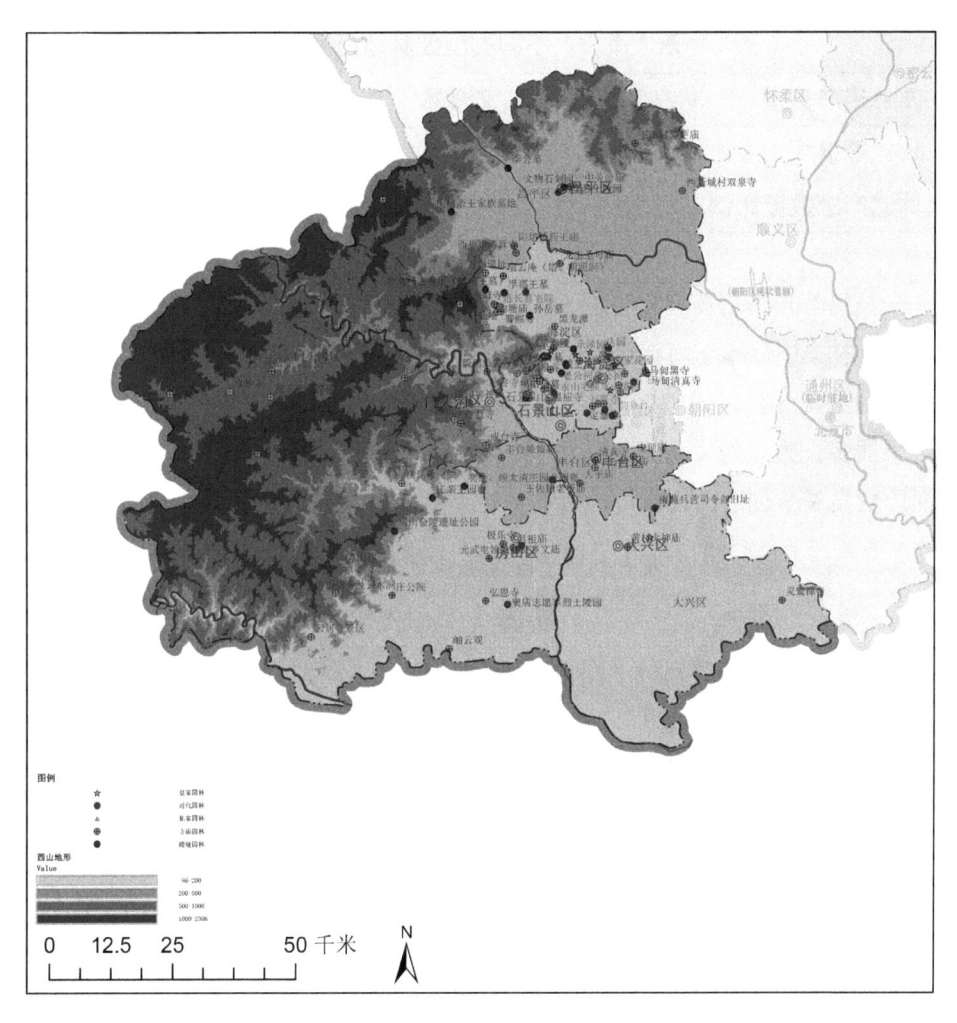

图 1.5.1　园林遗产分布

## 四、西山永定河文化带园林遗产类别及特征

根据古典园林体系[1]及西山永定河文化带园林文化景观遗产现状,可分为皇家园林、私家园林、寺观园林、陵寝园林、近代园林。通过对历史名园名录、含有文保单位的园林以及近现代纪念性历史园林的整理,本课题组发现园林遗产中寺观园林居多,其余园林遗产数量相近(表 1.5.3)。寺观园林数量最多且分布均匀;皇家园林主要分布于海淀区;其他类型园林主要分布于昌平区、海淀区、丰台区、大兴区、房山区。地形上,山区主要分布为寺观园林,皇家园林、私家园林、陵寝园林、近代园林均分布于平原地区。

---

1　周维权:《中国古典园林史》,北京:清华大学出版社,1990 年,第 2 页。

表 1.5.3　不同类型园林遗产数量

| 园林遗产类型 | 皇家园林 | 私家园林 | 寺观园林 | 陵寝园林 | 近代园林 |
|---|---|---|---|---|---|
| 数量 | 11 | 10 | 82 | 13 | 30 |
| 占园林遗产总数量比例 | 7.48% | 6.80% | 55.8% | 9.59% | 19.7% |

（一）皇家园林类及特征简述

皇家园林集中分布于海淀区，共 11 处，仅一座园林分布于大兴区，可分为三山五园组团、钓鱼台行宫组团和万寿寺行宫组团、团河行宫组团等四大组团，其中以三山五园组团居多，为 8 处（表 1.5.4）。行宫园林的分布与西山永定河文化带西山山脉及永定河历史发展所创造的山水环境有关，也体现出清代居园理政的历史特点。

表 1.5.4　各区皇家园林类遗产

| 行政区 | 名称 | 类型 | 年代 | 来源 | 级别 |
|---|---|---|---|---|---|
| 海淀区 | 圆明园遗址公园 | 皇家园林 | 清 | 历史名园名录 | 一期历史名园名录 |
| | 颐和园 | 皇家园林 | 清 | 历史名园名录 | |
| | 香山公园 | 皇家园林 | 清 | 历史名园名录 | |
| | 国家植物园（北园） | 皇家园林 | 清 | 历史名园名录 | |
| | 静明园 | 皇家园林 | 清 | 内含文保单位（古建筑） | 国家级 |
| | 万寿寺 | 皇家行宫 | 清 | 内含文保单位（古建筑） | |
| | 海淀公园/畅春园、西花园 | 皇家园林 | 清 | 内含文保单位（古遗址） | 市级 |
| | 钓鱼台 | 皇家园林 | 清 | 内含文保单位（古建筑及历史纪念建筑物） | |
| | 静宜园 | 皇家园林 | 清 | 内含文保单位（古建筑及历史纪念建筑物） | |
| | 紫竹院行宫 | 皇家园林 | 清 | 内含文保单位（古建筑） | 区级 |
| 大兴区 | 团河行宫遗址公园 | 皇家园林 | 清 | 内含文保单位（古遗址） | 市级 |

（1）三山五园皇家园林群

位于北京市海淀皇家园林群三山五园，广义指万寿山、香山、玉泉山、颐和园、

84

静宜园、静明园、畅春园和圆明园，是海淀皇家园林的总称。由于海淀区位于山地和平原的交界，是利用古永定河道造成的洼地，从金代起便开始了造园活动。三山五园园林群建造始于1656年，顺治帝在玉泉山建造景名园行宫。乾隆即位不久后就对圆明园进行了扩建，增建长春园和绮春园，形成三园的格局。1764年，万寿山清漪园建成，三山五园整体布局完成。遍布北京西郊的皇家园林正式形成一个以圆明园、畅春园为中心，以万寿山、玉泉山、香山为山景及边界的皇家园林群。[1] 新春节庆（圆明园）、万寿庆典（圆明园）、问农观稼祈雨（静宜园）[2] 等皇家庆典活动也曾在三山五园皇家园林群内进行。同时，在其周边，随着政治中心的移动，出现大量赐园、私人园林等。随着清政府逐渐衰落，以及近代战争、新中国成立后的城市发展等原因，目前三山五园核心园林及其周边园林大多难见其原真样貌。

目前第一批历史公园名录中，圆明园遗址公园、颐和园、香山公园、国家植物园（北园）均是由三山五园皇家园林群核心园林发展而成的，具有较强公共性质的游览型园林。此外，海淀公园、静明园、承泽园、静宜园均是在原有皇家园林或其遗址上通过改建而形成。燕园、清华园部分也位于三山五园园林群中，是在皇家御赐园林的基础上发展而成，保留了古建及水岸假山等。

三山五园园林群作为清代皇家园林代表，有以下特点：

①借助自然地势形成规模宏大的园林

首先在园林体量上，北方皇家园林规模宏大，仅颐和园就有古建3000多间。同时其将大面积的天然山水格局纳入园林之中，经修饰改造后达成山景、水景的自然嵌套，突出大尺度的自然生态特征。三山五园皇家园林群包含了平地园（圆明园、畅春园）、山地园（静宜园）、山水园（静明园、颐和园）。其中，颐和园最晚建成，借助原有的瓮山和西湖的地形优势，以山水园的形式连接其他四园，在西郊形成功能关系密切、景观互可借助的园林整体。

②偏爱运用对景的造园手法

整体上，静明园、静宜园、清漪园形成东西向轴线，与圆明园和畅春园南北轴线相交。整体上三山五园园林群向西远借西山，近借万寿山和玉泉山。同样香山静宜园作为三山五园的西部边界和最高点，是俯瞰西郊平原的景观点；玉泉山成为清漪园西部主要景观；东望昆明湖也是静明园营造的重要意象之一。[3]

③多地区多民族多文化的融合意象

在三山五园的具体建设中融合了多民族文化，如静宜园内藏式建筑、圆明园内西

---

[1] 肖瑞宁：《"三山五园"的历史变迁》，《北京档案》2018年第9期，第53—56页。
[2] 张宝章：《海淀文史·京西名园》，北京：开明出版社，2005年，第25—29、114页。
[3] 杨菁、李江：《北京西郊皇家园林的整体视觉设计》，《中国园林》2014年第2期，第105—108页。

洋楼等。同时汉族文化的中华传统文学、美学、哲学也大量体现。作为皇家园林，通过"九州清晏"等意象表达政治和儒学上的大一统，通过仿制岳阳楼的景明楼等意象体现天下同乐等。在具体的造园手法上，借鉴了江南造园手法，如使用游廊、拱桥等，丰富了北方园林原本的庄重的氛围。这些与皇家园林的御用特征有关，同时多元素的融合体现出统治者对不同文化的吸收利用。

④园林内含有大量寺观坛庙建筑

"五园"及"五园"周边都存在大量寺庙，如颐和园里的"须弥灵境"，静宜园内的"昭庙"，圆明园内的"正觉寺"等。[1] 这一点也在寺观园林统计部分有所体现。

（2）其他皇家园林

除三山五园相关的皇家园林外，位于大兴区的团河行宫遗址公园和海淀区的万寿寺、钓鱼台、紫竹院行宫也是基于行宫所建造的皇家园林。

万寿寺始建于明万历五年（1577），由明代万历皇帝的母亲慈圣皇太后出资修建。历经明清两朝的兴修扩建，形成了集寺院、园林、皇家行宫于一体，中、东、西三路建筑相毗邻的大型古代建筑群。光绪初年曾毁于大火，之后成为菜圃；光绪二十年（1894）重修万寿寺作为行宫，连菜圃一起圈入。

历史上由于万寿寺处于大内连接海淀路途之中，常作为往返西郊的休息节点。历代统治者也依托万寿寺展开多种大型活动。明代万寿寺是肩负祈福皇室、礼佛弘法任务的皇家寺院，兼顾一定生产功能，并由此进行建筑功能组织和布局。清代的万寿寺仍保持着为皇室礼制功能，同时发展出行宫、园林、礼佛、民俗等活动为一体的皇家寺院。[2] 近代，万寿寺曾用作东北难民子弟学校，如今万寿寺为北京艺术博物馆。

紫竹院行宫坐落于紫竹院公园西北部的福荫紫竹院。万历年间为万寿寺的下院，清乾隆改为"紫竹禅院"建行宫，是由水路去颐和园的休息节点。

团河行宫遗址公园位于大兴新城东四千米处，是京南唯一的一处皇家园林。南苑建于京南平原上，经历过多次建设，是一座作为皇家猎场的特殊行宫御苑。乾隆年间，在苑内新建精致的团河行宫。团河行宫是四座行宫中最大一座，且自成宫苑分置的格局[3]，后经历八国联军侵华、"七七事变"等，遭受抢劫轰炸，宫内建筑所剩无几。现已修复云翠亭、十字房、翠润轩等景点，还有保存完整四面刻有乾隆御笔碑文的四方碑。

钓鱼台位于玉渊潭附近。清乾隆三十八年（1773），疏浚玉渊潭水系同时重修钓鱼台台座，后又在其南兴建行宫，其内山环水抱，环境典雅。1958年，在其处建设钓鱼台宾馆，作为中华人民共和国国宾馆，不对外开放。

---

1 潘怿晗：《皇家园林文化空间与文化遗产保护》，中央民族大学博士学位论文，2010年，第29页。
2 杨菁、叶翔、张小弥：《从皇家禁地到庆典舞台：北京西郊万寿寺的微观格局变迁》，《建筑师》2021年第3期，第79—86页。
3 周维权：《中国古典园林史》，北京：清华大学出版社，2008年，第509页。

除了钓鱼台目前禁止进入，不便分析外，万寿寺、团河行宫均采用轴线的手法。万寿寺在明代初建时期，中路节奏有序。清代随着主要功能改变进行扩建，仍保持轴线格局。山池的形式由明到清组织方法逐渐多样，但总体上灵活宫殿组团布局与轴线秩序相互融合。团河行宫的宫廷区建筑群在布置上亦采用了轴线的设计手法，并将轴线向北延伸至东湖景区的中心岛上，在岛上建置了翠润轩。将宫廷区与东湖景区融合在一起，且增强了园林空间的秩序感。[1] 轴线是北方园林特别是皇家园林常用的手法，来体现皇家御苑的气势。同时，团河行宫作为园中园，宫苑分置的做法使得宫廷区小八景的封闭园林空间和宫廷区外八景开阔园林空间均错落有致。同时吸收江南园林的特质，建筑以景取胜，移步换景，与三山五园对江南园林造景手法的学习有相似之处。

无论是三山五园的皇家园林群还是位于南苑的团河行宫，除了本身作为园林遗产在风景园林角度具有文物价值和文化价值外，也是如今研究清代居园理政的重要实物。紫竹院行宫和万寿寺后期作为西郊皇家园林与紫禁城交通的中间节点，也为梳理两政治中心的联络提供了资料。

（二）寺观园林类及特征简述

寺观园林特指佛寺、道观等的附属园林，泛指寺观及周边环境。城市及近郊的寺观，无论是否建设独立的园林，都十分重视庭院绿化。[2] 在远郊和山野地带的寺观，更进一步结合所在地段的地形地貌，创造出寺观周围的园林化环境。

历史上西山永定河文化带寺观园林发展繁荣。北京历经金元明清等多代建都于此，其政治延续、经济繁荣、文化交融均推动寺观园林的发展。但随着清末衰落及近代动荡，大部分寺庙均已被毁，仅少数留存。本次记录范围较大，采取广义的寺观园林定义，内植树木花草、外理山形水势等均纳入寺观园林遗产范围，包含规模宏大的皇家寺观园林、历史悠久的村内外民间寺观园林、目前被城市围绕的寺观园林等。

表1.5.5　各区寺观园林遗产数量

| 行政区 | 海淀区 | 石景山区 | 门头沟区 | 丰台区 | 房山区 | 大兴区 | 昌平区 |
| --- | --- | --- | --- | --- | --- | --- | --- |
| 寺观园林遗产数量 | 27 | 14 | 12 | 6 | 11 | 1 | 11 |
| 占园林遗产总数量比例 | 32.9% | 17.0% | 8.9% | 7.31% | 13.4% | 1.21% | 1.34% |

西山永定河文化带寺观园林遗产共记录82处，其中海淀区最多有27处；石景山区14处，门头沟区12处，房山区有11处，昌平区为11处，三区数量相当；丰台区较少，为6处；大兴区最少，仅有1处。地形上，位于海拔200米以下的平原地区为68处，位于丘陵、低山和中山地区分别为7处、7处、2处。（表1.5.5、表1.5.6）

---

1　张英杰：《北京清代南苑研究》，北京林业大学博士学位论文，2011年，第143页。
2　周维权：《中国古典园林史》，北京：清华大学出版社，2008年，第691页。

表 1.5.6  各行政区寺观园林类遗产

| 行政区 | 名称 | 类型 | 年代 | 入选原因 | 文物级别 |
|---|---|---|---|---|---|
| 海淀区 | 玲珑公园 | 寺观园林 | 明 | 内含文保单位（古建筑） | 无 |
| | 妙云寺公园 | 寺观园林 | 近代 | 内含文保单位（古建筑） | 无 |
| | 大钟寺/觉生寺 | 寺观园林 | 清 | 内含文保单位（古建筑） | 国家级 |
| | 五塔寺 | 寺观园林 | 明 | 内含文保单位（古建筑及历史纪念建筑物） | 国家级 |
| | 碧云寺 | 寺观园林 | 明、清 | 内含文保单位（古建筑） | 国家级 |
| | 大慧寺 | 寺观园林 | 明 | 内含文保单位（古建筑） | 国家级 |
| | 十方普觉寺 | 寺观园林 | 清 | 内含文保单位（古建筑） | 国家级 |
| | 大觉寺 | 寺观园林 | 明、清 | 内含文保单位（古建筑） | 国家级 |
| | 摩诃庵 | 寺观园林 | 明 | 内含文保单位（古建筑） | 国家级 |
| | 定慧寺 | 寺观园林 | 明 | 内含文保单位（古建筑） | 市级 |
| | 广仁宫/西顶庙 | 寺观园林 | 明 | 内含文保单位（古建筑） | 市级 |
| | 黑龙潭 | 寺观园林 | 明 | 内含文保单位（古建筑） | 市级 |
| | 普照寺 | 寺观园林 | 明 | 内含文保单位（古建筑） | 市级 |
| | 上庄东岳庙（东岳行宫） | 寺观园林 | 清 | 内含文保单位（古建筑） | 市级 |
| | 宝相寺（旭华之阁及松堂） | 寺观园林 | 清 | 内含文保单位（古建筑） | 市级 |
| | 上方寺遗址 | 寺观园林 | / | 内含文保单位（古建筑） | 市级 |
| | 瑞云庵（塔、明照洞） | 寺观园林 | 清 | 内含文保单位（古建筑） | 区级 |
| | 黄庄双关帝庙 | 寺观园林 | 明 | 内含文保单位（古建筑） | 区级 |
| | 极乐寺 | 寺观园林 | 明 | 内含文保单位（古建筑） | 区级 |
| | 金仙庵 | 寺观园林 | / | 内含文保单位（古建筑） | 区级 |
| | 龙泉寺 | 寺观园林 | 辽 | 内含文保单位（古建筑） | 区级 |
| | 龙王圣母庙 | 寺观园林 | 清 | 内含文保单位（古建筑） | 区级 |
| | 马甸黑寺 | 寺观园林 | 清 | 内含文保单位（古建筑） | 区级 |
| | 北坞公园 | 寺观园林 | / | 内含文保单位（古建筑） | 区级 |
| | 马甸清真寺 | 寺观园林 | 清 | 内含文保单位（古建筑） | 区级 |
| | 响塘庙 | 寺观园林 | 清 | 内含文保单位（古建筑） | 区级 |
| | 秀峰寺 | 寺观园林 | 明 | 内含文保单位（古建筑） | 区级 |

续表

| 行政区 | 名称 | 类型 | 年代 | 入选原因 | 文物级别 |
|---|---|---|---|---|---|
| 石景山区 | 八大处公园 | 寺观园林 | 隋末唐初 | 历史名园名录 | 一期历史名园名录 |
| | 法海寺 | 寺观园林 | 明 | 内含文保单位（古建筑） | 国家级 |
| | 承恩寺 | 寺观园林 | 明 | 内含文保单位（古建筑） | 国家级 |
| | 长安寺 | 寺观园林 | 明 | 内含文保单位（古建筑） | 市级 |
| | 灵光寺 | 寺观园林 | 唐 | 内含文保单位（古建筑） | 市级 |
| | 三山庵 | 寺观园林 | 辽金 | 内含文保单位（古建筑） | 市级 |
| | 大悲寺 | 寺观园林 | 北宋 | 内含文保单位（古建筑） | 市级 |
| | 龙泉庵 | 寺观园林 | 明 | 内含文保单位（古建筑） | 市级 |
| | 香界寺 | 寺观园林 | 唐 | 内含文保单位（古建筑） | 市级 |
| | 证果寺 | 寺观园林 | 隋 | 内含文保单位（古建筑） | 市级 |
| | 慈善寺 | 寺观园林 | 明 | 内含文保单位（古建筑） | 市级 |
| | 显应寺 | 寺观园林 | 明 | 内含文保单位（古建筑） | 市级 |
| | 龙泉寺 | 寺观园林 | 明 | 内含文保单位（古建筑） | 区级 |
| | 双泉寺 | 寺观园林 | 金 | 内含文保单位（古建筑） | 区级 |
| 门头沟区 | 潭柘寺 | 寺观园林 | 明 | 内含文保单位（古建筑） | 国家级 |
| | 戒台寺 | 寺观园林 | 辽 | 内含文保单位（古建筑） | 市级 |
| | 灵岳寺 | 寺观园林 | 元 | 内含文保单位（古建筑） | 市级 |
| | 灵严寺 | 寺观园林 | 元 | 内含文保单位（古建筑） | 市级 |
| | 双林寺 | 寺观园林 | 元、明 | 内含文保单位（古建筑） | 市级 |
| | 白瀑寺 | 寺观园林 | 金 | 内含文保单位（古建筑） | 市级 |
| | 龙王观音禅林大殿 | 寺观园林 | 明 | 内含文保单位（古建筑） | 市级 |
| | 妙峰山娘娘庙 | 寺观园林 | 清、民国 | 内含文保单位（古建筑） | 市级 |
| | 北港沟寺庙群 | 寺观园林 | / | 内含文保单位（古建筑） | 区级 |
| | 广慧寺 | 寺观园林 | 清 | 内含文保单位（古建筑） | 区级 |
| | 圈门窑神庙 | 寺观园林 | 清 | 内含文保单位（古建筑） | 区级 |
| | 琉璃渠关帝庙 | 寺观园林 | 清 | 内含文保单位（古建筑） | 区级 |

续表

| 行政区 | 名称 | 类型 | 年代 | 入选原因 | 文物级别 |
|---|---|---|---|---|---|
| 房山区 | 云居寺景区 | 寺观园林 | 隋、唐、辽、金 | 内含文保单位（古建筑） | 国家级 |
|  | 上方山诸寺及云水洞 | 寺观园林 | 唐—民国 | 内含文保单位（石窟寺及石刻） | 市级 |
|  | 铁瓦寺 | 寺观园林 | 明 | 内含文保单位（古建筑） | 市级 |
|  | 岫云观 | 寺观园林 | 明 | 内含文保单位（古建筑） | 市级 |
|  | 庄公院 | 寺观园林 | 元 | 内含文保单位（古建筑） | 区级 |
|  | 元武屯娘娘庙 | 寺观园林 | 明 | 内含文保单位（古建筑） | 区级 |
|  | 灵鹫禅寺 | 寺观园林 | 明 | 内含文保单位（古建筑） | 区级 |
|  | 良乡文庙 | 寺观园林 | 明 | 内含文保单位（古建筑） | 区级 |
|  | 瑞云寺 | 寺观园林 | 清 | 内含文保单位（古建筑） | 区级 |
|  | 吕祖庙 | 寺观园林 | 明 | 内含文保单位（古建筑） | 区级 |
|  | 弘恩寺 | 寺观园林 | 清 | 内含文保单位（古建筑） | 区级 |
| 大兴区 | 黄村火神庙 | 寺观园林 | 清 | 内含文保单位（古建筑） | 区级 |
| 丰台区 | 丰台药王庙 | 寺观园林 | 清 | 内含文保单位（古建筑） | 市级 |
|  | 丰台娘娘庙 | 寺观园林 | 明 | 内含文保单位（古建筑） | 市级 |
|  | 中顶庙 | 寺观园林 | 清 | 内含文保单位（古建筑） | 区级 |
|  | 清真寺 | 寺观园林 | 清 | 内含文保单位（古建筑） | 区级 |
|  | 大王庙 | 寺观园林 | 清 | 内含文保单位（古建筑） | 区级 |
|  | 王佐镇老爷庙 | 寺观园林 | 清 | 内含文保单位（古建筑） | 区级 |
| 昌平区 | 银山塔林 | 寺观园林 | 金—元 | 内含文保单位（古建筑及历史纪念建筑） | 国家级 |
|  | 和平寺 | 寺观园林 | 清 | 内含文保单位（古建筑） | 市级 |
|  | 五街清真寺 | 寺观园林 | 清 | 内含文保单位（古建筑） | 区级 |
|  | 一中关帝庙 | 寺观园林 | 清 | 内含文保单位（古建筑） | 区级 |
|  | 慈悲峪村福庆庵 | 寺观园林 | 清 | 内含文保单位（古建筑） | 区级 |
|  | 长峪城永兴寺 | 寺观园林 | 清 | 内含文保单位（古建筑） | 区级 |
|  | 西新城村双泉寺 | 寺观园林 | 清 | 内含文保单位（古建筑） | 区级 |
|  | 西贯市清真寺 | 寺观园林 | 清 | 内含文保单位（古建筑） | 区级 |

续表

| 行政区 | 名称 | 类型 | 年代 | 入选原因 | 文物级别 |
|---|---|---|---|---|---|
| 昌平区 | 阳坊镇药王庙 | 寺观园林 | 清 | 内含文保单位（古建筑） | 区级 |
| | 黄土东村真武庙 | 寺观园林 | 清 | 内含文保单位（古建筑） | 区级 |
| | 下庄村菩萨庙 | 寺观园林 | 清 | 内含文保单位（古建筑） | 区级 |

（1）山地型寺观园林

西山永定河文化带的自然环境山水相接，有多处符合寺庙选址要求。因此，许多历史悠久、规模宏大的寺观园林依山势而建，布局灵活。其主要分布在门头沟区，有10处，房山区、石景山区、昌平区各2处。主要分布于山区的沟谷两侧，以门头沟独山和段江沟中间地段为主，极少数分布于山顶。

位于山间的寺观园林借助周边环境，整体视野开阔，自然气息浓厚，形成隐于山间的幽静感。也有寺庙向山下、山麓借景，将俯瞰山林、遥看村庄纳入景观体系，扩大园林效果。西山地区山水兼备的自然优势，寺庙修建时尊重自然本底，借由山体和水系优势，在山中临水而建，周边景观丰富的同时，符合寺庙建设的风水要求。同时在功能上，依山傍水的形式保证了寺庙水源，促进寺庙的不断壮大。

（2）平地型寺观园林

西山永定河文化带平地型寺观园林主要分布于昌平区、海淀区、石景山区、门头沟区、丰台区、大兴区、房山区海拔200米以下的平原地区。与山地型寺观园林相比，平地型寺观园林缺少地形起伏的变化，但也因此布局上少了地形限制，整体更为规整，建筑与造园手法相结合，大多紧邻村庄或城市，受周边人居规模和本身功能的影响，平地型寺观园林规模大小不一。景观上平地型寺观园林内使用植物布置造景居多，也有部分寺观园林背靠山林位于山体脚下，外看背靠山形提升整体气势，内建丰富人工园林景观，与周边自然风光穿插设置。

（3）私家园林类及特征简述

金元明清历代都城带动王公富商文人居于北京，推动北京私家园林发展。尤其西郊陆续兴建香山行宫、静明园、畅春园等，结合居园理政推动政治中心的变化、西郊水系通畅、整体自然环境优美等原因，使得西山永定河文化带内私人园林兴盛。后续随着列强入侵、城市建设等，大量园林被毁，虽偶有重建，整体上不复原貌。本次调查收录的私家园林均位于海淀区东侧平原地区，共10处（表1.5.7）。整体位于三山五园皇家园林群附近。

表 1.5.7　各区私家园林类遗产

| 行政区 | 名称 | 类型 | 年代 | 入选原因 | 文物级别 |
|---|---|---|---|---|---|
| 海淀区 | 承泽园 | 私家园林 | 清 | 内含文保单位（古建筑及历史纪念建筑物） | 市级 |
| | 达园 | 私家园林 | 近代 | 内含文保单位（古建筑及历史纪念建筑物） | 市级 |
| | 乐家花园 | 私家园林 | 清 | 内含文保单位（古建筑及历史纪念建筑物） | 市级 |
| | 范长喜宅院 | 私家园林 | 清 | 内含文保单位（古建筑） | 区级 |
| | 佰王园 | 私家园林 | 不详 | 内含文保单位（古建筑及历史纪念建筑物） | 区级 |
| | 治贝子园 | 私家园林 | 清 | 内含文保单位（古建筑及历史纪念建筑物） | 区级 |
| | 蔚秀园古建群 | 私家园林 | 清 | 内含文保单位（古建筑） | 区级 |
| | 吴家花园 | 私家园林 | 清 | 内含文保单位（古建筑） | 区级 |
| | 晏公祠 | 私家园林 | 明 | 内含文保单位（古建筑） | 区级 |
| | 永山宅院 | 私家园林 | 清 | 内含文保单位（古建筑） | 区级 |

造园特点上，北方私家园林整体上建筑形象稳重敦实，有刚健之美。受到地理环境影响，除了西郊位置之外，其余地段的园林供水较为困难，因此或者在建设中较少使用水景，或采取旱园做法。[1] 景观布局上，中轴线、对景应用较多，空间划分较少整体性强；相比于江南园林更有庄严肃穆之感。

但此次调研发现，大部分私家园林虽然保留，但并未开放，难得一见。其中承泽园、蔚秀园（古建筑群）、治贝子园位于北京大学内部，得以保留。[2] 乐家花园现为白家大院饭店，佰王园现为八一学校小学部使用。吴家花园位于挂甲屯，不可进入。永山宅院笔者调研时仍在修缮，未曾进入。晏公祠严格上属于祠类园林，非传统意义上私家园林。其中通过查询资料等方式，承泽园山水保存较好，达园由于其建设年代原因风格特征明显。

据北京大学官网记录，承泽园内建筑山水保存较好，从承泽园相关研究来看，承泽园改赐寿恩固伦公主进行较大规模扩建后，将万泉河纳入园中，园林格局由一河贯穿变为两河并峙，同时形成了南疏北密的空间特点，整体性加强，并进一步强化了南北轴线[3]，配合繁丽草木，气势不凡。

---

1　周维权：《中国古典园林史》，北京：清华大学出版社，2008 年，第 509 页。
2　此部分为海淀博物馆信息为主。
3　贾珺：《北京西郊承泽园》，《中国园林》2008 年第 4 期，第 46—50 页。

达园为西山永定河文化带保留较好的私家园林，始建于1919年，为民国时期王怀庆的私家园林。园内中西结合，有传统园林常见的叠石、假山等景观，也有体量较大、外形简洁的现代建筑，体现了民国时期传统文化与西洋文化相碰撞的特点。[1]

（4）陵寝园林、近代园林及特征简述

陵寝园林遗产共有13处（表1.5.8），分布于海淀区、石景山区、房山区、昌平区。大部分位于各区内平原地区与山地交接位置，较为边缘，这也是陵寝常见的布置位置。包含亲王园寝、帝王陵墓、太监墓、民间古墓葬群等。

**表1.5.8 各区陵寝园林类遗产**

| 行政区 | 名称 | 类型 | 年代 | 入选原因 | 文物级别 |
| --- | --- | --- | --- | --- | --- |
| 海淀区 | 景泰陵 | 陵寝园林 | 明 | 内含文保单位（古建筑） | 国家级 |
| | 妙高峰古香道（醇亲王墓） | 陵寝园林 | 清 | 内含文保单位（古墓葬） | 国家级 |
| | 孚郡王墓 | 陵寝园林 | 清 | 内含文保单位（古墓葬） | 市级 |
| | 万安公墓 | 陵寝园林 | | 内含文保单位（古墓葬） | 区级 |
| | 瑞王坟 | 陵寝园林 | 明 | 内含文保单位（古墓葬） | 区级 |
| 石景山区 | 田义墓 | 陵寝园林 | 明 | 内含文保单位（古墓葬） | 市级 |
| 房山区 | 房山金陵遗址公园 | 陵寝园林 | 金 | 内含文保单位（古墓葬） | 国家级 |
| | 庄亲王园寝 | 陵寝园林 | 清 | 内含文保单位（古建筑及历史纪念建筑物） | 市级 |
| | 奕绘、顾太清庄园及园寝 | 陵寝园林 | 清 | 内含文保单位（古建筑及历史纪念建筑物） | 市级 |
| 昌平区 | 十三陵景区 | 陵寝园林 | 明 | 内含文保单位（古墓葬） | 国家级 |
| | 李公墓 | 陵寝园林 | 明 | 内含文保单位（古墓葬） | 区级 |
| | 庆禧亲王家族墓地 | 陵寝园林 | 清 | 内含文保单位（古墓葬） | 区级 |

西山永定河文化带近代园林共有31处，分布于海淀、石景山区、房山区、丰台区、昌平区、门头沟区，分别为18处、2处、3处、2处、5处、1处（表1.5.9）。包含近代名人陵园墓园，如孙传芳墓、良乡烈士陵园等；近现代历史事件纪念公园如辛亥滦州起义纪念园、双清别墅、香山革命纪念馆公园等；自身风格及建设时间为西洋式的近代园林，如贝家花园等；在原有遗址上大量翻建，仅留文保单位在园内，如会城门公园、元大都城垣（土城）遗址公园（海淀段）等。

---

[1] 贾珺：《小桥凌水长堤卧波——北京西郊达园记》，《中国园林》2005年第9期，第51—53页。

## 表 1.5.9　各区近代园林类遗产

| 行政区 | 名称 | 类型 | 年代 | 入选原因 | 文物级别 |
|---|---|---|---|---|---|
| 海淀区 | 五棵松奥林匹克文化公园 | 近代园林 | 近代 | 近现代纪念性文化园 | 无 |
| | 会城门公园 | 近代园林 | 近代 | 名称、遗址 | 无 |
| | 中央电视塔公园 | 近代园林 | 近代 | 近现代纪念性文化园 | 无 |
| | 中华世纪坛公园 | 近代园林 | 近代 | 近现代纪念性文化园 | 无 |
| | 香山革命纪念馆公园 | 近代园林 | 近代 | 近现代纪念性文化园 | 无 |
| | 元大都城垣（土城）遗址公园（海淀段） | 近代园林 | 元 | 内含文保单位（古建筑） | 无 |
| | 未名湖燕园 | 近代园林 | 近代 | 内含文保单位（近现代重要史迹及代表性建筑） | 国家级 |
| | 辛亥滦州起义纪念园 | 近代园林 | 民国 | 内含文保单位（近现代重要史迹及代表性建筑） | 国家级 |
| | 双清别墅 | 近代园林 | 1949 | 内含文保单位（近现代重要史迹及代表性建筑） | 国家级 |
| | 九州清晏景区（内含"三一八"烈士纪念碑） | 近代园林 | 近代 | 内含文保单位（近现代重要史迹及代表性建筑） | 市级 |
| | 贝家花园 | 近代园林 | 民国 | 内含文保单位（近现代重要史迹及代表性建筑） | 市级 |
| | 鹫峰森林公园（含鹫峰地震台） | 近代园林 | 近代 | 内含文保单位（近现代重要史迹及代表性建筑） | 市级 |
| | 李大钊烈士陵园 | 近代园林 | 近代 | 内含文保单位（近现代重要史迹及代表性建筑） | 市级 |
| | 孙岳墓 | 近代园林 | 近代 | 内含文保单位（古墓葬） | 市级 |
| | 百望山森林公园（上义师范学校黑山扈校区旧址） | 近代园林 | 近代 | 内含文保单位（近现代重要史迹及代表性建筑） | 市级 |
| | 熊希龄墓园 | 近代园林 | 民国 | 内含文保单位（古墓葬） | 区级 |
| | 孙传芳墓 | 近代园林 | 近代 | 内含文保单位（古墓葬） | 区级 |
| | 万花山（梅兰芳墓） | 近代园林 | 近代 | 内含文保单位（古墓葬） | 区级 |

续表

| 行政区 | 名称 | 类型 | 年代 | 入选原因 | 文物级别 |
|---|---|---|---|---|---|
| 石景山区 | 八宝山革命公墓 | 近代园林 | 近代 | 内含文保单位（近现代重要史迹及代表性建筑） | 国家级 |
| | 福田公墓 | 近代园林 | 民国 | 内含文保单位（近现代重要史迹及代表性建筑） | 区级 |
| 门头沟区 | 谭鑫培墓 | 近代园林 | 清 | 内含文保单位（古墓葬） | 区级 |
| 房山区 | 昊天公园（良乡多宝佛塔） | 近代园林 | 辽 | 内含文保单位（古建筑） | 国家级 |
| | 窦店志愿军烈士陵园 | 近代园林 | 近代 | 内含文保单位（近现代重要史迹及代表性建筑） | 市级 |
| | 良乡烈士陵园 | 近代园林 | 近代 | 内含文保单位（近现代重要史迹及代表性建筑） | 市级 |
| 丰台区 | 长辛店二七大罢工旧址 | 近代园林 | 近代 | 内含文保单位（近现代重要史迹及代表性建筑） | 国家级 |
| | 南苑兵营司令部旧址 | 近代园林 | 近代 | 内含文保单位（近现代重要史迹及代表性建筑） | 市级 |
| 昌平区 | 文物石刻园 | 近代园林 | 唐—民国 | 内含文保单位（石窟寺及石刻） | 区级 |
| | 昌平烈士陵园 | 近代园林 | 现代 | 内含文保单位（近现代重要建筑） | 区级 |
| | 桃林烈士陵园 | 近代园林 | 现代 | 内含文保单位（近现代重要建筑） | 区级 |
| | 大汤山烈士陵园 | 近代园林 | 现代 | 内含文保单位（近现代重要建筑） | 区级 |
| | 上店烈士陵园 | 近代园林 | 现代 | 内含文保单位（近现代重要建筑） | 区级 |

## 五、西山永定河文化带园林遗产利用现状，以"三山五园"绿道为例

（一）西山永定河文化带园林遗产利用

通过调查，本课题组发现园林遗产绝大部分延续了原有功能，成为城市绿色公共空间的一部分。部分园林由于历史原因位于机构、学校内部，不具有开放性。甚至乐家花园被私占为饭店，保护情况堪忧。[1] 或根据园林自身特点作为博物馆进行利用，如

---

[1]《本市百余处园林遗址被占用》,《北京日报》2015年10月23日。

大钟寺作为古钟博物馆、颐和园博物馆、五塔寺为北京石刻艺术博物馆、万寿寺为北京艺术博物馆、田义墓为宦官文化陈列馆、显应寺为石景山区文物博物馆等，进行系统的保护和展示。

对于大体量的园林群，如三山五园地区，除了单独成为公共公园外，其间骑行绿道及观光轻轨的设置将园林群纳入城市尺度下加以利用，充分发挥园林遗产在现代城市建设中的作用。

（二）"三山五园"绿道规划及建设情况

（1）三山五园地区整体保护规划（2019—2035年）

在新规划中，三山五园地区规划范围总面积约68.5平方千米。其将三山五园地区特色归纳为：传统历史文化与新兴文化交融的复合型地区，拥有以世界遗产颐和园为代表的古典皇家园林群，集聚一流的高等学校智力资源，具有优秀历史文化资源、优质人文底蕴和优美生态环境，集中了"四个中心"的首都功能。

（2）一道十三园建设

自2013年起，北京市和海淀区大力打造三山五园历史文化景区，建了一条全长36.09千米的绿道，串联了三山五园核心园林并新建和改建13个公园，简称"一道十三园"。十三园分别是畅春新园、海淀公园、六郎庄公园、船营公园、中坞公园、北坞公园、两山公园、功德寺公园、石渠公园、妙云寺公园、影湖楼公园、茶棚公园、南旱河公园。其规划定位为三山五园世界遗产的重要组成，皇家园林和京西历史文化风景区的重要区域，以山水田园风光为特色，以御苑文化为背景的近郊休闲游憩区。

（3）三山五园绿道设计

根据三山五园绿道设计文本可知，"三山五园"绿道设计总长度36.09千米，建设面积为62.8公顷，规划设计范围覆盖了26平方千米。建设范围涉及海淀区海淀镇和四季青镇两个镇，东起清华大学西门，西至西山森林公园东门，北到万泉河支线河道南侧巡河道，南至长春健身园。主要包含三部分：绿廊系统、慢行系统、结点系统。绿廊系统为绿道植物群落的营造和绿化缓冲区的建设。慢行系统为绿道道路主体，项目中绿道道路宽度控制在2.5~3米，主体面层采用故宫红彩色沥青，方便骑行、步行使用。结点系统包含服务设施点、交通接驳点、临时休息点。绿道建设中包含游客服务中心3处和驿站5处，服务内容包括小卖、休息、自行车租赁存放、卫生间、机动车停放等；沿绿道间隔1千米设置一个休息场地。

结合课题组成员在绿道慢行系统的骑行体验及参考网络评价[1]，三山五园绿道已成为骑行爱好者的好去处。整体地形较缓，上下坡均比较舒适；一路上自然与城市景观

---

[1] 参考微信公众号、知乎、大众点评、微博等多位用户公开测评。

交融风景优美；环状与带状道路体系相交连，骑行路线较为灵活等优点，都让这条线路成为骑行活动的优秀线路。但是其也存在分岔较多，路形混杂的情况。整条线路骑行绿道、市政道路彼此重叠，加上疫情封闭的影响及部分路段有标识不清的情况，使得骑行路线的识别略有困难。同时在绿道沿线也可以进一步加入对三山五园地区历史上皇家园林、赐园私园、水田兵营相交互的情况介绍，进一步加强其文化保护和传承作用。

一道十三园的建设对三山五园地区周边进行修缮填补，提升地区生态建设，发扬园林文化的同时，也对历史上三山五园地区园林接续，绿茵环绕的景观有所复原。三山五园整体保护规划进一步将西郊园林的保护不仅局限于现存的相对完整的园林上，更加关注三山五园形成的以皇家园林为中心，赐园私园集群，山水自然基底与各类历史文化资源相交织的整体格局，在园林物质遗产和非物质遗产的保护上均有所帮助。

（三）西山永定河文化带园林遗产调查思考

目前，西山永定河文化带园林遗产现状形式多样，公共公园、博物馆、学校景观、城市绿道、私人侵占等；其中有得到较好较完备保护的园林遗产，也有被遗忘被侵占现状堪忧的园林遗产。在整体调研过程中，回顾从资料收集、名录确定、现状调查等过程，发现园林遗产此专类体系尚待完善。在整理名录来源时可发现，目前园林遗产在文保单位目录下以"古建筑""古遗址"两类居多，或为两类的附属环境。但园林本身作为一类物质空间，建筑仅为其中一类要素，山、水、植物甚至是空间塑造手法都应当是"园林"这一遗产的组成部分。但目前从对园林遗产记录来看，保护对象大多仅仅集中于建筑，园林中的整体山水环境、水系驳岸、花草树木等或未被保护，或被不同部门分别管理，这种现象会有碍园林遗产的保护。参考学界学者研究，园林遗产种类多样，且风景园林体系研究较为完备，具备设置专类保护的必要性及可行性。[1] 进一步延伸，在设置专类保护过程中，对园林遗产保护范围的科学准确全面的界定也是当前所欠缺的。

---

[1] 徐桐：《建立"中国风景园林"专类遗产体系刍议——以园林遗产为例》，《中国园林》2020年第7期，第58—63页。

# 第六节　古代建筑类文化遗产调查报告（以寺庙建筑为例）

## 一、系统整理西山永定河文化带宗教文化遗产的意义和价值

自北魏以来，北京地区作为南来北往、东行西去的辐辏之地，源出各地的宗教传统和文化长期交汇于此，生活在这里的古代先民不断地吸收、涵养、创新，逐渐产生出新的宗教文化形态，为我们留下了内涵丰富、数量众多的宗教文化遗产。北京佛教美术史、民族关系发展史与北京城市的发展史紧密相关，呈现绵延之势，唐幽州佛教遗物、辽金时期的寺塔建筑遗存与元明清时期大量的汉藏佛教寺院相互承继，事实上，北京元明清藏传佛教寺院大多是在辽金寺院和元代旧寺的基础上发展起来的。例如：西山大觉寺、潭柘寺、戒台寺皆辽代故寺，寺门朝向东方；妙应寺为元代寺院的继承，真觉寺或在元代高梁河寺的遗址上兴建。这样构成了以佛教建筑为标志的北京佛教物质文明发展史，对实物留存或文献中记载的佛教寺院及其相关文物或艺术遗物的研究，是北京佛教美术研究最重要的领域；以寺院为时间和空间的坐标，把特定时期的佛教美术与之联系起来，从而构建与北京城市发展同步的、立体的佛教美术史是北京史地研究的方向之一。

元明以后，中央政权所在的北京与雪域高原的西藏有一条政治经济文化的纽带将两地联系在一起。北京藏传佛教艺术恰如攀援岩壁时时露出的藤蔓，背后串联起巍峨的崖体，通过分析元明清以来北京的藏传佛教文物留存与艺术作品，可以从中离析背后的文化与政治寓意，尽可能阐明这些藏传佛教艺术品在与之相关的情境中所起的作用。宗教艺术品是驻留于信仰底层思想观念的形象展示，不同人群对兴盛期理论化的宗教及其艺术品的接受需要漫长的历史时期，与民族间政治交流史并不完全同步。元明清北京藏传佛教及其艺术的形成、发展与演变的进程细腻、形象地记录了藏汉民族以至同时期各民族间心灵的沟通。

作为北京龙脉之所，西山永定河文化带是北京地区宗教文化遗产最为丰富和集中的区域。从现存遗迹的调查情况来看，北京绝大部分的文物建筑也集中于此。因此，对这一区域的宗教文化遗产进行集中实地调查和研究，对于我们深入理解北京千年以来的宗教文化发展及其对于中国古代多民族互动、交往和融合的历史具有充分的代表性和巨大的学术价值。

北京西山永定河文化带居于京畿西陲，虽地处京郊，但距离各历史时期的北京城市核心区域距离均较近，自古就是寄寓北京的达官显贵、文人仕宦郊游远足之所。自

魏晋以降，北京逐渐成为华北北部重要人口集聚中心，随着北京西部山区人类活动的增多，京西山区一带日渐累积了大量各派宗教的寺院、刻石等宗教文化遗产。元、明、清三代连续定鼎京畿更是使北京成了全国范围内的文化中心和宗教活动中心，随着皇室对宗教活动的重视和在京各教派宗教人士的增多，各类皇家钦工寺庙也开始在长期作为皇家离苑的京西区域迅猛发展。此外从自然地理格局上看，现北京市域范围基本格局为西北高东南低，西山—永定河一线作为北京重要的生态涵养和基本水源地，且因其距离城市核心区尚有一段距离，其所受政权更替的战乱冲击亦不如城内强烈。近代工业化以来，因交通不便，除部分矿产分布区发展了一些采掘炼化业外这一区域亦始终维持了较低的开发程度，也正因为这些原因的共同作用，西山—永定河区域遗留了大量保存状态较好的佛寺、道观及各历史时期的宗教遗迹。

从古至今，学术界对北京西部西山—永定河区域的研究成果可谓汗牛充栋。在明代涉及北京寺庙的古籍中，蒋一葵《长安客话》[1]，刘侗、于奕正《帝京景物略》[2]等描写了明朝北京的风景名胜、风俗民情，寺庙观堂的形制、环境、历史以及相关的宗教活动等也是书中的重要内容。宛平知县沈榜撰写的《宛署杂记》[3]中对寺庙的记载是我们所引用的重要史料来源。在现代著述中，吴廷燮主编的《北京市志稿》[4]"宗教志、名迹志"，分区详细记载了北京城内与郊区的寺庙。在关于宗教寺庙的专题论述中，国立北平研究院史学研究会1936年出版的《北平庙宇通检》[5]一书中把前人关于北平掌故著作中的庙宇部分进行罗列对比。何孝荣的《明代北京佛教寺院修建研究》[6]分时期论述了明代北京佛教寺院修建的具体演变，不同社会阶层的佛教政策，以及各个时代的寺庙分布统计。截至目前尚未看到对这一区域的某一门类的遗迹点进行综合论述的系统性研究成果，同时对小型遗址点关注亦有欠缺。本课题组拟充分利用项目支持，深入北京西部乡村，对大量文保级别较低的宗教文化遗产的保存现状、历史文化价值进行探索研究，使西山永定河区域宗教文化遗产的研究工作得以更加立体和全面，同时也将这些宗教遗产中长期缺乏研究人员关注的低级别遗址点的基本信息予以记录和公开，为后续研究工作的开展奠定基础。

---

1 蒋一葵：《长安客话》，北京：北京古籍出版社，1982年。
2 刘侗、于奕正：《帝京景物略》，北京：北京古籍出版社，1982年。
3 沈榜：《宛署杂记》，北京：北京古籍出版社，1983年。
4 吴廷燮：《北京市志稿》，北京：北京燕山出版社，1998年。
5 许道龄：《北平庙宇通检》，国立北平研究院史学研究会，1936年。
6 何孝荣：《明代北京佛教寺院修建研究》，天津：南开大学出版社，2007年。

## 二、西山永定河资源带宗教文化遗存的整体情况

（一）整体概述

北京西山永定河资源带的宗教文化历史悠久，内涵丰富。从年代上可以上溯至北魏时期，历经隋、唐的逐渐经营发展，至辽金时期北京渐成中国北方的政治、经济、文化最为发达的都会之地，因之成为连接和辐射辽金、西夏和华北的重要宗教中心，成了上至皇室显贵、下至平民百姓寻求精神护佑的理想场所，佛教物质文化的创造也在这一时期达到了前所未有的程度。及至元朝，更因作为京畿重地而成为横亘欧亚大陆帝国多元宗教文化的荟萃之地。元明清三朝帝王大都尊崇西藏传来之佛教，皇室主导下广行布施，敕建佛寺，使汉藏佛教文化在北京得以生根发展，汉藏宗教文化和民族精神传统借此逐渐深入民间，形成了融合汉藏等多民族的独具特色的地区性宗教文化传统，是中华民族多元文化共同体从和合共生到融融与共的典型案例之一。

在这种大的历史文化背景下，北京西山永定河资源带拥有丰富的宗教文化遗产。仅笔者初步调查和梳理就有60余处，分布于房山、石景山、门头沟、海淀、丰台等区。其中，大部分古迹属于汉传佛教和藏传佛教，亦有少量属于道教和伊斯兰教。从研究的角度来看，大部分的宗教文化古迹仍保存有建筑、雕刻、碑铭和造像等各类文化遗存。但是可惜的是，除了文物单位等级较高的一些寺观以外，大部分古迹仍然没有得到学术界的关注，亟待我们进行全面调查和研究，阐发其历史文化的价值。

从保存状况上看，因为历史上的各种原因，目前这些物质遗产遗迹的保存状况良莠不齐，国家级文物保护单位文物原状和保存状况相对较好，能够得到定期维护，使用管理亦相对完善。但是，市、区级文物保护单位的情况则较为堪忧，不容乐观。一方面，这些古迹损毁、偷盗十分严重，甚至只存残迹。另一方面，大部分文物点仍处在被文物部门以外的单位占用或挪作他用的状态，疏于管理，亟须腾退。目前，我们已经对其中的部分文物点展开了实地调研，但是因为疫情防控等不可抗原因，大部分的古迹仍有待于实地踏勘，这也是未来一年内我们的主要工作任务。

（二）西山永定河文化带寺庙空间分布

（1）数据来源及处理

本课题研究范围为西山永定河流域，研究数据为：①《宛署杂记》中城外寺庙，书中记载城外寺共139所，已空间落位58所；庙共129所，已空间落位97所；其他寺庙待考证。本报告根据已进行空间落位的寺庙进行分析。②民国时期寺庙普查登记资料中的寺庙，含1928、1936、1947三年数据。③西山永定河区域现存寺庙，包括海淀区、石景山区、门头沟区、房山区、丰台区、大兴区六个行政区，数据来源为高德地图爬取及现有公布的各区文物保护单位中的寺庙。

（2）历史时期上的寺庙分布

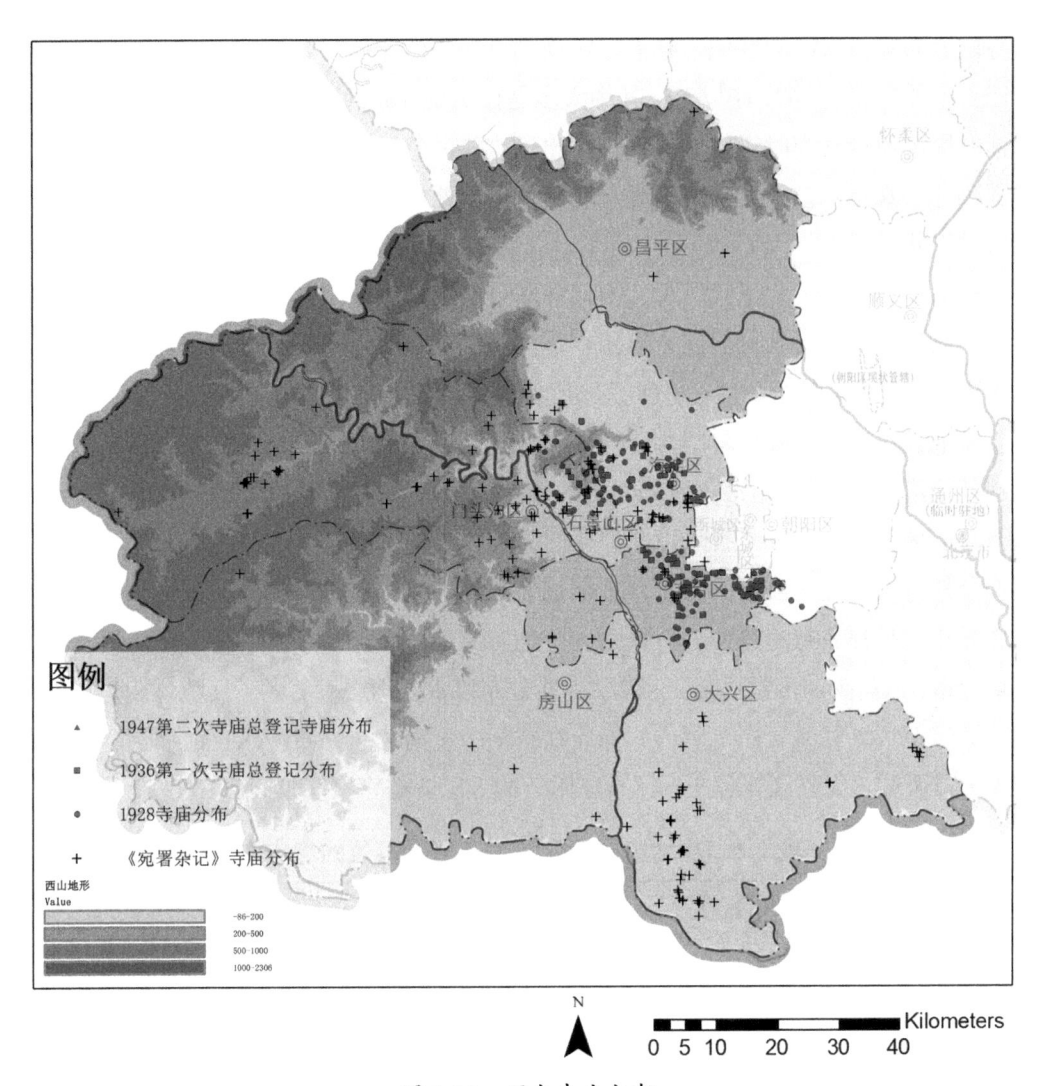

图 1.6.1　历史寺庙分布

①明清时期西山寺庙分布——以《宛署杂记》为例

《宛署杂记》成书于 1593 年，是宛平知县沈榜撰写的明代社会政治、经济、历史地理、风俗民情、物质遗产等资料，实际是一部宛平县志，其中包含了对宛平县寺庙的记载。

金初魏道明注蔡松年的《明秀集》中，便出现了"燕都迫于西山，故云软红尘裹西山"一句。由此可知"西山"已成为对京西山脉的称呼。有金一朝，西山一带新建或改建了一大批行宫、佛寺，其中尤以香山、玉泉山最多。入元以后，西山更加成为元室重要的祭祀、礼佛和游乐之地。

明清时期，随着佛教、道教的世俗化，民间信仰蓬勃发展，寺庙开始大量出现。北京是明朝修建寺庙数量最多的地区，有"寺庙甲天下"之称，特别是京城西郊，更是寺庙分布最为广泛的区域。到清朝时期北京城内的寺庙已达千座以上，乾隆《京胜全图》中的寺庙达 1027 座以上，其中大多是在明朝寺庙的基础上重修的。成化年间礼部尚书周洪谟针对当时寺庙的兴盛也发出过这样的感慨："成化十七年以前，京城内外敕赐寺、观至六百三十九所。后复增建，以至西山等处相望不绝。自古佛寺之多，未有过于此时者。"[1]

根据《宛署杂记》记载发现，明代寺庙分布特点为组团集中式分布，寺庙分布相对集中的区域大体可划分为三个组团：①门头沟区斋堂镇斋堂—西胡林村片区。②门头沟区三家店—琉璃渠片区。③大兴区庞各庄—流石庄附近。

宛平县在金元明清时期，与大兴县成为北京顺天府的附郭县。1952 年，划归北京市，撤销县的建置，其原辖地区先后分别划入丰台区、京西矿区（门头沟区）、房山县（区）、大兴县（区）、海淀区、石景山区。今门头沟区大部分以及大兴区的中轴线延长线以西部分都曾隶属宛平县，因此《宛署杂记》中的寺庙分布以门头沟区、大兴区为核心集中分布，另外还有海淀区、石景山区等地有零散分布。此外，寺庙大体均沿永定河流域分布，从门头沟斋堂村至三家店，寺庙分布以永定河上游的桑干河流域附近居多，从三家店至大兴区流石庄范围内，寺庙在空间上呈南北向分布于永定河周边。根据核密度分析可知，大兴区庞各庄—流石庄附近的寺庙分布密集度较高。

表 1.6.1 《宛署杂记》中已空间落位的寺庙 *

| 序号 | 名字 | 备注 |
| --- | --- | --- |
| 1 | 真觉寺 | 明成化年建 |
| 2 | 极乐寺 | 嘉靖戊申太监暨擢建，大学士严嵩记 |
| 3 | 镇国寺 | 元朝创，正德己巳太监张级重建 |
| 4 | 万寿寺 | 万历五年敕建，六年大学士张居正记 |
| 5 | 慈寿寺 | 在八里庄，万历六年宣文皇太后建 |
| 6 | 延恩寺 | 在钓鱼台，正德八年太监赖义建 |
| 7 | 云惠寺（今定慧寺） | 在香山乡，古刹 |
| 8 | 寿安寺（今十方普觉寺） | 在煤厂村，唐建，名兜率，三易其名 |
| 9 | 保明寺（今显应寺/皇姑寺） | 在香山乡黄村，女僧吕氏建 |
| 10 | 洪光寺 | 在西山，太监郑友建 |

---

1 《明宪宗实录》，明宪宗成化二十一年正月己丑，第 4392 页。

续表

| 序号 | 名字 | 备注 |
|---|---|---|
| 11 | 功德寺 | 元朝敕建，曰大护国圣寺 |
| 12 | 圆静寺 | 在瓮山，弘治七年助圣夫人罗氏建 |
| 13 | 玉华寺 | 在香山乡 |
| 14 | 证果寺 | 在上下庄，成化年造 |
| 15 | 香山永安禅寺（今香山寺） | 以山有巨石如香 |
| 16 | 灵福寺 | 在七里屯，弘治年间重修 |
| 17 | 奉福寺 | 在栗园庄，正统年间黄太监建 |
| 18 | 大慧寺 | 在畏吾村，正德八年太监张惟建 |
| 19 | 万寿戒坛寺 | 在小园村，辽清宁中建，名大慧聚寺 |
| 20 | 崇化寺 | 在城子村，元至正中建，名清水禅寺 |
| 21 | 灵光寺 | 在黄村，正统年敕建 |
| 22 | 大觉寺 | 在北安河，宣德年出内帑金重建 |
| 23 | 隆恩寺（存疑） | 军庄 |
| 24 | 秀峰寺（存疑） | 军庄 |
| 25 | 西峰寺 | 在李家峪，唐名会聚，元时改为玉泉 |
| 26 | 广慧寺 | 在狮山下 |
| 27 | 万佛寺 | 在冯村，旧名万佛堂 |
| 28 | 净德寺 | 在童子山，成化戊子太监李棠建 |
| 29 | 宝峰寺 | 在冯村 |
| 30 | 净明寺 | 在岳家坡，天顺二年建，有敕谕 |
| 31 | 圆照寺 | 在马鞍山，古刹 |
| 32 | 弘恩寺 | 在京西乡，系废刹 |
| 33 | 潭柘寺 | 在平园村，金大定十三年建 |
| 34 | 清凉寺 | 在院南村，元天庆年建 |
| 35 | 元通寺 | 在南庄村，万历十五年村民重修 |
| 36 | 观音禅寺 | 在梁家务，古废刹 |
| 37 | 栖隐寺 | 在仰山，金时创 |
| 38 | 招提寺 | 在宋各庄 |

续表

| 序号 | 名字 | 备注 |
| --- | --- | --- |
| 39 | 隆庆寺 | 在梨园村，永乐初年建 |
| 40 | 云岩寺 | 在张公堡，万历元年乡民建 |
| 41 | 妙亨寺 | 在西胡林村，古刹 |
| 42 | 崇圣寺 | 在太子务村，元大德十一年创 |
| 43 | 法云寺（存疑） | 在黄家岭 |
| 44 | 龙华寺 | 在榆岱村 |
| 45 | 龙岩寺 | 在王平村，元元统二年建 |
| 46 | 白瀑寺 | 在雁翅社，金时僧人圆正建 |
| 47 | 弥勒寺 | 在西斋堂村 |
| 48 | 胜泉寺 | 在朱窝 |
| 49 | 青泰寺 | 在横岭村 |
| 50 | 圣母观音寺 | 在东斋堂村，古刹废址 |
| 51 | 团山寺 | 在桑峪社村，宋景定时建，旧名团山 |
| 52 | 尼僧寺 | 俱在马栏村 |
| 53 | 柳峪寺 | 俱在马栏村 |
| 54 | 灵泉寺 | 在凌水村，起自汉时 |
| 55 | 瑞云寺（存疑） | 在清水社村，即唐李克用、李存勖建 |
| 56 | 龙泉寺（存疑） | 在消水社家庄 |
| 57 | 云严寺 | 在齐家庄，唐武德初建 |
| 58 | 关王庙 | 一在阜成门外一里，弘治十六年坊民 |
| 59 | 关王庙 | 一在阜成门外平则关，离城二里 |
| 60 | 关王庙 | 一在卢沟桥，万历八年敕修 |
| 61 | 关王庙（存疑） | 一在北新安（现状北辛安） |
| 62 | 关王庙 | 一在庞各庄 |
| 63 | 关王庙 | 一在高店村 |
| 64 | 关王庙 | 一在三家店 |
| 65 | 关王庙 | 一在军庄 |
| 66 | 关王庙 | 一在天宫院 |

续表

| 序号 | 名字 | 备注 |
| --- | --- | --- |
| 67 | 关王庙 | 一在桥儿涧 |
| 68 | 关王庙 | 一在黑堡村 |
| 69 | 关王庙 | 一在常各庄 |
| 70 | 关王庙 | 一在东庄营 |
| 71 | 关王庙 | 一在张公堡 |
| 72 | 关王庙 | 一在张各庄 |
| 73 | 关王庙 | 一在义塘村 |
| 74 | 关王庙 | 一在流石庄 |
| 75 | 关王庙 | 一在贾河村 |
| 76 | 关王庙 | 一在大新庄（相传先朝唐敬德建） |
| 77 | 关王庙 | 一在曹各庄 |
| 78 | 关王庙 | 一在黑堡村 |
| 79 | 关王庙 | 一在南各庄 |
| 80 | 天仙庙 | 一在田各庄 |
| 81 | 天仙庙 | 一在新店村 |
| 82 | 天仙庙 | 一在新店南 |
| 83 | 天仙庙 | 一在庞各庄 |
| 84 | 天仙庙 | 一在黄堡村 |
| 85 | 三官庙（存疑） | 一在白纸坊，离城五里 |
| 86 | 三官庙 | 一在八里庄 |
| 87 | 三官庙 | 一在卢沟桥 |
| 88 | 三官庙 | 一在太子峪 |
| 89 | 三官庙 | 一在三家店 |
| 90 | 三官庙 | 一在南安河（元朝建） |
| 91 | 三官庙 | 一在西黑堡村 |
| 92 | 三官庙 | 一在义塘村 |
| 93 | 三官庙 | 一在黄堡村 |
| 94 | 三官庙 | 一在大新庄 |

续表

| 序号 | 名字 | 备注 |
| --- | --- | --- |
| 95 | 三官庙 | 一在黑垡村 |
| 96 | 三官庙 | 一在朱家务 |
| 97 | 三官庙 | 一在西斋堂 |
| 98 | 真武庙 | 一在白家滩 |
| 99 | 真武庙 | 一在太子务 |
| 100 | 真武庙 | 一在庞各庄 |
| 101 | 三义庙 | 一在八角庄 |
| 102 | 三义庙 | 一在张各庄 |
| 103 | 三义庙 | 一在大台村 |
| 104 | 三义庙 | 榆垡村 |
| 105 | 娘娘庙 | 一在周家巷 |
| 106 | 娘娘庙 | 一在庞各庄 |
| 107 | 娘娘庙 | 一在王平村 |
| 108 | 宣应庙 | 在香山村，离城三十里，原系三官古 |
| 109 | 五圣庙 | 一在卢沟桥 |
| 110 | 五圣庙 | 一在崔村 |
| 111 | 五道庙 | 一在板桥村 |
| 112 | 五道庙 | 一在稻田村 |
| 113 | 五道庙 | 一在西黑垡村 |
| 114 | 五道庙 | 一在南庄村 |
| 115 | 五道庙 | 一在孙各庄 |
| 116 | 观音庙 | 一在张各庄 |
| 117 | 观音庙 | 一在瓮各庄 |
| 118 | 龙王庙 | 一在高店村 |
| 119 | 龙王庙 | 一在大峪村 |
| 120 | 龙王庙 | 一在孟窝村 |
| 121 | 龙王庙 | 一在东杨家坨 |
| 122 | 龙王庙 | 一在军庄 |

续表

| 序号 | 名字 | 备注 |
| --- | --- | --- |
| 123 | 龙王庙 | 一在龙门村 |
| 124 | 龙王庙 | 一在南各庄 |
| 125 | 龙王庙 | 一在赵村 |
| 126 | 龙王庙 | 一在黑堡村 |
| 127 | 龙王庙 | 一在大台村（系古刹） |
| 128 | 龙王庙 | 一在火钻村 |
| 129 | 龙王庙 | 一在东胡家林 |
| 130 | 龙王庙 | 一在牛站庄 |
| 131 | 龙王庙 | 一在白虎头庄 |
| 132 | 龙王庙 | 一在清水涧 |
| 133 | 龙王庙 | 一在西斋堂 |
| 134 | 东岳娘娘庙 | 在南安河 |
| 135 | 二郎庙 | 一在三家店 |
| 136 | 二郎庙 | 一在太子务 |
| 137 | 二郎庙 | 一在斋堂村 |
| 138 | 二圣庙 | 一在稻田村 |
| 139 | 火神庙 | 一在军庄 |
| 140 | 古刹玄帝庙 | 一在马鞍山 |
| 141 | 古刹玄帝庙 | 一在南各庄 |
| 142 | 火神庙 | 一在西榆堡村 |
| 143 | 三圣庙 | 一在羊房店 |
| 144 | 药王庙 | 在黄堡村 |
| 145 | 玉皇庙 | 在流石庄，离城九十里 |
| 146 | 东岳齐天庙 | 张公堡，离城八十里，万历三年建 |
| 147 | 山神庙 | 在下苇店 |
| 148 | 玉帝庙 | 在斋堂村 |
| 149 | 九圣庙 | 在西胡家林 |

资料来源：本表地名全部来自明代《宛署杂记》所载内容

②民国时期普查登记寺庙分布

民国时期普查数据分别来自1928年、1936年、1947年的寺庙登记报告档案资料。根据历史档案记载，当时西山地区庙宇分布主要集中在今海淀区、石景山区、丰台区三区。三个年代的寺庙分布趋势大体相同，但登记数量呈减少趋势。其中1928年登记寺庙为287座，集中分布于当时的北京西南郊。以三山五园片区和丰台东两大片区为核心密集分布。1936年寺庙登记中的分布趋势与1928年基本相同，但寺庙登记数量有所减少，共登记74座。由核密度分析可以看出，寺庙的分布范围和集聚程度都有显著的缩减，呈现出明显的双核结构。1947年寺庙登记数量再次骤减为35座，其中三山五园片区的寺庙分布无明显变化，而丰台东片区的分布核心向东侧偏移。

表1.6.2 1928年寺庙普查登记数据

| 序号 | 名字 | 地址 |
| --- | --- | --- |
| 1 | 行宫娘娘庙 | 南郊二分署胡家村十五号 |
| 2 | 关帝庙 | 健锐营正蓝旗四十四号 |
| 3 | 礼王坟 | 另一处在承恩寺右侧刘娘府村旁 |
| 4 | 海会寺 | 南郊第二分署海会寺三十五号 |
| 5 | 十圣庙 | 南郊第二分署阎家楼一号 |
| 6 | 四圣庙 | 南郊第四分署柳村十六号 |
| 7 | 慧居寺 | 南郊第四分署柳巷村十八号 |
| 8 | 释迦牟尼庙 | 南郊第四分署七段樊家村五十六号 |
| 9 | 玉皇庙 | 南郊第一分署西红门村四十三号 |
| 10 | 灵岳庵 | 南郊二分署白庙村二十三号 |
| 11 | 五圣庙 | 南郊二分署北杨树村九号（位置存疑） |
| 12 | 三圣祠 | 南郊二分署大羊坊村三十八号 |
| 13 | 七圣庙 | 南郊二分署邓家村十四号 |
| 14 | 七圣庙 | 南郊二分署第六段小七圣庙五号（位置存疑） |
| 15 | 七圣祠 | 南郊二分署东四道口三十三号 |
| 16 | 胜因寺 | 南郊二分署东铁匠营十六号 |
| 17 | 七圣祠 | 南郊二分署方家庄村四号 |
| 18 | 七圣祠 | 南郊二分署分钟寺甲五十九号 |
| 19 | 七圣祠 | 南郊二分署海户屯三十一号 |
| 20 | 土地祠 | 南郊二分署韩家馆（位置不清） |

续表

| 序号 | 名字 | 地址 |
| --- | --- | --- |
| 21 | 关帝庙 | 南郊二分署红寺村十三号 |
| 22 | 五圣庙 | 南郊二分署后村三十三号 |
| 23 | 小七圣庙 | 南郊二分署胡家村甲三号 |
| 24 | 观音庵 | 南郊二分署胡家村三号 |
| 25 | 回香亭 | 南郊二分署回香亭村一号 |
| 26 | 七圣庙 | 南郊二分署焦家花园十四号 |
| 27 | 土地庙 | 南郊二分署李家村甲二十四号（位置存疑） |
| 28 | 七圣庵 | 南郊二分署刘家窑三十九号 |
| 29 | 土地祠 | 南郊二分署隆禧寺二十四号（位置存疑） |
| 30 | 地藏庵 | 南郊二分署马回甸村十八号 |
| 31 | 松海禅林庵 | 南郊二分署马家村十五号 |
| 32 | 七圣庙 | 南郊二分署木樨园四十二号 |
| 33 | 七圣祠 | 南郊二分署三段成寿寺庄四十七号 |
| 34 | 观音祠 | 南郊二分署狮子馆（位置不清） |
| 35 | 三圣祠堂 | 南郊二分署石榴村一百四十六号 |
| 36 | 伏魔庵 | 南郊二分署石榴庄一百三十一号 |
| 37 | 海潮观音庵 | 南郊二分署时家村三十六号 |
| 38 | 七圣庙 | 南郊二分署时家村五十四号 |
| 39 | 七圣庙 | 南郊二分署双庙村二号 |
| 40 | 护法庵 | 南郊二分署双庙村七号 |
| 41 | 七圣庙 | 南郊二分署孙家场村六号 |
| 42 | 五圣庙 | 南郊二分署五间楼村甲五十一号 |
| 43 | 五圣庙 | 南郊二分署辛庄甲一号 |
| 44 | 药王庙 | 南郊二分署药王庙村五号 |
| 45 | 三圣祠 | 南郊二分署枣林村甲十九号 |
| 46 | 关帝庙 | 南郊二分署左安门关厢二十九号 |
| 47 | 五圣祠 | 南郊三分署三段管界成寿寺庄甲二十号 |
| 48 | 七圣庙 | 南郊四分署巴家庄十二号 |

续表

| 序号 | 名字 | 地址 |
| --- | --- | --- |
| 49 | 广恩寺 | 南郊四分署菜户营村内甲二十五号 |
| 50 | 大钟庙 | 南郊四分署菜户营三十六号 |
| 51 | 观音堂 | 南郊四分署达官营十一号 |
| 52 | 延寿寺 | 南郊四分署大井村一百五十号 |
| 53 | 二郎庙 | 南郊四分署第七段刘家村三十六号 |
| 54 | 关帝庙 | 南郊四分署东鹅凤营二号 |
| 55 | 三官庙 | 南郊四分署东管村后街一号 |
| 56 | 菩萨庙 | 南郊四分署东局村一号 |
| 57 | 龙王庙 | 南郊四分署房家村二号 |
| 58 | 龙王庙 | 南郊四分署葛房村十一号 |
| 59 | 真武庙 | 南郊四分署后泥洼八号 |
| 60 | 关帝庙 | 南郊四分署后泥洼一号 |
| 61 | 崇善寺 | 南郊四分署纪家庙村三十四号 |
| 62 | 达圆寺 | 南郊四分署纪家庙二十四号 |
| 63 | 五道庙 | 南郊四分署纪家庙二十四号 |
| 64 | 龙泉寺 | 南郊四分署刘村乙二十二号 |
| 65 | 五道庙 | 南郊四分署柳村甲三十二号 |
| 66 | 五显财神庙 | 南郊四分署六里桥一号 |
| 67 | 药王庙 | 南郊四分署骆驼湾村三十八号 |
| 68 | 关帝庙 | 南郊四分署马管营北村十二号 |
| 69 | 五圣祠 | 南郊四分署马管营村东头四十二号 |
| 70 | 关帝庙 | 南郊四分署马管营村二十三号 |
| 71 | 马神庙 | 南郊四分署马神庙村一号 |
| 72 | 七圣庙 | 南郊四分署南观音寺七号 |
| 73 | 七圣庙 | 南郊四分署南观音寺七号 |
| 74 | 关帝庙 | 南郊四分署七段樊家村六十七号 |
| 75 | 观音二郎庙 | 南郊四分署七段房家村四十七号 |
| 76 | 五圣庙 | 南郊四分署前泥洼村一号 |

续表

| 序号 | 名字 | 地址 |
|---|---|---|
| 77 | 三义庵 | 南郊四分署三义庵村九号（位置存疑） |
| 78 | 三官庙 | 南郊四分署水头庄十号 |
| 79 | 七圣祠 | 南郊四分署太平桥村二十四号 |
| 80 | 关帝庙 | 南郊四分署湾子村十二号 |
| 81 | 万泉寺 | 南郊四分署万泉寺村八十六号 |
| 82 | 七圣庙 | 南郊四分署万泉寺村一号 |
| 83 | 七圣庙 | 南郊四分署万泉寺村一号 |
| 84 | 娘娘庙 | 南郊四分署王家胡同十五号 |
| 85 | 菩萨庙 | 南郊四分署卫强校村一号 |
| 86 | 娘娘庙 | 南郊四分署西管头村五十七号 |
| 87 | 七圣庙 | 南郊四分署西局村六十六号 |
| 88 | 五圣庙 | 南郊四分署西局村七十六号 |
| 89 | 五圣庙 | 南郊四分署西局村四十一号 |
| 90 | 七圣庙 | 南郊四分署小井村三十九号 |
| 91 | 关帝庙 | 南郊四分署小井村一百五十四号 |
| 92 | 关帝庙 | 南郊四分署岳各庄村十六号 |
| 93 | 小老部庙 | 南郊四分署张家路口二十五号 |
| 94 | 观音庙 | 南郊四分署张家路口三号 |
| 95 | 娘娘庙 | 南郊四区大井村一百十一号 |
| 96 | 关帝庙 | 南郊一分署草桥村三十八号 |
| 97 | 三官庙 | 南郊一分署陈留村五十一号 |
| 98 | 七圣庙 | 南郊一分署东庄村三十一号 |
| 99 | 庆元寺 | 南郊一分署汾庄村十二号 |
| 100 | 关帝庙 | 南郊一分署高立庄村三十五号 |
| 101 | 七圣庙 | 南郊一分署郭公庄五十六号 |
| 102 | 送子观音庵 | 南郊一分署海户屯村五十七号 |
| 103 | 七圣神祠 | 南郊一分署花园村十三号 |
| 104 | 七圣庵 | 南郊一分署马家堡六十六号 |

续表

| 序号 | 名字 | 地址 |
| --- | --- | --- |
| 105 | 观音阁 | 南郊一分署马家堡一百二十一号 |
| 106 | 五圣庙 | 南郊一分署马家楼村十七号 |
| 107 | 关帝庙 | 南郊一分署潘家庙村八十号 |
| 108 | 观音堂 | 南郊一分署潘家庙村十九号 |
| 109 | 三元宫 | 南郊一分署三元宫街十五号 |
| 110 | 马王庙 | 南郊一分署头圈村一号 |
| 111 | 观音庵 | 南郊一分署西红门村二百二十号 |
| 112 | 什方院 | 南郊一分署西红门村二百七十四号 |
| 113 | 五道庙 | 南郊一分署西红门村四百九十八号 |
| 114 | 九圣神祠 | 南郊一分署西红门村四百九十七号 |
| 115 | 真武庙 | 南郊一分署西红门村四十五号 |
| 116 | 三官庙 | 南郊一分署西红门村一百九十六号 |
| 117 | 五圣神祠 | 南郊一分署西罗家园村八十八号 |
| 118 | 五道庙 | 南郊一分署西庄村二号 |
| 119 | 关帝庙 | 南郊一分署西庄村三十二号 |
| 120 | 关帝庙 | 南郊一分署羊房村一百二十八号 |
| 121 | 观音堂 | 南郊一分署右安门关厢九十号 |
| 122 | 真武庙 | 南郊一分署玉泉营丙一号 |
| 123 | 关帝庙 | 南郊一分署玉泉营村二十三号 |
| 124 | 普济宫 | 南郊一分署中顶村二十六号 |
| 125 | 药王庙 | 南郊造甲村西头二十二号 |
| 126 | 娘娘庙 | 西郊二分署岳各庄北村九号 |
| 127 | 青塔院 | 西郊三分署青塔院地方一号 |
| 128 | 七圣庙 | 西郊五分署北辛庄四十号 |
| 129 | 老爷庙 | 西郊五分署东山村五十七号 |
| 130 | 龙王庙 | 西郊五分署东杨坨十八号 |
| 131 | 七神庙 | 西郊五分署福田寺村十号 |
| 132 | 翠云庵 | 西郊五分署高井村十九号 |

续表

| 序号 | 名字 | 地址 |
| --- | --- | --- |
| 133 | 广慧观 | 西郊五分署管界北沟村四号 |
| 134 | 三圣庵 | 西郊五分署聚山村六号 |
| 135 | 七圣祠 | 西郊五分署门头村二零五号 |
| 136 | 朝阳庵 | 西郊五分署门头村九十四号 |
| 137 | 铁关帝庙 | 西郊五分署门头村三十二号 |
| 138 | 龙王庙 | 西郊五分署孟悟村六十一号 |
| 139 | 关帝庙 | 西郊五分署孟悟村三十七号 |
| 140 | 法海寺 | 西郊五分署磨石口村二十九号 |
| 141 | 承恩寺 | 西郊五分署磨石口村十四号 |
| 142 | 元通观 | 西郊五分署南安河村五十四号 |
| 143 | 抱龙庵 | 西郊五分署上石府四十一号 |
| 144 | 茶棚庙 | 西郊五分署狮子窝一号 |
| 145 | 双泉寺 | 西郊五分署双泉寺一号 |
| 146 | 重兴灵光寺 | 西郊五分署四平台六十一号 |
| 147 | 长安寺 | 西郊五分署四平台七十号 |
| 148 | 大悲寺 | 西郊五分署四平台五十一号 |
| 149 | 娘娘庙 | 西郊五分署西杨坨八十号 |
| 150 | 龙王庙 | 西郊五分署雍王府一号 |
| 151 | 天仙庵 | 西郊二分署郑常庄十二号 |
| 152 | 吉庆寺 | 西郊三分署三贝子花园六号 |
| 153 | 五圣神祠 | 西郊四分署第二段辛庄小庙十号（位置存疑） |
| 154 | 关帝庙 | 西郊五分区下石府村甲七号 |
| 155 | 龙王庙 | 西郊五分区香峪村乙一号 |
| 156 | 贤王祠 | 西郊五分署白家疃村甲一百二十号 |
| 157 | 十方普觉寺 | 西郊五分署北沟村二号 |
| 158 | 五圣神祠 | 西郊五分署胆家坟村一号 |
| 159 | 观音庵 | 西郊五分署东下庄村十号 |
| 160 | 关帝庙 | 西郊五分署黑石头村二十号 |

续表

| 序号 | 名字 | 地址 |
| --- | --- | --- |
| 161 | 观音寺 | 西郊五分署黑石头村一号 |
| 162 | 五华寺 | 西郊五分署界寿安山北沟村八号 |
| 163 | 七圣神祠 | 西郊五分署聚山村三十八号 |
| 164 | 龙王庙 | 西郊五分署礼王坟甲十号（位置存疑） |
| 165 | 七圣龙王祠 | 西郊五分署楼后村一号 |
| 166 | 关帝庙 | 西郊五分署满井村二号 |
| 167 | 广禧寺 | 西郊五分署满井村三号（位置存疑） |
| 168 | 慈祥庵 | 西郊五分署磨石口村四十九号 |
| 169 | 关帝庙 | 西郊五分署南安河村九十六号 |
| 170 | 关帝庙 | 西郊五分署南安河村九十六号 |
| 171 | 善化寺 | 西郊五分署善化寺村五号 |
| 172 | 慈善寺 | 西郊五分署双泉寺十号 |
| 173 | 证果寺 | 西郊五分署四平台三十二号 |
| 174 | 龙泉庵 | 西郊五分署四平台四十九号 |
| 175 | 香界寺 | 西郊五分署四平台四十六号 |
| 176 | 宝珠洞 | 西郊五分署四平台四十四号 |
| 177 | 三山庵 | 西郊五分署四平台五十二号 |
| 178 | 五道庙 | 西郊五分署四王府村三十号 |
| 179 | 龙王庙 | 西郊五分署四眼井十八号（位置存疑） |
| 180 | 七圣庙 | 西郊五分署所辖过街塔村东首七圣庙 |
| 181 | 关帝庙 | 西郊五分署岭峪村二号 |
| 182 | 龙王庙 | 西郊五分署王湾村甲二十一号 |
| 183 | 龙王庙 | 西郊五分署魏家村甲三号 |
| 184 | 灵应寺 | 西郊五分署西下庄村十七号 |
| 185 | 关帝庙 | 西郊五分署厢白旗八十号 |
| 186 | 关帝庙 | 西郊五分署厢红旗营一号（位置存疑） |
| 187 | 碧霞宫娘娘庙 | 西郊五分署镶黄旗西宫门/西营村十三 |
| 188 | 越秀禅林 | 西郊五分署秀府村四十六号 |

续表

| 序号 | 名字 | 地址 |
|---|---|---|
| 189 | 城隍庙 | 西郊五分署杨坨村七十号 |
| 190 | 观音庙 | 西郊五分署正红旗营五十三号 |
| 191 | 关帝庙 | 西郊五分署正黄旗营七十号 |
| 192 | 茶棚庵关帝庵 | 西郊五分署西北旺村十号 |
| 193 | 菩萨庙 | 北郊一分署上清河大街二十六号 |
| 194 | 铁塔庙 | 西郊五分署正黄旗营二十二号 |
| 195 | 真武庙 | 西郊五分署红山口一号 |
| 196 | 兴隆寺 | 北郊三分署安和桥兴隆寺一号 |
| 197 | 宝藏寺 | 西郊五分署青龙桥老府村十号 |
| 198 | 娘娘庙 | 西郊五分署董四墓村二十八号 |
| 199 | 遗光寺 | 西郊五分署东小府村一号 |
| 200 | 观音寺 | 西郊五分署道公府村十八号 |
| 201 | 真武庙 | 西郊五区丰户营村甲二十八号 |
| 202 | 普安塔 | 西郊五分署四王府村七十九号 |
| 203 | 三教寺 | 西郊五分署四王府村四十九号 |
| 204 | 七圣庵 | 西郊四分署太平河二号（位置存疑） |
| 205 | 观音庵 | 西郊三分署圆明园厢蓝村八十五号 |
| 206 | 五圣祠 | 北郊三分署城府村太平庵二号 |
| 207 | 清梵寺 | 西郊四分署海甸西大街五十七号 |
| 208 | 火神庙 | 西郊四分署海甸街西栅栏外三号 |
| 209 | 鲁班庙 | 西郊四分署南海甸二十二号 |
| 210 | 真武庙 | 西郊四分署海淀老虎洞三号 |
| 211 | 五道庙 | 西郊四分署莺房二十六号 |
| 212 | 吕祖庙 | 西郊四分署冰窖村十八号 |
| 213 | 关帝庙 | 西郊四分署海甸双桥一号（位置存疑） |
| 214 | 五道庙 | 西郊四分署海甸港沟东口一号 |
| 215 | 观音阁 | 西郊四分署观音阁十三号 |
| 216 | 五道高 | 西郊四分署六郎庄大后街四号 |

续表

| 序号 | 名字 | 地址 |
|---|---|---|
| 217 | 关帝庙 | 西郊四分署六郎庄荣中堂胡同九号 |
| 218 | 静安院 | 西郊四分署六郎庄静安院五号 |
| 219 | 保安关帝庙 | 西郊四分署六郎庄张中堂花园三号 |
| 220 | 观音堂 | 西郊四分署六郎庄慈佑街七号 |
| 221 | 药王普德寺 | 西郊三分署海甸大泥湾村一号 |
| 222 | 三官庙 | 大泥湾村十号 |
| 223 | 裕华庵 | 西郊三分署巴沟村三十六号 |
| 224 | 宝真观 | 西郊三分署巴沟村五十九号 |
| 225 | 观音庙 | 西郊三分署巴沟村甲十九号 |
| 226 | 五圣庵 | 西郊三分署巴沟村甲一号 |
| 227 | 倒座观音堂 | 西郊四分署倒座观音堂二十号 |
| 228 | 龙王庙 | 西郊三分署万泉庄甲二十五号 |
| 229 | 观音庵 | 西郊三分署小南庄十七号 |
| 230 | 观音庙 | 西郊三分署小南庄甲二十八号 |
| 231 | 关帝庙 | 西郊五分署镶蓝旗营二十六号 |
| 232 | 旧西顶娘娘庙 | 西郊三分署横街十号 |
| 233 | 观世音小庙 | 西郊三分署横街七号 |
| 234 | 七圣神祠 | 西郊三分署缠脚湾村十一号 |
| 235 | 菩萨殿 | 西郊三分署缠脚湾村五十四号 |
| 236 | 观音庵 | 西郊三分署南坞村十四号 |
| 237 | 天仙庙 | 西郊五分署中坞村四十六号 |
| 238 | 关帝庙 | 西郊五区后窑村甲三号 |
| 239 | 关帝庙 | 西郊五分署后窑村三十二号 |
| 240 | 真武庙 | 西郊五分署门头村一九一号 |
| 241 | 五圣祠 | 西郊五分署闵家庄一号 |
| 242 | 三官庙 | 西郊五分署闵家庄十三号 |
| 243 | 西禅关帝禅林 | 西郊五分署小屯村一号 |
| 244 | 关帝庙 | 西郊五分署小屯村三十五号 |

第一章　物质文化遗产编

续表

| 序号 | 名字 | 地址 |
|---|---|---|
| 245 | 观音堂 | 西郊五分署篱笆房二号 |
| 246 | 善化寺 | 西郊五分署祁家村十九号 |
| 247 | 七圣庙 | 西郊五分署小府村十二号 |
| 248 | 三圣庙 | 西郊五分署黑塔村二十三号 |
| 249 | 娘娘庙 | 西郊五分署聚山村三十号 |
| 250 | 玉极庵 | 西郊五分署玉极庵一号（位置存疑） |
| 251 | 弥陀寺 | 西郊五分署巨山村二十一号 |
| 252 | 关帝庙 | 西郊五分署西平庄一号 |
| 253 | 七圣庙 | 西郊五分署东平庄一号 |
| 254 | 龙王庙 | 西郊五分署南平庄六号 |
| 255 | 五圣祠 | 西郊三分署高庄十五号 |
| 256 | 关帝庙 | 西郊三分署高庄二十号（位置存疑） |
| 257 | 石佛寺 | 西郊三分署石佛寺十五号 |
| 258 | 五圣神祠 | 西郊三分署下村甲二十号 |
| 259 | 善乐寺 | 西郊三分署车道沟村二十四号 |
| 260 | 三啸庵 | 西郊三分署管界半壁街一号 |
| 261 | 潮河禅林 | 西郊三分署五塔寺村十七号 |
| 262 | 大慧寺 | 西郊三分署大慧寺村五号 |
| 263 | 寿安寺 | 西郊三分署慈献寺三号 |
| 264 | 广通寺 | 西郊三分署北下关二十四号 |
| 265 | 娘娘庙 | 西郊四分署海甸娘娘庙二十一号 |
| 266 | 笑祖塔院 | 西郊三分署笑祖塔院村十五号 |
| 267 | 净土寺 | 西郊三分署红果园 |
| 268 | 广通寺所属下院寿福禅林 | 西郊三分署皂君庙六十一号 |
| 269 | 皂君庙 | 西郊三分署皂君庙村四十二号 |
| 270 | 关帝庙 | 西郊一分署八里庄西恩济庄十八号 |
| 271 | 延寿禅林 | 西郊一分署双槐树村十二号 |
| 272 | 定慧寺 | 西郊一分署第五段定慧寺村三十二号 |

续表

| 序号 | 名字 | 地址 |
| --- | --- | --- |
| 273 | 摩诃庵 | 平西八里庄内路北六号第一分署第七段 |
| 274 | 大悲寺 | 西郊一分署七段八里庄街路北一号 |
| 275 | 永庆寺 | 西郊一分署七段八里庄街内路北十三号 |
| 276 | 龙王庙 | 西郊五分署上石府村一号 |
| 277 | 龙王庙 | 西郊五分区东山村三号 |
| 278 | 后庵庙 | 西郊五分署西杨坨四十九号 |
| 279 | 关帝庙 | 西郊五分署东杨坨十六号 |
| 280 | 关帝庙 | 西郊五分署百家疃九十六号 |
| 281 | 五华寺 | 西郊五分署界寿安山北沟村八号 |
| 282 | 十方普觉寺 | 西郊五分署北沟村二号 |
| 283 | 吉庆寺 | 西郊三分署三贝子花园六号 |

资料来源：本表地名信息全部来自北京档案馆藏民国寺庙档案

### 表 1.6.3　1936 年寺庙普查登记数据

| 序号 | 名字 | 地址 |
| --- | --- | --- |
| 1 | 关帝庙 | 西郊南安河村九十六号 |
| 2 | 元通观（太监庙） | 西郊南安河村五十四号 |
| 3 | 太平庵（僧庙） | 西郊五分署白家疃村十三号 |
| 4 | 普觉寺（僧庙） | 西郊香山分署北沟村二号 |
| 5 | 五华寺（僧庙） | 西郊北沟村八号 |
| 6 | 碧霞宫（僧庙） | 西郊五分署镶黄旗西营十三号 |
| 7 | 遗光寺（僧庙） | 西郊五分署东小府村一号 |
| 8 | 北观音寺（僧庙） | 西郊北观音寺二号（位置存疑） |
| 9 | 关帝庙（僧庙） | 西郊五分署高庄村二十号 |
| 10 | 关帝庙 | 西郊六郎庄荣中堂胡同九号 |
| 11 | 五圣祠（民庙） | 西郊香山分署第五段闵家庄一号 |
| 12 | 三官庙（民庙） | 西郊香山分署第五段闵家庄十三号 |
| 13 | 观音堂（家庙） | 平西门头村一百十七号 |
| 14 | 茶棚庙 | 西郊狮子窝村一号 |

续表

| 序号 | 名字 | 地址 |
| --- | --- | --- |
| 15 | 福惠寺（家庙） | 西郊狮子窝村三号 |
| 16 | 广禧寺（僧庙） | 西郊五分署满水井村三号 |
| 17 | 慈善寺（僧庙） | 西郊双泉寺村十号 |
| 18 | 双泉寺 | 西郊翠微山双泉寺村一号 |
| 19 | 宝珠洞（僧庙） | 西郊五分署八大处四十四号 |
| 20 | 大悲寺（僧庙） | 西郊香山分署七段四平台五十一号 |
| 21 | 三山庵（僧庙） | 西郊五分署八大处五十二号 |
| 22 | 重兴灵光寺（僧庙） | 西郊西山八大处六十一号 |
| 23 | 证果寺（僧庙） | 西郊西山八大处三十二号 |
| 24 | 龙泉庵（僧庙） | 西郊香山第五分署四平台四十九号 |
| 25 | 长安寺（僧庙） | 西郊香山分署翠微山七十号 |
| 26 | 灵应寺 | 西郊五分署第七段西下庄村十七号 |
| 27 | 法海寺（僧庙） | 西郊磨石口村二十九号 |
| 28 | 抱龙庵（民庙） | 西郊上石府村四十一号 |
| 29 | 关帝庙（村中公庙） | 西郊下石府村甲七号 |
| 30 | 观音寺（僧庙） | 西郊黑石头村观音寺一号 |
| 31 | 龙王庙 | 西郊万泉庄西口外甲二十五号 |
| 32 | 关帝庙（家庙） | 西郊万泉庄一号 |
| 33 | 药王普德寺（僧庙） | 西郊三分署大泥湾村 |
| 34 | 寿安寺（僧庙） | 西郊慈献寺村三号 |
| 35 | 地藏庵 | 西郊八里庄 |
| 36 | 地藏庵 | 西郊八里庄 |
| 37 | 延寿禅林（僧庙） | 西郊一分署第八段行集寺十三号 |
| 38 | 兴隆庵（尼僧庙） | 西郊区广安门外青塔村四号 |
| 39 | 关帝庙（民庙） | 西郊蒋家坟二十七号 |
| 40 | 关帝庙 | 南郊岳各庄十六号 |
| 41 | 娘娘庙 | 西郊岳各庄九号 |
| 42 | 娘娘庙（民庙） | 南郊区大井村二百一十九号 |

续表

| 序号 | 名字 | 地址 |
| --- | --- | --- |
| 43 | 关帝庙 | 南郊广安门外七里庄十八号 |
| 44 | 七圣庙（民庙） | 广安门外西局村六十六号 |
| 45 | 五圣庙（民庙） | 广安门外西局村四十一号 |
| 46 | 龙王庙（民庙） | 广安门外西局村三十一号 |
| 47 | 观音庵（家庙） | 南郊广安门外官地村一号 |
| 48 | 五显财神庙（僧庙） | 南郊四分署三里河一号 |
| 49 | 七圣祠（民庙） | 南郊广安门外太平桥村二十四号 |
| 50 | 菩萨庙 | 南郊五段广安门外东局村一号 |
| 51 | 三官庙 | 广安门外水头庄村 |
| 52 | 菩萨庙（民庙） | 南郊卫强校村一号 |
| 53 | 关帝庙（村中公庙） | 南郊东鹅凤营村二号 |
| 54 | 达圆寺（僧庙） | 南郊右安门外于家胡同甲十四号 |
| 55 | 纯阳吕祖庙（花神庙）（民庙） | 南郊警察第九段夏家胡同 |
| 56 | 关帝庙（民庙） | 南郊广安门外张家路口北头警段 |
| 57 | 观音堂（民庙） | 南郊广安门外张家路口第九警段 |
| 58 | 马神庙 | 南郊十段丰台马神庙村一号 |
| 59 | 龙王庙（民庙） | 南郊右安门外白家窑十六号 |
| 60 | 观音堂 | 南郊右安门外潘家庙村十九号 |
| 61 | 关帝庙（合村公庙） | 南郊右安门外潘家庙村八十号 |
| 62 | 兴隆寺（僧庙） | 南郊四分署菜户营二号 |
| 63 | 大钟庙（尼僧庙） | 南郊广安门外菜户营三十六号 |
| 64 | 三官庙（僧庙） | 南郊三官庙村一号（位置存疑） |
| 65 | 长生观（家庙） | 南郊右安门外铁匠营二十一号 |
| 66 | 关帝庙（尼僧庙） | 右安门外西庄村路北三十二号 |
| 67 | 二郎庙 | 南郊永定门外二郎庙村甲三号 |
| 68 | 回香亭（僧庙） | 南郊永定门外回香亭一号 |
| 69 | 海慧寺（僧庙） | 南郊永外海慧寺村 |
| 70 | 观音堂（道庙） | 南郊永定门外狮子馆二号 |

续表

| 序号 | 名字 | 地址 |
|---|---|---|
| 71 | 灵岳庵（僧庙） | 南郊白庙村三十六号 |
| 72 | 胜因寺（僧庙） | 南郊二分署东铁匠营十六号 |
| 73 | 七圣祠 | 南郊左安门外分中村甲五十九号 |
| 74 | 菩萨庙（僧庙） | 南郊二分署左安门外枣林村甲二十七号 |

资料来源：本表地名信息全部来自北京档案馆藏民国寺庙档案

### 表 1.6.4  1947 年寺庙普查登记数据

| 序号 | 名字 | 地址 |
|---|---|---|
| 1 | 普觉寺 | 十七区北沟村 2 号 |
| 2 | 五华寺 | 十七区北沟村 8 号 |
| 3 | 广慧观 | 西郊十七区北沟村 4 号 |
| 4 | 慈善寺 | 二十七区双泉寺村 10 号 |
| 5 | 宝珠洞 | 十七区四平台 44 号 |
| 6 | 香界寺 | 十七区四平天 46 号 |
| 7 | 大悲寺 | 十七区四平台村 51 号 |
| 8 | 三仙庵 | 十七区四平台 52 号 |
| 9 | 大灵光寺 | 十七区四平台 61 号 |
| 10 | 龙泉庵 | 十七区四平台村 49 号 |
| 11 | 长安寺 | 十七区四平台翠微山 70 号 |
| 12 | 证果寺 | 十七区八大处 32 号 |
| 13 | 关帝庙 | 十七区六保下石府村乙 6 号 |
| 14 | 龙王庙 | 十七区六保上石府村 41 号 |
| 15 | 延寿禅林 | 十七区行集寺 13 号 |
| 16 | 摩诃庵 | 西郊八里庄 6 号十八区 |
| 17 | 五显财神庙 | 十六区六里桥 1 号 |
| 18 | 药王庙 | 十六区三里河村 30 号 |
| 19 | 慧居寺 | 南郊十六区柳庵村 18 号 |
| 20 | 关帝庙 | 十六区小井村 154 号 |
| 21 | 南观音寺 | 十六区广外南观音寺村 10 号（位置存疑） |

续表

| 序号 | 名字 | 地址 |
|---|---|---|
| 22 | 兴隆寺 | 十六区广外菜户营 2 号 |
| 23 | 二郎庙 | 十五区永外二郎庙甲 3 号 |
| 24 | 安乐林 | 十五区永外大砂吉安乐林 1 号 |
| 25 | 海慧寺 | 南郊永外海慧寺村 27 号 |
| 26 | 观音堂 | 十五区永外狮子馆 2 号 |
| 27 | 海潮观音庵 | 十五区永外时家村 36 号 |
| 28 | 灵岳庵 | 十五区白庙村 36 号 |
| 29 | 胜因寺 | 十五区东铁匠营村 16 号 |
| 30 | 菩萨庙 | 十四区左安门外枣林村 27 号 |
| 31 | 当上宁三邑义园地藏庵 | 十五区左安门外枣林庄 9 号 |
| 32 | 关帝庙 | 十五区左外关厢 29 号 |
| 33 | 天安关帝庙 | 十五区永外地藏庵村 3 号（疑似重复登记） |
| 34 | 地藏庵 | 十五区马回甸 18 号 |
| 35 | 关帝庙 | 十五区永外地藏庵 3 号 |

资料来源：本表地名信息全部来自北京档案馆藏民国寺庙档案

（3）现状寺庙分布

现状寺庙数据来源于地图爬取及公开的文物登记名录，爬取范围界定在北京西郊的昌平、海淀、门头沟、石景山、丰台、房山、大兴七区的行政边界。因此涵盖的寺庙数量多于明清至民国的古籍及档案登记数量。与历史资料分布相同的是寺庙核心聚集区仍在海淀、石景山一带，而房山区目前也有大量寺庙。因历史分区等问题在明清至民国的历史资料中并未体现。由核密度分析图可以看出，分布趋势与西山山脉的走向相吻合。山脚下的平原地带寺庙分布众多，而西山山脉之中的寺庙分布主要是沿山谷古道及村落聚集区分布。与之前的分布规律不同的是，房山区周口附近的寺庙沿山脊延长线呈明显的带状分布（参见图 1.6.2）。

表 1.6.5 现状寺庙行政区分布

| 行政区 | 昌平区 | 大兴区 | 房山区 | 丰台区 | 海淀区 | 门头沟区 | 石景山区 | 合计 |
|---|---|---|---|---|---|---|---|---|
| 数量 | 36 | 14 | 116 | 25 | 131 | 28 | 24 | 374 |

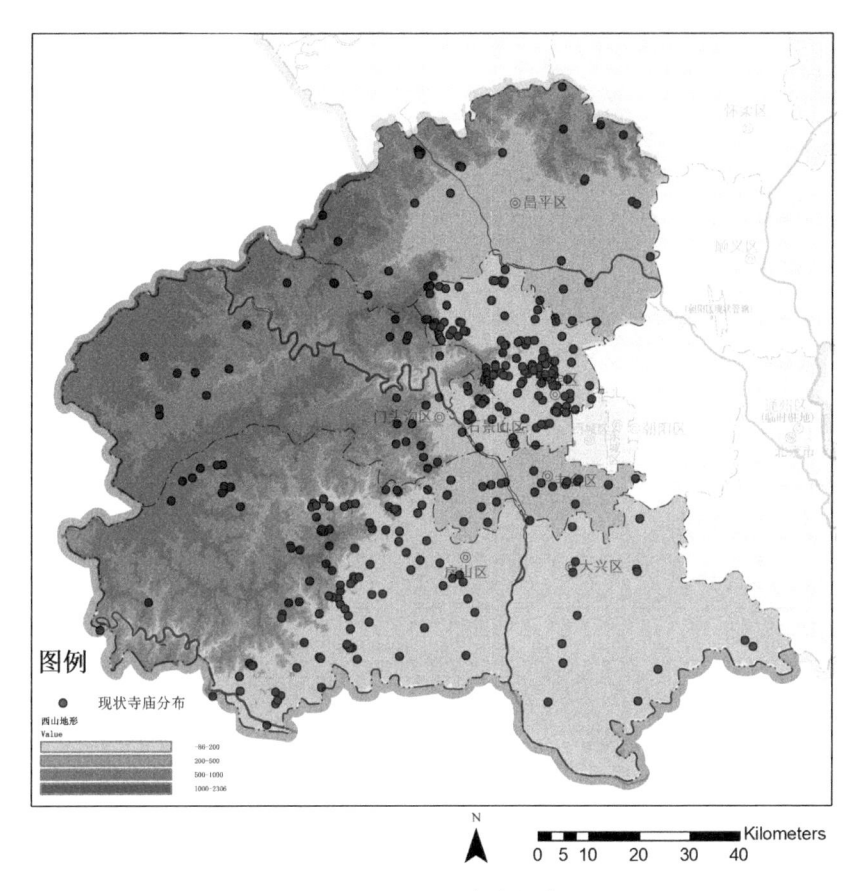

图 1.6.2 现状寺庙分布

表1.6.6 现状寺庙统计数据

| 序号 | 名字 | 行政区 |
| --- | --- | --- |
| 1 | 延寿寺 | 昌平区 |
| 2 | 上东廓村菩萨庙 | 昌平区 |
| 3 | 真武庙 | 昌平区 |
| 4 | 双泉寺 | 昌平区 |
| 5 | 永兴寺 | 昌平区 |
| 6 | 臻尚庙廊 | 昌平区 |
| 7 | 大智辟谷禅 | 昌平区 |
| 8 | 宝林寺 | 昌平区 |
| 9 | 东新城村真武庙 | 昌平区 |
| 10 | 和平寺 | 昌平区 |

续表

| 序号 | 名字 | 行政区 |
| --- | --- | --- |
| 11 | 大德寺 | 昌平区 |
| 12 | 圣恩禅寺 | 昌平区 |
| 13 | 武圣财神庙 | 昌平区 |
| 14 | 银山塔林—法华寺 | 昌平区 |
| 15 | 大兴寺 | 昌平区 |
| 16 | 居庸关—吕祖庙 | 昌平区 |
| 17 | 居庸关—真武庙 | 昌平区 |
| 18 | 居庸关—山神庙 | 昌平区 |
| 19 | 居庸关—马神庙 | 昌平区 |
| 20 | 天香庙后阁 | 昌平区 |
| 21 | 百合普门寺 | 昌平区 |
| 22 | 虎峪自然风景区—庙峪 | 昌平区 |
| 23 | 石佛寺 | 昌平区 |
| 24 | 虎峪自然风景区—山神庙 | 昌平区 |
| 25 | 平安寺 | 昌平区 |
| 26 | 菩萨寺 | 昌平区 |
| 27 | 宝云寺 | 昌平区 |
| 28 | 回龙观菩萨庙 | 昌平区 |
| 29 | 玉光寺 | 昌平区 |
| 30 | 单村菩萨庙 | 昌平区 |
| 31 | 大佛寺 | 昌平区 |
| 32 | 观音古刹庵 | 昌平区 |
| 33 | 居庸关—城隍庙 | 昌平区 |
| 34 | 居庸关—关帝庙 | 昌平区 |
| 35 | 居庸关—关王庙 | 昌平区 |
| 36 | 居庸关—表忠祠 | 昌平区 |
| 37 | 蔡辛庄菩萨庙 | 大兴区 |
| 38 | 北普陀寺 | 大兴区 |

续表

| 序号 | 名字 | 行政区 |
|---|---|---|
| 39 | 南宫寺 | 大兴区 |
| 40 | 京开高速金华寺 | 大兴区 |
| 41 | 火神庙 | 大兴区 |
| 42 | 德寿寺 | 大兴区 |
| 43 | 薛营清真寺 | 大兴区 |
| 44 | 东白塔清真寺 | 大兴区 |
| 45 | 礼贤清真寺 | 大兴区 |
| 46 | 狼各庄清真寺 | 大兴区 |
| 47 | 庞各庄关帝庙 | 大兴区 |
| 48 | 沙窝营通明寺 | 大兴区 |
| 49 | 西红门清真寺 | 大兴区 |
| 50 | 留士庄清真寺 | 大兴区 |
| 51 | 古槐寺 | 房山区 |
| 52 | 真武庙 | 房山区 |
| 53 | 双孝观音庵 | 房山区 |
| 54 | 敕赐瑞云禅寺 | 房山区 |
| 55 | 极乐禅寺 | 房山区 |
| 56 | 兴隆禅寺 | 房山区 |
| 57 | 九天玄女庙 | 房山区 |
| 58 | 上方山国家森林公园—兜率寺 | 房山区 |
| 59 | 乐佛寺 | 房山区 |
| 60 | 观音寺 | 房山区 |
| 61 | 中山寺 | 房山区 |
| 62 | 护国香光寺 | 房山区 |
| 63 | 药师寺 | 房山区 |
| 64 | 云盖禅寺 | 房山区 |
| 65 | 九圣庙 | 房山区 |
| 66 | 北京超化寺 | 房山区 |

续表

| 序号 | 名字 | 行政区 |
|---|---|---|
| 67 | 山神庙 | 房山区 |
| 68 | 弘恩寺 | 房山区 |
| 69 | 天开寺 | 房山区 |
| 70 | 永寿禅寺 | 房山区 |
| 71 | 九神庙 | 房山区 |
| 72 | 观音庙 | 房山区 |
| 73 | 北京洛神庙旧址 | 房山区 |
| 74 | 云盖寺 | 房山区 |
| 75 | 穆岩寺 | 房山区 |
| 76 | 西峪寺 | 房山区 |
| 77 | 孤山寨—政兴寺 | 房山区 |
| 78 | 万佛堂 | 房山区 |
| 79 | 房山文庙 | 房山区 |
| 80 | 迎风寺 | 房山区 |
| 81 | 如来藏念佛堂 | 房山区 |
| 82 | 大次洛村观音庙 | 房山区 |
| 83 | 伍德庙 | 房山区 |
| 84 | 大次洛村兴隆寺 | 房山区 |
| 85 | 周口店遗址—山神庙 | 房山区 |
| 86 | 山神庙 | 房山区 |
| 87 | 连泉禅寺 | 房山区 |
| 88 | 大金喜寺 | 房山区 |
| 89 | 石安寺 | 房山区 |
| 90 | 轩辕寺 | 房山区 |
| 91 | 上方山国家森林公园—云梯庵 | 房山区 |
| 92 | 上方山国家森林公园—山神庙 | 房山区 |
| 93 | 磨碑寺 | 房山区 |
| 94 | 显圣寺 | 房山区 |

续表

| 序号 | 名字 | 行政区 |
|---|---|---|
| 95 | 云居古刹 | 房山区 |
| 96 | 北京圣莲山风景度假区—胜泉寺 | 房山区 |
| 97 | 北京圣莲山风景度假区—悬空寺 | 房山区 |
| 98 | 北京圣莲山风景度假区—玉皇庙 | 房山区 |
| 99 | 灵鹫禅寺 | 房山区 |
| 100 | 常乐寺 | 房山区 |
| 101 | 云居寺 | 房山区 |
| 102 | 黑龙关龙王庙 | 房山区 |
| 103 | 环秀寺 | 房山区 |
| 104 | 天元寺 | 房山区 |
| 105 | 百花山护国显光禅寺 | 房山区 |
| 106 | 三圣寺 | 房山区 |
| 107 | 铁瓦寺 | 房山区 |
| 108 | 广智禅寺 | 房山区 |
| 109 | 上英水真武庙 | 房山区 |
| 110 | 文苑—良乡文庙 | 房山区 |
| 111 | 娘娘庙山门 | 房山区 |
| 112 | 高庄山神庙 | 房山区 |
| 113 | 洪寺老爷庙 | 房山区 |
| 114 | 迎风坡老爷庙 | 房山区 |
| 115 | 下英水关帝庙 | 房山区 |
| 116 | 上英水娘娘庙 | 房山区 |
| 117 | 北窑村娘娘庙 | 房山区 |
| 118 | 陈家台关帝庙 | 房山区 |
| 119 | 东班各庄关帝庙 | 房山区 |
| 120 | 黑龙关玄帝庙 | 房山区 |
| 121 | 南坊村老庙 | 房山区 |
| 122 | 七圣神祠 | 房山区 |

续表

| 序号 | 名字 | 行政区 |
|---|---|---|
| 123 | 蒲洼龙王庙 | 房山区 |
| 124 | 北安村龙王庙（觉醒寺） | 房山区 |
| 125 | 南窖村玄帝庙 | 房山区 |
| 126 | 南窖村龙王庙 | 房山区 |
| 127 | 洄城村岫云观 | 房山区 |
| 128 | 护国云须真泉寺 | 房山区 |
| 129 | 普济禅寺 | 房山区 |
| 130 | 常庄清真寺 | 房山区 |
| 131 | 三大士庙 | 房山区 |
| 132 | 元武屯娘娘庙 | 房山区 |
| 133 | 西庄关帝庙 | 房山区 |
| 134 | 周口店五神庙 | 房山区 |
| 135 | 周口店下寺村娘娘庙 | 房山区 |
| 136 | 新街清真寺 | 房山区 |
| 137 | 圣泉庵 | 房山区 |
| 138 | 檀木港玉皇庙 | 房山区 |
| 139 | 吕祖庙 | 房山区 |
| 140 | 清克王陵 | 房山区 |
| 141 | 圆通寺 | 房山区 |
| 142 | 沙窝关帝庙 | 房山区 |
| 143 | 上万关帝庙 | 房山区 |
| 144 | 石梯关帝庙 | 房山区 |
| 145 | 文昌阁 | 房山区 |
| 146 | 坨里关帝庙 | 房山区 |
| 147 | 焦各庄娘娘庙 | 房山区 |
| 148 | 上万七神庙 | 房山区 |
| 149 | 长沟南良各庄普兴寺 | 房山区 |
| 150 | 瑞云寺 | 房山区 |

续表

| 序号 | 名字 | 行政区 |
|---|---|---|
| 151 | 史家营观音庵 | 房山区 |
| 152 | 西岳台龙王庙 | 房山区 |
| 153 | 金鸡台老君观 | 房山区 |
| 154 | 护国显光寺 | 房山区 |
| 155 | 鸳鸯水村龙王庙 | 房山区 |
| 156 | 上店关帝庙 | 房山区 |
| 157 | 窦店清真寺 | 房山区 |
| 158 | 长春寺 | 房山区 |
| 159 | 饶乐府娘娘庙 | 房山区 |
| 160 | 长沟沿村娘娘庙 | 房山区 |
| 161 | 豆各庄娘娘庙 | 房山区 |
| 162 | 太平庄娘娘庙（太平圣寺） | 房山区 |
| 163 | 东流水村龙王庙 | 房山区 |
| 164 | 车厂娘娘庙 | 房山区 |
| 165 | 长流水村普济观 | 房山区 |
| 166 | 黄山店龙天观 | 房山区 |
| 167 | 兴隆寺 | 丰台区 |
| 168 | 分钟寺 | 丰台区 |
| 169 | 愫心禅院 | 丰台区 |
| 170 | 万佛延寿寺 | 丰台区 |
| 171 | 三官庙 | 丰台区 |
| 172 | 王佐镇老爷庙 | 丰台区 |
| 173 | 留霞峪后街小庙 | 丰台区 |
| 174 | 新发地潘家庙 | 丰台区 |
| 175 | 海慧寺 | 丰台区 |
| 176 | 二郎庙 | 丰台区 |
| 177 | 中顶庙 | 丰台区 |
| 178 | 丰台药王庙 | 丰台区 |

续表

| 序号 | 名字 | 行政区 |
| --- | --- | --- |
| 179 | 娘娘庙 | 丰台区 |
| 180 | 清真寺 | 丰台区 |
| 181 | 大王庙 | 丰台区 |
| 182 | 岱王庙 | 丰台区 |
| 183 | 老爷庙 | 丰台区 |
| 184 | 花神庙 | 丰台区 |
| 185 | 福生寺 | 丰台区 |
| 186 | 华严庵 | 丰台区 |
| 187 | 古刹海潮庵 | 丰台区 |
| 188 | 朝阳寺 | 丰台区 |
| 189 | 高庙 | 丰台区 |
| 190 | 二老庄村老爷庙 | 丰台区 |
| 191 | 达园寺 | 丰台区 |
| 192 | 香岩寺 | 海淀区 |
| 193 | 西顶庙 | 海淀区 |
| 194 | 香山公园—宗镜大昭之庙 | 海淀区 |
| 195 | 西禅寺 | 海淀区 |
| 196 | 皂君庙 | 海淀区 |
| 197 | 大慧寺 | 海淀区 |
| 198 | 觉生寺 | 海淀区 |
| 199 | 躺碑庙公园 | 海淀区 |
| 200 | 极乐寺 | 海淀区 |
| 201 | 洪光寺 | 海淀区 |
| 202 | 静宜园—山神庙 | 海淀区 |
| 203 | 玉华寺 | 海淀区 |
| 204 | 宝藏寺 | 海淀区 |
| 205 | 正觉寺—文殊亭 | 海淀区 |
| 206 | 北京大学慈济寺 | 海淀区 |

续表

| 序号 | 名字 | 行政区 |
|---|---|---|
| 207 | 上法华寺 | 海淀区 |
| 208 | 南羊坊南庙 | 海淀区 |
| 209 | 百望山森林公园—佘太君庙 | 海淀区 |
| 210 | 圆明园—法慧寺 | 海淀区 |
| 211 | 静福寺 | 海淀区 |
| 212 | 北京大学花神庙 | 海淀区 |
| 213 | 万法宗坛 | 海淀区 |
| 214 | 保福寺 | 海淀区 |
| 215 | 紫竹院公园—紫竹禅院 | 海淀区 |
| 216 | 火神庙 | 海淀区 |
| 217 | 碧云寺 | 海淀区 |
| 218 | 卧佛寺 | 海淀区 |
| 219 | 延庆寺 | 海淀区 |
| 220 | 正觉寺 | 海淀区 |
| 221 | 法华寺 | 海淀区 |
| 222 | 汇万总之春庙 | 海淀区 |
| 223 | 观音庵 | 海淀区 |
| 224 | 圆明园—刘猛将军庙 | 海淀区 |
| 225 | 善现寺 | 海淀区 |
| 226 | 云会寺 | 海淀区 |
| 227 | 颐和园—妙觉寺 | 海淀区 |
| 228 | 颐和园—蚕神庙 | 海淀区 |
| 229 | 秀峰古刹（鹫峰国家森林公园） | 海淀区 |
| 230 | 北京凤凰岭景区—观音堂 | 海淀区 |
| 231 | 西北旺妙儿山关帝庙 | 海淀区 |
| 232 | 昭庙 | 海淀区 |
| 233 | 北安河北庙 | 海淀区 |
| 234 | 瞻云庙 | 海淀区 |

续表

| 序号 | 名字 | 行政区 |
|---|---|---|
| 235 | 天神坛 | 海淀区 |
| 236 | 圆明园—宝相寺 | 海淀区 |
| 237 | 真觉寺 | 海淀区 |
| 238 | 五塔寺 | 海淀区 |
| 239 | 北法海寺 | 海淀区 |
| 240 | 妙云寺 | 海淀区 |
| 241 | 香山公园香山寺 | 海淀区 |
| 242 | 北坞金山寺 | 海淀区 |
| 243 | 秀峰寺 | 海淀区 |
| 244 | 温泉村菩萨庙 | 海淀区 |
| 245 | 金山寺 | 海淀区 |
| 246 | 龙泉寺 | 海淀区 |
| 247 | 敕建大觉禅寺 | 海淀区 |
| 248 | 北京鹫峰国家森林公园—消债寺 | 海淀区 |
| 249 | 莲花寺 | 海淀区 |
| 250 | 凤凰岭自然风景区—财神庙 | 海淀区 |
| 251 | 东小营菩萨庙 | 海淀区 |
| 252 | 安宁庄兴隆寺 | 海淀区 |
| 253 | 上庄东岳庙 | 海淀区 |
| 254 | 万寿寺 | 海淀区 |
| 255 | 慈寿寺 | 海淀区 |
| 256 | 定慧寺 | 海淀区 |
| 257 | 十方普觉寺 | 海淀区 |
| 258 | 广源闸及龙王庙 | 海淀区 |
| 259 | 黑龙潭及龙王庙 | 海淀区 |
| 260 | 普照寺 | 海淀区 |
| 261 | 恩佑寺山门 | 海淀区 |
| 262 | 恩慕寺山门 | 海淀区 |

# 第一章 物质文化遗产编

续表

| 序号 | 名字 | 行政区 |
| --- | --- | --- |
| 263 | 董四墓娘娘庙 | 海淀区 |
| 264 | 恩济庄关帝庙 | 海淀区 |
| 265 | 韩家川东庙 | 海淀区 |
| 266 | 韩家川西庙 | 海淀区 |
| 267 | 黄庄双关帝庙 | 海淀区 |
| 268 | 冷泉福泉寺 | 海淀区 |
| 269 | 冷泉关帝庙 | 海淀区 |
| 270 | 立马关帝庙 | 海淀区 |
| 271 | 六郎庄真武庙 | 海淀区 |
| 272 | 龙王圣母庙 | 海淀区 |
| 273 | 鲁班庙 | 海淀区 |
| 274 | 马甸黑寺 | 海淀区 |
| 275 | 城子山东岳娘娘庙 | 海淀区 |
| 276 | 北玉河关帝庙 | 海淀区 |
| 277 | 车耳营关帝庙 | 海淀区 |
| 278 | 北安河双关帝庙 | 海淀区 |
| 279 | 北安河玉皇庙 | 海淀区 |
| 280 | 北坞关帝庙 | 海淀区 |
| 281 | 马甸清真寺 | 海淀区 |
| 282 | 树村清真寺 | 海淀区 |
| 283 | 慈恩寺 | 海淀区 |
| 284 | 唐家岭关帝庙 | 海淀区 |
| 285 | 田村关帝庙 | 海淀区 |
| 286 | 万寿寺 | 海淀区 |
| 287 | 西埠头兴善寺 | 海淀区 |
| 288 | 响塘庙 | 海淀区 |
| 289 | 肖家河延福庵 | 海淀区 |
| 290 | 一亩园娘娘庙 | 海淀区 |

续表

| 序号 | 名字 | 行政区 |
| --- | --- | --- |
| 291 | 隐修庵 | 海淀区 |
| 292 | 正白旗北庙 | 海淀区 |
| 293 | 周家巷娘娘庙 | 海淀区 |
| 294 | 高梁桥娘娘庙 | 海淀区 |
| 295 | 海淀清真寺 | 海淀区 |
| 296 | 大有庄极乐寺 | 海淀区 |
| 297 | 清河清真寺 | 海淀区 |
| 298 | 镶黄旗关帝庙 | 海淀区 |
| 299 | 沙窝三义庙 | 海淀区 |
| 300 | 植物园关帝庙 | 海淀区 |
| 301 | 北辛村关帝庙 | 海淀区 |
| 302 | 兴隆寺 | 海淀区 |
| 303 | 安河桥村小庙 | 海淀区 |
| 304 | 承泽园观音庵 | 海淀区 |
| 305 | 延寿寺 | 海淀区 |
| 306 | 南辛庄关帝庙 | 海淀区 |
| 307 | 遗光寺 | 海淀区 |
| 308 | 四王府清真寺 | 海淀区 |
| 309 | 巨山村关帝庙 | 海淀区 |
| 310 | 常乐村青苗庙 | 海淀区 |
| 311 | 东小营菩萨庙 | 海淀区 |
| 312 | 上庄梅所屯大庙 | 海淀区 |
| 313 | 辛庄关帝庙 | 海淀区 |
| 314 | 高里掌三义庙 | 海淀区 |
| 315 | 唐家岭小学观音庙 | 海淀区 |
| 316 | 田家家庙 | 海淀区 |
| 317 | 后沙涧西庙 | 海淀区 |
| 318 | 南安河关帝庙 | 海淀区 |

续表

| 序号 | 名字 | 行政区 |
| --- | --- | --- |
| 319 | 周家巷关帝庙 | 海淀区 |
| 320 | 梁家园观音寺 | 海淀区 |
| 321 | 功德寺 | 海淀区 |
| 322 | 大报恩延寿寺 | 海淀区 |
| 323 | 白衣观音庵 | 门头沟区 |
| 324 | 老爷庙 | 门头沟区 |
| 325 | 得胜寺 | 门头沟区 |
| 326 | 避静寺 | 门头沟区 |
| 327 | 灵水举人村—灵泉禅寺 | 门头沟区 |
| 328 | 庄严禅寺 | 门头沟区 |
| 329 | 五道庙 | 门头沟区 |
| 330 | 双林寺 | 门头沟区 |
| 331 | 天泉寺 | 门头沟区 |
| 332 | 白瀑寺 | 门头沟区 |
| 333 | 戒台寺 | 门头沟区 |
| 334 | 窑神庙 | 门头沟区 |
| 335 | 广慧寺 | 门头沟区 |
| 336 | 仰山栖隐寺 | 门头沟区 |
| 337 | 潭柘寺 | 门头沟区 |
| 338 | 西峰寺 | 门头沟区 |
| 339 | 月严寺 | 门头沟区 |
| 340 | 白瀑寿峰禅寺 | 门头沟区 |
| 341 | 灵岳寺 | 门头沟区 |
| 342 | 龙门涧风景区—悬空寺 | 门头沟区 |
| 343 | 观音庙 | 门头沟区 |
| 344 | 崇化寺 | 门头沟区 |
| 345 | 仰神寺 | 门头沟区 |
| 346 | 金顶妙峰山—玉皇庙 | 门头沟区 |

续表

| 序号 | 名字 | 行政区 |
|---|---|---|
| 347 | 清水禅寺 | 门头沟区 |
| 348 | 三义庙 | 门头沟区 |
| 349 | 万佛寺 | 门头沟区 |
| 350 | 宝峰寺 | 门头沟区 |
| 351 | 清凉寺 | 石景山区 |
| 352 | 八大处公园—龙泉庵 | 石景山区 |
| 353 | 八大处公园—三山庵 | 石景山区 |
| 354 | 八大处公园—普贤寺 | 石景山区 |
| 355 | 八大处公园—笼国寺 | 石景山区 |
| 356 | 八大处公园—证果寺三世佛殿 | 石景山区 |
| 357 | 八大处公园—古刹龙王堂 | 石景山区 |
| 358 | 模式口老爷庙 | 石景山区 |
| 359 | 崇国寺塔 | 石景山区 |
| 360 | 永济寺 | 石景山区 |
| 361 | 八大处公园—大悲寺 | 石景山区 |
| 362 | 首钢园—白庙 | 石景山区 |
| 363 | 显应寺 | 石景山区 |
| 364 | 八大处公园—香界寺 | 石景山区 |
| 365 | 八大处公园—证果寺 | 石景山区 |
| 366 | 崇兴庵 | 石景山区 |
| 367 | 八大处公园—灵光寺 | 石景山区 |
| 368 | 碧霞元君庙 | 石景山区 |
| 369 | 法海寺 | 石景山区 |
| 370 | 双泉寺 | 石景山区 |
| 371 | 敕赐承恩寺 | 石景山区 |
| 372 | 龙泉寺 | 石景山区 |
| 373 | 慈善寺 | 石景山区 |
| 374 | 法海禅寺 | 石景山区 |

①寺庙分布特点

西城至西山地区。这一地区地形相对平坦，地势较低，距离京城较近，加上便利的交通，吸引了城内的大量信徒。三山五园一带分布最为集中，有兴隆寺、功德寺、鲁班庙、慈恩寺、观音庵等。明代，自西直门外高粱桥，至北京西北二十里左右玉泉山下西湖（即今昆明湖）东缘，不太宽阔的高粱河河水清澈平缓，河中鱼类清晰可见，两岸柳荫成行，宗教建筑以及酒楼亭阁星罗棋布，景色优美，成为人们游览胜地，人称长河沿线景区。长河沿线，佛教寺院林立，是明代北京佛教寺院集中区域。

西山地区是寺庙分布密度较大的地区。西山群山，有百花山、东灵山、妙峰山、香山、翠微山、卢师山、西山、玉泉山等，呈东北—西南走向。离城较近的有周家巷一带普照寺、大觉寺、莲花寺、延寿寺、接待寺等，以及山区内的香山碧云寺、永安寺和百花山护国显光寺、瑞云寺等。较明显的特征是沿对外交通线布局。这在内城的西直门和阜成门外表现得最为明显。这两座城门向西的道路通往西山。可能有以下功能：运输西山木材、木炭、煤等山地资源；游览西山；西山庙宇进香。

②寺庙分布的影响因素

地势

通过文献记载中明清寺庙分布的规律探究可以发现，明清北京西山地区寺庙大多依山而建，这依赖于京西独特的地理特征。北京地势西北高、东南低，西部山脉统称西山，属太行山的余脉。西山地区地势较高，难遭水涝灾害的影响，因此自古居住人口较多。门头沟区的东胡林人遗址为距今约1万年的旧石器文化遗址，足以见得京西一带的有利地势。明朝大量修建寺庙也离不开这一带的地势影响。

自然风景

天下名山僧占多，历来佛寺大都建造在山清水秀、风水极佳的地方。这些地方大多"环若列屏，林泉清碧"，"宅幽而势阻，地廓而形藏"。而北京西山自然条件优越，有永定河经过，山水环境为寺庙建造提供了幽深静谧的氛围。

历史

北京西郊是金中都、元大都旧址所在地，明朝隶属于宛平县，有着深厚的历史文化底蕴。在辽金时期就有古刹寺庙在这一带建设，因此西郊的寺庙修建有着良好的历史文化条件。

交通

京畿西山，十万年前就有人类活动，具有重要的战略和交通地位。北京城内去往西山的交通发达。元、明以来，京城百万人家，皆以石炭为薪。京西出产石材，琉璃烧制著名，于是山路石道的来往运输开始密切，久而久之形成了京城到西部山区乃至内蒙古、山西的商旅道路。便利的交通条件推动了京西一带大量修建寺庙，也成了香客朝拜神庙的重要通道。

## 三、西山永定河文化带宗教文化遗产概说

（一）辽金元时期的宗教文化遗产

（1）房山区：景教十字寺遗址、良乡多宝佛塔

景教十字寺遗址位于房山区周口店镇内的三盆山上。唐代贞观九年（635），景教传入中国，这处寺庙也被改为景教寺院，名为崇圣院。会昌五年（845）时，唐武宗灭佛，景教也一同被废。辽代应历年间，崇圣院被重建为一座佛寺。此时的崇圣院内有3间大殿，正中有释迦牟尼塑像，左侧为文殊菩萨，右侧为普贤菩萨，两端则为十八罗汉塑像。大殿东西两侧各有一间配殿，东配殿名为伽蓝堂，西配殿名为祖师堂。此外寺庙内还有钟楼、鼓楼、僧房等建筑。元代时，该寺庙更名为十字寺，并再度改为景教活动场所。明清时期，该寺庙再度被改为佛寺。1931年日本学者发现十字寺两块石碑外还有两块景教石刻，上有景教十字和古叙利亚文。20世纪50年代末，十字寺剩余建筑被全部拆毁，原址仅存殿基、柱础和石碑。十字寺是我国仅存的景教寺庙遗址，同时也是北京市有据可查最早的基督教遗址。

良乡多宝佛塔又名昊天塔，俗称良乡塔，位于北京市房山区良乡地区，是一座五级楼阁式仿木空心砖塔，高36米，也是北京市境内唯一的一座楼阁式砖塔。该塔始建于隋朝，现存塔为辽咸雍四年（1068）复建。每层楼阁的南面及东、北、西三面均开有一座拱券式门洞，其他四面均雕着具有辽代风格的直棂假窗。塔身里面设有砖砌的楼梯，可以盘旋而上，直到塔顶。塔刹下面为一层须弥座，须弥座上置有八个砖砌的大型莲花瓣，莲花瓣正中为两层圆形叠涩式刹身，上置宝珠。

（2）石景山区：八大处元代摩崖线刻覆钵塔群、元代大天源延圣寺遗址

八大处元代摩崖线刻覆钵塔群位于八大处证果寺东边的海城鲍氏家祠以北，有一处相对平坦之地，周围尚存体量巨大的殿堂基址。基址东边的下坡地带有一座状如山峰的巨石，石壁平整处约有十座阴线刻画的藏式覆钵塔。塔高低错落，大小不一。塔瓶处均开凿一方形龛穴，深10余厘米，系作瘗埋僧人遗骨之用。由于岩石多裂隙，表面风化严重，线刻已经相当漫漶，但所开瘗穴仍完整可见。周围未见碑铭题记，年代不详。此地已于2019年公布为石景山区普查登记文物，将放置僧人骨灰的瘗穴认作佛龛并名为"八大处佛龛群"。

元代大天源延圣寺遗址在元代摩崖线刻覆钵塔群旁，殿堂基址周围尚有石雕残件。据文献记载，此地为清凉寺旧址，明末寺院逐渐湮没，清代已废。据称，中华人民共和国成立初村民仍可见到刻有"敕赐清凉禅寺"的断额。"清凉寺"之名为明正统十一年（1446）重建时所得。该寺最早名为卢师寺，相传始建于隋代，在元代发展到鼎盛。元泰定三年（1326）二月，泰定帝命人在寺中增设神御殿，敕金汁书写藏文

佛经，并改寺名为"大天源延圣寺"，成为皇家藏传佛教寺院。大天源延圣寺占地百亩、规模宏大，寺内壁画、所供佛像都是按照帝师旨意制作。寺中先后奉安显宗、明宗御容，每逢忌日，帝师受帝命率领大量僧人在寺中做佛事，以为先帝资冥福。

（3）门头沟区：灵严寺大殿、双林寺、龙王观音禅林大殿、通仙观碑刻、灵岳寺

灵严寺位于清水镇齐家庄村。该寺创建于唐朝武德年间，元朝至正年间进行了大规模修缮，明朝成化二十二年（1486）、嘉靖六年（1527）重修。该寺坐北朝南，原来有山门殿、钟楼、鼓楼、太子殿、伽蓝祖师堂、天王殿，但在抗日战争期间被日军焚毁，现在仅存大雄宝殿，面阔三间，建筑面积118.5平方米，现存的梁架基本为元朝之物，殿内采用减柱法，檐下斗拱大而有力，檐下斗拱带替木，脊檩施用叉手，柱头设有卷刹，体现了元代建筑的手法。灵严寺大殿是北京地区少见的元代木结构建筑（遗存有《重修灵严寺碑》，见附录：西山永定河文化带碑刻目录全编）。

双林寺创建于元朝至正年间，为百花山瑞云寺的下院。明朝、清朝历经重修。该寺现存辽朝统和十年（992）"佛顶尊胜陀罗尼"经幢一座，高4米；元朝、明朝时期建筑各一座，悬山调大脊，砖雕鸱吻，梁架采用叉手，为北京地区罕见的元代风格建筑。

龙王观音禅林大殿位于北京市门头沟区斋堂镇马栏村中部，元代至正年间创建，明成化、嘉靖年间重修，大殿面阔三间悬山顶，正面檐下斗拱五朵，三重昂九踩，梁柱粗硕，是京郊地区保留着元明建筑风格的难得一见的文物。"求雨"是与龙王及寺庙非常相关的仪式活动，在民间故事中流传有马栏村"寡妇取水"的求雨方法。

通仙观碑刻在北京市门头沟区清水乡燕家台村村口。碑有二通，一通为《重修通仙观碑铭并序》，立于元至元二十八年（1291），其二为明嘉靖五年（1526）立。原通仙观在燕家台村东沟谷间台地上，始创于元至元二十八年（1291），由邱长春弟子尹志平和蔡志仙所建，是长春宫（今白云观）的下院。该碑为研究元初道教的宝贵资料。

灵岳寺，位于斋堂镇灵岳寺村，是一座汉传佛教寺院。是北京地区唯一一处保存较完整的元代以前的木结构寺院。始建于唐朝贞观年间（627—649）。五代时期，该寺遭到战乱破坏。辽朝重建，称"白贴山院"。金朝称"灵岳寺"。元朝至元三十年（1293）、清朝康熙二十二年（1683）、清朝雍正十一年（1733），该寺曾分别获得重修。房山云居寺的辽代石经作者通理恒策（即通理），早年在灵岳寺的下院宝峰寺出家为僧，后来到云居寺刻经。元朝初年，由于佛道之争，灵岳寺曾被道教占据许多年，最后由元宪宗在1258年下旨将灵岳寺划归佛教，此后灵岳寺进行了长达35年的大规模修缮，形成了如今的建筑格局。灵岳寺留存的主要建筑为砖砌山门、木结构的天王殿、释迦佛殿及东西配殿。保存了部分元代以前的木结构建筑的格局及特点，比如释迦佛殿中梁架上的托脚（叉手）、释迦佛殿的庑殿顶，都属于典型的元代木结构建筑特点。

在2005年开始的修复中，在寺内还发现了若干唐朝、辽朝的建筑构件。另外，天王殿和释迦佛殿的房梁上至今保存有精美的彩绘。

（4）海淀区：居庸关云台过街塔

居庸关云台过街塔位于南口镇北的居庸关关城内，垒石为台，上有三座覆钵塔挺立，下可通车马，规制弘巨，形制特殊，始建于元至正二年（1342），经三年方成，是元顺帝所建重要佛教建筑之一，主持者为时任帝师、萨迦派高僧喜幢吉祥贤（今人多译为贡噶坚赞贝桑布）。过街塔位于居庸关，处于元大都通往上都的交通要道，是元代宫廷艺术的杰出范例，也是元朝多元一体国家形态的体现。明初过街塔三塔俱毁，正统十三年（1448）在石台上建佛殿五楹，敕赐"泰安寺"，殿于清康熙四十一年（1702）毁于火，现仅存石台一座，被称为"居庸关云台"。云台浮雕主要分布在南北券门两侧、门券左右壁面和券顶部分。所雕为藏传佛教密宗题材为主的曼荼罗，六拏具门楣，汉、藏、梵、西夏、回鹘等五体文字对照陀罗尼经，以及源出于辽金传统的四大天王图像，是北京现存唯一的元代藏传佛教雕塑作品，弥足珍贵。

（二）明清时期的宗教文化遗产

（1）房山区：谷积山灵鹫禅寺、谷积庵东舍利石塔、广智禅寺、环秀禅寺、黑龙潭及龙王庙、周吉祥塔、岫云观、上方山诸寺、三合庄摩崖造像、吕祖庙、弘恩寺

谷积山灵鹫禅寺位于北京市房山区坨里镇北车营北侧的谷积山中，辽代此地即有"谷积山院"，然遗存至今只有辽大康四年（1078）的一通"谷积山院读经之记"碑，入元以后，谷积山院一度败落，荣禄大夫、资正院使高龙普于至正六年（1346）春出资重修寺院，翌年寺成。然而，元明之际寺院又遭毁坏，几于颓废。明廷官员陈某与刘普虚、白觉志、王德正等人遂出资重建。历时三年，于正统四年（1439）初竣工。目前寺院格局基本保存完好，存山门、天王殿、普光明殿、僧宝之殿等建筑。其中，主殿普光明殿门拱券、窗券等位置尚保存正统年间具有浓郁藏传佛教艺术风貌的浮雕图案，显得弥足珍贵。

谷积庵东舍利石塔，根据塔旁残存明万历二年（1574）碑记所载，塔始建于成化十四年（1478）五月十三日，并于次年竣工。此塔为藏式覆钵塔，建于高台上，下为十字折角形仰覆莲须弥座，其上四层金刚圈上安置塔瓶，瓶身四面各开一龛，其内原嵌有四方佛浮雕像，惜现已无存。塔刹伞盖雕饰连珠纹样，承托起葫芦式顶严。整体样貌反映出典型的明代前期北京地区藏式佛塔风格，是谷积山中保存较为完好的一处佛教文化遗存。

广智禅寺是明代建筑，位于青龙湖镇晓幼营村西的吕峪沟，寺庙坐西朝东，占地面积约五亩，前低后高呈梯形分布。广智禅寺原有两座殿，现存建筑为一座大殿及石塔。

现存的这座大殿是砖石结构的无梁殿。

环秀禅寺,位于青龙湖镇晓幼营村西的吕峪沟,正殿为明代建筑,殿内的石刻非常精美,被誉为"石雕艺术殿堂"。正殿为砖石无梁结构,是北京地区现存很少的佛教密宗建筑。石拱形汉白玉门窗券面上浮雕有人物、花卉、狮、象、鱼、羊、麒麟等。

黑龙潭及龙王庙位于佛子庄乡黑龙关村,始建于元代至正十四年(1354),为皇家祈雨圣地。黑龙关龙神庙坐北朝南,正殿面阔三间,东配殿面阔三间。几百年来,龙神庙都是朝廷及方圆百里乡民祈雨场所,香火旺盛。

上方山诸寺创建甚早,然至辽、金两代方达到鼎盛,形成以兜率寺为中心的茅庵寺庙群。兜率寺创建于隋末唐初,位居群山中峰,依山而建,规模为上方寺群之冠,又名上方寺。明万历间太监冯保重修,清代又多次修葺。规模宏大,有正殿、地藏殿、文殊殿、藏经楼等主要殿宇。正殿前有上方山——兜率寺明碑3块,记述该寺兴衰。殿内后檐墙上镶嵌经版15块,镌刻42章佛经。寺西南南塔院,保存辽、金、元、明、清五代许多墓塔,以辽道宗大安五年(1089)建"六聘山天开寺忏悔上人坟塔记"历史最久,距今已有900余年历史。墓志中记载该僧"所度黑白僧众二十余万,住持本山三十年"。以清乾隆二十四年(1759)建"圆寂伏魔堂第一代浩如泉和尚觉灵塔"最为美观。

周吉祥塔,位于北京市房山区韩村河镇孤山口村北,明朝弘治十二年(1499)建成。根据《周吉祥塔碑记》记载:大师云端公,世为顺天之昌平文宁里人。姓周氏,讳吉祥,圣慈仁寿太皇太后之从弟。可知周吉祥是明宪宗生母周太后(明英宗贵妃)的堂弟。明英宗年间,周吉祥在香山永安寺出家为僧,后隐居。周吉祥塔是一座八角七级密檐式砖塔。通高约18米。塔基由汉白玉石砌垒,塔座为砖砌八角形须弥座,砖刻束腰雕有花卉和人物故事图案,须弥座上方的三重仰莲上承八角状塔身。塔身其他面均雕有假门假窗,塔身上承七级密檐,密檐采用正反叠涩法,各檐角悬挂方形铜铃,塔刹砖雕莲花须弥座上承宝珠。塔前约10米的地方原有碑记两座,记有周吉祥大师生平。

岫云观是一座道观,位于房山区琉璃河中学院内,在明朝嘉靖十八年(1539)创建,起初是明朝嘉靖年间的皇帝行宫,也是明朝京南地区唯一一座行宫。明朝衰落后,改为佛寺,名为"恩惠寺"。原有建筑仅存一座正殿为皋殿、一座大殿(原第五进殿)、一座耳房。

三合庄摩崖造像位于张坊镇三合庄西北的深山中,建于明成化十五年(1479)。造像宽5米,高2.1米,造像群以三世佛为主体。造像下面是利用山石打制的供桌。

吕祖庙位于大南峪,坐西朝东。随山势而建,前低后高。中轴线四进院落。修建于明代成化年间,原名慈云寺,是佛教寺庙,寺内供奉观世音菩萨。清末宣统年间,道人郝祥麟重修,改慈云寺为道观吕祖庙。院内尚有3座残碑。

弘恩寺位于窦店镇望楚村西。建于明万历年间（1573—1620），清康熙五十七年（1718）重修，清乾隆七年（1742）毁于大火，后又重建。寺坐北朝南，五层院落，是明清一座规模宏大的重要寺院，然目前寺内仅存遗迹正殿三间。

（2）石景山区：法海寺、西山八大处寺庙群、显应寺、慈善寺、崇兴庵、承恩寺

法海寺位于模式口翠微山南麓，法海寺由御用监太监李童集资，始建于明正统四年（1439），至正统八年（1443）竣工，明英宗赐名法海禅寺。寺有"五绝"，即明代壁画、古铜钟、白皮松、藻井曼荼罗和四柏一孔桥。原寺庙规模宏大，明、清时多次重修。如今法海寺中还保留着礼部尚书胡濙撰"敕赐法海寺碑记"（1443），以及吏部尚书王直撰"法海寺记"。寺内主殿壁画完成于正统八年，由宫廷画士宛福清、王恕和民间画士张平、王义、顾行等十五人所绘。位于殿内东西壁、北壁和佛坛背屏共九铺。堪为明代绘画艺术的最高典范。

西山八大处，是指位于北京市西郊翠微山、卢师山、觉山三座山的八处汉传佛教寺院。有八座始建于隋唐至明清时期的寺院，即长安寺、灵光寺、三山庵、大悲寺、龙泉庵、香界寺、宝珠洞和证果寺。其中，长安寺原名"善应寺"，又名"善应长安禅林"，创建于明朝弘治十七年（1504）。寺中原有五百罗汉塑像，形象生动，乃仿获明宣宗赐名"昊不信"的一位画匠于昌化寺绘制的壁画而作。清朝顺治十六年（1659）由某居士捐资修葺。清朝康熙十年（1671），礼部尚书龚鼎孳主持重修。龚鼎孳撰碑记称，寺院殿宇"规模宏丽，表表杰出"。灵光寺始建于唐朝大历年间（766—779），初名"龙泉寺"。辽道宗咸雍七年（1071），丞相耶律仁先之母郑氏为供奉佛牙舍利而出资在寺内建造了"招仙塔"。明宣宗宣德三年（1428），因翠华公主葬此，故寺庙重修，并在招仙塔前建"翠微寺"，觉山寺则复名为"龙泉寺"，招仙塔自此又称"翠华公主塔"。明宪宗成化末年，灵光寺再获重修。清朝，八大处各寺不断重修。光绪二十六年八月二十四日（1900年9月17日），八国联军发现灵光寺以及模式口三家店一带有义和团活动，乃于当天出北京城进剿。八国联军潜入翠微山下，突然朝灵光寺开炮，轰毁灵光寺及招仙塔，故现存最早遗迹只余招仙塔塔基。三山庵创建于金朝天德三年（1151），三山庵原来供奉桃园三结义的刘备、关羽、张飞，故又称三圣庵。大悲寺建于辽金时代（1033），旧名"隐寂寺"，明朝嘉靖二十九年（1550）在原有的两层大殿后面新建了大悲阁，供奉观世音菩萨。明世宗嘉靖二十九年碑记："今隐寂寺者，在都城之西，其地直圆，通翠微之界，山势至此，冈陇盘回，风气郁积，有树木泉源之胜，四方云水缁流，多集其间，寺后有余地，遂起为大悲阁。"清朝康熙五十一年（1712）该寺重建，更名为"大悲寺"。乾隆六十年（1795）重修。元朝、明朝，该寺为名刹。清朝康熙、乾隆时期香火极盛。康熙帝多次驾临该寺，召见慧灯

和尚，并且赐诗、赐"敕建大悲寺"匾额。大雄宝殿内供奉十八罗汉像，传塑于元朝大德二年（1298），形象生动，传说为元朝雕塑家刘元的作品，塑像用檀香末和香沙塑成，散发香气。香界寺创建于唐朝，起初称"平坡大觉寺"。明朝重修时，改称"大圆通寺"。清朝康熙年间重修，改称"圣感寺"。清朝乾隆年间又重修，改称"香界寺"，大雄宝殿前有两通高大的石碑。东首的石碑，龟座螭首，碑阳刻有清朝康熙十七年《御制圣感寺碑文》，碑阴刻有《御制香界寺碑文》，该碑是乾隆十四年重修圣感寺工毕后树立。西首的石碑，青石刻成，碑座四周雕梅鹿海马纹，碑阳刻有《大悲菩萨自传真像》，碑阴刻有康熙帝御书"敬佛"两个大字。据考证，《大悲菩萨自传真像》可能是明代佛教雕像，风格和法海寺明代壁画类似。宝珠洞建于唐，清乾隆年间重修，宝珠洞内原来供奉着的佛像，民间传说是桂芳海岫老和尚的肉身贴金像。桂芳海岫祖籍河北，自幼出家白衣庵。清朝康熙年间入圣感寺（今香界寺），因佛学和戒行出众，受康熙帝尊重。重修圣感寺后，康熙帝钦命其任开山住持。后桂芳海岫被民间称为"鬼王菩萨"。桂芳海岫圆寂后，葬在广禧寺之西的塔内，当地人俗称"鬼王坟"。证果寺建于唐朝天宝八年（749），坐北朝南，主要建筑分为东路、中路、西路。中路自南向北是山门殿、天王殿、大雄宝殿（三世佛殿）。东路为方丈院。西路为秘魔崖及附属建筑。

显应寺始建于明朝正统年间，原名"顺天保明寺"。明末清初，保明寺毁于火灾。清朝康熙年间，康熙帝在康熙五十年（1711）开始重修该寺，康熙五十八年正月（1719年）落成。传说土木堡之变明英宗被关押期间，女尼吕氏多次出现，为明英宗送水送饭。明英宗被俘后，景泰帝继位为明朝皇帝，瓦剌见明英宗已无利用价值，便将其放回。景泰八年，明英宗发动夺门之变，重登皇位。传说，明英宗感念吕氏的救命之恩，封吕氏为御妹，并于天顺元年（1457）为其建寺，赐额"敕赐保明寺"，民间俗称"皇姑寺"。现建筑有四进院落。

慈善寺位于潭峪路天泰山，是一座集佛教、道教、儒家、民间信仰于一体的"四教合一"的汉传佛教寺院。现存的主要建筑多为明、清建筑原物，占地面积约15万平方米，总建筑面积3000余平方米，共有38座殿宇，100余间房屋。慈善寺的平面布局呈北斗七星状，主要分为正院（西院）、东跨院、后跨院、东山坡、门外殿堂五部分。关于慈善寺的详细情况，参见本书第三章第三节。

崇兴庵位于八宝山街道鲁谷路南远洋小区内，为明代建筑，原名护国寺，山门外有一照壁，山门中有石额，镌"敕赐护国崇兴庵"。清末曾重修，民国时期再次修葺，改用现名。坐东朝西，二进院落，殿堂古建20余间。

承恩寺位于模式口大街东段路北，始建于明朝正德五年（1510），正德八年（1513）落成。建寺者是明朝司礼监大太监温祥。该寺被明朝皇帝敕赐为"承恩禅林"，并题寺额，还"优免一应杂泛的差徭",禁止在该寺附近兴建房屋。清朝乾隆二十二年(1757)、道光二十三年(1843)两度修缮。清朝的礼亲王将该寺作为家庙,清末醇亲王等权贵多次住宿该寺。承恩寺坐北朝南,四周有院墙。格局为四进院落,呈"回"字形布局。承恩寺院内四角各有一座石砌碉楼,每座10米高,三层,长方形,面积大约108平方米,带有石窗。其中东、西两座离该寺院墙五六十米远。每座碉楼下面都设有暗道,相互连通。天王殿东墙有"巨龙图",画面清晰,四条龙盘旋在云天中。另外还有帝王放生图壁画。模式口村《重修承恩寺碑》是遥想明清时期商业繁荣的重要证据。

(3)门头沟区:纪玄和尚塔墓、太清观、万佛堂、戒台寺、潭柘寺、妙峰山娘娘庙、后桑峪村天主教堂

纪玄和尚塔墓坐落在石厂村村西"官山"山坡上,坐西朝东,覆钵式,高约8米。青石塔基高2.5米,双层青石雕花须弥座,高1.2米,每边宽2米,须弥座以下残损,只有零星散落石件。塔身细长,外包青砖;塔脖子为方形,青石质,十三重相轮的天盘上雕璎珞纹;其上的圆形宝珠塔刹上雕牌位,内刻"纪玄和尚"。地宫已暴露,为青砖砌筑,顶部为青条石,地宫长3米,宽1.54米,高1.5米。

太清观位于永定镇何各庄西北约1千米凤凰山下,建在山坳中,占地约60亩,坐西朝东,背靠凤凰山,面向永定河。太清观为明代中前期著名权宦王振、曹吉祥、金英等人捐资助建,明英宗于1446年敕赐观名,1447年道观落成并立碑。从遗址可以看出道观原有山门和三重大殿。第一重为灵官殿,供奉的是道教护法神,可是只剩半截短墙了。第二重为太清殿,是主殿,供奉的是太清道德天尊,即太上老君。在大殿残破的遗址中,还散落着大大小小的石构件,有的是神龛雕刻精美的底座。殿角的柱础直径约有400厘米,可以想见当年的巍峨。散落在荒草中的瓦片告诉我们殿顶铺的是青瓦。在大殿内墙边甚至还有一个使用过的羊圈。第三重殿为福祉殿,供奉玄天上帝和皇帝万万岁的龙牌。现在也只有柱础和残墙了。原来每重殿前都有两块龟趺碑。现在仅在主殿遗址前有一块碑。碑青石质地,高近3米,宽约1米,厚约0.2米。

万佛堂村因村内有万佛寺得名,位于万桑古道之上,据《宛署杂记》所记,该寺始建于辽金,明宣德七年(1432)由僧人辩重建,正统三年(1438)得敕赐"万佛寺",万历十八年(1590)又得钦赐藏经。该寺历史上与一山之隔的潭柘寺关系匪浅,据成化九年(1473)《敕赐万佛禅寺开山讷庵辩公营建记》碑所言,明代重建寺者"讷庵辩公"为潭柘寺住持道源和尚弟子,得师名重建此寺。民国初年周肇祥的《琉璃厂杂记》中记此寺已经废弃。实地勘察可知,该寺已经全部废弃,整体背西北朝东南,残留有完整的虎皮石墙。寺前古桥尚存。民国周肇祥《琉璃厂杂记》中所记《敕赐万佛禅寺开山讷庵辩公营建记》碑已然碎裂,仅可见打碎后的部分碑首。寺中居中位置躺卧巨碑《重修万佛寺永远长住之碑》,上楷书"十方海会丛林",落款为"万历岁次

壬午孟夏吉旦立",据《门头沟文史》记载,其碑阴尚有"大功德主衙门太监"等字样。80年代考察者言,该寺尚存前殿三间,面阔12.5米,进深两间8.5米,殿前有碑仆地,莲瓣式柱础。目前该殿木结构完全消失,莲瓣状柱础随处可见。

戒台寺位于北京门头沟的马鞍山麓,与潭柘寺相距约5千米山路。因在中国佛教历史上拥有规模宏大的戒台而著称于世。始建于唐代(622),旧称慧聚寺。辽代高僧法钧来寺开坛讲授戒律,在这里营造戒台。明代正统年间,戒台寺经过修葺,曾改名万寿寺。清康熙、乾隆年间曾进行扩建。清光绪十年(1884)恭亲王奕䜣被慈禧太后免职,到戒台寺隐居10年。戒台寺的正殿是大雄宝殿,前有天王殿,后为千佛阁。在寺的西北院内有戒台殿。殿内汉白玉砌成的戒台是明代所建,成正方形,边长三丈,高一丈多,分三级,四周雕有莲瓣、浮云。

潭柘寺西晋始建时称嘉福寺,民间曾有"先有潭柘寺,后有北京城"之说。在唐代叫龙泉寺,金代重修之后称大万寿寺,元、明、清三代都有修建。清康熙重建,赐名岫云禅寺。潭柘寺分为三路,中路佛殿有山门、天王殿、大雄宝殿、毗卢阁。东路是清代皇帝游山到此休息的行宫。西路是一些散落的径院,佛殿建筑物有方有圆,最高处为观音殿,殿角系铜铃。潭柘寺是京西古道上的重要寺庙,其结构布局也体现了山地型寺观园林的特点。潭柘寺的非遗资料也十分重要,不仅"潭柘寺传说"为北京市级口头传统类非遗项目,相关庙会研究也相当充足。

妙峰山,位于妙峰山镇涧沟村,是一座汇集了佛教、道教、民间信仰的名山。妙峰山上的娘娘庙(即惠济祠)等庙宇群始建于辽金时代,三处庙宇群(灵感宫、回香阁、玉皇顶)依山取势,参差错落,高低有致;山上建有释、道、儒、俗不同信仰的殿宇14座,以创建于明末的"娘娘庙"著名。娘娘庙(即惠济祠),位于妙峰山主峰的台地一隅。依金顶地形,偏向东南,面对北京城。以山门殿充当庙门,有殿院、拜台、正殿和东西配殿。殿后原来的白衣大士殿被改成后墙和门字形长廊,与东西两侧配殿构成娘娘庙殿堂。主要建筑包括山门殿、正殿、地藏殿、药王殿、观音殿、月老殿、财神殿和王三奶奶殿。此外,还有庙外建筑回香阁。庙外过去还有喜神殿、东岳庙、关帝庙、法雨寺等建筑。

后桑峪村天主教堂,元代时已有外国传教士于此行医、传教,当时传教所仅为1间民房。元统二年(1334)建教堂2间,堂内有石狮狗1对(存于文物局),雌雄各一,其中雌狮狗身上刻有"镇宅吉利、怀林得意"的字样。元世祖曾亲观弥撒。明嘉靖十年(1531)修建大教堂,长16.6米,宽10米。大门上方匾额题有"万有真源"4字。清光绪二十一年(1895)教堂又向东侧扩建为九开间,面阔30米,进深10米。可容纳400余人。大门内的屏风上有匾1块,上书"博爱为怀"4字。教堂外用青砖包砌,内衬以石墙,高7米余,南墙辟有哥特式建筑风格的尖拱落地大窗,堂顶有白色尖塔。

教堂内东部为祭台，西部为音乐楼，顶部为穹隆顶。

（4）丰台区：福生寺、药王庙、娘娘庙、万佛延寿寺、清真寺

福生寺，位于长辛店镇张郭庄村，是一座汉传佛教寺院。福生寺建于明朝，如今的主要建筑仍然保持了明朝特点。福生寺坐北朝南，建筑面积880多平方米。现存山门、二进院后殿、东西配殿，三进院后殿，是丰台区保存较为完整的明朝古建筑。

药王庙是位于花乡看丹村的道教宫观。为明代创建，于清朝乾隆三十年（1765）由当地"老会"集资重修。据传此处为药王孙思邈寻铅炼丹所在，故村名看丹村，并修建药王庙供奉药王孙思邈及三皇等。药王庙坐东朝西。主要建筑有药王殿、三皇殿、娘娘殿、财神殿等，山门内外有许多古树。看丹庙会是卢沟桥古道上的一个大型庙会，现已停办。

天仙圣母碧霞元君行宫，即娘娘庙，位于长辛店大灰厂。始建年代不详，但可知于明代天启年间重修，至今仍保持明代建筑风格。明朝和清朝时，每逢庙会，该庙方圆十里内的民众均视为节日。

万佛延寿寺位于丰台体育中心西侧，是一座汉传佛教寺院。创建于明朝万历元年（1573），庙内大悲阁内供奉着一尊通高8米的铜观音像，加上足下的石雕莲台可达10米高，大悲阁的高度远超10米，非常高大，所以万佛延寿寺俗称"高庙"。目前寺庙已经毁坏无存，只剩下这座铜观音像，露天立在万佛延寿寺旧址南侧的丰台体育中心。

清真寺，位于长辛店，光绪二十六年（1900）重修。该寺坐西朝东，原大门向西，后辟门在胡同内。现存礼拜堂三间，勾连搭带六角班克亭，南北配殿各三间，后殿五间，小式合瓦顶，前出廊。亭底为须弥座。是回民伊斯兰教做礼拜使用的教堂，建筑基本完好。

（5）海淀区：真觉寺、慈寿寺塔、摩诃庵、大觉寺、碧云寺及其金刚宝座塔和罗汉堂、白塔庵塔、龙泉寺、上庄东岳庙、旭华之阁和方庙、圆庙、西黄寺清净化城塔、颐和园须弥灵境、宗镜大昭之庙

真觉寺位于白石桥东侧的高梁河北岸。明永乐年间，尼泊尔高僧室利沙来到北京，向明成祖进献了五尊金佛像和菩提伽耶大塔的图样，明成祖赐建真觉寺，并下诏为金佛建塔，成化九年（1473）十一月建成。现在基部石台座四周还保存着元中统三年（1262）八思巴致忽必烈皇帝的藏文《吉祥海祝辞》的雕刻，所以又有人说其是元代大护国仁王寺的一部分，实误。金刚宝座塔内部砖砌，外部包有汉白玉，周身布满精美的雕刻。由于石里的铁被氧化而呈现出淡淡的橙黄色。金刚宝座塔分宝座和五塔及罩亭两部分，底下是金刚宝座，宝座呈金字塔形，高7.7米，平面呈长方形，南北长18.6米，东西宽15.73米，在宝座南北各开一拱券门，南门上有"敕建金刚宝座塔"的匾额。塔座内有回廊，并在东西各有一石梯通向宝座顶。宝座顶上有五座方塔和在中塔的正南的

琉璃罩亭。五座方塔形式一样，都是密檐式方塔，正中的一座高十三层，四角每座高十一层。方塔底下有须弥座，上面是十一层或十三层密檐，顶上的塔刹是一小型覆钵式塔，中间大塔的塔刹的材质为铜制，其他四座的为石质。在须弥座上雕刻有各种精美的图案。

慈寿寺塔，原名永安万寿塔，俗称八里庄塔，又名玲珑塔，位于八里庄，始建于明朝万历年间，是一座八角十三层的密檐式实心砖塔。塔身高约 50 米，其形制与天宁寺塔相仿，不同的地方在于慈寿寺塔的塔顶的密檐部分没有卷刹。慈寿寺塔的塔座为双层须弥座，最下方为墩台，下层基座有飞天、佛像、金刚力士、八宝、仰莲等装饰，上层刻有笙、箫、鼓、铜锣等乐器。另有砖雕斗拱及勾栏平座，平座之上为三层仰莲，仰莲承托塔身。塔身第一层较高大，转角处立有浮雕盘龙圆柱。东、南、西、北四面有砖雕的假券门，门楣上有浮雕云龙，各门的门额上均有刻石，其中南面的门额上写有"永安万寿塔"字样。每一扇券门的两侧均原有金刚力士像，现已残破。第一层的东北、东南、西南、西北四面则为假券窗，窗两侧立有木胎菩萨像。

摩诃庵，位于北京市海淀区四季青乡八里庄小学院内，是西郊大型寺院之一。寺庙建于明嘉靖二十五年（1546），此处原为太监赵政的墓地，赵政集资建此庵，现存有正殿、东西配殿、廊庑及方丈院等建筑，庵墙四隅各设角楼一座，正殿内有明代壁画和重临集篆三十二体金刚经刻石尤为珍贵。摩诃庵坐北朝南，分为中、东、西三路，以保存的明代石刻《金刚经》经板闻名。摩诃庵坐北朝南，分为中、东、西三路。中路殿堂区保存完整东路法堂区仅存后部第四进院正殿。西路僧房区仅存第四进院，正房寺院有明代太监赵正墓一座,已经填ної。庵院围墙四隅转角处原各建碉楼状角楼一座，通体虎皮石砌筑，现存三座，西南角处角楼缺损。

大觉寺位于北京西北旸台山东麓，是中国北方一座久负盛名的千年古刹。最早称清水院，在辽统和年间就已经形成了一定的规模。明宣德三年（1428）时，明宣宗出内府帑银重修寺院建筑，并重塑各殿的佛像，改名为大觉寺，将其赐予明初著名的"西域僧"领袖智光和尚，以做晚年的养老之地。这次的重修基本上奠定了大觉寺现在的格局。此后，正统十一年（1446），明英宗敕命工部对大觉寺进行了第二次大规模的修缮和扩建。在这次的工程中，"命易其故廓其隘，凡诸像设与夫供佛之具，居僧之舍，亦皆新而大之"。到成化十四年（1478），大觉寺又一次因为明宪宗之母周太后出于"追思曾祖妣之仁，又世居其山之麓"的缘故而得到赞助进行重修，这次修缮工程主要集中在"殿宇、廊庑、楼阁、僧舍和山门"等木构建筑方面。清时，雍正皇帝曾施资重修寺院，并在无量寿佛殿后新建白塔一座，传说为迦陵性音和尚灵塔，实误。

碧云寺位于香山以北，依山临壑。据称系耶律楚材的后裔耶律阿勒弥舍宅而成，明朝正德九年（1514），御马监于经看中此地的风水，出资扩建，并在后山上挖建墓穴；

147

墓未挖好，他便在嘉靖初年因贪污事发而锒铛入狱，死于狱中。到明朝天启三年（1623），大宦官魏忠贤又出资扩建碧云寺，并将于经未能使用的墓穴规模扩大，结果没有用成便因罪大恶极而在崇祯初年自缢后被戮尸。1644年，魏忠贤的党羽葛九思随清军进入北京，将魏忠贤的衣冠葬在墓中，成为魏忠贤衣冠冢。清朝乾隆十三年（1748），乾隆帝在明朝的规模上又进行大规模的修葺和扩建，新建成金刚宝座塔、水泉院、罗汉堂等建筑，形成了如今的规模。清末，寺院年久失修而局部遭毁。1925年，因作为孙中山先生灵柩的停放之所，曾获有限修缮；普明妙觉殿则在1954年被改建成中山纪念堂。寺院建筑顺着山势逐步升高，整体呈东南—西北走向，巍峨参差，气势恢宏。金刚宝座建成于乾隆十三年（1748），位于寺院中轴线的最后一进院落。外国人在19世纪晚期搜集的中国故事中就有碧云寺相关的传说。

白塔庵塔位于西三环北路54号院中国画研究院内，是一座藏式覆钵塔。这座佛塔历来记述甚少，查遍明清史籍和碑刻材料，除了少量较为模糊的记载以外，很难找到更多有关这座佛塔的信息，《明实录》记载成化十七年十月戊辰（1481年11月18日）诏命选官军1500人为大隆善护国寺西天佛子班卓藏卜建塔，此塔极有可能就是此西天佛子墓塔。

龙泉寺，始建于辽代应历初（951），距今已有1000多年的历史，因寺南有龙泉池而得名。龙泉寺坐西向东，此方位布局是辽金寺庙的典型特征。龙泉寺过去坐西朝东，至清乾隆后期，昌平州府在原寺东侧，以金龙桥为中轴线，将寺院改建为坐北朝南的三进院，建有哼哈殿、天王殿、魏老爷殿及茶棚。旧的坐西朝东的寺院建筑基址残留至今。

上庄东岳庙，位于上庄镇永泰庄村，清朝是纳兰性德家族的家庙。始建于明朝，占地面积30余亩，约合2万平方米，坐北朝南，分为东、西二路，以西路为主。西路依次为山门、钟鼓楼（今钟楼无存）、前殿、正殿、后殿。山门造型别致，前殿拱券有精美的浮雕道教图案。东路是三进跨院，四合院格局。建筑中仍留存有精致的浮雕图案以及彩绘。庙前有戏台。

旭华之阁为宝相寺的主要建筑。清乾隆二十七年（1762）仿五台山殊像寺规制建。旭华之阁为无梁殿结构。其檐下嵌有石刻横额，上书旭华之阁，为乾隆皇帝的亲笔题字。殿内立有石碑2块，左面镌刻文殊菩萨的画像及乾隆三十二年的乾隆皇帝御笔题诗；右面是乾隆二十七年立的御制宝相寺碑。殿内正中供奉文殊菩萨塑像。

方圆庙建于乾隆二十七年（1762），分为方庙、圆庙。位于宝相寺后。《钦定日下旧闻考·卷一百三·郊坰西十三》载："香林室稍西有圆庙、方庙，其制皆平顶有堞如碉房之式，中建佛楼，亦乾隆二十七年建。"香林室是宝相寺的建筑，故可知方圆庙位于宝相寺以西。清朝时，以宝谛寺为中心，形成了一组满族藏传佛教寺庙群。

这组寺庙包括宝谛寺、宝相寺、长龄寺、方圆庙、梵香寺、实胜寺。这组寺庙群距离团城演武厅很近,后毁于八国联军之手。方圆庙今无建筑留存,只余遗迹。

清净化城塔院位于德胜门外3千米处黄寺大街路北,这一地区在清代曾是鼎盛一时的京畿名刹黄寺和资福院所在地,而清净化城塔院就建在西黄寺中轴线西侧。塔院内所建的清净化城塔始建于乾隆四十五年(1780),是为纪念圆寂于此的六世班禅罗桑贝丹益西而建的衣冠冢塔。塔修建在3米多高的汉白玉石台基上,周围有素面栏杆,台基中心为高约15米的中央大塔,形制上属于"八大灵冢"中的"神变塔",四隅各有一座小石幢,均刻有祈福息灾之陀罗尼。佛塔和四隅小幢在整体上营造出了一种高山仰止般的视觉效果。

颐和园须弥灵境建筑群于清乾隆十九年(1754)修建。建筑样式仿照西藏桑耶寺布局,香岩宗印之阁作为建筑布局的核心象征须弥山,四大部洲即北俱卢洲、南瞻部洲、东胜身洲、西牛贺洲环绕四周。在阁的东南、西南、东北、西北各有形制各异的白、黑、绿、红四色佛塔。遗憾的是,这一建筑群已在咸丰十年(1860)被英法联军焚毁,光绪十四年(1888)在香岩宗印之阁原基址处新建单层歇山顶式佛殿一座,除此以外仅恢复了四大部洲中的南瞻部洲。直至中华人民共和国成立之后的1980年,其余各洲和相关附属建筑才得以复建,使这一建筑群的原始格局得以基本复原。

宗镜大昭之庙,位于香山静宜园别垣中部的山麓,其地原来是皇家鹿苑。是乾隆四十五年(1780)之前仿西藏拉萨大昭寺规制创建的藏汉结合风格的大型喇嘛庙,占地面积9100平方米,原建筑面积约15330平方米。周围古松茂密,寺院坐西朝东,靠山面水,建筑沿中轴线对称分布,依次为琉璃牌楼、白台(主体建筑为清净法智殿)、红台(主体为都罡殿和四智殿)、琉璃万寿塔。

## 四、西山永定河文化带宗教文化遗产保护存在的问题

时至今日,随着国家综合国力的提升,相较于改革开放初期,对于文化遗产保护,中央也愈发关注和重视。2016年4月习近平总书记对文物工作作出重要指示:"文物承载灿烂文明,传承历史文化,维系民族精神,是老祖宗留给我们的宝贵遗产,是加强社会主义精神文明建设的深厚滋养。保护文物功在当代、利在千秋。"这些来自中央层面对文物的关切为近年来文物工作的长足进步奠定了基调。

西山永定河区域作为北京宗教文化遗产的富集区,无论是可移动文物还是不可移动文物的数量和质量,在北京市域范围内都堪称首屈一指。但其保护现状仍然存在一些问题。长期以来,文物保护和基本建设的冲突和矛盾一直难以得到有效合理的管控

和解决。虽然从近年北京的长期总体规划方案[1]来看，北京未来的发展方向主要是向东、南方向的平原地区逐渐展开，西部山区主要还是以生态涵养作为主要职能。但在实际执行中，因西山永定河一带是北京这一北方城市难有的山水景色集中区域。同时，门头沟、石景山、房山三区原有的矿业和重工业也逐步作为非首都职能被疏解至京外，三区的经济发展陷入困境。

根据2022年度本项目组进行的几次遗址点调研考察可以看到，围绕门头沟西部山区峡谷形成了大量的度假地产项目，有很多已经距离遗产点仅有百米之遥，且因众多物质遗产遗迹点文保级别过低，导致控制建设地带划界并不清晰明确，此外由于管理人员的缺乏，文物破坏情况也并不鲜见。例如门头沟区永定镇的由明代著名权宦王振出资捐修的太清观，其保存状况在京西未经修缮的明代寺庙中其实尚属可观，现在地面能看到痕迹的殿宇残基还有三处，最重要的太清观碑也依旧挺立。但笔者实地探访时发现其南侧新建的地产项目已经近抵太清观所依托的山坡脚下，很可能已经叠压了部分太清观的遗址区域。此外在野外长期无人照管的文物亦会遭受不可挽回的人为破坏。例如敕赐太清观碑背阴赞助人题名在五年内便有明显人为敲剥的痕迹。参与了明代著名的夺门之变的权宦曹吉祥的名讳就被人为敲掉（详见图1.6.3、图1.6.4）。

图1.6.3 笔者2022年10月底拍摄的敕赐太清观碑背阴赞助人题名

图1.6.4 笔者友人罗飞于2017年6月同角度拍摄的敕赐太清观碑背阴赞助人题名

事实上，对于经济开发基础设施建设与文物保护的矛盾也并非完全无法兼得，例如笔者上面列举的太清观的例子，其实完全可以由房地产开发商在文物行政部门的许可和监督下，出资委托北京市文物考古部门将太清观遗迹清理出来，出土的可移动文物研究后移交属地博物馆，其余建筑遗迹石刻碑铭辟为一处公共文化公园。公园作为楼盘附近的一处雅趣之所，其耗资不多，又可以提升本地产项目的文化气息，对房产

---

1 《北京城市总体规划（2016—2035年）》，见首都之窗网。

文化价值的提升也有帮助，同时也解决了文物保护面临的资金缺口。这与近年来物质遗产活化利用的行业趋势也是相符的。其实，这些文物活化利用的探索都为门头沟、房山等区利用自身山水优势进行差异化经济开发提供了可以借鉴的现成样例。

# 第二章 非物质文化遗产编

## 第一节 西山永定河文化带非物质文化遗产调查概述

### 一、非物质文化遗产的调查工作概述

"西山永定河文化带历史文化遗产调查"项目，将遗产作为切入点对域内历史文化资源进行普查，争取形成整体性的保护与利用认知，其中，非物质文化遗产（以下简称"非遗"）是历史文化活态传承的部分。必须首先说明的是，在本报告中非物质文化遗产有两层含义：

第一，指已明确列入各级非物质文化遗产代表作名录的项目。截至2022年1月，北京市全境内共有909项区级以上非物质文化遗产项目，其中我们本年度主要调查的门头沟区、石景山区、丰台区、房山区和大兴区五个区范围内共有309项。这些已经被列入各级名录的非遗项目，广受关注、研究最多，表明西山永定河文化带的非遗工作已有良好基础和相当的深度力度。

第二，指从未被列入任何一级"非遗"名录，但的确是当地"社区、群体和个人"所确认和珍视的社会与文化习俗。联合国教科文组织2003年《保护非物质文化遗产公约》（以下简称《公约》）中规定，所谓"非物质文化遗产"，指"被各社区、群体，有时是个人，视为其文化遗产组成部分的各种社会实践、观念表述、表现形式、知识、技能以及相关的工具、实物、手工艺品和文化场所。这种非物质文化遗产世代相传，在各社区和群体适应周围环境以及与自然和历史的互动中，被不断地再创造，为这些社区和群体提供认同感和持续感，从而增强对文化多样性和人类创造力的尊重"。根据这一定义，什么类型的文化遗产能被视为"非遗"。"非遗"不是由政府或专家来

## 第二章　非物质文化遗产编

决定,而是由文化的实践者和传承人来决定。本项目在这一意义上使用"非遗"这一概念。只要是文化的持有者自己确认并珍视的文化传统,我们就将其纳入"非遗"文化的范围。目前本项目组共搜集到这些由文化持有者自我认定的非遗项目 13616 项。

自 2022 年 4 月本项目启动以来至今,我们的搜集整理工作主要分三步进行:

第一,以区县为单位,分区搜集非物质文化遗产的文献记载与现有资料。由于数据量极为庞大,项目组时间精力所限,目前已经搜集资料的区县包括门头沟区、石景山区、丰台区、房山区和大兴区。以下如无特别说明,本报告内凡是提及"西山永定河文化带"的地方,均指这五区而言。延庆区、海淀区与昌平区也被视为西山永定河文化带的组成部分,本项目组今后还将针对这些区县开展进一步工作。

本项目组力图比较完整地搜集现有文献资料,目前已经搜集并分析的资料主要包括《北京非物质文化遗产普查项目汇编》丛书 16 卷本、自 20 世纪 80 年代以后相关硕博论文共 310 种、包括《门头沟村落文化志》在内的各级村镇乡区县志 217 部、地方文史资料 197 册、《门头沟文化丛书》等著作 224 部、各区县或专题故事集 32 种。在这些资料中,以《门头沟村落文化志》为代表的各类村镇志不仅详尽地搜集记录了当地非遗文化,也充分反映出当地人对自己文化的爱护和珍视,是我们重点使用的资料。然而可惜的是,已出版村志的村落不足京西村落总数的三分之一,诚为憾事。

| 书目 | 进度 | 作者 | 出版时间/出版社 | 所属区 | 所属镇/街道 | 村名 |
|---|---|---|---|---|---|---|
| 隆恩寺村的历史变迁 | 完成整理 | 隆恩寺村史编委会 | 2010/隆恩寺村史编委会 | 石景山区 | 五里坨街道 | 隆恩寺社区 |
| 刘娘府乡情 | 完成整理 | | | | | |
| 故乡的足音--五里坨史话 | 完成整理 | 李永俊 | 2015/北京兴盛恒泰投资管理有限公司 | 石景山区 | 五里坨街道 | 五里坨社区 |
| 京西北辛安志 | 完成整理 | 京西北辛安志编委会 | 2018/北京日报出版社 | 石景山区 | 古城街道 | 北辛安大街社区 |
| 大瓦窑村志 | 完成整理 | 大瓦窑村志编纂委员会 | 2009/大瓦窑村志编纂委员会 | 丰台区 | 卢沟桥街道 | 大瓦窑村 |
| 六里桥村志 | 完成整理 | 六里桥村志编纂委员会 编 | 2009/六里桥村志编纂委员会 | 丰台区 | 六里桥街道 | 六里桥村 |
| 花乡葆台村志 | 完成整理 | 《花乡葆台村志》编纂委员会 | 2011/《花乡葆台村志》编纂委员会 | 丰台区 | 花乡街道 | 葆台村 |
| 菁丹村志 | 完成整理 | 中共北京丰台区花乡委员会 | 2011/中共北京丰台区花乡委员会 | 丰台区 | 花乡街道 | 菁丹村 |
| 花乡六圈村志 | 完成整理 | 花乡六圈村志编纂委员会 | 2011/花乡六圈村志编纂委员会 | 丰台区 | 花乡街道 | 六圈村 |
| 高立庄村志 | 完成整理 | 张国岩 主编. | 2011/北京市丰台区花乡高立庄村民委员会 | 丰台区 | 花乡街道 | 高立庄村 |
| 郭公庄村志 | 完成整理 | 王殿福 | 2011/郭公庄村民委员会 | 丰台区 | 花乡街道 | 郭公庄村 |
| 新发地村志 | 完成整理 | 程茹云 主编 | 2010/中共北京市丰台区花乡新发地村委员会 | 丰台区 | 花乡街道 | 新发地村 |
| 北天堂史话 | 完成整理 | 北天堂村委会 | 1996/北天堂村委会 | 丰台区 | 宛平街道 | 北天堂村 |
| 赵辛店村志 | 完成整理 | 《长辛店镇赵辛店村志》编纂委员会编 | 2012/《长辛店镇赵辛店村志》编纂委员会 | 丰台区 | 长辛店镇 | 赵辛店村 |
| 太子峪村志 | 完成整理 | 长辛店太子峪村志编委会 | 2011/长辛店太子峪村志编委会 | 丰台区 | 长辛店镇 | 太子峪村 |

图 2.1.1　本项目组搜集到的部分村落志数据表截图

第二，以现有记录为线索，采取民族志田野调查、实地走访知情人、座谈会等形式，逐一核实并登记非遗文化的历史与现存状况。受疫情所限，我们目前只实地调查了 60 个村落，同时针对卢沟桥传说、京西酿酒技艺和山梆子戏进行了专项调查。这些调查的成果将部分体现在本章随后的各分项报告中。值得一提的是，在我们调查过程中，各区非遗部门与文化工作者给予我们巨大的支持和帮助，不仅帮我们搜集资料、提供联系人信息，也常常带领我们一起下乡踏访。以房山大石窝石作技艺传承人宋永田老师为代表的一批非遗传承人，不辞辛苦、不计名利为我们提供各种所需，令我们感动和感激之余，更有了将这项工作坚持下去的勇气。

第三，将所获得的信息汇集为"资料集"，并以 Notion 数据库表格的形式进行登记造册。根据以上工作原则，在近一年的时间内本项目共获得非遗项目数据 13616 条，对这些数据进行分类是首要工作，事实上也是非遗研究、保护与传承利用工作中的关键问题。

关于非遗项目的分类，目前有《公约》的五分法、《中华人民共和国非物质文化遗产法》中的六分法、中国《国家级非物质文化遗产名录》中的十分法等不同体系。长期以来，北京市的非遗工作主要采取最后一种分类法，将非遗项目分为：① 民间文学（包括神话、传说、故事、谚语等口头文学以及作为其载体的北京方言），② 传统音乐，③ 传统舞蹈，④ 传统戏剧，⑤ 曲艺，⑥ 传统体育、游艺与杂技，⑦ 传统美术，⑧ 传统技艺，⑨ 传统医药，⑩ 民俗（包括节日、仪式、民间信俗、物质生产与生活习俗，以及有关自然界和宇宙的知识与实践等所有不能归入前九项的内容）。这种十分法，在很大程度上延续了中国政府自 70 年代开展的"民族民间文艺十套集成"的分类框架，便于各级地方政府开展工作，但不一定适于历史文化遗产的整体描述。考虑到地方文化的整体性特征，突破过去主要从文类（Genre）出发文化分类的方法，本项目对非物质文化遗产的描述以《公约》的五分法为依据，分为以下五类：

（1）口头传统及其表现形式（基本对应上述十分法的"民间文学"）。本项目组以文本为单位进行统计，不同异文作为不同文本处理，目前搜集到的这类数据约 10651 条。

（2）表演艺术（指主要用于舞台表演的音乐、舞蹈、戏剧、曲艺）。本项目组以表演团体为单位进行统计，每个表演团体所持有的剧目、舞台、场次等附在其内。目前搜集到的这类数据共 545 条。

（3）社会实践、仪式与节庆活动（包括十分法中"民俗"与"传统体育、游艺与杂技"中的大部分类别）。本项目组以"聚落+文类"为单位进行统计，例如，某村年年都举行的庙会只计为一条数据，不再区分每年庙会的不同。目前搜集到的这类数据共 1796 条。

（4）有关自然界和宇宙的知识与实践（民间信仰、传统医药等）。本项目组同样以“聚落+文类”为单位进行统计，例如磁家务的禁忌、贾家屯的风水，各自单独成为一条数据。目前搜集到的这类数据共 345 条。

（5）传统手工艺（传统美术、传统技艺等）。统计方法同上，例如北臧村剪纸作为一条数据。目前搜集到的这类数据共 555 条。

| Aa 条目名称 | 类别 | 所属区划 | 出处 | 地点 |
|---|---|---|---|---|
| 金鸡台村过街楼 | 传统手工艺 | 房山 | 金鸡台村志 | 史家营乡金鸡台村 |
| 龙门金马 | 口头传统及其表现形式 | 门头沟 | | |
| 苇子水村的农业习俗 | 社会实践、仪式与节庆 | 门头沟 | 《京西古村 苇子水村》 | 苇子水村 |
| 苇子水村的轿子房　OPEN | 社会实践、仪式与节庆<br>表演艺术 | 门头沟 | 《京西古村 苇子水村》 | 苇子水村 |
| 苇子水村的丧葬习俗 | 口头传统及其表现形式<br>有关自然界和宇宙的知识... | 门头沟 | 《京西古村 苇子水村》 | 苇子水村 |
| 龙脉的故事 | 口头传统及其表现形式 | 房山 | 佛子庄村志 | 房山区佛子庄乡佛子庄村 |
| 龙神庙史话 | 口头传统及其表现形式 | 房山 | 《天梦之乡佛子庄》 | 房山区佛子庄乡黑龙关村 |
| 龙王村山梆子戏 | 表演艺术 | 门头沟 | 北京门头沟村落文化志（一） | 门头沟区清水镇龙王村 |
| 龙王庙祈雨习俗 | 有关自然界和宇宙的知识... | 房山 | | 蒲洼乡人民政府 |
| 龙王庙的由来 | 口头传统及其表现形式 | 房山 | 丁家洼村志 | 房山区丁家洼村 |
| 龙王大会 | 社会实践、仪式与节庆<br>有关自然界和宇宙的知识... | 门头沟 | | 斋堂川 |
| 龙潭祈雨雨二月庙 | 口头传统及其表现形式 | 房山 | 《天梦之乡佛子庄》 | 房山区佛子庄乡黑龙关村 |
| 龙泉雾村辽瓷窑 | 传统手工艺 | 门头沟 | 《北京辽瓷之乡——龙泉雾村》 | 北京市门头沟区龙泉镇龙泉雾村 |
| 龙泉雾村谚语 | 口头传统及其表现形式 | 门头沟 | 《北京辽瓷之乡——龙泉雾村》 | 北京市门头沟区龙泉镇龙泉雾村 |
| 老虎坟的故事 | 口头传统及其表现形式 | 门头沟 | 《京西古村 苇子水村》 | 苇子水村 |
| 金鸡台村影壁与壁画 | 传统手工艺 | 房山 | 金鸡台村志 | 史家营乡金鸡台村 |

图 2.1.2　非遗普查数据表示例（每条数据皆可通过 open 键整理展示详细信息）

上述几类数据的总数显然超过了 13616 条，这是由于不同类别之间的重合所致。例如房屋上梁，既是传统手工艺，其中又有大量信仰禁忌的成分。这种情况下，我们会在不同类别中同时统计到这条数据。另外，非遗作为一种活态遗产，永远处于生长和变化之中，这会造成我们不仅永远无法穷尽这类文化，而且事实上在统计口径上也多少有不一致的地方。但无论如何，上述数据应该已经能基本反映出目前西山永定河文化带已被搜集和零散出版的资源概况。正是通过这项梳理资源的基础工作，我们发现目前非遗保护、传承与利用的工作中还存在一些问题，本文随后将详细说明。

## 二、非遗工作中所存在的问题

我们在普查工作过程中，发现目前西山永定河文化带内的非遗挖掘、保护、传承与利用工作不可避免地存在一些问题。这些问题既有实际操作上的客观限制，例如经费不足、人手不够、重视程度不高、投入力度不大等等，但更重要的是源自思想认识上的矛盾。总结起来，这些造成问题的认识矛盾主要来自四个方面：

第一，专家还是文化持有者——遗产认定主体上的矛盾

现行非遗工作的模式，大致采取：社区上报、专家评审、政府认定的流程。在这一过程中，专家居于关键位置，他们的意见具有举足轻重的地位，往往直接决定某一项目是否能进入某一级别的名录。然而，正如各国非遗研究者的多项研究所表明的，也是《保护非物质文化遗产的伦理原则（2016）》所强调的，非遗认定的首要原则应该是："社区、群体和或有关个人应在保护其自身非物质文化遗产中发挥首要作用。"必须尊重社区、群体和个人，也就是非遗文化持有者与实践者自身的权利，"各社区、群体或个人应评定其自身非物质文化遗产的价值，该非物质文化遗产不应受制于外部对其价值的判断"（《保护非物质文化遗产的伦理原则（2016）》第6条）。从这一伦理原则出发，所有被文化持有者所认同、保存、实践与存续的文化活动，都应该被认定为非物质文化遗产项目。专家应该评估的，不是这一项目本身的价值，因为这种价值的高低只能由文化持有者本身来认定，而只是可能影响到非遗存续或发展的外界环境、相关行动以及可能后果。这意味着，所有曾被当地人挑选出来、有意命名并加以言说的传统文化，都应属于非遗范围，都应该被列入本地区"非物质文化遗产清单"并加以关注和保护。然而很显然，我们今天却缺少这样一份完整的清单名录。

建立完整的非遗清单并非不可能完成的任务，通过各基层上报、普查、建档，我们完全有可能全面清点和整理祖先留给我们的优秀传统文化遗产，并将它相对完整地留给我们的后人。这不仅对非遗研究有莫大好处，也是整个社会自我延续的文化基因，更是北京文化在面临"百年未有之大变局"时的底气与自信。然而，目前由专家所挑选出来的"非遗名录"，其本质只是"非遗代表作名录"，即由专家所认定的具有代表性的非遗项目。它在数量上远远不足、价值上过分单一、文化存续力与生命力上缺乏后劲，并不足以完全承担起保护中华民族的优秀文化遗产，并使之在未来发挥强大作用的使命。

当然，我们也必须承认，由于投入有限等各方面原因，建立"代表作"制度也相当有必要，它允许我们重点关注那些对未来发展更重要，或事关全局、或属于关键知识的非物质文化遗产。然而，如何挑选出那些真正重要并值得保护的"代表作"，同样是个难题。正是在这方面，我们看到遗产价值评估在面对过去还是面对未来这一方面产生了矛盾。

第二，过去还是未来：遗产价值评估方面的矛盾

从我们的调查中了解到，目前北京市非遗工作中建立"非遗代表作"名录，一个关键指标是：是否有历史传承并具备确切的证明材料。悠久的历史、确切的传承路径、

当下比较良好的保存状态，被认为是能进入非遗名录的关键标准。这涉及如何评估非遗项目价值的问题，正是在这一点上，我们同样看到了认识论中的矛盾。

正如联合国教科文组织非遗与可持续发展讲席教授 Chiara Bortolotto 在最近的一次演讲中所提到的：将历史价值视为非遗文化的主要（甚至是唯一）价值，将非遗项目以及存在的时间长短视为评价这些文化价值高低的主要量表，是目前全世界范围内非遗评估与保护工作中普遍存在的问题。这一方面是由于物质文化遗产价值评估所带来的影响，另一方面也由于欧洲和中国文明对历史文献的看重所致。但是，非物质文化遗产的价值评估绝不应被局限在"历史"维度。非物质文化遗产作为"活态遗产"，指的是在社会中不断发展和适应，发挥越来越重要作用的实践和表象形式，其价值更多地存在于未来，而不是过去。即它首先是存在于当下并为当下服务的，同时也应该有助于创造更美好的、人类共享的未来。如果经典观点中遗产被认为是"制造过去"，那么非物质文化遗产则应该被视为一种制造未来的工具。也就是联合国教科文组织前总干事松浦晃一郎在2002年所说的："非物质文化遗产不仅是对过去文化的记忆，也是创造未来的实验室。"

将非遗的价值视作"过去"，还是系之于"未来"，也造成了今天北京非遗保护工作中的矛盾和困境。一个典型案例是我们在山梆子戏调研中所看到的：一方面是目前市级非遗项目组织涣散、演出乏力、后继无人，明显缺少当下活力和存续至未来的动力，但由于该剧团有明确的实物及文献可以被证明其"悠久历史"，因此继续作为市级非遗项目而受到保护和支持。另一方面，则是主要分布在房山史家营地区的各个山梆子剧团，得到本地社区的广泛支持，拥有良好的组织机制与传承能力，但却因为无法提供确切的"历史证据"而不能进入市级或国家级代表作名录。很明显，这就是遗产价值评估"向后看"还是"向前看"所带来的矛盾。

第三，切割与整体：遗产工作方式上的矛盾

就目前调查情况来看，西山永定河文化带内的非遗保护工作主要由各区非遗部门牵头进行，他们不仅负责遗产项目的清点、审查、评估与保护，也是非遗传承人、专家学者和上级单位沟通联络的纽带与平台，是非遗保护工作的主体和中坚力量。一般而言，非遗部门下属于各区县文旅局，有数位专职人员负责，这种专业化的政府工作方式,是我国近些年来非遗工作取得巨大进展的重要原因。但由于非遗文化本身弥散性、杂糅性、整体性的存在方式，这种工作方式也有其内在矛盾，突出表现为职权部门的条块分割，直接影响到非遗工作的广度与深度。

举例来说，我们在调查中了解到，为响应北京市三个文化带建设的号召，各区县目前也在积极推动村志和乡镇志的编纂工作，各村村委中的文化宣传干部常被要求向地方史志办提供材料。这些各村自行提供的村志材料中，大部分与非遗文化有关：无论是村名村史的口头叙述、村内寺庙戏台等公共空间的相关活动，还是村落历史上的重大事件与重要人物的传说、村落当下正在进行的文化活动与文化建设，都理应属于非遗清点与普查的范围。然而可惜的是，由于非遗普查和史志编纂分属两个不同部门，村落文化工作者被要求提供材料时也往往被限定于"文物""史迹""经济"等现有框架中，导致这些资料很难被非遗部门所利用，需要建立非遗项目清单时不得不从头再来。

第四，封闭还是开放：遗产社区建设上的矛盾

"社区"是联合国教科文组织2003年《公约》中的关键词，在其后的种种解释与说明文件里，"社区"这一概念被提到了绝对优势地位，虽然关于什么是"社区"从来没有达成过一致意见，但不妨碍这一与"集体"和"社会"密切相关的概念在各个国家成为讨论的关键与热点。当然，随着非遗运动的推进，学者们也意识到"社区"这一概念存在种种问题，在使用时必须经过各种反思。但有一点各国学者与实践者是达成共识的，即非遗社区并不仅指非遗持有者的社区，也应该包括由非遗保护和传承所组织起来的其他各类行动者，例如，文化中介、研究者、商业力量、非政府组织和政府组织等。虽然这种通力合作的美好愿景为所有人所接受，但在具体实施过程中，我们还是发现了非遗社区难以开放的种种现象，其背后的本质是对非遗话语权的争夺。

非遗话语权当然是一个老生常谈的话题，它包含版权、所有权、解释权、评估权等一系列的问题。具体到西山永定河文化带的非遗调查来看，我们发现在本地区范围内很少有非遗持有者争夺项目版权或所有权，反而是谁有权评定和解释非遗价值存在较多争议。我们不能将原因简单归结为"小圈子"、利益交换或工作方式问题，事实上，更重要的原因在于，关注和研究北京非遗的学者并不多，既有理论知识又愿意深入实地的学者更是少之又少。"学院派"学者习惯于解读各类政策文件和国外成果，对眼皮底下的非遗实践了解不多；"实践派"学者深耕本地区或本领域，是当之无愧的专家，但有时也会对自己过分自信。各地区形成了自己的"专家"队伍，这本来毫无疑问是好事，但我们的确也看到某些"专家"包揽地方文化课题、同类知识反复输出的现象。这一方面客观上造成了知识群体的"圈子"化，另一方面专家权力过分集中，反过来也激化了专家和实践者之间的矛盾。要从根本上解决这一问题，必须从加大研究力度、培养研究人才队伍开始做起。

### 三、解决上述问题的可能对策

上述四方面问题内部也不是割裂的，而是彼此联系的。例如，正因非遗社区的封闭性，所以容易造成专家权力过大，圈子封闭，知识无法共享。其结果，就是长期持

有单一遗产价值评估标准，而这反过来又加剧了专家和传承者之间的矛盾。因此，解决上述四方面问题的思路也绝不能是条块分割，头痛医头、脚痛医脚式的。总的来说，本报告认为我们也许可以从以下三方面来考虑解决途径。

第一，将非物质文化遗产挖掘保护的工作与乡村振兴战略的大局联系起来。这既是党的二十大报告为我们提出的要求、指明的方向，也是非遗保护工作题中应有之义。这意味着必须从村落整体保护、整体传承、整体振兴的高度来思考非遗工作的定位，打破过去条块分割的工作格局，建立统一协调的、相互联动的、互通有无的基层文化管理与建设机构，将物质文化遗产、非物质文化遗产、记忆遗产的保护，与方志编纂、群众文化开展、乡村创新创业计划等深度融合，避免大量重复劳动与无效工作。

第二，设立专项基金，系统开展非物质文化遗产的搜集、整理、建档与分析工作。尤其是针对即将消失或正在受到较大威胁的非遗项目，例如由于开山采矿禁令而濒临消失的大石窝石作技艺、采煤及相关习俗等，亟需建立全面、准确、整体性的非遗清单，刻不容缓。可以考虑以项目招标的方式，联合北京各级各界力量，建立西山永定河非遗数据库。以此为平台，清点、管理并存续现有非遗资源，并提供公众阅览、学者研究、文化创意与政府管理使用。

第三，加大非遗人才培养的支持力度，尤其要注意吸引在京高校与各研究机构的力量，引导他们走入基层、关注实践、记录田野。可以考虑以西山永定河文化带中有条件的地区为试点建立一批田野调查基地，打造非遗传承人与研究者之间的交流平台。要注意的是，考虑到非遗传承的核心力量是"人"，而不是"物"，这些田野调查基地不能单靠资金维持，而必须高度重视建立和维护地方政府、学者、地方文化精英与非遗传承人之间的融洽关系，政府应该在这种关系中发挥主导作用，扮演好关键的"沟通者"和"指路人"的角色。

最重要的是，非物质文化遗产的范围广泛、涉及面大，各类别、各项目间的情况千差万别。针对具体项目与具体情况，应采取不同措施。以下，本报告仅以民间故事的保护、利用、传承与创新为例，尝试提出几条具体措施建议。

1. 加大故事搜集力度，培养一支善于搜集口头故事的专业队伍。

（1）通过培训、讲座、组织学习等各种方式，增强地方文史工作者搜集民间故事的意识、培养民间故事搜集能力，通过设置工作指标、创造发表途径、建立学习交流平台等方式，引导各级文化工作者在日常工作中留意搜集当地民间故事。

（2）积极推动地方政府与在京高校合作，设立田野调查基地，鼓励并引导在京高校学生有计划、有准备、系统性地在京郊开展故事搜集工作。

（3）以社交媒体、微信公众号、视频网站等多种形式，开辟"讲故事"空间，吸引公众投稿，力争形成人人都是搜集者、人人都是传承人的局面。

2. 设立专项基金，系统开展民间故事的搜集、整理、建档与分析工作。

（1）以项目招标的方式，针对已经文本化的民间故事，如笔记杂纂、报纸杂志、来华外国人记录等进行系统的爬梳和整理，并形成专项资料集。

（2）拿出专项资金，联合政府、专家、北京民间文艺家协会等主要力量，建立西山永定河民间故事数据库。争取用五到十年时间，将其建设成为国内一流、国际知名，同时面向公众阅览、学者研究、政府工作与创新利用的多功能数据库。

（3）依托北京已经建成的各级各类非物质文化遗产博物馆，将民间故事作为重要藏品入藏，建立科学系统的民间故事分类建档与藏品展示体系。

3. 以民间故事保护为抓手，推进实施乡村振兴战略。

（1）在实施乡村振兴战略过程中，注意保护乡村原有风貌，特别对于民间故事的讲述对象与附着物，要注意保护其原状、原地、原貌。与此同时，适当通过指示牌、乡村讲解员、宣传语和宣传画等形式，介绍相关民间故事，增加乡村吸引力。

（2）改善村居环境，鼓励村民长期居住。开展社区调查，协助已有较长居住时间的老人改善生活条件和居住环境，鼓励他们继续长期居住，防止因生活环境恶化而外流。发扬我党优良的群众工作传统，基层干部主动深入村落，掌握外来人口的基本情况，鼓励外来人口参与社区公共活动，提升公共意识，融入当地社会。

（3）充分发挥新时代文明实践中心的作用，重建村落邻里空间。以老龄协会、居民文化组织等多种形式，邀请老人担任社区文化大使，定期举办文化活动，使老住户在"老有所为、老有价值"的社会氛围中就地养老，并在潜移默化中实现优秀传统文化的传承与复兴。

4. 开展实施"新故事家"计划，培养新时代民间故事传承人。

（1）发掘社交网络中的"新故事家"，以比赛、培训、采访、增加曝光率和点击率等各种方式，帮助他们发展"流量"的同时也培育风清气正、弘扬传统文化的良好网络氛围。

（2）培养乡村中的年轻创作者，鼓励在地年轻人利用本地民间故事资源创作文创产品，为他们提供培训机会、交流平台、发声渠道和宣传途径。系统总结乡村故事家培育的经验做法，鼓励新一代故事家互相交流协作，也树立先进典型，引导建立全社会传承故事的良好氛围。

以下，本章将就西山永定河文化带内的五类非物质文化遗产，分别展开论述。由于每类资源的情况虽各有不同，但全都繁杂而庞多，故在具体论述中采取以点带面、立足二级分类、关照一级分类的写作策略。这当然会造成诸多不足与遗憾，我们将会在今后的工作中继续完善补充。

## 第二节　口头传统类非遗调查报告
## （以民间故事为例）

　　在联合国教科文组织《保护非物质文化遗产公约》所定义的非遗类别中，第一类是"口头传统和表现形式，包括作为非物质文化遗产媒介的语言"。这一类别大致相当于《中华人民共和国非物质文化遗产法》中所说的"传统口头文学以及作为其载体的语言"，以及中国《国家级非物质文化遗产名录》中的"民间文学"类。目前西山永定河文化带调查范围内被列入各级名录的口头传统类非遗项目共有19项，其中国家级项目5项，分别是曹雪芹（西山）传说、杨家将（穆桂英）传说、卢沟桥传说、永定河传说和八大处传说。市级项目8项，除已列入国家级的项目之外，还有京西民谣、潭柘寺传说和磨石口传说。其余均为区级项目。据《北京非物质文化遗产普查项目汇编》，门头沟、房山、丰台、石景山、大兴五个区列入口头传统类非遗资源的项目共195项，这意味着有176项口头传统类非遗虽然没有被列入各级保护名录，但已经受到有关部门的关注。而据"西山永定河文化带历史文化遗产调查"项目组在2022年期间的统计，共搜集到此类遗产资源信息约10651条，其中民间故事共3377则，歌谣474首、谚语6800条左右，方言俗语尚未有确切统计。可以看出，本文化带内尚未被关注的口头传统类遗产资源储量还非常丰富，值得继续深挖并引起学界重视。

　　中国大规模的民间文学资源普查工作以"中国民间文学三套集成"的搜集出版为代表。《中国民间故事集成·北京卷》中收录西山永定河文化带范围内的故事233则，其余各区县也大多出版过本地故事集，但其中一部分只由本地文化委员或文学创作协会编印，并未公开出版，遑论研究利用。即使如此，民间故事资源的搜集整理状况仍然是"三套集成"中最好的，北京民间歌谣集成和北京民间谚语集成目前只有省卷本和零星的个别单册，资料较少。事实上，北京民谣是最早引起学术界关注的民俗事象，也是点燃五四民俗学运动的火把。1896年，意大利来华外交官韦大列（*Baron Guido Vitale*）收集出版了《北京歌谣》（*Chinese Folklore. Peking rhymes*），作为来华西人学习汉语的读物。随后美国传教士何德兰（*Isaac Taylor Headland*）辑成《孺子歌图》（*Chinese Mother Goose Rhymes*）。学术界普遍同意，正是这些西人搜集的民歌集启发了新文学运动重视民族民间文学资源的导向。[1] 从民俗学运动中诞生的《孩子们的歌

---

1　湛晓白、赵昕昕：《清末来华西人歌谣收集活动的文化史考察——以韦大列和何德兰为中心》，《民俗研究》2021年第4期。

声》[1]《北京儿童》[2]等作品，都显示出北京童谣对学术界持续不断的吸引力。20世纪60至70年代，中国台湾地区还陆续出版了一批民国期间在北京搜集的童谣、歌谣作品，例如《燕京旧语》[3]《北平童谣选辑》[4]《北平歌谣集》[5]等。当然，这些歌谣通常不会标明搜集地点，我们很难判断其流传区域，但毫无疑问其中不少歌谣应与西山永定河文化带有关。例如，张则之搜集、Kinchen Johnson 翻译的《汉英对照北平歌谣》[6]一书中收录了214首北京歌谣，许多内容反映了山区的生活，很可能原本就流传在京郊西山一带。

除了传统定义为"民间文学"的故事、歌谣与谚语三类遗产资源外，作为非物质文化遗产媒介的语言，尤其是方言俗语遗产资源更难以被系统性地搜集研究，本项目目前尚未开展系统搜集与整理，但学界已有成果也许可以为下一步工作提供思路。民国时期詹宪慈撰《京语解》一书，凡十九卷，主要援引历代文献考释北京方言词汇。书后附《京语拟音》，采录《光绪顺天府志》所述方言，专考京音。同时期黄实甫所撰《京腔偶释》，以通用语解释京语方言。20世纪50年代金受申先生辑录《北京话语汇》，搜集方言语汇1000余条。金启孮在《北京郊区的满族》中辟专节谈到了"营房中的语言"，专门搜集整理和研究了民国时期北京西郊外三营营房旗兵们的方言语汇。由于京西旗人满汉双语并行，形成了独特而丰富的语言词汇，这类通行范围更小、民族性更强的语言遗产，目前几乎已濒临灭绝，是名副其实的急需保护的非物质文化遗产。一方面，大量丰富生动的口头语言亟待抢救，但另一方面，目前大型方言资料汇编却往往只重视书面材料，忽略了更丰富生动的口语普查与搜集。例如目前出版的两种地方志方言集成，不仅完全忽略了口头传统，且对地方志的辑录也大多不全。1963—1972年，日本学者波多野太郎以影印方式陆续出版九卷本《中国地方志所录方言汇编》，辑录270多种1949年之前修撰的方志中的方言数据，其中就涉及北京地区方言。在其基础上，《历代方志方言文献集成》[7]系统调查了7000余种旧方志，对其中所见的966种方言文献进行了深入细致的整理点校，其中涉及北京地区7种方志，但大多集中在北京东部通州、顺义、平谷地区，涉及西山永定河文化带的方志资料只有《（光绪）顺天府志》和《（民国）北京市志稿》的部分内容。但事实上，明代北京地方志《宛

---

[1] 黄诏年：《孩子们的歌声》，国立中山大学语言历史学研究所，1928年。
[2] 奂匀整理、赵白山绘图：《北京儿歌》，上海：少年儿童出版社，1955年。
[3] 唐柱国著：《燕京旧语》，台北：双十字出版社，1966年。
[4] 陈子实编选：《北平童谣选辑》，台北：大中国图书公司，1968年。
[5] 雪如搜集：《北平歌谣集》，台北：东方文化书局，1970年。
[6] 张则之搜集：《汉英对照北平歌谣》，Kinchen Johnson 译，北京：商务印书馆，1932年。
[7] 华学诚主编，曹小云、曹嫄辑校：《历代方志方言文献集成》，北京：中华书局，2021年。

署杂记》中就专门记录了当时京西宛平的方言语汇，《日下旧闻考》中亦有京西方言考证，可惜都未纳入作者编选范围。另外，来华外国人撰写的汉语教材中，往往保存了大量北京方言口语的资料。例如，从明治时期开始，来华日人就不断编写汉语教材，例如御幡雅文根据《生意筋络》改写了《燕语生意筋络》（1903年）、北边白血编译《燕京妇语》（1906年）、《中国话》（作者和时间均不详）、善邻书院编辑了《急就篇》（时间不详）、宫岛大八编辑了《官话续急就篇》（1935年）。他们还编写和改编了一系列北京官话刻本，例如金国璞编写的《虎头蛇尾》（1906年）、《华言问答》（1903年），李俊漳编写的《中等官话谈论新篇》（1937）等。这些语言教材为我们今天了解和普查民国时期北京官话语汇提供了线索，同样可以被视为口头传统类非遗资源。

总之，就西山永定河文化带的范围而言，在"口头传统和表现形式，包括作为非物质文化遗产媒介的语言"这一类非物质文化遗产资源中，只有民间故事资源目前已经得到相对较好的搜集、整理与保护，然而即使如此，也仍然值得继续深挖，甚至还存在一些空白领域需要开拓。以下，本报告就以民间故事为例，说明西山永定河文化带范围内口头传统类非遗资源的搜集整理情况与利用潜能。

### 一、民间故事资源的搜集整理现状

宽泛来看，北京地区民间故事的搜集整理已有很长历史。明清文人的各类笔记杂纂中大量收录他们道听途说的街谈巷议，如《子不语》《清稗类钞》等，都可以视为早期的民间故事收集实践。清末民国时期来华的西方人最早开始有意识地在"民间故事"（folktale）框架下搜集整理北京口头传统，这直接影响到中国学界对民间故事的重视与研究。但正如本文随后将说明的，这些早期搜集成果零散各处，迄今尚无系统梳理，更缺少学术挖掘与研究。从民国时期开始，一些学者开始搜集整理北京民间故事，他们的工作构成了其后《民间文学三套集成》的基础。但真正开始系统搜集、科学整理、全面出版的民间故事集，始于20世纪50年代以后由中国民间文艺研究会和北京文联民研组（北京民间文艺家协会的前身）开展的一系列工作。从1985年开始，北京市民间文学三套集成工程正式拉开帷幕，正是伴随着这一工程的开展，更多的区县故事集与专题故事集相继整理出版，21世纪初开始的非物质文化遗产保护工程也可以视为上述工作的延续。

就西山永定河文化带内的民间故事而言，目前已经整理出版的资源可以分为三类：1. 新文化运动兴起以后，由民俗学学者和地方文史工作者主导搜集和出版的北京地区民间故事集，其中包含西山永定河文化带的故事内容。2. 石景山、门头沟、房山等各区县编选的本地区民间故事集，有的是地区性故事集，有的是专题性故事集。进入21

世纪以后，成为市级以上非遗项目的民间故事也都出版了专题故事集。上述 1、2 类资料的全部书目，请见表 2.2.1。3. 民间故事研究著作。这类专著的数量非常少，显示出西山永定河文化带内民间故事研究的巨大潜能。需要说明的是，专为娱乐和旅游而编写的各类北京传说读本为数众多，但都只是对上述这些民间故事资料本的节录摘取和任意改编，学术价值不高，本报告不再统计这些通俗读本。

表 2.2.1　与西山永定河文化带有关的民间故事资料集

（按出版时间排序）

| 序号 | 作者（编者） | 书名 | 出版社 | 出版时间 | 范围 |
| --- | --- | --- | --- | --- | --- |
| 1 | 金受申 | 北京的传说（第一集） | 北京出版社 | 1957 年 | 北京市 |
| 2 | 金受申 | 北京的传说（第二集） | 北京出版社 | 1959 年 | 北京市 |
| 3 | 张紫晨、李岳南 | 北京的传说 | 上海文艺出版社 | 1982 年 | 北京市 |
| 4 | 中国民间文艺研究会北京分会 | 北京风物传说 | 中国民间文艺出版社 | 1983 年 | 北京市 |
| 5 | 王文宝 | 北京风物传说故事选 | 福建人民出版社 | 1983 年 | 北京市 |
| 6 | 张宝章、彭哲愚 | 北京清代传说 | 春风文艺出版社 | 1984 年 | 北京市 |
| 7 | 北京民间文学丛书编辑部 | 香山传说 | 中国文联出版公司 | 1985 年 | 海淀区 |
| 8 | 北京民间文学丛书编辑部 | 颐和园传说 | 中国文联出版公司 | 1985 年 | 海淀区 |
| 9 | 张宝章、彭哲愚 | 香山的传说 | 河北少年儿童出版社 | 1985 年 | 海淀区 |
| 10 | 彭哲愚、张宝章 | 颐和园圆明园的传说 | 河北少年儿童出版社 | 1985 年 | 海淀区 |
| 11 | 北京大兴县文化馆北京大兴县志办公室 | 大兴县民间故事集 |  | 1986 年 | 大兴区 |
| 12 | 北京市门头沟区《民间文学三套集成》编委会 | 中国民间文学集成·门头沟卷 |  | 1987 年 | 门头沟区 |
| 13 | 北京市丰台区文化馆文化创作协会 | 丰台的传说 |  | 1988 年 | 丰台区 |

续表

| 序号 | 作者（编者） | 书名 | 出版社 | 出版时间 | 范围 |
|---|---|---|---|---|---|
| 14 | 张宝章、严宽 | 曹雪芹和香山 | 北京出版社 | 1998年 | 海淀区 |
| 15 | 中共北京市石景山区委宣传部等 | 石景山名胜掌故传说 | 同心出版社 | 2002年 | 石景山区 |
| 16 | 门头沟文化丛书编委会 | 门头沟民间故事集 | 中国文联出版社 | 2002年 | 门头沟区 |
| 17 | 孙涛 | 卢沟桥的传说 | 文化艺术出版社 | 2002年 | 丰台区 |
| 18 | 唐淑荣、卢国懿 | 房山民间文学（上、下） | 中国广播电视出版社 | 2008年 | 房山区 |
| 19 | 崔墨卿、甄玉金 | 颐和园传说 | 北京美术摄影出版社 | 2012年 | 海淀区 |
| 20 | 户力平 | 香山传说 | 北京美术摄影出版社 | 2012年 | 海淀区 |
| 21 | 杨金凤 | 永定河传说 | 北京美术摄影出版社 | 2014年 | 北京市 |
| 22 | 大兴文史系列丛书编辑委员会 | 大兴记忆：民间趣闻轶事 | 生活书店出版有限公司 | 2014年 | 大兴区 |
| 23 | 青云店镇人民政府 | 青云店故事汇 |  | 2014年 | 大兴区 |
| 24 | 樊志斌 | 曹雪芹传说 | 北京美术摄影出版社 | 2015年 | 北京市 |
| 25 | 高雪松 | 杨家将（穆桂英）传说 | 北京美术摄影出版社 | 2015年 | 北京市 |
| 26 | 北京海淀区文学艺术界联合会、苏家坨镇阳台山旅游开发中心 | 阳台山的传说 | 北京燕山出版社 | 2016年 | 海淀区 |
| 27 | 崔墨卿 | 圆明园传说 | 北京美术摄影出版社 | 2016年 | 海淀区 |
| 28 | 陈宇 | 卢沟桥传说 | 北京美术摄影出版社 | 2017年 | 丰台区 |
| 29 | 北京凤凰岭自然风景公园 | 凤凰岭传说 | 北京美术摄影出版社 | 2018年 | 海淀区 |
| 30 | 杨金凤 | 西山八大处传说 | 北京美术摄影出版社 | 2018年 | 海淀区 |
| 31 | 杨金凤 | 古道磨石口传说 | 北京美术摄影出版社 | 2018年 | 石景山区 |
| 32 | 顾晓园 | 丰台民间故事集 |  | 不详 | 丰台区 |

以下，本文将依次说明这些已经整理出版的民间故事资源情况。

（一）涉及西山永定河文化带的北京地区民间故事集

"五四"新文化运动中，搜集、整理与出版民间故事的工作虽然以北京为中心，但北京学人的目光遍及中国、兼达国外，却似乎单单忘记了自己脚下这片土地。从20世纪初到"文化大革命"结束以前，即使北京地区已有大量民俗学与社会学的实地调查，民间故事的搜集整理却屈指可数，远远不能与岭南、福建、浙江以及少数民族地区相比。1926年，商务印书馆出版了大兴人唐小圃编述的《京语童话》一书，略有民间故事的影子。但唐小圃本人是儿童文学作家，与其说他的工作是搜集整理民间故事，不如说是在创作儿童文学作品。真正持续关注并系统搜集北京民间故事的学者是金受申。1957年，他出版了《北京的传说》（第一集），收录了鲁班故事、龙的故事、钟楼故事和其他故事四组共21篇故事。1959年又出版了《北京的传说》（第二集）共18个故事。这些故事经过金受申本人用北京话重新改写，同时在传说开头加上对北京历史地理的解释、结尾加上对传说所涉真实历史的注释，从此成为以后几乎所有故事集的底本与今天北京口头故事的范本。也正是从1959年开始，中国民间文艺研究会、北京市文联联合举办了北京传说故事采风队，搜集到民间故事400余篇，编印为三册资料本。[1]1982年，这三册资料本以《北京的传说》为名编选出版了其中43则，其他故事虽然没有出版，但有理由相信《中国民间故事集成·北京卷》正以其为基础产生。

20世纪60—70年代，尤其是1964—1978年间，中国大陆地区的民间故事搜集出版几乎陷于停滞，但港台地区对北京故事的兴趣却并未减弱。《北京掌故》[2]《北京的回忆》[3]《北平丛话》[4]《老北平的故古典儿》[5]这类回忆旧京生活的散文中，往往大量收录作者亲耳听闻的各种传说故事，也可以被视为一种搜集民间故事的特殊文体。

20世纪80年代是北京地区民间故事搜集出版的第一个高峰。1981年夏，北京文联民研组在北京西郊山区采风。此时由门头沟区委宣传部和文化馆倡议，北京十五个郊区县文化馆共同联合搜集编选传说故事，北京作协民研组也将其作为工作重点之一，通过《枫叶》民间文学专刊进行稿件搜集。经过半年多时间，获得作品资料200余件，随后由李岳南、张紫晨等编选出版《北京风物传说》（1983）。[6]同年，王文宝编选出版了《北京风物传说故事选》，作者虽然没有说明资料来源，但提供了故事整理者的名字，其中不少内容来自金受申已经出版的故事集，其余故事很可能也与北京传说故事采风队的整理成果有关。[7]1984年，张宝章、彭哲愚收集整理了70多则故事，汇编为《北

---

[1] 张紫晨、李岳南编：《北京的传说》，上海：上海文艺出版社，1982年，前言第2—3页。
[2] 谭文编著：《北京掌故》，香港：上海书局，1974年。
[3] 文化生活出版社编：《北京的回忆》，香港：文化生活出版社，1975年。
[4] 方师铎、朱介凡主编：《北平丛话》，台北：天一出版社，1976年。
[5] 白铁铮：《老北平的故古典儿》，台中：慧龙出版社，1977年。
[6] 中国民间文艺研究会北京分会编：《北京风物传说》，北京：中国民间文艺出版社，1983年。
[7] 王文宝编：《北京风物传说故事选》，福州：福建人民出版社，1983年。

京清代传说》。[1] 本书主题集中于皇帝和曹雪芹，一些与园林风物有关的篇目与《北京风物传说》亦有重叠。随后各类北京传说故事集大量出版，但大多以游客或普通爱好者为目标读者，多见民间故事的娱乐性改编，少有严肃学术的搜集整理本。

从1985年开始，在北京市民间文艺家协会以及集成办公室的统一组织下，北京18个区县开始进行民间故事的普查与搜集，获得约1000万字的记录资料，其中14个区县汇编了资料本。在此基础上筛选编辑形成《中国民间故事集成·北京卷》，最终于1998年正式出版。本书收入北京地区民间故事637篇，其中233篇流传于西山永定河范围内，是迄今为止北京地区范围内口头传统类遗产资源覆盖面最广、收录资料最多、涉及文类最为系统的整理出版成果。

（二）西山永定河文化带范围内的民间故事集

随着中国民间文学三套集成工程的推进，各区县陆续整理出版了各自的民间故事资料本。这些区县故事集虽然大多没有公开出版，但以资料本的形式保存在各级文化部门与研究单位中，为我们今天再次全面搜集整理民间故事遗产提供了不可多得的宝贵资料。据项目组目前的搜集统计，20世纪80年代出版的西山永定河文化带内故事集中，门头沟有《中国民间文学集成·门头沟卷》[2]（故事414则）、丰台有《丰台的传说》[3]（故事105则）、大兴有《大兴县民间故事集》[4]（故事88则），海淀区没有出版区县本故事集成，但"北京民间文学丛书"系列内出版了《香山传说》[5]（故事78则）与《颐和园传说》[6]（故事88则）。张宝章等人立足海淀，编辑了《香山的传说》[7]（69则）、《颐和园圆明园的传说》[8]（59则）、《曹雪芹和香山》[9]（68则）等书。其余区县的资料本不见结集成型，但毫无疑问民间故事的搜集整理在这一时期持续向基层深入。

进入21世纪后，出于发展地方经济、保护文化遗产、推动文旅事业等种种目的，各区县开始深挖本地区文化资源，各类民间故事才再次受到重视。据本项目组统计，从2000年到2020年间，西山永定河范围内各区县的故事集共有7部，其中《房山民

---

[1] 张宝章、彭哲愚收集整理：《北京清代传说》，沈阳：春风文艺出版社，1984年。
[2] 北京市门头沟区《民间文学三套集成》编委会编：《中国民间文学集成·门头沟卷》，1987年。
[3] 北京市丰台区文化馆、丰台区文化创作协会编：《丰台的传说》，1988年。
[4] 北京大兴县文化馆、北京大兴县志办公室：《大兴县民间故事集》，1986年。
[5] 北京民间文学丛书编辑部、北京市文联图书编辑部编：《香山传说》，北京：中国文联出版公司，1985年。
[6] 北京民间文学丛书编辑部、北京市文联图书编辑部编：《颐和园传说》，北京：中国文联出版公司，1985年。
[7] 张宝章、彭哲愚编：《香山的传说》，石家庄：河北少年儿童出版社，1985年。
[8] 彭哲愚、张宝章编：《颐和园圆明园的传说》，石家庄：河北少年儿童出版社，1985年。
[9] 张宝章、严宽著：《曹雪芹和香山》，北京：北京出版社，1998年。

间文学》（上、下）[1]、《石景山名胜掌故传说》[2]等区县故事集的出版，填补了当地空白。《阳台山的传说》[3]《卢沟桥的传说》[4]等专题故事集的出版为其后的非遗申报与立项打下了基础。与20世纪80年代的民间故事搜集工作主要由各区县文化馆牵头不同，进入21世纪以后，各地党委、宣传部门、文史工作者成为民间故事整理出版的主力，这一方面带来了更强劲的出书动力与更丰厚的出版资金，但另一方面新出版的故事集更少提供故事讲述人、搜集者、流传地区等关键信息，反而不利于进一步深入分析研究。就这一点而言，比起20世纪80年代的资料集反而是退步了。

自2012年开始，由北京市委宣传部立项、北京民间文艺家协会组织编写的"非遗丛书"陆续出版，西山永定河文化带范围内的颐和园传说、香山传说、永定河传说、曹雪芹传说、杨家将（穆桂英）传说、圆明园传说、卢沟桥传说、凤凰岭传说、西山八大处传说、古道磨石口传说相继得到相对系统完整的整理出版。[5]民间故事类的"非遗丛书"重在搜集资料、呈现故事原貌，通常第一章会概括性介绍本类故事的分布状况、文学特征、情节要素，也会与地方史迹进行勾连性分析。与以往单纯的民间故事集相比更具有研究色彩，也为全面理解和掌握北京民间故事情况奠定了良好基础。不过就故事来源而言，很多仍然是从以往已经出版的故事集中辑录而成，新搜集的故事也没有提供讲述人的年龄、性别等基本信息，是今后可以进一步注意的地方。

（三）民间故事研究著作

虽然北京学人荟萃，但以北京民间故事为对象的专题研究并不多。许多学者曾就北京故事发表过单篇小文，但专精于故事研究的专著却相当罕见。其中最具影响力的也许当属陈学霖的《刘伯温与哪吒城》[6]与《老北京建城的传说》（*Legends of the*

---

[1] 唐淑荣、卢国懿主编：《房山民间文学》（上、下），北京：中国广播电视出版社，2008年。

[2] 石景山区委宣传部等编：《石景山名胜掌故传说》，北京：同心出版社，2002年。

[3] 苗地、潘永卫主编，北京海淀区文学艺术界联合会、苏家坨镇阳台山旅游开发中心编：《阳台山的传说》，北京：北京燕山出版社，2016年。

[4] 孙涛主编：《卢沟桥的传说》，北京：文化艺术出版社，2002年。

[5] "非遗丛书"内与西山永定河文化带有关的10种故事集分别是：崔墨卿、甄玉金编：《颐和园传说》，北京：北京美术摄影出版社，2012年。户力平编著：《香山传说》，北京：北京美术摄影出版社，2012年。杨金凤编著：《永定河传说》，北京：北京美术摄影出版社，2014年。樊志斌编著：《曹雪芹传说》，北京：北京美术摄影出版社，2015年。高雪松编著：《杨家将（穆桂英）传说》，北京：北京美术摄影出版社，2015年。崔墨卿主编：《圆明园传说》，北京：北京美术摄影出版社，2016年。陈宇编著：《卢沟桥传说》，北京：北京美术摄影出版社，2017年。北京凤凰岭自然风景公园编：《凤凰岭传说》，北京：北京美术摄影出版社，2018年。杨金凤编著、北京市文学艺术界联合会组织编写：《西山八大处传说》，北京：北京美术摄影出版社，2018年。杨金凤编著、北京市文学艺术界联合会组织编写：《古道磨石口传说》，北京：北京美术摄影出版社，2018年。

[6] 陈学霖：《刘伯温与哪吒城》，北京：生活·读书·新知三联书店，2008年。

Building of Old Beijing））[1]二书。作为历史学家，陈学霖重视的是史实与传说的缠绕与剥离，他广泛利用正史与野史传说两种资料，展示出大传统与小传统之间的张力与缝隙。他所关注的建城传说虽然讲的是北京城，但刘伯温以西山定城址、制服恶龙引来玉泉山水等情节中，分明可以看出无论是国家政治还是民间观念中，西山永定河都对于北京城有着重要意义。

北京师范大学作为中国民俗学研究的重要阵地，近年来对西山永定河文化带多有关注，也诞生了一些研究民间故事的博硕士论文。其中比较有代表性的如西村真志叶的《日常叙事的体裁研究：以京西燕家台村的"拉家"为个案》[2]、孙乾飞《中国民间故事集成的生成过程考察：以〈中国民间文学集成门头沟卷〉为个案》[3]等。但与西山永定河地区极为丰富的故事储量资源相比，现有研究无疑只是杯水车薪、浮光掠影，巨大的宝库仍然在等待学者的开掘。

## 二、尚未系统搜集整理的民间故事遗产资源

和其他所有口头传统一样，民间故事虽然被视为"遗产"，但绝非只能产生于过去的传统。它永远处于动态生成与变化之中，并根据讲述与搜集的不同情境而游移，我们因此并无可能"完整搜集""忠实记录"或"全面分析"任一区域内的民间故事。在本项目调研过程中，我们也不断搜集到大量新的民间故事。称其为"新"，有的是因为其产生时间晚近，例如20世纪90年代发现天开寺地宫一事在当地引起轰动，各种民间故事都围绕这一事件而产生，这些故事的产生时间不会早于20世纪90年代初；另外有的故事虽然产生时间不短，但从未见于任何文字记录。典型如每村必有的关于本村风水的传说。这些传说通常是对本村山水形胜的描述，以及对地理环境和生计模式的解释，往往故事情节非常简单，甚至没有故事情节，在过去不被视为典型的民间故事而很少得到采集记录。最后还有一种情况是，一些著名的民间故事过去已经被搜集记录和整理出版，但我们在田野调查中又搜集到它的异文版本。这些异文版本可以被认为是"新"的，不仅因为它们诞生于当下的讲述情境，也因为我们通过田野调查了解到这些故事赖以产生的各种语境信息，这较之于以前的纯文本记录而言是新的补充。从现在调查的情况来看，以上三类民间故事为数不少，几乎每个村落都能搜集到

---

1 Chan Hok-lam, *Legends of the Building of Old Beijing*, Seattle：University of Washington Press，2008.
2 ［日］西村真志叶：《日常叙事的体裁研究：以京西燕家台村的"拉家"为个案》，北京：中国社会科学出版社，2011年。
3 孙乾飞：《中国民间故事集成的生成过程考察：以〈中国民间文学集成门头沟卷〉为个案》，北京师范大学硕士学位论文，2007年。

数则。

由于本项目还在持续推进中，田野调查尚未遍及整个西山永定河文化带，新搜集到的故事留待将来再系统报告，本报告仅对已有文字记录，但零散四处、尚未集中整理的民间故事文本进行说明。

如前文所说，西山永定河文化带的民间故事散见于各类文献资料，主要包括四类：1. 历代文人的笔记杂纂。除了学界已有充分认识的各类志怪笔记，晚清民国时期报纸上的各类"怪谈""异闻""丛谈"文章乃至专栏，也可以视为这一文人志怪传统的延续。2. 近代来华外国人记录。近代来华的外国人中，有不少热衷于搜集北京当地民间故事，他们或者将其翻译出版，或者在日记游记中记录片段，有的也曾在中国民俗学史上留下浓墨重彩的一笔，有的提供了丰富的情境知识，但无一例外尚未作为民间故事资源引起关注。3. 自媒体上的故事讲述家。新时代不乏了解乡土、善于讲述的故事家，抖音、快手等视频自媒体给了他们新的表演空间，也从根本上影响了故事的演述方式。他们的故事既根植于传统乡土社会，又体现出遗产的当下特征，是口头传统遗产在当下社会的鲜活呈现。4. 零散分布在各类村志、镇志中的民间故事资料。进入21世纪以后，北京地区开始出现修村志村史的高潮，在此过程中大量民间故事被搜集整理与记录下来。以下，本报告将分别说明上述四类资料的情况。

（一）笔记杂纂

辽金以后北京成为国家首都，天子所居之处，四方辐辏汇集。各地文人精英也荟萃于此，或科举考试、或留京任职，加上京城的文字教育更为普及，亦造就了一大批本地文人。留心掌故、记录琐言，以征史实之不足，历来是文人笔记的重要功能，元明时期笔记如《南村辍耕录》《万历野获编》等多于史事中夹杂故事，到了清代以后志怪小说成为潮流，以《聊斋志异》为代表的"聊斋体"和以《阅微草堂笔记》为代表的"阅微体"小说，用民俗学的眼光来看，都可以视为文人对民间故事的搜集与记录。事实上，早在艾伯华（W.Eberhard）编写《中国民间故事类型》时，就已经用了袁枚《子不语》卷六中的"孝女"一则，编为"姑娘朝山进香"的故事类型。[1] 这一故事讲述孝女为了父亲而希望去妙峰山进香，虽然最终只能留在家中，但进香者却都看见了她在神前上了第一炷香。类似的故事在今天的西山永定河文化带中亦有流传。但可惜的是，北京地区笔记杂纂中浩如烟海的类似故事却从未得到过系统整理，即使中外学术界已经充分认识到这些笔记故事在研究历史变迁、社会心态、主观经验、私人生活记录方

---

[1] ［德］艾伯华（Wolfram Eberhard）:《中国民间故事类型》，王燕生、周祖生译，北京：商务印书馆，1999年，第211页。

面的重要价值[1]，但这类资源却未曾像浙江等处一样被系统梳理。[2] 本报告当然无法在短短时间内完成这一历史性的工作，仅以《阅微草堂笔记》为例，我们已经能看出其中民间故事的丰富藏量。

表2.2.2 《阅微草堂笔记》中与西山永定河文化带有关的民间故事

| 故事名称 | 地点 | 所属区划 | 所属卷 |
| --- | --- | --- | --- |
| 鸡救主人 |  | 昌平区 | 卷十七姑妄听之三 |
| 改嫁受罚 | 沙河桥京师 | 昌平区 | 卷四滦阳消夏录四 |
| 分家产 |  | 丰台区 | 卷十九滦阳续录一 |
| 驱鬼不驱父 | 上方山 | 房山区 | 卷六滦阳消夏录六 |
| 贾岛诗 |  | 房山区 | 卷十八姑妄听之四 |
| 燕山柿 | 燕山 | 房山区 | 卷八如是我闻二 |
| 道士驱虎救人 | 深山 | 房山区 | 卷二十滦阳续录二 |
| 虎食恶人 | 西山深处 | 房山区 | 卷九如是我闻三 |
| 杏花精 | 云居寺 | 房山区 | 卷八如是我闻二 |
| 老狐戏御史 | 阇梨村 | 房山区 | 卷七如是我闻一 |
| 长辛旅舍题壁诗 | 长辛（新）店 | 房山区 | 卷二十四滦阳续录六 |
| 冥府魔王 | 良乡弘恩寺 | 房山区 | 卷六滦阳消夏录六 |
| 鬼魅奸污农妇 | 田村 | 石景山 | 卷十四槐西杂志四 |
| 让产徐四 | 田村 | 石景山 | 卷四滦阳消夏录四 |
| 题壁诗 | 西山、古北口 | 西山 | 卷十九滦阳续录一 |
| 醉钟馗 | 西山 | 西山 | 卷十六姑妄听之二 |
| 道士寡不敌众鬼 | 西山 | 西山 | 卷十四槐西杂志四 |
| 布施需己财 | 西山潭柘寺 | 西山 | 卷十三槐西杂志三 |
| 世外人诵书 | 西山 | 西山 | 卷十三槐西杂志三 |
| 虎做人语 | 西山 | 西山 | 卷十二槐西杂志二 |
| 鬼扮祖姑 | 西山某寺后阁 | 西山 | 卷十一槐西杂志一 |

---

1 康儒博（Robert Company）在其标志性著作 Strange Writing 一书中证明，志怪小说不是虚构作品，而是社会政治与宗教议题的反映，是重要的历史记述。这一观点随后成为欧美汉学界的主流。韩森（Valerie Hansen）、韩明士（Robert P. Hymes）和戴维斯（Edward Davis）对《夷坚志》的研究，杜德桥（Glen Dudbridge）对妙善传说的考证，康笑菲研究狐精故事，都是这一思路下的作品。

2 例如顾希佳：《浙江民间故事史》，杭州：杭州出版社，2008年。

续表

| 故事名称 | 地点 | 所属区划 | 所属卷 |
| --- | --- | --- | --- |
| 心动生魔 | 西山 | 西山 | 卷九如是我闻三 |
| 避虎遇吊死鬼 | 西山 | 西山 | 卷三滦阳消夏录三 |
| 举子抄秘本 | 丰宜门外小庵 | 丰台区 | 卷十九滦阳续录一 |
| 正妻复生 | 海丰寺街 | 丰台区 | 卷十五姑妄听之一 |
| 壮汉 | 丰宜门内寺院 | 丰台区 | 卷十四槐西杂志四 |
| 雷火 | 广宁门 | 丰台区 | 卷十四槐西杂志四 |
| 少年变老翁 | 黄村至丰宜门 | 丰台区 | 卷十一槐西杂志一 |
| 误与老狐狎昵 | 丰宜门内玉皇庙街 | 丰台区 | 卷七如是我闻一 |
| 与鬼相谈 | 丰台西山 | 丰台区 | 卷七如是我闻一 |
| 古松闻丝竹 | 丰宜门（或许是右安门）外风家园 | 丰台区 | 卷七如是我闻一 |
| 狐戏学究 | 海丰僧寺 | 丰台区 | 卷五滦阳消夏录五 |
| 鬼妻争位 | 海丰寺街 | 丰台区 | 卷四滦阳消夏录四 |

（二）近代报刊

近代以后，报纸成为新的文化媒介，在迅速占领大众文化市场的同时，也聚集了大量文人的文字与绘画作品，风俗异闻、民间故事也成为各类小报喜欢刊载的文章主题。尤其是北京传闻，不仅北京本地报纸趋之若鹜，外地报纸也同样乐于刊载这些天子脚下的谈资话题。考虑到报纸存量之大、阅读之难，梳理这些近代民国报纸中的民间故事资源绝非数月之功就能完成，本文在此仅举一例。

元代以后，"京师多狐"的记载历来多见，狐仙信仰盛行不衰。《古夫于亭杂录》记元至正年间，有西山老狐入京城，找名医范益治病。[1] 明万历间《五杂俎》称"齐、晋、燕、赵之墟，狐魅最多。今京师住宅，有狐怪者十六七，然亦不为患。北人往往习之，亦犹岭南人与蛇共处也。"[2] 明末《万历野获编》中也说："狐之变幻，传纪最夥，然独盛于京师。"[3] 到了民国时期，一方面"四大门"信仰蔚然成风，另一方面关于动物成仙成神的故事不断见诸报端，最早可以追溯到1877年《申报》记录京师夹道居黄鼠狼假扮娘娘"催香火"，结果被御史赶走的故事。[4] 几乎完全相同的故事也见诸李慰

---

[1] 王士禛：《古夫于亭杂录》，赵伯陶点校，北京：中华书局，1988年，第73页。
[2] 谢肇淛：《五杂俎》卷九，北京：中央书局，1935年，第14页。
[3] 沈德符：《万历野获编》卷二十八，北京：文化艺术出版社，1998年，第783页。
[4] 《申报》1877年1月19日，"邪神畏御史"条。

祖于 1944 年根据实地调查所著的《四大门》一书，只不过把前者的夹道居娘娘庙改成了二郎庙，可见这一故事的流传范围广泛且生命力很强。尤其值得我们注意的是，《申报》这类报纸不仅详细记录了动物仙家的故事本身，也往往会同时记录这些故事的讲述环境及其造成的影响，对于民间故事的研究利用尤有助益。例如，京师西便门外护城河边上的狐仙庙，其香火与西便门外杨妃店迤西的惠昌门村狐仙同属一系，也正属于西山永定河文化带范围内。据《申报》记载，其香火大概肇始于清光绪六年（1880）。光绪九年（1883）7 月，因为大仙爷治好了黄蔗香的病，他在《申报》上刊登了一则"感谢神恩"的小广告。广告里说："京都三年前，忽有神止于西便门外角楼上，都人士祷且应，惟病者尤验，往往愈痼疾。因而香火络绎，咸以大仙爷称焉"，明确声称大仙爷最初降神是在此文的三年之前[1]，也就是光绪六年（1880）。

光绪八年（1882）《申报》载，西直门内角楼上降神的乃是大仙爷，一开始人们在护城河的长堤之上拈香拜祷，京师地方官驱逐人群后，他们转移到了对岸的某间破败寺庙之中。庙内只有残损大殿三间、陶器数具，但因为大仙爷灵应异常，所以问病祈事的信众络绎不绝，车马往来、男女杂遝，尤其是在每月初一、十五，更是热闹非凡。甚至门前卖香的小摊贩，一天就能出售七千多束敬神的线香。随着大仙爷的名气越来越大，有富商巨族捐资修庙，先是新增殿宇，随后又添建一进院落，短短时间之内，居然从三间小破殿发展成为廊房环抱、殿宇辉煌、俨然大观的一处庙宇，名为"蕊珠宫"。两年之后，到了光绪八年三月中旬，西便门外杨妃店迤西的惠昌门村里，有个姓朱的人，平时以跑骆驼为生。忽然有一天，他对邻居说，你的儿子几个月前手臂无力，举不起来，我可以帮他治病。邻居觉得很奇怪，因为朱某并不通医术，觉得他只是在戏弄自己，于是只是漫不经心地答应了一声。朱某却很严肃地说：你以为我是在骗你吗？实话告诉你，我是西便门内角楼上的二仙爷。大仙爷向来灵应济世，已经有了蕊珠宫作为他的香火地。我不甘心寄人篱下，想要自立门户、普渡迷津。你家对面有座三官庙，麻烦你告诉乡亲邻里，让我住在三官庙里。然后你再当着众人的面，向我焚香三叩首，我就保证你儿子的手臂病愈。邻居将信将疑，想到儿子的手臂确实无药可治，就姑且听他的话试一试。于是告诉四邻八舍此事，让朱某坐在三官庙里的佛像下首，跪乞默祷后，朱某将一撮香灰包在小纸包里，让邻居家儿子回去喝下。邻居回家一看，香灰已经变成了丸药，吞下去后果然药到病除。以上仙爷搬家和分香火的说法显然属于民间故事的范畴，但《申报》以新闻纪实的方式记录并传播，导致四方香客纷纷涌向惠昌门村的三官庙，一时规模不在角楼大仙爷庙之下，而前去角楼求神的香客顿时减少了三分之一。[2]

---

[1] 清光绪九年（1883）7 月 21 日《申报》，广告"感谢神恩"。
[2] 清光绪八年（1882）6 月 5 日《申报》，"信巫类志"。

虽然二仙爷与大仙爷的分家带走了一部分香火，但西便门内角楼并未因此沉寂。前述那位黄蔗香，赴京城考试高中后，正要回家的时候，忽然一病不起，数月不愈。于是黄蔗香写就疏文，遥向西便门方向祈祷。居然仅仅三天之后，他的病就好了大半，随后竟然能航海南下。黄蔗香对此惊叹不已，于是以登报广告的方式感谢神恩，"特告中外，俾疾痛者知所呼，且藉以谢神恩而要后效云"[1]。到了光绪十一年（1885），西便门大仙爷庙仍然名气不减，乃至户部某位已届退休的官员，为了求子还专门到西便门角楼下仙爷庙求签。然而签文乃是下下，上有"请君回忆卅年前"一语，于是此人洒泪而去。这两则故事同样以"传言"的方式被刊在了《申报》上，记者同时还说，当时京西一带的人们都在讲述这个传闻，大家都相信大仙爷的确说中了此官三十年前犯下的罪愆。[2]也就是说，报纸不仅记录下了故事本身，连故事的讲述人、讲述情境和带来的效果，都为我们提供了信息。

以上所描述的，只是各类报纸记录民间故事中的沧海一粟，然而管中窥豹，已经可以看出这类资料的详细与宝贵。要对北京民间故事进行比较详尽的搜集整理，报纸这类资料不可忽略。

（三）来华外国人记录

中国从未脱离于世界之外，马可·波罗曾留下关于元大都的宝贵记录，朝鲜遣华使的《燕行录》中保留的北京游记早已引起学术界关注。明清以后越来越多的西方商人、传教士、探险家进入北京，他们出于各种不同的目的描写北京生活、记录个人经历、搜集中国文化，因此也保存了许多西山永定河文化带内的民间故事。近年来学术界不断挖掘这些外国人记录北京的作品，为我们展示出越来越丰富的资料与研究图景，也使我们看到挖掘西山永定河文化带遗产资源的更多可能性。

外国人搜集记录西山永定河文化带的民间故事，曾经影响了中国现代民俗学的兴起。典型例子就是铸钟娘娘传说与赵景深的民俗学研究。19世纪晚期的日籍美国人小泉八云（拉夫卡迪奥·赫恩，Lafcadio Hearn，1850—1904）搜集了六个中国故事，编为《一些中国鬼》（*Some Chinese Ghosts*）一书，于1887年在美国出版。第一篇就是讲述北京西山碧云寺大钟来历的《大钟的灵魂》（*The Soul of the Great Bell*）。金受申也记录了这篇传说，并将其命名为"铸钟娘娘"，从此这一故事便以此为名而为人熟知。小泉八云并不是第一位注意到这一北京传说的外国人，1876年谭勒（Nicholas Belfield Dennys）出版的 *The Folklore of China and Its Affinities* 一书中已经提到了这一故事，并且将其与欧洲故事进行了类型学上的比较。次年，也就是1877年，法国人 P.Dabryde Thiersan 将这一故事的一部分翻译成了法语。1927年日本现代书屋再版了《中国怪谈》，

---

[1] 清光绪九年（1883）7月21日《申报》，广告"感谢神恩"。

[2] 清光绪十一年（1885）12月13日《申报》，"宣南寒雁"。

这引起了赵景深的注意,他不仅专门写作了《小泉八云谈中国鬼》[1]一文介绍小泉八云的研究,还专门写信向鲁迅推荐了这一故事。[2]为了解释这一故事的来龙去脉,赵景深引用了他父亲给他的来信:"北京俗称为金顶,寺名今为卧佛寺,或云即碧云寺之大钟。六月朝金顶,为京外的盛会。"一般认为,铸钟娘娘的故事讲的是钟楼大钟,这口大钟曾经属于万寿寺,如今存在大钟寺内。但是赵景深在这里为我们提供了当时存在的另一个说法,将大钟的故事与卧佛寺或碧云寺联系起来,并且将卧佛寺所在的西山也称为"金顶"——这通常被认为是属于妙峰山的名字。赵景深并没有在这些细节上纠结,因为他的关注点始终是故事类型,他很快将这一故事与中国历史上流行的佛教舍身故事,以及日本流行的舍身故事联系起来,由此开始讨论这一故事类型在东亚的流行。

可惜的是,小泉八云和赵景深的故事搜集与研究并未在民俗学学术史中留下太多痕迹,而其他更多的民间故事记录更是无人问津。整理这些故事同样需要大量投入,尤其是考虑到许多记录文本还需要翻译,系统梳理这些遗产资源同样并非一日之功。本报告在此只举出几个例子,以管窥当时西人记录民间故事的情况。

立德夫人(Archibald Little),英国人,1887年随商人丈夫来华,在中国生活了二十年,先后出版了9部与中国有关的英文著作。其中1890年出版的 *The Fairy Foxes: A Chinese Legend*(《狐仙:一个中国传奇》)[3]一书,是她根据北京民间故事所改写的小说。全书用英语口语写成,尽量保持了它作为口头传说的特征。除了这本直接建立在民间故事搜集与转写基础上的小书之外,她还出版了 *Round About My Peking Garden*(《我的北京花园》)[4]、*The Land of the Blue Gown*(《穿蓝色长袍的国度》)[5]、*My Diary in a Chinese Farm*(《中国农村日记》)[6]、*A Marriage in China*(《中国婚事》)[7]、*Intimate China: The Chinese as I have Seen Them*(《亲密接触中国——我眼中的中国人》)[8]、*Guide to Peking*(《北京指南》)[9]等。这些日记与记录中,散落着许多她听到的故事,大多数是她的仆人或偶遇的普通人告诉她的趣闻。

裴丽珠(Juliet Bredon),英国女作家,父亲和叔叔都曾在中国海关担任要职,裴

---

[1] 赵景深:《小泉八云谈中国鬼》,《文学周报》1929年第6辑。
[2] 参见牟学苑、油小丽:《鲁迅、赵景深与小泉八云的〈大钟的灵魂〉》,《石河子大学学报(哲学社会科学版)》2011年第2期。
[3] Archibald Little, *The Fairy Foxes: A Chinese Legend*, Tokio: Kelly & Walsh, L.D, 1895.
[4] Archibald Little, *Round About My Peking Garden*, T. Fisher Unwin, 1905.
[5] Archibald Little, *The Land of the Blue Gown*, T. Fisher Unwin, 1902.
[6] Archibald Little, *My Diary in a Chinese Farm*, Cambridge University Press, 2010.
[7] Archibald Little, *A Marriage in China*, W. Heinemann, 1899.
[8] Archibald Little, *Intimate China: The Chinese as I Have Seen Them*, Outlook Verlag, 2020.
[9] Archibald Little, *Guide to Peking*, Tientsin Press, limited, 1904.

丽珠因此也在北京度过了她一生中的大部分时光。她尤其关心北京的风土人情，为此写作了很多书籍，例如 The Moon Year:A Record of Chinese Customs and Festivals（《阴历年：中国风俗节日记》）[1]、Hundred Altars（《百坛记》）[2]、Peking:A Historical and Intimate Description of Its Chief Places of Interest（《北京纪胜》）[3] 等。在《北京纪胜》一书中，她记录并描述了西郊的园林、玉泉山、西山的寺庙以及著名的庙会庙市，在充满个人体验的细腻描述中，往往也夹杂着她道听途说的各种传闻，可以被视为口头传统的一种形态。

普意雅（Georges Brouillard），法国工程师，曾任平汉铁路总工程师。他长期在西山永定河区域内工作，在其绘制的《中华民国国有铁路沿线地图》中包括多幅北京西郊地图，也留下了许多珍贵的北京西郊影像。本报告尤其注意到的是他的 Péking et Ses Environs（《北京及其周边》）[4] 一书。本书是他在北京的考察报告，不仅有细致的测绘地图、史地与社会调研，也有个人体验与感受，对妙峰山、碧云寺、香山、天泰山、卧佛寺、永定河都有涉及。最重要的是，作为工程师的普意雅也留意民间故事，他在描述天泰山时就用了大量篇幅讲述顺治出家成为魔王菩萨的传说，从侧面佐证了这一传说在当时的流行程度。

（四）自媒体故事家

移动互联网时代，网络自媒体成为信息传播的主要媒介，以往口耳相传的口头传统在新的媒介形式中获得了新的形式与生命力。我们在田野调查中注意到，那些在过去时代中很有可能成为"故事讲述家"的乡土社会的能人、乡贤、"文化人"、"全活人"，很多在今天都做了网络主播，成为视频媒体中的"讲故事的人"。

一个典型案例是大兴区北臧镇砖楼村党支部书记孙英才。他世代居住于斯，了解地方文化，也着意搜集民间文献，是当地有名的乡贤。多年来，孙英才热心地方事务，同时担任大兴区历史遗迹保护协会监事、大兴区乡贤联谊会会长、大兴区诗词学会秘书长等职务。正是这样的人生经历让他肚子里有讲不完的故事。自2021年3月开始，他在抖音"大兴这些事儿"里开设"大兴老故事"专栏，用短视频讲故事，既讲老辈人传下来的口头传说，也讲根据自己经历改编的现代故事。内容上以人物故事和地方传说为主，迄今为止已经更新近50集，涵盖故事近百个。下表简要列出了这些短视频的主要内容。

---

[1] Juliet Bredon, Mitrofanov Igor. *The Moon Year: A record of Chinese Customs and Festivals*. Routledge, 2005.

[2] Juliet Bredon, *Hundred Altars*, Dodd, Mead and Company, 1934.

[3] Juliet Bredon, *Peking: A Historical and Intimate Description of Its Chief Places of Interest*. Kelly & Walsh, 1922.

[4] Georges Bouillard, *Péking et Ses Environs*. A. Nachbauer, 1922.

## 表 2.2.3 自媒体"大兴老故事"中讲述的民间故事

| 序号 | 标题 | 简介 |
|---|---|---|
| 1 | 大兴青云店的名人 | 乾隆母亲吴平灵的故事<br>年羹尧和年山子坟的故事 |
| 2 | 青云店的由来 | 公孙瓒和赵云与青云店的故事<br>马林店旅店的故事<br>乞丐和平步青云的传说 |
| 3 | 大兴龙河与减河 | 大、小龙河河道的开发 |
| 4 | 龙河的由来 | 从永定河故道到今日大兴龙河 |
| 5 | 大兴第一个小区多少钱 | 大兴境内居住小区的建设历程 |
| 6 | 大兴第一个儿童乐园 | 1984年大兴儿童乐园的故事 |
| 7 | 马路为什么叫马路 | 大兴运输公司的故事 |
| 8 | 大兴为什么被称为天下首邑 | 从明朝顺天府开始讲起的大兴县 |
| 9 | 黄村为什么叫黄村 | 唐朝石碑所记载的大兴历史 |
| 10 | 四环超市为什么叫四环超市 | 栖玉江的故事 |
| 11 | 小白羊8号店 | 小白羊超市的创业故事 |
| 12 | 埝坛公园的发展 | 从水库到渔场,再到公园的故事 |
| 13 | 埝坛公园的由来 | 埝坛(滩)村的故事 |
| 14 | 埝坛公园不是念坛公园 | "埝坛"名称的含义 |
| 15 | 天堂河的由来 | 乾隆帝为郎世宁在丰台建教堂的故事 |
| 16 | 瓜子礼贤的含义 | 内官庄村砸瓜子仁的故事 |
| 17 | 大兴礼贤镇的由来 | 燕昭王招贤纳士的故事 |
| 18 | 生活在大兴的楼燕 | 楼燕迁徙的故事 |
| 19 | 庞各庄的故事 | 方观承与庞各庄牌楼的故事 |
| 20 | 大兴七十二连营 | 明初移民的故事<br>"京南吐鲁番"葡萄的故事 |
| 21 | 采育镇的故事 | 皇宫采育署的历史<br>引进培育西方种子的故事 |
| 22 | 北臧村名字的由来 | 明朝后期山西移民的故事<br>于成龙的故事<br>长子营六人的故事 |
| 23—24 | 大兴庞各庄牌楼的故事(2集) | 方观承报恩的故事 |

续表

| 序号 | 标题 | 简介 |
| --- | --- | --- |
| 25-26 | 长子营名字的由来（2集） | 尧长子丹朱的故事 |
| 27 | 庞各庄的名字是怎么来的 | 庞各庄的来历 |
| 28 | 永定河与大兴 | 永定河河道风景 |
| 29-30 | 庞各庄老烧锅（2集） | 隆兴号二锅头与四家烧锅的故事 |
| 31 | 大兴酒文化历史故事 | 南路烧的故事 |
| 32 | 海子角的历史 | 朱棣与海子<br>皇家狩猎演兵的故事<br>角儿堡的故事 |
| 33 | 黄村的千年枣树 | 古枣树与老黄村拆迁的故事 |
| 34 | 芦城村出土的文物 | 发现和挖掘汉代古墓的故事 |
| 35 | 芦城汉代土城墙 | 西汉间城（芦城）城墙的故事 |
| 36 | 渡口石碑的来历 | 李鸿章整顿渡口的故事 |
| 37 | 永定河的名人 | 于成龙、李朝仪、张树枏等道台的故事 |
| 38 | 大兴最南端的固安大桥 | 古渡口的故事 |
| 39 | 北京最牛的奶母坟 | 雍正奶娘的故事 |
| 40 | 大兴赵村险工段的值守 | 赵村水利所治水抗洪的故事 |
| 41 | 大兴以前的龙王庙到底是怎么来的 | 龙王庙的故事 |
| 42 | 大兴这么多铺是怎么来的 | 大兴修堤治水的故事 |
| 43 | 大兴左堤路旁的柳树为何这么多 | 于成龙植柳防洪的故事 |
| 44 | 康庄公园和龙河的关系 | 水库改建广场的故事 |
| 45 | 天堂河农场的由来 | 解放初期的肃反故事 |
| 46 | 大兴早时的儿童零食 | 60年代老冰棍和动物饼干的故事 |
| 47-48 | 黄村的沙子和消失的沙砖厂（2集） | 天宫院的故事<br>沙砖厂建石灰窑的故事 |

从上表可以看出，这些短视频所呈现的正是今天正在流传的、鲜活的"民间故事"，孙英才这样的抖音主播也是当之无愧的当代故事讲述家。我们要搜集口头传统的遗产资源，希望通过传承遗产以理解当下、展望未来，就绝不能忽视这类当下正在活态传承并不断产生的故事与故事传承人。我们相信孙英才只是一个例子，在西山永定河文

化带一定还活跃着无数的新时代讲故事的人，如何挖掘、保护并培养这些宝贵的故事传承人，同样是我们今天面临的重要课题。

（五）村落志和乡镇志中的民间故事

据本项目组初步统计，西山永定河文化带内的行政村大约995个，主要分布在门头沟、丰台、大兴和房山四个区县，海淀区与石景山区由于城市化水平较高，大多数村落已经消失。针对这近千座村落，我们共搜集到217本已出版的村落志或乡镇志，它们的编写水平虽然参差不齐，但无一例外都将本地传说故事作为志书编写的重要内容之一。除此之外，《门头沟村落文化志》中收录了门头沟区185个村落的文化资料，其中民间故事也是必不可少的部分。本项目组对这些村落志、乡镇志和文化志中的民间故事进行了全面搜集，共获得来自362个村落的1160则民间故事，本项目组全部对其进行了数据化处理。如前文所说，《中国民间故事集成·北京卷》中有西山永定河文化带的故事233则。已经出版的各区县故事集32部，我们已将其中的17部数据化，共搜集到西山永定河故事2217则，此次我们从各村志中搜集到的民间故事是对前一阶段各专题和区县故事集的有益补充。篇幅所限，我们无法呈现这些故事的全貌，但如此庞大的数据量已经表明，对已出版民间故事的进一步的整理、分析与数字化将是必要的。

当然，以上四类资料绝非散落四处的民间故事资源全貌，我们还有难以胜数的领域尚待挖掘开拓。例如：北京自辽金以后已经成为印书中心，明代以后广泛流行的各类宝卷善书，很多在北京的内府、寺院、印书局中所刻印。位于石景山区西黄村的保明寺就是其中非常著名的一处寺庙兼宝卷刻印所。这些宝卷善书通过民间教派成员四处宣讲，早已进入从宫廷到民间的广阔社会，成为共享性的知识和故事，西山永定河地区正是这些故事文本传播的起点和中心。再如，近代以来北京的社会调查与风俗研究中，通常会在考察社会文化的同时记录相关的传说故事，即使是关心经济民生的社会学家也常常不会遗漏这些口头传统。以行会研究为例，无论是仁井田陞的《北京基尔特资料集》，还是刘佳、崇璋的《北京各行祖师调查纪略》，都尤其重视收录行业祖师传说。这些行业祖师传说在今天看来就是宝贵的民间故事遗产资源。类似的例子还有很多，我们在此无法一一列举。正如前文所说，完整搜集民间故事必然是永远无法完成的任务，那么我们如此努力地系统搜集整理民间故事究竟有何意义呢？目前又存在什么问题呢？这将是本报告最后一部分将要讨论的内容。

### 三、系统搜集整理民间故事的意义价值与现存问题

（一）学术价值

民间故事曾是中国民俗学的主要研究对象，它的研究意义自然不待赘言。然而系

统搜集整理民间故事与就某一故事进行深入研究并不完全是同一回事。仅就学术研究价值而言，相对系统的故事文本资料也会提供更多研究方向的可能性。以下，本文将以三篇近年来研究北京民间故事的论文为例，说明这些不同的可能性。

1. 理解故事文本生成的历史脉络

故事文本的历时性发展是中国现代民俗学最早发展出的研究方法，顾颉刚的孟姜女故事研究就是其典范。这种研究方法只能建立在系统的资料搜集基础上。2020年施爱东在陈学霖研究的基础上再谈北京"八臂哪吒城"传说的演进过程，是近年来这类研究中的代表。[1] 施爱东广泛利用元代曲词、明清笔记、清代民国时期的曲艺说唱以及民间文学三套集成搜集的文本，对不同异文进行时间排列和文本细读，排列出这一传说发展的几个历史阶段：一、元末已有北京城是哪吒城的说法，但是只有比附，没有相应传说；二、明初之后，哪吒城的说法中断了近500年；三、清代已有刘伯温建北京城传说，主要流行于华北、东北、西北地区；四、清末民初城墙渐次遭毁，哪吒城概念被重新唤醒，开始与刘伯温挂钩；五、成熟的八臂哪吒城传说出自曲艺说唱，创作时间较晚，1957年经由金受申整理而扩散。要得出这一结论，尤其是要说明近五百年间此传说难觅蛛丝马迹，必须以近乎穷尽的资料占用为前提。而北京民间故事资料过于零散、缺少集成，这也是多年来民间故事研究推进不大、且研究主题高度集中（例如集中于《八臂哪吒城》这样已有不少研究的故事）的主要原因。

2. 理解地域联盟的空间范围

除了历时性地排列故事文本的发展脉络外，建立系统完整的民间故事文本集，一个更直观的好处是可以看到故事的空间分布规律。通过分析空间分布，早期的历史地理研究方法或故事传播论学者试图找到故事的最初形式或最早起源，这种研究方法被后来的学者所诟病。而今天的故事研究者发现，故事的空间分布中也许蕴含着其他的社会秘密，例如地方社会中地域联盟的范围和结构。

以鞠熙对京西门头沟地区"天下第一会"故事的研究为例。京西很多香会都自称自己是"天下第一会"，他们所讲述的关于"天下第一会"名号来历的故事也大同小异。通过分析这一故事与走会仪式的关系，鞠熙发现"天下第一会"故事的实质是对地方社会结构的描述：这一故事与三种不同的走会仪式有关，它们分别建立了本村认同、形成了山川圣地中的区域联盟，最后构建了遥远的天下想象。自称"天下第一会"的香会虽然来自某一个体村落，但却反映了区域性村落联盟的共有认同。如果能在充分占有故事文本资料的基础上，绘制"天下第一会"故事的分布图，就相当于分析从村落，到区域，再到想象性的世界整体的多层社会网络结构图，而这将会大大加深我们对地

---

[1] 施爱东：《北京"八臂哪吒城"传说演进考》，《民族艺术》2020年第3期。

方社会结构与组织逻辑的认识。

3. 理解现代社会建构传统的内在逻辑

曹雪芹传说是西山永定河文化带内最引人注目的口头传统，它伴随着一波又一波的"红学热"被不断添砖加瓦、加薪升温。毛巧晖发现，王国维、蔡元培、胡适、寿鹏飞等人对《红楼梦》的研究及曹雪芹其人其事的考证亦可视为曹雪芹传说搜集整理之先声。在左翼文化运动的影响下，曹雪芹传说与《红楼梦》开始大规模跨地域传播，这在新中国成立后又反向流向民间，最终形成与地方文化景观涵化合成的地方性叙事。尤其是西山永定河文化带的"黄叶村"，通过空间布局、时间序列和文化提取，将曹雪芹传说"展演"成地方文化景观，造成一种新的地方体验，使得本来是精神性存在的"传说"逐步成为具体可感的物质存在与集体行为。与此同时，曹雪芹传说成为一种"被体验"的遗产，也成为记忆、回忆和展演的过程。[1] 毫无疑问，毛巧晖所研究的已经不仅仅是作为民间文学的传说，而是以地方遗产形态存在的"口头传统"，它主要以口头形式存在，但只能存在于整体性的生活世界与体验经验之中，因此必然同时伴随着整个地方社会的感知、知识、记忆与景观。而正如毛巧晖的研究所展示的，要理解这种口头传统的存在方式与生产逻辑，一方面需要关注传说文本自身的发展变迁史，理解它如何借用多种资源、凝聚多种合力，才最终成为社会共同认可的共享性知识；另一方面也需要关注传说文本与其他符号形式的联系，在口头传统的整体语境中去理解它如何造成体验、形成话题，并由此获得自己的生命力。这两方面工作当然需要细致的民族志观察，但完整的故事文本搜集整理也是必不可少的。或者换句话说，即使是以展演为中心的口头传统研究，也离不开对文本本身的细致考察。文本细部的微末变化很可能蕴含着重大的语境信息，但如果不是大量的文本比对与整体性考察，我们根本无法发现这些秘密的藏身之处。

（二）现存问题

从文化政策和政府工作的角度来说，清点、保存、传承口头传统类非遗资源，是联合国教科文组织《保护非物质文化遗产公约》中对各缔约国的基本要求，也是全面理解西山永定河文化带历史脉络与文化价值的必要基础性工作。就社会意义而言，将目光从那些已经备受重视的皇家文化移开，面向广阔大地上的普通劳动人民，深入挖掘和广泛搜集属于他们的文化遗产，对于建立北京各群体的认同感与持续感，增强对文化多样性和人类创造力的尊重，都有重要价值。但目前仍存在相当的问题，包括以下四个方面：

1. 搜集意愿不强、力度不够

北京地区大规模民间故事搜集工作在 20 世纪 50 年代和 80 年代曾经达到过高峰，

---

[1] 毛巧晖：《地方性、地方感与地域认同——曹雪芹传说的文化生产路径之考察》，《贵州社会科学》2021 年第 1 期。

当时搜集的文本直接促成了《中国民间故事集成·北京卷》及各区县本的出版，随后几乎所有的故事整理、出版与研究都以这批资料为基础。然而从民间文学三套集成编纂工作结束后，再也没有开展过系统科学的民间故事搜集，与此同时故事研究也几乎停滞。随着非物质文化遗产保护运动的推进，一部分民间故事被列入了"非遗"名录，与之相关的地理史迹文物等也得到了一定保护，这从侧面推动了民间故事的传承与利用，但数量少得可怜，未能从根本上改变民间故事长期缺乏搜集整理的现状。

民间故事的搜集工作遇到挫折，归纳起来可能主要有三方面原因：第一，在学术指导思想上，民俗学者失去了对故事文本的兴趣。从20世纪90年代起，中国民俗学界开始了从民俗文化到民俗生活的研究转型，学者们越来越强调研究故事的表演、语境与讲述事件，否定了故事文本本身的研究价值，这造成学术界对故事文本失去兴趣，研究工作几乎停滞。就拓宽研究思路而言，这一转型当然无可厚非，然而正如本报告上一部分所着力强调的，文本并未失去价值，尤其是系统性地搜集、整理与分析文本，尤其有助于我们在具体时空中理解社会的宏观结构，从而修正过度琐碎且原子化的微观研究。第二，在搜集人才队伍上，地方文献的搜集工作长期以来主要由各地文化馆和史志办等部门担任，这类机构通常比较注重文字文献、文物史迹和舞台艺术，对民间故事重视不够。直接反映在各区、乡镇和村落新编志书中，民间故事所占篇幅也相对较少，有的志书中甚至根本没有这类资料。第三，在实际工作方法上，搜集民间故事需要长期扎根田野，与他们长时间一起生活并留意倾听他们的心声，这对搜集者的体力、精力、耐力，尤其是同理心和田野访谈能力都有很高要求。与之相比，物质文化遗产的调查则通常只需踏勘走访即可，这也造成有兴趣深入民间调查的研究者更容易关注物质文化遗产，而少有关注非物质文化遗产。

2. 整理工作滞后，尤其缺少系统性整理

已经搜集并出版的民间故事目前也都分散各处，既没有系统梳理和编目，更遑论分类和分析。正如前文所述，已经出版的民间故事包括多种情况，西山永定河地区不仅有不少以民俗学理论为指导的民间故事集，也有散落四处的笔记杂纂、报纸杂志、自媒体视频等资料。这些已经部分离开口头语境，以文本形式存在的故事文本数量巨大、内容庞杂、来源各异，但在搜集难度上事实上已经远远小于田野中以口头形式存在的民间故事。如何有效组织力量挖掘并整理这部分既有清晰的时空脉络，又相对易于系统梳理的文本资料，应该是目前民间故事资源挖掘保护的当务之急。

3. 保护水平不高，甚至严重缺乏保护

民间故事作为非物质文化遗产的重要组成部分，其保护手段与其他类别非遗相比有其独特性。增大资金投入、提供物资保障，甚至提高传承人生活水平，对民间故事的传承都没有太大作用。正因如此，习惯于通过"投资"手段保护非遗项目的地方政府，常常会在保护民间故事方面感到束手无策。在长期调查中我们发现，如果一个地方的民间故事传承状况比较好，通常与三方面因素有关：第一，当地的历史风貌与自然景观保存状态比较好。以地方传说为代表，包括神话、人物传说和史事传说等类别，大量民间故事都依附于本地风物而存在。只要这些风物——山川、建筑、人类活动遗迹——仍然存在，与它们有关的故事就不会消失。第二，当地居民有比较稳定的居住环境。无论当地是否存在比较活跃的人口流动，也无论人们是否在年轻时大量外出谋生，只要当地还保留着适宜的居住环境，人们就总是愿意在人生的某一阶段回到家乡。这些生于斯、长于斯的人能够回到故土，当地世代相传的口头故事就不会中断。第三，当地老人受到尊重。只要村落保持着过去尊重耆老的传统，当地老人就会乐意共享自己的历史记忆与口头知识，集体记忆和遗产项目全都有赖于此而形成。然而在社会变革中，一些村落中新的领导者急于"夺权"，或者将孝养老人视为负担，老人们也就无法发挥整合集体记忆、传承集体知识的责任。他们不向年轻人讲述民间故事，民间故事就得不到保护和传承。然而在现代化浪潮不断的冲击之下，京郊大量村落失去了原有的乡土风貌，甚至山川河流的景观都在一定程度上遭到破坏。居民难以在村落中生存下去，只能搬入城中分散居住。原有的村落传统被破坏，老人失去了"耆老"和"宝库"的位置。这都是造成民间故事保护水平不高的根本原因。

4. 旧有传承手段式微、新的传承手段未得到重视

如前所说，民间故事过去的传承方式——口耳相传在现代化浪潮中受到严重挑战。然而在另一方面，随着城市化水平的进一步提高，京郊村落的人口移出加剧，新的人群（游客、创业者、种植大户）的大量涌入，民间故事的传承方式明显发生了新的变化。在调查中我们发现，一方面，互联网的群体性特征日益加强，大量业缘、地缘、趣缘、友缘群体依托网络而形成。他们不仅正在创造属于自己的新故事，也大量讲述和改编旧有故事。互联网中的这些故事发挥着与线下相同的功能：凝聚共识、传承记忆、形成身份认同。另一方面，自媒体时代的到来也使得"讲故事"重新成为一项重要技能，无论是为了吸引流量，还是为了自我实现，我们欣喜地看到一批新的故事讲述家正在自媒体网站上形成。他们以短视频的方式讲故事，既充分利用了故事的口头性和趣味性特征，又使故事的传播范围大大拓宽。然而遗憾的是，这些新的故事讲述家尚未引起研究者和政府的重视，针对他们的搜集、保护、支持计划也不见踪影。

要解决上述问题当然绝非朝夕之功，但我们可以考虑从（1）培养故事搜集的专业队伍；（2）系统开展故事搜集、整理、建档与分析项目；（3）以民间故事保护为抓手，整体推进乡村振兴战略；（4）培养新时代故事传承人这四方面入手提出解决思路。对此，本编概述部分已有介绍，可供参考。

# 第三节　表演艺术类非遗调查报告（以山梆子戏为例）

联合国教科文组织《保护非物质文化遗产公约》所定义的非遗类别中，第二类为"表演艺术"，大致可指代《中华人民共和国非物质文化遗产法》中所说的传统音乐、舞蹈、戏剧、曲艺和杂技，以及中国《国家级非物质文化遗产名录》中的"传统音乐""传统舞蹈""传统戏剧""曲艺"以及"传统体育、游艺与杂技"这五个门类。西山永定河文化带孕育了大量独具北京地方历史文化特色的表演艺术，在这一文化带的非物质文化遗产普查工作中，属于表演艺术类的非遗项目就有237项。然而这些璀璨的民间表演艺术尚如沧海遗珠，很多未被发掘，也有一些没被重视和整理的资料，致使难以开展相关研究。本篇报告将首先简单梳理四类表演艺术文化遗产的现状，把已集结出版的专著、零落分散的记述资料及研究、实地调研的经验材料整合起来，从而力图呈现较为完整的现有文化遗产版图。在此基础上，进一步以山梆子戏这一京西独有的戏剧艺术为具体案例，展现西山永定河文化带表演艺术文化遗产尚存的巨大探索空间。

## 一、表演艺术类非遗资料情况

早期对北京地区民间表演艺术的搜集整理可以概括为两种路线：第一，部分学者和地方民歌爱好者出于对口头传统的兴趣对北京的某几类说唱艺术加以搜集研究；第二，表演艺术界内的研究者对自身专业领域的调查和分析，关涉到京西表演艺术类型。李家瑞的《北平俗曲略》[1]以及杜成娴的《十不闲与诗赋弦》[2]即为前一类模式的代表。相较于"从纸片子里寻求出来的"《北平俗曲略》及其他曲谱、说唱艺术的早期整理和研究成果，《十不闲与诗赋弦》的可贵在于提供了大量的一手资料。杜成娴从涿县至涞水、固安和大兴实地调查，不仅收录了唱词的资料，还囊括了对老艺人的访谈材料以及采风状况，在调查的基础上分析十不闲莲花落和诗赋弦两类说唱艺术。民间歌曲这类表演艺术的研究和口头传统类的文化遗产研究多有交叠重合之处，特别是歌谣研究；因而早期民间歌曲相关的搜集与研究也相应地更多关注可文本化的歌词，较轻视其音乐性和表演性。北京除口头传统之外的民间表演艺术（特别是器乐、舞蹈与体育类）与京西繁盛的庙会活动联系密切，北京庙会的相关研究自然也多有牵涉，但本篇报告仅选取以艺术形式为主题的研究加以介绍。

以京西民间表演艺术为对象的专题性调查不多，直至20世纪50年代才陆续开始。

---

[1] 李家瑞：《北平俗曲略》，上海：上海文艺出版社，1990年。
[2] 杜成娴：《十不闲与诗赋弦》，北京：中国民间文艺出版社，1988年。

## 第二章 非物质文化遗产编

中国戏剧家协会自1958年起陆续出版了《中国地方戏曲集成》；中国舞蹈研究会开展了对民间舞蹈的初步社会普查，并于1964年编印了《全国民间舞蹈调查表》。此后至今，民间文艺资料的编纂和出版已有相当卓著的成果。其中最为瞩目的便是由文化部、国家民委、中国文联共同主办，历时30年编纂出版的《中国民族民间十部文艺集成志书》（以下简称"文艺集成"），这套集成整理和保存了丰富且较为详尽的民间表演艺术资料，出版了关于民间歌曲、戏曲、曲艺、器乐、舞蹈的相关集成，而传统体育、游艺与杂技等也多被囊括于民间舞蹈的范畴之下，如霸王鞭。其中《中国戏曲音乐集成》《中国民族民间乐曲集成》《中国曲艺音乐集成》是由文化部和国家民委、中国音乐家协会于1979年率先发起编纂的；其后中国舞蹈家协会、中国戏剧家协会、中国曲艺家协会也与国家民委联合编纂《中国民族民间舞蹈集成》《中国戏曲志》《中国曲艺志》。

2005年6月开始，我国第一次非物质文化遗产普查开启了民间表演艺术文化遗产整理的新阶段。此前虽然也有地方文史工作者整理了本区县的民间表演艺术，但数量稀少且篇目分散在文史丛书中，仅有门头沟区集中整合了表演艺术的资料集[1]。在多次非遗普查工作的推动下，围绕京西一带较为知名的表演艺术产生了不少资料和研究并举的专著，其中由北京市文学艺术界联合会及北京民间文艺家协会组织编写出版的"非物质文化遗产丛书"具有极高的价值。同期也涌现了大量以非遗项目为依托的非遗介绍、非遗传承人口述史等出版物。

总的来看，目前既有的相关研究和书目多为艺术界学者编写。民间文艺学的工作多集中于民间歌曲的唱词（如子弟书）或在民间花会研究中提供及其作为表演艺术的部分。事实上，虽然各项艺术形式的研究情况不尽相同，但四类表演艺术往往交叉重叠。因此这一部分不再明确区分这几类艺术形式，而是总括性地先介绍已有的资料工作，再分述几类尚未被系统整理搜集的相关资料。

（一）现有普查资料

1.《中国民族民间十部文艺集成志书》

十部文艺集成中共有六部属于表演艺术：《中国民间歌曲集成》《中国戏曲音乐集成》《中国民族民间器乐曲集成》《中国曲艺音乐集成》《中国民族民间舞蹈集成》《中国戏曲志》。这六部集成志书的北京卷基本覆盖了西山永定河文化带各项表演艺术形式，其中关于京西花会的各类民间歌曲、舞蹈及器乐曲的资料最为详尽。

民间歌曲和说唱艺术既属于表演艺术，同时也可以视为口头传统中的歌谣部分。在五四民俗学运动中，民间歌曲和说唱艺术的文本部分较早受到关注，但长期以来并未作为综合艺术形式而被搜集研究。《北平俗曲略》是我国最早系统研究北平俗曲的

---

[1] 分别为《门头沟民间花会舞蹈集锦》《门头沟民间器乐曲集成》《门头沟民间戏曲音乐集成》。

专著，不同于民间文艺学以文本内容为研究对象，李家瑞在本书中审慎地梳理了北平俗曲各类曲调的产生、流传及特征，然而遗憾的是，李家瑞的材料均从书面资料得来，尽管史料丰富翔实，但不可避免地存在部分唱词曲谱的散失，或者唱词和曲谱对不上的情况。在曲谱和歌词的对应上，《中国民间歌曲集成·北京卷》扭转了过去轻曲重词的搜集模式，每一首歌曲都有相应的简谱与歌词，并部分附有歌曲传唱的范围和概况。这部歌曲集成将民间歌曲分为劳动号子、花会歌、小调、风俗歌、叫卖歌、儿歌、叫卖调、吟诵调等类别，并标注了歌曲来源的区县，其中属于西山永定河文化带的有百余首，各区中收录曲目最多的当属花会活动最盛的门头沟区。《中国曲艺音乐集成·北京卷》相较于民间歌曲有更多围绕曲艺种类的概括性介绍，分为八角鼓类、鼓曲、莲花落以及时调小曲四大类别，每一种曲艺种类都有相关历史及艺术价值的概述，收录代表性的曲牌及选段，部分具有戏剧特色的曲艺种类还会辅以人物介绍，但普查的意味并不浓厚。相比歌曲集成，曲艺集成无法通过资料较为直观地展现各类曲艺在北京地区的分布状况。

器乐曲和民间舞蹈两部集成比之曲艺集成则更为细致。《中国民族民间器乐曲集成·北京卷》主要分为宫廷音乐、宗教音乐与民间器乐曲三个模块，根据该部集成内的《北京市乐种分布表》，西山永定河文化带主要的民间器乐曲形式为包含鼓吹乐、吹打乐以及锣鼓乐的合奏曲，尤以花会锣鼓乐在此地区最为广泛。花会相关的器乐曲章节以花会为区分，记录各花会的表演曲目。《中国民族民间舞蹈集成·北京卷》将民间舞蹈归纳为秧歌、鼓钹、武术杂技和有故事情节的表演，并在《全市民族民间舞蹈调查表》中以流传地区为限，罗列了各区县主要的民间舞蹈类别，下表为西山永定河文化带的主要民间舞蹈类别；部分广泛流传的民间舞蹈类型如花钹大鼓还会分列不同村子的情况，为后来的非遗普查奠定了良好基础。

表2.3.1 西山永定河文化带流传的传统舞蹈

| 流传地区 | 舞蹈名称 |
| --- | --- |
| 丰台区 | 高跷、狮子、龙灯、五虎棍、云车、开路、花大鼓、杠箱、小车、秧歌、太平鼓、旱船、中幡、杠头、双石、天平、观音会、中军、童子棍会、铜锣会 |
| 石景山区 | 太平鼓、高跷、龙舞、狮子、小车、地秧歌、花棍、旱船、石锁、跑驴、钱粮筐 |
| 门头沟区 | 五虎少林、开路、中幡、大鼓、狮子、高跷、石锁、地秧歌、小车、旱船、跑驴、太平鼓、锅子会 |
| 房山区 | 少林、旱船、开路、霸王鞭、龙灯、跑驴、五虎少林、坛子、高跷、太平鼓、秧歌、杠箱、小车、狮子、腰鼓、大头娃娃、大鼓、登云会（高跷） |

续表

| 流传地区 | 舞蹈名称 |
|---|---|
| 大兴区 | 少林、高跷、武吵子、中幡、龙灯、狮子、跑驴、杠箱、开路、花钹、云车、小车、什不闲、小高跷、挎鼓、五虎少林、大头娃娃、大秧歌 |

戏曲是集曲艺、器乐、舞蹈为一体的艺术形式，和莲花落、十不闲等曲艺之间有重合的部分，和民间舞蹈表演又共享相似的专业术语，但相较于其他艺术形式要求更高的组织性。《中国戏曲音乐集成》和《中国戏曲志》的编纂体例不同，前者由中国音乐家协会编纂，与《中国曲艺音乐集成》采用类似的体例。北京卷中分为京剧、北方昆曲、河北梆子、评剧以及北京曲剧五个类别，分述其概况，罗列其唱腔、器乐、折子戏与人物介绍；后者从北京地区戏剧的不同方面展开介绍，所覆盖的资料类型更为庞杂，除却艺术形式本身的剧目音乐等情况，还设置了戏剧相关机构、演出场所、演出习俗、报刊专著等板块，以更为宏观和整体性的视角审视北京的戏曲。然而这两部戏曲相关的集成无法呈现各类剧目的流传情况，尤其是京郊地区的独特剧种山梆子等笔墨不多，更多着笔于京剧、昆曲等主流剧种。

2. 非遗普查与学术研究

民间表演艺术的研究主要有两种类型，首先为艺术研究，主要机构为中央音乐学院、中央戏剧学院、北京舞蹈学院、中国艺术研究院等[1]；后期某些类别的历史文化价值被其他领域学者关注到，如子弟书等说唱艺术之于明清文学[2]，花会幡会表演之于社会组织[3]，太平鼓之于宗教仪式[4]等。但在此需要强调的是，京西一带表演艺术的研究和非物质文化遗产普查之间有着密切的联系，因此在这一部分将并举非遗普查与学术研究的相关情况。

2005年至2009年，我国第一次大规模开展了全国性的非遗普查活动，其后又多次新增非遗项目。截至2021年公布的第五批非遗名录，在西山永定河文化带共有表演艺术类国家级非遗项目7个，分别为京西太平鼓（门头沟）、京西太平鼓（石景山）、京西太平鼓（怪村）、古琴艺术、白庙京音乐、千军台庄户幡会、太子务武吵子会。市级非遗项目18个，区级非遗项目82个。与之相应，21世纪以来，围绕京西一带表演艺术的学术研究也大抵聚焦于以上几类表演艺术形式，特别是京西太平鼓和幡会。

---

[1] 例如张振涛：《诸野求乐录：音乐学研究文集》，济南：山东文艺出版社，2002年。

[2] 例如李芳：《清代说唱文学子弟书研究》，北京：社会科学文献出版社，2022年。郭晓婷：《子弟书与清代旗人社会研究》，北京：中国社会科学出版社，2013年。

[3] 例如围绕京西幡会的研究多关注到其对于地方社会的组织意义，参见张士闪：《京西幡会：一个追求"天人吉祥"的联村仪式》，《民族艺术》2007年第3期；韩同春：《庄户——千军台幡会走会序列及其象征意义》，《民族艺术》2011年第1期；鞠熙：《天下第一会：京西涿州赴会故事中的天下观》，《民族艺术》2021年第6期。

[4] 例如杨育：《太平鼓：祭祖驱疫的歌舞》，《民间文化论坛》2005年第3期。

在"非物质文化遗产丛书"中，属于西山永定河文化带的共有19本，其中与表演艺术相关的七本分别为《白庙村音乐会》《柏峪秧歌戏》《妙峰山庙会》《千军台庄户幡会》《石景山太平鼓》《幡鼓齐动十三档》《太子务武吵子》，涉及6项非遗项目：白庙京音乐、柏峪燕歌戏、龙泉务村石锁会、千军台、庄户幡会、石景山太平鼓、太子务武吵子会。此套丛书由深耕相关领域的学者或文史工作者撰写，作者多参与了该项目的非物质文化遗产的申报，丛书对几项表演艺术类非遗项目考证深入、材料丰富，构成此地区民间表演艺术研究的主要专题出版物，其余这一地区表演艺术相关书目见下表。在非遗语境下，一些在过去分类框架下易被忽略的表演艺术类别，特别是难以归置于舞蹈下的体育竞技项目，得到了主要围绕传承情况展开的调查与研究。[1]

总的来看，集成最为全面，资料性强；非遗普查更为细致，重要项目所在的社会生活有整体性介绍，且其中非遗丛书系列的学术价值较高；学术研究也许是受资料丰富程度的影响，多集中于某几类颇受关注的表演形式。

**表2.3.2 表演艺术非遗相关研究专著**

| 书名 | 作者 | 出版社 | 出版时间 | 范围 | 丛书 |
| --- | --- | --- | --- | --- | --- |
| 《太子务武吵子》 | 赵玉良 | 北京出版集团公司 北京美术摄影出版社 | 2017年 | 大兴区 | 非物质文化遗产丛书 |
| 《石景山太平鼓》 | 杨金凤编著 | 北京出版集团公司 北京美术摄影出版社 | 2015年 | 石景山区 | 非物质文化遗产丛书 |
| 《白庙村音乐会》 | 赵玉良、贾廷信等 | 北京出版集团公司 北京美术摄影出版社 | 2017年 | 大兴区 | 非物质文化遗产丛书 |
| 《幡鼓齐动十三档》 | 高巍 | 北京出版集团公司 北京美术摄影出版社 | 2015年 | 房山区 | 非物质文化遗产丛书 |
| 《柏峪秧歌戏》 | 袁树森、谭怀孟著；北京市文学艺术界联合会组织编写 | 北京出版集团公司 北京美术摄影出版社 | 2017年 | 门头沟区 | 非物质文化遗产丛书 |
| 《京西太平鼓》 | 包世轩 | 北京出版集团公司 北京美术摄影出版社 | 2016年 |  | 非物质文化遗产丛书 |

---

[1] 例如张楷悦：《北京景山公园传统体育项目"抖空竹"市民传承的调查报告》，北京师范大学文学院本科学位论文，2020年。该论文的主要内容也发表于2022年出版的《第十二届全国体育科学大会论文摘要汇编——墙报交流（武术与民族传统体育分会）》中。

续表

| 书名 | 作者 | 出版社 | 出版时间 | 范围 | 丛书 |
|---|---|---|---|---|---|
| 《京西幡乐》 | 包世轩 | 北京出版集团公司 | 2014年 | | |
| 《千军台、庄户幡会》 | 王朝臣 | 北京出版集团公司 北京美术摄影出版社 | 2015年 | 门头沟区 | 非物质文化遗产丛书 |
| 《北京非物质文化遗产传承人口述史——大兴诗赋弦——李润生》 | 北京非物质文化遗产保护中心主编,李润生口述,强文、金泽雨整理 | 中国戏剧出版社 | 2020年 | 大兴区 | 北京非物质文化遗产传承人口述史 |
| 《京西太平鼓》 | 文鹰、文静 | 文化艺术出版社 | 2014年 | | 北京市非物质文化遗产丛书 |
| 《京韵流芳——北京民间曲艺选介》 | 张维佳、张弛编著 | 商务印书馆 | 2017年 | 北京市 | 北京市民语言文化阅读书系 |
| 《石景山太平鼓》 | 石景山区文化委员会编 | 同心出版社 | 2013年 | 石景山区 | |
| 《十不闲与诗赋弦》 | 杜成娴 | 中国民间文艺出版社 | 1988年 | 大兴区 | |
| 《北平俗曲略》 | 李家瑞 | 上海文艺出版社 | 1990年 | 北京市 | |
| 《门头沟民间花会舞蹈集锦》 | 门头沟文化丛书编委会、门头沟政协文史办 | 中国文联出版社 | 2004年 | 门头沟区 | |
| 《北京幡会研究》 | 韩同春 | 人民出版社 | 2014年 | | 国家社科基金后期资助项目 |

续表

| 书名 | 作者 | 出版社 | 出版时间 | 范围 | 丛书 |
|---|---|---|---|---|---|
| 《北京民族民间舞蹈资料汇编1》 | 中国民族民间舞蹈集成北京卷编辑部 | | 1987年 | | |
| 《北京民族民间舞蹈（二）》 | 中国民族民间舞蹈集成北京卷编辑部 | | 1989年 | | |

（二）尚未系统整理搜集的资料

1. 文史资料内的表演类非遗活动概述

各区县都长期坚持出版了大量文史资料，各辑内几乎均涉及民俗内容，表演艺术是其中的重要组成部分。不少地方文史工作者搜集的一手材料和相关发现，存留了一些如今可能已经消失或者已变化了的非遗表演项目记载，是推进西山永定河地区表演类非遗研究的重要资料。但是，文史资料内的相关篇目较为分散，且往往只记述该区最为瞩目的几个项目，难免挂一漏万，难以呈现丰富且相互交织的民间表演艺术状况。在目前我们搜集到的各地文史资料内，专门描述表演类非遗活动的条目仅22条，而即使在这些极少的文史资料文章中，当提及民间表演艺术时，也通常仅为概括性的描述，罗列的内容均为该表演艺术门类的共有特点。总的来说，文史资料可以为我们了解京西表演艺术的一般情况提供概括性的介绍。某些备受关注的民间表演艺术，如大兴区北京琴书的前身——五音大鼓、房山区有佛教渊源的银音会、门头沟区名目众多的花会与幡会等，在文史资料内有比较详细的记载。

2. 村落志和乡镇志中的民间表演组织

西山永定河文化带中的大多数村落都有本村的文艺项目和组织，就其艺术形式和具体表演内容而言，常常能看出地缘性关联。但是这些以村落为单位的民间表演组织，因为规模不大、历史传承脉络不够明晰，很难进入各级非遗代表作名录，更无法在各类《集成》中予以展现，相应地也就很少进入研究者的视域。值得庆幸的是，在各类村落志和乡镇志中，这些独具特色的表演艺术项目被详细记录下来。更重要的是，由于以村镇为单位，村落志相较于其他类型资料更能整体性地展现出民间表演艺术的土壤——本村的公共演出空间、表演艺术与村内信仰之间的联系、表演艺术群体组织的依托、各村独有的曲目剧目等。较之着眼于艺术形式的记录或研究，村落志为我们提供了村落表演活动的全景。我们能从中看到不同表演艺术如何在同一村落内共存，艺术文类之间如何交流共通，如何共享村内主要的公共空间，相近的表演门类如秧歌戏与山梆子戏等又是如何相互融合、彼此借鉴等。这是其他任何一种现有资料都无法提供的优势。通过将村落志中的表演类非遗进行要素提取和数据库整合，也能在区域社会的整体意义上理解不同非遗文类的分布状况、表演特点、传承情况等，更有助于我们在整体上理解和把握表演类非遗的情况。目前本项目组已从现有的村落志中收集表演类非遗近300条，这意味着将近300个相关表演组织的活动，可以大大扩充我们对地方表演活动及其社会组织的理解。

3. 未出版的民间手抄本

民间表演艺术的相关资料有不少未曾整理付梓，不少油印本和影印本资料没有公开出版，如首都图书馆馆藏《门头沟民间歌曲集（资料本）》油印本；另一更重要的方面是民间也有抄本未能集结出版，这些抄本往往是地方表演者自发抄写记录，对了解表演艺术缘起和发展具有重大意义。如《京西古城村太平歌词》，这一民间抄本重抄于1929年，是研究京西古城村花会表演的重要历史材料。[1] 曾有部分学者从各地抄本里收集了一些民间唱词，如包世轩在《北京城乡秧歌会经典唱词选》中辑录的《大上寿》和《五台》等曲目便来自龙泉务村的民国早期抄本。但是更大数量的民间抄本从未得到搜集、重视，更遑论研究。我们针对山梆子戏的专项调研中，就搜集到各类抄本185种。这表明，这类抄本仍在民间有丰富的遗存。随着京西村落的空心化加剧，这些抄本正面临急剧失传的境地。仍以山梆子戏为例，我们搜集到的445种剧目中已有260种缺少抄本，难以继续表演和传承。传统歌曲与戏剧虽可以口口相传、耳濡目染习得，但书面化能极大裨益其存续与研究。这类资料的获取难度更大，但对于表演艺术类非遗意义重大，项目组在实地调查中会着意收集此类资料。在本节随后部分中，将对山梆子戏的调查整理情况做进一步说明。

4. 音影像资料

诚然我们能在许多相关出版物中看到不少民间表演艺术的图片，但不同于其他非遗类别，表演艺术文化资料最直观的载体显然并非文字，也不应止于图片，声音和动态画面的记录是表演艺术最必要但也是相当匮乏的资料类型。北京记忆网站在这方面做了初步的尝试：在"北京说唱艺术"的专题中设置了音像图库的专栏[2]，但是数量有限，种类不够丰富，均为过去电视节目中的资料；在"我的北京记忆"中设有"北京吆喝"[3]

---

[1] 北京市石景山区地方志办公室编：《民俗风物》，北京：中国文献出版社，2008年，第185—188页。
[2] 参见音像图库 – 北京说唱艺术 – 北京城市记忆（pekingmemory.cn）
[3] 参见北京吆喝 – 我的北京记忆（mypekingmemory.cn）

与"北京民歌"[1]的栏目,存档了一些叫卖调和童谣歌唱的音像资料。

尽管音像资料的录制愈发便利,但京西民间表演艺术的这类资料并不丰裕。随着传播媒介的发展,一些民间群众也已自发录制了本地的表演节目,有些也上传到自己的社交账号中,但由于设备限制等原因,基本上只有表演片段,鲜有系统性地去录制完整的场次表演,并记录演出时间、地点、人员等基本信息。在山梆子戏的调研中,我们也了解了此类资料的状况,并摄录了燕家台村的《打金枝》和李家庄村的《大雁捎书》两场山梆子戏的演出。

## 二、山梆子戏调查报告

### (一)山梆子戏的搜集整理与研究现状

目前关于山梆子戏的专门资料十分匮乏。在戏曲的两部集成中以及其他北京地区戏曲及资料专著中,山梆子往往被归类到河北梆子之下,作为河北梆子在京西一带的变体,山梆子的具体分布区域及其特点都长期为人忽视。

紧密围绕山梆子戏展开讨论的文章,多散佚于文史资料、北京研究中,本项目组尽力全面搜集整理,但总体数量不多,相关篇目详见下表。其中内容较为翔实丰富的是包世轩撰写的关于门头沟戏曲的文章,尤以《北京市门头沟戏曲志》[2]为代表,刘铁梁主编的《中国民俗文化志北京·门头沟卷》中"山梆子与燕歌戏"一章也有论述[3]。相较而言,硕士论文往往能提供更多的基础资料。中国艺术研究院赵咏哲的硕士论文对京西山梆子戏环境、文学加以叙述,但其主要还是着眼于山梆子戏的音乐性[4];曹俊仙则是在民俗学视野下,基于更为翔实的田野调查材料,将山梆子戏置于区域历史和民俗生活中考察,探求地方戏的传承问题[5]。

此外本项目组所搜罗的相关书面资料多来自村落志,这些资料揭示出已有山梆子调查多遗漏了房山地区兴盛的山梆子戏状况[6]。在实地调研中,项目组更是发现,与书面资料的匮乏状况迥乎不同,山梆子戏是一类鲜活的表演艺术,曾有过极热闹辉煌的

---

[1] 参见北京民歌 – 我的北京记忆(mypekingmemory.cn)
[2] 参见包世轩:《抱瓮灌园集》,北京:燕山出版社,2011年,第505—562页。
[3] 参见刘铁梁主编:《中国民俗文化志北京·门头沟卷》,北京:中央编译出版社,2006年,第259—286页。
[4] 赵咏哲:《京西山梆子戏》,中国艺术研究院硕士学位论文,2016年。
[5] 曹俊仙:《地域社会与地方戏的传承——民俗学视野下京西山梆子戏的传承研究》,北京师范大学文学院硕士学位论文,2009年。
[6] 包世轩的文章中虽提及山梆子戏广泛分布于曾同属宛平县的门头沟与房山地区,但并未提及房山的山梆子戏情况。曹俊仙的文章中最为全面地说明了山梆子戏的分布情况与区域历史,并呈现了房山地区如秋林铺、金鸡台等在其他文献中鲜少说明且现今已无剧团的村落情况。

时期，是地方社会的重要文化生活事象。

为了更整体性地了解京西地区的山梆子戏情况，2022年9月29日，本项目组组织举办了"山河古戏——山梆子戏文化资源调研与座谈会"，会议邀请到了相关部门人员以及门头沟区与房山区9个山梆子剧团的近20名代表，共同分享并讨论了山梆子戏的传承与保护现状[1]；其后继续推进相关资料的搜集整理工作以及相关地区的实地调研。根据目前所获得的材料来看，已有研究对山梆子戏艺术特点的叙述已较为详备，但少有介绍其历史、社会、剧目、现状的整体情况。作为西山永定河文化带独有的表演艺术门类，山梆子戏尚存巨大的研究空间。

表2.3.3 现有关于山梆子戏的研究篇目

| 书名 | 作者 | 出版社 | 出版时间 | 相关内容 |
| --- | --- | --- | --- | --- |
| 《京韵流芳北京民间曲艺选介》 | 张维佳、张弛编著 | 商务印书馆 | 2017年 | 第二讲古戏芳华二、山梆子戏 |
| 《抱瓮灌园集》 | 包世轩 | 北京燕山出版社 | 2011年 | 《北京市门头沟戏曲志》 |
| 《门头沟文物史料——民俗篇》 | 门头沟文化丛书编委会编 | 中国文联出版社 | 2004年 | 民间艺术《燕家台山梆子：百年老细风韵存》作者：路艳霞 |
| 《西山问道集》 | 包世轩 | 北京燕山出版社 | 2011年 | 北京民间传统文化艺术与风俗研究《门头沟民间戏曲简况》 |
| 《拾遗门头沟》 | 常蓉主编 | 北京出版集团公司北京出版社 | 2018年 | 《西斋堂梆子戏》 |
| 《斋堂川》 | 李慷云、门头沟区人大、张广林、永定河文化研究会主编 | 团结出版社 | 2011年 | 八、民间文化百花艳 1.韵味浓厚的民间戏曲 |
| 《门头沟民间戏曲音乐集成》 | 门头沟文化丛书编委会 | 中国文联出版社 | 2001年 | 山梆子戏 |
| 《京西戏曲杂谈》 | 谭怀孟 | 团结出版社 | 2014年 | |

---

[1] 下述部分信息来源于本次山梆子戏座谈会，时间地点不再另注。

## （二）山梆子戏田野调查报告

### 1. 北京山梆子戏的源流、传承与变迁脉络

关于北京山梆子戏的来源众说纷纭，并无定论，统合各类说法可以得知，北京山梆子融合了河北梆子、山西梆子以及陕西梆子（即秦腔）三类北方地区传统戏曲，结合北京西山地区独特的地方风貌，成为不同于河北梆子和山陕梆子的剧种。以上三种来历各有说法：一些村子流传的传说将山梆子戏和明末闯王李自成打入北京城相联系，认为是其手下官兵将家乡的西秦腔以及山西晋剧带到了门头沟和房山等地。[1] 也有部分村子认为因其祖上就源自山西洪洞大槐树，迁至此处之后自然还是会唱山西梆子。河北梆子的脉络则更为清晰，也是更为主流的说法，大多村子均声称是于清中后期延请的河北梆子戏班来村中教戏。

而当具体到各个村子何以开始唱戏时，其表述则多有抵牾，在此以门头沟区杨家村曾经的喜顺和班为例说明。山梆子戏在斋堂川广为传唱，六合班是其间最负盛名的戏班，现属斋堂村。杨家村为斋堂川煤窝四村之一，今西斋堂村六合班上溯其历史时称：斋堂清水两镇有名的戏班子，如清水村宽顺和班、李家庄村义和班以及杨家村喜顺和班，均得益于六合班师傅教导并于民国初年组建。而杨家村却声称其民国初年组建的戏班仰赖房山青土涧归来的本村人麻来喜，他招收小青年学戏，戏班又在八宝山庙会上名声大噪，京剧表演艺术家杨小楼为戏班起名为"喜顺和"。在麻来喜之后来本村教戏的是清水"宽顺班"杜长旺以及房山秋林铺的任成兴，丝毫未言及六合班。[2] 从这些错综复杂且彼此矛盾的表述中可以看出，清末民初时期，这一带广泛存在学戏唱戏的风气，梳理出所谓客观、真实的历史传承脉络是徒劳的，这些村落之间交流频繁、彼此学习。不过值得注意的是，多个百花山北侧的村子提及本村民国初年有从其南侧地带（今房山区），特别是史家营乡的青土涧村和秋林铺村，请老师来村中教戏。实际上被既往研究者常常忽略的百花山南宛平县"南八村"在彼时是山梆子戏发展的重要区域，这一点在百花山南山北的村子说法中相互印证。

在相关传说以及村落志的记载中，京西山梆子的形成、延续和变迁大致表现为五个阶段。在部分山梆子戏源流追溯的文献材料中，山梆子戏的源流被追溯至明朝，并和山西洪洞大槐树移民故事以及闯王入京的传说相联系，以此来解释其具有山陕梆子

---

[1] 张维佳、张弛编：《京韵流芳 北京民间曲艺选介》，北京：商务印书馆，2017年，第31页。
[2] 参见北京门头沟村落文化志编委会编：《北京门头沟村落文化志（二）》，北京：北京燕山出版社，2008年，第871页。

的特征。[1] 然而在各村关于山梆子戏的叙述中，这些村落最早也只在清末民初时期出现戏班子，而且多呈现出与河北涞水、涿州等地交流密切的特征，因而山梆子戏起源于河北梆子的说法流传更加广泛。[2] 这一时期内涌现出一批声名远扬、在周遭巡演的戏班，如斋堂的六合班、房山的天成班等，都据说得到了皇帝的赏识与敕封。不过山梆子戏最为繁盛的时代实应为20世纪50年代左右[3]，尽管战时部分戏台被毁，但演戏的热情从未断绝，在民间文艺运动高涨的环境下这一带组建起更多的剧团，知识分子下乡使这一地方戏种在专业演员的指导下愈加精进，如燕家台村民陈良花的化妆高招儿就是在中国戏曲学校京剧教师下放劳动期间向其习得的[4]。这一时期可谓山梆子戏空前绝后的鼎盛时期，演员、文武场、行头以及戏台都于此时发展成熟，女演员也开始被吸纳到山梆子戏的表演中。其后的"四清"与"文化大革命"中止了山梆子戏的演出，也毁坏了村子过去自行采买置办的戏服和行头，剧团改唱样板戏，但这一组织模式为日后山梆子戏的恢复奠定了人员组织的基础。[5] 改革开放之后，山梆子戏的余韵又重新在京西山岭之间响起，受当地人的热烈追捧与支持，部分村落出现了年轻人学戏热。但21世纪以来，受人口流动和现代传媒的影响，村戏的影响力已不如往昔。

2. 隗氏家族与京西山梆子戏

上文已大致勾画了北京山梆子的总体变迁脉络，这一部分将选取以往多被忽略的房山地区，并着重围绕隗氏家族呈现山梆子戏的情况。在现存的山梆子戏团中，蒲洼乡的芦子水山梆子戏团和蒲洼东村的北京民之乐山梆子戏团代表均为隗姓。据东村代表隗合印所言，蒲洼一带的戏都是芦子水隗永生的老太爷传授的；而芦子水的隗永生

---

1 例如有燕家台村在明末清初村中就有唱传统梆子的说法，参见北京市政协文史资料委员会编：《北京文史资料精选·门头沟卷》，北京：北京出版社，2006年，第305页。杨家村的戏被认为"斋堂川、大安山、煤窝，都有明朝从山西省大槐树底下过来的移民，同时把山西梆子戏曲文化、文明习俗传承过来是毋庸置疑的"，引自北京门头沟村落文化志编委会编：《北京门头沟村落文化志（二）》，北京：燕山出版社，2008年，第873页。柏峪村志中将燕歌戏归结为由明代守关军户将士传来，山梆子戏在传说中最早源于李自成入关，参见柏峪村志编纂委员会编：《柏峪村志》，中国邮政集团公司北京市门头沟区分公司《村志》编辑部出版，出版时间不详，第77页和第80页。

2 例如有记载称田庄村在清乾隆年间从河北定州一带引进河北梆子，参见北京门头沟村落文化志编委会编：《北京门头沟村落文化志（三）》，北京：燕山出版社，2008年，第1092页。

3 芦子水村志中更是明确将该阶段的演出者称为"真正唱出来名堂，是空前绝后的一代"，"无论先辈还是后来者，都无达到这个水平"。引自隗合旺编著：《房山区芦子水村志》，海口：三环出版社，2021年，第121页。

4 路艳霞：《燕家台山梆子：百年老戏风韵存》，《北京日报》1999年10月8日。

5 例如在对上清水村的调查表明，现今该村山梆子戏的主要参演人员就是该时期村内宣传表演团的成员。受访者：连国民，20世纪50年代生人。访谈时间与地点：2022年9月1日于上清水村。

则是家中祖传学戏[1]，山梆子戏的传承谱系和隗氏家族谱系在一定程度上相对应。

"天下一个隗，老家芦子水"，蒲洼乡芦子水村是北方隗氏的集中居住地，隗氏家族自认是明永乐年间由始祖隗支全率族人自山西洪洞大槐树下移居至此，京西隗氏祭祖习俗也被列入非物质文化遗产名录中。在村南芦子水老坟遗址内有1913年"隗家老坟重立碑碣记"，原碑为隗氏七代祖隗仲仓为纪念其父抗鞑英雄隗朝水所立。芦子水村宗族文化浓厚，有着严格的族纲秩序，且严守不通婚的传统家风。山梆子戏的传承也与之相应，长期秉持传男不传女的规范，直至"文革"之后20世纪70年代末才开始培养女性青衣和旦角。[2]

芦子水山梆子戏据说曾被清朝皇帝赐匾敕封"天成班"。据传芦子水先辈赤脚一路唱到京城，之后村中演戏时都会把这个牌子挂上，该匾于20世纪60年代尚存。也许正因如此，芦子水村的老戏楼和老调梆子在当地小有名气，位于村中央的老戏楼在危房险户改造过程中未被拆除，至今尚存。芦子水村和其他村子相仿，在"文革"结束后的20世纪六七十年代出现了年轻人学戏的热潮，但不同的是，芦子水掀起的是女孩学戏潮，当地还曾流传着"田间野外排练地，锄把铁锹做道具。倒骑耕牛哼梆曲，姑娘们都会三出戏"的顺口溜，女孩子们为了学戏出嫁不出村。[3]芦子水村内女性学习戏曲和演出的时间并不早于此地区其他村落，以房山区史家营乡元阳水村和柳林水为例，新中国成立以后的1950年春，在恢复山梆子传统戏曲的同时，村中女性就已第一次登上舞台参与演出，并担纲传统戏曲中的角色，而非仅表演现代剧。

除却对于女孩子学戏唱戏的限制，演戏附带的一系列其他规矩也能够反映地方社会的组织情况。一般而言，有地域限定的子弟戏班不会像江湖戏班一样有严格的拜师流程，然而芦子水山梆子戏班有着严明的组织纪律：在1949年之前，男孩到了七八岁都要进戏班学戏，好的留下，不行的淘汰；孩子学戏前需要拜师；开戏前三遍锣响唱戏人不到罚一桶煤油，无故三次不到者开除，并在唱戏开场前绑在戏楼柱子上示众，还要罚钱等[4]。村戏演出的状况是村落凝聚力的外显，芦子水在大年时节、正月十五以及八月十五都会唱上三天左右的大戏。戏班演出人员均吃派饭，不论唱多少天都是被三三两两地分派到各家吃饭，大家都会好生招待。

---

[1] 山梆子戏座谈会上发言。发言人：隗永生，蒲洼乡芦子水山梆子戏团代表。
[2] 隗合旺编著：《房山区芦子水村志》，海口：三环出版社，2021年，第121页。
[3] 山梆子戏座谈会上发言。发言人：隗合印，蒲洼乡东村北京民之乐山梆子剧团代表。
[4] 隗合显、隗合仕、隗合贤、隗合印：《蒲洼乡芦子水村的"山梆子戏"》，《房山文史资料第二十八辑》，http://zx.bjfsh.gov.cn/zxsz/fswszl/fswsesbj/wwsl28/index.htm

3. 山梆子剧团的空间分布与演出状况

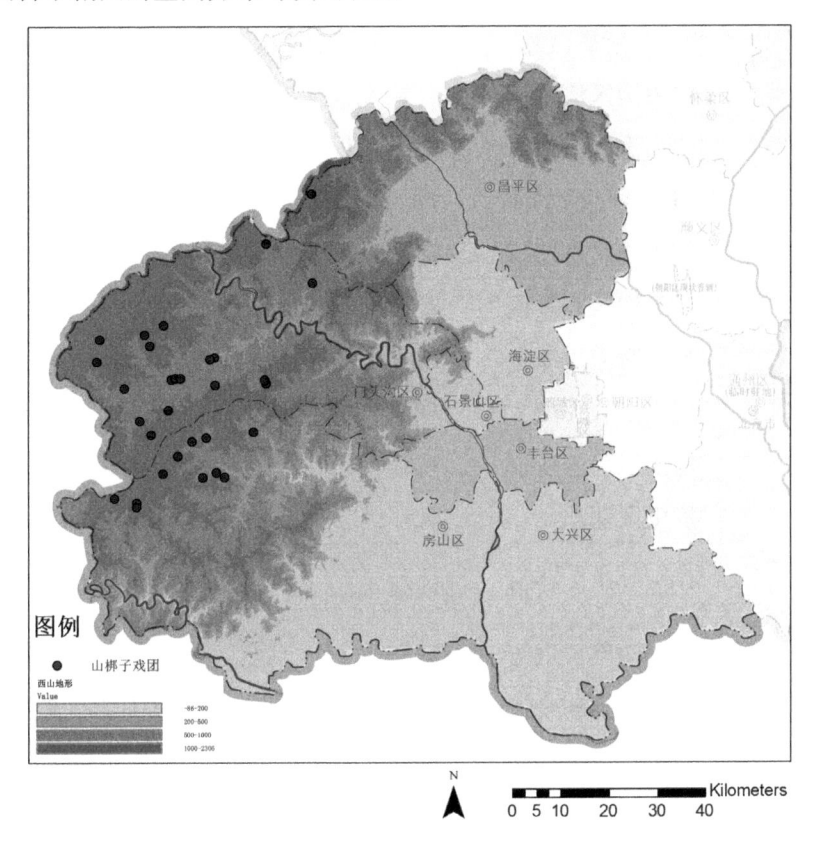

图 2.3.1　山梆子戏团分布情况

不同于其他表演类非遗通常具有较强的传播性，山梆子戏的流传地域更为集中。北京现存山梆子戏剧团共 11 个，戏团存留情况参见下表。除却昌平长峪城山梆子剧团之外，其余 10 个戏团均坐落在百花山－髽鬏山山岭周边，北以灵山－黄草梁山岭为屏（参见上图）。正如谭怀孟所说，"这些有戏班的村庄大体可分成三种类型，一是成村较早、户数较多的古村；二是关隘、交通要道的戍边古村；三是古寺、庙、观较多，常有祭祀活动的村"[1]。根据调研结果，与其说是村庄的三种类型，不若将其视为有戏之村的三个显著特点。成村较早、戍边之地、祭祀活动丰富，事实上具有强相关性，是相互交叠、彼此关联的要素。

---

[1] 刘铁梁主编：《中国民俗文化志北京·门头沟卷》，北京：中央编译出版社，2006 年，第 269 页。
[2] "曾录入非遗名录"指在非遗名录中但现已没有剧团的村落；"有文献记载"指在既有研究、村落志等文献资料以及访谈中了解到存有山梆子戏但并未录入非遗名录且现已不存的村落。

### 表 2.3.4　山梆子戏分布情况表

| 村名 | 所属区划 | 山梆子戏情况[1] | 剧团名 |
| --- | --- | --- | --- |
| 田寺村 | 门头沟区清水镇 | 曾录入非遗名录 |  |
| 洪水口村 | 门头沟区清水镇 | 曾录入非遗名录 |  |
| 龙王村 | 门头沟区清水镇 | 曾录入非遗名录 |  |
| 田庄村 | 门头沟区雁翅镇 | 曾录入非遗名录 |  |
| 马套村 | 门头沟区雁翅镇 | 曾录入非遗名录 |  |
| 长峪城村 | 昌平区流村镇 | 现存 |  |
| 西苑村 | 房山区大安山乡 | 现存 |  |
| 芦子水村 | 房山区蒲洼乡 | 现存 | 房山区芦子水山梆子剧团 |
| 蒲洼东村 | 房山区蒲洼乡 | 现存 | 北京民之乐山梆子剧团 |
| 柳林水、元阳水、杨林水 | 房山区史家营乡 | 现存 | 史家营乡森缘山梆子剧团 |
| 燕家台村 | 门头沟区清水镇 | 现存 | 燕家台村传统山梆子戏团 |
| 李家庄村 | 门头沟区清水镇 | 现存 | 李家庄义和班山梆子剧团 |
| 上清水村 | 门头沟区清水镇 | 现存 | 上清水山梆子戏团 |
| 下清水村 | 门头沟区清水镇 | 现存 | 下清水山梆子戏团 |
| 柏峪村 | 门头沟区斋堂镇 | 现存 | 柏峪山梆子戏团 |
| 西斋堂村 | 门头沟区斋堂镇 | 现存 | 西斋堂六合班山梆子剧团 |
| 大安山村 | 房山区大安山乡 | 有文献记载 | 同乐班 |
| 金鸡台村 | 房山区史家营乡 | 有文献记载 | 庆乐班 |
| 青土涧村 | 房山区史家营乡 | 有文献记载 |  |
| 史家营村 | 房山区史家营乡 | 有文献记载 |  |
| 秋林铺村 | 房山区史家营乡 | 有文献记载 | 仁义班 |
| 堂上村 | 房山区霞云岭乡 | 有文献记载 |  |
| 张家庄村 | 门头沟区清水镇 | 有文献记载 |  |
| 小龙门村 | 门头沟区清水镇 | 有文献记载 |  |
| 梨园岭村 | 门头沟区清水镇 | 有文献记载 |  |

第二章　非物质文化遗产编

续表

| 村名 | 所属区划 | 山梆子戏情况 | 剧团名 |
|---|---|---|---|
| 塔河村/黄塔村[1] | 门头沟区清水镇 | 有文献记载 | |
| 马栏村 | 门头沟区斋堂镇 | 有文献记载 | |
| 东斋堂村 | 门头沟区斋堂镇 | 有文献记载 | |
| 张家村 | 门头沟区斋堂镇 | 有文献记载 | |
| 杨家村 | 门头沟区斋堂镇 | 有文献记载 | 喜顺和班 |

西山永定河一带的村落形成常与军队戍边驻扎有关。在京西边关地带，军户村皆有村戏传承，如以燕歌戏闻名、兼演山梆子和蹦蹦戏的柏峪村。在山梆子戏源流的讨论中，我们已经发现京西村戏和燕王扫北、闯王进京两个历史事件紧密联系。结合山梆子戏在京西一带的空间分布，这些村子也大多落点于灵山—黄草梁山岭以南，为都门屏藩。但这些边关之城内如今尚敷演山梆子戏的也已零落，仅余柏峪村和长峪城村，其余各村如沿河城即便存有戏台却也已无管弦之声。

从空间的角度来看，村落戏剧演出与祭祀活动有更明显的联系。村中戏往往毗邻庙宇：元阳水村古戏台位于娘娘庙大院，坐南朝北，正对娘娘庙；柳林水的老戏台位于长星观（也称朝阳观）院前；上清水村古戏台北向正对村内龙王庙；龙王村在龙王庙搭台唱戏……大槐树也是村戏表演空间之内的重要元素。元阳水村有一段流传久远的民谣，"槐、槐、槐树底下搭戏台，人家的闺女都瞧戏，宝贝的媳妇也不来，说着道着就来了，骑着马，跨着鞭，穿着红鞋露脚尖。"村戏演出不仅在描述中以槐树为起兴，也在实际场景内与之相呼应。上清水村内的龙王庙位于村内西台，现已荡然无存，但曾经庙内的大槐树仍相当令人瞩目，龙王庙西侧是与其毗邻的连家坟；村中古戏台原位置正在西台坡底，正是一幅"槐树底下搭戏台"的图景。在剧目演出上，《大劈棺》《天河配》《狐狸缘》等鬼神之戏只在夜间演出，演出鬼戏时各村还会有相应的仪式以辟邪驱鬼，如放焰口、挂刀等；白天则出演蟒袍加身的朝堂戏《大登殿》《二进宫》等。由此，槐树、庙宇、戏台共同营造了与祖先、鬼神同在的场所。

"正月初三戏开头，一直唱到龙抬头，家里吃的是压饸饹，看见草青才罢休。"正如这句俗语所言，京西一带村中演戏最红火热闹的就是正月，一年里其他的节日中各村演戏的情况则不尽相同。除应节戏以外，若遇求雨、红白喜事等还会请戏。一村

---

[1]《北京门头沟村落文化志（一）》中黄塔村内对戏曲的相关记载内却说塔河村成立戏班，混说了两村，但两村并不在一处。参见北京门头沟村落文化志编委会编：《北京门头沟村落文化志（一）》，北京：北京燕山出版社，2008年，第134页。

演戏，周遭邻村的也多来捧场。村际之间的演出十分常见，在农村星火演出计划的支持下，各剧团常到区内各村举办的文化节上演出，如上清水村山梆子戏团于2021年曾赴桑峪村、八亩堰、军响村等村出演《大登殿》等经典剧目。老戏唱上一个月不重样，在过去并非夸张的说法，仅就1977年春节，鸳鸯水大队（现元阳水村）娘娘宫院里管弦呕哑、抑扬顿挫，从正月初二足足唱至正月十五。在山梆子戏座谈会上，项目组了解到近年来着力发扬山梆子戏的村落尚可一年演出十余场，但情况也并不明朗，部分村子如上清水村由于资质认定问题今年无演出。

4. 现存剧目与剧本

进入21世纪以后山梆子戏的演出逐渐减少，部分剧目虽近年来未曾出演，但也无法断言已不能演出。因此本部分将结合现有访谈结果与村落志的内容，在下表中罗列出过去曾演出过的剧目，其中保存了剧本的用下划线标注，一些村落的调研尚未成行，故下表仅阶段性研究成果。

**表 2.3.5　山梆子戏剧目情况（加下划线表示有手抄剧本）**

| | |
|---|---|
| 史家营乡淼缘山梆子剧团（元阳水、柳林水、杨林水） | 《反吴国》《回荆州》《汾河湾》《两狼山》《七人贤》《白草山》《小上坟》《劝忠孝》《女斩子》《佘唐关》《大报仇》《狐狸缘》《平西涧》《阴魂阵》《西黄庄》《高平官》《打王府》《碰碑》《四郎探母》《三疑记》《杀狗劝妻》《淤泥河》《武松打店》《时迁劫路》《秦香莲》《拾玉镯》《陈三两》《南北和》《穆桂英挂帅》《牧羊圈》《穆柯寨》《捉放曹》《打桑园》《贺后金股》《青风亭》《破洪州》《红石山》《双锁山》《搬官》《郭三借当》《三堂会审》《钉缸》《打金枝》《白皮关》《李逵闯帐》《彩楼配》《武家坡》《刘巧儿》《小二黑结婚》《小女婿》《草原小姐妹》《夺印》《向阳商店》《审椅子》《渡口》《沙家浜》《红灯记》《奇袭白虎团》《芦花记》《黑风阵》《五雷阵》《忠孝牌》《双官诰》《闯山》《打焦赞》《蝴蝶杯》《小姑贤》《南阳关》《二进宫》《黄鹤楼》《洪海沟》《金银素》《定生扫雪》《雷横克夹》《大香山》《封官》《三娘教子》《辕门斩子》《柜中缘》《空城计》《莲花庵出家》《桑园会》《斩黄袍》《打鱼杀家》《下河东》《喜荣归》《走雪山》《汴梁图》《连环计》《金水桥》《四劝》《三击掌》《赶三关》《龙虎斗》《算粮》《大登殿》《曹庄杀狗》《包公赔情》《赤子丹心》《双官诰》《黄逼宫》《全忠孝》《金银素》《汾河湾》《柱十娘》《李慧娘》《武当山》《黑风阵》《锯大缸》《杀庙》《坐宫》《赶船》《乌玉带》 |

续表

| | |
|---|---|
| 燕家台村 | 《算粮》《登殿》《司马庄》《下河东》《白草山》《金玉奴》《青石岭》《拿花蝴蝶》《杀庙》《逃府》《过江》《三岔口》《翠屏山》《金水桥》《白猿偷桃》《空城计》《采桑》《打枣》《打金枝》《骂金殿》《汾河湾》《曹庄杀狗》《五雷阵》《打渔杀家》《牧羊圈》《大上吊》《黄桂香出家》《研磨》《佘塘关》《青风寨》《胡迪骂阎》《作文》《董达桥》《大盘道》《丑俊别窑》《牧虎关》《采石矶》《瞎子逛灯》《穆柯寨》《呼延庆打擂》《大英杰烈》《狮子楼》《武松打虎》《打焦赞》《回荆州》《蝴蝶杯》《秦香莲》《火焰驹》《甘露寺》《女起解》《走雪山》《双锁山》《反武门》《斩子》《彩楼配》《陈三月》《复别窑》《柜中缘》《黄桂香研磨》《烈女传》《刘公案》《卖妙郎》《葡萄会》《三击掌》《生死牌》《十五贯》（河北梆子）《徐九经升官记》《血溅乌纱》《斩六郎》等 |
| 上清水村 | 《连花安出嫁》《芦花记》《三岔口》《十字坡》《双吊孝》《武雷阵》《血泪仇》《贫农泪》《小二黑结婚》《小女婿》《兄妹开荒》《边区军民》《慰劳军民》《二进宫》《三疑计》《忠孝牌》《双官诰》《辕门斩子》《九件衣》《哭殿》《喜荣归》《白猿偷桃》《算粮》《铡美案》《斩黄袍》《大登殿》《大劈棺》《法门寺》《麒麟山》《天河配》《陈三两》《四郎探母》《哭殿》《三疑计》《忠孝牌》《拾柴》《闯山/乾坤带》《哑女告状》《狐狸缘》《打金枝》《作文》《大劈棺》《包公断后》《赶三关》等（加粗剧目存有光盘） |
| 燕家台村 | 《破洪州》《回荆州》《拾玉镯》《黄鹤楼》《哭头》《双吊孝》《汾河湾》《打金枝》《黄桂香研磨》《十五贯》《彩楼配》《陈三月》《反武门》《复别窑》《柜中缘》《烈女传》《刘公案》《卖妙郎》《葡萄会》《三击掌》《生死牌》《徐九经升官记》《血溅乌纱》《斩六郎》《斩子》等 |
| 斋堂镇六合班 | 《青石岭》《伐子都》《斩经堂》《牧羊圈》《贺氏骂殿》《双官诰》《黄鹤楼》《佘塘关》《打金枝》《破洪州》《算粮》《登殿》《南洋关》《二进宫》《苏三起解》《四郎探母》《杀庙》《黄桂香研磨》《麒麟山》《辕门斩子》《秦香莲》《穆桂英挂帅》《下河东》《武家坡》《朱痕记》《梆子上殿》《柜中缘》《渭水河》《兴汉图》《五行婚配》《打鱼杀家》《汾河湾》《过江》《夺印》《空城计》《金锁记》 |

续表

| | |
|---|---|
| 李家庄村 | 《药王卷》《大顶本》《北天门》《大登殿》《大破洪州》《大正宫》《盗令》《过关》《坐宫》《定本》《反午门》《防白袍》《访苏州》《过江》《金刚庙》《鸿雁捎书》《金水桥》《哭殿》《林冲山》《芦花河》《牧羊圈》《齐林山》《三哭殿》《杀狗》《杀庙》《石王府》《双官诰》《双锁山》《四郎探母》《算粮》《王大娘钉缸》《王家山小调》《王三小求妻》《小姑贤》《辕门斩子》《铡美案》《摘盔英》《忠保国》《二进宫》《哭殿》《杀庙》《杀狗》《四郎探母》《捉放曹》《金水桥》 |
| 柏峪村 | 《打金枝》《牧羊圈》《包公跪嫂》《下河东》《挑滑车》《大保国》《三打祝家庄》《大登殿》《四郎探母》《斩子》《大破天门》《三义记》《薛刚反朝》《算粮》《风波亭》《醉战》《清风亭》《打龙袍》《黄鹤楼》《反西凉》《青风寨》《金刚庙》《铁莲灯》《烧骨记》《金水桥》《反午门》《佘塘关》《杨宗保下山》《八姐游春》《秦香莲》《贫农泪》《血泪仇》《箭竿河边》等 |
| 芦子水村 | 《英雄会》《黑水国》《秦香莲》《汴梁图（杀宫）》《烧山》《辕门斩子》《佘塘关》《马五取洛阳》《战长沙》《长沙坡》《长坂坡》《金水桥》《下河东》《算粮》《大登殿》《双凤山》《青石岭》《水帘洞》《牧羊圈》《顶灯》《烈女传（九件衣）》《法门寺》《伐子都》《八蜡庙（俗称"八叉庙"）》《五雷阵》《阴魂阵》《黄桂香研磨》《破洪州》《回荆州》《拾玉镯》《黄鹤楼》《哭头》《双吊孝》《汾河湾》《打金枝》《十五贯》《走雪山（逃府）》《劈山救母》《烧窑》《火焰驹》《西黄庄》《小上坟》《钉缸》《白草山》《空城计》《说山》《三疑记》《过江》《芦花记》《小放羊》《白马案》《平江南》《瞎子逛灯》《忠保国》《二进宫》《三娘教子》《双官诰》《忠孝牌》《胡帝骂阎》《碰碑》《鸡爪山》《清风寨》《打焦赞》《三配偶》《锁五龙（斩单通）》《郑州庙》《广泰庄》《张宝摔子》《连环套》等 |
| 蒲洼东村 | 《辕门斩子》《大登殿》《封官》等 |

### 三、表演艺术类非遗的现存问题

本篇仅以山梆子戏为例分析目前资料搜集与非遗保护中存在的问题，但管中窥豹，亦可发现表演艺术类非遗共同面临的情况，尤为突出的是以下几个方面。

1. 表演者总体年龄老龄化。在山梆子戏座谈会上项目组了解到山梆子剧团成员中最年轻的也已近 50 岁，总体都在 70 岁左右。其中，文武场老龄化更为严重。按照一位剧团代表的说法，唱戏表演愿意参与的挺多，但都没什么人乐意学文武场；文武场的师傅们年纪大，很难组织起来。上清水村连国民回忆自己是二十八九岁时开始学山梆子戏，当时村里有不少年轻人就爱学戏。[1] 然而时过境迁，现在的年轻人已大抵不爱听戏，更不必说参与到山梆子戏当中了，山梆子戏的传承难以为继。百花山一带曾各村皆有戏，而今仍有戏团表演的村子却已急剧减少，表演者迅速减少。

2. 演出机会较少，表演信息缺少记录。除了春节之外，山梆子戏的演出时间并不集中，近年来多为政府公益演出，如艺术节或者重阳敬老节表演等。在星火工程的推动下，部分剧团一年可以表演 10 场左右；而最近两年由于资质认定以及疫情的影响，山梆子戏的表演场数也较往年总体减少。在星火工程的推动下，部分戏团团长会主动记录各场表演的基本信息，但总体上这些演出都缺乏相对稳定的存档流程，相关图像音影都容易散佚。

3. 人员流动程度较高，剧团活动很难组织。很多村民都购置了离城里更近的房子，常住在村中的较少，然而以山梆子为代表的不少民间表演艺术都显然需要日常的组织、练习与集体排演。能够共同排演剧目的机会在人口高度流动的情况下就更为珍贵，特别是一些参演人员众多、出演时长较久的大戏，其联络组织如今已极为困难。而在人口流动、搬迁的过程中，一些原始资料也容易被忽视和遗弃。我们在联系下清水后得知，村内教戏的老师现常住门头沟，老家下清水的房子已经拆除，里面存放的剧本暂时找不回来。

4. 非遗认定的固定性。调研发现曾经列入非遗名录的山梆子戏剧团中已有五个村落现已不再演出；同时现存的部分村落剧团表演积极性不高，对于山梆子戏的传承意识和热情不强。可以想象的是，不仅仅是山梆子戏，被列入非遗名录中的各项目情况在几年内都可能已发生了巨大的变化，这些变化情况都未能够在非遗名录中体现出来。

---

[1] 受访者：连国民，20 世纪 50 年代生人。访谈时间与地点：2022 年 9 月 1 日于上清水村。

# 第四节　社会实践、仪式与节庆活动类非遗调查报告
（以庙会为例）

联合国教科文组织《保护非物质文化遗产公约》所定义的非遗类别中,将"社会实践、仪式和节庆活动（social practices, rituals and festival events）"定义为建构社区生活和群体生活的习惯性活动,它们为社区的许多成员共享并与他们相关。它们的形式包括崇拜仪式、通过仪礼、出生礼、婚礼和葬礼、盟誓、传统法律制度、传统游艺和传统运动、亲属关系和亲属关系礼仪、定居模式、烹饪传统、季节性典仪、仅限于男性或女性的实践、狩猎、捕鱼和采集实践等。[1] "社会实践、仪式、节庆活动"类非遗大体上对应于中国《国家级非物质文化遗产名录》中的"民俗类"非物质文化遗产。

2006年我国公布的第一批民俗类非物质文化遗产项目共70项,其中传统节庆活动类占47项;2008年公布第二批民俗类非物质文化遗产项目增加到51项,之后,我国又分别于2011年、2014年和2021年先后公布三批国家级非物质文化遗产代表性项目名录,仪式与节庆活动一直是其中非常重要的组成部分。仪式与节庆活动类非遗大致可分为三大类:一是节日、庙会和市集,如春节、端午节习俗,北京春节期间有丰富的节庆活动,厂甸庙会、九曲黄河等都在此时举行。二是祭祀典礼和民间信俗类,国家级非遗如黄帝陵祭典、祭孔大典及大禹祭典等,北京的东岳庙庙会与妙峰山娘娘庙会基本属于这一类。第三种是人生礼俗与社会习俗类,代表性项目有汉族、回族和达斡尔族等民族传统婚俗等,北京的国家级非遗项目敛巧饭习俗,由村中十二三岁的少女到各家敛取大米和杂粮菜蔬,次日由成年妇女将其做熟,在食用前由年长老人先扬饭喂雀儿,可以归入此类。值得说明的是,仪式节庆类非遗常常与有关自然界和宇宙的知识和实践有重合,后者涉及从日常生活实践中产生的知识概念与经验总结,例如农历二十四节气、天文历算、武术医药等。在西山永定河文化带范围内有非常丰富的求雨信仰和实践,既是关于自然的知识与经验,也有大量的求雨仪式。考虑到求雨通常在天旱不雨时举行,时间并不固定,故在本报告中放在下一部分"有关自然界和宇宙的知识和实践"中说明。

目前,北京市的国家级仪式节庆类非物质文化遗产共有6项:厂甸庙会、元宵节敛巧饭习俗、元宵节九曲黄河阵灯俗、千军台庄户幡会、妙峰山庙会和东岳庙庙会。

---

[1] 参见联合国教科文组织:《非物质文化遗产领域》,巴莫曲布嫫译,《民间文化论坛》2020年第3期,第119—128页。

## 第二章　非物质文化遗产编

目前已有许多学者对这些非遗项目进行过资料整理和专门的研究。例如，厂甸庙会是老北京的标志性庙会，也是民俗类国家级非物质文化遗产代表性项目，高巍、周海南编著有《厂甸庙会》[1]，《中国民俗文化志·北京宣武区卷》中页设置专章介绍厂甸庙会，毕传龙梳理了厂甸庙会的研究成果，并考察了现代厂甸庙会的存续情况以及存在的问题[2]。东岳庙庙会于2008年被列为国家级非物质文化遗产项目，中外学者围绕东岳庙进行的研究著述颇丰，关昕对北京东岳庙相关的学术史进行了研究综述，在历史文本和田野工作的基础上，对东岳庙庙会的当代历程进行了系统梳理，并针对其现存问题为这一遗产项目的发展提供了优化建议。[3]"敛巧饭"习俗长期以来被作为怀柔区旅游推广项目予以介绍，北京民间文艺家协会编著有《杨树底下敛巧饭》[4]，记述了杨树底下村的文化概况以及扬饭喂雀、社会生活婚俗等，毛巧晖撰《敛巧饭保护现状与对策》[5]一文，追溯了"敛巧饭"习俗的历史，并反思了"敛巧饭"习俗传承现状与保护中存在的问题，等等。但总的来说，除了国家级非遗项目外，其余仪式节庆类非遗受到的关注相对较少。

据"西山永定河文化带历史文化遗产调查"项目组在2022年期间的统计（截至2022年12月12日），项目组一共搜集到西山永定河文化带相关的社会实践、仪式与节庆类遗产信息2163条，其中大兴区766条，房山区640条，门头沟区412条，丰台区263条，石景山区94条。本类遗产涉及节日节庆、人生礼俗、民间信俗、物质生活和生产习俗等诸多方面。庙会习俗广受关注，既是学术界重点关注的对象，也受到当地人民的热烈欢迎与广泛参与，但是同时也面临传承情况堪忧、日渐消失的困境。更重要的是，无论是节日、信仰仪式还是集体习俗，往往都在当地被称为"庙会"或伴随庙会的举行。作为本土概念，"庙会"事实上涵盖了西山永定河文化带范围内多种形式的仪式与节庆活动，因此本报告将重点集中于庙会这类非遗事象上，以它为例讨论本类非遗的情况。

从各级非遗代表作名录来看，庙会也是北京最受关注的非遗项目，尤其对西山永定河文化带来说更是如此。2008年被列入第二批国家级非物质文化遗产代表性项目的妙峰山庙会，和2014年被列为第四批国家级非物质文化遗产代表性项目的千军台庄户

---

[1] 高巍、周海南编著：《厂甸庙会》，北京：北京美术摄影出版社，2016年。
[2] 收入张勃主编：《北京市民俗类国家级非物质文化遗产项目保护现状与对策》，北京：学苑出版社，2021年。
[3] 收入张勃主编：《北京市民俗类国家级非物质文化遗产项目保护现状与对策》，北京：学苑出版社，2021年。
[4] 北京民间文艺家协会编著：《杨树底下敛巧饭》，北京：文物出版社，2011年。
[5] 收入张勃主编：《北京市民俗类国家级非物质文化遗产项目保护现状与对策》，北京：学苑出版社，2021年。

幡会都位于西山永定河文化带范围内。从《非遗资源普查丛书》中的登记项目来看，在门头沟、房山、丰台、石景山、大兴五个区的范围内，社会实践、仪式、节庆活动类的项目共有151项，其中明确被命名为庙会的活动有20余项，包括丰台区的西铁营村中顶庙会、大灰厂庙会、看丹庙会；房山区的长沟庙会、黑龙关庙会；石景山区的龙泉寺庙会、皇姑寺庙会、游乐园洋庙会；大兴区的良善坡庙会、采育灯会、礼贤庙会、庞各庄庙会、田营娘娘庙会等。项目组整理的西山永定河文化带内的明确被称为庙会的民俗活动有百余处，远超出了《非遗资源普查丛书》中所登记的庙会数量，其中绝大部分尚未被关注和研究。以下，本报告将以西山永定河文化带内的庙会活动为例，说明社会实践、仪式、节庆活动类非遗的发掘整理状况和利用情况。

## 一、庙会资料的搜集整理现状

目前关于西山永定河文化带内的庙会资料整理出版，可以大致分为三类：

1. 北京社会历史和风俗文化研究中对某一地区具有代表性的庙会记录，通常由历史学家和民俗学者依据史料和文学古籍记载整理而成。

2. 地方文化工作者在长期生活经历和实地调研基础上，搜集和整理出版的专题资料和报告文章，以21世纪初出版的《门头沟文化丛书》为代表。

3. 对北京地域性的庙会、香会的学术性研究专著和论文，它们往往结合资料分析和田野调查，关注民间庙会的实践逻辑、地方社会组织和民众信俗观念等问题。

### 表2.4.1 有关京西庙会的资料汇编类专著
（按出版时间排序）

| 序号 | 书名 | 作者（编者） | 出版社 | 出版时间 |
| --- | --- | --- | --- | --- |
| 1 | 北京庙会旧俗 | 郭子昇 | 中国华侨出版公司 | 1989年 |
| 2 | 老北京的风俗 | 常人春 | 北京燕山出版社 | 1996年 |
| 3 | 北京庙会史料通考 | 北京市东城区园林局编 | 北京燕山出版社 | 1999年 |
| 4 | 北京史话·老北京庙会 | 赵兴华 | 中国城市出版社 | 1999年 |
| 5 | 北京的庙会民俗 | 习五一 | 北京出版社 | 2000年 |
| 6 | 京西民俗 | 政协文史办编 | 香港银河出版社 | 2001年 |
| 7 | 门头沟文物史料民俗篇 | 门头沟文化丛书编委会 | 中国文联出版社 | 2004年 |
| 8 | 北京地方志·风物图志丛书·庙会 | 李鸿斌 | 北京出版社 | 2005年 |

续表

| 序号 | 书名 | 作者（编者） | 出版社 | 出版时间 |
|---|---|---|---|---|
| 9 | 百花山纪念妙峰山民俗考察80周年专刊 | 北京市门头沟区文联主办 | 百花山杂志社 | 2005年 |
| 10 | 中国民俗文化志：北京·门头沟区卷 | 刘铁梁主编，岳永逸副主编 | 中央编译出版社 | 2006年 |
| 11 | 北京文史资料精选（门头沟卷） | 北京市政协文史资料委员会编 | 北京出版社 | 2006年 |
| 12 | 永定河历史文化研究 | 吴文涛 | 北京燕山出版社 | 2007年 |
| 13 | 妙峰山庙会 | 袁树森、齐鸿浩著 | 中国博雅出版社 | 2007年 |
| 14 | 整合北京山区历史文化资源研究 | 戚本超主编 | 北京燕山出版社 | 2007年 |
| 15 | 北京风俗史 | 李宝臣 | 人民出版社 | 2008年 |
| 16 | 北京门头沟村落文化志（全四册） | 北京门头沟村落文化志编委会编 | 北京燕山出版社 | 2008年 |
| 17 | 京西山区民俗 | 张守玉 | 团结出版社 | 2009年 |
| 18 | 北京古村落记忆·门头沟 | 魏宇澄、尤书英著 | 团结出版社 | 2009年 |
| 19 | 门头沟民俗实用研究 | 刘德泉主编 | 团结出版社 | 2009年 |
| 20 | 斋堂文化丛书——宗教教育 | 师昌璞编 | 中国博雅出版社 | 2011年 |
| 21 | 斋堂文化丛书——民俗风情 | 赵永高编 | 中国博雅出版社 | 2011年 |
| 22 | 西山问道集 | 包世轩 | 北京燕山出版社 | 2011年 |
| 23 | 斋堂川 | 李慷云、张广林主编 | 团结出版社 | 2011年 |
| 24 | 北京历史文化资源调研报告集 | 王岗主编 | 中国经济出版社 | 2013年 |
| 25 | 妙峰山香会志与人生史 | 孙庆忠主编 | 北京知识产权出版社 | 2013年 |
| 26 | 秉心圣会 | 杨金凤编著 | 北京美术摄影出版社 | 2014年 |
| 27 | 中国节日志：妙峰山庙会 | 岳永逸本卷主编 | 光明日报出版社 | 2014年 |
| 28 | 妙峰山庙会 | 包世轩编著 | 北京美术摄影出版社 | 2014年 |

续表

| 序号 | 书名 | 作者（编者） | 出版社 | 出版时间 |
|---|---|---|---|---|
| 29 | 千军台庄户幡会 | 王朝臣主编 | 北京美术摄影出版社 | 2014 年 |
| 30 | 首都文史精粹·门头沟卷 | 北京市门头沟区政协等编 | 北京出版社 | 2015 年 |
| 31 | 朝山 | 岳永逸 | 北京大学出版社 | 2017 年 |

上表列举了目前已经整理出版的部分关于庙会研究的资料类书目，既包括涵盖范围较为宽泛的文史类资料，也有对于具体京西某地区庙会的整理研究，而关于北京地区庙会的学术论文和专著文章由于研究针对性和专业性较强，且数量众多，需另外统计。以下，本文将依次说明这三类研究资料的情况。

（一）北京地方史料与风俗文化研究

常人春在1996年出版的《老北京的风俗》[1]一书中，按照每月定期开放的庙会和年节定期开放的庙会分类，分别介绍了旧时北京具有代表性的40处庙会，绝大多数位于北京内城，位于西山永定河范围内的只有妙峰山庙会一处，另单设一章介绍了老北京的民间"花会"，但是并未对应具体的村落地点和组织来源。赵兴华的《北京史话·老北京庙会》中收录有妙峰山庙会、戒台寺庙会、京西千军台庄户村的幡会，另附有《燕京岁时记》所见庙会表，记载了清代北京庙会的情况。可见在20世纪末21世纪初，对庙会的研究还主要是依托于典籍史料中记载的庙会历史，并且很大程度上忽视了不同地域内的庙会状况和民间信仰的丰富多样性。

1999年，北京市东城区园林局汇编的《北京庙会史料通考》收录了从元代到新中国成立时期北京的庙会记录，共计庙会49处，涵括的主要范围是明清京城和大兴、宛平两县，另纳入丫髻山和里二泗两处的庙会，资料来源和引用主要是史籍报刊和当代文章、叙事诗词，并未收纳考证、传说性质的文章和独立成书的专著。其中京西的庙会只收录潭柘寺（檀柘寺）、妙峰山、万寿寺三处。另收录了王秉成《从经济方面分析北京的庙会》、曹正《北京庙会考》两篇综合性的庙会报告，两者都关注的是大型庙会，范围以内城为主，西郊的庙会纳入了财神庙、白云观、大钟寺、妙峰山、西顶五处。

（二）区县文化工作者的调查与记录

21世纪初，门头沟地方文化工作者对门头沟的民俗搜集和整理，对推动门头沟庙会文化遗产的研究和保护起到了至关重要的作用。从2001年开始到2007年，门头沟

---

[1] 常人春：《老北京的风俗》，北京：北京燕山出版社，1996年。

文化丛书编委会相继出版了四套门头沟文化丛书，共计《门头沟民间戏曲音乐集成》《门头沟民间花会舞蹈集锦》《门头沟文物史料》《门头沟文化遗产精粹》等26本。2004年出版的第二套门头沟文化丛书中的《门头沟文物史料·民俗篇》重点收集了关于妙峰山庙会和门头沟民间花会的研究文章，分为妙峰山庙会、民间艺术、民风民俗和近代史料四大专题，其中和庙会有关的除了妙峰山庙会的专题系列，还包括包世轩的《千军台和庄户的古幡会》和《门头沟的秧歌会》、董秀森《门头沟民间花会舞蹈史话》、习五一《京都庙会风俗源流纵览》、陈雷《腊月十七祭窑神》、齐鸿浩《消失了的行业庙会》和《京西的娘娘崇拜习俗》等专门性研究文章，体现出当时的门头沟地方文化工作者已经开始关注除了妙峰山庙会外的其余民间庙会和花会。

2001年，门头沟政协文史办编辑出版了《京西民俗》。该书包括生产习俗、生活习俗、人生礼仪、岁时节令、庙会、民间艺术等篇章，列举了门头沟区境内的各种民俗现象，比较平实地反映了门头沟古往今来的民俗状况。北京市社会科学院副研究员吴文涛撰写的《门头沟民俗文化的地域特色》、门头沟的民俗学者袁树森撰写的《老北京煤业习俗研究》，张守玉、刘德泉撰写的《门头沟寺庙中的神祇供奉》，被收入由北京市社会科学院编辑出版的《北京风俗史研究》丛书。包世轩撰写的《千军台庄户村蟠会、鼓吹乐、吵子乐、中军大曲音乐的历史价值》被收入朱耀廷主编的《北京文化史研究》，侯秀丽撰写的《门头沟的戏曲文化遗产》被收入2006年《北京学研究文集》。

包世轩的《西山问道集》[1]基于民间调查和研究资料，其中《门头沟旧式煤窑的开采方式与习俗》《门头沟石灰业的历史及民间风俗》《千军台和庄户村古幡会调查报告》《千军台、庄户村古幡会鼓吹乐、吵子乐、中军大曲音乐的历史价值》《清代庙会活动中的幡鼓齐动十三档》《北京民间香会——秧歌会的起源与发展》这几章篇目，是对门头沟地区庙会活动鲜活状况的有力补充。

2006年，由门头沟区文联和北京师范大学民俗与社会学研究所，共同组织编写并出版《中国民俗文化志·北京·门头沟区卷》，全书共十章，共计约四十万字。该书是中国第一部区县级民俗志书。此书在编写体例上独辟蹊径，采用了标志性、统领式的编写方法，形式新颖，语言生动，以点带面，提纲挈领，重点突出。由本地文化人与院校学生和民俗专家共同完成，具有很高的学术价值。[2]《中国民俗文化志·门头沟卷》记载了窑神庙会、五十八村龙王大会、妙峰山庙会、联村古幡会的情况。窑神庙会在以往研究中关注较少，其位于门头沟矿区中心的圈门窑神庙，腊月十七日当天有各种民间花会表演，窑神庙前的戏楼演唱京剧、河北梆子以及地方山梆子戏，附近十里八

---

[1] 包世轩：《西山问道集》，《北京历史文化遗产论集》，北京：北京燕山出版社，2011年。
[2] 张守玉、刘德泉：《门头沟传统民俗普查及保护实用前景》，张妙弟编：《北京学研究文集》，北京：北京燕山出版社，2009年，第216—237页。

村的参加者上万计。而对五十八村龙王大会的记载除了求雨仪式和相关故事外，还收录了祭青苗和祭堆的农业生产习俗和畜牧业习俗。在妙峰山庙会一章里重点介绍了九龙山娘娘庙会和百花山娘娘庙会这两处门头沟本地人积极参与的庙会。

（三）关于庙会的代表性学术研究专著

西山永定河文化带范围内的庙会研究最为丰富的是妙峰山娘娘庙会研究。妙峰山的民俗研究从20世纪20年代就已经开始，1925年，顾颉刚带领容庚、容肇祖、庄严、孙伏园四人前往妙峰山调查，开启了近代庙会研究和我国民俗学田野调查的先河。他在1928年主编出版的《妙峰山》对香客进香的情形、香客的心理、香会组织和碧霞元君信仰等做了全面细致的考察，后续有更多关于妙峰山的专著研究出版，例如奉宽的《妙峰山琐记》[1]，刘锡诚主编的论文集《妙峰山·世纪之交的中国民俗流变》[2]，吴效群的《妙峰山：北京民间社会的历史变迁》[3]等，围绕妙峰山的调查报告、游记、报刊文章类的作品更是层出不穷。韩书瑞的《北京妙峰山进香：宗教组织与圣地》[4]关注以各种团体为纽带建立起的香会组织，以及在进香活动中香客群体不同的利益观念和竞争冲突。高丙中在《妙峰山庙会的社会建构与文化表征》一文中回顾了妙峰山庙会的社会建构和成为国家文化遗产的复兴过程，认为妙峰山庙会和香会的发展变迁展现了国家对传统社会领域自组织的接纳与认可，意味着北京文化的新发展。张青仁的《幡鼓齐动进香来：老北京的香会》[5]，和《行香走会：北京香会的谱系与生态》[6]两书中，由妙峰山的庙会进一步扩展到研究来庙会的各档香会，关注北京香会实践中不同关系的组织和多元化的民众诉求，探讨差序格局在民间宗教活动中的反映。

还值得一提的是妙峰山与中国民俗学学科建设之间的关系。1995年在门头沟举办的首届"中国民俗论坛"上，时年92岁的钟敬文先生（1903—2002）和82岁的马学良先生（1913—1999）亲自登上妙峰山金顶，再次强化了妙峰山对中国民俗学的重要性和其作为中国民俗学"圣地"的象征地位："自从1925年顾颉刚等人对妙峰山民俗进行实地考察后，妙峰山就不再仅仅是民众信仰的中心，它早已成为中国民俗学者心目中的一块圣地，或一面旗帜；妙峰山也不仅仅是中国民俗学田野调查的象征，而且

---

[1] 奉宽：《妙峰山琐记》，国立中山大学民俗学会，1929年。
[2] 刘锡诚主编：《妙峰山·世纪之交的中国民俗流变》，北京：中国城市出版社，1996年。
[3] 吴效群：《妙峰山：北京民间社会的历史变迁》，北京：人民出版社，2006年。
[4] 韩书瑞：《北京妙峰山进香：宗教组织与圣地》，参见[美]韦思谛编：《中国大众宗教》，陈仲丹译，南京：江苏人民出版社，2006年。
[5] 张青仁：《幡鼓齐动进香来：老北京的香会》，郑州：中州古籍出版社，2015年。
[6] 张青仁：《行香走会：北京香会的谱系与生态》，北京：中央民族大学出版社，2016年。

已成为中国民俗学者推动事业发展的情感动力之源。"[1] 妙峰山和中国民俗学发展的密切联系，使得妙峰山当地机构也特别重视与学术界的合作，诸如支持学者和高校师生前往调查，联合各团体机构召开学术会议，资助出版关于妙峰山的学术专著等等，妙峰山庙会的研究不断深入。

在妙峰山庙会之外，关于北京庙会的研究也有不少。赵世瑜的《狂欢与日常：明清以来的庙会与民间社会》[2]关注明清社会转型时期的民众生活和大众文化，从动与静、日常与非日常的辩证角度来考察庙会。吴效群的《妙峰山：北京民间社会的历史变迁》则在国家与社会的二元语境下，用狂欢化理论来解读中国庙会。受福田亚细男等日本民俗学家村落研究范式的影响，刘铁梁将村落视为"民俗传承的生活空间"[3]，在村落生活中考察庙会、宗教，把庙会和村落两个领域有机结合起来。[4] 岳永逸的《田野逐梦——走在华北乡村庙会现场》[5]、《灵验、磕头、传说：民众信仰的阴面与阳面》[6]与《行好：乡土的逻辑与庙会》[7]、《朝山》[8]等著作，从庙会的实践逻辑角度出发，考察包括北京庙会在内的华北乡村庙会的变迁和发展，剖析庙会和地方文化复兴过程中存在的各种问题。

在妙峰山之外，西山永定河文化带的庙会中比较受到关注的是门头沟大台地区的京西幡会。张士闪以京西幡会为案例，考察其仪式活动的内在转换机制，将其视为村落间加强文化认同和构建和谐社区的重要文化资源。[9] 刘泳斯同样以板桥村和庄户村、千军台村的京西幡会为案例，但对张的观点进行了补充和发展，说明跨村落的民间信仰仪式既能整合村际的关系网络，也可能爆发矛盾斗争，具有因时因地制宜的灵活性。[10] 鞠熙对门头沟《涿州赴会》故事体现出的山民"天下观"的研究表明，门头沟地区有很多个"沟里世界"——同在一条山沟里的数个村落，共享圣地、共建秩序，并与周边区域之间画出一条明确的界限。[11] 这些"沟里世界"以娘娘庙为中心和象征，例如，

---

[1] 一苇：《跨世纪的中国民俗学首届"中国民俗论坛"侧记》，《民间文学论坛》1995年第3期。亦可参阅刘锡诚主编：《妙峰山·世纪之交的中国民俗学流变》，第330页。

[2] 赵世瑜：《狂欢与日常：明清以来的庙会与民间社会》，北京：北京大学出版社，2017年。

[3] 刘铁梁：《村落——民俗传承的生活空间》，《北京师范大学学报（社会科学版）》1996年第6期。

[4] 刘铁梁：《作为公共生活的乡村庙会》，《民间文化》2001年第1期。

[5] 岳永逸：《田野逐梦——走在华北乡村庙会现场》，南宁：广西人民出版社，2007年。

[6] 岳永逸：《灵验·磕头·传说：民众信仰的阴面与阳面》，北京：生活·读书·新知三联书店，2010年。

[7] 岳永逸：《行好：乡土的逻辑与庙会》，杭州：浙江大学出版社，2014年。

[8] 岳永逸：《朝山》，北京：北京大学出版社，2017年。

[9] 张士闪：《京西幡会：一个追求"天人吉祥"的联村仪式》，《民族艺术》2007年第3期。

[10] 刘泳斯：《当代中国北方的村际网络与信仰网络——关于京西门头沟大台地区千军台、庄户、板桥幡会、庙会的研究》，《宗教研究》2010年。

[11] 鞠熙：《天下第一会：京西涿州赴会故事中的天下观》，《民族艺术》2021年第6期。

九龙山娘娘庙是九龙山麓 16 个自然村的圣地，北港沟娘娘庙是大台沟地区村落共享的圣地，"沟里"是村落之上的区域联盟、地方社会与生活世界。

21 世纪初，门头沟通过民间自发组织成立了民俗协会。2003 年，首都图书馆地方文献部编辑了上千万字的六册《妙峰山历史文献资料汇编》，2007 年又编辑了《潭柘寺·戒台寺历史文献资料汇编》，关于潭柘寺和戒台寺、妙峰山这三处门头沟最为盛大的庙会已经积累了相当充足的历史文献资料和相关研究。然而，三大庙会并不能代表京西民间庙会的全部，在西山永定河文化带范围内，还存在着各种形形色色的民间庙会。其中规模比较大的例如圈门窑神庙会、五十八村龙王大会、百花山天仙庙会、九龙山娘娘庙会、李家庄药王庙会等等。这些庙会的规模不一，但都与所在村庄及附近村民的生产生活息息相关，体现出浓厚的地方特色和历史文化特点。可惜的是，这些庙会被妙峰山庙会研究的璀璨光芒所掩盖，一直以来处于被相对忽视的地位，尤其是对于西山永定河文化带内规模较小的庙会而言，曾经举办庙会的村庄寺庙在受到抗日战争或者"文革"的破坏而成为残址或挪为他用后，相关的庙会记忆也随着老一辈的离世而不再为人所知。

以下，本报告力图通过发掘京西村落志中的庙会记载，以及查阅各类文史资料和相关文献，呈现西山永定河文化带内庙会文化的丰富性和多样性，尤其是除了妙峰山庙会之外，其余门头沟地区内民间庙会的整理记录和调查研究情况。

## 二、本项目组搜集整理的庙会资料

（一）本项目组搜集到的庙会情况概述

根据本项目组对西山永定河文化带内庙会情况的搜集整理，以下将先对房山区、大兴区、丰台区、石景山区、门头沟这五个区内庙会遗产的概况进行简述，其次再分类说明。

房山区登记的庙会类非遗普查项目中有黑龙关庙会、长沟庙会、燕山元宵灯会三项。黑龙关庙会是房山河套沟地区的中心型庙会，历史可以追溯到元代，由河北镇、佛子庄乡、南窖乡等多个村落共同举办，庙会期间各方香客和花会来此朝拜龙神爷，影响范围十分广泛。长沟庙会位于东长沟村三义庙，新中国成立以前每年农历初一至初五举办庙会，香火旺盛，商户、艺人和民众云集。燕山元宵灯会是从 1985 年开始举办的，以文化娱乐活动和民间花会表演为主。而除了这三项已登记的庙会以外，房山各村落村志和文史资料中还记载了一些庙会，如据元武屯村志记载，该村娘娘庙在新中国成立前每年举行庙会，请戏班唱戏。马各庄村村志记载，在过春节、端午节、中秋节时，当地有办庙会唱大戏的习俗。水峪村村民从清末开始，每逢年节举行走会形式的"祈福庙会"。丁家洼村志记载,新中国成立前房山城关地区还有农历三月的顾册村庙会以及农历九月的饶乐府庙会,这些庙会在当时热闹非凡,是村民参与社会活动的重要途径。此外,民国年间每年农历四月二十八日浴佛日,房山地区的王禅洞庙会和万佛堂孔水洞也吸引了大量进香朝拜者。

大兴区的庙会活动最早始于元代,兴盛于明清,民国初年尚有四十五座寺庙举办庙会,1937年受抗日战争影响逐渐走向衰落。据大兴区《中国民俗文化志·北京·大兴卷》记载,三官庙、药王庙庙会统称为礼贤庙会,其中九月十五的药王庙会是最热闹的,在京南有很大的知名度,和礼贤集市与礼贤古戏楼关系密切,已经成为当地一个集赶庙会、看戏听戏、花会表演、货物买卖为一体的传统节日。长子营村的良善坡庙会又叫三月三庙会,良善坡庙在当地又称玉皇庙,在清朝是当时北京东南最大的庙会,1956年被拆除。东黄垡村药王庙在过去也香火旺盛,于每年农历四月二十二左右举办药王庙庙会,一直延续到20世纪50年代,并自2005年起逐步恢复庙会活动。庞各庄镇中堡村、礼贤镇龙头村等村庄也举办过庙会。青云店镇区村志记载新中国成立了九个传统庙会:德云寺庙会、真武庙会、虫王庙会、关帝庙会、天齐庙娘娘庙会、南头庵(菩萨)庙会等。此外,天宫院的五虎少林圣会是大兴地区有名的民间花会。

丰台区的庙会非遗主要是西铁营村的中顶庙庙会、大灰厂庙会和看丹庙会。据《燕京岁时记》记载,中顶庙会原为农历四月初一,后改为六月初一。民国初年中顶庙会依旧很兴盛,各路花会表演进香,后因日本侵华停止。改革开放后,逐渐恢复了"一统万年大鼓老会",2006年农历六月初一举办了首届民俗文化节暨传统庙会。大灰厂庙会供奉娘娘,过去的行旅香客有从天津、保定、石家庄等来进香的,于每年四月进行,会期三天,其间有"老会"服务、花会表演、集市买卖。目前已经重修大灰厂娘娘庙,作为市级文物单位保护利用。看丹庙会是卢沟桥古道上的一个大型庙会,从清乾隆时期开始兴盛,过去每年在药王孙思邈生日(农历四月二十八日)举行为期三天的纪念活动,其间祭祀进香,搭台唱戏,摆摊贸易。如今看丹村药王庙已经重修,成为市级文物保护单位,庙会停办。

石景山的庙会在非遗项目普查中共登记有七项,分别是古城村秉心圣会、皇姑寺庙会、石景山庙会、天泰山庙会、八宝山庙会、龙泉寺庙会、老太太会,另有游乐园洋庙会被归入商贸类,而非民间信仰类别。古城村秉心圣会是妙峰山百会朝顶中的一档较大的花会,由十档花会共同组成。皇姑寺的历史文献和资料记载相对较多,庙会会期为每年农历四月初一到十五,香客大多来自"京东八县"。石景山庙会为农历四月十五日前后三天进行,民国时期以烧香求子、花会献档为主要活动,1949年后以进香拜佛、农贸交易为主,经历了多个阶段的变化,于1958年以后停办。天泰山庙会又叫慈善寺庙会,一般是旧时农历三月十三到十五,门头沟、石景山的"老会""胜会"

齐聚表演十三档花会节目。过去农历四月十五到十八的八宝山庙会也因天仙圣母娘娘而声名远扬，吸引了京郊三五十里，甚至河北、山西的香客商贾远道而来。龙泉寺庙会在康熙年间香火极盛，有多块碑中都提到农历四月十五京西蟠龙山庙会进香的盛况，1949年后龙泉寺逐渐转变为道教进香祈福的场所，赶庙会的香客跪拜碧霞元君，向娘娘烧香求子。老太太会则是石景山以东由二三十位老年妇女组成的民间组织，该会每年农历五月初一把古城村的娘娘接到石景山里住，八月初一送回去，类似活动在磨石口也有。石景山地区尊崇娘娘的活动多围绕地域内的"小四顶"（东顶八宝山、南顶赵山、西顶石景山、北顶金顶山）进行。

门头沟区在非遗项目普查中登记的庙会只有妙峰山庙会和福龙山娘娘庙会两项，此外，斋堂五十八村龙王大会、祭祀窑神、千军台村娘娘驾会、"号佛"与"台儿火"被列入了俗神信仰项目。除了成功入选国家级非遗项目的妙峰山庙会和千军台、庄户幡会外，2022年10月31日公布的门头沟区第八批区级非物质文化遗产代表性项目中，新增了福龙山吉祥圣会，隶属民俗类项目。然而，门头沟地区内的庙会除了妙峰山庙会、九龙山庙会、五十八村龙王大会等已有相关研究外，各村村落志和地方志中有一些零散记录而尚未被系统整理和研究过的庙会和香会资料，例如杜家庄娘娘庙会、杨村娘娘庙庙会、焦岭九泉山娘娘庙会、桥户营村药王庙庙会、田庄村青茶山庙会、龙泉务观音庵庙会、城子村拦龙山庙会等，这些庙会目前都没有发现有专门的调查和系统性的资料整理，只是在各自村落志中有所提及，相关的具体信息和历史记载相当缺乏。此外，许多村志中虽然没有庙会记载，但是有过去参与进香走会的情况，例如表演队或者成立过民间花会等。本报告根据《北京门头沟村落文化志》四卷本中记载的各村文化遗产信息，对门头沟范围内的民间花会种类和分布状况进行了整理和汇总，将在后文以表格的形式呈现。

以上对房山区、大兴区、丰台区、石景山区、门头沟区的庙会文化遗产情况进行了概括说明，从目前搜集的资料来看，一方面，西山永定河文化带地区内的庙会大多数以进香朝圣为主要特点，以碧霞元君信仰为中心，在各个区域有大量的娘娘庙，同时还有丰富的民间信仰，如龙王、药王、虫王、火神、窑神信仰等。其中龙王求雨和窑神信仰是西山永定河文化带内独具特色的信仰习俗，和当地的自然环境、生产生活紧密联系在一起，然而过去对这两类庙会的资料整理和研究相当不足，本报告将对其进行单独分类说明。另一方面，京西幡会、村落间的元宵灯会等巡游走会也是庙会文化遗产的重要组成部分。接下来本报告将根据目前搜集到的村落志、地方志、文史报告和研究等资料，以信仰对象及活动组织的形式为分类标准，对西山永定河文化带内娘娘庙会、药王庙会、龙王庙会、行业庙会及巡游走会等庙会遗产状况进行分类说明。

（二）以朝圣为特点的庙会

西山永定河文化带内有大量庙会以朝圣为特征，主要表现为庙会期间，多个村庄的村民或来自各地的香客到特定庙里或山上去进香朝拜。妙峰山位于门头沟区东北部，是京津一带乃至华北地区碧霞元君信仰的中心地。妙峰山庙会大约始于明代，在清朝末年达到鼎盛，每年的农历四月初一至十五，妙峰山都会举行庙会。然而，除了妙峰山庙会外，西山永定河文化带内在历史上还有很多值得关注发掘的辐射附近村落村民的娘娘庙庙会。

俗话说"妙峰山的娘娘照远不照近"，门头沟老百姓到妙峰山朝顶进香的不多，《门头沟区文物志》记载了门头沟区内现遗留有23座娘娘庙，除了妙峰山的娘娘庙外，以九龙山娘娘庙和百花山的天仙娘娘庙最为著名，九龙山娘娘庙会和百花山娘娘庙会也被门头沟老百姓称为"咱沟里的"庙会。门头沟区的黄岭西村、东斋堂、西斋堂、珠窝村、雁翅、香子台、下苇甸、焦家岭、清水涧、阳坡园、何各庄、栗园庄、孟悟村、灵水村、拦龙山等地，也都建有娘娘庙。在《京西崇拜"娘娘"的习俗》一文，齐鸿浩分别介绍了门头沟地区祭祀九天玄女娘娘、碧霞元君和天仙圣母娘娘的主要庙宇，以及它们庙会进香活动的情况，通过比较不同娘娘信仰的民众心理和进香目的，强调了人们信仰习俗的现实性和利益性特征，对门头沟地区娘娘庙的介绍比较系统。

下表统计了一些出现在村史地方志中的娘娘庙会，如门头沟区的福龙山娘娘庙庙会、王平村平顶山娘娘庙庙会、东斋堂天仙庙会，大兴区的半壁店娘娘庙会、田营村娘娘庙会，丰台区的大灰厂娘娘庙会，房山区的元武屯娘娘庙会等，这些庙会由于缺少相关记载，庙址不存或保护力度不够等原因，留下很大的信息挖掘和填补空间。

**表2.4.2　西山永定河文化带内的娘娘庙会一览表**

| 庙会名称 | 时间 | 参与者 | 主要活动 | 所属区划 |
| --- | --- | --- | --- | --- |
| 妙峰山庙会 | 每年农历初一至十五 | 京津一带乃至华北地区香客与香会 | 朝顶进香，民间香会表演 | 门头沟区 |
| 九龙山娘娘庙会 | 每年农历四月二十九到五月一日 | 由门头沟地区窑主和窑工集资兴建，参与者包括门头沟区采煤业人群及附近村镇 | 烧香祭拜，举行送九天玄女娘娘驾回归的花会表演活动（十三会十九档） | 门头沟区 |
| 杜家庄娘娘庙会 | 每年农历四月初八 | 远至镇厂一带 | 民间香会活动、戏曲表演等 | 门头沟区 |
| 杨村娘娘庙庙会 | 农历四月十五 | / | / | 门头沟区 |

续表

| 庙会名称 | 时间 | 参与者 | 主要活动 | 所属区划 |
| --- | --- | --- | --- | --- |
| 北港沟福龙山娘娘庙会 | 农历四月初一至初八 | 大台地区十里八村香客 | 朝顶进香祈福、举行庙会活动 | 门头沟区 |
| 焦岭九泉山娘娘庙会 | 农历四月十八 | 王平镇地区及附近村民 | 庙会、进香、看戏、文武档花会表演 | 门头沟区 |
| 北寺娘娘庙会 | 元宵节，农历正月十五和四月初八 | 东村及附近各村村民 | 进香队伍争头香，花会活动表演等 | 门头沟区 |
| 板桥娘娘庙庙会 | / | / | / | 门头沟区 |
| 东斋堂天仙庙庙会 | 农历正月十三至十五 | 东斋堂附近十里八村 | 天仙庙进香，戏台唱戏等 | 门头沟区 |
| 百花山天仙（娘娘）庙会 | 农历五月十八日至五月二十日 | 百花山附近百余村落，还吸引着海淀、天津等地会众与香客 | 走会、赶庙会、花会表演 | 门头沟区 |
| 王平村平顶山娘娘庙庙会 | 农历正月十三至十五（有些年份是农历四月） | 王平村附近几个村的村民香客 | 烧香拜神，花会奏乐 | 门头沟区 |
| 大村娘娘庙庙会 | 每年农历四月初八 | 雁翅镇大村附近各村，尤其是河北怀来县镇边城一带 | 香客进香、庙前戏台演戏酬神 | 门头沟区 |
| 田庄村青茶山娘娘庙会 | 农历四月初一 | 田庄村、苇子水村等花会和村民 | 娘娘庙烧香、花会表演 | 门头沟区 |
| 龙泉务观音庵庙会 | 每年农历二月十九日 | 龙泉务村及附近村民 | 五虎少林、秧歌、大鼓、石锁等花会表演 | 门头沟区 |
| 田营村娘娘庙会 | 农历正月十四到十六 | 田营村和周边几十里地村 | 香客烧香逛会，民间艺人表演，集市买卖 | 大兴区 |
| 榆垡西娘娘庙会 | 农历四月十五日至十九 | 辐射通县、安次、固安、房山等 | 神事活动、马戏杂记、物资交流等 | 大兴区 |

续表

| 庙会名称 | 时间 | 参与者 | 主要活动 | 所属区划 |
|---|---|---|---|---|
| 庞各庄西娘娘庙会 | 农历四月十八日,少则五天,多至七八天 | 辐射范围南到固安、永清、安次等县,北到顺义、昌平、密云、怀柔、平谷等县,西到良乡、房山、涿州等 | 进香赶庙、搭茶棚供游人观赏、文娱活动有马戏、拉洋片、杂耍、套圈等,商业摊点贩卖日用品 | 大兴区 |
| 半壁店娘娘庙会 | 旧时农历四月十五 | 半壁店及附近村落 | 放假一天,进香祈福、还愿,商业和文化活动 | 大兴区 |
| 青云店镇南头庵（菩萨）庙会 | 农历二月十九日 | 青云店镇附近十里八村 | 烧香还愿,唱戏,买卖 | 大兴区 |
| 青云店镇天齐庙娘娘庙会 | 农历三月二十七日至三十日 | 辐射范围二三十华里 | 上香求子,许愿还愿,集市买卖等 | 大兴区 |
| 龙头村娘娘庙会 | 农历三月二十八,会期三天 | 来源不详,赶集观光者多达万人 | 烧香还愿,商业买卖,民间花会表演 | 大兴区 |
| 大灰厂娘娘庙会 | 旧时农历四月十八庙会 | 附近几十里村庄村民及从天津、保定、石家庄等来进香的香客 | "老会"服务、花会表演、集市买卖等 | 丰台区 |
| 西铁营村中顶庙会 | 农历六月初一 | / | 花会表演、香客进香 | 丰台区 |
| 龙泉寺庙会 | / | / | 香会进香,拜碧霞元君 | 石景山区 |
| 石景山庙会 | 每年阴历四月十五前后三天 | 香客来自京西方圆几十里,商贾云集 | 碧霞元君庙进香朝拜、求子求福 | 石景山区 |
| 八宝山娘娘庙庙会 | 农历四月十五,大多为期三天 | 香客和商贩来自京郊三五十里,甚至有河北、山西的 | 烧香还愿、赶庙会、走会、卖艺、商贩买卖等 | 石景山区 |
| 天开娘娘庙会 | 农历四月二十八 | 上方山附近方圆几十里的人 | 进香祈祷,香会队伍赶庙 | 房山区 |
| 元武屯娘娘庙会 | / | / | 进香祈福,设戏台请戏班唱戏等 | 房山区 |

药王庙会多为每年农历四月二十八日，例如，据丰台区看丹村村志记载，看丹村传说是药王炼丹的地方，因此人们以"看丹"为地名，集资修建了药王庙。看丹庙会开庙三天，周围十里八村的人来为药王庆生、进香祈福。清水镇李家庄药王庙会有李家庄村、燕家台、梁家庄、塔河、龙王村、张家庄等村的香会来走会，前来烧香的香客更是有从涞水、海淀、天津远道而来的。[1] 此外，大兴礼贤镇的药王庙会、房山区的西长沟药王庙会，曾经也是在当地盛极一时的庙会，有各种民间信俗、文化娱乐、物资交流等活动，产生过较大的地方影响力。

除了通过娘娘庙会和药王庙会朝圣碧霞元君和药王爷以外，在西山永定河文化带范围内，以朝会进香为主要特征的庙会进香的对象还有窑神、山神、财神、关帝、虫王、火神等等。规模较大、在地方影响力较强的有例如大兴区的黄垡庙会、庞各庄镇东老爷庙会、青云店关帝庙会；石景山的天泰山庙会；房山区的长沟庙会、云居寺庙会等，它们在兴盛时期辐射范围较广，吸引了方圆百八十里甚至几十里的人。但也有一些以当地村民参与为主的规模较小的进香庙会，如丰台区的五显财神庙庙会参与者就主要是周庄子村和六里桥附近其余村村民，怪村庙会（九月庙会）吸引的是以大南庙为中心的附近村民；青云店镇虫王庙会由当地农民给虫王烧香祈求丰收；陈家庄过山楼山神庙会则往往是过往香客上供和上香，求山神保护自己去妙峰山平安。

下表对西山永定河文化带内的药王庙会和其他以朝圣为特征的庙会遗产状况进行了统计。

**表2.4.3　西山永定河文化带内的其他朝圣庙会（娘娘庙除外）**

| 庙会名称 | 时间 | 参与者 | 主要活动 | 所属区划 |
|---|---|---|---|---|
| 李家庄药王庙会 | 农历四月十八日至四月三十日 | 李家庄附近六大村，有从远处来的香客：房山、海淀、涞水，甚至天津 | 六大村进行花会表演，药王庙对面的琉璃瓦戏楼表演山梆子戏 | 门头沟区 |
| 桥户营村药王庙庙会 | 每年农历四月二十八日 | 桥户营一带村庄，外十三地区各村 | 进香祈福，花会会档表演 | 门头沟区 |
| 看丹庙（药王庙）庙会 | 每年农历四月二十八日至三十日 | 看丹村周围十里八村村民 | 进香祈福，药王庙里还有娘娘店供奉三元圣母；附近村落走会进香；集市买卖；艺人表演 | 丰台区 |

---

[1] 参见李慷云、张广林主编：《斋堂川》，北京：团结出版社，2011年，第224页。

续表

| 庙会名称 | 时间 | 参与者 | 主要活动 | 所属区划 |
|---|---|---|---|---|
| 礼贤镇三官庙、药王庙庙会 | 旧时农历四月十五和九月十五两次庙会 | 礼贤镇方圆百里都知道，吸引外地客商 | 九月十五的谷茬庙会规模较大，主要是宗教神事、文化娱乐、物资交流活动 | 大兴区 |
| 东店村药王庙会 | 农历四月二十八日 | 辐射二三十里 | 请香还愿、求药、看病、摊贩买卖等 | 大兴区 |
| 洪士庄药王庙会 | 旧时农历四月二十五日 | 洪士庄和半壁店附近村民 | 放假一天，进香拜庙等 | 大兴区 |
| 太子务药王庙会 | 旧时农历四月初八日 | 辐射"方圆百里商贾，三四十里民众" | 烧香还愿、物资交流、风味小吃等 | 大兴区 |
| 七斗泉药王庙会 | 农历四月二十八 | 青龙湖镇口头村及附近村民 | 请香还愿，取圣水，庙会买卖、表演观光等 | 房山区 |
| 西长沟药王庙会 | 农历五月初一至初四 | 房山、涿县客商、香客等 | 烧香许愿，走会唱戏，贸易活动 | 房山区 |
| 王禅洞庙会 | 农历四月十八日 | 游乐观光者众多，有借机去万佛堂孔水洞朝拜游览的 | 进香朝拜、祈神求医、求子还愿等 | 房山区 |
| 城子村拦龙山庙会 | 抗战前每年农历四月十五 | 城子村、三家店村、大峪村等 | 上山进香，有高跷会 | 门头沟区 |
| 戒台寺庙会 | 旧时每年农历四月 | 游僧、官宦商贾、歌女舞女等来自全国各地，皇室多次游览 | 四月初八至十五赶秋坡；四月十二耍戒坛 | 门头沟区 |
| 潭柘寺庙会 | 旧历每年农历四月初八 | 各村村民 | 潭柘寺进香，逛庙会，各村花会表演等 | 门头沟区 |
| （圈门）窑神庙会 | 农历腊月十七日 农历正月十五到十七（大祭） | 附近各煤窑的窑主、煤厂煤商们、各村的民间花会、窑工及家属、农民等、商贩 | 供奉三牲供品、上香叩拜，戏班唱戏、花会表演，集市贸易、（祭祀完后）商谈公事，"燃旺火堆"（春节） | 门头沟区 |
| 陈家庄过山楼山神庙会 | 旧时每年四月初一到十五 | 妙峰山烧香的过路香客为主 | 过往香客上供和上香，求山神保护自己去妙峰山平安 | 门头沟区 |

续表

| 庙会名称 | 时间 | 参与者 | 主要活动 | 所属区划 |
|---|---|---|---|---|
| 五显财神庙庙会 | 每年农历正月初二到初五 | 周庄子村和六里桥附近其余村村民 | 购物、商贸、休闲娱乐、文化活动 | 丰台区 |
| 怪村庙会（九月庙会） | 旧时农历九月十四到十六 | 以大南庙为中心的附近村民 | 上香、进行民间贸易、戏台表演等 | 丰台区 |
| 南岗洼庙会（严九庙会） | 旧时每年正月初九、十九、二十九 | 南岗洼村及附近百姓 | 到老爷庙上香，形式和怪村庙会差不多，集市规模大 | 丰台区 |
| 青云店镇普照寺庙会 | 一年举办三次庙会，三月三、四月十五、九月九日 | 香主群体相对固定，主要来自通县、武清县及附近村庄 | 香客上香，和尚坐禅念经、放焰口，商贩买卖；主要为宗教活动 | 大兴区 |
| 青云店镇德云寺庙会 | 十五至十八日 | / | / | 大兴区 |
| 青云店关帝庙会（十月庙） | 农历十月十九日至二十四日 | 辐射面广，不下百八十里，包括北京、廊坊等人 | 不烧香，物资交流为主，唱戏卖艺等表演 | 大兴区 |
| 桑马房村海禅寺庙会 | 农历二月十九，腊月初八 | 附近十里八乡的村民为主 | 和尚诵经、进香赶庙，集市买卖、花会表演等 | 大兴区 |
| 庞各庄镇东老爷庙会 | 农历五月十三 | 涉及方圆百里以外 | 会戏、京剧、花会等民间艺术表演，集市买卖等 | 大兴区 |
| 榆堡南火神庙会 | / | / | / | 大兴区 |
| 东大寺庙会 | / | / | / | 大兴区 |
| 西黄堡文昌庙会 | / | 辐射方圆几百里 | 进香、花会表演、买卖等 | 大兴区 |
| 青云店镇虫王庙会 | 农历七月二十三日 | 范围小，主要是当地农民 | 农民给虫王烧香，祈求丰收 | 大兴区 |
| 皇姑寺庙会 | 每年农历四月初一到十五 | 香客大多来自通州、三河、香河、武清、宝坻、蓟县等八县 | 香客进香；高跷会、少林会等民间花会表演；商贩买卖 | 石景山区 |

续表

| 庙会名称 | 时间 | 参与者 | 主要活动 | 所属区划 |
|---|---|---|---|---|
| 天泰山慈善寺庙会 | 每年农历三月十三到十五 | 附近村民、绅商学界、善男信女等 | 香客进香、香会会档表演、市场交易、文化娱乐活动等 | 石景山区 |
| 长沟庙会 | 农历初一至初五 | 东长沟村村民还有来自房山地区、涿州等地的 | 祭奠刘关张结义，集市贸易，花会（高跷会）表演 | 房山区 |
| 云居寺浴佛节庙会 | 农历四月初八 | / | 敲钟祈福、进香游园、商贸活动、文化娱乐 | 房山区 |

（三）与生产生活密切相关的龙王庙会和行业庙会

龙王求雨和祭祀的传统和人们的生产生活密切相关，西山永定河文化带各个地区的龙王庙很多，门头沟斋堂地区五十八村以前大都有自己的龙王庙。王新蕊撰有《门头沟三家店龙王庙》[1]一文，根据史料记载追溯三家店龙王庙的历史沿革、文物保护状况，历史上当地河神祭祀和龙王庙庙会的情况。《中国民俗文化志·门头沟区卷》专设章节记载整理了在此之前缺少系统研究的斋堂川五十八村龙王大会，除了增加了田野调查获得的仪式信息外，还补充了当地关于龙王祭祀、求雨的民间传说。

此外，关于房山河套沟地区的黑龙关庙会，已有学者进行过专门的田野调查和研究，例如徐天基、罗丹撰有《北京黑龙关庙会二月二调查报告》，考察了黑龙关庙会的历史变迁、花会活动、求雨仪式等。[2] 黑龙关一带村民相信龙神有七子，分居于河套沟地区的各个村落，在二月二龙王庙会上，各村相互之间走会，传递被称作"龙王架"的泥塑龙王像，并进行丰富的民间花会表演活动。关于西山永定河文化带内龙王求雨的知识和实践类非遗，本编第五节将有专题报告讨论，此处不再展开陈述。

行业庙会也在以往研究中关注度不高，上文提及的圈门窑神庙和九龙山娘娘庙具有朝圣的特点，同时也是京西行业庙会的典型代表。齐鸿浩特别关注了九龙山娘娘庙会，他撰写的《消失了的行业庙会——记九龙山娘娘庙会》[3]一文，翔实记录了九龙山娘娘庙会的庙宇布局、历史渊源、进香路线、门头沟十三会会档、庙会活动流程、庙会组织和影响范围等情况。他在文中指出，九龙山娘娘庙会虽然是旧时京城郊区最大

---

[1] 王新蕊：《门头沟三家店龙王庙》，张妙弟主编：《北京学研究文集》，2006年，第240—247页。
[2] 徐天基、罗丹：《北京黑龙关庙会二月二调查报告》，《节日研究》2010年第1期。另参见徐天基、罗丹：《村落间仪式性馈赠及交往的变迁——以京西黑龙庙会为例》，《民俗研究》2010年第1期。
[3] 齐鸿浩：《消失了的行业庙会——记九龙山娘娘庙会》，《北京档案》2002年第12期，第46—47页。

的行业祭祀庙会，但因其行业色彩太浓，所以很少见诸史籍，就连近现代诸多北京游记与考察记中也罕见记载。同样属于行业庙会的门头沟圈门窑神庙庙会也缺少深入的研究和系统化的资料整理。在1949年前的很长一段时间内，圈门窑神庙的腊月十七窑神诞辰对以煤业为生的门头沟窑主矿工而言是比春节还要隆重的节日，圈门窑神庙会和九龙山娘娘庙会都祭祀窑神，但是圈门窑神庙被作为政府和矿主利益的代表，九龙山娘娘庙会的主要参与成员则是门头沟民众。总之，西山一带地区以煤业为中心的生产生活习俗是西山永定河文化带民俗资源和文化遗产中极其重要和富有特色的一部分，京西矿区以窑神祭祀为代表的行业庙会还有很大的历史文化挖掘和研究潜力。

表2.4.4　西山永定河文化带内的龙王庙会和行业庙会遗产状况

| 庙会名称 | 时间 | 参与者 | 主要活动 | 所属区划 |
| --- | --- | --- | --- | --- |
| 五十八村龙王大会 | 每年农历五月十三 | 斋堂五十八村 | 求雨活动（取水、接水、供水和送水）、走会 | 门头沟区、房山区 |
| 三家店龙王庙庙会 | 农历六月十三 | 水利会、兴隆坝灌渠内的村民等 | 给龙神河神焚香上供，摆放各路神佛佛牌。村民到龙王庙吃寿面 | 门头沟区 |
| 龙王村龙王庙会 | 农历六月十三 | 龙王、塔河、梁家铺、艾峪、简昌、黄塔六村派代表参加 | 六村花会花活表演，祭奠龙王 | 门头沟区 |
| 黑龙关村黑龙大会（黑龙关龙神庙庙会） | 农历二月初一到初三 | 河北镇、佛子庄乡、南窖乡的李各庄村、黑龙关村、南窖村等村 | 龙神庙祈雨，参与走会，伴有大鼓会、狮子会、中幡、唱戏等盛大表演 | 房山区 |
| （圈门）窑神庙会 | 农历腊月十七 农历正月十五到十七（大祭） | 附近各煤窑的窑主、煤厂煤商们、各村的民间花会、窑工及家属、农民等、商贩 | 供奉三牲供品、上香叩拜，戏班唱戏、花会表演，集市贸易、（祭祀完后）商谈公事，"燃旺火堆"（春节） | 门头沟区 |
| 九龙山娘娘庙会 | 每年农历四月二十九到五月初一 | 由门头沟地区窑主和窑工集资兴建，参与者包括门头沟区采煤业人群及附近村镇 | 烧香祭拜，举行送九天玄女娘娘驾回归的花会表演活动（十三会十九档） | 门头沟区 |

（四）以巡游走会为形式的庙会

京西幡会是巡游走会类型的代表性庙会。"千军台庄户幡会"于每年正月十五到十六之间举办，其间庄户村与千军台村互相抬着幡旗到对方村里走会，该幡会活动被列入国家级非物质文化遗产代表性项目名录。房山区水峪村祈福庙会也是以中幡为核心的走会，但和京西幡会的两村互相走会的形式有所不同，以村内走会为主，会队从村中心戏台出发游街走巷，沿途敬拜各路神明，去各寺庙烧香祭祀。

除了幡会巡游走会外，灯会走会也是京西地区富有特色的民俗文化遗产，例如，房山区黄兴庄村灯会（龙灯会）在民国年间影响力空前，既有本村灯场走会与村内巡游，也参与每年三月初八的涿州庙会进香、良乡东关走会等等。1949年前民间还有"求雨找黄兴庄"的说法，因有龙旗，求雨每求必应，灯会使黄辛庄村扩大了与外界的交流，提高了知名度。目前西山永定河文化带内收集到的灯会走会类型的庙会多包含在春节习俗和礼庆习俗里，只有各村村志、地方志中有零散的记录，例如，桑峪村村志中记录了过去年节时的转灯习俗，全村人参与转灯送神，还有地方戏曲、花会表演；斋堂村有九曲黄河灯会走会，大兴狼各庄西村有"散花灯"庙会、青云店中心镇区灯会等；房山区有磁家务灯会、瓦井村灯会走会等。

**表 2.4.5　巡游走会类型的庙会**

| 庙会名称 | 时间 | 参与者 | 主要活动 | 所属区划 |
| --- | --- | --- | --- | --- |
| 京西古幡会 | 农历正月十五、十六 | 千军台村、庄户村、板桥村幡会、村民为主 | 会档走会、轮流互访、花会表演等 | 门头沟区 |
| 桑峪村转灯会 | 农历正月十四、十五、十六 | 全村人参与 | 转灯活动、送神活动、有高跷、旱船、地方戏曲等演出 | 门头沟区 |
| 斋堂村九曲黄河灯会走会 | 农历正月十五 | 东、西斋堂村及附近村庄 | 灯会进村游街，灯场活动 | 门头沟区 |
| 爨底下村转灯游庙会 | 农历正月十五 | 爨底下村村民及附近村庄 | 赏灯转灯，游庙会等 | 门头沟区 |
| 北村秧歌会走会 | 旧时每年正月十四至十六 | 北寺附近村庄，东村、南村各会档，外村也来人 | 请神，以秧歌会为中心，进行敬神和表演活动 | 门头沟区 |
| 西杨坨村走会 | 农历正月十五 | 西杨坨村村民为主 | 正月十五村里前后街走会、花会表演 | 门头沟区 |
| 狼各庄西村"散花灯"庙会 | 农历正月十四 | 狼各庄西村及附近村民为主 | 庙会行进队伍走会，文艺会队表演 | 大兴区 |

续表

| 庙会名称 | 时间 | 参与者 | 主要活动 | 所属区划 |
|---|---|---|---|---|
| 青云店中心镇区灯会 | 1949年前成立，每年的正月十五至十七举办 | 青云店中心镇区 | 挂灯笼，赏花灯，家家户户张灯结彩 | 大兴区 |
| 王家屯村灯花会 | 农历正月十五 | 王家屯村村民为主 | 散播灯花，庙里烧香，正月十六中午到香头家会餐 | 大兴区 |
| 水峪村祈福庙会 | 年节期间 | 水峪村村民 | 游街走巷，依次去各寺庙烧香祈福祭祀 | 房山区 |
| 黄兴庄村灯会（龙灯会） | 正月初一到十五、二月初二、三月初八 | 黄兴庄村民及附近村庄，出会一般有五六十人 | 龙灯会走会表演，分文场武场 | 房山区 |
| 磁家务灯会 | 除夕至正月初三夜晚和元宵节夜晚 | 观灯人众自方圆十余里 | 挂灯观灯，1924年以前村公所正月十五放天灯 | 房山区 |
| 瓦井村灯会走会 | 农历八月十五、正月十五晚上 | 瓦井村灯会会员、村民等 | 沿街摆灯花、散灯花，唱祝词等 | 房山区 |
| 游乐园洋庙会 | 年节期间 | / | 大众文化娱乐活动 | 石景山区 |

（五）活跃于庙会中的花会/香会队伍

需要说明的是，本报告在上述表格中所列出的庙会应该还不是西山永定河文化带内庙会的全部，随着田野调查的进一步展开，本项目组将持续进行条目补充和资料完善。

从上述资料总结也能看出，各处庙会中最活跃的就是各类花会、香会队伍，它们不仅是庙会的主要参与者和表演者，事实上常常也就是庙会的组织者和管理者。目前，关于这些花会、香会及其表演艺术也有很多汇编性的资料和研究专著。例如门头沟政协文史办主编的门头沟文化丛书中收录有《门头沟民间花会舞蹈集锦》《门头沟民间器乐曲集成》《门头沟民间歌曲集锦》等，其中涉及一些相关花会。根据已有文献，规模较大的和比较知名的民间花会有陈家庄万诚老会十三档、下苇甸开山老会十三档、涧沟村香会十三档、斜河涧五虎少林会、拢驾庄五虎少林会、担礼村五虎少林会等，花会表演如斜河涧、拢驾庄、黄台、炭厂、丁家滩的太平鼓和拢驾庄的霸王鞭等。由于香会与花会数量过于庞大，时间和篇幅所限，本报告难以对西山永定河文化带内的整体情况进行归纳总结，以下仅依据《门头沟村落文化志》与门头沟地区村落志的记载，罗列各村香会。还需要指出的是，香会一方面是庙会里的重要活动者，同时也属于非物质文化遗产中的表演艺术类。关于它们所表演艺术的具体情况，将在以后报告中予以汇报。

表2.4.6　民间花会种类及分布状况（门头沟区为例）

| 花会／会档名 | 主要分布村落 |
|---|---|
| 叉会（开路会、娘娘驾会） | 东辛房村、下苇甸村、塔河村、炉灰坡村（龙凤坡村） |
| 中幡会 | 西辛房村、千军台村、庄户村、梁家铺村、马栏村、岳家坡村、官厅村、爨底下村、塔河村 |
| 大鼓会（锅子会、耷子会、花盆会、跨鼓会） | 西辛房村、龙泉务村、千军台村、庄户村、坡头村、圈门里、陈家庄村、下苇甸村、塔河村、平原村、白虎头村、牛战村、马栏村、安家庄村、王平口村、门头口村、大台村、淤白村、下马岭村、下清水村 |
| 狮子会 | 门头口村、西辛房村 |
| 杠箱会 | 宽街村 |
| 牌楼会 | 梁桥村 |
| 大旗会 | 东店村、中店村（七星会） |
| 支单会 | 西店村 |
| 小车会 | 横岭村、天桥浮村、河南街、东村、平原村、大台村、石厂村、达摩庄村 |
| 地秧歌会 | 孟家胡同、官园村、龙泉务村、庄户村、平原村、北村、阳坡园村、田庄村、桥户营村、西龙门村、东杨坨村、涧沟村 |
| 音乐会（道经会、老道会） | 拉拉壶、韩家沟村、香儿窑村、简昌村、圈门村、下马岭村、琉璃渠村、龙泉务村、东店村、泗家水村、西达摩村、下清水村 |
| 高跷会 | 大峪村、三家店村、城子村、圈门里、陈家庄、下苇甸村、鲁家滩村、平原村、马栏村、安家庄村、城子村、石门营村、东王平村、达摩庄村、梁家庄村 |
| 石锁会 | 龙泉务村（太平石锁，门头沟只此一档） |
| 旱船 | 圈门外、大台村、达摩庄村 |
| 跑驴 | 北涧沟村 |
| 吵子会（吉祥会） | 塔河村、千军台村、桑峪村、大台村、南涧村、板桥村、下清水村 |
| （五虎）少林会 | 龙王村、琉璃渠村、大峪村、安家滩村、西杨坨村、斜河涧村、拢驾庄村、担礼村、西王平村、东王平村 |
| 法器会 | 黄塔村、下清水村 |

续表

| 花会/会档名 | 主要分布村落 |
| --- | --- |
| 蹦蹦戏("莲花落") | 艾玉村、马栏村、大村村、孟悟村、西杨坨村、炭厂村、禅房村、泗家水村、淤白村 |
| 灯会 | 塔河村、上清水村、燕家台村、下清水村、爨底下村、牛战村、马栏村、张家村、杨家峪村、吕家坡村、龙泉务村、大峪村、东胡林村、西胡林村、西斋堂堂 |
| 太平鼓队 | 大峪村、东村、桑峪村、鲁家滩村、平原村、草甸水村、三家店村、卧龙岗村、石厂村、万佛堂村、冯村、西龙门村、东西辛房村、滑石道村、岳家坡村、门头口村、琉璃渠村、灰峪村、斜河涧村、拢驾庄村、炭厂村、黄台村、丁家滩村 |
| 锣鼓队（腰鼓队） | 东村、何各庄村、石厂村、东马各庄村 |
| 霸王鞭队 | 万佛堂村、西杨坨村、拢驾庄村、西马各庄村、东王平村、达摩庄村 |
| 修道会 | 琉璃渠村（维护西山大道、九龙山、椒园寺、妙峰山南道、进香道路） |
| 水茶老会 | 琉璃渠村（管理九龙山茶棚） |
| 桥道会 | 琉璃渠村（管理永定河木板桥） |
| 路灯会 | 琉璃渠村（管理香道上的照明） |
| 桌子会 | 琉璃渠村 |
| 掸尘会（扫殿会、堂会） | 琉璃渠村（庙会期间为娘娘庙及茶棚打扫卫生） |
| 文场会 | 三家店村、琉璃渠村 |
| 吉祥会 | 煤窑窑主的组织，由"十三会"直接领导，三请可参加走会 |

### 三、本类遗产保护利用的现存问题

在《2020年度民俗类非物质文化遗产研究报告》[1]中，孟令法、雷天来、刘艳超等人回顾总结了近些年关于民俗类非遗的学术研究情况，指出当前关于民俗类的非遗研究存在系统化不够，缺乏深度，影响合力效果差的问题，且已有成果过于注重民俗资源化探讨，而忽视民俗作为一种文化表现形式的生活属性，政策导向性明显，社区参与度及大众关注度较弱。此外很多地方性民俗类非遗代表性项目并未得到合理利用和

---

[1] 孟令法、雷天来、刘艳超、李凤勤、潘阳力：《2020年度民俗类非物质文化遗产研究报告》，《中国非物质文化遗产》2021年第2期。

实质性的保护，至今只是一个"项目"而非值得书写和展示的对象。作者由此提出，对民俗类非物质文化遗产的保护应该在"整体性原则"的指导下，回归其生活场域。

本项目组对西山永定河文化带内社会实践、仪式与节庆活动类遗产的调查同样反映出注重民俗遗产的"资源化"和"项目化"，忽视民俗遗产的生活属性这一问题，很多庙会遗产成为地方文化建设的政策性项目，而无意或有意地忽视了其原有的社会实践和生活环境的基础。例如，虽然房山、门头沟、石景山等地区在过去民间民俗传统的基础上设立了文化节、展览会、非遗活动，如2002年的"门头沟之源文化展"、2014年的"门头沟区山地旅游文化节"、2016年石景山区"非遗文化嘉年华活动"、2018年的房山区"非物质文化遗产项目暨文化创意产品展"和门头沟的"永定河流域非物质文化遗产展演活动"以及2022年"北京西山永定河文化节暨首届京西山水嘉年华文化活动"等，但是这些与民俗文化遗产有关的活动大多抽离了原有的生产生活语境，过于突出展演，过去民俗活动的宗教性和文化内涵被大大削弱，也由于官方和商业色彩的浓重，无法充分调动社区、群体和个人的参与度和积极性。随着商业开发和旅游业的发展，西山永定河文化带内的一些寺庙进行了翻修和重建，但是由于对于历史文化遗产缺少深入研究和准确定位，以及部分改建工程盲目以追求经济效益为目标，导致很多寺庙、戏楼、过街楼没有得到科学保护，在一刀切的景观规划和改造工程中失去了原有的活态价值和文化特点，既无法体现过去庙会、仪式节庆活动的历史风貌，也无法很好地融入人们当下的文化生活中。

已有的对其社会实践、仪式与节庆活动类的文化遗产的保护和研究还存在关注和利用程度不均衡的问题。首先，项目组目前收集到的西山永定河文化带内社会实践、仪式与节庆活动类遗产信息已经有2000余条，除了庙会以外，还包括大量与民众生活息息相关的生产生活习俗、节令习俗、民间游戏和娱乐活动等。根据从各村落志整理出的条目比例来看，大部分条目都是节日节庆、丧葬仪式习俗，其次是生产生活习俗，对民间游戏和娱乐活动类收集到的条目比例相对较少。其次，每一类型的遗产内部也存在关注的不平衡。以庙会文化遗产为例，正如上文所呈现的，以往过于重视对妙峰山庙会的资料收集和整理研究，而对其余民间庙会的关注程度不够。例如在门头沟区各村落志和地方志中有相当数量的与民众生产生活密切相关的行业庙会、药王庙会、龙王求雨大会等庙会的记载，一方面，这些庙会被妙峰山庙会研究的璀璨光芒所掩盖，一直以来处于被相对忽视的地位，另一方面，大部分曾经举办庙会的村庄寺庙在成为残址或挪为他用后，相关的庙会记忆也随着老一辈的离世而不再为人所知。在西山永定河文化带内的其他区域内，也存在着类似的不完整、不系统、不均衡的问题。总之，要在不脱离其生活实践场域的情况下，对这类遗产进行细致全面且具有整体性的梳理，是一项具有长期性、艰巨性而又意义深远的工作。

# 第五节　有关自然界和宇宙的知识与实践类非遗调查报告（以求雨为例）

在联合国教科文组织《保护非物质文化遗产公约》关于非物质文化遗产的定义中，"有关自然界和宇宙的知识与实践"是第四类，它包括相关社区在与自然环境的互动中形成的知识、诀窍、技能、实践和表述。这些有关宇宙的思考方式通过语言、口头传统、对某地的归属感、记忆、精神性和世界观而得以表现。这一类别与《中华人民共和国非物质文化遗产法》六分法中的"传统技艺、医药和历法"与"其他非物质文化遗产"类别及《国家级非物质文化遗产代表性项目名录》中的"传统技艺""传统医药""传统体育、游艺与杂技"稍有不同。因此，本项目组将"有关自然界和宇宙的知识与实践"类别进一步定义为关于"天地、水体、动植物和山川的观念""与神—鬼—精灵—祖先有关的观念与信仰""与风水有关的观念和实践""预兆、占卜与咒语""与疾病、健康、身体和医药有关的观念与实践"，以及"仪式与信仰专家"六个子类别，并依此展开非遗调查。

## 一、本类非遗概况

目前，西山永定河文化带内被列入各级名录的非遗项目中，有关自然界和宇宙的知识与实践项目共有 54 项。其中，国家级项目 1 项，为吴氏太极拳；市级项目 4 项，除吴氏太极拳外，还包括孟氏刺络疗法、裴氏正筋疗法及三皇炮捶拳；其余 53 项均为区级项目，包括龙王庙祈雨习俗、京西正骨等。将《北京市非物质文化遗产普查项目汇编》与各级非物质文化遗产名录进行比较，西山永定河文化带区域内大兴、丰台、房山、门头沟、石景山五个区内，有普查记录但尚未列入名录的"有关自然界和宇宙的知识与实践"类非物质文化遗产项目共有 85 项，包括门头沟区祭祀窑神信仰、大兴区常子营镇申氏接骨术等。

2022 年，"西山永定河文化带历史文化遗产调查"项目组通过村落志、地方文史资料等书籍的阅读整理，共搜集到 382 条此类非物质文化遗产信息，如东辛称"四大仙儿"信仰、陈家庄村老坟看风水习俗等，并通过对大兴、丰台、房山、门头沟、石景山五个区的多个村落进行实地调研，搜集到尚未被记录登记过的 41 条此类非遗信息。这意味着即使前人已经对西山永定河文化带的非物质文化遗产进行了普查，并采取一定的记录与保护措施，在本文化带区域中，报纸、诗文等各类文字载体中尚未被关注

## 第二章 非物质文化遗产编

到的非物质文化遗产依然数量巨大，大量的遗产散落在乡野中尚未被发现，亟待学界及有关部门的持续关注。

植根于实际生活而产生，关于自然界与宇宙的知识作为人们生产生活的重要指导，演化出极其丰富的形式，凝结于各类口头传统与物质遗产之中，并在社会实践中得以运用和展现。总的来说，与其他类别的非遗项目相比，关于自然界与宇宙的知识与实践类非遗的专门研究目前还不多，大量关于自然风土的知识以"风物传奇""风物典故"或"风土传说"为名被记录，《京西风物典故》[1]《大房山名胜风物传奇》[2]《石景山名胜掌故传说》[3]等辑录书籍中常有此类信息，但往往都是作为口头传统被记录，很少将其视为一种知识与实践来理解。在《京西民俗》[4]等各类民俗概论中，会有一些篇章涉及饮食、居住、卫生等"生活习俗"，但也仅仅是泛泛介绍，少有系统梳理和归纳。近年来，随着建筑学、景观园林学，以及传统文学研究的文化转向，在各个领域内都涌现一大批博硕论文，选题新颖、视野开阔，特别强调研究人与自然的关系，以及关于自然的知识与实践。例如 2008 年天津大学许维磊的硕士论文《北京房山石研究》讨论了房山关于石头的知识与实践，2011 年东北林业大学杨钊的硕士论文《北京地区寺庙园林植物景观研究》从园林景观角度研究了关于植物的知识和实践，2020 年南京师范大学邢云龙的硕士论文《明代北京花卉游赏及文学书写研究》分析了明代北京文人的自然观念等。就整体而言，专门以非遗为研究对象的著作中，有关自然信仰的研究数量最多，除了已经备受关注的妙峰山碧霞元君信仰之外，再如李慰祖据其在北平西北郊村落实地调研所撰写的毕业论文《四大门》[5]，以及随后所启发产生的诸多研究论文。我们非常遗憾地发现，虽然京西地区有丰富的民间医药、民间武术类非遗，但目前的专题研究仍然远远不足。就本项目组目前查询的情况来看，中医药学对北京国医有过系列研究，如《京城国医谱》[6]、《北京市老中医经验选编》[7]、徐江雁 2004 年博士论文《北京御医学派研究》，以及一些期刊论文[8]等，关于清代秘密结社的研究中有

---

1 张玉泉：《京西风物典故》，北京：中国人事出版社，1994 年。
2 王忠胜编著：《大房山名胜风物传奇》，北京：文津出版社，1994 年。
3 石景山区委宣传部等编：《石景山名胜掌故传说》，北京：同心出版社，2002 年。
4 北京市门头沟区政协文史资料研究委员会门头沟区民俗协会编：《京西民俗》，香港：银河出版社，2001 年。
5 李慰祖著，周星补编：《四大门》，北京：北京大学出版社，2011 年。
6 索延昌主编：《京城国医谱》，北京：中国医药科技出版社，2000 年。
7 《北京市老中医经验选编》编委会：《北京市老中医经验选编》，北京：北京出版社，1980 年。
8 例如高益民、张松柏、潘玉岭等：《民国时期北平国医学院评介》，《北京中医》1992 年第 1 期。袁立人：《二十年代初的北京中医学社》，《北京中医》1987 年第 5 期。

时会提及北京的武术[1]，但专门将其作为非遗进行研究的著作几乎没有。

以下，本报告就以"求雨"的观念与实践为例，说明西山永定河文化带范围内"有关自然界和宇宙的知识与实践"类别下非物质文化遗产的搜集整理情况，并探讨其现存问题。

## 二、求雨资料的搜集整理状况

### （一）相关研究与学术史

西山永定河一带向来是民间及官方的求雨圣地。北京素来缺水，旱灾时常发生。据考，元代北京有18个年份发生旱灾。明代276年中有162个年份是干旱年，平均不到两年就发生一次。其中特大旱灾14年，重大旱灾63年，一般旱灾85年。成化八年到成化二十三年，连续16年发生旱灾。清代历史共268年，有160个年份发生旱灾，其中特大旱灾4年，大旱灾69年，一般旱灾87年。清代也常出现连续多年发生旱灾的情况，最长的连续8年，共有两次。[2] 在极度缺水的环境下，关于水的知识与实践也由此产生。求雨也因此受到官方与民众的高度重视，并得到学者的关注。在北京地区求雨的相关研究中，以刘毓兰的《清代京师的祈雨活动》[3]、李光伟、陈思翰的《康熙朝京师祈雨与王朝治理》[4]、王申的《清光绪二十九年觉生寺祈雨考》[5]及王申、程呈《觉生寺"前班求雨住处"题记与清代觉生寺祈雨》[6]等为例，学者更多立足于研究在政府力量的干预下的较为宏大和隆重的官方求雨，对官方组织下的求雨实践进行史实考证，并从历史角度进行制度性解读，探讨皇家权力如何通过祈雨得以维系，而鲜少从"有关自然界和宇宙的知识与实践"的角度去对作为非物质文化遗产的"求雨"进行解读。

从民间社会角度搜集、整理、研究北京地区的求雨相关知识与实践的研究有：陈学霖在《明清北京的祈雨与祀龙——官式祭礼与民间习俗》[7]中考察金、元、明、清至民国时期北京地区的旱灾与求雨情况，探讨北京祈雨与祀龙传统中蕴含的人与自然的互动关系。曹荣在他的博士论文《灵验与认同——对京西桑村天主教群体的考察》中，透过斋堂川地区人民的三种传统求雨方式以及天主教教友群体的求雨方式，探讨"灵

---

[1] 例如周伟良：《清代秘密结社武术活动试析》，《成都体育学院学报》1991年第4期。

[2] 于虹编著：《京华通览 北京灾害史略》，北京：北京出版社，2018年，第4页。

[3] 刘毓兰：《清代京师的祈雨活动》，《紫禁城》1995年第1期。

[4] 李光伟、陈思翰：《康熙朝京师祈雨与王朝治理》，《中国高校社会科学》2020年第5期。

[5] 王申：《清光绪二十九年觉生寺祈雨考》，《北京文博文丛》2020年第1期。

[6] 王申、程呈：《觉生寺"前班求雨住处"题记与清代觉生寺祈雨》，《北京文博文丛》2017年第3期。

[7] 收录于陈学霖：《明初的人物、史事与传说》，北京：北京大学出版社，2010年，第97—143页。

验"对天主教信徒身份认同的强化作用。[1]徐天基、罗丹对房山区佛子庄乡黑龙关庙会开展多次调查，撰有《北京黑龙关庙会二月二调查报告》[2]，并在《村落间仪式性馈赠及交往的变迁——以京西黑龙关庙会为例》[3]中对传统村落生活中"仪式性馈赠"与及村落间的交往模式和结构进行了分析。综上所述，虽然学界已经对西山永定河文化带范围内的求雨材料给予了一定的关注，但是相对于文化带区域内丰富的求雨活动来说，当下的研究还远远不够。如对于京西地区集体祈雨仪式的记述，最早的资料出现在房山区韩村河镇天开寺的《龙王祠石碣记》，而以往对天开寺的研究完全忽视了这一点，学界只关心天开寺和上方山的关系以及宗教佛教的关系。当下，仍有大量的民间求雨材料没有被放进研究视野之中，也鲜少有学者从有关自然界和宇宙的知识与实践角度去研究西山永定河文化带区域内的求雨。

（二）西山永定河文化带的调查资料

如前文所述，有关自然界和宇宙的知识与实践表现于各种口头传统与观念之中，凝结在各种物质遗产与社会实践之中，项目组在进行遗产调查的过程中，也将寺庙等物质文化遗产、碑刻等记忆遗产放置于"有关自然界和宇宙的知识与实践"角度下进行调查与理解。根据各级非物质文化遗产代表性项目名录以及各区《北京市非物质文化遗产普查项目汇编》，在西山永定河区域内大兴、丰台、房山、门头沟、石景山五个区中，共有9项非物质文化遗产项目涉及求雨仪式，其中区级项目2项，为"龙王庙祈雨习俗"与"佛子庄乡二月二酬龙节"。其余7项均属非物质文化遗产普查项目，分别是"求雨娘娘庙""黑龙潭的传说""北京西南民间祈雨仪式""斋堂村与黑龙潭故事""斋堂五十八村龙王大会信仰"与"五里坨龙王庙祭祀习俗"。截至2022年11月底，本项目组在各类文献记载中共搜集到与"求雨"相关的遗产信息27项。这一数字很可能远远不足。例如，据村落志、地方文史资料记录，西山永定河文化带区域中至少存在过40座龙王庙，这意味着本区域中至少曾有40处不同地方可能存在过求雨相关的信仰与实践，这不仅提醒我们现有文献资料的严重不足，也为我们进一步资料搜集与整理工作提供了重要线索。通过田野调查与口述访谈，本项目组还搜集到房山区大石窝镇高庄村、韩村河镇天开村，门头沟区龙泉镇三家店村、斋堂镇沿河城、沿河口村、清水镇燕家台村、下清水村等共计10个村落的求雨相关材料，有力补充了文献记载之不足，并为我们整体性地理解求雨信仰与实践奠定了基础。

西山永定河文化带范围内的求雨材料散落于各类文献材料以及乡野之中，目前项

---

[1] 曹荣：《灵验与认同——对京西桑村天主教群体的考察》，《民俗研究》2012年第5期。
[2] 徐天基、罗丹：《北京黑龙关庙会二月二调查报告》，《节日研究》2010年第1期。
[3] 徐天基、罗丹：《村落间仪式性馈赠及交往的变迁——以京西黑龙关庙会为例》，《民俗研究》2010年第1期。

目组收集到的求雨相关资料主要包括5类：1.碑铭刻石。西山永定河文化带历史悠久，留下极为丰富的碑刻资源，碑铭刻石中蕴含着丰富的历史信息，现存的碑铭刻石成为我们搜集、研究求雨材料的重要资料。2.风物笔记、游记与回忆录。历代文人在西山永定河文化带区域内游历山水，对文化带内求雨相关的知识与实践进行了记录，这些都是难得的亲身体验资料，为我们理解当时文人的心理提供了依据。3.晚清至民国时期报纸。晚清民国时期报纸上的各类时事新闻、怪谈等专栏内也有不少求雨资料，报纸通常对事件过程特别关注，为我们了解求雨仪式及其引起的社会反应提供了宝贵线索。4.民间故事是求雨信仰的直接表达，故事中所蕴含的观念、概念与宇宙观，是我们理解求雨活动背后观念的主要依据。5.村落志与乡镇志。20世纪90年代以后，北京郊区许多乡镇村落纷纷开始编纂乡镇志与村落志，在这些资料中保存了许多与自然界与宇宙相关的知识与实践的信息，由于求雨活动的广泛存在，自然也成为这类地方志的记录对象。本项目组2022年度的工作中，重点对这类信息进行了搜集与整理。前人研究中已对《金史》《元史》《明太祖实录》《清史稿》等文献中的官方祈雨相关资料进行较为全面的整理，本报告将分别对上述五类材料的整理状况进行说明。

（三）尚未系统搜集整理的材料

1. 碑铭刻石

西山永定河文化带历史悠久，留下了极为丰富的碑刻资源，碑铭刻石中蕴含的丰富的历史信息为我们搜集、研究求雨材料的重要资料来源。根据本项目组整理的碑刻清单，西山永定河文化带范围内房山、丰台、门头沟、石景山四个行政区中有27通碑刻涉及求雨相关的内容，时间跨度从元代到民国时期，具体信息详见下表。

**表 2.5.1　本项目组搜集到的求雨相关碑刻**

（按时间排序）

| 序号 | 碑题 | 时间 | 地点 |
| --- | --- | --- | --- |
| 1 | 重建龙泉大历禅寺之碑 | 窝阔台九年（1237）五月十六日 | 房山区磁家务万佛堂 |
| 2 | 龙王祠石碣记 | 泰定二年（1325）二月二日 | 房山区天开村龙王庙 |
| 3 | 龙神庙碑 | 至顺元年（1330）六月十日 | 房山区北尚乐村 |
| 4 | 龙王祠提名碑 | 元统二年（1334）四月二十五日 | 房山区皇后台村 |
| 5 | 黑龙潭庙记 | 至正十四年（1354）十月十五日 | 房山区大安山 |
| 6 | 皇后台龙王庙记 | 洪武七年（1374）十二月 | 房山区天开村龙王庙 |
| 7 | 龙王庙碑 | 嘉靖七年（1528）五月九日 | 房山区尚乐村 |

续表

| 序号 | 碑题 | 时间 | 地点 |
|---|---|---|---|
| 8 | 龙圣庵记 | 嘉靖八年（1529）四月 | 房山区口头村 |
| 9 | 龙神庙题名 | 嘉靖四十二年（1563）六月十日 | 房山区北尚乐村 |
| 10 | 送龙子归潭柘文 | 万历二十年（1592）五月二日 | 门头沟区潭柘寺 |
| 11 | 永定河神庙碑 | 康熙三十七年（1698）十二月十六日刻 | 北京丰台区卢沟桥 |
| 12 | 观音龙王堂碑 | 康熙四十五年（1706）四月十六日 | 房山区周口店长沟峪 |
| 13 | 龙神庙碑 | 乾隆四十四年（1779）六月一日 | 房山区东班各庄西黑龙关村 |
| 14 | 送龙子归龙潭文 | 乾隆五十年（1785） | 门头沟区潭柘寺大雄宝殿东侧 |
| 15 | 龙王庙碑 | 乾隆五十一年（1786）十月刻 | 门头沟区三家店村 |
| 16 | 龙王庙碑 | 同治四年（1865）四月 | 房山区南尚乐石窝 |
| 17 | 龙王庙碑 | 光绪七年（1881）九月下浣 | 门头沟区三家店村 |
| 18 | 龙王庙碑 | 光绪十四年（1888）九月十五日 | 门头沟区上岸乡王村 |
| 19 | 龙王庙碑（吴锡福撰正书） | 光绪十五年（1889）四月二十三日 | 房山区十渡西庄村 |
| 20 | 龙王庙碑（臧国栋撰正书） | 光绪十五年（1889）四月二十三日 | 房山区十渡西庄村 |
| 21 | 龙王庙碑 | 光绪十八年（1892）正月上浣刻 | 北京丰台区樊家村郭公庄 |
| 22 | 龙神庙戏楼碑 | 光绪二十三年（1897）十月 | 房山区东班各庄西黑龙关 |
| 23 | 龙王庙碑 | 民国十年（1921）夏月 | 石景山区五里坨民俗陈列馆后院 |
| 24 | 龙王殿戏楼碑 | 民国十三年（1924）三月二十三日 | 房山区天开村娘娘庙 |
| 25 | 重修龙王庙碑文 | 民国二十年（1931）六月初一 | 石景山区五里坨村东 |
| 26 | 寇公量祈雨题记 | 乙丑年四月二十七日 | 房山区云居寺北塔东南小塔 |

　　碑刻承载着丰富的历史、社会信息，尤其有助于我们推断非遗项目的存续时间。目前本项目组搜集到关于求雨的最早碑文记录，可追溯至房山区万佛堂村孔水洞万佛堂关帝庙西殿前《重建龙泉大历禅寺之碑》中所说："唐玄宗时，天雨不节，民祷于是，莫不应征耳。"据此，唐玄宗时房山区河北镇万佛堂村民众在天旱不雨之时，就会在

孔水洞祷雨。这为我们推断西山永定河文化带民众求雨实践的历史变迁提供了线索。除此之外，碑铭刻石中记录的捐款题名信息也为我们了解本文化带内村落民众间的互动关系提供了重要线索，并能与有关求雨的口头传统与实践形成补充、互证关系。例如，房山区黑龙关村《龙神庙碑》中，于碑阴捐款题名中记录了桑峪、东斋堂、西斋堂、爨底下等村，它们以村落为单位为修补黑龙关龙神庙捐款，证明这些村落与黑龙关村的龙神庙之间存在长期的密切关系。而在房山、门头沟区山区广为流传的黑龙潭传说中讲道：斋堂地主雇佣龙潭被占的黑龙种地，黑龙娶地主女儿为妻，在与白龙的缠斗中获得民众帮助，最终重回黑龙潭，许下降雨的承诺。由此，门头沟区东斋堂村会在天旱之时发起五十八村龙王大会，门头沟区清水镇、斋堂镇以及房山区史家营乡的部分村庄，至房山区佛子庄乡黑龙关村找龙神"取水"，以祈求降雨。碑文中所记录的捐资关系为我们理解五十八村龙王大会的社会组织、背后的村落互助关系，以及这种关系的历史形态与变迁等信息提供了重要证据。

目前，本项目碑刻目录的汇纂工作以出版资料为基础，由于西山永定河文化带碑刻储量丰富，项目组在进行实地调研中也发现了一些新的碑刻，我们相信仍有许多有关求雨的碑刻散落在田野中等待我们发现。

2. 风物笔记、游记与回忆录

有关求雨的知识与实践信息散落在回忆录、文人史地风物记述著作、笔记、游记等传世文献中。文人通过游历、采风等记下的所见所闻所感，都为我们发现、整理求雨相关材料提供重要的来源。清代孙承泽《春明梦余录》卷六十九记载孔水洞的投龙祈雨："孔水洞，在大房山东北，悬崖千尺，石窦如门，深不可测。………唐开元岁，每旱，必遣使投金龙玉璧，铸之立应。"[1] 刘侗、于奕正在《帝京景物略》中记录了丰富的北京民间求雨仪式，例如通过贴龙神画像、插柳枝、塑土龙、祭龙王、唱歌谣、扫晴娘等方式祈求降雨："凡岁时不雨，家贴龙王神马于门，磁瓶插柳枝，挂门之傍，小儿塑泥龙，张纸旗，击鼓金，焚香各龙王庙。群歌曰……"[2] 又如祝允明在《九朝野记》中记录了北京民间土龙祈雨之法："正统末，京师旱，街巷小儿为土龙祷雨，拜而歌曰'雨帝雨帝，城隍、土地，雨若再来，还我土地，成群噪呼，不知所起。'"[3] 民国时期周肇祥收购文物书籍、探访山水古迹所著《琉璃厂杂记》中，描述了他在画眉山畔所见之黑龙潭祈雨的过程，同时还记录了他在实地考察中搜集到的求雨及答谢赛文，这是目前所见最为丰富生动的实地调查资料。[4] 到了现代以来，受民俗学兴起的影响，

---

1 孙承泽：《川渠》，《春明梦余录》卷六十九，扬州：广陵古籍刻印社，1990年，第510页。
2 刘侗、于奕正：《城东内外》，《帝京景物略》卷二，北京：北京古籍出版社，1980年，第71页。
3 祝允明：《九朝野记》，转引自李家瑞编：《北平风俗类征》，上海：上海文艺出版社，1937年，第276页。
4 周肇祥：《琉璃厂杂记》，北京：北京联合出版公司，2016年，第351页。

许多北京当地民俗专家也会记录关于求雨的信息。例如常人春在《老北京风情记趣》"旧京郊区农民的祈雨活动"一节中，综合史料记载以及自己早年耳闻目睹的情况，描述了京师郊区农民的龙王出巡祈雨活动及天旱时节"扫晴娘"的祈雨习俗。[1] 这些学者文人们喜爱史地风物，对民间风俗也饶有兴趣，他们保留在风物笔记、游记与回忆录中的信息浩如烟海，值得深入挖掘与探索。

3. 晚清至民国时期报纸

报纸中蕴藏的信息对于非物质文化遗产信息的调查研究有重要意义。第一，报纸中所刊登的通告、时事通常注重描述事件过程，这对我们了解求雨仪式的进行方式与仪式过程有不可替代的作用。第二，报纸记录具有较强的时效性，强调真实、完整、客观，因此可以与游记、回忆录等各类材料中的同类信息相互印证，明确两种不同文献的可靠程度。第三，也是最有趣的是，不同报纸常常会报道同一件新闻，不同报道之间的相互印证，可以让我们理解当时人看待求雨的不同视角和心态。通过对晚清、民国报纸库的搜集检索，项目组共搜集到《上海新报》《益世报-北京》等报刊在1871—1942年间刊登的有关求雨的记述信息45条，具体详见下表。

表2.5.2　与祈雨有关的报纸报道

（按刊登时间排序）

| 序号 | 时间 | 报纸来源 | 标题 |
| --- | --- | --- | --- |
| 1 | 1871.5.25 | 《上海新报》 | 京师求雨 |
| 2 | 1875.6.2 | 《申报》 | 京师少雨 |
| 3 | 1875.6.24 | 《申报》 | 京师近闻二则 |
| 4 | 1875.6.30 | 《申报》 | 求晴问答 |
| 5 | 1876.5.8 | 《申报》 | 京师杂闻 |
| 6 | 1876.6.1 | 《申报》 | 光绪二年四月二十四日京报全录 |
| 7 | 1876.6.1 | 《申报》 | 论迎铁牌以祈雨泽事 |
| 8 | 1876.6.28 | 《申报》 | 北地岁歉 |
| 9 | 1878.5.7 | 《申报》 | 光绪四年三月念一日京报全录 |
| 10 | 1888.7.1 | 《申报》 | 丁沽夏汛 |
| 11 | 1918.8.24 | 《国民公报》 | 祷雨诗 |
| 12 | 1920.7.3 | 《民意日报》 | 乡民求雨趣闻 |

---

[1] 常人春：《老北京风情记趣》，北京：北京出版社，1993年，第84页。

续表

| 序号 | 时间 | 报纸来源 | 标题 |
| --- | --- | --- | --- |
| 13 | 1921.7.17 | 《益世报－北京》 | 农民求雨现象 |
| 14 | 1922.7.25 | 《京报－北京》 | 乡民纷纷求晴矣，距求雨曾几何时 |
| 15 | 1922.7.26 | 《社会日报－北平》 | 京西洪河发现大鼋 |
| 16 | 1923.7.16 | 《晨报》 | 龙王被晒乡民祈雨 |
| 17 | 1923.7.23 | 《社会日报－北平》 | 农民尚有求雨声 |
| 18 | 1924.5.8 | 《社会日报－北平》 | 提督三堂求雨 |
| 19 | 1925.5.29 | 《京报副刊》 | 妙峰山进香日记〔庄严〕 |
| 20 | 1927.5.21 | 《庸报》 | 京兆尹定期求雨 |
| 21 | 1927.5.21 | 《黄报》 | 京兆尹定期求雨 |
| 22 | 1927.5.22 | 《东方时报》 | 求雨？焚香念经乱作一片 |
| 23 | 1927.5.25 | 《申报》 | 京中官吏求雨禁屠 |
| 24 | 1927.5.26 | 《庸报》 | 北京和尚求雨 |
| 25 | 1927.6.30 | 《黄报》 | 农民求雨之新法 |
| 26 | 1927.6.30 | 《世界日报》 | 长辛店的求雨 |
| 27 | 1927.7.8 | 《世界日报》 | 李垣在黑龙潭率领农民求雨 |
| 28 | 1929.6.9 | 《新中华报》 | 乡民望于之怪现象太平村烧旱魃、看丹村请龙王 |
| 29 | 1929.7.13 | 《益世报－北京》 | 北郊新妇试马祷雨群氓起哄，马惊，妇分尸家人一怒杀七命 |
| 30 | 1929.7.7 | 《世界日报》 | 求雨与农民教育 |
| 31 | 1931.7.30 | 《世界日报》 | 求雨？焚香念经乱作一片 |
| 32 | 1932.5.21 | 《南京晚报》 | 张宗昌吴佩孚在北京祈雨 |
| 33 | 1934.7.17 | 《北平晚报》 | 求雨琐谈 |
| 34 | 1935.11.14 | 《江西民报》 | 北平近郊乡下人的求雨法 |
| 35 | 1935.6.21 | 《新民报－南京》 | 天旱下雨感谢天演戏酬神遭雷殛两死三伤头颅粉碎出示招领求雨之后求死 |
| 36 | 1935.7.16 | 《之江日报》 | 鲁省怕雨北平求雨 |
| 37 | 1939.6.8 | 《新北京》 | 祷雨 |
| 38 | 1941.6.10 | 《新北京》 | 京市今日停屠一天 |

续表

| 序号 | 时间 | 报纸来源 | 标题 |
|---|---|---|---|
| 39 | 1941.6.4 | 《东亚晨报》 | 京各寺院僧侣设坛求雨 |
| 40 | 1942.4.27 | 《东亚晨报》 | 京佛会祈雨期中果降甘霖 |
| 41 | 1942.4.29 | 《新北京》 | 祈雨道场今日圆满 |
| 42 | 1942.6.15 | 《天声报》 | 求雨铁牌 |
| 43 | 1942.6.16 | 《新北京》 | 二次祈雨明日开坛 |
| 44 | 1942.7.13 | 《晨报》 | 菩提学会求雨道场昨日圆满 |
| 45 | — | 《立言画刊》 | 龙王游街 |

透过报纸刊登的内容与时事评论，我们可以了解到当时背景下与"求雨"这一主题相关的文件、观念以及时人的看法。报纸中刊载的事件可以让我们窥见当时的情景，如《益世报－北京》在1929年7月13日报道了这样的一个惨案：新妇因骑马路过不知下马而影响了小清河村集体祈雨仪式，被村民掌掴以至于在马受惊奔跑过程中惨遭分尸，丈夫为其报仇，击毙七名祈雨村民后被捕。报纸中的惨案发生在小清河村村民在极度干旱情况下、求雨仪式正在进行的情境之中。而报纸中记录的人们在新妇闯入仪式空间后的反应，如"齐呼""掌掴"等，也侧面证实了求雨仪式的神圣性。同年6月9日，《新中华报》"乡民望于之怪现象太平村烧旱魃、看丹村请龙王"一栏记述了在1929年夏季京西郊区民众因为天旱，通过烧旱魃、请龙王等方式以祈求降雨的事情，两篇报纸报道的内容在一定程度上可以帮助我们了解当时北京的干旱情况与求雨仪式的组织方式。报纸也可以与其他材料相互印证：金受申在《立言画刊》上的"北京通"专栏中记述，1927年，因为"今年对于久旱不雨，祈雨法坛，一再举行，私人祈雨的（京西青龙桥圆通观僧人亦私人祈雨），也略见不鲜""民十六岁在丁卯，京畿大旱，四五月未有雨（孟子：七八月之间旱，则苗槁矣，按周历七八月即今之五六月，今之四五月，即周之六七月），京内祈雨禁屠之声，纷至沓来，京郊各地，亦多举行龙王游街之仪式"。其中记录的祈雨禁屠与因北京天旱而兴起的民间求雨热潮等事情，也分别可在1927年5月25日《申报》刊登的《京中官吏求雨禁屠》与1927年6月30日《黄报》刊登的《农民求雨之新法》中得到印证。晚清至民国时期报纸上的各类时事新闻、怪谈等专栏为我们提供了丰富的材料，为我们对求雨材料的进一步搜索提供了线索。

4. 民间故事

西山永定河文化带有着丰富的有关求雨的知识与实践，产生了众多与求雨相关的故事。散落于西山永定河文化带内的各种民间故事，为我们理解求雨仪式背后的自然观念、宇宙观与意识形态提供了不可或缺的资料。项目组比较全面地整理了西山永定河文化带区域内的民间故事集以及村落志，在搜集到的3377则故事中，大约有32个故事与求雨有关，具体信息见下表。

表 2.5.3　与祈雨有关的民间故事

| 序号 | 题目 | 涉及地点 | 来源 |
| --- | --- | --- | --- |
| 1 | 百花山龙子送水 | 房山区佛子庄大安山史家营地区风物传说 | 《房山民间文学》 |
| 2 | 黑龙潭和龙王庙传说 | 房山区佛子庄大安山史家营地区风物传说 | 《房山民间文学》 |
| 3 | 龙潭的故事 | 房山区蒲洼十渡地区风物传说 | 《房山民间文学》 |
| 4 | 龙撞湖 | 房山区蒲洼十渡地区风物传说 | 《房山民间文学》 |
| 5 | 龙王庙 | 房山区蒲洼十渡地区风物传说 | 《房山民间文学》 |
| 6 | 秃尾巴老李的传说 | 海淀区京西画眉山 | 《中国民间故事集成》 |
| 7 | 颐和园里龙王庙的来历 | 海淀区颐和园 | 《中国民间故事集成》 |
| 8 | 龙王庙与金沟河 | 海淀区颐和园昆明湖南湖岛、万寿山 | 《中国民间故事集成》 |
| 9 | 浑河岸边的河神祠 | 大兴区永定河 | 《大兴记忆民间趣闻逸事》 |
| 10 | 石佛寺村的晴雨佛 | 大兴区石佛寺村 | 《大兴记忆民间趣闻逸事》 |
| 11 | 华严老祖和秃尾巴老张 | 房山区韩村河镇上方山 | 《房山民间文学》 |
| 12 | 上方山一兜泉 | 房山区韩村河镇上方山 | 《房山民间文学》 |
| 13 | 秃尾巴老张的传说之秃尾巴老张的来历 | 房山区南窖乡南窖村 | 《房山民间文学》 |
| 14 | 秃尾巴老张的传说之秃尾巴老张收谷子 | 房山区 | 《房山民间文学》 |
| 15 | 连三顶上锁蛟龙 | 房山区周口店镇车厂村北三盆山十字寺（崇圣院） | 《房山民间文学》 |
| 16 | 龙井 | 房山区连泉顶 | 《房山民间文学》 |
| 17 | 木郎关改称黑龙关 | 房山区佛子庄乡黑龙关村黑龙潭 | 《房山民间文学》 |
| 18 | 小白龙钻山四十里 | 房山区佛子庄乡黑龙关村黑龙潭 | 《房山民间文学》 |

续表

| 序号 | 题目 | 涉及地点 | 来源 |
| --- | --- | --- | --- |
| 19 | 黑龙的故事 | 房山区佛子庄乡黑龙关村 | 《房山民间文学》 |
| 20 | 龙女和庄哥 | 房山区 | 《房山民间文学》 |
| 21 | 龙潭龟仙 | 房山区城关街道丁家洼村 | 《房山民间文学》 |
| 22 | 青龙的传说 | 房山区长阳镇大宁村 | 《房山民间文学》 |
| 23 | 大青和二青 | 房山区 | 《房山民间文学》 |
| 24 | 土龙山严嵩墓 | 房山区（齐家坡） | 《房山民间文学》 |
| 25 | 上方山风物传说之旱龙潭 | 房山区韩村河镇圣水峪村 | 《房山民间文学》 |
| 26 | 天开黑龙潭 | 房山区韩村河镇天开黑龙潭 | 《房山民间文学》 |
| 27 | 黑牛水神牛驮水 | 房山区（龙潭寺） | 《房山民间文学》 |
| 28 | 求雨娘娘庙 | 房山区周口店镇瓦井村 | 《北京市非物质文化遗产普查项目汇编（房山卷）》 |
| 29 | 八村龙王大会的原由传说 | 房山区黑龙关村黑龙潭、门头沟斋堂镇 | 《中国民间文学集成（门头沟卷）》 |
| 30 | 黑龙潭的传说（夺水等15个小故事组成） | 房山区黑龙关村黑龙潭、门头沟斋堂镇 | 《中国民间文学集成（门头沟卷）》 |
| 31 | 斋堂村和黑龙潭 | 房山区黑龙关村黑龙潭、门头沟斋堂镇 | 《中国民间文学集成（门头沟卷）》 |
| 32 | 神秘的龙潭 | 房山区河北镇东庄子村南 | 《大房洞天》 |

这 32 个与求雨有关的故事，内容大多都是解释性的，即旨在说明为何某地可以用来求雨。许多故事讲到斋堂镇与黑龙潭这两个地点，故事的内容主要分为两种：龙龙相斗故事与人龙相斗故事。所谓龙龙相斗故事，主要以黑龙潭的传说为代表，通常讲述：善龙的龙潭被占，于是他变作长工或其他人类劳动者身份，来到人类社会。在与人交往的过程中，他的身份被暴露，于是他向人求助，希望人类能在他与恶龙的战斗中给予帮助。人类帮助了他，善龙胜利，回归龙潭，并向人许下及时降雨的承诺。第二种"人龙相斗"的故事主要讲述：在水资源不能满足民众生活需求的条件下，人求雨不得，转而与龙相斗，以求得水源，最终使恶龙败服，承诺在民众需要雨水的时候施行降雨。这些故事的内容通常与当地水资源环境密切相关，长盛不衰的求雨故事不仅反映出京西人民与自然的相处方式与认知观念，更折射出他们如何看待水、利用水、崇拜水的生态知识。将自然与文化相结合，透过传说文本与信仰仪式这类民俗文化表象，思考

京西人们如何认识山、认识水，如何处理人类社会与缺水环境的关系，将是极有意义的课题。

5. 村落志与乡镇志

20世纪90年代以后兴起的村落志编撰浪潮中，许多都搜集和整理了本村与自然界与宇宙相关的知识与实践，这为我们提供了重要的材料参考。目前，通过地方志与地方文献的阅读，我们已经看到有房山区佛子庄乡黑龙关村、门头沟区斋堂镇沿河城村等64处地方都存在或是曾经存在过求雨仪式，涉及的村落超过104个。仅五十八村龙王大会就涉及门头沟区斋堂、清水两镇及房山区大安山、史家营两乡的58个村庄，可见求雨是西山永定河地区民众较为普遍性的实践。并且，求雨也在西山永定河一带民众的实践中衍生出了丰富的形态。在这104个村落中，民众们选择求雨形式也各不相同，有龙王游街、拜祭龙王、拜祭观音、设坛求雨等多种形式。通过对村落志、乡镇志中求雨有关记述的整理，我们可以将西山永定河文化带地区的求雨仪式分为四种类型：单村独立求雨、双村协作求雨、多村联合求雨及其他求雨方式。接下来，本报告将依照这四类分类对现有村落志、乡镇志等文献的求雨资料整理状况进行说明。

（四）京西求雨仪式的分类概述

1. 单村独立求雨

古时候在天旱不雨的时候，求雨是西山永定河区域民众的普遍选择，人们大多以村落为单位进行求雨实践。龙王庙是西山永定河文化带中民众最主要的求雨场所，目前我们在村落志和地方文史资料中搜集到40座不同的龙王庙，这意味着这一区域内至少曾有40处存在过求雨相关的信仰与实践。而如果以仪式形式为区分标准，我们可以将其分为祭龙王、寡妇取水、晒龙王、龙王游街、跪祷关公等不同子类。

据《碣石村志》[1]《四马台村志》[2]等46本村落志中的相关描述，在天旱不雨的时节，民众会以村落为单位，在龙王庙以果品、牲畜等贡品拜祭龙王，并在龙王像前痛哭、跪祷，以祈求龙王给予降雨。与之略有差异的是，门头沟三家店村将祭祀河神与祭祀龙王合二为一，在龙王庙内同时祭祀永定河神与龙王。除了祭龙王之外，据《中国民俗文化志北京·门头沟卷》[3]等书记载，在门头沟区马栏村、上清水村等村落有"寡妇取水"的求雨方法，其方法为由十二个寡妇拿着柳枝和簸箕去取水，在泉水边一边刷簸箕一

---

[1] 中共北京市委党史研究室，北京市地方志编纂委员会办公室编：《碣石村志》，北京：北京出版社，2020年，第115页。

[2] 北京市房山区霞云岭乡四马台村村民委员会编：《四马台村志》，北京：方志出版社，2011年，第267—268页。

[3] 刘铁梁主编：《中国民俗文化志 北京·门头沟卷》，北京：中央编译出版社，2006年，第141页。

边祷告，以求得到降水。《柏峪村志》[1]《京西古村——苇子水》[2]等村志中记录柏峪村、苇子水村等村落在干旱时节通过暴晒龙王、到水边用葫芦取水，戴柳条帽将葫芦运回村中或龙王身边再行祭拜的方式进行求雨。另有村落如磁家务村、渔儿沟村、洪水口村、东流水村、二街村等村落的求雨方法是举行声势浩大的龙王游街：求雨村民扮成王八、鱼兵虾将等，戴柳条帽，举着龙王像，一路敲锣打鼓，用水泼王八、泼龙王，《大房洞天》[3]《渔儿沟村史志》[4]中有相关记述。

除以上这些以龙王为中心的求雨方法外，其余神灵也有着降雨的功能。例如门头沟潭柘寺镇东村在老爷庙内求雨[5]，清水镇下清水村于三官庙内求雨[6]，北臧村镇于菩萨庙、霹雳庙前求雨[7]，檀木港村于玉皇庙求雨[8]等。

2. 双村协作求雨

在本村范围内独立求雨不得后，少雨的村落会"偷"来灵验的龙王爷，并重塑金身，在本村进行供奉祭拜，以求得雨水。在得到雨水后再将龙王爷归还至原来的村落。如《马各庄村志》记马各庄村的偷龙王仪式流程："龙王庙里供奉青龙、白龙、黄龙、黑龙、火龙、雷公爷和闪电娘娘7尊神像。祈雨的人到龙王庙里偷得龙王后，将偷来的龙王放在半路或村里的碾子上搭棚供上，开始上供、烧香、磕头、念经，并要许愿承诺下雨后，如应验三天下了雨要举行还愿仪式，要杀羊在神像面前抖身子，如果有羊毛落毛，就表示神仙收（认）了；如果羊不抖落毛，就往羊身上洒酒或凉水刺激它抖羊毛。羊被神仙收（认）后，就要在龙王庙的院内将羊杀掉，然后把肉、骨头、蹄等放在一起炖熟，全村每户一份肉，庆祝祈雨成功。至此，祈雨结束。"[9]除马各庄村外，《中国民俗文化志北京·门头沟卷》中记述东斋堂等村也会采用偷龙王的方式，并在偷得龙王后给龙王爷重塑金身，再次归还至原来村落，通过两个村落的协商合作达到求雨

---

[1] 柏峪村志编纂委员会编：《柏峪村志》，第99—100页。

[2] 政协北京市门头沟区学习与文史委员会、北京市门头沟区雁翅镇党委政府、北京市门头沟区雁翅镇苇子水村民委员会编：《京西古村——苇子水》，北京：中国博雅出版社，2008年，第45—46页。

[3] 王春年主编：《大房洞天》，北京：中国言实出版社2019年版，第265—266页。

[4] 中共北京市房山区拱辰街道渔儿沟村支部委员会、北京市房山区拱辰街道渔儿沟村村民委员会主编，北京泗仟村文化有限公司承编：《渔儿沟村史志》，第90—91页。

[5] 东村村志编纂委员会编：《东村》，第61页。

[6] 北京市门头沟区文联民俗协会编：《千年古村——下清水》，北京：中国博雅出版社，2007年，第172—177页。

[7] 中共北京市大兴区北臧村镇委员会、北京市大兴区北臧村镇人民政府主编，泗仟村文化有限公司承编：《北臧村镇志》，第598页。

[8] 王春年主编：《大房洞天》，北京：中国言实出版社，2019年，第262—264页。

[9] 北京市房山区城关街道马各庄村委会：《马各庄村志》，北京：中国文史出版社，2017年，第50—51页。

的目的[1]。

3. 多村联合求雨

在单村独立求雨、双村协作偷龙王等尝试无效之后，某一地区会由某一个村落挑头，联合周边的多个村落一起办一场声势浩大的联合求雨。在项目组资料搜集的过程中，收集到五十八村龙王大会、高庄村山神庙联村求雨、万佛堂村孔水洞求雨等多村联合求雨案例，在此举黑龙关黑龙大会、高村山神庙联村求雨两个例子进行简述。

（1）黑龙关黑龙大会

如前文古代建筑类资源普查报告中所提及：黑龙潭及龙王庙位于佛子庄乡黑龙关村，始建于元代至正十四年（1354），为皇家祈雨圣地。黑龙关龙神庙坐北朝南，正殿面阔三间，东配殿面阔三间。几百年来，龙神庙都是朝廷及方圆百里乡民祈雨场所，香火旺盛。《房山县志》中载"龙王庙各地多有之，惟黑龙潭之庙最为著"。据《大房洞天》[2]所记，黑龙关黑龙大会涉及河北镇、佛子庄乡、南窖乡的李各庄村、黑龙关村、南窖村等村，场面盛大，并且伴有大鼓会、狮子会、中幡等盛大表演。值得一提的是，黑龙关同时也是五十八村龙王大会的祈雨胜地，并且有专门的二月二龙王庙会。对此，徐天基与罗丹的系列论文中已经有详细描述，兹不赘述。[3]

（2）高庄村山神庙求雨

山神庙位于房山区大石窝镇高庄村白石塘旁。据《娄子水村志》[4]《黄山店村志》[5]等书目记载，高庄村山神庙是张坊至长沟一带农民祈雨聚集地，周边多个村落都会来此求雨，并有娄子水村高跷会、黄山店村人民敲锣打鼓，进行表演。

4. 其他求雨方式

除单村独立求雨、双村协作求雨、多村联合求雨之外，西山永定河文化带内还有设坛求雨、铁牌祈雨、向圣母娘娘求雨等其他多种求雨方式。

西山永定河文化带内大约995个行政村中，项目组共搜集到219本已出版的村落志或乡镇志。由于编写水平与内容侧重区别较大，因此在村落志中呈现的信息也参差不齐。与此同时，拥有求雨实践等非物质文化遗产记忆的老人越来越少，我们未来获取信息的难度也会越来越大，亟需提高重视程度，促进村落内以村落志编写为导向的文化遗产普查工作稳步进行。

---

[1] 刘铁梁主编：《中国民俗文化志 北京·门头沟卷》，北京：中央编译出版社，2006年，第140—141页。

[2] 王春年主编：《大房洞天》，北京：中国言实出版社，2019年。

[3] 徐天基、罗丹：《北京黑龙关庙会二月二调查报告》，《节日研究》2010年第1期。徐天基、罗丹：《村落间仪式性馈赠及交往的变迁——以京西黑龙关庙会为例》，《民俗研究》2010年第1期。

[4] 刘振河：《娄子水村志》，北京：北京燕山出版社，2017年，第146页。

[5] 张进刚主编：《黄山店村志》，2015年，第202—203页。

## 三、求雨仪式的分布特征与现存问题

（一）分布特征与研究意义

根据项目组对西山永定河文化带现有求雨材料的搜集整理结果，本文化带内的求雨实践多分布于房山区、门头沟区等山地面积较大、气候较为干旱的地区，并集中分布在佛子庄乡、斋堂镇等房山区与门头沟区交界山区区域，石景山区、大兴区及丰台区分布较少，呈零星分布趋势。

求雨对于西山永定河文化带人民来说是非常重要的实践，因此，在门头沟山区沿河城地区的一些村落中，求雨甚至变成了比过年更加重要、更加必要的事情。"有关自然界和宇宙的知识与实践"这一类非物质文化遗产，是人们在与自然的互动中形成的知识与实践。求雨不是迷信活动，也不仅仅是民间信仰，在求雨背后，是人与自然的互动，是社会组织与社会动员，以集体管理和使用水资源的行动逻辑。求雨这类非遗的挖掘利用对于现代社会有着如下意义：

1. 促进对人与自然生命共同体的理解

久旱不雨的恶劣环境下，超自然的想象与现实的干旱状况和务农、生活上的用水需求统一在求雨当中，这说明求雨是根植于自然环境中的知识与实践。生产、生活对水的需要与现实生活中干旱的自然环境的矛盾，是求雨实践产生的背景。求雨并不是一种迷信活动，求雨涉及的也并不仅仅是民间信仰，而是人与自然的对话。生态是统一的自然系统，是相互依存、紧密联系的有机链条。在求雨的过程中，人对自然与环境始终抱有敬畏之心，而大自然对人们尊重行为给予正向反馈，正是人与自然这两个主体相互作用，最后达到平衡、和谐相处、相互接纳的过程。习近平总书记指出："生态兴则文明兴，生态衰则文明衰。生态环境是人类生存和发展的根基，生态环境变化直接影响文明兴衰演替。"人与自然关系的发展史，也是人类文明发展的历史。面对环境污染严重、生态系统退化等问题，对求雨的材料进行挖掘，将为我们理解人与自然的内在有机联系，深入思考生态文明、人与自然生命共同体等问题提供新的思路，树立山水林田湖草沙均与人类的命运相关的思想，从而促进环境保护，推进生态文明建设。

2. 促进对可持续发展的思考

求雨是一种地方性的文化实践，在水资源匮乏的条件下产生的求雨实践，对于我们思考现代自然资源的可持续利用有着重要的意义。求雨仪式需要在当地最重要的水源旁边进行，实际上是同区域民众通过仪式实践对水源的珍贵性、神圣性。通过求雨，民众树立对自然的敬畏之心，使得地区民众更加增强对当地水资源的保护，并且对水资源的浪费行为进行了有效约束。另外，民众通过龙王游街、拜祭神像、取水等行为，确立了一种公共的用水规则，也有利于在后续的水资源利用过程中形成监督与约束关系，避免哈丁（Garrett Hardin）所描述的公共资源悲剧。求雨反映了一种对水资源利用的可持续发展理念，民众通过求雨确保了水资源利用的可持续性。在水污染、水浪费问题严重，各类资源约束趋紧的当下，求雨背后的可持续发展理念将为我们针对公共资源的开发利用问题提供方向指引。

3. 促进共建共治共享的社会治理传统经验传递

立碑、修庙、求雨是一种集体性活动，每一次浇龙王、送龙王，都需要一个村落乃至多个村落协同完成。在以村落为单位、以区域为单位的求雨活动中，对水的渴求让人们在极端缺水的情况下自发地形成了"祈雨"的行为与仪式，人们也依靠着祈雨这样的集体活动来维持集体共识，在求雨中，社会得以有效地组织起来。人们讲述着求雨的故事，在水边祈雨，在每一次的仪式实践中增强集体的内聚力，并且形成了一套行为准则。求雨是一套区域内应对水资源匮乏问题的处理机制，为我们传递了地方社会自我管理、自我管理、自我监督的共建共治共享的社会治理传统经验。

有关自然界与宇宙的知识与实践贯穿于西山永定河文化带民众生计、生活之中，要更好理解西山永定河文化带民众的生活，了解京西社会，借鉴求雨背后的公共资源治理经验，我们应该对求雨、对"有关自然界与宇宙的知识与实践"给予更多关注。

（二）非遗资料搜集与保护方面的现存问题

对于求雨以及有关自然界与宇宙的知识与实践类非遗资料的搜集、研究与保护，目前仍存在相当的问题，主要在以下几个方面：

1. 资料记述的缺失

以求雨相关的知识与实践为例，龙王庙、龙王塑像等物质文化遗产中潜藏着丰富的与水相关的知识与实践遗产信息，大量碑刻也记载了求雨实践的详情。但现有村落志仅能为研究者提供下一步的搜集方向参考，而不能提供具体的材料支撑。如现有村落志中对于与求雨有关的寺庙、塑像等相关文化遗产的记述与整理或是仅停留在对于修建状况、规格与保存状况的介绍，而没有对以往寺庙的香火状况、庙会状况等进行进一步的资料挖掘。"有关自然界与宇宙的知识与实践"类的非物质文化遗产凝结在寺庙等各种物质文化遗产、碑刻等各种记忆遗产之中，极有可能在调查过程中被调查者忽略。编写者常常仅仅止步于对遗产的规制、保存状况的描述，而未进行进一步的深挖。对于蕴藏在文化遗产中的有关自然界和宇宙的知识与实践资料存在大量空白，这为项目组的资料搜集与整理、归类工作增添了难度，还需要通过实地调研进行挖掘与补齐。

2. 文化记忆随居民世代的更替加速流失

"有关自然界与宇宙的知识与实践"类的非物质文化遗产已经成为集体记忆，表现于各种口头传统与观念之中,凝结在各种物质遗产之中。随着现代生活的发展,这一类非物质文化遗产逐渐脱离现代人的生活语境,失去其原有的活力。以求雨为例,这一类非物质文化遗产需要特定的语言、故事,特定的建筑、事物作为载体才能不断传承并得以保护。然而随着城镇化进程加快与人口的迁移,众多村落的寺庙已拆毁,人口迁出造成文化记忆的流失。当下,大多中年群体已经丧失了"有关自然界与宇宙的知识与实践"类非物质文化遗产的记忆,只有老人的回忆与口述资料成为我们搜集这类资料的重要来源。然而,随着时间的推移与世代更替,在实地调研中已经很难找到有相关非遗文化记忆的老人,文化记忆随居民世代的更替加速流失,这为我们进行这一类历史文化遗产调查增加了难度。

3. 资料分类的困难与错漏

"西山永定河文化带历史文化遗产调查"项目组结合联合国教科文组织《保护非物质文化遗产公约》与《中华人民共和国非物质文化遗产法》,将"有关自然界和宇宙的知识与实践"类别进一步定义为关于"天地、水体、动植物和山川的观念""与神—鬼—精灵—祖先有关的观念与信仰"等六个子类别,展开历史文化遗产调查。对历史文化遗产,需要从多个类别的角度进行理解。如前文多次强调,本类非物质文化遗产大多依托于物质文化遗产、记忆文化遗产以及其他类别的非物质文化遗产而存在,在其他历史文化遗产中得以体现,具有跨遗产类别的性质,在大多情况下很难明确界定。因此,项目组在调查、整理与归类过程中,已经多次对历史文化遗产的分类进行检查和更正。但是由于对本类非物质文化遗产理解上的不同,现有材料依然存在对"有关自然界和宇宙的知识与实践"分类类别上的错漏问题,需要项目组在未来的历史文化遗产调查过程中持续关注与解决。

# 第六节　传统手工艺类非遗调查报告（以酿酒为例）

传统手工艺为联合国教科文组织《保护非物质文化遗产国际公约》的一项重点保护内容，其中涵盖了传统美术、传统技艺等方面。《中华人民共和国非物质文化遗产法》六分法中将"传统技艺、医药和历法"划归一类，本报告采取《公约》中的分类法，将医药、历法等内容放在"有关自然界和宇宙的知识与实践"类中考虑。目前西山永定河文化带范围内被列入市级名录传统手工艺类非物质文化遗产的项目有曹氏风筝工艺、北京风筝哈制作技艺、京剧盔头制作技艺、潭柘紫石砚雕刻技艺、琉璃渠琉璃烧制技艺、"菊花白"酒酿制技艺、山石韩叠山技艺、葫芦范制作技艺、雕版刷印及线装书装帧技艺、和香制作技艺、鸟笼制作技艺、宫廷面点（泡泡糕）制作技艺、延庆火勺制作技艺、大兴南路烧白酒酿制技艺、京西黄芩茶制作技艺、绣花鞋制作技艺（王冠琴）共计十六项。被列为国家级传统手工艺类非遗有六项：门头沟区琉璃烧制技艺；海淀区曹氏风筝技艺、北京风筝哈制作技艺、宏音斋笙管制作技艺、王致和腐乳酿造技艺；房山区仁和酒厂"配置酒传统酿造技艺（菊花白酒传统酿造技艺）"。本项目组于2022年对此类文化遗产进行搜集整理，从各类文献中收录的传统手工艺类非遗信息多达608条。然而，虽然此类非遗的基数庞大，已经列入各级保护名录的数量也很多，表明其利用潜能已经得到了有关部门、研究工作者的重视，但相关的记载分布较为零散，项目组在实地调查的工作中发现仍有部分本类历史文化遗产未记录在册，有待进一步发掘和整理。

## 一、本类非遗概况

（一）现有普查资料

北京地区系统性的非物质文化遗产项目搜集可以《北京非物质文化遗产巡礼》为例，其中包含北京市第一、二、三批非物质文化遗产项目，共计236项。其中，传统技艺部分涉及了西山永定河文化带内哈氏风筝制作技艺、"菊花白"酒酿制技艺等。北京市文联、北京民协自2012年底开始组织编纂《非物质文化遗产丛书》，系统介绍了民间文学、民间手工艺、民间传统舞蹈、曲艺等方面的北京市级非物质文化遗产项目，其中《哈氏风筝》《北京琉璃烧制技艺》《小靿花范葫芦》《潭柘紫石砚》《山石韩叠山》《大石窝石作文化村落》为西山永定河文化带范围内的传统手工艺项目研究书籍。书目详见下表，由于出版社都是北京美术摄影出版社，故下表中不再专门说明。

表 2.6.1 《非物质文化遗产丛书》中已出版的传统手工艺类著作

| 序号 | 书目 | 作者 | 出版时间 |
| --- | --- | --- | --- |
| 1 | 景泰蓝 | 李苍彦、李新民 | 2012 |
| 2 | 玉雕 | 张加勉 | 2012 |
| 3 | 象牙雕刻 | 张加勉 | 2012 |
| 4 | 雕漆 | 李一之 | 2012 |
| 5 | 北京宫毯 | 曹艳红 | 2012 |
| 6 | 北京仿古瓷 | 李钟秀 | 2012 |
| 7 | 北京金漆镶嵌 | 柏德元 | 2012 |
| 8 | 北京绢人 | 李苍彦、滑树林 | 2012 |
| 9 | 北京内画鼻烟壶 | 刘守本、杨志刚 | 2012 |
| 10 | 哈氏风筝 | 哈亦琦 | 2014 |
| 11 | 花丝镶嵌 | 厉宝华 | 2014 |
| 12 | 北京刻瓷 | 李俊玲 | 2015 |
| 13 | 北京琉璃烧制技艺 | 杜昕 | 2015 |
| 14 | 小靳花范葫芦 | 杨金凤 | 2015 |
| 15 | 延庆竹马 | 张义 | 2017 |
| 16 | 潭柘紫石砚 | 袁树森、孔繁明 | 2017 |
| 17 | 山石韩叠山 | 韩雪萍 | 2018 |
| 18 | 彩塑京剧脸谱 | 林泓魁 | 2018 |
| 19 | 龙顺成京作硬木家具 | 邸保忠 | 2019 |
| 20 | 大石窝石作文化村落 | 刘晓阳 | 2019 |
| 21 | 京绣 | 苏俊祎、刘秀花 | 2019 |
| 22 | 北京绒布唐 | 李俊玲 | 2020 |
| 23 | 北京绒鸟（绒花） | 李俊玲 | 2021 |
| 24 | 北京料器 | 李春光、刘宇 | 2019 |
| 25 | 北京果脯 | 张青 | 2020 |
| 26 | 北京扎燕风筝 | 杨建业 | 2012 |
| 27 | 北京木雕小器作 | 王德泉 | 2021 |
| 28 | 北刘动物标本 | 珊丹 | 2021 |

续表

| 序号 | 书目 | 作者 | 出版时间 |
|---|---|---|---|
| 29 | 盛赐福皮帽 | 李睦 | 2021 |
| 30 | 都一处烧麦 | 杨建业 | 2021 |

除此之外，北京市文化局、北京市社会科学界联合会编撰的《北京非物质文化遗产研究报告》、北京市非物质文化遗产保护中心搜集编写的《北京非物质文化遗产传承人口述史》系列丛书中，也涉及了大量西山永定河范围内非遗传统手工艺项目，内容包括门头沟居民雕刻、京西琉璃烧造、大石窝石作文化以及泥塑、盆景、风筝、皮影、面塑、剪纸瓷板画制作技艺等。详见下表：

**表 2.6.2　传统手工艺类非遗研究资料集（除《非遗丛书》外）**

| 序号 | 非遗项目 | 书名 | 作者（编者） | 出版社 | 出版时间 | 地区 |
|---|---|---|---|---|---|---|
| 1 | 门头沟居民雕刻 | 门头沟居民雕刻艺术 | 刘义全、齐鸿浩 | 北京燕山出版社 | 2006 | 门头沟 |
| 2 | 京西琉璃烧造 | 京西琉璃烧造艺术 | 刘义全、齐鸿浩 | 北京燕山出版社 | 2006 | 门头沟 |
| 3 | 泥塑（吴德寅） | 老北京风俗泥塑 | 刘德欣、吴德寅 | 中国轻工业出版社 | 2017 | 丰台区 |
| 4 | 盆景制作技艺（刘燕生） | 中国盆景学术论文集 |  | 中国花卉盆景协会 | 1986 | 丰台区 |
| 5 | 风筝制作技艺（魏振湘） | 2009北京非物质文化遗产研究报告 | 北京市文化局、北京市社会科学界联合会 | 国际文化出版公司 | 2010 | 丰台区 |
| 6 | 皮影制作技艺（路海） | 老北京那些玩意儿 | 梓奕荣轩 | 中国铁道出版社 | 2015 | 丰台区 |
| 7 | 大石窝石作文化 | 大石窝石作文化 | 刘晓阳 | 北京美术摄影出版社 | 1996 | 房山区 |
| 8 | 大石窝石作文化 | 北京非物质文化遗产传承人口述史 |  | 中国画报出版社 |  | 房山区 |
| 9 | 风筝制作技艺（罗焕） | 北京民间玩具 | 王连海 | 北京工艺美术出版社 | 2011 | 丰台区 |

续表

| 序号 | 非遗项目 | 书名 | 作者（编者） | 出版社 | 出版时间 | 地区 |
|---|---|---|---|---|---|---|
| 10 | 面塑（刘效义） | 实用美术技法 | 北京市百花美术用品公司编、薄贯休 | 国际文化出版公司 | 1995 | 丰台区 |
| 11 | 剪纸（顾小玲） | 2009北京非物质文化遗产研究报告 | 北京市文化局、北京市社会科学界联合会 | 国际文化出版公司 | 2010 | 丰台区 |
| 12 | 瓷板画制作技艺（孙正佑） | 2009北京非物质文化遗产研究报告 | 北京市文化局、北京市社会科学界联合会 | 国际文化出版公司 | 2010 | 丰台区 |

（二）尚未系统搜集整理的资料

西山永定河范围内传统手工艺类文化遗产体量巨大、内容丰富，除了上述书目之外，仍有大量散落的资料尚未系统搜集整理。仅就本项目组搜集到的村落志、文史资料等文献信息而言，西山永定河文化带内的传统手工艺类非遗大约有492条信息，其中较为典型的有大兴区《梨花村志》中记载的梨花村散灯花、葫芦烫画制作技艺；《王家屯村志》中记载的虎头鞋、帽、枕及开裆裤制作技艺；《繁荣村志》中记载的庞各庄四大油坊、烧锅等。这些非遗技艺既未被列入各级非遗名单，也尚未进行学术研究，不得不说令人遗憾。尤其是在当下，大批传统手工艺面临即将失传的困境，散落各种文献记载内的非遗手工艺还提醒着我们它们曾经存在过的痕迹，如果不立刻开始搜集保护，恐怕就再也无法寻到蛛丝马迹了。

由于传统手工艺的项目繁多、内容复杂，本报告难以全面概述。以下，本报告将以酿酒工艺为例，说明西山永定河文化带范围内传统手工艺类非遗的搜集整理情况与利用潜能。

## 二、酿酒工艺的资料搜集情况

西山永定河地区内酿酒工艺文化遗产丰富，尤其是到了元朝时期，随着民族融合深入，京城酒品酿制工艺及酒品体系划分完成了从单一到多元的重大变革。由于不同民族混居，饮酒风俗与酒之品种相互传递。中国传统的谷物发酵酒依然是这个时期主要饮用酒，在技术上突破了米酒酿造，全面发展为黄酒。元人从中亚及欧洲地区引进蒸馏酒法，制造出中国式的谷物蒸馏酒，推动了中国造酒工艺的变革。中亚及西域出产的葡萄酒传至中原，与内地酒比翼颉颃。单一发酵酒饮用体系自此演变成黄酒、烧酒、果酒和奶酒四大饮用体系，出现划时代的饮酒氛围。[1] 元代京师自产酒分为民间酒和宫廷酒大体系，酒楼生意红火，酒肆遍布市里郊外；作为运河终点的"海子"水港有酒船出没穿梭于漕船之间。到了明清时期，酿酒工艺高度成熟，酒类品种已全部定型，在元代酒品酿制工艺的基础上，发展出优良的谷物烧酒与黄酒，二者占据了市场的绝大部分，而果酒则发展出各式调配方法，口味多元。此时酒品地域风格显著，形成了"南酒"与"北酒"两大体系，黄酒与烧酒为北酒体系中的两大支柱。康熙二十七年（1688）于北京近郊设东、西、南、北四路同知，分管顺天府二十四州县，以此为依据划分成为四路烧锅，西山永定河范围内西直门以及京西一带称为"西路烧锅"，大兴县一带称为"南路烧锅"，各路烧锅精华遗存即为如今所称之"二锅头"。历代烧锅的数量随着粮食的丰歉与酒政的开禁而调整变化。1938年冯玉祥颁行"皇城四十里禁止烧锅"的军令，自此，原遍布京城各处的烧锅皆搬迁分布于郊区。新中国成立以来，由于政策及市场缺位的影响，民间烧酒作坊合并为酒厂后迅猛发展，一枝独秀，其他京华酒品的影响逐渐淡化。总体而言，如今京西酒业正处于缓慢恢复品类多元化的阶段。

（一）北京地区酿酒工艺的资料与研究现状

本项目组目前搜集到的资料中，尚未发现专门系统介绍京西酒业或北京酒业发展历史及酿制技艺的著作。与北京地区酿酒工艺相关的文献主要有酒类整体性研究著作、酒厂自编酒志、相关研究文章、历代笔记杂纂四大类。其中第四类内容庞杂，本报告将在下一小节作梳理呈现。

1. 整体性研究著作

关于北京酒史尚未见单独著述。在一些全国性的酒业介绍中可以看到关于北京酒史的论述。闫海清、张祺真所著的《中国酒》一书中，收录了包含"中国长城葡萄酒有限公司""北京市曲酒厂"等全国各地100余家重要酒厂简介，包括其自然环境、酿造所用水源、使用原料、加工工艺简述等多个方面，内容细致翔实，成为了解1949年后我国酒类事业发展起步阶段的重要参考资料。[2] 近年来，以王赛时所著《中国酒史》为代表的整体性研究著作中有专辟章节介绍北京酒业发展历史。该书采用了大量的第一手历史资料来考证中国古代酒产品和酒生活，分时段、分朝代解读了中国酒史的发展走向和文化要素，其中专门开辟章节讲述"北酒体系"，考证其发展历史与酿造工艺，着重介绍了北京及其附属邑镇出产的"京华酒业名优产品"。[3]

1986年北京市糖业烟酒公司独立编著出版《北京酒》一书中分类介绍了包括北京

---

1 王赛时：《中国酒史》，济南：山东大学出版社，2010年，第246页。
2 闫海清、张祺真：《中国酒》，沈阳：辽宁人民出版社，1988年。
3 王赛时：《中国酒史》，济南：山东大学出版社，2010年。

玉泉酒厂、北京市大兴制酒厂在内的白酒厂；北京东郊葡萄酒厂、北京葡萄酒厂在内的葡萄酒厂；北京啤酒厂、北京玉泉山啤酒厂在内的啤酒厂，共计200余家。但此书侧重技术研究，完整记述了酿制白酒的详细过程，着重介绍基础酒类的酿造工艺以供行业参考。[1]

2. 酒厂自编酒志

在文献资料搜集与实地调研的过程中，调研组搜集到的纸本酒志仅有《红星酒志》[2]和《龙徽葡萄酒厂》两本，其余酒厂的文字资料大多以宣传手册的形式简单梳理了酒厂发展历史及口味特点。北京红星酿酒集团公司编撰《红星酒志》中记录了北京红星酿酒集团公司1949—1992年间酿酒事业的发展历程，包括基本工程建设与产品开发、生产管理、技术革新、产品供销及其价格、综合管理等内容。酒志以红星酒厂为主线，涉及了北京酒品行业的各个方面，附表中还详细记录了北京市酒品销售地区、调价表等情况，对于了解1949年至1992年北京酒品市场状况有重要参考价值。《龙徽葡萄酒厂》为北京龙徽酿酒公司在产业园区内建设北京龙徽酿酒博物馆后出版的同名书目，收录于纸上博物馆丛书。该书生动形象地记述了龙徽酿酒公司的发展历程，并结合龙徽不同发展阶段所拍摄的商品广告彩图介绍了本厂酿造的名优酒品。酒志的编写对于酒业发展及工艺传承有着极为重要的意义，学界及有关部门已对此引起重视，在2017年，中国地方志指导小组办公室印发了《中国名酒志文化工程实施方案》的通知，北京各酒厂响应号召，各厂酒志正在编撰整理过程中。

除此之外，部分名酒、老酒交易网站收集整理了全面的酒类资讯与推广文章，其中最为典型的为"酒志网"，网站内搜集了全国范围内白酒信息，覆盖范围广，品类较为齐全。除了介绍酒品价格、酒厂地址等基本信息和提供名酒鉴定服务之外，还开辟了"酒厂厂志""酒类百科""酒品大全"三个知识专栏，整理了包括北京八达岭酒厂、仁和酒厂在内的厂志157条，包括"八达岭""菊花白"等在内的酒品294种，用通俗易懂的语言介绍酒厂起源、发展历史、企业文化和酒品特点。在互联网作为重要知识媒介的当下能以更方便快捷的方式传递酒品知识。

3. 相关研究文章

酒作为市民生活中不可或缺的部分，不少学者的日记手札中多有记载，但大多只言片语，一笔带过。对北京酒之专门介绍见于民俗学者金受申先生《北京通》一书。自1938年在《立言画刊》上开辟《北京通》专栏，到1945年《立言画刊》停刊，金受申先生共发表了300多篇研究清末民初北京社会生活的文章，内容涉及北京的各类风土人情。其中《谈酒》一章中专门记述了包括大缸酒、黄酒馆、露酒庄在内的时兴

---

[1] 北京市糖业烟酒公司：《中国酒》，北京：中国财经出版社，1980年。
[2] 北京红星酿酒集团公司编撰：《红星酒志》，北京：北京红星酿酒集团公司，1999年。

北京酒品及酒肆，呈现了围绕酒品展开的老北京市民生活图景。[1] 另外，《北平风俗类征》中辑录了"良乡酒"等京西名酒的各类记载，乃酒品之民俗记录的集大成者。[2] 由于其内容只是辑录笔记为主，且尚有不全，因此本报告放在下一部分"历代笔记文献"中详细说明。

与民俗学界内的片言只语相比，史学界则对于中国历代酒政有着热烈的讨论，其中涉及京城酒业较为典型的有周全霞《康雍时期的酒政与粮食安全》[3]、杜锦凡《清朝酒政概述》[4]等。这些研究重点关注酒业发展与国家税收、粮食安全等国家治理重大方面的关系。而以《清末民初来华传教士酿造葡萄酒史略》[5]为代表，学界对于传教士来华引入的葡萄酒体系之发展也多有讨论。

除此之外，对于北京酒相关的企业管理、酒厂介绍和发展历史类相关研究主要以《中国酒》《酿酒》及《酿酒科技》杂志为主要阵地，侧重生产技术及产品品质检测的文章则主要发表在《中国食品工业》《中国卫生检验杂志》等期刊上。

4. 历代笔记文献

酒作为日常生活中不可或缺的饮品，既有重要的品饮价值，也承载着丰厚的文化内涵。历代文人骚客或是对酒当歌、把酒言欢，或是泥炉温酒、月下独酌，酒在文人的生活中扮演着极为重要的角色，因此在《清稗类钞》《天咫偶闻》《稗说》等笔记杂纂中常见对于北京地区酒品的记述。

（1）酒之种类相关记载

明清时期京城酒品市场极富多样性。清人潘荣陛在《帝京岁时纪胜》中记述了京师酒品及其来路："至于酒品之多，京师为最。煮东煮雪，醱出江元，竹叶飞清，梨花湛白，窝儿米酿，瓮底春浓。药酒则史国公、状元红、黄连液、莲花白、茵陈绿、橘豆青，保元固本，益寿延龄。外制则乡贩南路烧酒，张家湾之弯酒，涞水县之涞酒，易州之易酒，沧州之沧酒。更有清河干榨，潞水思源，南来之木瓜惠泉，绍兴苦露，桂酒橘酒，一包四瓶，三白五加皮。虽品味各殊，然皆不及内府之玉泉醴酒醇且厚也。"[6] 其中京畿地区出产的作为日常酒品的雪酒、江米酒、竹叶青、梨花白，作为药用之酒的史国公、状元红、莲花白，以及京外所制之南路烧、易酒、沧酒等至今仍盛名不减。清人魏元旷《都门琐记》中载："酒，白甘最烈，玫瑰露味酣而香，茵陈色浅碧，五

---

[1] 金受申：《北京通》，北京：大众文艺出版社，1999年，第472—479页。

[2] 李家瑞辑：《北平风俗类征》，北京：北京出版社，2010年。

[3] 周全霞：《清康雍乾时期的酒政与粮食安全》，《湖北社会科学》2010年第7期，第97—100页。

[4] 杜锦凡：《清朝酒政概述》，《群文天地》2012年第6期，第188页。

[5] 温建辉：《清末民初来华传教士酿造葡萄酒史略》，《晋中学院学报》2019年第3期，第24—27页。

[6] （清）潘荣陛、（清）富察敦崇：《帝京岁时纪胜 燕京岁时记》，北京：北京古籍出版社，1981年，第36页。

加皮酒极酿浊，与茵蔯皆带药气，绍兴酒本以京庄为上，然真陈年者亦不易得，席间所用酒，只此数种。有所谓都一处者，专卖酒，酒品极多，非真能饮者，不敢入其座。若食蕃菜，则用外国酒，亦惟葡萄酒、啤酒，进之则香槟、白兰地而已。啤酒为小麦及槐花所制，宜暑时饮之。"[1] 本书除介绍了白酒、玫瑰露酒、茵陈酒、五加皮、绍兴酒等国内酒品之外，还提到北京酒市流通的葡萄酒、啤酒、香槟和白兰地几种西洋酒品。

由于地区间出产粮食、果品的品类差异及酿造技艺的区别，各地酒品地域风格突出，中国以南北两区各自组成的酿酒群体最为典型，酒史称为"北酒"与"南酒"，它们占据了中国酒品市场份额的绝大多数。明清饮品评论历来有"南茶北酒"的说法，清人谢墉在《食味杂咏》中记载："'南茶北酒'此语自昔传之，盖茗荈多产南方，而谷米独蕃北地。南酒惟糯稻为之，北酒实繁，为酒为醴，见之雅颂，皆言黍稷，则自古未尝重南酿矣。近时动称南酒，几若北地无酒，不知北方所造，皆有真味，不似南中作伪，其甘者调以饧糖，其冽者湛以灰信。南酒行于京，而俗尚绍兴，味本带微酸，肆中知为京城应酬，相率为伪，米粒日减。近畿之酒，颇有佳品，而食者憖置之矣。"[2] 起初北酒发展兴盛，由于北酒产区在历史上有着深厚的酿酒渊源，传统酿造技艺在传承中发展精深，加之北地出产适宜酿酒的粮食，以京、冀、晋、鲁、豫为主导的北酒区出产包括黄酒、烧酒、露酒等在内的多种酒品。随后南酒悄然崛起，到了谢墉撰写《食味杂咏》之嘉庆年间，以绍兴酒为代表的南酒已在京城酒市盛行。

（2）烧酒相关记载

烧酒作为当时最主流的酒品之一，占据了京城酒市的绝大部分市场份额。关于北京地区烧酒技艺少有专门记载，仅有《（光绪）顺天府志》中载："烧酒，按皆麦烧，本土造酒家，称'大缸酒'。烧酒以干烧为最，又玫瑰烧，用玫瑰花熏蒸，香味极美，又茵陈烧、佛手烧诸种，又花露。"提到了烧酒的另一个别称"大缸酒"，以及通过熏蒸植物制作露酒的工艺。但也许我们可以通过其他记录略窥一二。李时珍在《本草纲目》谷部介绍了烧酒的创始时间和酿造技艺："烧酒非古法也。自元时始创其法，用浓酒和糟入甑，蒸令气上，用器凡酸坏之酒，皆可蒸烧。近时惟以糯米或粳米或黍或秫或大麦蒸熟，和曲蒸取。其清如水，味极浓烈，盖酒露也。"随后又说明了烧酒入药的性质："烧酒，纯阳毒物也。面有细花者为真。与火同性，得火即燃，同乎焰消。北人四时饮之，南人止暑月饮之。其味辛甘，升扬发散；其气燥热，胜湿祛寒。故能开怫郁而消沉积，通膈噎而散痰饮，治泄疟而止冷痛也。"[3]《清稗类钞》中记载了烧酒之用粮及其产地："烧酒性烈味香，高粱所制曰高粱烧，麦米糟所制曰麦米糟

---

[1] 魏元旷：《都门琐记》，民国22年。

[2] （清）谢墉：《食味杂咏》第1卷，第1644—1911页。

[3] 徐珂编：《清稗类钞》，北京：中华书局，2003年，第13册。

烧，而以各种植物掺入之者，统名曰药烧，如五加皮、杨梅、木瓜、玫瑰、茉莉、桂、菊等皆是也。而北人饮之酒，必高粱，且以直隶之梁各庄、奉天之牛庄、山西之汾河所出者为良。尤其佳者，甫入口，即有热气直沁心脾，非大户，不必三蕉，醉矣。"[1] 烧酒酒性烈，适宜制作药酒，依据需求加入不同的植物草药可制成药烧。其后还记录了一段关于烧酒起源的讨论："张文襄公常因置酒，问坐客以烧酒始于何时，时侯官陈石遗学部衍亦在座，则起而对曰：今烧酒，殆元人所谓汗酒也。文襄曰：不然。晋已有之，陶渊明传云，五十亩种秫，五十亩种稻，稻以造黄酒，秫以造烧酒也。陈曰，若然，则秫稻必齐，月令早言之矣。文襄急称秫稻必齐者再，且曰：吾奈何忘之。"[2]《食味杂咏》中载："古无烧酒，李时珍本草云：始自元代。凡五谷之米，皆可蒸烧，以其烧费民食，故私烧有禁，惟以造酒之糟作之，则酒极佳而不耗米，他省所烧，不如京城，以各处多以大麦，而京城则以高粱，麦不如高粱之甘也。"从此段记述中可知京城烧酒品质优良，工艺成熟。明人谢肇淛在其随笔《五杂俎》中也提到了当时烧酒因其烈性辣口被赋予的称号——"烧刀"，"其性凶憯，不啻无刃之斧斤"。[3]

（3）绍兴酒相关记载

同为京城酒品市场主流饮品的绍兴酒并非京城土产，却深得京城酒客喜爱。《清稗类钞》中载："越酿著称于通国，出绍兴，脍炙人口久矣，故称之者，不曰绍兴酒，而曰绍兴，以春浦之水所酝者尤佳。其运至京师者，必上品，谓之京庄，所至为陈陈者，有年资也，所谓本色者，不加色也，各处之仿绍，赝鼎耳，可乱真者为楚酒。"由此可知从绍兴出产的酒中佳品方运至京城售卖，由于受到酒客欢迎，销量颇佳，一时间酒市之中绍酒真赝糅杂。绍酒以陈年老酒为上品。《光绪都门纪略·酒楼诗》中有"陈绍斟来色似茶"一句可知其成色。"女儿酒"为绍兴酒中珍品，方濬颐《梦园从说》中载："京师酒肆中，亦以越酿为重，朋友轰饮，日在醉乡，然求所谓'女儿酒'，不可多得。"到了清末民初，绍兴酒仍风头不减，记者徐凌霄在其札记《旧都百话》中记录："北地驰名之酒，绍兴而外，惟有汾酒，产于山西，今旧都海味店，家家有块'代售真正老汾酒'招牌。（因海味店都是山西老板）此中风味，作何比较，想喜欢喝几盅的先生，必能细细品题。"

（4）良乡酒相关记载

清代京城酒品市场中，良乡酒以其优质的品质深受酒客喜爱。清人震钧在《天咫偶闻》中大赞良乡酒为"京师冠"，甚至"正可与汉代新丰竞爽"[4]，又说"良乡酒出

---

1 （清）谢墉：《食味杂咏》第1卷，第1644—1911页。
2 徐珂编：《清稗类钞》，北京：中华书局，2003年，第13册。
3 谢肇淛：《五杂俎》，北京：中央书店，1935年，下册。
4 （清）震钧：《天咫偶闻》，北京：北京古籍出版社，1982年，第10卷。

良乡县，都中亦能造，止冬月有之，入春则酸，即煮为干榨矣"。由此可见良乡酒为时令酒品。《北平风俗类征》中载"良乡黄酒，似绍兴酒而味远逊。京师酒家，至冬令，每揭曰：寄售良乡黄酒"[1]。良乡出产烧酒和黄酒两类，其中以黄酒品类较优，良乡出产的黄酒通称为"良乡酒"，又称"良乡黄"[2]，只能在冬季的低温中保存，入春后会产生酸味，影响口感。清人富察敦崇在《燕京岁时记》中记述了良乡酒之畏热性质与搭配饮食："重阳时以良乡酒配糟蟹等而尝之，最为甘美。良乡酒者，本产于良乡，近京师亦能造之，其味清醇，饮之舒畅，但畏热不能过夏耳。"由于良乡酒酿造时适逢秋月蟹肥，历来又有黄酒配蟹可下蟹寒之说，故良乡酒成为清人烹饪、佐食螃蟹的绝佳饮品，《北京岁时纪》中"糟蟹、良乡酒、雅儿广梨、柿子、山里红，良乡近岁，都中亦能造之，此皆应序之物。又有腌小蟹而卖者，谓之酒醉螃蟹"一段印证了这一习俗。

在明清文人的笔记中记载了一种有"燕京琥珀"之称的内酒，明人李东阳《怀麓堂诗话》中载："京师人造酒，类用灰，触鼻蛰舌，千方一味，南人嗤之，张汝谓之'燕京琥珀'。惟内法酒，脱去此味，风致自别。人得其方者，亦不能似也。"清人毛奇龄所著《西河词话》中载："京师老酒家，有能造廊下内酒者，每倍其值。相传明代大内御酒房后墙，有名'长连'者，阅三十一门，其前曾'短连'阅三门，共三十四门，并在元武门东，名廊下家，凡宫内答应、长随皆于此造酒射利，其酒殷红色，类上海琥珀光者。"由此可知内酒口味独特，成色犹如殷红琥珀，在京城酒市别具一格。

（5）京城其他酒品相关记载

除此之外，文人笔记杂纂中还见有金澜酒、薏苡酒、房酒、葡萄酒、莲花白、沧州酒、竹叶青、女贞酒、虎骨酒等多种酒品的记载。

宋人周辉记录出使见闻的《北辕录》中就记载了金澜酒："燕山酒类颇佳，馆宴所饷极醇厚，名'金澜'，盖用金澜水以酿之者。"[3] 明人宋应星在《天工开物》中记载了薏苡酒："近代燕京则以薏苡仁为君，入曲造薏酒。"[4] 清人汪启淑在《水曹清暇录》中说："土醞，旧称薏苡酒，双塔寺赵家所酿造最佳。又有金澜酒，盖用金澜水所酿者，今皆不行，时尚惟绍兴老酒，良乡高粱烧酒。"[5] 由此可知，其时宋流行之金澜酒、明流行之薏苡酒已非时兴酒品，烧酒和绍酒成为市场主流。清人宋起凤《稗说》卷三记载了小众的房酒："房山邑杨姓酿酒，称房酒，色如赤金，味冲和颇醇，价高他酒，皆来年煮者。一种有藏数年，真良酝，辇下贵人素知者，间觅一二，他客无从

---

1 李家瑞编：《北平风俗类征》，北京：北京出版社，2017年，第342页。
2 王赛时：《中国酒史》，济南：山东大学出版社，2010年，第280页。
3 周辉：《北辕录》，北京：中华书局，1991年，出行第30日记载。
4 （明）宋应星、钟广言注释：《天工开物》下篇·曲蘖·酒母，广州：广东人民出版社，1976年。
5 （清）汪启淑，杨辉君点校：《水曹清暇录》卷九·三八一·土醞金澜酒，北京：北京古籍出版社，1998年。

得已。"[1]《清稗类钞》中记载了与慈禧太后关系密切的莲花白："瀛台种荷万柄，青盘翠盖，一望无涯。孝钦后每令小阉采其蕊，加药料，制为佳酿，名莲花白。注于瓷器，上盖黄云缎袱，以赏亲信之臣。其味清醇，玉液琼浆不能过也。"还提及了沧酒："沧州酒，王文简公谓之麻姑酒，然土人实无称，而著名已久……"[2]《北平风俗类征》中介绍了竹叶青："京兆人之饮料：酒，通称竹叶青、良乡黄并著，大兴一县已每年产酒八十余万斤，他县亦不少。"还介绍了有药用价值的虎骨酒："虎骨烧，按能活血，舒筋，去风，老年人最宜，盖取烧酒用虎骨煎之，为正阳门外乐家药铺专门之物。"

（6）京城酒肆相关记载

文人之笔记杂纂中还记述了京城酒肆之分类与所售之酒品、菜肴。《陋闻漫志》中载："故都酒肆，颇占有相当之历史，士夫骚人每以此为流连之乐境。其风清季为尤盛，其别亦有可志纪者：一曰：'南酒店'，所售为女贞、花雕、绍兴、竹叶青之属；一曰'京酒店'，所售为白烧、涞酒、木瓜、于榨等；于榨由良乡酒所制，良乡酒止冬月有之，入春则酸，即煮为于榨黄矣。别有药酒店，所售如玫瑰露、茵陈、五加皮、莲花白；此种药酒，皆以花果白酒制成，业之者多本京人。故都酒店，以柳泉居最著，所制色美而味醇，然而不售碗酒。"《清稗类钞》中载，"京师酒肆，有三种，酒品亦最为繁：一种为南酒店，所售者女贞、花雕、绍兴、竹叶青之属，肴品则火腿、糟鱼、蟹、松花蛋、蜜糕之属；一种为京酒店，则山左人所设，所售则雪酒、冬酒、涞酒、木瓜、干榨之属，而又各分清浊。清者，郑康成所谓'一夕酒'也；又有良乡酒，出良乡县，都中亦能造，只冬月有之，入春则酸，即煮为于榨矣，其肴品则煮咸栗、肉干、落花生、核桃……别有一种药酒店，则为烧酒，以花蒸成，其名极繁，如玫瑰露、茵陈露、苹果露、山楂露、葡萄露、五加皮、莲花白之属，凡以花果所酿者，皆可名露，售此者并无肴核，又需自买于市，而凡嗜饮药酒之人，辄频往，向他食肆另买也，凡京酒店饮酒，以半碗为程，而实四两，若一碗，则半斤矣。"《食味杂咏》载："海岱门外烧酒市，列肆卖酒，巨贾掌之，皆巨缸盛之，若小砂壶所盛，仅二三两，山农野老，从小肆买之，便于携持也。"

（二）本项目组关于酿酒工艺的田野调研报告

1. 北京酿酒工艺的发展及出产酒品

京华酒品众多，其中烧酒对于北京酒品市场意义尤为重大。元朝定北京为"大都"，始行蒸酒器酿制烧酒，到了清中期京师烧酒作坊将酿制工艺进行改革，其所用"掐头去尾、按质取酒"的方法沿承至今，即为酒市所售之"二锅头"。烧酒的酿制技艺在京城落地并完成了重要的技术突破，获得了京城市民的认可，其沿革历程与京城的发

---

[1] （清）宋凤起：《稗说校注》卷三·品酒，于德源校注：北京：北京燕山出版社，2021年。
[2] 李家瑞编：《北平风俗类征》，北京：北京出版社，2017年，第361页。

## 第二章　非物质文化遗产编

展伴生。到了计划经济时期，酒类被列入统购统销商品，对于酒品酿制行业而言是一次重大的变革。烧酒本就位列京城酒业主流酒品，加之统购统销后竞品减少，烧酒占据了更大的市场份额，地位也愈加凸显。到了改革开放初期，除烧酒之外的其他酒类如"葡萄酒"和"黄酒""果酒"等，纷纷如雨后春笋一般回归市场，但仍无法撼动烧酒的市场地位及其对于老一辈北京人的重要意义。

据华北酒业专卖公司北京分公司1949年调查，原北平市共有白酒烧锅44家，其中市内有28家，近郊16家。有蒸酒甑锅56个，在业工人650多人，日产白酒3万市斤。另据北平前社会调查局统计，北平的三路烧锅（南、北、东），年产销量约600万斤，折合3000余吨。当时著名的老字号（烧锅）作坊有广外的永和成、同泉涌、同庆泉，西直门的源丰润，宣武门的燕泉涌，永外的溢源、龙泉，长辛店的义和永、锦裕生等。老字号酒坊在解放时均告停业，1949年收归北京酒业专卖公司所有。各路烧锅生产的白酒，运抵北平市，先由烟酒公卖局直辖的九家酒栈按市价收购，然后再批发给城内各家酒缸、酒铺零售。各酒栈都设有专司检验酒质的检验员，按质论价，保证收酒质量。当时的北京白酒，基本上为清一色的清香型大曲酒类型，只是发酵期较汾酒类短，香味与汾酒有别，略显独特。

在1949年1月北京解放后，华北酒业专卖公司收编了旧时代的十几家烧酒作坊，在北京东郊组建专门二锅头制酒厂，开始批量酿造二锅头酒。正是在这一背景下，1952年10月26日，顺义县以牛栏山地区"公利""富顺成""义信"和"魁胜"等四家老烧锅为基础建立了牛栏山酒厂。1962年北京周边郊县地区的新式酒厂陆续建设起来恢复二锅头生产，当年产酒191吨。1981—1996年，北京二锅头酒产量达到高峰，总产量118400吨。2001年，二锅头酒总产量88703吨，虽有下降，但仍占全市白酒总产量的90%以上。

本报告搜集了截至1985年底生产北京二锅头的15家酒厂品牌，以及20世纪末21世纪初期建立的京西白酒厂、葡萄酒厂及其他酒品厂。从数量上可以看出，20世纪末至21世纪初期，是京西的酒品厂商的爆发式增长阶段。注册的酒厂中白酒厂数量为38家，占据了酒品市场的绝大部分；葡萄酒次之，数量为13家；黄酒、果酒等其他酒品厂8家，仅占据了酒品市场较小的一部分，其中以北京二锅头酒业集团为代表的几家酒厂主营白酒，生产红酒、果酒等酒品则为附加生产线。

表 2.6.3　截至 1985 年底北京二锅头酒厂品牌统计

| 序号 | 酒厂 | 品牌 | 现存 |
| --- | --- | --- | --- |
| 1 | 北京市昌平酒厂 | "十三陵牌"二锅头 | 今华都酒厂 |
| 2 | 北京市通县酒厂 | "向阳牌"二锅头 | 今通州酒厂 |
| 3 | 北京市大兴酒厂 | "永丰牌"二锅头 | 今永丰酒厂 |
| 4 | 北京曲酒厂 | "潮白河牌"二锅头 | 今查无 |
| 5 | 北京市燕东酒厂 | "燕东酩牌"二锅头 | 今燕东酒厂 |
| 6 | 北京市汤河口酒厂 | "汤河口牌"二锅头 | 今查无 |
| 7 | 北京市交道酒厂 | "丽华牌"二锅头 | 今查无 |
| 8 | 北京市朝阳酒厂 | "朝阳牌"二锅头 | 今朝阳酒厂 |
| 9 | 北京市八达岭酒厂 | "八达岭牌"二锅头 | 今八达岭酒厂 |
| 10 | 北京市龙凤酒厂 | "龙凤牌"二锅头 | 今龙凤酒厂 |
| 11 | 北京酿酒厂 | "古钟牌"二锅头 | 今北京酿酒厂 |
| 12 | 北京市平谷酒厂 | "洵河牌"二锅头 | 今查无 |
| 13 | 北京市永乐店酒厂 | "京乐牌"二锅头 | 今京乐坊酒厂 |
| 14 | 北京市仁和酒厂 | "仁和牌"二锅头 | 今仁和酒厂 |
| 15 | 北京牛栏山酒厂 | "牛栏山牌"二锅头 | 今牛栏山酒厂 |

表 2.6.4　20 世纪末 21 世纪初京西白酒厂名录

| 地区 | 酒厂名称 | 地址 | 注册资本（万元） | 注册时间 |
| --- | --- | --- | --- | --- |
| 门头沟区 | 北京灵清酒厂 | 门头沟区清水镇北侧 | 50 | 1999/8/26 |
| 门头沟区 | 北京妙峰泉酒厂 | 门头沟区永定镇万佛堂村 114-1 号 | 60 | 1995/3/30 |
| 门头沟区 | 北京乾坤酒厂 | 门头沟区琉璃渠后街 141 号 | 25 | 1996/10/7 |
| 丰台区 | 北京航天海鹰贸易中心酒厂 | 丰台区云岗南区西里 22 号 | 30 | 1996/1/1 |
| 丰台区 | 北京市清河泉酒厂 | 丰台区长辛店南岗洼 | 262 | 1996/6/26 |
| 丰台区 | 北京市红门黄酒厂 | 丰台区南苑石榴庄二队院内 | 30 | 1997/8/27 |
| 丰台区 | 北京市大观园酒厂 | 丰台区王佐乡河西村 300 号 | 20 | 1996/7/17 |

续表

| 地区 | 酒厂名称 | 地址 | 注册资本（万元） | 注册时间 |
|---|---|---|---|---|
| 房山区 | 北京奥士达酒厂 | 房山区大石河果糖厂院南侧 | 70 | 1997/5/15 |
| | 北京长安酿酒公司 | 房山区窦店火车站南 | 40 | 1998/3/31 |
| | 北京金水桥酒厂 | 房山区阎村镇后十三里村 | 10 | 1997/6/25 |
| | 北京卢沟桥酒厂 | 房山区琉璃河地区白庄村 | 180 | 1995/4/11 |
| | 北京龙骨山酿酒厂 | 房山区周口店地区南韩继村西 | 23 | 2001/6/4 |
| | 北京龙凤阁酒厂 | 房山区南尚乐镇南尚乐村南 | 30 | 1997/4/10 |
| | 北京市吉庆酒厂 | 房山区十渡镇西关上村 | 30 | |
| | 北京仁和酒厂 | 房山区长阳农场四大队 | 523 | 1997/10/26 |
| | 北京燕都酿酒厂 | 房山区窑上乡窑上村 | 100 | 2000/7/19 |
| 延庆区 | 北京八达岭酿酒总厂 | 延庆区永宁镇永宁东南 | 348 | 1997/9/0 |
| | 北京龙庆峡酒业有限公司 | 延庆区八峪路口 | 50 | 1997/6/9 |
| | 北京市八达岭酿酒公司 | 延庆区永宁镇新华营村 | 259 | 1987/7/4 |
| | 北京市九龙亭酒厂 | 延庆区康庄镇榆林堡村 | 18 | 1996/12/5 |
| | 北京市新泉酒业公司 | 延庆区永宁镇城东南侧 | 30 | 1991/8/2 |
| | 北京华伦酿酒有限公司 | 延庆区永宁镇东门外 | 28 | 1992/7/13 |
| 大兴区 | 北京波都酒业有限公司 | 大兴区黄村镇海子角西京开公路东侧 | 166 | 1998/12/12 |
| | 北京二锅头酒业集团 | 大兴区瀛海镇工业区兴海路2号 | 2056 | 始建于1949年10月国营北京大兴酒厂的改制企业 |
| | 北京东方京都酒业有限公司 | 大兴区旧宫镇北树桥村西100米 | 689 | 1999/1/15 |

续表

| 地区 | 酒厂名称 | 地址 | 注册资本（万元） | 注册时间 |
|---|---|---|---|---|
| 大兴区 | 北京京地源酒业有限责任公司 | 大兴区观音寺南湖路桥南18号 | 50 | 2003/9/11 |
| | 北京龙泉酿造厂 | 大兴区团河南 | 150 | 1994/12/7 |
| | 北京玫瑰园稠酒厂 | 大兴区青云店镇堡上工业区 | 30 | 1993/3/12 |
| | 北酒黄桂稠酒厂 | 大兴区黄村镇后高米店村 | 20 | 该公司已于1995年被注销 |
| | 北京皇家京都酒业有限公司 | 大兴区红星东高地北 | 600 | 1993/5/14 |
| | 北京诗林醉酒有限责任公司 | 大兴区榆垡镇 | 100 | 1997/2/4 |
| | 北京七星酒业有限责任公司 | 大兴区榆垡镇小黑垡村 | 1000 | 1996/5/10 |
| | 北京市新都黄酒厂 | 大兴采育镇北京天亿隆酿造食品有限公司院内 | 3 | 2001/3/19 |
| | 北京永定河三星酿酒厂 | 大兴区榆垡镇门家铺村 | 3 | 1996/8/19 |
| | 北京市红粮液酒厂 | 大兴区礼贤镇李各庄村村委会东100米 | | 1995/8/18 |
| | 国营北京大兴酒厂 | 大兴区黄村镇海子角 | 1954 | 1996/7/31 |
| | 北京瀛海绍京黄酒厂 | 大兴区瀛海镇怡乐村 | | 2000/11/3 |
| | 北京隆兴号方庄酒厂 | 大兴区富贵路3号 | 3000 | 1994/5/5 |

表2.6.5　20世纪末21世纪初京西葡萄酒厂名录

| 酒厂名称 | 地址 | 注册资本（万元） | 注册时间 |
|---|---|---|---|
| 北京葡萄酒厂 | 海淀区玉泉路2号 | 3214 | 1981/1/20 |
| 北京田园葡萄酒厂 | 丰台区南苑机场院内 | 19 | 1981/11/11 |
| 北京太阳葡萄酒有限公司 | 房山区长阳镇 | 900（美元） | 1995/12/19 |
| 北京燕都酿酒厂 | 房山区窑上乡窑上村 | 100 | 2000/7/19 |
| 北京红叶葡萄酒有限公司 | 延庆区八达岭经济开发区 | 300 | 1998/9/25 |

续表

| 酒厂名称 | 地址 | 注册资本（万元） | 注册时间 |
|---|---|---|---|
| 玉都燕园葡萄酿造（北京）有限公司 | 延庆区张山营镇张山营村南 | 200 | 2003/6/17 |
| 北京名仕山庄葡萄酒酒庄有限公司 | 延庆区八达岭镇岔道村 | 100 | 2006/7/31 |
| 北京福满天酒业有限公司 | 大兴区亦庄镇鹿圈三村甲12号 | 50 | 2001/11/16 |
| 北京市南郊葡萄酒厂 | 大兴区亦庄镇原鹿圈乡政府西侧50米 | 208 | 1982/8/31 |
| 北京佐佳庄园葡萄酒有限公司 | 大兴区采育镇京津塘科技园政中路北2号 | 50 | 2002/8/15 |
| 北京顺兴葡萄酒有限公司 | 大兴区鹿圈乡西侧 | 1959.5598 | 1992/7/18 |
| 北京二锅头酒业集团 | 大兴区瀛海镇工业区兴海路2号 | 2056 | |
| 北京波都酒业有限公司 | 大兴区黄村镇海子角西京开公路东侧 | 166 | 1998/12/12 |

表2.6.6　20世纪末21世纪初京西其他酒厂名录

| 酒厂名称 | 地址 | 注册资本（万元） | 注册时间 | 出产酒类 |
|---|---|---|---|---|
| 北京市清河泉酒厂 | 丰台区长辛店南岗洼 | 262 | 1996/6/26 | 果酒 |
| 北京八达岭酿酒总厂 | 延庆区永宁镇永宁东南 | 348 | 1997/9/0 | 果酒 |
| 北京龙泉酿造厂 | 大兴区团河南 | 150 | 1994/12/7 | 黄酒 |
| 北京华伦酿酒有限公司 | 延庆区永宁镇东门外 | 28 | 1992/7/13 | 黄酒、保健酒 |
| 北京二锅头酒业集团 | 大兴区瀛海镇工业区兴海路2号 | 2056 | | 黄酒 |
| 北京龙庆峡酒业有限公司 | 延庆区八峪路口 | 50 | 1997/6/9 | 露酒 |
| 北京八达岭昊龙酿酒厂 | 延庆区旧县镇古城村 | | 2003/9/1 | 果酒、露酒 |
| 北京皇家京都酒业有限公司 | 大兴区红星东高地北 | 600 | 1993/5/14 | 滋补酒、保健酒、乾隆御酒 |

2. 京西主要酒品酿造工艺及传承人介绍

在西山永定河文化带范围内，以隆兴号方庄酒厂为代表的二锅头酒厂是北京民间传统烧锅酿造工艺的代表之一；仁和酒厂则为御制酒流入民间发展之典例，其采用独特工艺出产的"菊花白"酒品声名远播；北京龙徽酿酒公司（原北京葡萄酒厂）的成立与来华传教士有着密切关联，是中国最早生产单品种葡萄酒的厂商之一，其主要产品"桂花陈""莲花白"和"中国红"均为世界或国内首创的新产品，在中国酒业中有着重要影响力。本项目组先后前往上述三个酒厂开展调研活动，走访了方庄酒厂和仁和酒厂的生产车间、龙徽酿酒博物馆及地下桶储区，并对大兴南路烧白酒酿制技艺第五代传承人周树霞及第六代传承人江张生、仁和酒厂老厂长艾高洁、龙徽市场部经理张舜轩进行了访谈。由于三者具有不同类型酒品发展历史、酿造工艺的典型性，以下将结合文献记载与田野调查资料对上述三家酒厂的发展历史、酿造工艺和工艺传承人作重点介绍。

（1）大兴南路烧白酒酿制技艺

**发展历史**

康熙二十七年(1688)于北京近郊设东、西、南、北四路同知，分管顺天府二十四州县。南路烧酒因产地居于"南路同知"所辖区域故而得名。南路烧酒较其他三路烧酒更为性烈，多为京城老字号药店作酿制虎骨酒和中草药酒之用。至清末民初，大兴地区一共有13家老字号烧锅酒，主要分布于庞各庄镇、采育镇、青云涧镇。1939年冯玉祥颁行"皇城四十里禁止烧锅"的军令，大兴裕兴烧锅距皇城恰为四十里。自此京城烧锅皆分布于郊区。

1869—1870年为隆兴号的初创期，山东寇氏兄弟在大兴庞各庄创立"隆兴号"烧酒坊，酿酒水源取自永定河支流。方庄酒厂内设的博物馆中依据庞各庄镇志以及第三代传承人王永贵口述复原了庞各庄街景图，隆兴号位于主街的位置。博物馆内还保留了当时13家老字号烧锅店铺使用的印章，13家老字号烧锅唯一存续至今的仅有隆兴号一家。

1870—1937年为隆兴号发展时期，在此期间隆兴号不断扩大规模、打通销路，在北京乃至华北地区建有多家分号，所产白酒流通国内外。隆兴号第一代到第二代传承人为家族传承，从第三代起到如今第七代都为师徒制传承。1929年，第三代传承人王友贵来到隆兴号做学徒，拜师寇景春学习南路烧酿制技艺。

1937—1941年隆兴号经历了日寇入侵、土匪掠夺、军阀破坏等浩劫，直至王友贵重整隆兴号，恢复生产。据《蒙江新报》记载，1941年时，京津七县酒商重组酒业工会推举王永贵为宛平县酒业公会的会长，足见隆兴号酒厂之影响力。现今方庄酒厂博物馆内仍保存了少量1941年恢复生产后的一批老酒，使用进口蓝色玻璃瓶灌装，瓶口塞上木塞后包裹桑皮纸，最后用麻绳捆绑瓶口，得以保存至今。

1949—1990年，全行业实行公私合营、统购统销政策，隆兴号以小规模私营作坊的形式存续，直至1994年5月5日在丰台区方庄桥重新注册成立，故名方庄酒厂。

**酿制工艺**

南路烧一直沿袭的清朝初创期所采用的二锅头酿造工艺。古代的蒸烧酒设备分为三部分：一为底锅，烧水气化用；二为甑桶，装发酵酒醅用；三为天锅，冷凝酒气，接取酒液用。用这种蒸馏器蒸酒，一般需要换三次天锅中的凉水才能把一甑酒蒸完。这三锅冷凝的酒液存放在一起，经过一段贮存，即可供人饮用。然酒质辛辣猛烈，刺激性强，只有在改良工艺后才成为今天的二锅头酒。1955年全国推广烟台试点经验之后，北京二锅头生产也积极实施"麸曲酒母，合理配料，低温入窖，定温蒸烧"的烟台操作法。这使得北京二锅头行业走上科学酿酒的新阶段，特别在改变经验操作、提高出酒率和节约粮食上，起到了极大的推动作用，产生了明显的效果。[1]二锅头酒自创始之日起至1955年，大多以高粱为酿酒原料、添加大曲制成，此种酿酒方法可以保证二锅头酒纯正风味，但存在出酒率较低、粮食消耗大的缺点。在新中国成立百废待兴之时，酿酒粮食缺乏，改用快曲酿造。

南路烧酒酿造对于粮食的品质有着较高的要求，早年运输条件欠缺时，选用本地区优质高粱，后期由于本地区耕地面积缩减和运输效率高、成本低，开始从外地收购优质高粱。现阶段粮库中所储的高粱来自山西省，生长时光照时间充足，淀粉含量高达60%。南路烧白酒有地缸和窖池两种不同的发酵方式，缸直径80厘米，深度为1.2米，56~90天发酵大曲原浆酒，酒曲是用豌豆、大麦和绿豆制成；窖池为百年青砖砌成，发酵时间为5~8天，发酵麸皮原浆酒，酒曲为麸皮制成。发酵结束后送入蒸锅蒸馏。大曲原浆酒由于成酒周期长、原料品质优，因此售价高于麸皮原浆酒。

在继承的基础上，方庄酒厂也在不断地创新发展，酿酒设备不断改良。例如净缸发酵区中，在缸上覆盖用于密封压实的麦秸秆已由更卫生便利的棉被代替，青石板也被水泥板代替。第五代传承人王志军创新了"隆兴号橡木酒"，采用橡木酒桶贮存清香大曲年份原酒，丰富酒品口感。方庄酒厂还运用本地地质优势采用"种藏法"贮存酒品，种藏一年之酒品口感可与窖藏三年之酒品相媲美。在适应市场的过程中，方庄酒厂还研发了蜂蜜酒、用大兴古桑园桑葚浸泡的桑葚酒等多元酒品。

---

1　王存厚：《北京二锅头酒的由来与发展》，《酿酒》2003年第2期，第108页。

## 表 2.6.7　南路烧历代传承人介绍

| 第一代 | 寇文达 | 创建隆兴号，对南路烧白酒酿制技法去芜存菁，所酿美酒声名远播，为南路烧工艺的发展及百年传承奠定基础。 |
| --- | --- | --- |
| 第二代 | 寇景春 | 继承父业，经营有道，注册了"隆兴号"商标，经营期间隆兴号为首的13家烧锅不断扩大规模。所产白酒荣获宛平县优秀货品展览会奖状、河北省实业厅展览会奖状，上海总商会商品陈列所第三次展览品金奖等奖项，声誉日隆。 |
| 第三代 | 王友贵 | 1929年至隆兴号当学徒，得寇景春真传。潜心研究南路烧技艺，突破传统单一原料的做法，加入了小米、糯米、黑米等原料，并在传统酒曲（豌豆、大麦）中加入绿豆。改进窖池，进一步优化了南路烧白酒酿制技艺。1941年当选为宛平县酒业工会会长。 |
| 第四代 | 孙英才 | 1969年拜师王友贵，得其真传。1994年至北京方庄酒厂担任高级酿酒师，采用南路烧酿酒工艺进行生产，不断改进形成了独特的"大兴南路烧"酿酒技艺。 |
| 第五代 | 王志军 | 隆兴号方庄酒厂总经理，国家一级品酒师、国家一级酿酒师，研发出隆兴号橡木酒。 |
| 第五代 | 周树霞 | 拥有四十年的酿酒经验，1981年被评为北京市第一届白酒评酒委员；1962年被聘为农垦部第一届白酒评委；1983年被评为农垦部"先进个人"；1986年被聘为农牧渔业白酒评委；1987年获得国家级评酒师，1991年获得国家一级品酒师。 |
| 第六代 | 江张生 | 2010年入职隆兴号方庄酒厂，大学本科学历，拜师周树霞学习南路烧酒传统酿制技艺，现已晋升为国家一级品酒师。 |

（2）仁和菊花白酒

**发展历史**

据《北京风物散记》《北京老字号》《中华老字号》等书籍记载，以及"仁和"老字号后人所述，同治元年（1862）为精减宫中縻费，遣散了部分宫娥太监，为其生活计，将宫中部分日常耗用交与他们采办制作，按时进奉，赐予赏银。三位老太监在西什库创立了"仁和店"，酿造宫中所饮的"菊花白""莲花白""玉液金波""陈酒""桂花酒""五加皮"等御酒，酿造御酒的配方、技艺来自宫内，后传至一位杨姓酒师，其具体姓名已无从考证。此时的"仁和店"除了为宫廷供应酒品之外，还提供酿醋等生活用品。

至颐和园竣工，仁和店搬迁至海淀镇西大街路东（具体迁址年份不详），改名为"仁和酒店",专门经营酒类,酿酒作坊和卖酒店铺连通一体。除了如今耳熟能详的招牌酒"菊花白"之外,还生产"莲花白""茵陈酒""桂花酒"等时兴酒品。清朝末期,甄氏甄秀峰及其后人甄富荣从杨氏一脉手中接手了仁和酒店店铺及其工艺、秘方。发展至民国,仁和酒店在京城开设了四间门店,当时的菊花白酒主要顾客为京中达官显贵。

1959年,仁和酒店一位名叫刘文启的技师由于保留有王府遗留的制酒蒸锅,复刻出仁和酒店的招牌酒之一——莲花白酒,轰动酒界,在当时被称为"玉液之冠"。时任北京葡萄酒厂厂长的任玉玺闻讯邀请刘文启到酒厂工作,于1961年恢复莲花白酒的生产。次年,莲花白入围中国进出口交易会,取得了较好的反响。

1966年至1967年间,甄富荣在北京长阳农村参加劳动,1981年北京长阳酒厂与甄富荣先生合作,恢复"仁和"老字号。甄富荣献出了珍藏的菊花白酒老方,酒厂推出菊花白酒,很快取得成功,后经市政府批准,长阳酒厂易名为仁和酒厂。仁和酒厂技师吴武之得到了甄富荣亲传,成为菊花白酿制秘方及工艺的新一代传承人。

80年代,"菊花白"酒被国家轻工部、农垦部及中国食品工业协会评为优质产品,并被选为国家首批绿色食品,出口香港、马来西亚、新加坡等地。1988年北京仁和酒厂被评为十九家北京市优秀食品老字号之一。但从90年代后期开始,仁和酒厂由于菊花白酒的生产材料价格昂贵,生产工艺复杂等原因,一度陷入十年寂寞状态。

2004年,青年企业家王晓伟出资对仁和酒厂进行改制,更名为北京仁和酒业有限责任公司,组织仁和原有技术力量,重新恢复"仁和"老字号和其特色产品菊花白酒的生产。

2007年,"仁和"主要产品菊花白因其品质卓越、酿制技艺独特,被列为北京市级非物质文化遗产保护项目;2008年6月,又被文化部列为国家级非物质文化遗产保护项目。

**酿造工艺**

菊花白基酒制作方法与南路烧制作方法相同,采用清香大曲固态发酵,清蒸清烧,续烧发酵。前次粮食清蒸清烧发酵周期结束后,保留85%~90%作为下次发酵的主料,下次发酵在前次发酵余粮的基础上添加新粮继续清蒸清烧,每天粮食新进旧出的活动量为15%。清蒸清烧法保证了清香型酒应有的清洁和纯净度,续烧发酵法则兼顾了酒中丰富的粮食香味,发酵储粮的地池也被称为"万年糟"。酿酒粮食进行发酵,发酵周期结束后料坯由人工倒置在蒸锅前,再将主料和辅料进行配比掺拌,粮食在进锅中加热、汽化,经过冷凝器液化。微生物在这一过程中不同法生命周期所呈现的体质状态存在差异,因此技师需要时刻注意把控蒸馏的时间、速度和出酒量。

原酒出产后还需进行储存,为了保证酒的口感和产品性状的一致性,还需将不同批次的原酒进行勾调。

菊花白从原酒到注入菊花等药材香气，再到转化成为露酒，还需进行复杂的加工工艺。菊花白核心工艺车间属于保密车间，不对外开放参观。仁和酒厂的工程师向调研组口述了核心车间的加工工艺，大致如下：

将基酒进行筛选、不同批次的酒进行比例搭配，保证出产菊花白酒口味基本一致、品控统一。随后进行第一道净化辅蒸，然后进行第二道加料辅蒸，在加料辅蒸的过程中药材在蒸锅中层层堆叠，基酒与药物混整后丰富口味层次、增进了滋补功效。蒸出的清酒变为甜酒，其后在保有风味的基础上转化为清酒，之后需要进行脱离适宜性的操作，随后才能成为菊花白。酒厂最基础的一款菊花白酒生产周期为两年半。

材料选用对于酒品质量的影响至关重要。菊花白酿制的药材经过层层筛选，选用桐乡的杭白菊、抚松的人参、中宁的枸杞、南洋地区的沉香作为制酒原料，其中菊花选择待放胎菊，能最大发挥其香气及功效。由于气候变化的影响，每一年出产的药材品质、粮食淀粉含量存在差异，这是酒品质差异的重要影响因素，能否通过勾调使酒品风味变化波动控制在最小区间，也是考验酿酒工程师技艺的关键一环。

最后，由于酿酒过程并未消耗高粱中所含蛋白质，酿酒剩余的酒糟残渣将被送至周边的养殖户做饲喂家禽家畜之用。

由于酿制工艺精细繁杂、材料选用谨慎严格、成酒周期长、加工过程严格保密等因素，整个菊花白酒生产线员工仅10余人，分工明确，只有传承人了解完整的生产过程并保有药材配方。为了保证菊花白出酒的品质，需精细化操作，酒厂每天的产酒量仅保持在500千克左右。

**表2.6.8　菊花白历代传承人及介绍**

| | | |
|---|---|---|
| 第一代 | 三个太监（姓名不详） | 将宫廷酒品配方和酿制技艺带到宫外，开设"仁和号店铺"，为宫廷提供所需酒醋。 |
| 第二代 | 杨姓师傅 | 仁和号店铺技师，获得菊花白酒酿造技艺真传。 |
| 第三代 | 杨姓后人 | 颐和园竣工后为兼顾宫廷用酒需求和日常销售，将店铺迁址至海淀区，更名为"仁和酒店"，经营范围仅限酒品。 |
| 第四代 | 甄秀峰 | 16岁到杨姓师傅经营酒坊当学徒，获得菊花白等酒品的制作技艺。拥有进宫腰牌，所制酒品部分销售，部分送入宫内。 |
| 第五代 | 甄富荣 | 甄秀峰之子，献出菊花白配方，与北京长阳农场合作恢复"仁和号"。 |
| 第六代 | 吴武之 | 仁和酒厂重要技师，获得甄富荣真传，成为菊花白酿造工艺第七代传承人。此期间菊花白荣获中国食品博览会银奖。 |

| 第七代 | 王晓伟 | 国有企业改制，2004年接手企业，时年26岁。为"菊花白"酿制技艺申请成为国家级非遗项目。改良包装、把关材料选取和加工工艺，使产品由外观到品质获得跨越式提升。此期间仁和酒厂被商务部认定为中华老字号商标，荣获布鲁塞尔金奖。 |
|---|---|---|

(3) 龙徽葡萄酒

**发展历史**

清宣统二年（1910），法国圣母天主教会沈蕴璞修士在北京百望山脚下黑山扈教堂附近建立葡萄园，将酒窖设在马尾沟教堂山字楼地下室内（现北京市委党校内）。教会酒坊所在的马尾沟天主教堂，明朝中后期由私人栅栏别墅收归为栅栏官地，即"藤公栅栏"，后又被指定为意大利传教士利玛窦的墓园，最终成为明清时欧洲传教士在北京的墓区。沈蕴璞借助圣母会6000银圆的投资在此地创办北京第一家葡萄酒坊——上义酒坊，聘请法国人里格拉为酿酒师，工人皆为中国教徒，酿造出红白葡萄酒、大香槟酒、公望酒、蒲提万酒、维尔木特等十多种法国风味葡萄酒。酿制而成的酒品起初并不对外销售，专供法国圣母天主教会总院及全国各地圣母天主教会使用，用于教会弥撒、祭祀和教徒饮用。上义酒坊最初为典型的作坊式生产，年产量仅有5~6吨，酿造车间和储酒地下室规模较小，随着用酒需求扩大，到20世纪二三十年代，已发展到34间厂房，16个地下储酒池，3个地上储酒池，栽培葡萄总面积共计53亩，出产的葡萄酒包括干红、干白、甜红、甜白、香槟五个品种。

1918年，圣母会创办了私立上义师范学院，随着学校规模的扩大，1927年圣母会出资在京西黑山扈建设"圣若瑟楼"作为新校区，酒厂也在附近开垦了90余亩葡萄园，成熟时雇佣临时工人采摘后运往40千米外的"栅栏教堂"用作酿酒原料。1928年，龙徽酒厂创始人沈蕴璞修士调离，法国人包尔查修士接任。1933年，包尔查调离，法国人吉善修士接管酒厂。吉善为人随和，观念新颖，自其就任后，上义洋酒厂的部分产品开始对外销售，从这一年起上义开始扩展蒸馏酒和配制酒，生产包括高年白兰地酒、金酒、外二木特酒、干可那酒、公望酒、薄荷酒、清香罗木酒、蒲提万酒在内共21个品种。结合原有的5种葡萄酒，在1956年公私合营前，上义洋酒厂一共出产过26款酒品。抗日战争时期，黑山扈一带葡萄园成为日军隐藏飞机的场所，战争结束后由于破坏严重没有再恢复种植。

1946年1月，上义洋酒厂正式领取营业执照，定名为"私立上义学校农场酿造所"，开始独立核算、自负盈亏，经理由上义中学校长杨玉书兼任，产品商标注册为"楼头牌"。新中国成立后"上义洋酒厂"更名为"上义葡萄酿造厂"。20世纪50年代，中国天主教界爆发了一场与帝国主义隔断联系的反帝爱国运动，上义洋酒厂就此从宗教酒厂转变为国有企业，此时酒厂的员工仅剩 13 人。1954 年，中共北京市委党校筹建，选中"栅栏教堂"所在地为校址。考虑到上义酒厂特供北京地区教堂，在统战部部长李维汉的指示下酒厂得以保留。经历了北京市公安局代管的 15 个月后，1955 年 9 月地方工业局派驻由王鸿和祝俊杰组成的微型工作组，并拨款 39.6 万元用于新厂建设。上义洋酒厂搬迁到了北京市海淀区玉泉路的新厂址，新厂区附近多沙质土，适宜葡萄生长。

1959 年 1 月上义酒厂为在青岛举行的"四部会议"供应会议用酒，与会外交部长提出酒厂更名的建议。同年 2 月，上义葡萄酒酿造厂向北京工业局提出更改厂名和商标的申请。自此，"上义葡萄酒酿造厂"改名为"北京葡萄酒厂"，原注册商标"楼头牌"改为"中华牌""真如意牌""古钱牌""荷花牌"。

1972 年，北京葡萄酒厂开始引入国外先进酿造设备。1985 年为推行改革开放的第七年，北京葡萄酒厂为化解资金瓶颈，与法国著名酒业集团保乐力加签订合作同意书，计划北京葡萄酒厂划出独立车间作为股本，法国保乐力加集团提供先进的酿造技术和设备，中国工商经济开发公司和法国东方汇理银行两家专业资本公司提供现金股本，共同组建一家酿造高端葡萄酒的合资企业。次年 4 月"北京友谊葡萄酒酿酒股份有限公司"（后变更为北京龙徽酿酒有限公司）的合资公司正式注册成立。1994 年保乐力加收购其他股东股份，法方控股超过中方成为大股东，由于法方对中国市场的误判，到 2000 年末企业濒临破产。2001 年北京葡萄酒厂分别以 1 美元和 385 万美元的价格，收购了保乐力加公司"北京龙徽酿酒有限公司""北京保乐力加酿酒有限公司"的股份，成为企业资本并购的典型案例。2004 年 4 月，北京红星股份有限公司以增资入股方式成为龙徽股东，自此龙徽走上了以自我为主、吸纳优质民营资本的发展历程。

区别于中国本土酿酒工艺师徒制的传承，龙徽酿酒技师的选择采用的是社会招聘。1959 年杨成武将军临时到访北京葡萄酒厂，参观过后发现了北京葡萄酒厂没有酿酒工程师的问题，批示厂长任玉玺前往轻工部申请分配工程师。此时举国上下百废待兴，人才稀缺，任玉玺厂长等到毕业季才迎来了第一批三名中专毕业生。此后，一代代技术人员相继到来，使北京葡萄酒厂的生产线走向专业化、规范化。

**原料选取**

葡萄的品质对于葡萄酒后期的口味起着决定性的作用，酿酒原材料的选取因此十分严苛。上义酒坊时期，酒坊曾从法国引种包括佳丽酿、福勒多、塞必尔、法国蓝、玫瑰香、沙斯拉等十多个品种试种。1987 年龙徽酿酒公司成立，作为国内第一家由法国人担任总经理、法国人主理酿酒的企业，龙徽引种的葡萄有明显的法系特征，主要有赤霞珠、西拉、美乐、黑比诺、佳美、夏多内、雷司令这些名种葡萄。后来随着北京市城区面积扩大，龙徽酒厂选择了距北京 80 千米、有 1200 多年葡萄栽培历史的河北省怀来县的一处盆地垦园，此处气候、土壤适宜葡萄生长，欧亚种晚熟葡萄在此可以完全成熟，品质极佳，种植的赤霞珠、美乐、拉美、佳美、夏多内等品种酿制的葡萄有着非常产地化的特色与口感。

**酿造工艺**

龙徽葡萄酒厂采用法国传统的葡萄酒酿制技艺。葡萄采摘之后去梗、压榨果粒。红葡萄的颜色和口味架构主要来自葡萄皮中的红色素和单宁，充分压榨，使葡萄汁液与葡萄皮充分接触，以释放出葡萄多酚。

随后浸皮，将葡萄汁和皮一同放入敞口橡木酒槽中搅拌使汁水与果皮充分混合，其间需控制温度，保障菌群正常发酵，释放葡萄多酚、芳香物质等。此过程持续七天左右。

浸皮发酵完成后进行皮渣分离，酒槽中的"自流汁"部分从桶底自然流出，引流到其他酒槽贮存，即为初酒。初酒还需进行酒精发酵，使其中残留的糖分进一步降低的同时升高酒度，也使其中酸味尖锐的"苹果酸"转化为更为柔和的乳酸。与此相对应的"自榨汁"则需要从剩余的固体中压榨，自榨汁与自流汁相比颜色更深，富含更多的单宁，浓缩度更高，但在口感细腻程度上较为逊色。

发酵结束初期酒液为适口性较差的新酒，高品质葡萄酒会被送入橡木桶进行桶储"熟化"，这是葡萄酒转化的重要周期，在此期间酿酒师需要不断品尝，把握最佳的桶储与装瓶的时间节点。

在正式装瓶之前，还需要进行澄清工序和除菌工序。澄清采用人为添加蛋白质类物质来吸附悬浮微粒，达到缩减澄清耗时、增高纯净度的效果。除菌通常有加热杀菌、冷冻处理破坏菌群及无菌过滤三种方式，依据酒品选择。除菌工序可除去葡萄酒中细菌或酵母菌，增强葡萄酒化学稳定性。

装瓶后一部分酒流入市场，另一部分则进入瓶储区贮存。窖藏的过程是葡萄酒风味转化的关键，玉泉路2号的厂址保留有1956年北京市政府拨专款修建的地下酒窖，酒窖由地下5米向地下11米延伸，规模宏大，有"北京第一酒窖"的美誉。

（三）系统整理酿酒工艺的意义与保护利用中的问题

1. 学术价值与意义

酒虽为小物，却与一国之税收经济、时事军政、市井生活有着密切的联系，加之史书典籍之中对于酒有着大量的记载，为相关研究的展开提供了极为丰富的文化遗产宝库。由此可知对于酒类研究维度之多、涉面之广。以"酒"为视角，可以管窥西山永定河文化带社会生活

伊戈尔·科普托夫（Igor Kopytoff）在其所著《物的文化传记》（*The Cultural Biography of Things:Comm oditization as Process*）一书中向我们展示了社会以建构人的方式同样建构着物，认为一个丰富的物的传记，将会是理解文化认知和社会形塑力量

的精彩切口。[1] 酒的生产关乎民众的日常饮食，关于国库税收的重要来源，关乎国家粮食调度，对西山永定河文化带范围内"酒"这一物品的探究，对于我们理解相关经济发展、政策制定和民众的日常生活有着重要的价值。酒正是一个理解文化认知和社会形塑力量的精彩切口。

酒品酿制与时局关系紧密。由于酿酒业对于粮食有极强的依赖性，酒政的开禁便为是年粮食收成丰歉的晴雨表。除此之外，若逢边疆战事吃紧，军中需运粮草，或某地遭遇天灾需拨粮食赈灾，各地酒政也会随之收紧。在《清世宗实录》《东华续录》等官修史书中见有酒政相关记载，其中清朝重臣李鸿章多次上奏请调烧锅之收放，"畿疆亢旱、粮缺价昂"之时，奏请暂时关停烧锅以济民食，待到次年新粮上市，"到处有粮乏人承买"，担忧谷贱伤农，又奏请恢复烧锅，均衡粮价。清朝末期，西方列强以武力打开中国大门后，葡萄酒、啤酒等西方酒品开始涌入我国酒品市场，酒品酿造的工艺和种类呈现了多元化的发展态势。

酒是民众日常饮食中的关键一环，区别于官修史书的宏大叙事，从明清文人的笔记杂纂的琐记中不仅可以窥见京城酒品的多样性，还可以了解到各类酒品在民众日常生活中所扮演的角色。通过"酒"这一小物件作为线索，我们得以串联起西山永定河市井生活不同场景。从庞各庄将酒店置于核心地段的集镇，到海淀西大街东路向周围达官显贵供酒的仁和酒坊，再到街巷中散布的"大缸酒"店……围绕着"酒"这一日常饮品呈现出京城世俗生活的图卷。京中丰富的酒品为民众提供了多样化的选择，并且时兴酒品随着酒客偏好变迁、酿酒技术的创新而不断更迭换代。如前所述，宋时京中流行金澜酒、明时流行之薏苡酒，到了清朝已非时兴酒品，烧酒和绍酒成为市场主流。除了主流酒品之外，京中还出产色如琥珀的内酒、浆色浅碧的茵陈酒、味酣而香的玫瑰露、一杯难求的房酒……京中达官显贵偏好贮藏之陈酒，譬如色如赤金的房酒，口味醇厚独特，一坛难得，觅得此类酒品既是身份、财富的表征，也是个人品位追求、审美修养的彰显。市井百姓偏好性烈辣口的烧酒，原料易得，酿造周期短，价格亲民，劳作之余斟酒一杯，寒月热辣驱寒，热月提神解乏。表面上看是对于酒品偏好的呈现，实则是民众对于生活方式和生活节律的呈现。

长久以来，饮酒无论是在王公贵胄之府还是在寻常百姓之家，都是一项重要的社交行为。酒肆的存在无疑为民众的社交提供了重要的公共空间。京城酒品品类多样，店家针对不同酒品的酒客群像设置了相应的酒肆，酒肆的风格与酒品的气质两相呼应，从《清稗类钞》的记载中可知京中各酒店各具特色，分类鲜明，能满足来自不同群体、不同阶层酒客的需求。酒肆是明清饮食行业中的一个重要方面，它与食肆、餐馆等共

---

[1] 转引自舒瑜：《物的生命传记——读〈物的社会生命：文化视野中的商品〉》，《社会学研究》2007年第6期，第223页。

同构成当时丰富多彩的饮食成品市场，大大小小的酒肆自京中腹地到京郊村野星罗棋布。大部分酒店临街售卖大缸酒，提供下酒小食，如若自家专产酒不做其他，酒店便与相邻菜馆达成合作，满足顾客饮酒就菜的需求；其中少量酒店设置了更为清净的里间雅座，为商客、文人等提供了小憩闲坐、商谈事宜的空间。在京城各式酒店中，仁和酒店作为一个特殊的案例，向我们呈现了宫廷百工在时代的更迭中是如何完成从御用到市井的转向。

京城的酒品还与岁时节日有着紧密的联系，甚至酒品本身就存在时令性的特征。《燕京岁时记》中记载了良乡酒，其性畏热不能过夏，但口感舒润宜作佐食之用，加之类属黄酒可以化解蟹中寒性，因此重阳、中秋蟹肥之时节，良乡酒便作为节令性酒品端上餐桌，成为秋季的时令符号存在于京城酒客的节日记忆里。

通过系统梳理西山永定河文化带相关的酒品酿造工艺，除了对其酒品酿制工艺及传承人进行记录之外，更重要的在于理解围绕"酒"这一物件所构成的生活世界。

2. 保护利用的现存问题

通过对以往文献的梳理以及对于老字号酒品发展历史的探寻，我们得以了解到在消费民俗高度发达的时期，京华酒市之中品类众多、百花齐放，烧酒、黄酒、果酒、茵陈酒、房酒……为民众提供了多样化的消费选择和生活方式。反观如今酒业现状，虽然注册酒厂的数量增长，酒品的销量可观，但在商场中选购时，我们不难发现酒品市场中存在商品同质化严重的问题，烧制的白酒占据了酒品市场的绝大多数，不少人甚至将白酒同中国传统酒品画上等号。看似品类繁多的货柜很大程度上为同一种酒依据厂家的不同、出产年份的差异更换包装，重新定价上市，出现了真正"新瓶装旧酒"的现象，货柜中丰富的商品选择不过是单一品类下厂家营造的"虚假繁荣"，这种虚假繁荣营造了表面的多样化选择，实则大大缩减并重新框定了消费者的购买需求。除此之外，为了适应市场化和商品化的需求，有着标准计量的先进设备引入酿制车间，工程师在勾调时还需尽可能地确保出产酒品性状与口感的一致性，也是酒品多元化锐减的影响因素之一。

落点到"品类"，如今市面在售的酒品实际上远不如明清文人笔记杂纂中所记载的那般丰富，经历了市场缺位的阶段后很长一段时间都呈现出烧锅一枝独秀的现象，其他种类的酒品逐渐在市场中淡化甚至缺位，各具特色的酿制技艺也濒临失传，或已然随着传承人的离世而消失。如何实现真正"多样性"的自愈，为民众的生活提供多元化的选择，是值得酒品生产、销售全过程思考的问题。

本年度"西山永定河文化带历史文化遗产调查"项目进入尾声，在现阶段的酿酒工艺搜集整理过程中，我们重点梳理了散落各处的文人笔记杂纂中对于酒品的记载，列出了改革开放进程中注册的京西酒厂名录，观察其在纵向上不同时间节点的变化及空间分布的变化，并对其中三个特征鲜明的酒厂进行了实地调研。酒这一出现在日常生活多个场景的物件是观察不同时期市民生活的重要切口，通过对于酿酒文化遗产的梳理，我们能更好地理解所生活世界的变动与走向。西山永定河文化带内酒类文化遗产丰富，本报告所提及的酒厂及酒品不过太仓一粟，对于其酿造工艺停留在简单的文字书写。但学术研究的深入需积铢累寸而非一蹴而就，本报告所做的基础研究中一得之见，作引玉之砖，希望能对同人有所启示。

# 第三章　记忆遗产编

## 第一节　西山永定河文化带记忆遗产概述

### 一、记忆遗产的概念及其界定

记忆遗产概念的出现始于20世纪90年代初。为推动世界遗产保护，促进文化遗产利用，提高人们对文献遗产重要性的认识，联合国教科文组织在1992年发起了"世界记忆遗产"项目。该项目所指文献遗产不仅包括纸莎草纸、羊皮纸、棕榈树叶、木片、石片、纸张等传统载体，还包括录音、电视电影作品和数字媒体等新型媒体。联合国教科文组织希望通过建立《世界记忆名录》、授予标识等方式，向政府和民众宣传这些现存于图书馆、档案馆和博物馆中的珍贵文献遗产的重要性；并通过国际合作与使用最佳技术手段，对上述文献遗产实现有效保管和抢救，进而促进这些人类遗产的广泛应用。该项目现有国际、国家、地区三级架构，通过召开工作坊和研讨会、制作出版物、庆祝文献遗产相关"国际日"、颁发奖项和证书、制定准则性文书、发布声明和宣言、开展研究和教育、举办展览和活动等形式，从不同层面上推动档案文献遗产事业的发展。

近年来，中国也积极参与世界记忆遗产的申报与保护，自1997年中国传统音乐录音档案入选世界记忆名录以来，相继有清代内阁秘本档、清代"样式雷"建筑图档、侨批档案、甲骨文等共计13个项目入选。中国国家档案局也在2000年正式启动"中国档案文献遗产工程"，目前已推出四辑名录142项文献遗产项目。在此背景下，国内的记忆遗产研究也逐渐受到关注。北京"三山五园"皇家园林的建筑师家族样式雷及其留存的建筑图档很早就进入了研究者的视野[1]，一批广东学者围绕侨批文献进行研讨，编纂出版了《中国侨批与世界记忆遗产》[2]。还有一些学者围绕"四库学"与世界记忆遗产展开了讨论，如黄爱萍教授即认为《四库全书》应当积极申报世界记忆遗产项目，提高其文化影响力。[3] 2021 年底苏州市档案管理中心与世界记忆项目苏州学术中心合作出版了关于世界记忆项目的专书，可谓国内学术界对联合国教科文组织世界记忆项目的整体研究。[4] 最近有学者专门对联合国教科文组织《世界记忆项目总方针》进行了研究，该方针 1995 年颁布后，历经 2002、2017、2021 年三次修订，重新界定文献定义为"由模拟或数字格式的信息内容及其载体共同组成的实体"，文献遗产则是"对一个社群、一种文化、一个国家或整个人类具有重大和持久价值的单一文献或一组文献，这些文献的状态恶化或丧失将是严重的损失"。新的项目总方针开始关注文献遗产数字化等新的发展趋向。[5]

"西山永定河文化带文化遗产调查研究"项目，从物质文化遗产、非物质文化遗产与记忆遗产三个层面出发，力图全面呈现西山永定河文化带的遗产形态与传承状况。西山永定河地区是首都北京重要的文化遗产资源聚集地，此前的文化遗产研究与保护更多体现在物质遗产诸如古代建筑、皇家园林、寺庙、村落以及非物质文化遗产领域，对其现存记忆遗产关注不够。而根据联合国教科文组织最新的《世界记忆项目总方针》（2021），我们可以从文献遗产与记忆遗产的角度进一步发掘西山永定河文化带的遗产资源及其价值内涵。本课题着重从两方面关注记忆遗产的调查与搜集整理：

第一，尽管非物质文化遗产类别中的民间故事、传说等遗产类别也有记忆遗产的特色与内容，但本章主要聚焦于文献类遗产，同时关注历时性变迁脉络下记忆遗产的生成与保护状态。本章力求将记忆遗产的搜集整理与区域社会文化变迁相结合，从而更全面展示各类遗产的形态及其学术价值，以便更好地为区域社会发展服务。

第二，与世界记忆遗产主要关注档案文献不同，我们认为民间文献与民间记忆亦是记忆遗产的重要内容，同样值得重视。而且近代以来诸如社会调查、影像与声音等内容也可纳入考察对象，从而更好地展现记忆遗产的多元图景。

---

1　中国圆明园学会：《世界记忆遗产——样式雷》，《世界遗产》2010 年第 1 期；郭黛姮、贺艳：《圆明园的记忆遗产——样式房图档》，杭州：浙江古籍出版社，2010 年。

2　丁志隆主编：《中国侨批与世界记忆遗产》，厦门：鹭江出版社，2014 年。

3　陈晓华主编：《四库学》（第 5 辑），北京：社会科学文献出版社，2019 年。

4　苏州市工商档案管理中心、世界记忆项目苏州学术中心编：《传承人类记忆遗产：联合国教科文组织世界记忆项目研究》，苏州：苏州大学出版社，2021 年。

5　王玉珏：《全球文献遗产保护政策"风向标"——联合国教科文组织〈世界记忆项目总方针〉（2021）研究》，《档案与建设》2022 年第 1 期。

## 二、西山永定河文化带记忆遗产调查概述

2022年初,在北京民协的主持与组织下,"西山永定河文化带文化遗产资源基础研究"项目正式启动,课题组围绕"记忆遗产"相关内容,选择西山永定河流域的"档案""民间文献(碑刻)""传世文献(诗词)""民国社会调查文献"等几个方面开展调查研究,以期推进西山永定河文化带的研究及其文化遗产的全面保护。

(一)档案文献遗产

档案文献是历史学研究的主要史料来源之一。自19世纪德国兰克学派倡导并推崇利用档案进行史学研究以来,发掘并利用档案已成为史学研究的重要范式之一。档案文献也是我们从事文化遗产研究与保护的重要参照系,是体现文化遗产价值的重要指标。

北京各级档案机构收藏有众多与西山永定河文化带相关的档案。据课题组成员不完全统计,北京市档案馆与门头沟档案馆、房山区档案馆、首钢档案馆共收藏有相关档案18864条。其中,北京市档案馆收录与西山永定河文化带相关档案主要包括民国档案以及新中国成立后档案两大类共16个全宗,共18026条。尤其民国时期的档案数量可观,涵盖北平市政府与北京特别市公署、北平市社会局、北平市警察局、北平市商会、门头沟煤矿公司、石景山钢铁厂、华北水利工程总局以及北京市园林局、北京市文化局、北京市文物局等机构,值得重点发掘整理利用。另外,西山永定河流域相关区县档案馆也收藏有800余条档案,涉及土地改革、社会管理、工商业发展、永定河治理、行政区划调整等方面,也有一定的利用价值。近年来,北京档案机构也积极推动北京"三大文化带"的研究与文献利用。如北京市档案馆在其连续出版物《北京档案史料》中推出《西山—永定河生态环境治理》[1]《人文西山·北京档案史料》[2]专辑。专辑中收录的史料涉及民国永定河的治理、民国香山慈幼院设立及其运作、民国时期清华大学与北京大学在北京西郊的农学院建设情况、新中国成立初对西山八大处的调查等,为我们了解西山永定河地区在民国与新中国初期的社会文化变迁提供了一手材料。

当然,从北京市与相关区县档案馆的情况来看,档案的开放与利用程度仍有待提高。如大量民国档案仍未完成数字化,也未提供网上全文检索与阅读,对研究者查阅和利用档案带来诸多不便。专题形式呈现的档案主题相对较为狭窄,缺乏系统梳理与汇编。我们认为,在北京市及区县馆藏相关档案中,民国寺庙档案尤其值得重视。北京市档案馆曾编辑出版《北京寺庙历史资料》,主要反映1928年、1936年与1947年

---

[1] 北京市档案馆编:《北京档案史料》2018年第1辑《西山—永定河生态环境治理》,北京:新华出版社,2018年。

[2] 北京市档案馆编:《北京档案史料》2018年第2辑《人文西山》,北京:新华出版社,2018年。

三次寺庙登记与调查的情况。[1]但值得注意的是这几次调查的寺庙信息并不完整，主要以内城寺庙为主，涉及部分郊区寺庙，故而西山永定河流域寺庙档案信息可能并不完整，还需进一步搜集补充。通过将档案信息进行可视化与空间落位处理，课题组初步了解到民国时期该流域寺庙分布的特点及不同寺庙在城市社会生活中的角色与意义。其次，与文化遗产主题相关的档案，研究利用仍非常不充分。如目前"三山五园"皇家园林已出版了一批清代档案[2]，但民国时期与园林有关的档案就未曾得到很好的开发利用，仍待整理与公开出版。再如首都钢铁公司目前成为北京工业遗产研究与保护的重要案例，但其自清末到民国时期的档案仍有相当部分不开放，不利于其研究的深化。西山永定河流域的寺庙、建筑与村落、煤矿、非遗项目等很多档案也散见于各类警察局、社会局卷宗，如能从区域社会史和文化遗产研究的视野加以开发利用，将为我们理解西山永定河文化带的历史脉络与遗产变迁提供坚实的史料支撑。最后，除了官方公藏档案之外，近代以来大量的社会机构诸如学校、企业工厂、社会组织收藏的档案也应进入我们整理与研究的视野，包括大量口述史料的收集与整理等，构成民间历史记忆的重要组成部分，也应予以密切关注。

（二）民间文献——碑刻文献遗产

民间文献，包括族谱、碑刻、契约文书、诉讼文书、乡规民约、账本、日记、书信、唱本、剧本、宗教科仪书、经文、善书、药方、日用杂书等，是我们理解传统时代国家制度与民间历史文化的重要载体。民间历史文献的主要生产者、使用者及传播者是普通民众，集中反映了基层社会的运作方式与文化传承机制。[3]据学者研究，民间文献进入现代知识体系始于晚清民国的法律习惯调查。文史领域自梁启超倡导"新史学"开其端，民间文献开始进入史学研究的视野，而傅衣凌与梁方仲的社会经济史研究则使其学术价值凸显，20世纪40年代民间文献开始进入图书馆的典藏范围。[4]改革开放以来社会史的兴起，对民间文献的搜集、整理与研究解读已成为史学研究的重要潮流之一，极大深化了我们对区域社会与"大历史"的理解。

近年来北京的民间文献研究有一定进展，如在契约文书整理研究方面，已出版有

---

[1] 北京市档案馆编：《北京寺庙历史资料》，北京：北京档案出版社，1997年。
[2] 中国第一历史档案馆、颐和园管理处编：《清宫颐和园档案·园囿管理卷（全4册）》《清宫颐和园档案·营造制作卷（全8册）》《清宫颐和园档案·政务礼仪卷（全10册）》《清宫颐和园档案·陈设收藏卷（全18册）》，北京：中华书局，2014—2017年。另外，新近出版的谢永宪《三山五园文献题录》，北京：世界图书出版公司，2021年，主要以著作、报纸、期刊论文与学位论文为主，未涉及档案。
[3] 郑振满：《民间历史文献与文化传承研究》，《东南学术》2014年增刊。
[4] 杨培娜、申斌：《走向民间历史文献学——20世纪民间文献搜集整理方法的演进历程》，《中山大学学报》2014年第5期。

刘小萌主编《北京商业契书集》[1]、张蕴芬、姬脉利编著《北京西山大觉寺藏清代契约文书整理及研究》[2]、首都博物馆编《窑契与经济合同文书》[3]，收录了首都博物馆、门头沟区博物馆藏的200份窑契与经济合同文书。首都博物馆编《首都博物馆藏清代契约文书》[4]，收录京畿一带契约文书4000余件。据课题组初步调查，西山永定河地区民间仍有诸如房产契约、庙产契约存世，如西山大觉寺即有未曾整理出版的若干契约，有待进一步整理。

再如族谱文献。目前国内以上海图书馆所收藏的族谱数量最多，已出版了中国家谱大型索引性文献《中国家谱总目》[5]，共收录家谱条目52401种，是迄今为止收录中国家谱最多的专题性目录，上海图书馆在该目录基础上已基本实现家谱文献的数字化。检索上海图书馆的"中国家谱知识服务平台"，涉及北京地区的族谱共计77部，其中明确涉及西山永定河地区的族谱共计19部。（表3.1.1）

表3.1.1：中国家谱服务平台收录的西山永定河地区族谱信息一览表

| 谱名 | 责任者 | 撰修时间 | 家谱简介 | 收藏单位 |
| --- | --- | --- | --- | --- |
| 宛平王氏宗谱不分卷（丰台区） | 王惺（纂修） | 清乾隆六十年（1795） | 青箱堂始迁祖龙，明代自河北任丘移居宛平（今北京丰台区）。清人王崇简出于此族 | 国家图书馆；美国犹他家谱学会；吉林大学图书馆 |
| 青箱堂王氏家谱（丰台区） | 王惺（纂修） | 清乾隆四十九年（1784） | 始迁祖龙，明代自河北任丘移居宛平（今北京丰台区）。清人王崇简出于此族 | 国家图书馆 |
| 宛平查氏支谱八卷（丰台区） | 查禄百（纂修） | 1941年 | 始迁祖钟（字聿钟）、秀（字聿秀），皆明代人 | 中国社会科学院历史研究所图书馆；美国犹他家谱学会 |
| 琅琊王氏宗谱（大兴区） | 王荣森（纂修） | 1919年 | 始祖览，字玄通，行三，汉代人。始迁祖宾，明代人 | 国家图书馆 |
| 大兴朱氏家乘 | 朱锡庚（纂修） | 道光元年（1821） | 始祖必名，世居浙江萧山七都朱村桥，清初北游京师。始迁祖文炳，字豹采，号甃屋，必名元孙，始入籍大兴，而置业居处宛平之长辛店 | 上海图书馆 |

---

[1] 刘小萌编：《北京商业契书集》，北京：国家图书馆出版社，2011年。
[2] 张蕴芬、姬脉利编著：《北京西山大觉寺藏清代契约文书整理及研究》，北京：北京燕山出版社，2014年。
[3] 首都博物馆编：《窑契与经济合同文书》，北京：中华书局，2014年。
[4] 首都博物馆编：《首都博物馆藏清代契约文书》，北京：国家图书馆出版社，2015年。
[5] 王鹤鸣主编：《中国家谱总目》，上海：上海古籍出版社，2008年。

续表

| 谱名 | 责任者 | 撰修时间 | 家谱简介 | 收藏单位 |
|---|---|---|---|---|
| 大兴刘氏家谱 | 刘玉武（主编） | 2007 | 始迁祖名不详，明末清初从山东迁今北京市郊大兴区青云店镇 | 上海图书馆 |
| 南郝记家谱（丰台区） | 郝志强（主修） | 2013 | 南郝记自1800年，大高祖郝仕宽、二高祖郝仕坡、三高祖郝仕疆从山西洪洞大槐树迁移到京郊魏各庄落户 | 江苏时光信息科技有限公司（江苏常州市） |
| 袁氏家谱（大兴区、通州区） |  | 清代抄本 | 始祖建，字守成，行千十，宋代人。始迁祖溍，字利安，清代人。谱记通州、大兴两地袁氏 | 中国科学院图书馆 |
| 董鄂氏族研究集（北京香山） | 席长庚（主编） | 2005 | 栋鄂部先世原居瓦尔喀地方（今吉林省延边朝鲜族自治州的珲春一带），属于建州左卫。清太祖起兵时，珲春（延边一带）部长何和礼受招安，统兵归清，以栋鄂为族姓；同时何和礼之四叔兑齐巴颜亦率属归清，何和礼隶正红旗，兑齐巴颜隶镶红旗。谱载序、董鄂人物篇、董鄂源流、茔地墓碑及诗碑拓片、北京香山董鄂后人简况 | 江苏时光信息科技有限公司（江苏常州市） |
| 大宋玉牒北京香山赵氏宗谱 | 赵世杰（主修） | 2014 | 谱以宋太祖赵匡胤第四子德芳为始祖。始迁祖二十九世德金（字东进，号二百斤），于清代自直隶清苑迁居北京香山 | 上海图书馆 |
| 隗氏家族 | 隗合显（主修） | 2008 | 始迁祖支全，明永乐三年迁居北京房山蒲洼乡芦子水村 | 上海图书馆 |

续表

| 谱名 | 责任者 | 撰修时间 | 家谱简介 | 收藏单位 |
|---|---|---|---|---|
| 房山周口店常氏族谱世系图（修订版） | 常振明 |  | 始迁祖淑贵于清康熙三十八年自山西太原府徐沟县迁北京房山县城西塔山之阳周口店村 | 上海图书馆 |
| 房山周口店常氏族谱世系图及在世家族成员名录 | 常林 | 2015 | 始祖林，明洪武初落户山西太原府徐沟县（今清徐县）常家庄。始迁祖十五世淑贵，清康熙三十八年自徐沟县迁居房山县周口店村 | 上海图书馆 |
| 房山周口店常氏家族重修族谱 | 常林；常振明 | 2003 | 始迁祖淑贵，清康熙三十八年自山西太原府徐沟县迁北京房山县城西塔山之阳周口店村 | 上海图书馆 |

据上表，西山永定河地区的大兴区共有族谱 10 部，房山区共有族谱 4 部，丰台区 3 部，香山地区 2 部。这些族谱对于我们理解明清以来西山永定河地区的家族发展与社会变迁提供了一手材料。不少族谱均可在美国犹他家谱学会的网站上看到扫描版，利用较为便利。例如，宛平王氏族谱记载其家族墓地位于白石桥，收录有大量的茔基图、墓图，对我们理解清代北京地区家族墓地制度提供了线索。再如房山的隗氏家族，当地就有"天下一个隗，老家芦子水"的说法。房山蒲洼乡芦子水村是北方隗氏的发祥地之一，该家族自认是明永乐年间由始祖隗支全率族人自山西洪洞大槐树移居房山，隗氏祭祖习俗至今延续，可见其家族的生命力。结合族谱文献与田野考察，我们可以了解到明清以来京西地方家族的发展轨迹，进而更好理解其社会变迁的脉络。

课题组重点调查整理了西山永定河地区的碑刻材料。碑刻史料对理解西山永定河文化带的意义不言而喻。以往对北京的研究多侧重先秦考古与明清及以后，但北京中古史尤其辽金元时期的历史我们所知仍然有限，而隋唐时期的墓志与辽金元时期的碑刻则会提供大量丰富的历史信息。如房山与门头沟留存的金元时期的寺庙碑刻为我们理解金元时期北京山区的开发与宗教活动打开了新的窗口。此次课题组对西山永定河文化带的碑刻资料进行了全面普查，通过查阅地方志、文集、已出版碑刻资料集、地方文史论著以及实地调查等方式，搜集庙宇、墓葬、界碑、诉讼、水利等各类碑刻信息共计 2300 余条，分别按照时间顺序对每通碑刻的撰刻时间、碑刻题名、立碑地点、撰碑作者、碑文来源等主要信息进行了录入整理，整理出一份较全面清晰的"北京西山永定河文化带碑刻文化资源清单"，从而提供了较为完整的便于研究使用的碑刻索引目录。鉴于此前北京碑刻已有很多机构和学者做过基础性的搜集与整理工作，代表性的如《北京图书馆藏历代石刻拓本汇编》[1]（100本）及其拓片目录等。因此，课题组将已出版的权威性碑刻编目进行了整合，内容涵盖有《北京图书馆藏北京石刻拓片目录》（1994）、《北京石刻艺术博物馆藏石刻拓片编目提要》（2014）、《北京大学图书馆藏历代石刻拓本草目》（2020）、《房山碑刻通志（8卷本）》（2018—2022）等。从行政区划来看，面积较大的房山区、门头沟区和丰台区碑刻数量较多，石景山区范围较小，碑刻数量较少但密度更高，而大兴区因开发历史短碑刻数量最少。

梳理碑刻的基本信息，让我们可以对北京历史有一些新的认识，例如，从目前北京史的研究来看，房山在北京史上的重要性可能被低估。上述碑刻目录中，《北京图书馆藏北京石刻拓片目录》资料最为全面，已成为社会史研究中公认的基础工具书，其中收录的碑刻条目，房山区648条、门头沟区243条、丰台区277条、石景山区231条、大兴区21条，房山区存留的碑刻最多。最近，房山地方文史学者杨亦武全力编纂出版的8卷本《房山碑刻通志》，收录房山25个乡镇（街道），涉及145个村和1个社区共计875件碑刻，更是蔚为大观。《房山碑刻通志》前三卷的碑刻均来自"大石窝镇"，涉及唐代以来的云居寺、金元时期的道教活动与都城建设、明清时期的石料开采等。875件碑刻中，大石窝镇独占283件，接近碑刻总数的三分之一。据碑刻史料分析，"石窝"的名字形成于元末明初，石窝村则始于明末，形成于清代中期，石窝村的住户多为明清两代工匠艺人或其传人或役夫，石窝村是明显的采石聚落。明代中叶以后大量石料的开采与皇城及皇陵的建设密切相关，大量宦官、商人进入大石窝，这为我们理解北京自金元以来的社会变迁提供了一手材料。再如对清代北京旗人与京西寺庙的关系，慈善寺的碑刻资料为我们提供了新的思考角度。从石景山慈善寺留存的22通碑刻来看，自康熙六十一年（1722）直至民国三十四年（1945），时段跨越达200余年。碑刻内容显示，旗人进香碑刻时间较早，很可能清代初期开始大量旗人即将慈善寺视作为其坟地提供仪式服务的场所。慈善寺周边村落很多即因为旗人守坟而形成，如慈善寺周边的佟家坟等村估计与此有关。

虽然在西山永定河流域碑刻史料的搜集整理与研究方面，专业机构与学者已做了大量工作，但仍有诸多不足。如京西地区有为数不少的碑刻被遗漏未进行编目和整理；已出版的碑刻集错误颇多；各研究机构、文物部门、文博单位、地方文史工作者等各自为战，资源不共享，未形成统一的联合目录等。我们建议各相关机构能够形成协同

---

[1] 北京图书馆金石组编：《北京图书馆藏历代石刻拓本汇编》，郑州：中州古籍出版社，1989年。

机制，共同编制相对全面的碑刻史料目录，实现碑刻史料的共享，机制助力学术研究与西山永定河文化带的文化遗产保护。

（三）传世文献——以永定河诗词为中心

在目前存世的文献中，关于西山永定河流域的文献数量最多的应当是传世文献，即大量的地方志、官员士大夫文集、笔记小品以及诗词、游记等。官方编纂的史志文献以《宛署杂记》《日下旧闻考》《畿辅通志》《永定河志》《房山县志》等为代表。这些志书详细地记载了古代北京及其周边地区的山川地理、建置沿革、水利河防、文化教育、社会风俗、名胜古迹、人物事迹等信息，体例严谨，广征博引，具有很强的系统性和权威性。笔记小品如《帝京景物略》《藤阴杂记》《竹叶亭杂记》《鸿雪因缘图记》等，这类作品以记录北京的名胜景观、里巷琐闻、传说轶事、风土习俗等为特色，且大多是作者的亲身经历和见闻，具有个人游记的性质。晚清民国以来大量中外游客的游记作品更不胜枚举。

遗憾的是，我们至今仍未看到对西山永定河流域传世文献的系统整理与研究，这一基础性工作的缺失使得我们对这一地区的历史底蕴与变迁脉络缺乏基本了解，不利于研究的深入。鉴于此，课题组选择数量甚巨但被学界关注较少的永定河流域诗词作为调查研究对象，发掘其史料价值。自司马迁的《史记》问世以来，"文史不分"的传统应当是传统时代学术的基本特征。陈寅恪先生早已在其研究中践行"诗词证史"，《元白诗笺证》即是明证。故而从古代诗词来看西山永定河的文化变迁不失为一条有效且有学术意义的路径。

课题组通过中国基本古籍库进行检索，获得新中国成立以前的永定河相关诗词2565首，约合42万字。检索时使用的关键词除了"永定河"本身，还有它的曾用名，即"卢沟（芦沟）""桑干（桑乾）"。其中以永定河作为关键词检索到诗词67首，以"卢沟"为关键词检索到诗词1246首，以"桑干"为关键词检索到诗词1252首。诗词起始年代自魏晋南北朝时期直至民国，其中清代诗歌最多，计1922首。从作者来看，唐代的大诗人李白和贾岛、宋代的陆游，金代的元好问、明代的胡广与胡应麟、清代的法式善与屈大均等名家都是各朝代书写永定河相关诗词作品最多的作者。诗词主题主要包括写景纪行、送别怀人、思乡羁旅、边塞战争、颂扬功德等内容。

透过永定河诗词，我们可以看到北京历史的变迁轨迹。在秦汉至隋唐的几百年间，北京一直是北方的边塞城市，所谓"苦寒之地"。《史记·陈涉世家》中的"二世元年七月，发闾左谪戍渔阳九百人，屯大泽乡"，其中的渔阳即是北京密云一带，正是秦代修筑长城工程之地。北京也是中原王朝与匈奴等北方游牧民族争夺的前线阵地。因此，我们看到南北朝时期北齐大臣祖珽的《送北征》："翠旗临塞道，灵鼓出桑乾。祁山敛雾雾，瀚海息波澜。戍亭秋雨急，关门朔气寒。方系单于颈，歌舞入长安。"

唐代王昌龄《代扶风主人答》："将军降匈奴，国使没桑干。去时三十万，独自还长安。"悲壮的战争景象跃然纸上。到元代以后北京成为全国性的都城，永定河诗词的主题便多为怀乡送别以及歌颂帝王与能臣之类。

此外，近年来环境史的研究颇受学界关注，而永定河诗词也可为北京生态环境史的研究提供重要的史料。透过诗词我们看到，在不同的历史时期，永定河流域内的生态环境差异巨大。唐至北宋时期，从唐代僧人释贯休《战城南二首》"万里桑干傍，茫茫古蕃壤"、宋代毕仲游《送范德孺使辽》"桑干地寒毡作屋，冰霜满野飞鸿鹄"等可以看出，地处北塞的永定河是战时旌旗如织、平时人烟稀少的战场，自然条件恶劣，生态环境比较脆弱，呈现出风沙漫天、一片苍茫的寒凉景象。到南宋乾道六年，范成大出使金朝，他的《卢沟》一诗记载了一幅迥然不同的永定河画面："草草鱼梁枕水低，匆匆小驻濯涟漪。河边服匿多生口，长记辒车放雁时。"该诗短短28个字，传达了丰富的信息量。首句"鱼梁"指的是一种捕鱼工具，说明当时的永定河有较为丰富的渔业资源，第二句的"濯"字则从侧面反映了河水的清澈洁净；三四句记录金人捕获养殖大雁以款待宾客的风俗，人、雁、鱼之间形成了相互滋养的紧密关系。此时还有序言："去燕山三十五里，虏以活雁饷客，积数十只，至此放之河中。虏法：五百里内禁采捕故也。"对永定河沿岸五百里内捕猎的禁止，更清晰地说明了当时人们的生态保护意识。

可见，由永定河诗词入手，一方面可以"诗词观史"，借助诗词还原历史时期北京的历史场景；另一方面从诗词看北京的环境变迁，丰富我们对历史时期北京生态环境史的认识。此外，据笔者了解，关于北京西山地区的诗词与文学作品更是巨量，尤其近代以来随着摄影术与报纸杂志的普及，西山景观更成为学者、文人与各类媒体共享的社会文化空间，对与其相关的文学作品的整理研究也将极大丰富我们对西山永定河文化带的理解和认识。

（四）民国社会调查

据学者研究，现代社会调查在中国大体兴起于戊戌维新时期及20世纪初叶。1897年的《农学报》上，已经有关于中国地方土产的调查报告发表。清末新政之后，尤其1903年之后中国形成了一个现代社会调查的潮流，清政府各部门组织的民商事习惯调查、矿物调查等大行其道，清政府自1908年还进行了全国范围的人口调查。民国时期的社会调查更是大为拓展，除政府之外，高校、社会组织与学者为改良社会和学术研究也进行了大量调查。国民政府成立后，直至20世纪30年代，社会调查形成高潮。1936年，燕京大学一篇学位论文就将1928年至1935年的有关社会调查活动称为"社会调查运动"。[1] 社会调查也是中国社会学学科发展史上的重要问题，具有一定的方法论意义，对推进社会学的本土化颇有贡献。[2]

民国社会调查由于涉及社会学、民俗学、人类学的学科史与方法论等问题，近年也不断有学者发表相关论著。如齐钊讨论了燕京大学社会学系的学术传统与研究特色，认为"社区""区域"与"历史"是其研究中国社会的三种进路。[3] 侯俊丹则关注燕京学派的清河调查与清河实验及燕京社会学研究的社区传统。[4] 安邵凡最近利用燕京大学的社会调查资料，研究了平郊村20世纪40年代的日常生活。[5] 而岳永逸新近出版了讨论辅仁大学与燕京大学民俗学研究的著作《土著之学——辅仁札记》《口耳之学——燕京札记》，这项研究将一定程度上重新改写民俗学的学术史。[6] 由此可见民国社会调查的研究价值与学术意义。

在此基础上，课题组系统整理民国时期关于北京的社会调查，尤其集中关注民国时期燕京大学社会学学位论文中与北京及西山永定河文化带有关的调查报告，共检索到与北京有关的调查报告74篇，文章中的主要调查地点明确涉及北京西郊和北郊的有37篇，主要集中在平郊村、成府、清河一带。如1927年李恩福的《附近燕京大学家庭工业的调查》一文，调查的地点为海甸、成府、三旗和挂甲屯。虽然这篇文章主要内容以列举说明为主，但开启了燕京大学学生在此地开展社会调查的先河。1933年，吴文藻担任燕京大学社会学系主任，他倡导进行"社区研究"，即社会学要中国化，最主要的是要研究中国国情，即通过调查中国各地区的村社和城市的状况，提出改进中国社会结构的参考意见。吴文藻的观点影响了燕京大学社会学系的研究模式，因而自1934年起，在燕京大学附近的西北郊各村开展的社会调查渐多，如李鸿钧《清河小本贷款研究》（1934）、邓淑贤《清河试验区妇女工作》（1934）。1939年至1943年的调查主要集中于西郊的几个村庄：清河、平郊村、前八家村、东西冉村、篱笆房、

---

[1] 黄兴涛、夏明方主编：《清末民国社会调查与现代社会科学兴起》，福州：福建教育出版社，2008年，编者前言。

[2] 阎明：《一门学科与一个时代——社会学在中国》，北京：清华大学出版社，2004年。

[3] 齐钊："社区"、"区域"、"历史"：理解中国的三种进路——对燕京大学社会学系学术传统与研究特色的再分析》，《开放时代》2013年第6期。

[4] 侯俊丹：《市场、乡镇与区域：早期燕京学派的现代中国想象——反思清河调查与清河实验（1928—1937）》，《社会学研究》2018年第3期；《从清河到禄村：燕京社会学社区研究传统再考察》，《中国农业大学学报》2021年第3期。

[5] 安邵凡：《重访平郊村——20世纪40年代华北城郊日常生活的社会学呈现与历史学细读》，《开放时代》2022年第3期。

[6] 岳永逸：《土著之学——辅仁札记》，北京：九州出版社，2021年；《口耳之学——燕京札记》，北京：九州出版社，2022年。

佟家坟、小煤厂、东平庄等，其中以平郊村为调查地点的文章最多，如沈兆麟《平郊某村政治组织》（1940）、陈封雄《一个村庄之死亡礼俗》（1940）等。1947年至1949年的社会调查最为集中，除了涉及平郊村、平西村、前八家村、成府区、树村、清河等地，还有在西郊静宜寺内香山慈幼院的社会调查，如陈性男《北平托儿所之研究（1947）》。这三年间有十余篇文章产出，主题也更加集中，主要涵盖农村雇工、农事劳动、家族、妇女、儿童、教育等，使用的理论也逐步转向马克思主义与社会主义，这也正是国内社会思潮变迁的反映。

可以说，梳理燕京大学社会学调查报告的变化，本身也折射出社会学中国化的独特路径。从早期的单一调查到之后的理论与经验并重，同时参与社会改良，后期社会调查内容更加广泛，同时与本土传统及概念进行对话，有一定的理论突破，其探索精神与方法论意义值得肯定。其次，从学术研究来看，以往对西山永定河文化带的研究以传统时代居多，对近代尤其民国以来的社会变迁关注不够。社会调查提供了关于西山永定河尤其是西郊海淀一带社会结构与社会群体、微观社区的大量材料与数据，为我们理解民国时期西山永定河地区民众的社会生活提供了直接的样本，也是丰富的社会史史料。民国调查结合民国档案，应当可以为我们还原当时的社会生活与文化变迁提供较为坚实的史料支撑。最后，从记忆遗产的视野来看，民国社会调查属于最接近当代的历史记忆，可以与口述史料相配合，弥补近代与现当代遗产研究的缺环，丰富我们对西山永定河文化遗产的认识。

### 三、记忆遗产保护过程中的问题

虽然记忆遗产聚焦于文献遗产，但其涵盖面仍十分广泛。以往对西山永定河地区的研究倾向于生态环境、水利建设、宗教文化、村落变迁等方面，专题研究较多而整体史研究不足。

第一，家底不清，对西山永定河地区现存的记忆遗产资源缺乏详细调查研究与系统整理。我们至今仍没有一部《西山永定河地区记忆遗产调查目录》。从北京区域史研究的情况来看，学界对碑刻与档案文献较为重视，但对这一区域留存的传世文献（文集、诗词、奏议、游记等）、民间文献（契约、族谱、账簿、宗教科仪书等）以及近代以来的记忆文献（照片、社会调查等）缺乏系统整理。以传世文献为例。西山永定河地区因长期居于都城周边，随着金元以来国家力量的不断渗透，因此记忆遗产自然留下了国家的深刻烙印。因此，金元以来官方文献中涉及西山永定河地区的内容众多，如历代帝王的御制碑文、文人士大夫与官员的诗集、游记及奏议，大量明清档案等都应纳入考察范围，进行系统收集整理。民间文献方面，如上文提到的族谱文献，只是公藏机构已收录的文献,在房山、门头沟还有不少族谱未曾公开,更谈不上出版与研究利用。

第二,保存与利用状况明显不到位。主要体现在传世文献未能得到充分整理利用,民间文献保存状况堪忧。如官方档案保存较好,但涉及西山永定河地区的明清档案尤其是清代档案开发利用明显不足,诸如清代内务府在西山永定河地区的经营与活动、清代贵族与旗人群体在西郊的活动等。再如民国寺庙档案、民国时期三山五园与近代工矿企业与工业遗产等方面的众多文献均未进一步整理、编制目录等,不利于研究的推进。民间文献方面,大量碑刻未被收录整理,从本书附录的情况即可见一斑。调研时我们发现很多碑刻保护状况堪忧。如门头沟的永定河文化博物馆大量收集来的碑刻被堆放在馆外的空地上。房山金陵附近也有不少碑刻散落附近山地,未能得到保护。契约和族谱文献也未能全面收集整理,公藏机构收录的族谱都未能进入研究者的视野,民间搜集与调查更是缺乏。这种状况无疑不利于研究的推进,也限制了对西山永定河地区的深入研究。

第三,缺乏资源共享平台与联合调查研究的整合机制。目前以行政区划及各部门条块分割为主的体制使得政府部门之间、区县政府之间、学术界不同高校与研究机构之间缺乏联系与必要的交流,信息资源不共享,且有不少重复劳动。如以碑刻文献的整理与出版来看,文物部门与各区县都做了不少工作,但仍不全面且有重复收录,而基层文物部门掌握了不少材料并未公开。此外,郊区不少碑刻未纳入保护与整理的范畴,而文物部门人力财力有限。这些因素都不利于调查研究的深入。

## 四、记忆遗产保护与研究的对策建议

针对上述问题,我们想从以下几方面提出对策建议:

第一,结合西山永定河地区的实际情况,探讨记忆遗产的本土标准与整合机制。记忆遗产虽然有联合国与中国档案局的标准,但对一个文化底蕴深厚的地区而言其记忆遗产应当如何收集整理与研究,本课题可以尝试进行探索。从本课题选择的四类文献遗产来看,如果说档案文献与诗词文献更多包含有官方色彩与士大夫传统,那么碑刻材料与民国调查则含有更多民间色彩与现代学术取向。基于此,我们应当更进一步扩大记忆遗产的调查研究范围,加强对民间文献诸如族谱、契约、科仪书、账本等文类的田野调查与收集,使之形成与物质文化遗产、非物质文化遗产并列的遗产形态,总结提炼出中国本土化的记忆遗产概念与研究范式,助力文化遗产的理论体系建设与学术研究,另一方面也服务于地方文化建设与旅游开发,实现学术效益与社会效益的双赢。

第二，对西山永定河地区的各类记忆遗产进行全面编目。从整体史的视野出发，编纂《西山永定河地区记忆遗产调查目录》。除分专题收录现存的记忆遗产资源外，还应梳理西山永定河地区研究的学术史，包括论著、论文及各大高校的学位论文等，使其成为西山永定河及北京历史文化研究详细的学术索引，为后续的研究提供坚实基础。

第三，逐步完成西山永定河地区记忆遗产的数字化，建设专题数据库，使其成为各界共享的学术资源，也为西山永定河文化带的遗产保护与合理利用提供示范。如历代永定河诗文集数据库、历代西山诗文数据库等，都有极强的可操作性。

第四，努力促成多部门合作调查研究的协调机制，以研究课题为契机，促成高校、政府相关机构、各区县、文物局与文博机构的联席会议制度，资源共享，群策群力，共同推进西山永定河文化研究，助力北京全国文化中心建设。

## 第二节　西山永定河文化带档案调查报告

本报告根据《北京西山永定河文化带历史文化资源研究框架》设计，对北京西山、永定河所在区域的档案资料进行了普查和搜集整理，范围包括北京市石景山区、门头沟区、房山区、丰台区五个行政区。西山永定河文化带是北京市全国文化中心建设规划中提出的概念，与长城、运河文化带相比，更具有北京市独有的地方文化特色。

本项目在文化带视角下对西山永定河文化带的档案目录资料进行普查，集中调查了北京市档案馆及北京部分区县档案馆的馆藏民国以来的相关档案。项目组通过线上档案馆搜索、查阅出版期刊、资料汇编等方式，搜集到有关寺庙、遗址、社会组织、社会调查、政策法规、社会治安、经济生产、公共事业等多方面档案目录材料共18000余条，对每条档案的档号、题名、起始与终止时间、类型等内容进行了录入与整理，得出了一份较为全面清晰的"北京西山—永定河文化带档案资料清单"，为后续的研究提供了实用的索引目录。

2021年7月6日，习近平总书记专门对档案工作作出重要批示："档案工作存史资政育人，是一项利国利民、惠及千秋万代的崇高事业。"我国的历史档案材料体量巨大、内容丰富，既见证了中华民族波澜壮阔的历史大事件，亦记录了市井阡陌里的历史足迹，是较为权威和直接的历史原始记录，是我国重要的历史文化遗产。该项工作有助于推动对北京西山—永定河历史文化资料的搜集、分类和利用，推进北京全国文化中心建设。

### 一、既有档案整理编研工作及其特点

当今大多数历史档案由各级各类档案馆、机关、团体、企业事业单位和其他档案机构进行搜集、整理与管理。根据现行《中华人民共和国档案法》，属于国家所有的档案，由国家授权的档案馆或者有关机关公布；未经档案馆或者有关机关同意，任何组织和个人无权公布。因此现有大多数历史档案由各级档案馆或档案出版社汇编出版。所涉"西山永定河文化带"档案出版物亦绝大部分出自北京市档案馆，故此对该档案馆的档案搜集、整理和编研工作历史做一简要梳理。

（一）北京市档案馆的档案整理

新中国成立后北京市档案正式工作始于1957年12月北京市档案馆成立，次年11月北京市档案管理局成立，并将市档案馆划归市档案管理局管理，局馆合署办公。当时接收保管的档案仅为旧政权时期的档案和新中国成立后各时期撤销的国家行政机关及部分企事业单位档案。"文革"期间，北京市档案由隶属市革委会办事组机要小组

和北京卫戍区接管。1980年，中共北京市委决定恢复北京市档案馆，当时市档案馆作为市委和市政府的直属机构，承担收集保管市委、市政府、市人大常委会和市属各单位按规定移交的档案以及革命历史档案、旧政权档案，开展档案利用的各项工作。1981年6月，中共北京市委决定市档案局馆合署办公，1985年机构调整，市档案馆为市委、市政府的直属文化事业单位。

为加强对散存在社会和个人手中历史资料的征集工作，经市委、市政府批准，1991年4月印发了《北京市档案馆征集档案资料的通告》。多年来，市档案馆大力拓展档案资料征集渠道，通过各种不同方式，向社会各界广泛征集以反映北京地区各历史时期内容为主的、对国家和社会具有保存价值的档案资料，使馆藏档案资源不断丰富。1996年，北京市档案馆公开第一批35万卷档案供公众查阅，并于每年6月9日"国际档案馆日"联合各区档案馆公布一批档案。自此北京市档案馆实现了从封闭式档案馆到开放式档案馆的转变。2000年1月，中共北京市委、北京市人民政府决定市档案馆"局馆合署办公，转为市委直属事业单位"，为一个机构两块牌子。

北京市档案馆现有馆藏190万卷（册），排架长度一万多米，包括纸质、录音、录像、影片、照片等各种载体。截至2012年底，累计完成纸质档案数字化136.7万卷册、4397万页，占馆藏纸质档案总量的63%。受疫情影响，此次普查工作大部分通过线上数字化查阅的方式展开，对现有公开的数字化档案进行了较为系统和全面的普查。

（二）西山永定河文化带档案材料的编研历史

北京市档案馆的编辑研究工作全面开始于1983年，39年来逐步从编印内部参考资料，走向公开出版史料汇编和刊物、举办展览等。一是《北京档案史料》自1986年创刊以来，连续编辑出版36年不断。刊物于1999年改为丛书出版，自2001年起开设固定栏目，每辑确定一个主题连续刊载新中国成立后北京市的重要文献。2004年起，围绕党的国家工作大局、中心工作、社会热点，按专题系统公布档案史料，开发档案信息资源。

二是开发馆藏优化选题，编辑出版了一批专题史料文献。多年来，北京市档案馆有计划编辑出版了各类专题史料达60余种，涵盖抗日战争、中国共产党早期活动、西山—永定河、北京各时期的市政、经济和社会文化诸方面内容。其中《西山—永定河生态环境治理》《人文西山·北京档案史料》首次选编公开了西山永定河的环境治理、教育、宗教等多方面档案史料，具有较高价值，兹举如下[1]：

---

[1] 北京市档案馆编：《西山—永定河生态环境治理·北京档案史料》，北京：新华出版社，2018年。

### 表 3.2.1　西山永定河地区档案史料书籍

| 书名 | 主要内容 |
| --- | --- |
| 20世纪30—40年代永定河治本计划史料（王海燕选编） | 1928年，顺直水利委员会改组为华北水利委员会，于次年拟定了《永定河治本计划大纲》，至1931年底正式完成全部《永定河治本计划》。选编包括永定河治本计划大纲、永定河治本计划讨论会会议记录、永定河治本计划（节选，绪言、第二章第七节），以及1936年华北水利委员会提出的太子墓工程计划，1949年官厅水库工程处提出的《整理永定河及流域开发计划草案提纲》。 |
| 20世纪30年代永定河中游增固及金门闸南岸放淤等工程史料选编（王海燕选编） | 1934年12月永定河中上游工程处成立，选编史料收录了1936—1937年该处办理的永定河中游增固四项工程和永定河金门闸南岸放淤四项工程以及金门闸南岸放淤第二期和增添工程等项工程的档案，包括各项工程的招投标章程、施工细则、工程合同、工程旬报月报表、工程图样和估算单、完工验收等史料。 |
| 1936年永定河三角淀中泓浚河筑堤工程史料一组（鹿璐选编） | 永定河三角淀中泓各项水利治理工程于1936年4月27日正式开工，6月25日前后相继完工。选编史料收录有：永定河三角淀中泓浚河筑堤工程事务所组织章程、工程验收文件、永定河三角淀中泓工程报告书等。 |
| 20世纪50年代永定河沿岸生态环境调查（艾琦选编） | 20世纪50年代初，北京市园林局林业勘测队于1954年对永定河沿岸进行了勘测，拟定了防风固沙、护岸护堤及风景林建设的营林调查设计书。调查区域位于河北平原以西北端，北起京西矿区的城子镇，经石景山区至丰台区北天堂，内容涉及地势、气候、土壤、植物等自然情况、林业情况、灾害情况等。选编史料较为全面地反映了这次调查的情况。 |
| 20世纪30—40年代民国时期筹建官厅水库史料（孙刚选编） | 1934年官厅水库工程处成立，并拟定了《官厅水库工程计划》，但因抗日战争爆发而中断。抗战胜利后，官厅水库工程重启。1947年官厅水库工程局成立，拟定了具体实施计划。选编史料主要包括修建官厅水库的报告、工程计划、设立组织机构勘探坝基情形、会议记录等。 |
| 20世纪70年代官厅水库水源保护工作史料（王永芬选编） | 20世纪70年代初期，由中国科学院地理所、化学所、中国医科院卫生所等单位组织成立一个专门化学分析实验室，对官厅水库的水源（包括河北、山西、延庆）开展水库污染的监测和研究工作。后又成立了官厅水库水源保护协作组，对官厅水源的河北、山西、延庆源头污染进行研究保护，分三批对厂矿污染单位进行治理。选编史料反映该时期官厅水库水源污染治理保护工作情况。 |

续表

| 书名 | 主要内容 |
|---|---|
| 20世纪60年代百花山实验林场调查报告（刘静选编） | 1963年5月至9月，林业部调查规划局森林综合调查队会同森林土壤和森林病虫害等方面的专业人员，对百花山林场进行了土壤、林型和病虫害等方面的调查。选编史料包括：森林土壤调查报告、林型及其经营措施调查报告以及森林保护调查报告等。 |
| 20世纪50—60年代永定河下游整治工作史料一组（房山区档案局选编） | 选编史料包括20世纪50—60年代初整治永定河的部分档案资料，特别是位于永定河下游的房山区河段的治河档案，反映了当时人们因地制宜地修筑堤坝、治理河道、造林护坝及开展研究的情况，其中亦有介绍京津冀地区多家单位联合检查永定河整治工程的情况。 |
| 1933年香山慈幼院史料一组（鹿璐选编） | 选编史料包括民国二十二年（1933）香山慈幼院的各项章则，这些章则包含香山慈幼院组织大纲、各校办事总则、招录学生章程等项内容。 |
| 1932—1949年北京大学农学院史料（王海燕选编） | 选编史料包括1932年和1947年的农学院农业经济系概况及1949年农学院各系的工作计划。 |
| 1946—1949年清华大学农学院史料（王海燕选编） | 选编史料反映了1946年至1947年该学院初创时期的情况及1949年北平解放时期的概况。 |
| 20世纪40年代北平市工务局文整工程处修缮碧云寺史料（刘静选编） | 选编史料反映了20世纪40年代北平市工务局文整工程处修缮碧云寺的有关情况。 |
| 1950年北京西山八大处等地的调查报告史料一组（王永芬选编） | 1950年5月，北京市公园管理委员会成立工作小组，派员赴八大处及退谷山场，结合当地派出所与村政府进行调查。选编史料包括调查报告及检查情形的报告。 |
| 20世纪50年代至70年代北京西山地区寺庙管理史料一组 | 选编史料涉及20世纪50年代至70年代北京市对西山地区潭柘寺、戒台寺、碧云寺、大觉寺、卧佛寺、八大处等各寺庙的调查、维护及管理等情况。 |

长期以来，西山永定河地区的档案材料缺乏系统整理与出版，相关材料多零散见于其他专题或出版物，比如《北京寺庙历史资料》中约有178条寺庙落于项目调查区域。以上档案史料是近年来为数不多的，专门围绕西山地区搜集、整理和发表的材料，涵

盖了 20 世纪 30—70 年代永定河的环境治理、筑堤增固、西山寺庙的调查维护等情况。不过，北京市档案馆藏中仍有大量相关档案材料有待公开与研究。北京市西山永定河地区档案资料的整理与编研工作已初步展开，但由于档案管理部门定位、编研工作方向和跨部门合作缺乏等问题，目前有关西山永定河档案材料的出版物数量很少，编研工作较为缺乏，主要表现在以下几个方面：

1. 重视民国与新中国成立后历史档案，缺少对遗产的深入挖掘。北京市档案馆梳理和公开档案大多重视民国和新中国成立后的历史材料，注重对民国政治史、外交史、经济史等方面考察，忽略了西山永定河地区数量广大的各类遗产，如寺庙、建筑物、考古遗址等物质文化遗产，以及所涉各类民俗事项等非物质文化遗产和记忆遗产。

2. 档案多以专题形式呈现，编研工作尚不全面。目前有关西山永定河的档案出版物仅与永定河相关，主题多围绕永定河的河道治理、官厅水库建设，专题过于集中，忽略了该地区政治、经济、文化、社会诸方面历史材料；此外，由于档案材料多以专题形式公开，相关档案散见于以往出版物中，缺乏系统梳理与汇编，给系统了解该地区的历史档案材料造成了不便。

3. 缺乏民国前档案的编研工作。目前有关西山永定河地区民国前档案材料数量极少，且第一历史档案馆的清代档案未能充分挖掘利用，也未公开出版。普查工作组唯见《清代河务档案》（第十册至十三册）收录了 9 则咸丰至光绪年永定河务相关档案，《近代大运河史料丛编》对永定河有所涉及，北京数字档案馆开放档案查阅系统则不公开民国前档案材料。疫情期间，档案馆亦规定禁止接触纸质档案材料，故所涉档案的整理工作一直无法推进，相关部门与学界对该领域关注较少，导致这段时期档案的编研工作有较大的缺漏。

## 二、"西山—永定河文化带"的档案普查

本项目组在现有出版物和相关成果基础上，普查工作秉持着全面详尽、应录尽录的原则，分别对北京市档案馆、石景山区档案馆、首钢档案馆、门头沟区档案馆、房山区档案馆所涉档案材料进行了普查，其中通过北京数字档案馆开放档案查阅系统对北京市档案馆所藏档案进行了录入，其余档案馆均通过实地走访抄录档案。

本项目力求将西山永定河地区所涉公开档案进行系统梳理，经过近一年的工作，最终以表格的形式呈现档案的档号、题名、时间、记录单位、类型等内容，数量共计 18864 条，涵盖了西山永定河地区的寺庙、遗址、社会组织、社会调查、政策法规、社会治安、经济生产、公共事业等多方面内容，并对民国时期三次寺庙调查档案进行了地理可视化处理。下文将分三部分简要介绍本项目普查的初步成果，首先简要说明

市县区各类馆藏相关档案基本内容；其次，以民国时期寺庙调查档案地理可视化工作为例，说明民国档案的内容与特点；最后，将举例概述文化遗产相关档案的内容和特点。

（一）市县区各类档案馆藏相关档案概述

1. 北京市档案馆

北京数字档案馆系统主要以时间和专题方式划分现有档案，分别是民国档案、新中国成立后档案、工商税务档案、诉讼档案、获奖人员档案、资料以及民国时期金融机构的票据与凭证。此次普查所涉档案主要是民国档案以及新中国成立后档案两大类共16个全宗，共18026条。全宗以当时负责记录档案的机关进行分类，兹以表格形式展示此次普查收录档案的基本内容。

表 3.2.2　普查收录档案

| 全宗号 | 作者机关 | 基本内容 |
| --- | --- | --- |
| J1 | 北平市政府；北京特别市公署 | 1. 社会管理类：有北平社会团体一览表；民众团体集会游行事项；北平市自治辅导团团务概况及辅导区图；商贩、引水、澡堂、理发店等管理规则；会馆管理规则；水权解释训令；四郊保甲调查户口工作情形；公益慈善事业委员会组织规程；永定河段划归市政府管理与有关单位往来函；四郊田赋契税管理办法等。<br>2. 文教卫生类：有坛庙、名胜古迹、古物保存规则；民众教育情形和风俗习惯的训令；北平市政府请报社刊登保护宗教不得轻蔑回教布告的函等。<br>3. 市政建设类：有门头沟煤车装运情形表及记账清单；修理西郊旱河河堤呈文；工务局消融建筑剩余渣土地点平面图；工务局呈送城郊地图等。 |
| J2 | 北平市社会局；北京特别市社会局 | 1. 社会团体类：有各种公会、剧社、会馆、宗教教会、园所、办事处成立备案的文件材料，各团体的管理守则、工作概况、登记簿、调查表等，如门头沟煤矿同业公会等请求救济、解决煤荒的呈文和市公署、社会局的指令；北平市社会局关于农业、工矿企业、商业等各种情况调查表；华北安清道义总会北京特别市分会呈报属会城郊各区事务所及梨园事务成立的呈文以及社会局的指令等。<br>2. 文教卫生类：有香山慈幼院与世界红十字会合办中学的文件材料；教育部对当时私塾调查的统计表和训令；北平社会局印制《北平市教育处所览》等。 |

续表

| 全宗号 | 作者机关 | 基本内容 |
|---|---|---|
| J2 | 北平市社会局；北京特别市社会局 | 3. 社会管理类：有寺、庙、观、庵、祠、宫更换住持，寺庙登记、人口登记、庙产纠纷，庙房修理文件等材料；有社会救济、难民收容等材料。如社会局任命寺庙清理登记事务人员的令；北京市寺庙纠纷卷册；社会局收到各寺庙收据；北平城郊各临时难民妇孺收容所统计报表，另见《北京寺庙历史资料》等。<br>4. 农工商类：有手工业者申请开业、核查登记的文件；店铺营业、执照更换、股份有限公司成立的呈；行业劳资纠纷的文件；商品价格调整、工人生活指数编制办法等。 |
| J181 | 北平市警察局；北京特别市警察局 | 1. 户籍管理类：有护长联保连坐办法、郊区保甲自卫团组织纲要；户口检查统计表、市民户口职业统计图表。如北平市公安局关于抄发本市郊区保甲经费等的训令等。<br>2. 寺庙管理类：有北平市各寺庙、坛庙、庵、弥勒院、火祖殿、塔、宫、观、佛堂、祠、道院等在警察局登记备案的文件材料。详见《北京寺庙历史资料》。<br>3. 案件类：有大量关于盗窃、吸食鸦片、斗殴、抢劫、债务纠纷、杀人、拐卖人口、贪污、违犯警纪、贩卖军火、诈骗、赌博、盗墓、走失房屋纠纷等案件的案卷；有城郊地区治安案日报表。 |
| J185 | 北平市警察局郊区各分局；北京特别市警察局郊区各分局 | 1. 社会管理类：有重划北平四郊警区说明等；户口登记管理办法，市场管理、税收、商贩管理办法等。<br>2. 案件类：有大量关于盗窃、吸食鸦片、斗殴、抢劫、债务纠纷、杀人、拐卖人口、贪污、违犯警纪、贩卖军火、诈骗、赌博、盗墓、走失房屋纠纷等案件的案卷；有搜集、查缉、通缉共产党等人士的训令、情况报告、密电、防止工运等密令等。 |
| J224 | 国民政府土地调查委员会 | 有土地委员会编著报告，各省清查田亩概况，中国土地租佃问题报告，土地金融原稿，中国八大都市之地价，中国地价问题研究报告等。 |

续表

| 全宗号 | 作者机关 | 基本内容 |
| --- | --- | --- |
| J71 | 北平市商会 | 有京师总商会和北平市商会章程、办事细则；各同业行会关于成立、机构变动的函；北平市主要商品物价调查表，商会与地方政府沟通的呈等。如北京市商会关于煤栈公会请开通东直、德胜各门交通给地方维持会的呈等。 |
| J119 | 北平市工业会 | 有北平市工业会会员用煤调查表 |
| J59 | 门头沟煤矿公司 | 1. 综合类：有门头沟煤矿区域内各煤窑情况，门头沟煤矿视野状况报告；采矿执照；采矿契约；门头沟煤矿、矿厂外景及井上下设备照片等。<br>2. 组织人事类：有门头沟煤矿公司、矿厂组织系统表和组织规程；职员升迁、调派、任免登记表；职员薪饷统计名册；员工考绩规则及留用日籍人员的文件材料。<br>3. 交接类：有交接工作的规定，日本战败后移交存煤数量、资产表册、债权债务表等档案清册；历任经理、矿长交接工作表册。<br>4. 财务类：有各年度经费决算表，各种营业收支表，工资调查表，资产明细表，工人工伤事故抚恤、奖金发放办法。<br>5. 技术工程类：有煤炭采掘生产、工程质量、井下工程、煤价调查、井下事故的报告；有改订调整煤价的报告，职工烧煤、配售煤斤办法等。<br>该全宗还有1857年董永年购置刘荣凯地地契及新购田地地形图。 |
| J61 | 石景山钢铁厂 | 1. 组织人事类：有石景山制铁所机构沿革概况；人事任免和人员调配的文件材料，工作人员职务一览表，华人从业人员名册等；工人管理办法等。<br>2. 生产类：有石景山制铁所生产事业及计划表，决算报告书，财产设备概况，制铁月报，劳务作业概要，铣铁产量表，化工与矿渣分析表及吸氧室、焦炉、装炉、熔矿炉日志；石景山钢铁厂及所属单位设备概况、扩充计划，材料管理规则及检验制度等。 |

续表

| 全宗号 | 作者机关 | 基本内容 |
| --- | --- | --- |
| J61 | 石景山钢铁厂 | 3. 劳工管理类：有劳工管理概要，劳务管理制度；华工勤怠管理办法；华工工资规定。<br>4. 总务类：有石景山制铁所购买土地的文书及契约合同，防控、警备及文书处理文件等。<br>5. 接收类：有国民政府接收与维修石景山钢铁厂的总结；战后钢铁工业建设计划；石景山制铁所各种工程照片；石景山钢铁厂、炼铁厂、炼焦厂、铸造厂概况及留用人员名册；中国人民解放军北平市军事管制委员会接管石景山钢铁厂的物资清册、名册等。 |
| J7 | 华北水利工程总局 | 1. 综合类：有华北水利委员会卷宗清册与目录，顺直水利委员会出租土地执照存根，宛平县山区受灾请求开渠实行工赈的来往函等。<br>2. 技术工程类：有关于永定河固堤、放淤工程设计、实验、延寿的文件及技术资料、图纸；永定河河流流量、含砂量、水位记载图表；永定河工程经费预、概算书；永定河中上游工程任用人员的呈；关于治理河道工程技术与有关单位的来往函；顺直水利委员会收集的运河工程历史资料；京畿河工善后纪实；关于保护永定河防波堤给罗斯工程师的信件等。 |
| J64 | 华北水利工程总局永定河官厅水库工程局 | 1. 综合类：有官厅水库工程处工作计划、总结；1937年的官厅水库工程处送文簿、收文簿整理永定河及流域开发计划草案提纲；郭益三等人参加永定河防汛工作的报告：该局组织规程；工作日记；关于印度工程师来华参观、学生实习、留守人员撤退、迁移难民等问题的呈文；工程费预算书；经费报表及经费开支的呈文；拨发款项的文件材料；启用印信、发放证章、换发司机执照的文件；关于棉衣发放问题的指令。 |

续表

| 全宗号 | 作者机关 | 基本内容 |
| --- | --- | --- |
| J64 | 华北水利工程总局永定河官厅水库工程局 | 2.技术工程类：有修建水库所需器材、设备、材料的采购、运输、拨发、保管及统计的文件材料；官厅水库工赈工程领发工粮花名册；道路、仓库等工程的招标合同、任务承揽书、工程图、竣工验收报告表；官厅水库工程处、水文站等关于水文资料的呈文；永定河等测站水位气象记载资料。<br>3.组织人事类：有行政、技术员工的任免、聘任、调遣、考核的文件材料；关于职工劳动纪律等办法、标准的请示；员工薪饷、奖惩、抚恤及员工退离职情况的文件材料。 |
| J80 | 永定河中上游工程 | 1.综合类：有永定河中上游工程处组织章程；人事任免、调配及职员请假等文件材料；该处收发文簿。<br>2.技术工程类：有防汛、清淤工程计划；工程投标的合同、图纸、验收报告及有关技术资料；各项工程经费收支计划、预算书；关于修建卢沟桥导水、滚坝海漫等工程的文件材料。 |
| J130 | 永定河三角淀中泓浚河筑堤工程事务所 | 有修筑河堤、工程竣工验收、调解工程纠纷、占用田地及该处成立的有关文件等。 |
| 98 | 北京市园林局 | 有园林基本资料统计表；关于接管香界寺、宝珠洞、樱桃沟等处景区的市政府有关批示；香山公园缺水、着火、喷药等情况的报告；香山公园附近居民上山打柴等情况。 |
| 164 | 北京市文化局 | 有关门头沟区、丰台区、房山县等地区1981年表彰先进大会个人代表登记表；河北梆子剧团赴房山煤矿慰问演出简报等。 |
| 288 | 北京市文物局 | 有关于门头沟、石景山、方山县、大兴县等地区文物保护工作情况报告，将遗址列为文保单位的意见等。 |

以上表格简要展示了北京市档案馆所藏与西山永定河文化带相关的公开档案，其中大部分档案都未经编辑研究；此外，仍有很大部分全宗尚未开放，如J007房地契档案、J055永定河道档案等，对相关档案材料的发掘和研究尚有很大空间。

2.门头沟区档案馆

此次普查搜集整理了门头沟区档案馆相关公开档案，共涉4个全宗，363条，时间涵盖1942—1950年。档案记录单位包括宛平县委、河北省委、晋察冀边区临时农会、河北省宛平县委办公室、中共通县地委、京西煤矿公司、二十区委、宛平县政府等。内容涵盖行政指令、土地纠纷、人口普查、遗址调查、煤矿调查、农业种植、政府经费决算、干部任免等方面。在此以表格形式概述各全宗基本内容。

表3.2.3 门头沟区普查档案

| 全宗号 | 作者机关 | 基本内容 |
| --- | --- | --- |
| 94 | 未知 | 1.综合类：有北岳区整风运动的初步总结和任务规划；中央关于清算减租及土地问题的请示；晋察冀边区临时农会、告农民书；宛平县政府1946年花名册、生产计划完成情况、奖状等；良乡县关于1949年大生产运动计划草案；防疫委员会成立报告、工作总结、汇报等。<br>2.社会管理类：有宛平县委北岳局党委关于消减迷信会门组织与活动的指示；宛平县人口土地基础数字；宛平县手枪登记、统计表；宛平县村数、户数、人口土地、烈军工属统计；北京市郊区、农村土地关系调查；松商村、上清小村调查统计表、户口、人口消费比较；梁家铺村调查统计、人口牲畜土地调查；宛平名胜古迹调查汇报；宛平区北安河古庙动物呈报表；宛平区国有林山寺坟矿等登记表等。<br>3.农工商类：有平西煤矿调查报告；房山县七区实业工作总结；生产总结、秋耕、燻肥汇报；北岳区实业公司平西振兴煤矿办事处经理会议；永兴水磨营业情形月报表、总结表；永丰毛织工厂决算表、1949年度伙食决算；通县区供销社贷换麦种初步总结报告；冬季生产计划、总结、耕地情况；门头沟各矿窑工作鉴别图、各种统计表；车站煤栈业同业行会概况、人员、资产、房地、调工等；各窑产销工人统计表等。 |

续表

| 全宗号 | 作者机关 | 基本内容 |
|---|---|---|
| 一 | 宛平县委、河北省委、晋察冀边区临时农会、晋察冀边区行政委员会、河北省宛平县委办公室、河北省委、华北局组织部、通县军分区司令部、良乡县、中共通县地委、宛平县委宣传部、宛平区农会 | 1. 综合类：有关于执行成为建党工作决定的几点补充指示；关于如何建立并开好村、区、县三级人民代表大会或各界人民代表会议指示；关于集中全力突击秋耕的紧急指示；关于防疫工作半月总结等。<br>2. 社会管理类：有宛平县人口土地基础数字；宛平县1938年人民负担基础数字；5月份人口土地数字统计等。<br>3. 农工商类：有关于门头沟包工柜的调查研究报告；工商问题讨论总结；关于秋收工作总结；种秋麦工作总结；关于度荒工作专题报告；关于秋耕工作总结；各种果木统计表；各种果树调查统计表；宛平第二区秋季燻肥专报等。 |
| 二 | 二十区委、北京市委政策研究室、北京市委郊委会、北平军事管制委员会、门头沟军管会、北京市门头沟区政府、门头沟区委会、二十区门头沟安委会、门头沟煤矿、门头沟区委、门头沟煤矿业联合会、十六区委 | 1. 综合类：关于本市辖区农业土地问题的决定；门头沟接收工作情况汇报；接收移交物资登记表；新中国成立以来门头沟区的四次劳年总结；民运部报销花名册；接收工作总结；二十区各矿职工数及会员数统计表；北京市郊区所属关系与市镇的基本情况；关于地主车市镇上的房屋和工商业资本家占有中农以下土地问题的通知、通报；关于对当前土改中村子存在极左偏向通知等。<br>2. 社会管理类：有房塌受伤工友之情形表；各种基础数字调查统计表；二十区团体数字；二十区各矿职工数及会员数统计表；二十区社教识字班统计表；二十区学生教员统计表；二十区各行业工人及会员统计表；十二月份摊贩发动情况月报表；矿窑工人死伤病调查统计表；四个月户数、人口、土地变动表；圈门里村概况表；龙门沟镇水灾调查总结报告；货物及水利报告；水渠河坝损失情形报告；车站街农会员汇报表等。 |

续表

| 全宗号 | 作者机关 | 基本内容 |
| --- | --- | --- |
| 二 | 二十区委、北京市委政策研究室、北京市委郊委会、北平军事管制委员会、门头沟军管会、北京市门头沟区政府、门头沟区委会、二十区门头沟安委会、门头沟煤矿、门头沟区委、门头沟煤矿业联合会、十六区委 | 3.农工商类：有民营窑抽分调查表；各矿厂窑铁路工人门头镇名街工人调查表；宏顺煤矿山主归业地租及抽分零钱道钱一览表；关于门头沟公私矿工人工资之调查报告；关于门头沟中英矿区调查一般概况报告；关于门头沟包工柜的调查研究报告；各矿窑十月中旬产销统计表；门头沟公私矿窑12月份产销统计表等。 |
| 三 | 平西煤矿、宛平县政府四区、房山县、宛平县政府四区公所、宛平县政府、昌宛县政府、宛平县政府总务室、第三专署宛平县政府、宛平县第五区公所、宛平县第一区公所、宛平县第六区公所、宛平县第七区公所、黄山店村、下寺村、葫芦村、长流水村、白圭瑞等人 | 1.综合类：宛平四区1946年十月至1947年全年经费决算表；第三专属宛平县政府11月份食粮决算月报表；宛平县政府1948年欠粮账单等。<br>2.社会管理类：宛平各村大生产计划完成情况统计表；识字课本；妇女冬校考试题；1936年度各部冬服花名册；一区梁家铺村人口牲畜土地典型调查统计表；一、三区斋堂村户数人口收入消费统计表；一、三区斋堂村典型调查统计表等。<br>3.农工商类：有平西煤矿调查报告；北京市平西煤矿开采管理暂行条例；平西利丰煤矿说明书；七区实业工作全年总结；宛平县门头沟商会计大年度会员册；秋耕、燻肥总结汇报；秋耕总结；大生产总结；北岳区实业公司平西振兴煤矿办事处经理会议；宛平县供销社会议总结；宛平县七区秋耕种麦度荒总结；永兴水磨后半年营业总结表等。 |

上述表格简要展示了门头沟区档案馆所藏相关档案。由于公开档案数量较为有限，时间涵盖范围较短，绝大多数亦未经编辑和研究，仍有较大的开发和研究空间。

3. 首钢档案馆

由于单位性质，首钢档案馆所藏相关公开档案仅 1 个全宗，共 239 条，时间跨度 1949 至 1985 年，内容涉及永定河治理、生产规划、工人管理、行政规定、工作总结等方面。兹以表格形式展示相关档案内容。

表 3.2.4　首钢档案馆普查档案

| 全宗号 | 作者机关 | 基本内容 |
| --- | --- | --- |
| 一 | 运输部、警卫队、行政处、房产处、冶金部、管理科、计划室、供电局、厂容办、石景山环卫等 | 1. 永定河治理：有永定河引水渠挑挖淤积砂石工程合同；永定河倒渣线铁道路及占用估地单；永定河引水渠挖淤积砂石工程表等。<br>2. 综合类：有驻石景山上部队使用之电线危险请拨款两万元大修由；石景山钢铁厂两年绿化规划（1956–1957年）；关于加强粮食市场管理的规定；报送本厂的政权档案目录三份请备查附件；首都钢铁公司关于保护花草树木的通知等；下达 1981 年厂容规划的通知等。 |

4. 房山区档案馆

房山区档案馆所藏相关档案有 2 个全宗，共 58 条，时间横跨 1946 至 1949 年，内容以行政政策、工作总结和调查统计为主。房山区档案馆所藏新中国成立前相关档案数量较少，大部分已移交北京市档案馆。在此以表格形式整理如下。

表 3.2.5　房山区档案馆普查档案

| 全宗号 | 作者机关 | 基本内容 |
| --- | --- | --- |
| 一 | 房山县委、中共三地委、房山县委社会部、中央察哈尔省委、中共平西地委 | 有房山县 1946 年土地改革总结；房山县妇女工作总结；房山县一区住户台村解决土改遗留问题典型村总结；关于保北战役支前工作总结；房山县关于护秋工作的初步检查和今后的几点意见；中共察哈尔省委为贯彻第二次生产会议决议的指示等。 |

续表

| 全宗号 | 作者机关 | 基本内容 |
|---|---|---|
| 二 | 察哈尔人民政府、房山县司法处、晋察冀边区行政委员会、华山人民政府、北岳区第三区行政督察专员公署、察哈尔省平西区行政督查专署、察哈尔人民法院、察哈尔省人民法院平西分院 | 有晋察冀边区等下区域简明表；1938—1945年晋察冀边区等下区划一览表；华北解放区行政区划；察哈尔省基础数字统计表；房山县春耕前生产工作综合报告；关于县市公安机关与司法机关处理刑事案件债责的规定等。 |

（二）民国档案的内容与特点——以寺庙调查档案为例

民国时期北平大范围寺庙登记共进行了四次，分别是1928年公安局寺庙登记、1930年社会局庙产登记、1936年第一次寺庙总登记、1947年第二次寺庙总登记。这四次寺庙登记前后跨越近20年，虽因多种原因大多未能最终完成，但在不同主管机关三令五申不断督促之下，涵盖了内城大部分寺庙，涉及一定数量的郊区寺庙。登记内容涉及庙宇建立、类型、财产、法物、管理、所有权、变更等方面。各次登记之间有明显的承接关系，后展开的登记会参考借鉴之前登记的规则和数据。不过随着北京战事的进行，1947年的寺庙登记明显较为简略。此外，由于1930年社会局庙产登记的档案仅零散见于北平市社会局档案中（全宗号J002），缺乏正式行文或统计数据，推测调查档案有失，故《北京寺庙历史资料》仅整理收录了其余三次寺庙登记档案材料。

依托《北京寺庙历史资料》，项目组对其中位于石景山区、门头沟区、丰台区的寺庙档案进行了地理可视化处理，通过比对档案材料和1947年民国《北平市城郊地图》[1]确定寺庙地理位置并进行标点，共计178座寺庙。

通过以上工作可以发现，有些寺庙前后经历了多次登记，比对不同时期的登记内容能够帮助我们了解这些寺庙的历史变化情况；此外，寺庙档案的地理可视化工作有助于将空间的概念引入历史过程的研究，帮助我们理解由众多寺庙构成的复杂神圣空间对于北京城市和郊区社会生活的影响，为后续的田野调查工作奠定了空间和资料基础。

（三）文化遗产相关档案概述与举例

本项目从"文化遗产"的角度对历史材料进行分类和理解。文化遗产可以分为物质文化遗产、非物质文化遗产和记忆遗产，其中档案作为特殊的历史材料也是一种记

---

[1] 北平市政府工务局绘制：《北平城郊地图》，北京：中国地图出版社，2008年。

忆遗产。档案大致可以分为官方档案和民间档案，分别承载着不同群体的历史记忆，如反映清代皇家建筑设计的珍贵图档样式雷图档、反映抗日战争重要史实的《南京大屠杀档案》分别在 2007 年和 2015 年入选世界记忆名录。但是，大量承载着民间历史记忆的档案仍有待整理研究，本项目亦抱此初衷，尽可能搜集整理西山永定河地区各方面历史档案。

档案的分类上，我们根据档案记载内容将其分为物质文化遗产、非物质文化遗产和记忆遗产，其中物质文化遗产包括园林、遗址、香道、商道与古河道、古代建筑、文物、金石碑刻遗存、近代史迹与红色遗产、工业与产业遗产、村落、壁画木刻等；非物质文化遗产涵盖了自然与宇宙的知识、社会实践、仪式与节庆、口头传统、传统手工艺、表演艺术、影像、民间文献等；记忆遗产包括档案、传世文献、碑刻、地图等。

这种分类方式区别于传统以机关单位为全宗的档案分类模式，亦区别于以专题形式呈现档案的编研成果，而以文化遗产的方式，基于当时人们生活的物质基础、社会实践以及精神记忆等维度来全面地整理和理解历史材料，有助于我们把握历史中人们完整的社会生活。

以物质文化遗产中的"古代建筑"为例。有关古代建筑的档案散见于各全宗：J001 中收录了有关古代建筑的管理档案，如行政院关于民法总则的训令（附民法总则）及北平特别市区官产审查委员会细则，北平市社会局关于私立大成中学向坛庙事务所借用关岳庙为校址的报告及市政府的训令；J181、J002 和 J003 则记录了民国三次寺庙登记的内容，亦包含一些建筑使用的档案；J185 则记载了相关寺庙的案件档案，内容繁杂，如北平市警察局西郊分局关于金崇福私卖慈献寺茔树的呈文，北平市警察局西郊分局关于北京市局对公共场所私停灵柩的训令及西直门支局管界寺庙停灵调查表等。这些材料显示出不同全宗档案记载了建筑的不同方面内容，比如寺庙登记档案记录了寺庙建立、类型、财产、法物、管理、所有权等内容，而案件档案则记录了围绕寺庙产生的各种社会活动，比如寺庙的办学、商用、停灵、盗窃等情况。将不同全宗和专题下的建筑档案进行整合，有助于我们获得更为全面和深入的历史知识，为后人的研究打下扎实的材料基础。

### 三、学术价值与现存问题

本项目组希望最终以表格和数据库的形式，全面搜集录入西山—永定河地区档案目录，使之成为涵盖文化遗产各个方面的档案数据库。它的价值将有如下一些方面：

1. 资料库价值。弥补了西山—永定河地区档案整理的空白，形成了较为系统的档案索引目录，自清末到新中国成立后近 100 年时间，多达 18800 余条档案目录以数字形式呈现，将为各领域的研究提供重要的资料基础。

2. 社会史研究价值。项目组以文化遗产的角度对档案进行分类和研究工作，涵盖了西山—永定河地区的政治、经济、文化、社会、生态多方面内容，弥补了过去以专题形式呈现档案的不足，将有效推动我们对清代以来北京西山永定河地区相关社会史的理解。

3. 推动北京全国文化中心建设工作。档案作为一种重要的记忆遗产，既承载着国家、民族的宏大历史记忆，亦描绘了市井小巷社会生活的细节。过去学界大多关注北京皇家和内城档案，长期忽略了反映北京社会史的各种档案材料。通过对西山—永定河地区档案的系统梳理，有助于保留北京城市的社会记忆，激发北京市民的身份认同与文化自觉，推动北京全国文化中心建设工作。

围绕当前档案管理和编研情况，项目组发现存在如下问题：

1. 档案材料的数字化和公开工作有待进一步推进。截至 2012 年底，北京市档案馆累计完成纸质档案数字化 136.7 万卷册、4397 万页，占馆藏纸质档案总量的 63%，但仍有较大一部分档案未完成数字化。在调查期间，由于疫情防控要求，项目组无法接触到纸质档案，这个工作开展造成了较大阻碍。此外，目前仍有很大部分已数字化档案尚未公开，比如所有民国前档案仍未于"北京数字档案馆开放档案查阅系统"上线供开放查阅；全宗号 J181、J002 所藏相关寺庙登记档案均不开放，只能从现有出版物《北京寺庙历史资料》中查看；全宗号 J007 房地契档案、J055 永定河道档案也未开放。

2. 档案整理工作同编研工作有待更深入的结合。由于档案材料本身的特殊性，现有档案材料的出版物数量远少于如金石碑刻等历史材料，这也直接导致对档案的编研工作整体处于较为落后的水平。比如北京市档案馆主编的《北京档案史料》大多以专题形式呈现档案整理成果，主题多聚焦于政治史、外交史和经济史，对北京社会史和各类遗产方面材料的整理出版略显不足，对北京市档案的系统研究工作也有待推进。

# 第三节　西山永定河文化带碑刻调查报告

本报告根据《北京西山永定河文化带历史文化资源研究框架》设计，对北京西山、永定河文化带的金石碑刻资料进行了全面普查和搜集整理，范围主要包含北京市石景山区、门头沟区、房山区、丰台区及大兴区五个行政区。西山永定河文化带是北京市全国文化中心建设规划中提出的概念，与长城、运河文化带相比，更具有北京市独有的地方文化特色。

本项目在文化带视角下进行碑刻调查，通过查阅地方志、文集、已出版碑刻资料集、地方文史论著以及实地调查等方式，搜集庙宇、墓葬、界碑、诉讼、水利等各类碑刻信息共计2300余条，分别按照时间顺序，对每通碑刻的撰刻时间、碑刻题名、立碑地点、撰碑作者、碑文来源等主要信息进行了录入，整理出一份较全面清晰的"北京西山永定河文化带碑刻文化资源清单"，从而提供了较为完整的便于研究使用的碑刻索引目录。

联合国教科文组织《保护世界非物质文化遗产公约》指出：文化遗产不仅是关于过去的建筑和纪念碑——也是关于世代传承的丰富传统。作为身份认同和社会凝聚力的载体，这样的非物质文化遗产也需要得到保护和宣传。在我国广大地域空间中竖立的碑碣就像传世文献之外的史书，也是民间的历史档案馆，是我国重要的历史文化遗产。在北京市推进全国文化中心的目标指引下，在西山永定河文化带的保护利用背景下，对这一文化带的碑刻资料进行全面搜集整理具有重要意义。

## 一、碑刻资料整理概述

自金石学于宋代兴起后，搜求汇纂金石铭文以考订掌故、网罗文献，也逐渐成为学术研究的重要方法。北京久为国都，金石碑刻的辑录整理蔚为大观。北京西山、永定河一带，历史文化底蕴深厚，留下了大量丰富的碑刻资料，总体来说，该地区的金石整理工作主要有下列三种方式：

（一）以时间为顺序的汇纂编目

北京西山、永定河一带作为京城西郊，辖区内的碑刻作为地方文献资料首先保存在历代府、州、县地方志中。明代的《宛署杂记》中收录有不少碑刻，清代《顺天府志》与清《畿辅通志》中都单列碑目，但仅止于元代碑。《顺天府志》（光绪）中增加清代"御碑"，然明代碑刻却都阙录。清代《宛平县志》和《大兴县志》艺文志中存有部分碑刻。

20世纪50年代，由吴廷燮任总纂、夏仁虎等多人编撰的《北京市志稿·金石志》[1]部分，方对京师、故宫、祠庙、寺观、陵墓、古迹金石做系统考订，按时间顺序汇为九卷，但目光主要聚焦在北京内城，对西山永定河一带关注较少，仅对戒台寺、潭柘寺等声名显赫的寺庙碑刻进行了部分整理。清代以后，踏勘访碑的专门著作也开始出现。晚清宗室盛昱遍访京郊旗人石碑成《雪屐寻碑录》[2]，虽然集自实地踏访，但仅以年代为序，未注明所在之地，无法明确西郊石碑所占比例。新中国成立以后金石碑刻的整理逐渐系统化，《北京图书馆藏北京石刻拓片目录》[3]蔚为大观，对碑刻的整理最为全面，且视野广阔，对西山永定河一带亦多有关注，碑刻辑录颇为详尽；《北京文物精粹大系·石刻卷》[4]主要收录北京市各博物馆所藏石雕文物；《北京石刻艺术博物馆藏石刻拓片编目提要》[5]对新出土的碑刻文物进行了整理补充，可以看作是对《北京图书馆藏北京石刻拓片目录》出版二十年后的一次更新和补充。以上几本北京地区碑刻编目对北京西郊地区均有涉及，且都沿袭《北京市志稿·金石志》的做法，首分庙碑、墓碑、杂刻等体裁，次以时间为序逐次罗列。

（二）以空间为定位的踏勘钩沉

以明《帝京景物略》[6]和清《日下旧闻考》[7]为代表的北京风土文献，通常以城市方位为纲，将碑文附于景物与古迹之内，形成了"求碑宜因地"（叶昌炽语）的学术传统。1930年至1933年，北平研究院系统调查了948座北京寺庙，逐一统计了所有金石碑刻，拓碑碣钟磬1436份。根据调查成果，张江裁和许道龄以寺庙为单位编著了《北平庙宇碑刻目录》[8]。并以内外城区分，对北京郊区的寺庙也多有关注，堪称全面，其中对西山永定河地区寺庙碑刻的辑录也颇具参考价值。这批宝贵的资料随后成为中国文化遗产研究院馆藏北京寺庙资料的主体，2015年始，中国文化遗产研究院陆续编辑出版了《北平庙宇调查资料汇编》[9]。21世纪以来，更多的研究机构与学者开始聚焦特定场域的碑刻整理，对煊赫寺庙的关注如《北京戒台寺石刻》[10]、《潭柘寺碑记》[11]；

---

1　吴廷燮等纂：《北京市志稿·金石志》，北京：北京燕山出版社，1998年。
2　（清）盛昱辑：《雪屐寻碑录》，金毓绂主编：《辽海丛书》第九集，沈阳：辽海出版社，2009年。
3　徐自强主编；王巽文，冀亚平编：《北京图书馆藏北京石刻拓片目录》，书目文献出版社，1994年。
4　北京文物精粹大系编委会：《北京文物精粹大系·石刻卷》，北京：北京出版社，2004年。
5　北京石刻艺术博物馆编：《北京石刻艺术博物馆藏石刻拓片编目提要》，北京：学苑出版社，2015年。
6　（明）刘侗、于奕正：《帝京景物略》，北京：北京古籍出版社，1980年。
7　（清）于敏中等编纂：《日下旧闻考》，北京：北京古籍出版社，1985年。
8　张江裁、许道龄：《北平庙宇碑刻目录》，北京：国立北平研究院总办事处出版课，1936年。
9　中国文化遗产研究院编：《北平庙宇调查资料汇编》，北京：文物出版社，2015年。
10　张云涛：《北京戒台寺石刻》，北京：北京燕山出版社，2007年。
11　张云涛：《潭柘寺碑记》，北京：中国文史出版社，2010年。

集中整合某一类型寺庙的碑刻如《北京清真寺碑文辑录述要》[1]，其中不乏西山地区寺庙碑刻。北京石刻艺术博物馆编撰的《新日下访碑录》[2]则以现在的行政区划为空间，分别编撰了石景山、门头沟、房山、大兴、顺义等多卷本，对西山永定河文化带地区的覆盖度颇高。

（三）以地方文史工作者为主体的碑刻整理

改革开放尤其是近20多年来，各级政府文物、文化部门、当地文史爱好者对行政区域内的碑碣做了不同程度的保护整理工作。石景山区编纂有《北京市石景山历代碑志选》[3]《石景山历代金石碑刻》[4]；门头沟区出版了《门头沟文物见闻》[5]《门头沟文物史料》[6]；丰台区文化委员会整理有《丰台区石刻文物图录》[7]《永定河孕育的丰台：丰台历史文物古迹研究》[8]等。此外，各地的文史爱好工作者怀揣着对本地历史文化的满腔热爱，经年累月奔波搜集碑刻，实属不易。杨亦武编纂的《房山碑刻通志》[9]全书共八卷，其中收录了房山区共146个村庄、社区的875件碑刻；张云涛编撰有《北京戒台寺石刻》《潭柘寺碑记》。此外，清代京郊大片的旗人墓地留有许多极富价值的墓碑，相关整理可见冯其利编撰的《清代王爷坟》[10]及杨海山所编《京郊清代墓碑》[11]等。

（四）存在问题

北京碑刻资料的整理虽然成果斐然，但囿于篇幅、自身定位或跨区跨部门合作机制缺乏等原因，现有出版物的碑刻信息仍存在分散、缺漏等问题，西山永定河文化带上的碑刻资料"家底"摸得还不清，主要存在以下几个问题：

（1）资料分散多处，缺乏全面编目。根据上文，现有各类碑刻辑录已颇具规模，但各目录旨归不同，具体内容的颗粒度存在较大差异。因此各处资料虽多有关注，但却散落各处，并未得到全面统一的梳理和汇总。本项目旨在完成尽量全面的碑刻目录，暂不关注碑文内容，提供方便快捷的碑刻索引工具。

（2）碑刻整理工作重复性高，补充程度低。目前国家图书馆、北京石刻博物馆、

---

1 回宗正编：《北京清真寺碑文辑录述要》，2008年。
2 北京石刻艺术博物馆编撰：《新日下访碑录》，北京：北京燕山出版社，2013年版。
3 中共石景山区委宣传部等编：《北京市石景山历代碑志选》，北京：同心出版社，2003年。
4 政协北京市石景山区委员会编：《石景山历代金石碑刻》，北京：北京日报出版社，2021年。
5 刘义全：《门头沟文物见闻》，北京：中国文联出版社，2004年。
6 门头沟文化丛书编委会编：《门头沟文物史料》，北京：中国文联出版社，2004年。
7 丰台区文化委员会编纂：《丰台区石刻文物图录》，北京：北京燕山出版社，2008年。
8 丰台区文化委员会：《永定河孕育的丰台：丰台历史文物古迹研究》，北京：中国友谊出版公司，2015年。
9 杨亦武：《房山碑刻通志》，北京：社会科学文献出版社，2018年。
10 冯其利：《清代王爷坟》，北京：紫禁城出版社，1996年。
11 杨海山：《京郊清代墓碑》，北京：学苑出版社，2014年。

首都图书馆、北京大学图书馆等馆藏的碑刻均已整理出版，堪称权威。后续的碑刻出版物多从更为细致或具体的角度切入，对特定碑刻进行再整合，所用资料来源大多仍落于以上几套权威出版物，新添内容较少，对现有资料的补充程度较低。本工作则在汇集各类出版物内容的基础上，重视实地调研的补充，以期提供尽可能全面的碑刻目录。

（3）多以行政区划界定范围，缺乏文化视角。如前所述，现有碑刻研究或汇编工作多以行政区为单位，或放眼全国，或聚焦北京城，或细化为各区市。这自然极大地便利了工作的开展和使用者的查找，但总体而言，目前的碑刻编目工作普遍缺乏文化视角，本项目将北京西山永定河文化带视为统一整体，打破传统常规，重新界定搜集范围，更具区域整体视角，也为相关研究人员提供了全新定位的碑刻索引。

## 二、西山永定河文化带的碑刻资源整理概况

本项目在继承前人资料搜集整理成果的基础上，普查整理工作秉持全面详尽的原则，通过细致查阅地方志、文集、已出版碑刻资料集、地方文史论著以及实地调查等方式，在"西山永定河文化带"这一文化视角下，对这一文化带上的碑刻资源进行"地毯式"普查，搜集工作尽量做到"竭泽而渔"，整理工作尽量细致全面。

（一）本项目组使用资料来源

本项目对现存碑刻进行了系统的整理与汇编，为各学科研究提供了一份全面的索引目录，整合多方资源，便于研究者快速全面地获取所需碑刻的基本信息并进行比对研究。使用的资料主要来源于以下书目：

**表 3.3.1 现存碑刻整理参考资料**

| 书目 | 作者 | 出版社 | 出版年份 |
| --- | --- | --- | --- |
| 光绪顺天府志（金石目） | （清）周家楣、缪荃孙编纂 | 北京古籍出版社 | 1987 |
| 北京图书馆藏北京石刻拓片目录 | 徐自强主编 | 书目文献出版社 | 1994 |
| 北京石刻艺术博物馆藏石刻拓片编目提要 | 北京石刻艺术博物馆编 | 学苑出版社 | 2015 |
| 北京大学图书馆藏历代石刻拓本草目 | 孙贯文编著 | 三晋出版社 | 2020 |
| 金石记忆：碑刻铭文里的老北京 | 倪晓建主编 | 学苑出版社 | 2008 |
| 房山碑刻通志 | 杨亦武 | 社会科学文献出版社 | 2018 |

续表

| 书目 | 作者 | 出版社 | 出版年份 |
|---|---|---|---|
| 石景山历代金石碑刻选 | 政协北京市石景山区委员会编 | 北京日报出版社 | 2021 |
| 北京市石景山区历代碑志选 | 中共石景山区委宣传部等联合编辑 | 同心出版社 | 2003 |
| 西山问道集 | 包世轩著 | 北京燕山出版社 | 2011 |
| 京西碑石纪事 | 政协北京市门头沟区文史资料委员会 | 银河出版社 | 2003 |
| 北京市志稿金石志 | 吴廷燮等纂 | 北京燕山出版社 | 1998 |
| 京畿金石考北平金石目京兆古物调查表 | 李洪波点校 | 北京出版社 | 2020 |
| 首都图书馆藏碑刻目录 | | 内部资料 | |
| 北京妙峰山碑刻文献与香会（花会）组织的集体记忆 | 陈建丽 | 学位论文 | 2008 |

（二）西山永定河碑刻资料概述

本项目从2022年春开始，在一年时间内，全面搜寻辑录北京西山永定河文化带辐射范围内的金石碑刻，最终以表格的形式呈现碑题、地点、时间、立碑人等基本信息，形成一份整合性的目录。希望这份"北京西山永定河文化带碑刻文化资源清单"能为这一地区优秀文化遗产的创造性转化提供扎实的资料基础，也对形成一种"跨界"整合的保护与利用提供资料支撑。项目的下一步将逐步充实内容并建立北京西郊地区碑刻资料专题数据库，以供不同兴趣的学者开放使用与拓展研究。基于此，本项目主要进行了以下几方面的工作：

（1）本研究对现已出版的碑刻编目和传世文献进行了进一步的整合。长期以来，各界对北京城的关注度显然高于京郊地区，内城的各类普查统计工作覆盖率较高。另一方面，北京西山永定河一带土地辽阔而人口密度低，对石碑的发现与搜集难以全面。因此在现有碑刻编目中，内城碑刻的搜集工作完成度更高，而西郊地区碑刻的整理情况则在不同目录中存在较大差异。因此本工作将已出版的权威性碑刻编目进行了整合，内容涵盖有《北京图书馆藏北京石刻拓片目录》《北京石刻艺术博物馆藏石刻拓片编目提要》《北京大学图书馆藏历代石刻拓本草目》[1]等。从行政区划来看，面积较大的房山区、门头沟区和丰台区碑刻数量较多，石景山区范围较小，碑刻数量较少但密度

---

1 孙贯文：《北京大学图书馆藏历代石刻拓本草目》，太原：三晋出版社，2020年。

更高，而大兴区碑刻数量最少。《北京图书馆藏北京石刻拓片目录》（以下简称《北图目录》）资料最为全面，已成为人文社会研究中公认的基础工具书，其中收录的碑刻条目如下：房山区 648 条、门头沟区 243 条、丰台区 277 条、石景山区 231 条、大兴区 21 条。相较而言，《北京石刻艺术博物馆藏石刻拓片编目提要》收录的碑刻数量则少很多，其中包括：房山区 135 条、门头沟区 85 条、丰台区 50 条、石景山区 66 条、大兴区 14 条。去除和《北图目录》的重合部分，有效数量为：房山区 79 条、门头沟区 51 条、丰台区 44 条、石景山区 43 条、大兴区 14 条。《北京大学图书馆藏历代石刻拓本草目》收录了全国范围内的碑刻，区域之广导致难以全面，因此其中仅编入 10 条房山区的碑刻，与前述内容还有 6 条重合，有效条目 4 条。前人大量的整理为本工作提供了坚实的基础，本项索引的编写也是以此为底本不断增补完成的。此外，本研究同时关注传世文献中记载的碑刻内容，其中《北京市志稿·金石志》的整理较为规整，但对西山永定河地区涉及较少，通过比对，补充数据如下：丰台区 1 条；门头沟区 4 条；石景山区 3 条；大兴区 1 条。同时，根据《京畿金石考》共补充 8 条；对照《京兆古物调查表》补充 27 条。对传世文献的利用进一步填补了碑刻整理过程中可能的缺漏，补充了部分已佚失但仍见于书面文献的重要石刻。

（2）搜罗了散见于各种笔记文集、研究文章中的碑刻。除专门的碑刻编目之外，诸多笔记文集等著作也对当地的碑刻多有关注和研究，这类出版物多与著者本人的经历和兴趣有关，因此对某一特定区域的关注更为细致，其中亦有不少未见于任何一种目录的遗漏石碑。例如包世轩所著《西山问道集》[1]是其近年来文史研究成果的集结，内容均为北京西郊的史事，但在行文中他使用了大量的金石碑刻作为论述佐证，这为我们的碑刻整理工作提供了更多的线索和有效信息。通过比对，《西山问道集》中共收录 39 条未被上文三本目录编入的碑刻信息，并且大多在书中附有录文。又如《京西碑石纪事》[2]聚焦于门头沟地区与石碑相关的轶事，并对碑刻进行分类描述，利用碑刻分析研究门头沟的人文历史、政治军事、宗教信仰、民俗活动、经济物产，碑石整理按地区归纳，清晰详尽，为我们的目录添补了 104 条信息，可见其内容之全面。《金石记忆》[3]则以碑刻铭文为线索讲述老北京城的庙宇、衙署、会馆和人物，使用碑刻大多知名度较高，从此文集中抓取到的有效条目共 8 条，均为门头沟区石碑。此外，在本项目进展过程中，项目成员在进行资源普查工作的同时还展开了一系列研究工作，在研究中网罗了学术论文中提及、引用的碑刻，不断查遗补漏。尤其对一些具有重要

---

[1] 包世轩：《西山问道集》，北京：燕山出版社，2011 年。
[2] 政协北京市门头沟区文史资料委员会编：《京西碑石纪事》，香港：银河出版社，2003 年。
[3] 倪晓建主编：《金石记忆：碑刻铭文里的老北京》，北京：学苑出版社，2008 年。

学术价值的断石残碑特别关注，如王浩所写《德胜寺残碑校释》[1]一文中考校的三块德胜寺残碑，因其残损未见于任何编目与文集，但却是研究京师西北部长城防御体系的重要史料，不可不提。这方面的关注更加强调学术视野，从而为本索引增添了学术面向。

（3）将地方文史资料纳入学术视野，拓展研究资料。本研究同时对地方文史资料这一庞大资料库予以关注和重视，全面地使用了各级政府编纂的文史资料。如北京市政协文史资料委员会编写的《北京文史资料精选》[2]；北京市政协文史和学习委员会编写的《首都文史精粹》[3]，其中所记碑刻均附有详细碑文。同时，各行政区的文史整理工作也在持续开展，得益于此，浩繁的文史资料汇编也成了本项目录整理工作中不可或缺的一个资料库。石景山区文史资料委员会陆续出版了26册《石景山文史资料》丛书，多为文史轶事，也间或提及零散碑文；21世纪初出版的《北京市石景山历代碑志选》对该区域的墓碑石刻、金石铭文进行了较为全面的整理搜集。随着近些年来的城市扩张与建设，越来越多埋藏于地下、失散于乡野的碑刻重见天日，进入考古工作者、地方文史工作者的视野，由此，2021年底出版的《石景山历代金石碑刻》一书内容更加充实。本目录使用以上材料补充石景山区碑刻共计167条，极大地完善了石景山区碑刻目录的完整性。房山区面积较大，村落密度不均，碑刻汇编工作难度较高。杨亦武在参阅各类碑刻总目、考古报告等资料的同时，亲身走访探寻了诸多村落，获得许多一手材料，最终集结出版《房山碑刻通志》共八卷，蔚为大观。本研究对照该系列书目共补充261条石碑信息，其内容堪称全面详尽，是不可多得的地区碑刻集成。《房山碑刻通志》共收录碑刻信息865条，本研究在其基础上加以各处散落资料，共整理碑刻992条，做到了信息的进一步整合与完善，将极大地便利相关研究。此外，本项目搜集各区村落志共计223本，其中包含石景山区8本，门头沟区38本，房山区57本，丰台区43本，大兴区67本，并进行了扫描归档，完成了信息的分类整理。村级资料更为细致全面，大多对村内现存碑刻的信息介绍更为周详，少有缺漏，因此村落志中记载的碑刻也是本目录的重要信息库，并将随着工作的进一步推进不断增添完善。

（4）增加了实地踏勘中未见于前人著录或研究的碑刻。除了搜集汇总各类出版物中出现的碑刻外，本工作力求"两条腿走路"，资料梳理和田野调查并重，因此项目成员对北京西郊各个区域进行了抽样式的田野工作，将实地踏勘发现的碑刻不断编入目录。持续丰富资料的同时，也引发了我们对碑刻搜集这项工作本身更多的思考与探究。例如团队成员对妙峰山不间断的调查和关注极大地丰富了我们的资料库。妙峰山作为学界研究的丰碑、民众信仰的圣山，几百年来信众匍匐祷告，香火缭绕不绝，一代又

---

[1] 王浩：《德胜寺残碑校释》，《故宫学刊》2013年第2期，第430—439页。
[2] 北京市政协文史资料委员会编：《北京文史资料精选》，北京：北京出版社，2006年。
[3] 北京市政协文史和学习委员会：《首都文史精粹》，北京：北京出版社，2015年。

一代人在此刻碑立石，具有极为丰富而集中的碑刻资源。然而，由于碑刻数量庞大且不断增加，现有出版物对于妙峰山碑刻的整理始终不够全面。妙峰山与北师大民俗学渊源颇深，一代代师长学子长期在此开展田野训练。在团队不断的调研实践中，通过实地探查对妙峰山石碑进行了系统的编目，目前共补充了69块未见于出版物的碑刻，其中多为当代碑，由此完成了对妙峰山碑刻资源的一轮更新，也极大丰富了门头沟区碑刻的目录内容。再如，慈善寺碑刻本就缺乏关注整理，仅在2021年最新出版的《北京市石景山历代碑志选》中有过辑录，但却仍有遗漏。项目组成员在慈善寺实地调研时发现，寺庙现存最早的碑并未收录于任何公开出版物或资料集中，但其本身极为重要，是慈善寺研究不可缺少的一环，经过整理现已编入目录。

以上，希望这份"北京西山永定河文化带碑刻文化资源清单"为这一地区优秀文化遗产的创造性转化提供扎实的资料基础，也对形成一种"跨界"整合的保护与利用提供资料支撑。

（三）碑刻搜集编目与研究个案——以天泰山慈善寺碑刻为例

综上，本次碑刻目录的汇纂工作以大量出版资料为基础，整合权威性编目，网罗各类书目，力求详尽，并兼以实地踏勘抄录的石碑加以补缺，打破了行政区划的限制，对西山永定河文化带区域的碑刻进行了地毯式的摸排辑录，将所有碑刻的基础信息呈现为可供检索、对比的集成式目录。金石碑碣的搜集整理不仅是金石学、历史学研究的基础，更逐渐成为人文社科研究中必不可少的史料来源。赵世瑜老师指出："碑刻资料具有双重性，既反映区域社会和民间生活，也反映国家或地方性制度。立碑需要经过公众认同，碑刻所在的地点往往是社区的中心，如寺庙、祠堂等地，因此它所记载的是普遍承认的行为规范，可以反映特定时代特定人群的心态。"[1]因此区域整体的视角，使得我们在重视碑文研读之外，更能结合石碑本身、立碑行为等要素对其进行综合性审视，并在此过程中进行多维度的思考与互证。本次碑刻目录的整理过程便是此思路的实践，以下仅以石景山区慈善寺内碑刻整理为例，展示碑石整理与学术研究之间的密切互动。

慈善寺位于石景山区模式口附近的天泰山上，西临永定河、北靠荐福山、南瞰翠微山，东望香山。寺庙坐北朝南，居于群山谷地之中心，为山峰所环抱，面前又有永定河蜿蜒潺潺，诚为一方之福地。寺庙旧时香火旺盛，如今逐渐归隐，是北京西山永定河文化带上一颗蒙灰的宝石。本次碑刻搜集工作对西郊慈善寺进行数次实地考察，发掘其在历史上的重要地位。慈善寺现存碑刻共22通，兹列举如下：

---

[1] 张小也、郑振满、赵世瑜、科大卫：《碑刻——正在消逝的历史档案》，《光明日报》2002年01月24日A04版。

### 表 3.3.2 慈善寺碑刻信息表

| 碑名 | 立碑时间 | 立碑人 | 主要内容 |
| --- | --- | --- | --- |
| 功德碑 | 康熙六十一年（1722） | 信女赵氏法名明行敬立 | 信女赵氏法名明行置地划界，立坟修庙。刻录善士姓名 |
| 普照报恩圣会碑 | 乾隆十年（1745） |  | 感念古佛，记录会众名单 |
| 诚敬有感碑 | 乾隆二十二年（1757） | 信女弟子董门梁氏了还心愿 | 信女弟子董门梁氏了还心愿 |
| 报恩秉心放堂老会 | 乾隆二十四年（1759） |  | 香会基本信息 |
| 攒香放堂圣会 | 乾隆三十七年（1772） |  | 感念古佛，记录会众名录 |
| 如意礼忏钱粮圣会 | 乾隆四十一年（1776） |  | 香会基本信息及会众名录（人数众多） |
| 如意攒香圣会 | 乾隆四十三年（1778） | 弟子肇升盥沐敬书并撰 | 会碑，记录会众名录（磨损严重，不完整） |
| 万古流芳碑 | 乾隆岁次壬寅（1782） | 渥水郡李代衡书 | 盂兰殿僧募化重修记录；捐资信众名录 |
| 三吉如意老会碑 | 乾隆四十八年（1783） |  | 会碑，"圆明园正白旗"参与 |
| 燃灯古佛塔 | 乾隆五十六年（1791） |  | 建立时间 |
| 传膳路灯老会碑 | 乾隆六十年（1795） | 公议秉心传膳路灯老会 | 起会地、会众名录 |
| 重建天太山慈善寺大悲坛碑记 | 嘉庆五年（1800） | 住持僧仁寿率徒智月虔立 | 住持仁寿组织修缮记录 |
| 功德碑（大悲坛西壁） | 嘉庆七年（1802） |  | "诸方贵官善信檀越"共257位 |
| 鲜果圣会碑 | 道光癸卯年（1843） | 鲜果圣会 | 圆明园海淀成府三旗营众善弟子名录（只有男性） |
| 重修天太山慈善寺碑记 | 光绪八年（1882） | 信士弟子宝清敬沐书，皈依三宝弟子智远，率曾孙来玺虔立 | 明确本寺四至地界；记录各殿修缮时间 |
| 警戒后世碑 | 不详 | 僧禄司正堂香界寺住持真实书 如意会司房胡兆廷书 | 记录主持选举事宜，并请多方代表同为见证 |

续表

| 碑名 | 立碑时间 | 立碑人 | 主要内容 |
| --- | --- | --- | --- |
| 重修弥勒佛殿记 | 光绪二十五年（1899） | 哲臣王肇睿沐手撰并书 | 李坡主持修缮弥勒佛殿事宜；捐资善士名录 |
| 永垂千古碑 | 民国三十年（1941） | 念佛弟子王喆臣书 | 引善弟子共九人 |
| 重修魔王殿碑记 | 民国三十四年（1945） | 宛平香山教授贺毅斋拜撰<br>宛平乡立学校校长王喆臣书 | 记录此次修缮前因后果；捐资信士名录（公司、个人、村庄） |
| 扫塔感恩圣会碑 | 大清戊午年 | 临济正宗第三十四世洞明隆撰 | 香会情况；会众名录 |
| 无题碑 | 不详 | | 合会进香弟子名录 |
| 老爷殿碑 | 不详 | | 对联 |
| 接引殿石刻 | 不详 | | "天德合吉星""月德合吉星" |

在前期的案头工作中，我们发现慈善寺的相关碑刻收录与研究均很少，可见其长期被忽视。实际上，若不是此前已对慈善寺有所耳闻，并通过查阅史料得知其在历史上的重要性，我们大概也会忽略这一方寺院的20多通碑。因此，我们对此处碑刻的搜集工作其实是从实地田野调查开始的。第一次实地走访时，我们对寺庙现存的碑刻进行了大致摸排和统计，并获得了慈善寺文物保管所内部印制的寺庙基本资料册，内容包含寺庙现存碑刻的大部分信息及部分录文，对慈善寺碑刻的整理工作由此展开，这也是本项工作强调文献搜集与田野调查并重的原因。项目组成员具有历史学、民俗学、宗教学等多学科交叉背景，因此在实践中我们也始终秉持多学科交叉融合的视野，坚持多种方法各有裨益又相互补益，以此推动工作不断完善。

但在实际整理过程中，我们发现并未出版的寺庙内部资料存在不够严谨、内容缺漏等问题，单纯依靠该材料并不足以完全支撑目录编写工作。随后我们在多种出版物中搜寻慈善寺碑刻，但遍寻无果。上次实地探访建立的田野关系成了突破口，一位长期驻守慈善寺的老师提到一本彼时刚出版不久的《北京市石景山历代碑志选》，其中对于慈善寺的碑刻记载详尽，不仅能够提供我们所需要的基本信息，更有详细碑文及拓片。但因撰写本书时间有限，以致我们尚未将此书纳入整理范围。总之，慈善寺的碑刻整理借由此书基本完成。因此，本碑刻整理工作固然属于资源普查，但田野调查能使我们快速了解特定区域的基本情况，建立良好的田野关系，无论是地方本身还是地方中的人，都与单纯的文本文献紧密相关；再则，田野的现场感对于进一步的研究来说更具有不可替代的意义。

在对慈善寺碑刻信息完成录入后，为免阙录，我们对此地进行了二次回访。本次调研目标明确，即对现有目录进行核对及碑文抄录。经过核查，我们果真发现一条"漏网之鱼"，既不见于寺庙编纂的内部资料，也不曾收录于新出版的碑刻集成，其内容却极为重要，更是寺庙内现存最早的石碑。

先前的资料搜集和田野工作显示，慈善寺在清代庙会热闹非凡，香会组织众多，且多旗人参与。众所周知，西山曾有大片土地为旗人坟茔，而寺内多通碑刻显示，旗人进香的碑刻多早于周边村庄捐资的碑刻。结合当地有地藏殿曾经用于停灵的说法，赵世瑜老师提出的假设是：在当时，天泰山慈善寺之所以和旗人有关，是因为此地为旗人的坟地提供仪式服务，而周边的村落因守坟需要而逐步形成。而实地调研发现的这通石碑则为这一想法提供了佐证，该功德碑记载，立碑之人"信女赵氏法名明行，乃正蓝旗信郡王之姑也"，虽然根据现有资料不能确定其具体身份，但"正蓝旗信郡王"无论是指多铎之子洞鄂还是多铎之孙鄂扎，这位姑姑都是皇亲贵族无疑，只是自幼便皈依佛门，史料中难有记载。赵氏于年近七旬之际，在黑石头村购置土地一百一十亩，其中六十亩用作所修佛殿的地产，五十亩作为坟茔及守坟人所用。特此立碑，以明产权来历，托付家族坟茔。由此我们大概可以猜测到慈善寺的发展过程及其与旗人的关系：慈善寺于明代落成，但香火并不旺盛，因此无史料记载。但随着满族入关，西山一带逐渐成为旗人贵族的坟茔，慈善寺自然而然地成了提供祭祀仪式的现成场所。

但我们同时也在思考，为何这样一通极具代表性的石碑却数次被遗漏。细读碑文内容，其中并未明确提及天泰山或慈善寺，而是说在黑石头村置地。黑石头村虽距慈善寺不远，属于慈善寺辐射范围，但毕竟不似其余石碑言明慈善寺。而这块石碑又确实不曾被任何其他文集编目收录。因此，其原在地似乎引人遐想，然以上仅为"想象"并无实证，具体信息仍有待进一步研究。但以此为例，我们看到碑刻搜集工作本身其实颇具张力，并非机械的材料搜集和文字编排工作，将石碑放在立体空间中进行多维视阈的理解，对我们的研究工作颇有补益。

## 三、碑刻整理保护的现状与问题

目前，社会各界对碑刻的整理保护工作已逐渐重视，也越发意识到碑刻作为记忆遗产的重要组成部分所承载的文化内涵价值。然而，不论是在资料整理过程中还是在实地调研中，我们发现，碑刻的搜集保护工作目前仍存在相当的问题。

1.已有出版物多为录文，拓片出版较少。本研究的最终成果是呈现西山永定河地区完整的碑刻目录，对碑文的具体内容并不作专门关注，因此使用的资料既有拓片汇编也有碑文录文，对研究结果并不会产生特别影响。然而，在更多的学术研究中，各学科学者对碑文的具体内容往往是高度关注的，其使用材料的准确性往往与研究质量直接挂钩。但在实际调查和研究中，我们发现，目前已出版的碑刻资料数量繁多，但其中有很大一部分为碑文集，仅提供录文而不陈列拓片。然而现已出版的这类碑文录文大多错误百出、句读不确，无论是实地调研和现场核对，还是在学术研究过程中进行参照比对，事实证明这类资料的准确性大多差强人意。大多石碑本就经过岁月打磨，抄录句读的二次"加工"很容易导致误读、漏读等难以避免的偏差。即使是权威出版社发行的碑文集，其中也不乏缺漏和讹误，由此，拓片汇编的出版显得愈发重要。因此，相较于碑文集，拓本汇编在学术研究中的意义更为深远，但在出版界却占比较少。

2.碑刻保护工作初具规模，但仍有欠缺。根据目前的碑刻搜集工作和历次实地调研的情况来看，虽然目前各相关部门已经开始重视对石碑等文物的保护，但仍有众多石碑或无人看管或疏于归整，在旷野中栉风沐雨，碑刻的保护工作仍存在大量空白有待填补。尽管现有的文物保护制度已臻于完备，但在实际操作中，仍存在诸多问题。有些地区碑刻数量众多，管理部门常面临经费不足等问题，无差别的保护为文物机构力所不逮；而有些地区碑刻的管理和归属较为混乱，各部门权责不明晰，导致碑碣散落；抑或已经得到统一保管收藏的碑刻却被随意堆放于仓库，既无进一步保护整理也难以得见天日，大量相关的历史信息随着石碑的沉寂而消散于时空长河。哪怕只是随机前往某个村镇调查，我们也时常能搜寻到被出版界遗漏的石碑，大量碑文散佚各处，无人问津，因此我们应不断重提抢救性搜集与整理工作的重要性。

3.碑刻整理工作各自为政，资源不共享。如前所述，本项目在整理西山永定河地区碑刻资料的过程中，使用了大量已出版的碑刻资料集，这些碑刻集大多兼具权威性和学术性。长期以来，北京对碑刻资源的整理汇编工作从未停止，因而如今才有一系列严谨的碑刻出版物可供查阅。目前，碑刻整理保护的重要性被不断重提，也有越来越多的地方文史工作者、文保部门、学者等不同程度地组织或参与碑刻保护工作。然而碑刻资料整理几乎是一项费力不讨好的繁琐工作，系列问题随之而来：首先，权威出版物普遍定价高昂，无法轻易获取；其次，地方文史资料中的碑刻部分汇集了地方文史工作者的辛勤努力，但受众窄，知名度低。最后，博物馆、村镇等较低级别的单位也会内部发行或出版区域内碑刻资料，但这些资料的整合度低，更难以在短时间内方便快捷地全面搜集。可以看到，不同部门、单位之间缺乏协调统一、互通有无的沟通机制，导致整理工作较为混乱。

4.相关保护政策不够明晰，落实不到位。随着国家对文化遗产的不断重视，有关碑刻保护的相关法规也愈加完善，许多石碑已得到有效的保护和妥善的存放。将石碑纳入文物保护的范畴，并强调其文化价值，使其免于被随意挪放破坏，是碑刻保护工作的重要一步。然而，我们也应正视政策法规与具体落实之间存在的缝隙和距离。在田野调查过程中，我们既有碑刻因保护需要而被收藏无法得见的遗憾，更有碑刻遗落于村落小巷田间地头的痛心，无论是一刀切地过度保护、简单存放，还是多重因素导致的无人看管、无人敢动，都不应是石碑的归宿。

# 第四节　传世文献调查报告（以永定河诗词为例）

作为世界文化遗产保护项目的延伸，世界记忆文献遗产侧重于文献记录，包括博物馆、档案馆、图书馆等文化事业机构保存的任何介质的珍贵文件、手稿、口述历史的记录以及古籍善本等。传世文献是记忆遗产的一个重要组成部分，其中古代典籍已经受到各方的关注和保护。内容涉及北京西山永定河文化带的古代典籍，主要可以分为以下两类。一是官方编纂的大型史志书，以《宛平县志》《畿辅通志》《永定河志》等为代表。这些志书详细地记载了古代北京及其周边地区的山川地理、建置沿革、水利河防、文化教育、社会风俗、名胜古迹、人物事迹等信息，体例严谨，广征博引，具有很强的系统性和权威性。二是文人编写的笔记杂纂，以《藤阴杂记》《梦厂杂著》《佳梦轩丛著》等为代表。这类笔记以记录北京的里巷琐闻、传说轶事、风土习俗等为特色，且大多是作者的亲身经历和见闻，具有个人游记的性质。无论是官方志书还是文人笔记，它们都已经在如今的历史、民俗等研究领域获得了充分的关注、保护和利用，并由此产生了大量的研究成果。相对而言，古代诗词除了作为文学艺术鉴赏的对象，其作为记忆遗产的价值却没有受到应有的重点关注。在拥有众多名山大川、坛庙寺观的西山永定河文化带内，历代文人墨客也留下了诸多内容丰富、风格各异的诗词，对这些诗词进行搜集整理，具有重要的文化价值和社会意义。2022年间，项目组以永定河为对象，共搜集相关诗词 2561 首，约合 41.7 万字。

以下，本报告将首先说明现有的西山永定河诗词的集成出版情况，接着呈现项目组现阶段的永定河诗词整理成果，最后阐述系统搜集整理古代诗词的学术价值，并针对目前的问题提出相应的对策和建议。

## 一、现有的西山永定河诗词集成

根据项目组的查找统计，新中国成立之后，与西山永定河文化带有关的古代诗词集成共有 15 本，且集中于 20 世纪末、21 世纪初这个时间段内（如表 3.4.1）。根据诗词所覆盖地理范围的大小，这些集成可以分为三个大类。

表 3.4.1　现有的西山永定河诗词集成

| 分类 | 名称 | 出版时间 | 作者 | 出版社 |
| --- | --- | --- | --- | --- |
| 北京市专集 | 历代咏北京诗词选 | 1996 年 | 张还吾主编 | 北京出版社 |

续表

| 分类 | 名称 | 出版时间 | 作者 | 出版社 |
| --- | --- | --- | --- | --- |
| 各区专集 | 丰台地方风情古诗 | 1987年 | 邢锦棠、张霖编写 | 丰台区地名办公室编印 |
| | 古今咏海淀诗词选 | 1996年 | 张还吾主编 | 中国戏剧出版社 |
| | 门头沟山水诗选 | 1997年 | 赵永高等编 | 编者自刊本 |
| | 历代诗人与石景山 | 2001年 | 栗加有辑注；政协北京市石景山区委员会编 | 政协北京市石景山区印行 |
| | 海淀古诗选析 | 2001年 | 张宝章、易海云编著 | 北京市海淀区地方志办公室印行 |
| 各景点专集 | 香山诗萃 | 1991年 | 袁长平、杨宝生编注 | 文化艺术出版社 |
| | 北京钓鱼台诗汇 | 1992年 | 赵金敏编 | 北京燕山出版社 |
| | 乾隆皇帝咏万寿山风景诗 | 1992年 | 孙文起、刘若晏、翟晓菊、姚天新编著 | 北京出版社 |
| | 云居寺诗文书法作品集 | 1999年 | 游来柱主编；中国人民政治协商会议北京市房山区委员会编 | 北京市房山区政协印行 |
| | 清·乾隆皇帝咏香山静宜园御制诗 | 2008年 | 香山公园管理处编 | 中国工人出版社 |
| | 清代皇帝咏万寿山清漪园风景诗 | 2010年 | 北京市颐和园管理处编著 | 中国旅游出版社 |
| | 民国香山诗文精选 | 2015年 | 阚红柳主编 | 北京联合出版公司 |
| | 御制圆明园四十景诗（外三种） | 2017年 | 白帆点校 | 北京出版社 |
| | 清代圆明园御制诗文集 | 2021年 | 何瑜编著 | 中国大百科全书出版社 |

第一类是北京市诗词专集，即诗词所吟咏的对象覆盖了整个北京地区。在这个分类下的集成仅有张还吾主编的《历代咏北京诗词选》，该书选录了吟咏北京历史、地理、风土人情的诗、词、曲共316首，上自西周，下至清末。

第二类是北京各区的诗词专集，即诗词覆盖范围仅限于特定区划。丰台区于1987年出版《丰台地方风情古诗》，该书属于丰台区地名志的附录。海淀区分别于1996年、2001年出版《古今咏海淀诗词选》和《海淀古诗选析》，其中《海淀古诗选析》一书共分为山水、园林、寺庙、村镇、人物、风俗6篇，收录了近200首咏海淀的古诗，每首诗后都有关于作者生平事迹的介绍和关于古诗含义、艺术特色的分析评述，篇末还附有注释。门头沟区于1997年出版了《门头沟山水诗选》。石景山区则于2001年出版《历代诗人与石景山》，该书是《北京石景山文史资料专集》中的一辑，以历代著名诗人为线索，将诗人在石景山的经历与其诗作联系起来共同讲述。

第三类是各景点的诗词专集，即诗词作品的吟咏对象都是某一特定地点或者景物。《香山诗萃》于1991年出版，该书以时间先后为序，分为金代、元代、明代、清代、民国时期和1949年中华人民共和国成立以后6个部分，辑录了历代名臣贤达、学者名流、骚人墨客有关歌咏北京香山风光的诗作约300首；诗首大多有作者小传，诗后加以注释。《北京钓鱼台诗汇》于1992年出版，搜集了上起金元、下至当代有关钓鱼台的诗词近百首。《云居寺诗文书法作品集》则收录了从《白带山志》和《房山县志》中精选的99首（篇）诗文，这些诗文都是由唐至清各代名人游览云居寺时题咏所作：其中唐代6首（篇），辽代1首（篇），明代46首（篇），清代46首（篇）；书中的诗文内容由50余位著名书法家题词或书写。《民国香山诗文精选》中的游记和诗文主要从民国报刊中选录而来，还补充部分时人诗文集中与香山有关的佳作。此外，万寿山、香山、圆明园等三山五园作为清代皇家游憩之地，也有专门的皇帝御制诗集成，如《清·乾隆皇帝咏香山静宜园御制诗》《清代皇帝咏万寿山清漪园风景诗》等。这些御制诗文不仅记录了园林山水的各种自然和人造景观，而且反映了当时的艺术审美、政治文化和历史变迁，具有很高的研究价值。

除了以上三类诗词集成，各村村落志或乡镇志中也收录了一些本地的古代诗词，但由于它们分布零散、收录数量较少，本报告不再加以专门统计。

根据上述内容可知，目前对于西山永定河相关诗词的搜集整理工作已经有了一定的推进和积累，但其中仍有欠缺之处需要弥补和改进：一是系统性不够，目前只有个别区甚至只有个别地点有相关的诗词集成，这些集成之间仍然处在"点"状分布的零散状态，没有形成有层次的、相互联系的"线"状或者"面"状分布；二是全面性不足，目前的诗词集成大多是"选编"的结果，诗词搜集的来源有局限性，诗词筛选的标准有不确定性，诗词呈现的目的有异质性，导致研究者无法全面地了解西山永定河诗词文化的面貌。总之，在西山永定河文化带的范围内，虽然有关学者和政府部门都已经有意识地对地方古代诗词进行了搜集、挖掘、整理和呈现，但目前已经出版的西山永定河相关诗词集成里的内容，仍然只是西山永定河千百年来诗词积淀的一小部分，对西山永定河古代诗词的系统性搜集工作亟待开展。

## 二、项目组诗词搜集情况

（一）本项目组使用资料来源、关键词设置与所获诗词概况

西山永定河相关诗词的系统性搜集是"西山永定河文化带历史文化遗产调查"项目的组成部分。本年度的诗词搜集以"永定河"为中心，而之所以选择永定河作为诗词搜集的开始，是因为它是贯穿西山永定河文化带的一条标志性河流，在地理、文化方面都具有非比寻常的重要性。在2022年第一阶段的搜集工作中，项目组以永定河为对象，利用"爱如生"中国基本古籍库进行检索，获得新中国成立以前的永定河相关诗词2561首，约合41.7万字。检索时使用的关键词除了"永定河"本身，还有它较重要的2个曾用名，即"卢沟（芦沟）""桑干"（如表3.4.2）。

表3.4.2 永定河诗词关键词检索概况

| 关键词 | 库型（检索范围） | 检索条目（条） | 诗词数量（首） | 诗词字数（字） |
|---|---|---|---|---|
| 永定河 | 中国基本古籍总库 | 4387 | 67 | 14265 |
| 卢沟 | 中国基本古籍艺文库 | 2236 | 1245 | 202957 |
| 桑干 | 中国基本古籍艺文库 | 2571 | 1249 | 200198 |
| 总计 |  | 9194 | 2561 | 417420 |

（二）永定河诗词的分析报告

（1）分布状况

①朝代分布（如表3.4.3）

表3.4.3 永定河诗词的朝代分布（单位：首）

| 朝代 | 永定河 | 卢沟 | 桑干 | 总计 |
|---|---|---|---|---|
| 南北朝 | 0 | 0 | 1 | 1 |
| 隋 | 0 | 0 | 1 | 1 |
| 唐 | 1 | 1 | 24 | 26 |
| 宋 | 0 | 8 | 39 | 47 |
| 金 | 0 | 6 | 2 | 8 |
| 元 | 0 | 51 | 57 | 108 |
| 明 | 0 | 185 | 258 | 443 |
| 清 | 66 | 988 | 866 | 1920 |

第三章　记忆遗产编

续表

| 朝代 | 永定河 | 卢沟 | 桑干 | 总计 |
| --- | --- | --- | --- | --- |
| 民国 | 0 | 3 | 1 | 4 |
| 朝代未知（作者无名氏） | 0 | 3 | 0 | 3 |
| 总计 | 67 | 1245 | 1249 | 2561 |

宏观来看，永定河诗词呈现出随着朝代晚近数量增多的趋势，时间越晚、文献留存越多是其中不可否认的一个因素，但明清政治中心的北移是造成这一趋势的更根本的原因。明永乐年间，明成祖朱棣将首都从南京迁往北平，拉开了政治中心北移的进程。随着北平紫禁城的修筑完善和明朝统治的不断巩固，北京地区的人口不断增加，经济不断发展，永定河在各方面的重要性也在明清时期不断上升：首先，永定河沿岸定居人口增多，永定河的旱涝情况影响着两岸民生，明代以后永定河多次决堤改道，引起统治者的高度重视；其次，作为拱卫京师的一大天然屏障，永定河处于不同民族、不同社会形态的交错地带，是极为关键的战略要地；最后，永定河是西南方向进出京城的必经之路和漕运出海的交通要道，沿河有众多口岸、关口和桥梁，来往商旅、车马船只络绎不绝，文人墨客也在经过途中留下了不少诗文辞赋。

具体而言，各个关键词下的诗词数量变化也是永定河相关事实的有力证明。以"永定河"关键词为例，"永定河"这一名称在清朝的诗词中才开始出现，与康熙定名永定河这一史实完全一致。永定河历史悠久，在不同历史时期拥有不同的称谓，如《永定河志》云："永定河本名卢沟河（《水经注》：水黑曰卢），《元史》谓之小黄河，俗又谓为无定河，康熙三十七年始建堤工，赐名永定，万世永赖矣。其上游通谓之桑干河（相传每岁桑葚熟时，河水干涸，故名）……"[1] 又如《顺天府志》载："……挑河自良乡老君堂旧河口起，经固安北十里铺，永清东南朱家庄，会东安狼城河，出霸州柳岔口三角淀，达于西沽入海，长一百四十五里。赐名'永定'。"[2] 由此可见，由于旱涝无常，康熙以前的永定河被人们称为"无定河"，直到康熙三十七年，皇帝下令对河流进行大规模的疏浚和固堤，并赐名"永定"之后，永定河才正式被赋予了现在的名称。从"无定"到"永定"，反映了人们对河流安定、风调雨顺的美好期盼，也记录着古代劳动人民用智慧与辛勤适应环境、改变环境的一段历史，正如乾隆二十年，皇帝巡阅永定河时所作诗云："永定本无定，竹箭激浊湍。长源来塞外，两山束其间。挟沙下且驶，不致为灾患。一过卢沟桥，平衍渐就宽。散漫任所流，停沙每成山。其

---

[1] 李逢亨撰：《永定河志》卷二《集考》，嘉庆二十年刻本，第1页。
[2] 周家楣、缪荃孙等编纂：《顺天府志》卷四一《河渠志六·河工二·永定河》，北京：北京古籍出版社，1987年，第1442页。

流复他徙，自古称桑干。所以疏剔方，不见纪冬官。一水麦虽成，亦时灾大田。因之创筑堤，圣人哀民艰。行水属之淀，荡漾归清川。其初非不佳，无奈历多年。河底日以高，堤墙日以穿。无已改下流，至今凡三迁。前岁所迁口，复叹门限然。大吏请予视，蒿目徒忧煎。我无禹之能，况禹未治洑。讵云其可再，不过为补偏。下口依汝移，目下庶且延。复古事更张，寻思有所难。"此外，需要说明的是，虽然唐朝李商隐《关门柳》一诗中亦提及"永定河"之名，但这并不与康熙赐名永定河的史实相悖。据冯浩考证，李商隐诗中的"永定河"并非北京地区的永定河，而是当时一条位于河南洛阳附近的河流。[1]

②作者分布

从表 3.4.4 可以看出，从南北朝到清朝，创作永定河相关诗词的文人数量呈现上升趋势，并且在明清时期显著增加，其原因与永定河相关诗词数量的朝代变化的原因大致相同。表 3.4.5 则根据各朝代的具体情况，在唐至清各代中分别选择了 1~5 位创作永定河相关诗词最多的文人加以简单说明[2]，接下来本报告将对其中唐、宋、元、明、清各朝代创作永定河诗词数量位列第一的作者及其代表作品进行较为详细的介绍。

**表 3.4.4　各朝代永定河诗词的作者分布**

| 朝代 | 作者数量（人） |
| --- | --- |
| 南北朝 | 1 |
| 隋 | 1 |
| 唐 | 24 |
| 宋 | 34 |
| 金 | 3 |
| 元 | 56 |
| 明 | 265 |
| 清 | 671 |
| 民国 | 3 |
| 朝代未知（作者无名氏） | 3 |
| 总计 | 1061 |

---

1　《关门柳》全诗："永定河边一行柳，依依长发故年春。东来西去人情薄，不为清阴减路尘。"《玉溪生诗详注·卷三》对该诗有注云："《新书·地理志》：'华阴县有潼关，有渭津，有漕渠。'按：《旧书·食货志》及《韦坚传》云：'韦坚治汉、隋运渠，自关门西抵长安，通山东租赋。'题曰'关门'，疑近此也。《永定河志》传中未见诗云'东来西去'，似近东都伊洛间也。"

2　首先按诗词作品数量进行排序，数量相同的作者根据其姓名拼音首字母排序。

## 表 3.4.5　各朝代永定河诗词作品数量最多的作者

| 朝代 | 排序 | 作者 | 作品集 | 永定河相关诗词数量（首） | 永定河相关诗词代表作 |
|---|---|---|---|---|---|
| 唐 | 1 | 贾岛 | 《长江集10卷》 | 2 | 《夜集田卿宅》《渡桑干》 |
| 唐 | 2 | 李白 | 《李太白集30卷》 | 2 | 《战城南》《鲁城北郭曲腰桑下送张子还嵩阳》 |
| 宋 | 1 | 陆游 | 《剑南诗稿85卷》 | 9 | 《龙眠画马》《冬夜闻雁有感》《湖村月夕》《秋郊有怀》 |
| 宋 | 2 | 刘子翚 | 《屏山集20卷》 | 3 | 《怨女曲》《靖康改元四十韵》《晓起闻明仲谒家叔尝过门追已无及继读观雾长句因次原韵》 |
| 金 | 1 | 元好问 | 《遗山集40卷》《遗山乐府5卷》 | 4 | 《鹧鸪天》《出都二首》《朝中措永宁时作》《送李参军北上》 |
| 元 | 1 | 许有壬 | 《至正集81卷》《圭塘小稿16卷》 | 9 | 《卢沟桥》《忆秦娥·送牛农师二首》《竹枝十首》《雨中呈察院诸公》 |
| 元 | 2 | 袁桷 | 《清容居士集50卷》 | 8 | 《卢沟符氏酒亭》《题卢沟烟雨图》《行路难五首》《次韵李伯宗学士途中述怀》 |
| 元 | 3 | 王冕 | 《竹斋集4卷》 | 7 | 《剑歌行次韵》《庆寿寺》《即事》《秋夜雨》 |
| 明 | 1 | 欧大任 | 《欧虞部集十五种85卷》 | 15 | 《卢沟桥送汪子建还扬州》《卢沟晓发入都》《谒长陵》《金门歌送苏叔大入京》 |
| 明 | 2 | 胡广 | 《胡文穆公文集20卷》 | 12 | 《北京八咏（和邹侍讲韵）》《度卢沟桥》《卢沟晓月》《到北京》 |
| 明 | 3 | 胡应麟 | 《少室山房集120卷》 | 8 | 《送沈明府之竹溪二首》《留别惟寅汝修》《再别惟寅十绝句》《再送左辖吴公十绝句》 |
| 明 | 4 | 李梦阳 | 《空同集66卷》 | 7 | 《帝京篇十首》《桂殿》《送舍侄木还汴》《白洋城》 |

续表

| 朝代 | 排序 | 作者 | 作品集 | 永定河相关诗词数量（首） | 永定河相关诗词代表作 |
|---|---|---|---|---|---|
| 清 | 1 | 斌良 | 《抱冲斋诗集36卷》 | 34 | 《大风过卢沟桥》《贺新郎·良乡道中写怀》《渡桑干河》《蝶恋花·过卢沟》 |
| 清 | 2 | 龚鼎孳 | 《定山堂诗集43卷》《定山堂诗余4卷》 | 33 | 《送钦瞻侍御》《樟树行》《赠李青立》《贺新郎·代金粟闺怨》 |
| 清 | 3 | 法式善 | 《存素堂诗初集录存24卷》 | 29 | 《晓行卢沟柬兰雪》《渡桑干河》《题吴柳门家山图》《春明鬈驴》 |
| 清 | 4 | 张际亮 | 《思伯子堂诗集32卷》 | 27 | 《芦沟桥》《良乡》《宝珠洞》《远离别》 |
| 清 | 5 | 屈大均 | 《屈翁山诗集8卷》《翁山诗外17卷》 | 24 | 《送人入京》《雁门送客》《边词》《送客往卢沟作》 |

唐代诗人贾岛（779—843），字阆仙（一作浪仙），自号"碣石山人"，唐朝河北道幽州范阳（今河北涿州）人。房山有贾岛墓。贾岛早年家境贫寒，年幼时为谋生计出家为僧，法号无本。20多岁时，贾岛上诗韩愈并与其结交。后还俗参加科举，但累举不中第。开成二年，贾岛因诽谤之罪被贬为长江县主簿，开成五年任期满后迁普州司仓参军，三年后病逝于普州官舍。贾岛一生仕途不顺、穷困潦倒，他的诗作也以清苦悲凄、幽僻孤寂、注重锤炼字句的"苦吟"风格著称，人称"诗奴"，与孟郊并称"郊寒岛瘦"。《渡桑干》一诗为贾岛身处异地的思乡之作："客舍并州已十霜，归心日夜忆咸阳。无端更渡桑干水，却望并州是故乡。"前两句写诗人客居并州十年之久，日夜思念故乡咸阳，归心似箭；后两句写诗人因生活所迫又不得不离开久居的并州，北渡桑干河，向更遥远未知的地方流离，两相比较之下，本是"他乡"的并州反而成了"故乡"。该诗开头看似平淡无奇，但却在"渡桑干"这一行为中将思乡之情推向新的求而不得的境界，咸阳南归，并州亦成奢望，其中"哀莫大于心死"的痛苦可见一斑。所谓"无端"，也并非随心所欲、无所牵挂的"无端"，而是生活所迫的"无端"，与"更""却"两字共同渲染了作者身不由己、有苦难言的绝望心绪。由于贾岛入木三分、斟酌字句的成功刻画，"并州""桑干"也在后世的诗文创作中成了表达羁旅之情的经典意向组合，出现在众多思乡别人作品中，如宋代郑清之《赐第登楼》"并州便作咸阳看，设若桑干亦故乡"；明代沈鍊《寄冯敬叔》"桑干河水近，知是忆并州"；清代胡介《送阎百诗入都遂还太原故里》"桑干西望更西去，真见并州是故乡"。

## 第三章　记忆遗产编

宋代诗人陆游（1125—1210），字务观，号放翁，越州山阴（今浙江绍兴）人，南宋著名文学家、史学家、爱国诗人。陆游早年因受秦桧排挤仕途不畅，后又因主张抗金受到主和派的排挤攻讦。46岁时，陆游投身军旅，任职于南郑幕府，但不久幕府就解散了。77岁时，陆游奉诏入京主持编国史，书成后他回到山阴，蛰居故乡直到85岁与世长辞。生于北宋灭亡之际，又受到家庭爱国思想的熏陶，陆游一生致力于抗金事业，直至生命的最后一刻也牵挂着收复中原的进程。他的诗词大多以坚持抗金、慷慨报国为主要内容，早期风格昂扬奔放，洋溢着战斗热情，后期趋向质朴沉实，抒发壮志未酬的悲愤。陆游有8首诗作中出现了"桑干"一词，且这些诗的内容都与战争有关。地处各民族交界地带的永定河，自古就是战火纷飞的兵家必争之地，在陆游生活的两宋交际更是宋、辽对峙的主战场。在陆游的诗中，"桑干"作为战争的重要地理标志和象征，主要与以下三种情感的表达有关：一是表达对国家兵强马壮、国力强盛的强烈希望，如《龙眠画马》"呜呼安得毛骨若此三千匹，衔枚夜度桑干碛"，《湖村月夕》"安得骅骝三万匹，月中鼓吹渡桑干"；二是表达对边塞战事的关心牵挂、对北征抗金的积极支持和坚定信心，如《冬夜闻雁有感》"夜闻雁声起太息，来时应过桑干碛"，《将军行》"绣旗方掠桑干渡，羽檄已入金台陌"，《江东韩漕晞道寄杨庭秀所赠诗来求同赋作此寄之》"桑干不劳尺箠下，榆关正可丸泥封"；三是抒发投身军旅、恢复失地、报效祖国的迫切愿望，如《秋郊有怀》"永怀桑干河，夜渡拥马鬣"，《塞上曲》"将军许国不怀归，又见桑干木叶飞"。

元代文学家许有壬（1286—1364），字可用，彰德汤阴（今属河南汤阴）人。许有壬幼年随父于江南读书，大德末年游学京师。他有着丰富的官宦经历，为国家大事建言献策。泰定帝即位后，许有壬上书建议严惩前任奸相铁木迭儿余党，并呼吁为受其打击陷害的大臣雪冤复职，其建议多被采纳。泰定元年（1324），许有壬选为中议大夫，不久改任中书左司员外郎。当时京畿地区饥荒严重，百姓食不果腹，许有壬从"民，本也"的思想出发，力谏国家发粮赈济，民众得以存活。至元元年（1335），他极力反对罢废科举的奏章，认为科举是选贤举能的必经之路，但最终劝阻未果。至正二年（1342），朝中有人建议自金口引浑河（今永定河）水过京城、达通州，作为漕运的河道，许有壬极力劝阻，表示浑河水势湍急，难以行船，且地势起伏，工程量大，强行开河只会劳民伤财；他的谏言未被采纳，但新河开闸之后果然如许有壬所说，不仅无法行船，而且水势泛滥，导致沿岸房舍损毁，居民夫丁死伤众多。至正十七年（1357），年迈的许有壬致仕返乡，7年后逝世。许有壬一生为官鞠躬尽瘁，正直敢言，《元史》谓其"明辨力净，不知由死生利害，君子多之"[1]；至于文学功力方面，则"善笔札，工辞章，

---

[1] 宋濂撰：《元史》卷一八二《列传第六十九·许有壬》，乾隆武英殿刻本，第7页。

欧阳玄序其文，谓其雄浑闳秀，涌如层澜，迫而求之，则渊靓深实，盖深许之也"[1]。其《忆秦娥·送牛农师二首》（其一）描绘了卢沟桥的傍晚景色："春山碧。诗成马上应相忆。应相忆。卢沟桥畔，晚云如织。人生有别休多惜。但悲后会知何日。知何日。暮云心绪，断鸿消息。"该词的创作背景，应该是春季殿试之后，许有壬送别科举落第的友人牛农师。按照元代的制度，落第举人会被安排充任路府州县学正和书院山长，虽然这一官半职对于科场失意者在一定程度上起到了安慰作用，也能够充分利用其才能服务于国家教育体系，但任职的地方往往远离京城，偏僻险阻，难以施展抱负。当时牛农师被派遣到山西石州任职，作为好友的许有壬也是百感交集。他一方面用"人生有别休多惜"的乐观心态宽慰友人，一方面又不得不承认后会难有期的现实，"卢沟桥畔，晚云如织"正是作者忧愁心绪的映照。暮色之中，卢沟桥上，云朵如同织布的线一般密集分布，作者的心情也就如同这些层层堆叠的云，沉重无奈、苦闷不舍。

明代诗人欧大任（1516—1595），字桢伯，号仑山，广东顺德陈村人，因曾任南京工部虞衡郎中别称"欧虞部"。欧大任出生于书香世家，自幼聪颖好学、博览群书，14岁时参加督学组织的十郡优等生会考，他三试皆列第一，一时名声大噪。但因科场气运不佳，欧大任直到47岁才以贡生资格入京应试，取得廷试第一的佳绩。54岁时，他授官江都训导，不久奉命进京参加《世宗实录》的修纂。后任大理寺左评事，在职期间秉公执法，平反冤狱。68岁时，欧大任自虞衡郎中一职告老还乡，于80岁高龄去世，死后受乡人祀于大忠祠抗风轩。欧大任一生手不释卷，著述颇丰，在诗歌上更有不斐的成就。欧大任与梁有誉、黎民表、吴旦、李时行共称为"南园后五子"，他们追慕"前五子"的遗风，再度于南园结社吟诗，重振岭南诗坛。"后五子"作品的共同点是受到大学者黄佐雄直恣肆的诗风影响，反对当时诗坛刻板拟古的陋习，欧大任的诗作也呈现出直抒胸臆、沉郁深厚的特色，据《明史》记载："（黄）佐弟子多以行业自饬，而梁有誉、欧大任、黎民表诗名最著。"[2] 在欧大任的众多作品中，有两首诗记载了他经卢沟桥入京之事。一是《早过卢沟桥》："客行万里见金台，晓渡卢沟雾色开。听尽春鸿还策马，关门应笑弃缥来。"二是《卢沟晓发入都》："百里关门待曙开，西行挽辂几人哉。滹沱月照边鸿过，大陆云随代马来。紫殿烟花纷晻霭，碧霄宫阙郁崔嵬。长卿敢道游梁倦，愧乏公车奏赋才。"结合诗人的生平可知，这两首诗应该是诗人在外任职之后奉诏回京时所作。它们虽然在形式、描写景物的选择方面有诸多不同，但都意境开阔、情绪昂扬，洋溢返京的急切与兴奋：启程之初，曙光方照，行人尚少，诗人就迫不及待地踏上入都的道路；入城途中，鸿雁飞过，风驰云卷，诗人快马加鞭，仿佛要与天上的云鸟争速；过关之后，激动心情稍加平复，诗人虽自嘲仕途不顺，没

---

[1] 宋濂撰：《元史》卷一八二《列传第六十九·许有壬》，乾隆武英殿刻本，第7页。
[2] 张廷玉等撰：《明史》卷二八七《列传第一百七十五·文苑三》，乾隆武英殿刻本，第5页。

有公车之才，但创立一番事业的激昂决心溢于言表。作为进出京城的必经之路，卢沟桥不仅仅只是一座普通的供人通行的石桥，而是众多举子官员一展宏图、功成名就的仕途之桥，过桥入京意味着更好的机遇和平台，诗人在诗中流露的欣喜之情也就不言而喻了。

清代斌良（1771—1847），字吉甫，又字笠耕、备卿，号梅舫、雪渔，晚号随荃，瓜尔佳氏，满洲正红旗人。初由荫生累官至刑部侍郎，担任驻藏大臣。根据《清史稿》记载，斌良"善为诗，以一官为一集，得八千首"[1]，他的诗作大都被收录在《抱冲斋诗集》中。斌良的诗文风格与其人生经历紧密相关，可以分为如下四个阶段：早年间作品"风华典赡"[2]；从军后受到军旅生活的磨砺，诗风沉郁厚重；奉诏还都后，与友人唱和频繁，诗文境界不断提升；出塞期间因见识塞外奇境，诗风又发生了明显转变，以清雅质朴为特色。斌良一生中多次经过卢沟桥，他的诗作为后人呈现了不同时间、季节、天气状况下卢沟桥的不同景色：黄昏的卢沟桥安宁静谧，如《自卢沟桥随扈至黄新庄沿途写望》"鸦盘古柳夕阳晚，马饮平桥新涨清"；夜晚的卢沟桥朦胧空阔，如《夜过卢沟桥》"燕山环岌嶪，豹雾隐苍茫"；春日的卢沟桥花红柳绿，如《卢沟桥》"髧柳春堤密，桃花野涨狂"；秋日的卢沟桥流水溅溅，如《卢沟桥演炮还都顺道游翠微山杂诗》"凉秋涨痕缩，滩划分流渐"；大风中的卢沟桥沙飞浪涌，如《大风过卢沟桥》"河流喷雪白，塞日挟沙黄"；雨后的卢沟桥湿润淡雅，如《雨后过卢沟》"藓滑官桥策马迟，桃花初动雨来时"。

（2）主要类型

受其特殊地理位置的影响，永定河在交通、国防、民生、旅游等领域都占有极其重要的位置，历代文人墨客也因此留下了风格各异、题材多样的相关诗词。根据所描绘的具体内容，永定河诗词主要可以分为以下五个类型。

①写景纪行类

永定河发源山西，流经内蒙古、河北，又经北京转入河北，在天津与海河相汇，于塘沽注入渤海，流域广阔，风景秀美。永定河沿岸还有众多奇峰幽谷、名刹古寺，在明清时期西山永定河一带更是成了京郊最受欢迎的游览地之一，吸引着人们参观游历、索隐探奇。在这些诗词作品中，作者通过直接描写永定河及其周边的胜景，或抒发对祖国壮丽河山的赞美惊叹，或流露与友人同行的舒适愉悦，或表达出城度假散心的悠闲惬意。如清代李光昭《永定河》："不信桑干水，奔流似浙潮。排空飞赤雪，

---

[1] 赵尔巽等撰：《清史稿》（第44册）卷四八六《列传二百七十三·文苑三·斌良》，北京：中华书局，1976年，第13435页。

[2] 赵尔巽等撰：《清史稿》（第44册）卷四八六《列传二百七十三·文苑三·斌良》，北京：中华书局，1976年，第13435页。

触岸卷水绡。林木声皆应，鱼龙气不骄。星槎如有便，矫首入烟霄。"该诗描绘了永定河波翻浪涌、船行鱼跃的场景，烘托出其排山倒海的磅礴气势。又如清代朱景淳《卢沟桥望西山》："霁爽彻云衢，林峦开绮障。春树郁佳哉，晴原气清旷。北达桑干河，汇流恣漭瀁。百丈驾鼍梁，长虹落天上。笋石交嶙岣，雕柱屹相向。飞沙吹明驼，落日转尘鞅。升路纷弹冠，归程记祖帐。带水自千古，风云走万状。五城天外悬，双阙云中望。遵道喜无偏，初识皇都壮。"该诗从卢沟桥的视角远望西山，山水相交，城野相望，勾勒出一幅清远寥廓的京郊图景。

②送别怀人类

永定河自西南环绕京城，是人们进出京城的交通要道，也常常是人们出京送别的终点。送行的脚步在永定河岸边停止，遥望亲友的背影渐行渐远。永定河诗词中有很大一部分都是送别所作，"送"这个字眼在标题中出现得格外频繁，如《送李山人之燕》《送蒋明卿之万载》《送大姊南归》《送郑少府入辽》《送王晋卿赴建康佥事之任》等。在这些送别诗词中，卢沟桥是最常见的送别地点，而"月""柳"又是被描绘最多的景物。古人有折柳送别的风俗，柳树生命顽强，随地可活，蕴含着对行人随遇而安、一切顺遂的祝福；随风而动、纤细柔软的柳丝，也表达着送行人的绵绵情意；且"柳"与"留"谐音，赠柳一举，也就蕴含着挽留不舍之意。如清代洪亮吉《芦沟折柳图送金文学至大梁》："东西南北人，皆向长安走。芦沟桥上往复来，便折桥头一枝柳。芦沟桥柳年年秃，折尽柔条剩枯木。幽燕客罢客大梁，杨柳作絮飞何忙。莫作道旁枝，莫作道旁客。道旁枝，手易折。道旁客，头易白。""年年秃"用词平白简洁，却借卢沟桥边柳树的状态具体地反映了人们在此地送别活动之频繁、折柳送别的风俗之盛行，更流露出送行人浓浓的不舍之情。此外，永定河、卢沟桥既然是送别的实际地点，也就成为人们日后怀念异地亲友、故人的重要象征物，如清代张祥河《过芦沟却寄颜朗如》："岑对西山浊酒倾，桑干送别画初成。白沙红庙斜阳外，骋目郊原是此行。"

③思乡羁旅类

作为横亘在中原和北方地区之间的一条河流，永定河也常常出现在迁客骚人的思乡作品中。永定河诗词里有很多题目为《渡卢沟河》《渡桑干河》的作品，这些大都是作者在行旅途中的创作。一方面，在交通并不发达的古代，要渡过水势湍急的永定河，本身就是一个充满艰难险阻的过程，恶劣天气的出现更为渡河增添了风险和不确定因素。如明代冯琦《夜渡桑干》："迢递关山路，桑干控上游。涛从云外落，月向浪中浮。夜火人争渡，天风水暗流。归期知不远，只是忆并州。"清代陈昌图《渡浑河》："南岸北岸屹两堤，桑干渡口风凄凄。凌兢疲马冻不嘶，蹴踏迸碎寒玻璃。黄皮缚袴群匪聚，呶呶索钱恣叫怒。浑流濡轨困行路，吁嗟乎！浑流濡轨困行路，夏令杠梁有先务。"前者突出夜晚永定河的风吹浪涌，后者则强调冬日永定河的天寒地冻、群匪为患，行路之南、旅途之苦可见一斑。另一方面，永定河地处北塞，向北跨过永定河，就真正远离了中原故土，永定河因此成为远行人衡量自己与家乡距离远近的重要地理标志，他们对故乡的留恋不舍、对羁旅的愁苦无奈也自然寄托于永定河的沙石流水、花草雁月之中。如唐代雍陶《渡桑干河》："南客岂曾谙塞北，年年唯见雁飞回。今朝忽渡桑干水，不似身来似梦来。"元代冯子振《桑干河》："几年朔客渡桑干，野水潺潺滴沥寒。回首燕南烟雨外，西风沙雁报平安。"明代张元凯《旅思》："不尽桑干水，潺潺浸月寒。关山悲短笛，儿女忆长安。秋半青苹老，霜前白苎单。南归多雁影，欲寄一书难。"清代叶以佃《一剪梅·卢沟道中》："城角拖云淡不收，天作新秋，人作新愁。一官了我十年游，来也卢沟，去也卢沟。晚店琵琶拨不休，曲似凉州，泪似江州。长空瑟瑟思悠悠，月挂眉头，人挂心头。"这些诗词通过对河水、大雁、明月等意象的描绘，表达了自己的思乡羁旅之情。

④边塞战争类

地处中原与北方地区的交汇地带，永定河具有丰富的文化多样性，也见证着历史上众多的风云变幻与政权更迭。不仅是中原农耕民族与北方游牧民族之间，山戎、契丹、女真、蒙古等北方民族自身也在永定河流域展开相互的冲突与融合，永定河流域因而成为刀光剑影、烽烟不断的古战场。有关永定河的战争诗词，目前能够检索到的最早的一首应该是南北朝时期北齐大臣祖珽的《送北征》："翠旗临塞道，灵鼓出桑乾。祁山敛雾雾，瀚海息波澜。戍亭秋雨急，关门朔气寒。方系单于颈，歌舞入长安。"唐代诗人李白的《战城南》也是与永定河相关的经典之作，这首乐府诗描绘了残酷的战争场面，以此抨击统治者的穷兵黩武，诗首"去年战，桑干源，今年战，葱河道"中的"桑干"即是指今天的永定河上游。有关边塞战争的作品，在金元以前的永定河诗词中占有较高的比例，其表达的情感主要有以下两种：一是表现将士们奋勇杀敌、一往无前的英雄气概，如唐代张籍《渔阳将》："塞深沙草白，都护领燕兵。放火烧奚帐，分旗筑汉城。下营看岭势，寻雪觉人行。更向桑干北，擒生问碛名。"二是表达对战争的谴责和对牺牲战士的叹惋，如唐代许浑《塞下》："夜战桑乾北，秦兵半不归。朝来有乡信，犹自寄寒衣。"三是表达远离故土、征戍难还的悲凄，如宋代刘敞《发桑干河》："四牡怀靡及，侵旦肃征骓。凝霜被野草，四顾人迹稀。水流日边去，雁向江南飞。我行亦已久，羸马声正悲。觉物岁华逝，抚事壮心违。岂伊越乡感，乃复泪沾衣。"

⑤颂扬功德类

自明代起，永定河淤塞、决口、泛滥次数增多，引起统治者重视，明朝皇帝多次召对大臣询问河流治理的问题甚至亲临永定河观察水势，李言恭《浑河召对篇》、申时行《扈驾观浑河应制》等都是对相关事件的记载。清代永定河水患更加严重，统治者不仅下达命令采取相应的防护和补救措施，如疏通河道、加固河堤等，而且常常巡阅永定河沿岸，检视河防工作。也正是在这一时期，出现了许多歌颂统治者治河有方、功德无量的诗作。根据作者，这些诗作主要可以分为两大类。一是清代皇帝检阅永定河时亲作的"御制诗"，如康熙《察永定河》、乾隆《乾隆十八年御制乘舟观永定河下口之作》《乾隆三十八年御制阅永定河五言排律诗》、咸丰《渡芦沟桥作恭依皇祖诗韵》。二是大臣文人的诗作，这类诗又可以细分为两类，一类是臣子根据皇帝阅永定河的"御制诗"所作的和韵诗，如鄂尔泰《恭和御制永定河元韵》、彭启丰《恭和御制过芦沟桥元韵》；另一类则是臣子随皇帝出巡淀津、江浙或礼谒皇陵所作的纪事长诗，如朱珪《圣驾巡幸淀津诗》、纪昀《圣驾再巡江浙诗》、王昶《恭谒东陵随跸》，在这类诗中，永定河并不是主要的歌咏对象，常常作为皇帝途经之地一笔带过。而以永定河为主要歌咏对象的皇帝御制诗和大臣和韵诗，虽然它们成诗的时间、情景有所不同，但主要内容不外乎以下几种：追溯先皇的治河措施，感念其浩荡皇恩；陈述永定河治理的种种艰难，歌颂皇帝的英明神武和励精图治；描绘永定河沿岸百姓安居乐业、五谷丰登、风调雨顺的盛世场景，标榜统治者敬天爱民、关心民瘼的德政仁心。

### 三、从诗词理解西山永定河文化

从项目组目前对永定河诗词的系统性搜集结果可以发现，永定河并不是孤立地出现在这些作品中，而是与周围的环境，以及生活在永定河流域或者途经永定河的人，紧密地缠绕在一起。流水、冰凌、黄沙、滩石，日月、风雨、鸟兽、花木，以及行人、商贩、船夫、兵卒，都与永定河一起被作为描绘的对象，或者说正是对这些事物的描绘构成了一幅完整的永定河文化图景。近年来"行动者网络理论"（Actor-Network Theory，ANT）受到各学科的广泛关注和热烈讨论，它对于我们从诗词的角度具体理解西山永定河文化也有重要的指导意义。该理论由拉图尔等人于20世纪80年代中后期提出，行动者（Actor）、转译（Translation）和异质性网络（Heterogeneous Network）是其核心概念。行动者包括人类和非人类，他们通过转译的过程相互嵌入，共同转化和演进，从而构成一个不断变化的异质性网络。[1] "行动者网络理论"不仅重新肯定了人类在行动中的能动性[2]，而且将非人类因素置于与人类因素同等的地位，指出它们能够通过代言人（spokemen）的转译对实践产生实质性的影响。从这个意义上看，诗词

---

[1] 刘宣、王小依：《行动者网络理论在人文地理领域应用研究述评》，《地理科学进展》2013年第32卷第7期，第1139—1147页。

[2] 贺建芹、李以明：《行动者网络理论：人类行动者能动性的解蔽》，《科技管理研究》2014年第34卷第11期，第241—244页。

既是对过去和当下的永定河文化网络的具体呈现，也作为转译的结果推动着未来网络的不断建构和无限延伸。一方面，诗词内容本身就是行动者的聚合，它包含着各种非人类行动者，如永定河及其周围的自然景物、天气状况、季节时令等，也包含着各种人类行动者，如过往行人、摆渡船夫、劳作农人，以及宏观的社会历史背景和微观的作者个人遭遇，因而每一首诗词都是对某一具体情境下以永定河为中心的行动者网络的记录与展现。另一方面，诗词是经过文人墨客结合当下主观感受进行艺术加工后而成的，是人类对永定河代言和转译的结果，一旦形成文字被传播并流传于世，这些既有的文学成果又将作为一种新的因素影响后人对于永定河的理解与实践，进一步塑造和影响永定河文化网络。总之，每一篇永定河诗词都是相应情境下永定河文化的反映，通过对其进行全面、系统的搜集整理，我们能够以更加历史的、连贯的眼光，从更加综合的、广泛的角度，发现和理解更为真实的、复杂的、立体的永定河文化。

（一）学术研究视角下的永定河诗词

就目前所搜集整理出的永定河诗词来看，它们在形式、体裁、风格方面都具有丰富的多样性，具有很高的文学鉴赏价值。而在诗词本身的文学性之外，本项目组更为关注这些诗词社会性的一面，即它们背后所折射出的永定河流域的社会文化。与正式的官方编纂的史书典籍相比，诗词创作具有个人化、主观化的特点，受到官方话语和意识形态的影响相对较少，能够更多地反映平民百姓的世俗生活，表达社会个体的主观感受和观点。因此，作为对以往史书典籍中所呈现出的官方视角下的永定河面貌的补充，永定河诗词为我们发掘永定河文化的多样性提供了新的视角和资源。永定河诗词在数量和内容上的丰富性决定了它所能够为我们提供的学术研究思路的丰富性，由于篇幅限制，本报告仅就其中主要的两点进行具体阐释，希望能够达到抛砖引玉、启发同人的目的。

（1）考察永定河流域的社会生活

在与永定河有关的诗词中，除了少量纯粹将永定河作为一种意象的作品，绝大部分都是作者自身途经永定河或者在周边游玩时所作。这部分诗词中，作者除了描写永定河本身，还常常涉及其周边的各种社会场景，小至叫卖的商贩、耕种的农人、摆渡的船夫、送行的亲友，大至河堤决口、卢沟军演、皇帝出巡，五花八门，包罗万象，整个永定河流域的社会生活都在诗词中得以展示。虽然诗词作品有主观转述和艺术加工的成分，但诗词所反映的内容的细节化、生活化、个性化反而使其具有了某种真实性，能够为我们考察永定河流域的经济、文化和社会生活提供宝贵的素材和参考。以交通方面为例，由于永定河本身是一条河流，作者与永定河的联系也常常是通过渡河这一实践产生的，因此这些诗词中更多地记录了永定河的水上交通状况，其中清代黎汝谦的《过永定河》一诗记载尤为详细。这首长达60句的长篇七言诗叙述了诗人在河冰半融的二月渡过永定河的全部过程，涉及渡口官员、船夫、仆从、旅人等多个主体，经历了官渡阻冰转私渡、危立薄冰马惊蹄、船小车多被争渡、行侠仗义客相助等众多曲折。通过这首叙事诗，我们得以借一位途经官员所历一窥当时永定河渡口的交通状况，官渡与私渡之间、官员与私渡船夫之间、同路官员和行人之间的各种冲突和复杂关系，以及背后所反映的国家系统与民间组织之间的互动也值得更深入的研究与探讨。

（2）理解永定河的多样化意义

由于每一首诗词的作者的个人遭遇、心境感受以及所处的具体历史情境不同，他们作品中所描绘的永定河也呈现出多个不同的侧面。在这些诗词中，永定河不仅是一条地理意义上的河流，更是一条政治之河、经济之河、文化之河，被赋予了丰富的社会意义。从政治意义上讲，永定河是兵家必争的关隘之河，是拱卫京师的护城之河，是河防典范的功绩之河；从经济意义上讲，永定河是建筑木材的漕运之河，是沿岸粮田的供水之河，是沟通京畿的商旅之河；从文化意义上讲，永定河是折柳饯行的送别之河，是游子归家的屏障之河，是入京士人的起点之河。除此以外，在不同的历史时期，永定河的社会意义也在不断发生变化，体现出不同的侧重点。如在南北朝、唐宋时期，远离中原的永定河被视为战事连年、烽火不断的荒凉边塞之地，是精英将领征战沙场、建功立业的舞台，也是无数士兵血流成河、尸横遍野的坟墓，如唐代王昌龄《代扶风主人答》"将军降匈奴，国使没桑干。去时三十万，独自还长安"。而在金元之后，尤其是明清时期，永定河被真正纳入封建王朝的版图之中，成为环绕京师的护城河，也渐渐摆脱了杀戮与战争的象征意味，转而与士人的前途联系起来，回京述职的官员、参加殿试的进士从京外渡过永定河，意味着跨越了入京的最后一道自然屏障，预示着飞黄腾达、施展抱负的仕途的开始，如清代李鸿章《入都》（其一）"笑指芦沟桥畔月，几人从此到瀛洲"；而贬谪离京的官员、考试失利的举人从京城渡过永定河，则标志着真正离开了这片荣华富贵之地，远离了国家的政治和文化中心，意寓人生的落魄失意与壮志难酬，如清代郭昆焘《出都》"万里西风吹木叶，一鞭斜日渡芦沟。登朝自有夔龙在，避世甘从麋鹿游"。综上可知，不同于官方史书典籍的记载，永定河诗词更全面地展现了文人墨客对于永定河的个人化理解；且相对统治阶层来说，这些文人也更接近普罗大众、更关注劳动人民的世俗生活，在一定程度上能够代表普通百姓对于永定河的认知和想象。透过永定河诗词，我们能够理解不同时代、不同阶层的人群心目中的永定河，而这些丰富多变的永定河形象，又将为我们进一步发掘永定河的文化传统奠定坚实的基础，提供有益的启发。

（二）生态治理视角下的永定河诗词

借景抒情、寄情于景是诗词抒发情感、表达思想的常见手法，永定河诗词不仅记录了流域内人们的社会生活场景，也用大量笔墨描绘了永定河及其周边的自然景物。

通过这些景物描写，我们能够了解永定河流域的生态环境状况及其变迁、人们的生态观念以及他们与自然互动的具体方式。

在不同的历史时期，永定河流域内的生态状况呈现出很大的差异性。唐至北宋时期，从唐代僧人释贯休《战城南二首》"万里桑干傍，茫茫古蕃壤"、宋代毕仲游《送范德孺使辽》"桑干地寒毡作屋，冰霜满野飞鸿鹄"等可以看出，地处北塞的永定河是战时旌旗如织、平时人烟稀少的战场，自然条件恶劣，生态环境比较脆弱，呈现出风沙漫天、一片苍茫的寒凉景象。南宋乾道六年，范成大出使金朝，他的《卢沟》一诗记载了一幅迥然不同的永定河画面："草草鱼梁枕水低，匆匆小驻濯涟漪。河边服匿多生口，长记辂车放雁时。"该诗短短28个字，传达了丰富的信息量。首句"鱼梁"指的是一种捕鱼工具，说明当时的永定河有较为丰富的渔业资源，第二句的"濯"字则从侧面反映了河水的清澈洁净；三四句记录金人俘虏捕获大雁以款待宾客的风俗，人、雁、鱼之间形成了相互滋养的紧密关系。此时还有序言："去燕山三十五里，虏以活雁饷客，积数十只，至此放之河中。虏法：五百里内禁采捕故也。"对永定河沿岸五百里内捕猎的禁止，更清晰地说明了当时人们的生态保护意识。进入元代，柳树、鸡鸣、田地等意象开始频繁地出现在永定河诗词中，如吴师道《题卢沟雨别图送张道士》"卢沟桥边柳色齐，卢沟河畔草萋萋"、尹廷高《卢沟晓月》"千村万落荒鸡鸣，大车小车相间行"、傅若金《卢沟桥》"人传耕种地，宿昔战争场"等，这说明永定河流域内或者至少是卢沟桥附近已经形成了较为成熟的农业体系，炊烟袅袅，鸡鸣阵阵，烟柳萋萋，一派诗情画意的田园风光。虽然上述诗词都表明自金定都北京以后，越来越多的人类在永定河沿岸定居并繁衍生息，人类开始有意识地利用并改造当地的自然环境，永定河周边的生态环境得到很大的改善，但通过许有壬《卢沟》一诗的前两句"卢沟桥下水无声，半是黄沙半是冰"，我们也能够感知永定河水质的下降和水患的初现端倪。明清时期，永定河水患严重并不断恶化，清代盛大士《有客有客行》、刘光第《闻人说永定河决堤之异》等都是记述永定河水泛滥决口的作品。在这一时期，也出现了许多讨论河流治理的诗词，如明代臣子的一些召对篇、清代皇帝巡阅永定河的御制诗以及大臣们的唱和之作等。以乾隆亲临永定河、石景山惠济庙、卢沟桥等地的御制诗为例，其治河理念可以大致概括为以下几点：河道清淤、河堤加固双管齐下；长久、大量的人力物力的投入，持之以恒，而非一蹴而就；与河神信仰、祖先信仰相结合；河流安定关系民生，治河也是巩固统治、笼络民心的政治行动。

虽然诗词中所描绘的永定河及其周边的自然环境各有特点，但其反映出的人与永定河、人与自然的联系和互动却有三个突出的共同特征。其一是具身化，20世纪法国存在主义哲学家、"具身性"理论发展的重要奠基人梅洛·庞蒂认为我们以身体为中介认识世界，通过身体的知觉与世界相联系[1]，这一点在古人与永定河的互动中也有明显的体现。永定河对于诗词作者来说不是一个抽象概念，而是由他们的亲身经历和感知汇聚而成的一个经验意义上的河流和环境，耳闻的是轰鸣的波涛、哒哒的马蹄，眼见的是皎洁的明月、翠绿的柳枝，嗅见的是芬芳的花香、清新的草香，体感的是湿冷的露气、扑面的风沙。正是通过身体感知，古人与永定河建立了具体而真实的联系，他们描绘的永定河形象才能变得丰满立体，如元代刘敏中《木兰花慢·晓过卢沟》"上卢沟一望，正红日、破霜寒。尽渺渺飞烟，葱葱佳气，东海西山"。其二是仪式化，即人们与永定河之间的互动并不是随意的、无端的，而是充满意义、影响重大的。永定河是历史上众多仪式化活动的开展场所，如战争、出巡、祭礼、送别等，这些活动关系着小至微观个体的悲欢离合，大至社会秩序的颠覆重建。以占有永定河诗词主题很高比例的送别为例，在交通通信效率低下、旅途风险较高的古代，送别往往意味着与亲友难以计算期限的分离，甚至标志着一段社会关系的结束和断绝，因而作为离京送别的重要场所，永定河在古人心中具有独特的重要性，这里的一草一木、一花一月都是这一人生重要时刻的见证者，如清代黄彝《过芦沟桥》"无情最是芦沟月，又送归人过小溪"。其三是人格化，即人们不仅将人的情感和意识赋予永定河，而且将永定河视作一个具有喜怒哀乐等情绪的人加以对待。一方面，人们将自身的情感投射在山川草木之上，使其能够感知人的遭遇和社会变迁，会乐人之乐、哀人之哀，如清代陈文述《立春日出都诸子相送张掖门外赋此言别》"卢沟桥下水，呜咽带离声"；另一方面，当永定河水消涨无常、造成损失时，人们又会如同管教心智不成熟的孩童一般恩威并施，既诉诸鬼神信仰安抚怒气，又采取河防措施镇压驯服，如清代乾隆《御制阅永定河五言古诗》"分流盛涨泄，疏淤中泓走"。在这样的互动模式下，永定河不是完全按照既有规律运行、不受人力影响的纯粹客观自然物，而是与人类社会命运紧密关联的同伴之河，人们顺应天道的规律却从不逃避，敬畏自然的力量却从不妥协。

永定河诗词中所反映的人水和谐的互动状态，也为今天的我们反思和改善人与自然的关系提供了可供比较的对象和参考。"行动者网络"理论所强调的非人行动者对整个行动网络的影响，在诗词所描绘的亲近、交融的人水关系中得到了充分的体现。在古人眼中，永定河不仅仅是一条地理意义上的河流，而是一个可以与人对话、共鸣的具有生命力的对象，它注视着来来往往的行人过客，滋养着河流两岸的农商生计，更孕育了历史悠久的北京文化，是当之无愧的"母亲河"。但今天的永定河似乎与居住在这片流域的人民愈加疏远了，以垂直驳岸、加高河堤等为代表的河道设计虽然有利于维护居民安全和防止污染，但也对永定河流域空间的亲水性造成了一些负面影响。

---

[1] 叶浩生：《西方心理学中的具身认知研究思潮》，《华中师范大学学报（人文社会科学版）》2011年第50卷第4期，第153—160页。

虽然自永定河综合治理与生态修复工程实施以来，永定河的水质、水量、生物多样性等生态环境指标得到了持续改善，但自然环境本身的良好状况不能代表整个生态系统的良性运行，人与自然是否实现和谐共生才是判断生态系统的最终指标。古代诗词为今天的我们描绘了人水互动的和谐图景，但如何继承和发扬永定河优秀传统文化、构建人与自然良性互动的城市体系，仍然需要我们不断求索。

**四、当前搜集工作的不足之处与未来规划**

在 2022 年度，通过与永定河有关的关键词检索，项目组在"爱如生"中国基本古籍库中获取了 2561 首永定河相关诗词。回顾本年度的工作过程，项目组也发现了当前搜集方法的一些局限之处：其一，检索源较为单一，未录入古籍库的古代文献资料中的诗词容易被遗漏；其二，以地名为关键词进行搜索，无法搜集到那些标题、内容中都没有出现相关地名但又确实与西山永定河有关的诗词作品，而且西山永定河文化带范围内的地名本身也很多，使用其作为关键词难以穷尽；其三，由于缺乏足够的信息，有时无法准确判断诗词中出现的地名是否严格地位于北京西山永定河文化带内，如诗词中出现的"桑干"既有可能指的是位于山西境内的永定河上游，也可能指今天北京境内的永定河（项目组暂时将这类诗词保留并计入总数）。针对这些问题，项目组接下来将会在时间、资源等主客观条件允许的条件下作出相应的改进，如适当扩大检索源、进一步考证诗词中的地理位置等。

在明年的工作中，项目组将不断改善搜集方法，并按照以下初步规划进行任务的推进：首先，继续以永定河的其他古称为关键词搜集完善永定河诗词集，如"浑河""无定河"等；其次，开始以西山为中心的诗词系统性搜集工作，初步计划的关键词有"西山""小清凉山""翠微山"等。西山永定河相关诗词数量庞大，当前项目组所获取的部分只是冰山一角，搜集工作仍然任重道远，但如果能完成对这些诗词的系统性整理，将为西山永定河文化的保存、发展与繁荣提供重要的助益。

"西山永定河文化带历史文化遗产调查"项目在 2022 年的诗词搜集工作已暂时告一段落，在本年度的永定河相关诗词搜集的过程中，我们从商旅、运输、政治、水利、生态等多个视角了解了永定河的横向地理分布与纵向历史变迁。党的二十大报告指出："中国式现代化是人与自然和谐共生的现代化。"对相关诗词进行系统的搜集、整理和分析，目的不仅仅是通过诗词回溯过去西山永定河的诗情画意，更重要的在于"以文观史"，挖掘诗词背后波澜壮阔的永定河社会史、生态史，寻找诗词背后所蕴含的"天人合一"的人与自然和谐共生的理想境界与思想观念，为今天西山永定河文化带的建设发展提供经验借鉴和方向指引，为中国式现代化提供历史根基和传统智慧。在西山永定河文化带丰厚的诗词遗存面前，当前工作整理的数量仅仅是冰山一角，但"不积跬步，无以致千里"，我们将继续持之以恒地搜寻千百年来西山林里、永定河边先贤留下的诗词歌赋、吟哦讽诵，为西山永定河地区历史文化遗产的调查整理和后续研究贡献一份力量。

# 第五节 民国时期社会调查研究报告（以燕京大学毕业论文中的北京社会调查为例）

近年来，民国社会调查资料的搜集整理与研究引起了学术界的广泛关注，有关北京城内和郊区社会调查的文献尤为引人注目。据"西山永定河文化带文化遗产资源基础研究"项目组在 2022 年期间的统计，共搜集到来自燕京大学毕业论文中（1920—1940 年代）北京地区社会调查有关的文章 74 篇，其中文章中的主要调查地点明确涉及北京西郊和北郊的有 37 篇，主要集中在民国时期的平郊村、成府、清河一带。

## 一、民国时期社会调查的搜集整理现状

### （一）民国时期社会调查丛书汇编

新中国成立以来，在对民国时期社会调查的搜集整理上，已有两套汇编类书籍进行过系统性整理，分别是《民国时期社会调查资料汇编》（及续编）[1]和《民国时期社会调查丛编》（及续编）[2]。前者共 93 册，收录民国时期的社会调查资料 120 种，分为社会概况调查、农村调查、文教卫生事业调查、工业与工人调查、社会组织调查、民族与民俗调查等。调查机构既包括领导的江南问题研究会，还包括北平社会调查所等研究机构、南京市社会局等官方机构、金陵女子文理学院社会学系等高校院系，更有日本（满铁）、伪政权的调查机构。后者共 24 册，这套丛书还有《民国时期社会调查丛编（二编）：文教事业卷》，《民国时期社会调查丛编社会保障卷》，《民国时期社会调查丛编》，《民国时期社会调查丛编城市（劳工）生活卷（上下卷）》等。第一批收录的文献共计 193 种，按其调查内容大致分为 10 卷，包括婚姻家庭、社会保障、社会组织、宗教民俗、底边社会、城市劳工生活、乡村社会、人口、文教事业及少数民族等；其中既有当时印行的书籍，亦有散藏于各类报刊的论文，另有部分迄今尚未公开出版的手稿和油印本。

然而，民国时期北京地区的社会调查缺少系统性的详细整理。在以上两部丛书中，有部分北京地区，特别是北京西郊地区的调查，如《北京厂甸春节会的调查与研究》、李景汉的《妙峰山"朝顶进香"的调查》等。不过，丛书的整理重点并不在于北京地区，

---

[1] 国家图书馆选编：《民国时期社会调查资料汇编》，北京：国家图书馆出版社，2013 年。国家图书馆选编：《民国时期社会调查资料汇编》，北京：国家图书馆出版社，2015 年。
[2] 李文海主编：《民国时期社会调查丛编》，福州：福建教育出版社，2004 年。

而是着眼于全国范围，可见目前学界对于北京地区的社会调查的整理工作仍然缺乏系统性。

美国社会学者和经济学家西德尼·D.甘博的《北京社会调查》和《北平居民是怎样生活的》是作者本人在民国年间的北京地区进行社会调查的成果，代表了民国年间西方人对北京地区的认识。

此外，《李景汉文集》中的第一册《北京社会调查》[1]收录了李景汉在民国期间进行的北京地区社会调查，其中包括的调查有：《挂甲屯村100家之社会的及经济的调查》《黑山扈村马连洼村与东村64家之社会的及经济的调查》《北京郊区乡村家庭生活调查札记》《二十五年来北京之物价工资及生活程度》《北京人力车夫现状的调查》《妙峰山"朝顶进香"的调查》《北京拉车的苦工》《二十五年来北京生活费的比较》《数十年来北京工资的比较》《数十年来北京生活程度的比较》《北京无产阶级的生活》《北京的穷相》《国立北平大学农学院工友生活及其家庭概况之调查》。以上十三篇调查均为李景汉所作，并非民国年间北京地区调查的全部内容，但是属于所有调查中质量最高、最有意义的部分，值得探索和进一步研究。

（二）民国时期社会调查的整理和研究现状

在资料搜集整理方面，中国人民大学清末民国社会调查文献整理和研究的工作团队自2000年来一直在整理李文海、黄兴涛、夏明方等教授主编出版了《民国时期社会调查丛编》《民国时期社会调查续编》《清末民国社会调查与现代社会科学兴起》[2]。近期也出版了《清末社会调查资料丛编·初编·文教卷》[3]等整合类专著。近期，"清末民国社会调查数据库平台"已经在建设中，数据库平台依托国家社会科学基金重大项目"清末民国社会调查数据库建设"建立，在国内外已有研究和课题组前期积累基础上，以清末民国社会调查报告为主要内容，兼及相关资源调查、环境调查和医疗卫生调查以及社会调查研究著作，建立了一个融合社会调查资料的采集整理、存储更新、查询检索，以及服务于数据统计分析、制表绘图等信息处理功能为一体的信息集成系统。目前数据库已收录社会调查4600余份，超过5万页；后续将继续收入课题组已收集的6万多份调查，总计40多万页，字数总计超过2亿字。就目前数据库内的资料整理情况看，数据库内可查看著作1728部，论文2018篇，学位论文12篇，手稿48件，图表811张。数据库将不同调查分为了不同专题，如综合、环境、政治、经济、军事、法律、社会等，可以通过不同类型进行查看和阅读。数据库拥有检索功能，能够以调查地点、发表时间、报刊名称、调查机构、题名等进行检索，但检索准确度和灵敏度

---

1 洪大用、黄家亮组编：《李景汉文集第1卷 北京社会调查》，北京：中国人民大学出版社，2019年。
2 黄兴涛、夏明方：《清末民国社会调查与现代社会科学兴起》，福州：福建教育出版社，2008年。
3 黄兴涛、夏明方：《清末社会调查资料丛编·初编·文教卷》，桂林：广西师范大学出版社，2022年。

还需加强。

在研究方面，民国时期的社会调查一直是国内学者加以研究的重要对象。除中国人民大学黄兴涛、夏明方等学者开展的针对材料利用的文章之外，还有不少其他研究引人注目。李金铮、邓红的《另一种视野：民国时期国外学者与中国农村调查》[1]一文，认为国外学者展开的中国农村调查与中国学者的调查既有相通之处，更有其独特的视野，具有学术贡献和社会价值。郑清坡的《试论民国时期农村调查的兴起与发展》[2]认为，虽然这些调查的目的不同、采用的方法各异、调查内容、所得结论也有很大差异，但它们对中国学术界农村社会经济调查的发展起了很大推动作用，使得民国时期的农村经济调查异常活跃，调查成果丰富，出版了一批高质量的调查报告。由此可见民国时期的社会调查存在整理和研究价值。

（三）关于民国时期北京地区社会调查的前人研究

近年来，有一些学者对民国时期北京地区的社会调查进行了研究。吴建雍的《民国初期北京的社会调查》一文对民国年间北京社会调查的一些文献产生的时代背景、原因做了简单说明，并通过分析一些有代表性的文献，特别是美国社会学者和经济学家西德尼·D.甘博编撰的《北京社会调查》《北平居民是怎样生活的》，阐述这些社会调查成果的史料价值、研究方法及其影响。本文特别提及燕京大学社会学系在建系后，推动社会学走向中国化的成果："从20年代后期开始至40年代后期，中国社会学者深入城乡社会、少数民族地区，进行了大量的社会调查研究。应该说，北京所进行的社会调查也是与社会学在教育界的确立这一大背景有着直接的关系。"[3]可见燕京大学毕业论文中的北京社会调查在此背景之下具有重要的奠基意义。在文末，作者表示希望这篇文章能"引起治北京史者的重视，以期充分利用这些珍贵的史料，并深入发掘相关的档案材料，推进对民国初期北京史的研究。"然而在文章发布后的20年间，鲜有学者对民国年间北京地区的社会调查进行新的研究。

有两位学者针对北京郊区社会调查的研究成果较为突出。李二苓的《"都市化"乡村：民国北京郊区的社会调查》[4]一文，通过对民国时期针对北京郊区的社会调查的梳理和总结，发现这些社会调查经历了一系列的嬗变过程：从关注工、农生活水平到乡村建设，

---

1 李金铮、邓红：《另一种视野：民国时期国外学者与中国农村调查》，《文史哲》2009年第3期，第23—36页。
2 郑清坡：《试论民国时期农村调查的兴起与发展》，《河北大学成人教育学院学报》2008年第1期，第88-90页。
3 吴建雍：《民国初期北京的社会调查》，《北京社会科学》2000年第1期，第79—86页。
4 李二苓：《"都市化"乡村：民国北京郊区的社会调查》，《民国研究》2017年春季号（总第31辑），第137—147页。

从统计调查到社区研究，从一般农村的家、村、镇的社区分析到突出城乡关系的村、镇、市的社区研究，从将京郊农村视为华北农村之代表到分析非市非乡的城郊个案。王煦的《民国时期北京郊区民众文化观念变迁——以社会调查史料为基础》[1]一文通过分析民国时期北京郊区的社会调查，认为民国时期北京郊区民众的文化观念开始转型进程。

在对燕京大学社会学系毕业论文的研究中，朱浒、赵丽的《燕大社会调查与中国早期社会学本土化实践》[2]一文在资料整理方面有较为突出的成果，文中使用调查类型和时间段分类制作了燕京大学社会调查论文名称的表格。虽然文章并未将北京地区作为区域进行单独考察，但从表格中可见基于北京地区的社会调查所占比例很大，文章在分析中也对不同地区开展的研究进行了简要说明。此外，也有一些学者对燕京大学毕业论文进行了研究和分析，如赵旭东的《地方志与风俗的区域研究——对早期燕京大学社会学系两篇毕业论文的分析》[3]选取了燕京大学社会学系教授吴文藻指导的费孝通《亲迎婚俗之研究》和陈怀桢《中国婚丧风俗之分析》两篇文章进行分析，从社会学调查的角度讨论文章的理论指导意义。

此外，民国社会调查由于涉及社会学、民俗学、人类学的学科史与方法论等问题，近年也不断有学者发表相关论著。如齐钊讨论了燕京大学社会学系的学术传统与研究特色，认为"社区""区域"与"历史"是其研究中国社会的三种进路。[4]侯俊丹则关注燕京学派的清河调查与清河实验及燕京社会学研究的社区传统。[5]安邵凡最近利用燕京大学的社会调查资料，研究了平郊村20世纪40年代的日常生活。[6]而岳永逸新近出版了讨论辅仁大学与燕京大学民俗学研究的著作《土著之学——辅仁札记》《口耳之学——燕京札记》，这项研究将一定程度上重新改写民俗学的学术史。[7]由此可见民国

---

[1] 王煦：《民国时期北京郊区民众文化观念变迁——以社会调查史料为基础》，《北京史学》2018年第1期，第179—195页。

[2] 朱浒、赵丽：《燕大社会调查与中国早期社会学本土化实践》，《北京社会科学》2006年第4期，第45—53页。

[3] 赵旭东：《地方志与风俗的区域研究——对早期燕京大学社会学系两篇毕业论文的分析》，《民俗研究》2012年第1期，第58—66页。

[4] 齐钊：《"社区"、"区域"、"历史"：理解中国的三种进路——对燕京大学社会学系学术传统与研究特色的再分析》，《开放时代》2013年第6期。

[5] 侯俊丹：《市场、乡镇与区域：早期燕京学派的现代中国想象——反思清河调查与清河实验（1928~1937）》，《社会学研究》2018年第3期；《从清河到禄村：燕京社会学社区研究传统再考察》，《中国农业大学学报》2021年第3期。

[6] 安邵凡：《重访平郊村——20世纪40年代华北城郊日常生活的社会学呈现与历史学细读》，《开放时代》2022年第3期。

[7] 岳永逸：《土著之学——辅仁札记》，北京：九州出版社，2021年；《口耳之学——燕京札记》，北京：九州出版社，2022年。

社会调查的研究价值与学术意义。

总而言之，对民国时期北京地区社会调查的系统梳理仍然不够，理论性研究与方法论探讨相对较多，在资料整理和开放利用方面还有待加强。

## 二、重新整理的燕京大学毕业论文

（一）所有社会调查类的文章总述

项目组共搜集到来自燕京大学毕业论文中与北京地区社会调查有关的文章74篇，其中文章中的主要调查地点明确涉及北京西郊和北郊的有37篇。课题组成员依据北京大学图书馆藏燕京大学毕业论文数据库进行整体筛选录入。我们依据调查报告题名选出与社会调查有关的论文，再根据文章内容确定调查地点。经过梳理发现，这些调查主要集中在平郊村、成府、清河一带。具体题目、作者姓名及调查地点和主题参见附录表格。

燕京大学毕业论文中对北京地区的社会调查文章绝大部分都来自社会学专业，有零星论文是家政学（1篇）、教育学（5篇）、政治学（1篇）、经济学（1篇）专业的调查成果。从培养层次上看，这些毕业论文的培养层次大多是学士学位，仅有4篇为硕士学位的文章。

在这些文章之中，仅有四篇文章被《民国社会调查丛编》收录：张金陵的《北平粥厂之研究》已收录至《民国社会调查丛编·社会保障卷》，张孝䜣的《北平会馆调查》已收录至《民国社会调查丛编·社会组织卷》，麦倩曾的《北平娼妓调查》已收录至《民国社会调查丛编·底边社会卷（上）》，牛鼐鄂的《北平一千二百贫户之研究》已收录至《民国社会调查丛编·底边社会卷（下）》。其他文章暂未见于丛书汇编之中。

从调查主题上看，这些调查共涉及了民国年间的25个社会问题，分别是家庭、犯罪、基督教、社会救济、慈善、医院、教育、学校、儿童、贫民、民俗、民间信仰、妇女、婚姻、行会、会馆、手工业、新政权、经济、合作社、城市、村庄、寺庙、政治组织、商业。其中对于儿童、妇女等的教育、救济类问题相对较多，可见当时学生对此类问题存在格外关注。在这些较为宽泛的主题之下，每篇调查都各有侧重，如在讨论医院问题的调查中，同样调查地点为北京协和医院（北平协和医院），凌廉贞的《北京病人家庭调查》针对医院内病人的家庭状况和生活进行调查，周乃森的《一百个精神病学生个案的分析》根据案例调查了精神病学生的治疗和生活，而陈洁的《平津两个医院社会服务部的调查》则针对的医院社会服务问题进行了调查。在妇女问题上，分别有对特殊职业、社会地位、教育等方面的调查；在儿童问题上，也分别有对学校教育、救济寄养、心理健康、医疗保健等方面的调查。从调查主题的丰富性上看，民国时期燕京大学学生在北京地区的社会调查涵盖社会生活的方方面面，学生在学期间运用专业知识和实地考察对北京地区的各方面问题都进行了较为深入的考察和研究。

这些文章都撰写于20世纪20至40年代，而以十年为一代划分，每个十年都存在不同特点。20世纪20年代，燕京大学有关北京地区社会调查的文章共有4篇，数量较少，文章的质量也相对较低，如《附近燕京大学工业的调查》一文仅是把问题表上的十五大项内容——统计、罗列成文，缺少相关理论及具体的分析思考。朱浒和赵丽在研究中指出，这种特征与当时燕京大学社会学系刚刚组建不久有关系，以及当时学界对于社会调查的主导看法是"以科学的态度、客观的方法，研究社会的现象"，因而此时学生的社会调查也是谨遵此原则进行的。[1] 到了20世纪30年代，文章数量明显增多，主要表现为以下特点：第一，调查主题更加广泛，开始涉及当时北平社会的方方面面，如宗教、娼妓、工厂、妇女、儿童、犯罪、村落、民俗等方面；第二，研究内容更加深入，特别是对于西北郊如清河、成府、冉村一带的集中性调查开始涌现；第三，调查与理论的结合更加明晰，绝大部分文章在撰写前都会加入理论背景，许多学生都尝试运用一定的理论来分析事实。在20世纪40年代，对北平市郊的深入研究还在持续，而对市内的研究相对较少，特别是1944年至1946年期间未有对北京地区的社会调查。到了1947年以后，社会调查又集中于北京地区，此时的文章均对疾病卫生、儿童和劳工问题的关注较为突出，而且在农村调查中还开始出现有关土改及新政权的新内容，特别是《平西村农事劳动研究》一文水平较高。

从选取的调查地点上看，燕京大学毕业论文中的社会调查所涉及的调查地点也具有多样化特征。在项目所整理收录的所有毕业论文之中，有大约三分之一的文章只明确提及在北京（北平）地区的范围内进行调查，一些零星的调查只涉及北京或北平市内。基于一些特殊的主题，调查所涉及的地点可能会相对单一，如医疗主题的调查中，调查地点大多都在北京协和医院（北平协和医院），学校和教育主题的调查大多将地点设置在某一或两个学校内，从小处着眼考察一个相对大的主题。在收录的74篇毕业论文之中，其调查地点明确涉及北京西郊和北郊的有37篇，主要集中在平郊村、成府、清河一带，对这些地方的村落进行了较为系统的调查。这些文章的具体内容将在下一小节进行论述。此外，李德荣的经济学专业文章《北平煤业竞争的始末》的调查地点虽然只写明在北平，但由于北京地区的煤矿产业与西郊各县紧密相关，因而其论文内容也与西郊地区有关。

总而言之，民国时期燕京大学毕业论文中的北京地区社会调查涵盖民国年间北京地区社会生活的方方面面，内涵丰富，在此前学者未曾注意的方面，也有许多值得讨

---

[1] 朱浒、赵丽：《燕大社会调查与中国早期社会学本土化实践》，《北京社会科学》2006年第4期，第45—53页。

论的方面。例如在民国时期北京的社会救济问题上，燕京大学毕业论文中有多篇涉及此类问题的调查，不论是医院服务、粥厂、慈善行业、儿童妇女救济等，都有多方面的详尽调查，若能更好地与史料、访谈结合，必定于研究成果有益。

（二）主要的区域——西北郊的相关文章分述

在搜集到的所有毕业论文中，有半数的文章围绕北京西北郊的平郊村、成府、清河一带展开调查。这一带地方在地理位置上距离燕京大学较近，对于当时于燕京大学学习的学生群体来说，开展社会调查较为便利。围绕这一带开展调查的文章主要集中撰写于 20 世纪 30 至 40 年代。

20 世纪 20 年代的唯一一篇在西北郊开展调查的文章是 1927 年李恩福的《附近燕京大学家庭工业的调查》，此次调查的地点为海甸、成府、三旗和挂甲屯。虽然这篇文章主要内容以列举说明为主，但开启了燕京大学学生在此地开展社会调查的先河。

1934 年开始，在北平西北郊开展的社会调查渐多。1933 年，吴文藻担任燕京大学社会学系主任，他倡导进行"社区研究"，即社会学要中国化，最主要的是要研究中国国情，即通过调查中国各地区的村社和城市的状况，提出改进中国社会结构的参考意见。吴文藻的观点影响了燕京大学社会学系的研究模式，因而自 1934 年起，在燕京大学附近的西北郊各村开展的社会调查渐多。1934 年、1935 年的多次社会调查集中于清河地区；可能是受到战争影响，到 1939 年才又有两篇聚焦于成府村、冉村一带的社会调查文章。这一时期，在这一带开展的社会调查主题涉及村庄经济、妇女职业和教育、村民生活、生育礼俗、学生教育、合作社等方面，调查视角新颖、内容丰富，能够将理论背景和现实调查进行结合，并对当时社会发展进行深入的分析。

1939 年至 1943 年的调查主要集中于这一带的几个村庄：清河、平郊村、前八家村、东西冉村、篱笆房、佟家坟、小煤厂、东平庄等，其中以平郊村为调查地点的文章最多。调查主题涵盖农村人口、政治组织、死亡礼俗、妇女地位、庙宇宗教、家庭生活、性生活、四大门、儿童教育等方面，相比此前十年来说，这段时间的社会调查对这篇区域社会问题的考察更加广泛，所选题目也更加深刻。

1947 年至 1949 年的社会调查最为集中，除了涉及平郊村、平西村、前八家村、八家村、成府区、树村、清河等地，还有在西郊静宜寺内香山慈幼院的社会调查（陈性男《北平托儿所之研究》）。这三年间有十余篇文章产出，主题也更加集中，主要涵盖农村雇工、农事劳动、家族、妇女、儿童、教育等，使用的理论也向着马克思主义与社会主义的方向靠近，特别是在 1949 年 6 月的文章中，出现关于树村村长与新政权的调查讨论（江载华《一个乡村的医生》），贴近当时时事。

总而言之，20 世纪 20 至 40 年代对北京西北郊一带的社会调查十分丰富，调查主题涉及这一带村庄社会生活的各个方面，全面展现了民国时期北京西北郊的真实面貌。

清河、成府区、平郊村一带坐落于西山脚下,是永定河流域边缘的重要村落。搜集整理这一地区的材料能够了解这里的社会发展与人的活动,对于了解前人研究状况、指导现今开展西山永定河文化带的资料搜集和调查工作具有重要意义。其余一些宽泛说明调查地点在北京(北平地区)以及明确提及具体地点在北京(北平)城内的调查,能够作为民国时期北京地区社会调查的其他案例,与西山永定河一带的社会调查形成对比,有助于我们更深入地了解这一时期西山永定河一带的社会调查所拥有的学科背景、时代背景和调查方法。

## 三、系统搜集民国时期社会调查的意义价值与问题对策

(一)学术价值与意义

(1)理解民国时期的社会发展状况

民国时期是社会变动较大的时代,众多社会文化转型都在此时发生。纵观对民国社会的研究,所使用的资料大多都出自政府公布的官方档案。对于民国时期社会状况的考察,特别是对民间社会发展状况和转型过程的考察,如果仅凭民国时期政府公布的档案资料进行研究,必定会不够深入全面。有些学者在研究这段时间的历史时,会进行田野调查并搜集民间的新资料,但在历史过去近百年后进行田野调查,所能够获取到的历史信息可能存在较大偏差。也有的资料距今较为久远,研究者只能在百年后凭主观猜测进行研究。

民国时期的社会调查大多通过实地考察调研,对时下问题进行较为深入的分析。这种研究的分析结论中尽管带有研究者一部分的主观色彩,但调查中的现实描述与一些调查中包含的数据是当时社会发展状况最真实的反映,是真正从地方社会中来的历史。社会调查本身的特性不仅能够丰富研究的全面性,对于研究者理解民国时期的社会发展状况也具有重要意义。

例如在对北京西北郊区域的研究中,20世纪20年代至40年代的社会调查所考察的内容丰富、深入,对于村庄中的多方面问题都有细致的研究和分析,将这些社会调查系统搜集起来之后,不论是通过阅读调查文本,还是具体分析调查内容和附表,都能够获取对西北郊地区社会发展状况的认识。综合每个不同时期、不同主题的研究,将同一区域的不同研究综合起来,就能够形成对民国时期社会发展状况较为全面的认识。因此系统搜集民国时期的社会调查,对于历史学和社会学的研究内容都有积极意义。

(2)理解民国时期社会调查的开展方法和水平

民国时期燕京大学毕业论文中的社会调查文章是学生在学习社会调查方法和理论的基础上形成的,因而通过系统搜集这些调查,我们能够更好理解民国时期社会调查

的方法和质量。

朱浒、赵丽在《燕大社会调查与中国早期社会学本土化实践》中深入分析了燕京大学开展社会调查在20世纪20年代至40年代之间的区别,以及调查内容、主题、方法产生变化的积极原因。文章中说:"20世纪30年代的燕大调查之所以能够从理论到方法大大超越20年代,首先应当归功于燕大社会学系主任吴文藻等人开展社会学本土化的努力。吴文藻认为,社会学中国化就是要'以试用假设始,以实地证验终;理论符合事实,事实启发理论;必须理论和事实糅合在一起,获得一种新综合,而后现实的社会学才能植根于中国土壤之上,又必须有了本此眼光训练出来的独立的科学人才,来进行独立的科学研究,社会学才算彻底的中国化。'"[1]在吴文藻等专家的努力推动下,燕大社会学系在20世纪30年代时达到了社区研究的高峰。

从调查方法上看,进行社会调查的学生们会通过问卷和实地调查两种方式获取调查材料,但对于大部分研究,特别是在对北京西北郊农村的调查中,学生对实地调查方式的运用更为突出和鲜明。他们通过尽量客观的提问和自然的谈话,尝试获取真实的一手资料。此外,几乎每篇文章都很规范,在正式描述调查内容之前,会讲清调查的背景缘起、主要的调查地点和结合的理论。他们有意识地采用功能派理论来指导调查及分析问题,并把这种理论和方法同社区研究结合起来,指出要认识社会,调查者应做"整体的、系统的研究"。[2]"整体的、系统的研究"这种观点在如今的社会学调查和历史人类学研究中仍然适用。

通过系统搜集民国时期的社会调查,我们能够从时间线上看出每个时代调查水平的进步。在20世纪20年代,许多调查论文还仅以事实列举为主,不会将西方的社会学理论与中国本土的实践相结合,也少有具体的分析。但到了20世纪30年代,这些社会调查不仅将理论背景加入现实研究当中,具体的分析也有更深入的发展。在新中国成立之前的一些社会调查,更是开始使用马克思主义理论与方法,并且在深入探讨一个问题时能够通过调查和论证相结合的方式形成具有说服力的结论。由此可见,通过系统搜集民国时期的社会调查,细分每个时代的调查水平,我们能够清晰看到调查水平的发展与进步。如果能够进一步以地区为分类进行系统搜集,更能看到更全面的变化与进步。

---

[1] 朱浒、赵丽:《燕大社会调查与中国早期社会学本土化实践》,《北京社会科学》2006年第4期,第45—53页。
[2] 朱浒、赵丽:《燕大社会调查与中国早期社会学本土化实践》,《北京社会科学》2006年第4期,第45—53页。

（3）指导现今北京地区的社会调查和研究

从燕京大学毕业论文中的社会调查和研究中，我们能够看到当时学生的调查主题、采取的调查方法以及分析论证过程和最终结论。燕京大学的学生在学习科学调查方法、充分了解理论的基础上，对不同的调查对象进行调查和研究，使北京地区的社会调查呈现出丰富多元的样貌。

在对北京地区进行社会调查和研究之前，一定要先了解前人研究的状况。通过系统搜集民国时期北京地区的社会调查，研究者能够充分了解在特定主题和特定区域内前人研究的情况，进而能够对于自己的调查内容进行修正和补充，达到更全面的高度。

此外，一些理论观点如通过整体的、系统的研究认识社会，以及师生在不断调查的过程中对调查技术经验的总结，对现今北京地区社会调查和研究也有很强的指导意义。尽管经过百年间的学科发展，社会调查理论和方法都有所更新，但基于中国本土不同地区的不同情况，社会调查和研究应当有多样化的方法和实践。因而通过吸收和借鉴民国时期社会调查的先进经验，现在北京地区的社会调查者能够更全面地看待调查中采取的调查方法，从而优化和指导研究。

（二）现存问题

在搜集民国年间社会调查（特别是对北京地区）中尚存在的问题有：

第一，目前已经出版的汇编性丛书，或按照地区分类汇编，或以调查者本人文集形式出现。按照地区分类进行汇编的丛书，对每个地区社会调查篇目的搜集都不够全面，从中不能获取每个不同地区社会调查的整体情况。其中，对北京地区社会调查的搜集尤其不足，就燕京大学毕业论文中的社会调查而言，有的丛书仅编入寥寥几篇，缺少具体的收录标准。

第二，目前能够找到的资料相对散乱，分散在不同的数据库和出版物当中，且由于当时技术的限制，民国年间的社会调查大多是手写形式的，暂时没有全面的电子化版本，因而形成全面的电子版录入还有很大难度。

第三，在对民国时期社会调查的系统搜集过程中，目前的分类方法较为简单。仅以地区和时间进行分类搜集，会导致调查止步于搜集。民国年间，研究者进行了较多对于非物质文化遗产、物质文化遗产的调查，在调查主题上的分类也有待细化。

表 3.5.1　燕京大学毕业论文北京地区社会调查总表

| 标题 | 作者 | 年份 | 涉及地点 | 关键词1 | 关键词2 | 专业 | 培养层次 | 备注 |
| --- | --- | --- | --- | --- | --- | --- | --- | --- |
| 北京病人家庭调查 | 凌廉贞 | 1925 | 北京协和医院 | 家庭 | 病人 | 社会学 | 学士 | |

续表

| 标题 | 作者 | 年份 | 涉及地点 | 关键词1 | 关键词2 | 专业 | 培养层次 | 备注 |
|---|---|---|---|---|---|---|---|---|
| 附近燕京大学家庭工业的调查 | 李恩福 | 1927 | 海甸、成府、三旗、挂甲屯 | 家庭 | 手工业 | 社会学 | 学士 | |
| 北京犯罪之社会的分析 | 边燧清 | 1928 | 宣武门外姚家井第一监狱、德胜门外第二监狱 | 犯罪现象 | 犯人 | 社会学 | 学士 | |
| 调查十七间北京基督教礼拜堂报告书 | 杨景循 | 1928 | 北京城内 | 基督教 | 教堂 | 社会学 | 学士 | |
| 调查慈商女工厂后 | 廖素琴 | 1930 | 北京东城灯市口（北平） | 女性 | 工厂 | 家政学 | 学士 | |
| 北平娼妓调查 | 麦倩曾 | 1931 | 北京（北平） | 女性 | 娼妓 | 社会学 | 学士 | |
| 北平粥厂之研究 | 张金陵 | 1932 | 北京城内（北平） | 救济 | 粥厂 | 社会学 | 学士 | |
| 一个女子中学的学生生活研究 | 吴榆珍 | 1932 | 北平贝满女子学校 | 教育 | 学生 | 社会学 | 硕士 | |
| 北平一千二百贫户之研究 | 牛鼐鄂 | 1932 | 北京（北平） | 贫民 | 生活 | 社会学 | 硕士 | |
| 北平市政之研究 | 梁治耀 | 1932 | 北京（北平） | 城市 | 政治 | 社会学 | 学士 | |
| 北平小学教员的调查 | 谭允恩 | 1932 | 北京（北平） | 教育 | 儿童 | 教育学 | 学士 | |
| 北平梨园行之研究 | 杨肖彭 | 1933 | 东珠市口精忠庙 | 行会 | 京剧 | 社会学 | 学士 | |
| 北平女招待研究 | 张如怡 | 1933 | 北京（北平） | 女性 | 职业 | 社会学 | 学士 | |
| 北平诱拐的研究 | 周叔昭 | 1933 | 北京（北平） | 犯罪 | | 社会学 | 硕士 | 全文只有附录 |

续表

| 标题 | 作者 | 年份 | 涉及地点 | 关键词1 | 关键词2 | 专业 | 培养层次 | 备注 |
|---|---|---|---|---|---|---|---|---|
| 一个北平惯窃自传的研究 | 严景珊 | 1933 | 北京（北平） | 犯罪 |  | 社会学 | 学士 |  |
| 清河小本贷款研究 | 李鸿钧 | 1934 | 清河 | 经济 | 贷款 | 社会学 | 学士 |  |
| 北平印子钱之研究 | 刘志博 | 1934 | 北京（北平） | 贫民 | 贷款 | 社会学 | 学士 | 有表 |
| 清河试验区妇女工作 | 邓淑贤 | 1934 | 清河 | 妇女 | 职业 | 社会学 | 学士 |  |
| 卢家村 | 蒋旨昂 | 1934 | 清河 | 村庄 | 生活 | 社会学 | 学士 |  |
| 北平手织毛呢业之研究 | 梁桢 | 1934 | 北京（北平） | 手工业 |  | 社会学 | 学士 |  |
| 一个村落社区产育礼俗的研究 | 邱雪莪 | 1935 | 清河 | 风俗 | 生育 | 社会学 | 学士 |  |
| 清河小学 | 梁树祥 | 1935 | 清河 | 教育 | 学生 | 社会学 | 学士 | 第一章有清河镇社会概况 |
| 清河合作 | 杨骏昌 | 1935 | 清河 | 合作社 |  | 社会学 | 学士 |  |
| 北平贫苦儿童机关的研究 | 卞煦孙 | 1936 | 北京（北平） | 救济 | 儿童 | 社会学 | 学士 |  |
| 北平会馆调查 | 张孝诉 | 1936 | 北京城内（北平） | 会馆 | 同乡 | 社会学 | 学士 |  |
| 北平市警察行政 | 陈哲 | 1937 | 北京（北平） | 政治 | 警察 | 社会学 | 学士 |  |
| 北平怀幼会的研究 | 麦佳曾 | 1939 | 北平怀幼会 | 儿童 | 寄养 | 社会学 | 学士 |  |
| 西冉村的农民生活与教育 | 玉文华 | 1939 | 冉村（佟家坟村附近） | 村庄 | 生活 | 教育学 | 学士 |  |

续表

| 标题 | 作者 | 年份 | 涉及地点 | 关键词1 | 关键词2 | 专业 | 培养层次 | 备注 |
|---|---|---|---|---|---|---|---|---|
| 三旗区妇女和她们的教育 | 董离 | 1939 | 三旗、蓝旗、成府 | 妇女 | 教育 | 教育学 | 学士 | |
| 北平年节风俗 | 权国英 | 1940 | 北京（北平） | 风俗 | 节日 | 社会学 | 学士 | |
| 北平儿童生活礼俗 | 王纯厚 | 1940 | 北京（北平） | 风俗 | 儿童 | 社会学 | 学士 | 提及健锐营八旗在香山一带 |
| 北平婚姻礼俗 | 周恩慈 | 1940 | 北京（北平） | 风俗 | 婚姻 | 社会学 | 学士 | |
| 一个农村人口数量的分析 | 周廷壎 | 1940 | 安乐村 | 农村 | 人口 | 社会学 | 学士 | |
| 平郊某村政治组织 | 沈兆麟 | 1940 | 平郊某村（徐姓人口最多） | 村庄 | 政治组织 | 社会学 | 学士 | |
| 一个村庄之死亡礼俗 | 陈封雄 | 1940 | 清河、前八家村 | 风俗 | 丧葬 | 社会学 | 学士 | |
| 北平北郊某村妇女地位 | 陈涵芬 | 1940 | 平郊村 | 妇女 | | 社会学 | 学士 | |
| 北平市地方自治之研究 | 宋尚桓 | 1940 | 北京（北平） | 政治组织 | 地方自治 | 政治学 | 学士 | |
| 学校问题儿童 | 钱进明 | 1941 | 城内育英小学、城郊海淀培元小学 | 儿童 | 心理健康 | 社会学 | 学士 | 作者曾在京西（平西）香山慈幼院婴儿教保园做实习 |
| 一百个精神病学生个案的分析 | 周乃森 | 1941 | 北京协和医院（北平） | 医院 | 精神病学生 | 社会学 | 学士 | |

续表

| 标题 | 作者 | 年份 | 涉及地点 | 关键词1 | 关键词2 | 专业 | 培养层次 | 备注 |
|---|---|---|---|---|---|---|---|---|
| 北平协和救济部个案分析 | 齐耀玲 | 1941 | 北京协和救济部（北平） | 救济 | 生活 | 社会学 | 学士 | 调查表 |
| 北平妇女生活的禁忌礼俗 | 郭兴业 | 1941 | 北京市内（北平） | 民俗 | 女性 | 社会学 | 学士 | |
| 北京基督教女青年会 | 尹襄 | 1941 | 北京基督教女青年会 | 基督教 | 女性 | 社会学 | 学士 | |
| 平郊村的庙宇宗教 | 陈永龄 | 1941 | 平郊村 | 寺庙 | 宗教 | 社会学 | 学士 | |
| 平郊村的住宅设备与家庭生活 | 虞权 | 1941 | 平郊村 | 家庭 | 住宅 | 社会学 | 学士 | |
| 平郊村之乡鸭业 | 方大慈 | 1941 | 平郊村 | 村庄 | 农业 | 社会学 | 学士 | |
| 平郊村一个农家的个案研究 | 韩光远 | 1941 | 平郊村（十九号赵家） | 家庭 | 生活 | 社会学 | 学士 | |
| 一个农村的性生活 | 石堉壬 | 1941 | 祖家坟（海淀区东升乡马房村） | 婚姻 | 性生活 | 社会学 | 学士 | |
| 四大门 | 李慰祖 | 1941 | 平郊村 | 民间信仰 | 香头 | 社会学 | 学士 | |
| 北平市郊妇婴保健事业的推进 | 孙娴㛃 | 1941 | 北京（北平） | 妇女婴儿 | 医疗保健 | 社会学 | 学士 | |
| 医院社会服务之功用 | 李槐春 | 1941 | 北京协和医院（北平） | 医院 | 病人 | 社会学 | 学士 | |
| 北平市郊冉村社区环境与儿童教养之研究 | 吴元训 | 1943 | 东西冉村、篱笆房、佟家坟、小煤厂、东平庄 | 教育 | 儿童 | 教育学 | 硕士 | |

续表

| 标题 | 作者 | 年份 | 涉及地点 | 关键词1 | 关键词2 | 专业 | 培养层次 | 备注 |
|---|---|---|---|---|---|---|---|---|
| 善后救济总署北平办事处儿童福利站之研究 | 张蓉基 | 1947 | 北平办事处儿童福利站 | 救济 | 儿童 | 社会学 | 学士 | |
| 平郊村农工之分析 | 蔡公期 | 1947 | 平郊村 | 农业 | 雇工 | 社会学 | 学士 | |
| 平西村农事劳动研究 | 张宗颍 | 1947 | 平西村 | 村庄 | 农业劳动 | 社会学 | 学士 | |
| 前八家村之徐姓家族 | 刘秀宏 | 1947 | 前八家村 | 村庄 | 家族 | 社会学 | 学士 | |
| 平郊社区妇女研究 | 詹宝真 | 1947 | 成府区 | 妇女 | | 社会学 | 学士 | |
| 北平托儿所之研究 | 陈性男 | 1947 | 香山慈幼院(西郊静宜寺内)、北平私立婴儿寄托所(西城)、圣慈托儿所 | 儿童 | 教育 | 社会学 | 学士 | |
| 北平儿童教养机关调查 | 高苕华 | 1947 | 北京（北平）、香山慈幼院 | 慈善 | 教育 | 社会学 | 学士 | |
| 北平社会局妇女教养所收容妇女之研究 | 周荫君 | 1948 | 北京（北平） | 救济 | 妇女 | 社会学 | 学士 | |
| 平郊一个社区教育的调查 | 薛素珍 | 1948 | 成府区 平郊 | 儿童 | 教育 | 社会学 | 学士 | |
| 平郊村一个手工业家庭的研究 | 杨景行 | 1948 | 平郊村、八家村 | 家庭 | 家族史 | 社会学 | 学士 | |
| 平郊村学龄儿童所受的教育 | 张绪生 | 1948 | 平郊村 | 教育 | 儿童 | 社会学 | 学士 | |

续表

| 标题 | 作者 | 年份 | 涉及地点 | 关键词1 | 关键词2 | 专业 | 培养层次 | 备注 |
|---|---|---|---|---|---|---|---|---|
| 成府区一百个儿童健康状况调查 | 杨汝玉 | 1948 | 成府区 | 儿童 | 疾病 | 社会学 | 学士 | |
| 一个儿童救济机关的研究 | 严仁蓂 | 1948 | 北平市社会局救济院习艺所 | 儿童 | 救济 | 社会学 | 学士 | |
| 平津两个医院社会服务部的调查 | 陈洁 | 1949 | 北京协和医院（北平） | 医院 | 医院社会服务 | 社会学 | 学士 | |
| 燕大职工学校 | 傅麓寿 | 1949 | 燕京大学职工学校 | 学校 | 学生 | 社会学 | 学士 | 数据库中记为1939年，对照内容核对有误，应为1949年 |
| 北平市防痨工作调查 | 沈康南 | 1949 | 北京（北平） | 痨病 | | 社会学 | 学士 | |
| 树村青年男女教育 | 王嵩玲 | 1949 | 树村 | 教育 | 青年 | 教育学 | 学士 | |
| 北平城郊一个私营工厂的调查 | 吴恒 | 1949 | 北平染织股份有限公司 | 工厂 | 变革 | 社会学 | 学士 | |
| 树村村长与新政权 | 江载华 | 1949 | 树村 | 新政权 | 政策 | 社会学 | 学士 | |
| 一个乡村的医生 | 马树茂 | 1949 | 清河、前八家村 | 村庄 | 人生 | 社会学 | 学士 | |
| 成府某区儿童失学状况调查 | 谢维珍 | 1949 | 成府区 | 儿童 | 教育 | 社会学 | 学士 | |

续表

| 标题 | 作者 | 年份 | 涉及地点 | 关键词1 | 关键词2 | 专业 | 培养层次 | 备注 |
|---|---|---|---|---|---|---|---|---|
| 北京西郊土地改革 | 陆肇基 | 1950 | 树村（北京西郊十八区） | 农村 | 土地改革 | 社会学 | 学士 | |
| 北平煤业竞争的始末 | 李德荣 | 未知（可能是1929年） | 北京（北平） | 商业 | 煤矿 | 经济学 | 学士 | 燕大学号，答辩日期，培养单位不详。原书专业，学科都无标识，经书内容推测 |

# 附录：西山永定河文化带碑刻目录全编（以地区为序）

## 一、丰台区

### （一）明代以前

唐大历三年（768）一月八日，《唐处士田公（处琼）故夫人北平阳氏墓志铭》，地址不详。

唐大历十二年（777）十月十九日，《大唐故天水赵府君（悦）墓志铭并序》，地址不详。

唐元和七年（812）十月廿日，《唐故奉议郎前守瀛州长史赐绯鱼袋摄檀州长史李府君（藤）墓志铭并序》，地址不详。

唐元和九年（814）十一月十七日，《唐王公（郅）暨配崔氏合祔墓志》，地址不详。

唐元和十一年（816）二月卅日，《唐故衙前散将游击将军守翊府中郎将和公（元烈）墓志铭并叙》，地址不详。

唐大和元年（827）十月三日，《唐卢龙征马使游击将军守左武卫大将军赐紫金鱼袋曹朝宪故夫人太原陶氏墓志铭并序》，地址不详。

唐大和七年（833）十月十二日，《唐故彭城夫人刘氏（周巧妻）墓记铭并序》，地址不详。

唐会昌六年（846）三月一日，《唐故幽州节度押衙银青光禄大夫检校太子宾客兼监察御史太原王公（时邕）墓志铭》，地址不详。

唐大中十年（856）九月三日，《唐故平州刺史卢龙节度留后周府君（玙）墓志铭并序》，地址不详。

唐大中十一年（857），《陈立行墓志》，李俭撰，于全益书，丰台区，陈介祺旧藏。

唐乾符六年（879）八月廿七日，《唐故州节度押衙银青光禄大夫检校国子祭酒兼监察御史□韩府君（宗穗）墓志铭》，地址不详。

唐文德元年（888）五月六日，《唐故妫州刺史充清夷军营田等使朝散大夫检校尚书司封郎中摄御史中丞上柱国赐紫金鱼袋彭城刘公（钤）墓志铭》，地址不详。

辽应历八年（958），《赵德钧妻钟氏墓志》，刘京撰，1956年出土于丰台区永定门外马家铺洋桥村。

辽保宁八年（976）十月二十七日，《辽故朝散大夫□□□□□□金鱼袋琅邪王府君（守谦）墓志铭并序》，地址不详。

辽太平四年（1024），《张琪墓志》，杨佶撰，丰台区。

辽重熙八年（1039），《佛顶尊胜陀罗尼经幢记》，王泽撰，丰台区看丹村西圆通寺。

无年月（辽），《造像幢》，丰台区看丹西庙。

金大定二十四年（1184）四月十二日，《大金故赠金紫光禄大夫乌古论公（窝论）墓志铭并序》，地址不详。

金大定二十七年（1187），《妙敬塔幢》，许珪撰，僧觉恕正书，丰台区右安门外达圆寺。

金泰和元年（1201）十二月九日，《大金故开府仪同三司判彰德尹驸马都尉任国简定公（乌古论元忠）墓志铭并序》，地址不详。

金大安元年（1209）五月，《鲁国大长公主墓碑》，地址不详。

金大安元年（1209）七月十八日，《金故鲁国大长公主（乌古论元忠妻）墓志铭》，地址不详。

（二）明代

永乐九年（1411），《王琰圹志》，王复原撰并正书，丰台区长辛店崔村。

永乐十三年（1415），《谭胜妻王荣墓志》，地址不详。

宣德七年（1432）十一月十三日，《明故骠骑将军后军都督府都督金事赠榆次伯谥忠敏张公（廉）墓志铭》，地址不详。

正统二年（1437）二月一日，《卢育墓碑》，高谷撰，夏衡正书，程南云篆额，丰台区木樨园。

正统八年（1443）十一月八日，《明锦衣卫中所副千户班公（真）墓志铭》，地址不详。

正统九年（1444）三月十五日，《大用全禅师塔额》，丰台区右安门外郑王坟西北达圆寺。

正统十三年（1448）四月六日，《明武（兴）室夫人狄氏（清真）墓志铭》，地址不详。

景泰元年（1450）三月七日，《张公及套李氏吴氏墓碑》，丰台区张郭庄张家坟。

天顺元年（1457）四月十日，《明（葛廷玉）故封宜人王氏（善清）墓志铭》，地址不详。

天顺三年（1459），《兴安墓碑》，僧至全撰，刘珝正书兼行书，王越篆额，陈亮、陆裕刻，丰台区太平桥湾子村。

《胜泉寺佛殿碑》，地址不详。

《胜泉寺碑》，地址不详。

《万贵妻王氏墓志》，地址不详。

成化元年（1465）四月，《长生观碑》，刘珝撰，徐谦正书，孙广安篆额，丰台区西铁匠营村。

成化九年（1473）十月，《胜泉寺佛殿碑》，梁苏正书，丰台区西便门外打靛厂村。

成化九年（1473），《胜泉寺碑》，彭□撰，谢宇正书，朱永篆额，丰台区西便门外打靛厂村。

成化十一年（1475）九月十五日，《明赠骠骑将军锦衣卫都指挥使万公（贵）墓志铭》，地址不详。

成化十四年（1478）二月初三日，《明故万母太夫人王氏（万贵妻）墓志》，地址不详。

成化十五年（1479）九月，《崇庆寺碑》，吴谦撰，杨杞正书，李纶篆额，丰台区右安门外释迦寺村。

成化十六年（1480）四月二十二日，《大明故奉政大夫太医院使金公（谅）墓志铭》，地址不详。

弘治五年（1492）六月二十一日葬，《张懋妻王妙荣墓志》，刘吉撰，姜立纲正书，马文生篆盖，杨润镌，丰台区长辛店出土，后移至海淀区大慧寺。

弘治十二年（1499）八月十五日刻，《张镒妻孙淑贤墓志》，刘机撰，陆华正书，陈绍篆盖，丰台区张郭庄张家坟出土。

弘治十二年（1499）十月十七日葬，《张懋副室杨妙聪墓志》，李旻撰，赵氏正书，谭祐篆盖，丰台区张郭庄张家坟出土。

弘治己未（1499）冬十一月四日，《明江西左参政段公（正）墓志铭》，地址不详。

弘治十三年（1500）十月一日刻，《圆通寺碑》，张骏撰并正书，张懋篆额，丰台区分钟寺村。

弘治十三年（1500）十月一日刻，《圆通寺碑》，张骏撰并正书，张懋篆额，丰台区分钟寺村。

弘治十三年（1500）十一月十日，《明潘（杰）母金宜人墓志铭》，地址不详。

正德元年（1506）六月中旬刻，《崇庆寺碑》，陆渊撰并正书，阴额双勾题，丰台区右安门外释伽寺村。

正德二年（1507）十二月十五日葬，《张懋继室许锦墓志》，刘机撰，周文通正书，谭祐篆盖，丰台区张郭庄张家坟出土。

正德五年（1510）五月二十七日刻，《灵通庙碑》，武宗朱厚照撰，正书，额篆书，丰台区永定门外大红门南顶。

正德八年（1513）正月二十六日，《明故前四川左布政使潘公（楷）墓志铭》，地址不详。

正德十年（1515）五月二日刻，《张懋诰封碑》，丰台区张家坟。

正德十年（1515）八月四日葬，《张懋墓志》，杨一清撰，李鐩正书，朱辅篆盖，丰台区张家坟出土。

正德十年（1515）八月八日刻，《张懋谕祭碑》，丰台区赵辛店。

正德十年（1515）十二月十八日刻，《夏儒墓券》，丰台区铁匠营四道口出土。

正德十一年（1516）九月刻，《灵官庙碑》，阎钦撰，邵文恩正书并篆额，顾聪刻，丰台区胡村。

正德十二年（1517）十二月十九日，《明故锦衣卫指挥佥事潘公（杰）墓志铭》，地址不详。

正德十四年（1519）二月十五日刻，《张懋墓碑》，梁储撰，李鐩正书，谭祐篆额，丰台区张郭庄张家坟。

正德十四年（1519）三月初三日，《明故潘（杰）恭人王氏墓志铭》，地址不详。

正德十四年（1519）五月二十八日，《明赠承德郎益庵薛公封太安人叶氏（秀）合葬墓志铭》，地址不详。

正德十五年（1520）十一月十九日，《明故锦衣刘（琦）母宋孺人墓志铭》，地址不详。

嘉靖元年（1522）八月刻，《真空寺残碑》，丰台区太平桥湾子村。

嘉靖四年（1525）八月刻，《大兴隆塔院历代住山题名碑》，僧宗□撰，僧真义正书，丰台区云冈瓦窑村。

嘉靖六年（1527）三月十一日，《明故太子太保玉田伯赠太保谥荣僖蒋公（轮）墓志铭》，地址不详。

嘉靖六年（1527）四月刻，《护法寺碑》，尚志撰，并正书及撰额，丰台区大红门迤东原双廊村。

嘉靖六年（1527）七月二十八日，《明登仕佐郎鸿胪寺序班静窗华公（琇）暨配孺人俞氏合葬墓志铭》，地址不详。

嘉靖六年（1527）十一月初十日，《明威畹赠怀远将军锦衣卫指挥同知蒋公（能）暨配封太淑人萧氏合葬墓志铭》，地址不详。

嘉靖九年（1530）十二月十七日葬，《夏儒妻叶氏墓志》，翟銮撰，李时正书，郭勋篆盖，丰台区东铁匠营四道口村出土。

嘉靖十一年（1532）九月二十五日葬，《张岳妻何如兰墓志》，孙桧撰，陈鏸行书，吕璋篆盖，丰台区赵辛店张家坟出土。

嘉靖十三年（1534）二月二十九日葬，《张钦妻顾氏墓志》，孙桧撰，杜枏正书，陈鏸篆盖，丰台区张郭庄张家坟出土。

嘉靖十四年（1535）五月刻，《义会寿藏碑》，白冈撰，高松正书，宋臣篆额，丰台区黄土岗北营头村。

嘉靖十五年（1536）五月初七日，《明（石宝）造封恭人张氏墓志铭》，地址不详。

嘉靖十七年（1538）六月三十日，《袁钊墓碑》，许铎撰并正书，丰台区岳各庄靛厂村。

嘉靖二十二年（1543）二月二十日刻，《徐可成诰封碑》，丰台区中顶村。

嘉靖二十三年（1544）三月十七日葬，《夏勋墓志》，谢少南撰，唐国相正书，朱希忠篆盖，丰台区东铁匠营四道口村出土。

嘉靖二十六年（1547）闰九月二十五日，《明故直庵处士王公（孝）配董氏合葬墓志铭》，地址不详。

嘉靖二十七年（1548）十月初八日，《明故武略将军龙骧卫副千户徐公（瓒）暨配宜人杜氏墓志铭》，地址不详。

嘉靖二十九年（1550）闰六月十一日，《大明敕畹明威将军锦衣指挥佥事南山马公（循）墓志铭》，地址不详。

嘉靖三十年（1551）正月二十七日制，《马良德诰封碑》，丰台区北铁匠营。

嘉靖三十四年（1555）十一月九日葬，《徐穆妻石氏墓志》，张文宪撰，吴祖乾正书，吴继爵篆盖，丰台区东铁匠营王爷坟出土。

嘉靖三十六年（1557）四月十四日葬，《张岳墓志》，郑绅撰，郭秉聪正书，刘继德篆盖，丰台区张郭庄张家坟出土。

嘉靖三十八年（1559）三月一日刻，《真武庙碑》，崔桐撰，沈才正书，额篆书，丰台区大井村高庙。

嘉靖四十年（1561）正月二十九日葬，《张溶侧室赵氏墓志》，孙檜撰，陈鏸正书，吴祖乾篆盖，丰台区张郭庄张家坟出土。

嘉靖四十年（1561）闰五月一日，《明武略将军锦衣卫副千户晴湖毕先生（清）墓志铭》，地址不详。

嘉靖四十年（1561）十月三日刻，《镇岗古塔碑》，丰台区张郭庄张家坟。

嘉靖四十一年（1562）十二月二十六日葬，《张溶妻夏氏墓志》，徐阶撰，袁炜正书，朱希忠篆盖，丰台区张郭庄张家坟出土。

嘉靖四十二年（1563）三月一日刻，《满香寿塔碑》，崔元撰，张文宪正书，杨瀹篆额，丰台区云冈瓦窑村。

嘉靖四十二年（1563）五月一日刻，《真空寺碑》，张文宪篆，王用宾正书，王鹤篆额，丰台区太平桥湾子村。

嘉靖四十二年（1563）五月一日刻，《真空寺碑》，张文宪篆，王用宾正书，王鹤篆额，丰台区太平桥湾子村。

嘉靖四十二年（1563）五月一日刻，《万善功德真空寺碑》，张文宪篆，王用宾正书，王鹤篆额，丰台区太平桥湾子村。

嘉靖四十五年（1566）十月十二日葬，《张爵及妻王氏合葬志》，孙檜撰，朱天倖正书，戈九章篆盖，丰台区铁匠营蒲黄榆出土。

隆庆六年（1572）九月初二日，《明故彰武伯杨（儒）太夫人郭氏墓志铭》，地址不详。

万历二年（1574）四月二十六日刻，《海会寺碑》，张居正撰，张溶正书并篆额，丰台区大红门。

万历五年（1577）五月十五日，《明诰封宜人毕（光祖）母李氏墓志铭》，地址不详。

万历九年（1581）十月二十四日葬，《张溶墓志》，余有丁撰，徐文璧正书，吴继爵篆盖，丰台区赵辛店张家坟出土。

万历十二年（1584）七月刻，《护法寺碑》，曹子朝撰，正书，丰台区永定门外双庙村。

万历二十二年（1594）十二月刻，《武安王庙碑》，董文采撰，赵任正书并篆额，丰台区王佐栗园村。

万历二十六年（1598）四月四日卒，《李如松墓志》，赵志皋撰，常胤绪正书，郭大诚篆盖，丰台区赵辛店出土。

万历二十八年（1600）刻，《二郎庙题名碑》，丰台区樊家村。

万历三十三年（1605）八月十五日刻，《文殊庵碑》，朱之藩撰，任弘道正书，周御篆额，丰台区小井村。

万历三十五年（1607）六月刻，《延寿寺碑》，丰台区大井村。

万历四十一年（1613）二月十八日刻，《起公（白云禅师）赞碑》，李若珪撰，李诚铭正书，丰台区枣林村天庆寺。

万历四十一年（1613）二月刻，《天庆寺塔院碑》，翁正春撰，猴拱宸正书，张惟贤篆额，僧真金镌，丰台区枣林村。

万历四十一年（1613）九月二十五日刻，《□海及妻张氏石氏诰封碑》，丰台区大红门海户屯。

崇祯十三年（1640）四月刻，《万佛延寿寺碑》，周锵撰，周道洽正书，张翱、张翔镌，丰台区岳各庄大井村高庙。

崇祯十三年（1640）四月刻，《万佛延寿寺碑》，周锵撰，周道洽正书，徐锡登篆额，张翱、张翔镌，丰台区岳各庄大井村高庙。

崇祯十三年（1640）七月，《须菩提像》，（唐）王翰画，周道洽重摹，丰台区岳各庄大井村高庙。

崇祯十三年（1640）八月，《拱极城记》，丰台区卢沟桥。

无年月（崇祯），《龙泉寺碑》，丰台区造甲村。

无年月（明），《李□□（太监）墓碑》，丰台区永定门外海慧寺后。

无年月（明），《□□及妻姜氏等诰封碑》，丰台区永定门外双庙村。

无年月（明），《李公及妻杜氏合葬墓志盖》，丰台区木樨园出土。

无年月（明），《夏助（于献）墓志盖》，丰台区东铁匠营四道口村出土。

（三）清代

顺治十二年（1655）三月刻，《法哈王公墓碑》，丰台区太平桥。

顺治十三年（1656）七月一日刻，《普照寺碑》，姚岑发撰，正书，额满文，丰台区胡家村。

顺治十四年（1657）三月十日刻，《布哈诰封碑》，丰台区水口子村。

顺治十四年（1657）三月十日刻，《石图诰封碑》，丰台区梆子井村。

顺治十四年（1657）三月十日，《白尔黑及妻赵氏诰封碑》，丰台区太平桥菜户营。

顺治十四年（1657）三月十日刻，《佟济诰封碑》，丰台区华园村。

顺治十四年（1657）三月十日刻，《博博尔代诰封碑》，丰台区祖家坟。

顺治十四年（1657）三月十日，《鼐格诰封碑》，丰台区太平桥湾子村。

顺治十四年（1657）八月十三日，《沙祖亮诰封碑》，丰台区焦家花园。

顺治十五年（1658）夏，《武安王神庙碑》，（明）王畿撰，张惠行书，吴锐篆额，丰台区岳各庄靛厂村。

顺治十七年（1660）三月十六日刻，《柏永吉墓碑》，丰台区菜户营。

顺治十七年（1660）七月刻，《海会寺碑》，僧道忞撰，僧法玺正书，额双勾篆书，周卜年刻，丰台区大红门。

顺治十八年（1661）四月二十日刻，《哇尔马墓碑》，苏格马撰，正书，满汉文合璧，丰台区六里桥柳巷村。

顺治十八年（1661）五月二十三日刻，《二郎庙残碑》，丰台区黄土岗樊家村。

顺治十八年（1661）十月二日，《图尔马墓碑》，郎图撰，正书，满、汉文，丰台区六里桥柳巷村。

康熙三年（1664）四月十二日刻，《中顶泰山行宫碑》，丰台区右安门外中顶村。

康熙三年（1664）四月刻，《柳天擎谕祭文碑》，丰台区张郭庄北岗洼村。

康熙六年（1667）十一月二十六日制，《苗澄妻李氏诰封碑》，丰台区马回甸。

康熙六年（1667）十一月二十六日制，《苗澄诰封碑》，丰台区马回甸。

康熙十年（1671）二月，《鼐格墓碑》，鼐宝白撰，正书，满、汉文，丰台区太平桥湾子村。

康熙十年（1671）三月，《石图谕祭碑》，丰台区太平桥梆子井村。

康熙十二年（1673）四月十七日祭，《西纳海谕祭碑》，丰台区太平桥。

康熙十二年（1673）五月十五日刻，《西纳海诰封碑》，丰台区太平桥。

康熙十二年（1673）五月刻，《博博尔代墓碑》，丰台区祖家坟。

康熙十四年（1675）九月二十四日刻，《敦达墓碑》，丰台区长辛店镇太子峪。

康熙十四年（1675）十二月十四日制，《折克书尔及妻巴于忒氏胡实哈□氏诰封碑》，丰台区大井村。

康熙十六年（1677）六月二十七日，《皇清诰封太夫人高（民瞻）母姬太君墓志铭》，地址不详。

康熙十七年（1678）春，《皇清诰封光禄大夫总督四川等处地方军务兼理粮饷兵部尚书兼都察院右副都御史加二级正一品大生苗公（澄）暨元配诰赠一品夫人苗母李太君合葬墓志铭》，地址不详。

康熙十七年（1678）正月刻，《苗澄妻李氏墓碑》，丰台区铁匠营马回甸。

康熙十七年（1678）正月刻，《苗澄墓碑》，丰台区铁匠营马回甸。

康熙十七年（1678）四月刻，《巴海诰封碑》，丰台区于庄子。

康熙十七年（1678）四月书，《巴海御赐诗碑》，圣祖玄烨撰并正书，满汉文合璧，丰台区于庄子。

康熙十七年（1678）七月祭，《沙克素谕祭碑》，丰台区东局村。

康熙十八年（1679）五月刻，《白尔黑墓碑》，白奇撰，正书，满汉文合璧，丰台区菜户营。

康熙十八年（1679）八月刻，《沙克素诰封碑》，丰台区东局村。

康熙十八年（1679）十一月三日葬，《祖泽溥墓志》，沈荃撰，杨正中正书，梁清标篆盖，刘光扬镌，丰台区祖家庄。

康熙二十年（1681）三月二十四日祭，《张问政谕祭碑》，丰台区康家园。

康熙二十年（1681）四月刻，《班公墓碑》，名相撰，丰台区高地村。

康熙二十年（1681）七月七日祭，《吴达礼谕祭碑》，丰台区高地村。

康熙二十年（1681）十二月二十四日制，《法都及妻锡默理氏锡麟觉罗氏诰封碑》，丰台区西局村。

康熙二十年（1681）十二月二十四日制，《洪金及妻纳喇氏（翁英之父母）诰封碑》，丰台区六里桥村。

康熙二十二年（1683）正月刻，《法都墓碑》，李霨撰，沈荃正书，汉满文合璧，丰台区西局村。

康熙二十三年（1684）九月二十四日制，《巴海及妻艾新觉罗氏诰封碑》，丰台区于庄子。

康熙二十四年（1685）三月六日刻，《跨渣墓碑》，丰台区曹家坟。

康熙二十四年（1685）三月十八日刻，《色尔古德及妻觉罗氏诰封碑》，丰台区东管头村。

康熙二十四年（1685）四月十八日刻，《格尔古德墓碑》，丰台区菜户营。

康熙二十六年（1687）五月十五日刻，《杨正泰及妻孙氏诰封碑》，丰台区三路居路。

康熙二十八年（1689）七月一日刻，《尹公（阿兰泰之父）墓碑》，礼部尚书武英殿大学士阿兰泰立，丰台区岳各庄大井村。

康熙二十八年（1689）七月一日刻，《尼公（阿兰泰之叔父）墓碑》，礼部尚书武英殿大学士阿兰泰立，丰台区岳各庄大井村。

康熙二十八年（1689）九月刻，《沙祖亮墓碑》，黄梧撰，林□珠正书，额双勾隶书，丰台区焦家花园。

康熙三十一年（1692）二月三日祭，《李嗣兴谕祭碑》，丰台区张郭庄杨家坟村。

康熙三十一年（1692）三月刻，《尚之隆妻和硕和顺公主谕祭碑》，丰台区张郭庄公主坟。

康熙三十二年（1693）三月十八日刻，《穆和伦三代诰封碑》，丰台区三路居路西水头庄村。

康熙三十二年（1693）十月十八日刻，《李嗣兴诰封碑》，丰台区张郭庄杨家坟。

康熙三十五年（1696）四月十七日刻，《蒲昌墓碑》，丰台区太子峪村。

康熙三十五年（1696）六月上浣刻，《中顶普济宫碑》，史夔撰，孙岳颁正书，张玉书撰额，丰台区中顶村。

康熙三十六年（1697）四月刻，《巴海谕祭碑》，丰台区大井东。

康熙三十六年（1697）十月二十七日，《皇清诰授光禄大夫銮仪卫銮仪使右都督加三级世袭阿思哈尼哈番鲍公（敬）暨元配。诰赠一品夫人金氏太君合葬墓志铭》，地址不详。

康熙三十七年（1698）十二月十六日刻，《永定河神庙碑》，丰台区卢沟桥。

康熙三十八年（1699）五月十五日刻，《天宁寺碑》，郑维撰并正书，郑元勋篆额，丰台区原王佐洛平村。

康熙四十年（1701）四月十日刻，《阿兰泰墓碑》，丰台区岳各庄大井村。

康熙四十年（1701）十一月一日刻，《祭永定河诗》，圣祖玄烨撰并行书，丰台区卢沟桥。

康熙四十年（1701）十二月四日刻，《安公（阿兰泰之父）墓碑》，丰台区岳各庄大井村。

康熙四十年（1701）十二月四日刻，《阿兰泰墓碑》，丰台区岳各庄大井村。

康熙四十二年（1703）三月十九日刻，《雅布（和硕简亲王）墓碑》，丰台区樊家村郑王坟。

康熙四十六年（1707）二月刻，《灵岳庵碑》，江蘩撰，蔺佳进正书，绰奇篆额，丰台区大红门石榴庄。

康熙四十六年（1707）五月九日葬，《张纯修墓志》，曹鉴伦撰，王云锦正书，黄叔琳篆盖，丰台区张郭庄太子峪。

康熙四十九年（1710）三月刻，《介山墓碑》，张玉书撰，胡会恩正书并篆额，丰台区太平桥西局村。

康熙四十九年（1710）四月二十九日谕，《沙尔纳妻张佳氏（穆和伦之母）谕祭碑》，丰台区太平桥水头庄村。

康熙五十年（1711）九月，《巡检司行署碑》，丰台区卢沟桥。

清刻，附康熙（1662—1722）后，《伏魔庵题名碑》，丰台区大红门东石榴庄。

雍正元年（1723）二月十一日制，《李瑄及妻薛氏（李德聪之父母）诰封碑》，丰台区张郭庄张家坟。

雍正三年（1725）七月刻，《陈武纪恩碑》，薄有德撰，正书，丰台区张郭庄张家坟。

雍正四年（1726）刻，《杨宗仁墓碑》，丰台区张郭庄杨家坟。

雍正六年（1728）八月二十三日刻，《富宁安墓碑》，丰台区岳各庄大井村。

雍正六年（1728）九月二十七日谕，《富宁安谕祭碑》，丰台区岳各庄大井村。

雍正九年（1731）七月一日刻，《广宁门外石道碑》，世宗胤禛撰，正书，丰台区岳各庄小井村。

雍正十二年（1734）四月十三日刻，《杨相禄施田碑》，丰台区天各庄天仙庙。

雍正十三年（1735）五月二十日谕，《毛克明及妻柴氏诰封碑》，丰台区张郭庄杨家坟。

乾隆元年（1736）七月十七日祭，《德尔芬谕祭碑》，丰台区花园村。

乾隆三年（1738）十月一日刻，《马神庙碑》，丰台区马神庙村。

乾隆十年（1745）十月七日葬，《张楷墓志》，张廷玉撰，董邦达正书，陈世倌篆盖，丰台区广安门外柳巷出土。

乾隆十四年（1749）六月十三日文，《歙县义园禁示碑》，丰台区双庙村。

乾隆十五年（1750）十二月刻，《恩施郎世宁等价旗地碑》，高宗弘历撰，正书，丰台区卢沟桥北天主堂。

乾隆十六年（1751）七月题，《卢沟晓月诗碑》，高宗弘历撰并行书，额隶书，丰台区卢沟桥。

乾隆十六年（1751）七月题，《"卢沟晓月"碑》，高宗弘历正书，丰台区卢沟桥。

乾隆十七年（1752）五月五日题，《文觉禅师塔院碑》，庄亲王允禄撰并行书，额篆书，丰台区张郭庄。

乾隆十七年（1752）十二月十日文，《德沛墓碑》，丰台区樊家村郑王坟。

乾隆十八年（1753）四月刻，《香花圣会碑》，丰台区看丹村药王庙。

乾隆十九年（1754）四月八日刻，《慧居寺塔院碑》，天月实撰，谢埔正书，额篆书，焦国华镌，丰台区岳各庄小井村。

乾隆二十年（1755）二月十六日刻，《文海和尚塔碑》，励宗万撰并行书，额篆书，焦国泰等镌，丰台区岳各庄小井村。

乾隆二十一年（1756）八月刻，《五显财神庙碑》，丰台区岳各庄小井村东北。

乾隆二十二年（1757）十月题，《海会寺瞻礼诗碑》，高宗弘历撰并行书，丰台区大红门。

乾隆三十三年（1768）七月刻，《药王庙碑》，崔霱荣撰，正书，额横题，丰台区看丹村。

乾隆三十四年（1769）六月刻，《歙县义园禁示碑》，丰台区双庙村。

乾隆三十七年（1772）八月中浣刻，《如意圣会碑》，丰台区岳各庄小井东北财神庙。

乾隆三十八年（1773）四月刻，《武宁及妻和舍礼氏（锦山之父母）诰封碑》，丰台区岳各庄小屯。

乾隆三十八年（1773）四月刻，《武宁墓碑》，丰台区岳各庄小屯。

乾隆三十八年（1773）十二月刻，《永定河事宜碑》，丰台区卢沟桥。

乾隆四十三年（1778）刻，《成信（肃勤勤王）墓碑》，丰台区铁匠营王爷坟。

乾隆四十三年（1778）刻，《关帝庙碑》，丰台区左安门外马回甸。

乾隆四十五年（1780）八月二日刻，《财神庙碑》，丰台区岳各庄小井村东北。

乾隆四十七年（1782）十二月刻，《和隆武墓碑》，丰台区岳各庄小屯。

乾隆五十年（1785）十月刻，《歙县义阡禁示碑》，曹文埴撰，郑文绱行书，吴绍鉎镌，丰台区双庙村。

乾隆五十二年（1787）十月上浣刻，《乾隆五十年置地捐资等题名碑》，丰台区双庙村。

乾隆五十三年（1788）三月，《新义冢碑》，翁元圻撰，正书，丰台区永定门外二郎庙村。

乾隆五十四年（1789）九月十一日文，《绰克托墓碑》，丰台区长辛店朱家坟。

乾隆五十四年（1789）九月十一日文，《绰克托谕祭碑》，丰台区长辛店朱家坟。

乾隆五十五年（1790）三月一日刻，《五显财神庙碑》，丰台区广安门外万泉寺南柳巷村。

乾隆五十六年（1791）十二月刻，《阎永禄及妻万氏墓表》，阎灏撰并正书，李廷扬撰额，丰台区张郭庄张家坟。

乾隆五十六年（1791）十二月刻，《阎永禄及妻万氏和葬墓碑》，丰台区张郭庄张家坟。

乾隆五十九年（1794）三月中浣，《过卢沟桥诗》，高宗弘历正书，丰台区卢沟桥。

乾隆（1736—1795）间刻，《经环同轨榜书》，高宗弘历正书，丰台区岳各庄大井村。

乾隆（1736—1795）间刻，《荡平归极榜书》，高宗弘历行书，丰台区岳各庄大井村。

无年月（乾隆），《祭永定河诗》，（高宗）弘历撰并行书，丰台区卢沟桥。

嘉庆三年（1798）八月刻，《太阳胜会碑》，丰台区打靛厂村。

嘉庆八年（1803）秋□一日刻，《郭家庄神庙碑》，丰台区郭庄子。

嘉庆十年（1805）三月十八日刻，《陈庭学墓碑》，朱珪撰，英和行书，赵秉冲篆额，支云从镌，丰台区打靛厂村。

嘉庆十年（1805）八月刻，《陈庭学墓碑阴》，陈预云撰，正书，额篆书，丰台区打靛厂村。

嘉庆十一年（1806）十二月刻，《朱珪墓碑》，仁宗颙琰撰，正书，丰台区张郭庄崔村。

嘉庆十二年（1807）二月刻，《五显财神庙碑》，丰台区岳各庄小井村东北。

嘉庆十三年（1808）刻，《朱珪神道墓碑》，阮元撰，泰承业正书，黄钺篆额，丰台区张郭庄崔村。

嘉庆十五年（1810）夏月一日刻，《献供会碑》，邵锦堂撰，任宏智正书，龚立山刊，丰台区看丹村药王庙。

嘉庆二十二年（1817）刻，《马慧裕墓碑》，仁宗颙琰撰，正书，丰台区北留霞峪村。

嘉庆二十二年（1817）四月十二日，《初之朴及妻孙氏合葬志》，卢荫溥撰，陈嵩庆正书并篆盖，丰台区出土。

道光元年（1821）三月二十七日刻，《岱清阿妻刘氏节烈碑》，丰台区湾子村。

道光四年（1824）四月刻，《穆克登布功德颂》，丰台区吕村北。

道光十年（1830）五月一日刻，《七圣庙碑》，佟文亮正书，额篆书，丰台区蒲黄榆。

道光十六年（1836）四月一日刻，《义冢碑》，贾桢撰，王允中正书，丰台区左安门外马回甸。

道光十六年（1836）八月八日刻，《歙县义园禁示碑》，丰台区永定门外双庙村。

道光二十一年（1841）九月十三日刻，《捡骨义冢碑》，周余庆撰，试兴正书，额双勾横题，丰台区马回甸关帝庙。

道光二十九年（1849）四月二十七日，《药王庙进香碑》，丰台区造甲村。

道光二十九年（1849）四月二十七日，《中幡圣会碑》，丰台区造甲村。

同治元年（1862）四月刻，《严禁勒索运煤行纳税碑》，丰台区岳各庄大瓦窑村。

同治六年（1867）八月一日刻，《登莱义地碑》，林庆贻撰并正书，丰台区左安门外马回甸。

同治八年（1869）十月刻，《圣德昭明匾额》，潘祖荫双勾正书，丰台区卢沟桥五里店。

同治十三年（1874）七月，《药王茶棚碑》，马毓恩撰并正书，丰台区西便门外打靛厂村。

光绪元年（1875）六月上浣刻，《圆通寺碑》，邱书田撰并正书，陆得顺刻，丰台区看丹西庙。

光绪二年（1876）四月十三日，《秧歌圣会碑》，丰台区丰台镇迤东造甲村。

光绪二年（1876）四月十五日刻，《福缘善庆秧歌圣会碑》，丰台区造甲村。

光绪四年（1878）七月刻，《兀扎喇氏茔地碑》，景福撰，正书，丰台区岳各庄魏家村。

光绪四年（1878）七月刻，《东茔阳宅碑》，介臣撰，正书，丰台区岳各庄魏家村。

光绪四年（1878）九月，《樊家村庙碑》，丰台区樊家村。

光绪十三年（1887）四月上浣刻，《灶君庙碑》，丰台区造甲村。

光绪十三年（1887）五月刻，《福兴碑》，丰台区张郭庄吕村。

光绪十三年（1887）七月下浣刻，《天仙庙地产碑》，安其相撰，聂筠亭正书，丰台区田各庄。

光绪十六年（1890）五月刻，《武选司四义园碑》，王敬贤撰并正书，丰台区大红门邓村。

光绪十七年（1891）九月刻，《疏浚草桥河流碑》，李侔撰，崔汝桐正书，王长龄篆额，丰台区草桥南顶。

光绪十七年（1891）刻，《北上二号漫口合龙碑》，万培因撰，陈人龙正书，额篆书，丰台区卢沟桥北天堂。

光绪十八年（1892）正月上浣刻，《龙王庙碑》，高笠农撰，王锡珍正书，丰台区樊家村郭公庄。

光绪二十年（1894）十二月，《花神庙碑》，张彪撰，宋伯鲁正书，丰台区樊家村花神庙。

光绪二十二年（1896）七月下浣刻，《地藏庵碑》，王子元正书，王振、郑金声刊，丰台区田各庄。

光绪二十二年（1896）十一月六日刻，《李庭煊及妻何氏墓碑》，丰台区樊家村郑王坟。

光绪二十三年（1897）十一月六日，《李庭煊墓碑》，丰台区樊家村郑王坟。

光绪三十年（1904）四月初刻，《郭殿邦德政碑》，丰台区苇子坑。

光绪三十三年（1907）九月十五日刻，《二郎庙碑》，丰台区樊家村。

清刻，附光绪（1875—1908）后，《花神庙施地碑》，立碑人炤公，即康熙第二子允祀四世孙毓炤，丰台区花神庙村。

宣统元年（1909）刻，《陆仁熙衣冠墓志》，徐良弼撰并正书，唐文杰镌，丰台区。

宣统三年（1911）秋月刻，《青韭园行历年功绩碑》，喻普详撰，潘永龙正书，丰台区岳家庄。

宣统三年（1911）秋月刻，《青韭园行碑》，喻普详撰，潘永龙正书，丰台区岳各庄小井村。

无年月（清），《王国年墓碑》，姜学海撰，正书，丰台区木樨园。

无年月（清），《花王庙碑》，丰台区右安门外郑王坟西北花神庙村。

无年月（清），《深县义冢题名碑》，丰台区高庄子。

无年月（清），《杨宗仁及妻陈氏合葬墓碑》，丰台区杨家坟村。

无年月（清），《万泉寺香会题名碑》，丰台区太平桥万泉寺。

无年月（清），《中顶普济宫碑阴》，丰台区中顶村。

无年月（清），《关帝庙题名碑》，丰台区岳各庄靛厂村。

无年月（清），《关帝庙题名碑》，丰台区岳各庄靛厂村。

无年月（清），《题名碑》，丰台区左安门外马回甸关帝庙。

无年月（清），《捐资题名碑》，丰台区左安门外马回甸。

无年月（清），《深县义冢题名碑》，丰台区高庄子。

无年月（清），《清翰林院编修朱筠墓表》，王昶撰，丰台区二老庄。

（四）民国

民国二年（1913）六月二十四日刻，《达圆寺碑》，丰台区。

民国二年（1913）刻，《达圆寺碑额》，丰台区。

民国四年（1915）九月十五日刻，《栗园村义学碑》，陈庆周撰，郝国恩正书，李盖臣镌，丰台区西王佐。

民国六年（1917）四月刻，《王荃善妻马氏墓碑》，丰台区卢沟桥乡郭庄子。

民国七年（1918）四月刻，《刘顺和及妻马氏墓碑》，刘廷魁撰，正书，丰台区蒲黄榆。

民国八年（1919）二月三日，《锡恩墓碑》，胡建枢撰，陈际唐正书，张开枚篆盖，北京丰台区刘家窑。

民国八年（1919）三月上浣刻，《观音堂碑》，丰台区樊家村潘家庙。

民国八年（1919）六月十六日，《清封光禄大夫傅公（锡畴）墓志铭》，地址不详。

民国九年（1920）四月一日刻，《傅锡畴墓表》，段祺瑞撰，周肇祥正书，李经畬篆额，丰台区大红门黄亭子。

民国年间刻，附九年（1920）四月后，《傅锡畴神道碑》，丰台区大红门黄亭子。

民国九年（1920）七月一日刻，《毛立宪及妻张氏墓表》，缪润绂撰，牛宗荫正书，额篆书，丰台区大红门邓村。

民国九年（1920）十二月刻，《王怀庆颂德碑》，张兆荫撰，王英华正书，额篆书，丰台区岳各庄小井东北财神庙。

民国九年（1920）刻，《王怀庆颂德碑》，陈善昌正书，丰台区岳各庄大井村。

民国十年（1921）刻，《关帝庙碑》，张维纲撰并正书，额篆书，丰台区西局村。

民国十一年（1922）九月十三日葬，《任燕昌墓志》，姚永朴撰，魏铖正书，李经畬篆盖，丰台区。

民国十四年（1925）正月刻，《冯玉祥德政碑》，孔祥榕撰，正书，丰台区台镇北天堂村。

民国十五年（1926）九月二十三日葬，《傅世榕及妻刘氏墓志》，王式通撰，宝熙正书，郑浣篆盖，丰台区出土。

民国十六年（1927）四月，《小红门石桥碑》，丰台区小红门路。

民国十六年（1927）夏月刻，《修井碑》，丰台区看丹村。

民国十六年（1927）七月十九日刻，《五显财神庙后殿碑》，丰台区小井村东北。

民国十七年（1928）四月八日葬，《沈砚裔妻蔡淑榕墓志》，梁鸿志撰，李家驹正书，胡惟德篆盖，丰台区。

民国十七年（1928）十一月二十七日葬，《胡朝宗妻吴淑墓志》，周贞亮撰，谭祖任正书，汪嘉棠篆盖，刘明堂刻，丰台区。

民国十八年（1929）三月十三日，《李学铭墓志》，柯劭忞撰，宝熙正书，罗振玉篆盖，地址不详。

民国十八年（1929）十一月十七日，《李学铭妻阮氏墓志》，贺良朴横，张海若正书，夏寿田篆盖，丰台区出土。

民国十八年（1929）四月二日刻，《三官庙碑》，张春生正书，丰台区卢沟桥大瓦窑村。

民国二十二年（1933）葬，《邢以谦妻刘氏墓志》，马浮撰，傅增湘正书，章炳麟篆盖，丰台区卢沟桥。

民国二十四年（1935）六月十九日刻，《圆通寺碑》，丰台区看丹西庙。

民国二十五年（1936）刻，《忠佑寺庙产碑》，德宗撰，徐镜正书，尾刻王德跋，丰台区左安门外马回甸。

民国二十六年（1937）十一月上榖刻，《七圣庙碑》，丰台区右安门外潘家庙村。

民国三十年（1941）九月一日刻，《伏魔寺碑》，丰台区张各庄太子峪。

民国三十一年（1942）八月刻，《孔宗善衣钵塔碑》，傅岳棻撰，张海若正书，额篆书，丰台区方家庄。

民国（1912—1949）年间刻，《万泉寺捐资题名碑》，丰台区。

庚申六月，《天宁寺碑》，丰台区西王佐洛平村。

无年月，《佛像残幢》，丰台区右安门外释迦寺村崇庆寺。

无年月，《佛像残幢》，丰台区造甲村。

## 二、门头沟区

（一）元代以前

东魏武定三年（545）十月十五日，《武定摩崖石刻》，地址不详。

唐景福元年（892），《辽采魏院陀罗尼石塔记》，门头沟区采育营。

唐景福元年（892），《辽戒坛碑》，戒台寺。

辽咸雍四年（1068），《大辽阳台山水院创造藏经记碑》，门头沟区大觉寺。

辽大康元年（1075）七月二十四日，《佛顶尊胜陀罗尼经幢》，王鼎撰，正书，邵文景傍，门头沟区戒台寺。

辽大康三年（1077）三月十四日刻，《大悲心经密言幢并记》，康□正书，记行书，门头沟区戒台寺明王殿。

辽大安七年（1091）闰八月十六日刻，《法均大师遗行碑》，王鼎撰并正书，僧悟总篆额，王惟约镌，门头沟区上岸戒台寺。

辽天庆元年（1111）十月二日，《佛顶心真言幢》，地址不详。

北辽建福元年（1122），《虞仲文撰记碑》，门头沟区戒台寺。

金天德二年（1150）卒，《武德将军幢》，门头沟区龙泉务村出土。

金天德四年（1152）四月十三日刻，《法均大师遗行碑》，韩昉撰，高衍正书，王竞篆额，门头沟区戒台寺。

金贞元三年（1155），《施宜生撰记碑》，门头沟区戒台寺。

金大定十三年（1173），《金潭柘寺碑》，杨节度撰，门头沟区潭柘寺。

金大定十九年（1179）四月中休日刻，《了奇塔铭》，僧广善撰，姚亨会正书，僧义藏镌，门头沟区潭柘寺。

金大定二十一年（1181），《大金故太保究国王墓志》，门头沟区妙峰山南樱桃村窝鲁欢墓。

金大定二十八年（1188）六月一日刻，《政言塔铭》，完颜祖敬撰，正书，王玉镌，门头沟区潭柘寺。

金明昌五年（1194）十二月刻，《龙泉寺诗刻》，僧重玉撰，正书，门头沟区潭柘寺。

金泰和四年（1204）四月二十日刻，《相了禅师塔铭》，僧德顺撰，柔弱叟正书，吕景安篆额，杨文昌镌，门头沟区潭柘寺。

（二）元代

元定宗二年（1247）明日刻，《志宣塔铭》，陈时可撰，僧悟归行书，德玉篆额，李仲平刻，门头沟区潭柘寺。

蒙古大周朝元年（1248）五月，《白瀑寿峰禅寺第九代衍公长老塔铭》，门头沟区白瀑寺。

元宪宗七年（1257）三月二十七日，《德兴府蓉山县圣泉柏山寺故通悟大师玄公塔铭并叙》，地址不详。

元至元九年（1272）七月，《潭柘山龙泉禅寺第二十三代宗公大禅师塔铭》，门头沟区潭柘寺。

元至元十七年（1280）十一月，《元平章政事廉文正公希宪碑》，宛平县之西原此。[1]

元至元二十二年（1285），《大都鞍山慧聚禅寺月泉新公长老塔铭并序》，门头沟戒台寺。

元至元二十七年（1290）正月十六日，《金城山白瀑寿峰禅寺第十一代勤公（本勤）禅师塔铭》，地址不详。

元至元二十八年（1291）四月二十八日，《同新塔铭》，从伦撰，居实正书，门头沟区戒台寺。

元至元二十八年（1291）十月十五日，《通仙观重修碑铭并序》，地址不详。

元至元二十九年（1292），《慧公禅师塔记》，门头沟区潭柘寺。

元至元三十年（1293），《重修灵岳寺碑》，门头沟区斋堂灵岳寺。

元至元三十年（1293），《杨居士墓志》，门头沟区军响村。

元元贞二年（1296）七月，《白瀑寿峰禅寺产业碑》，地址不详。

元大德元年（1297），《宛平县京西乡创建太一集仙观碑记》，门头沟区永定镇何各庄村西北。

元大德二年（1298）五月，《金城山白瀑寺第十一代勤公禅师塔铭》，门头沟区白瀑寺。

元大德十一年（1307），《仰山栖隐寺第二十六代行满禅师塔铭》，仰山栖隐寺。

元皇庆元年（1312），《仰山栖隐寺行满禅师道行碑》，仰山栖隐寺。

元元统二年（1334），《龙岩寺宗主正纯公幢》，门头沟区王平镇西平村龙岩寺遗址。

元至正四年（1344）八月，《水寺碑》，门头沟区圈门静明寺。

辽金元时期，《法舍利真言幢》，地址不详。

辽金元时期，《佛像幢》，地址不详。

（三）明代

《姚广孝神道碑》，地址不详。

宣德九年（1434），《万寿戒坛寺重建碑》，门头沟区戒台寺。

宣德九年（1434）七月，《崇化庄买地文书摩崖刻石》，门头沟区龙泉镇崇化庄北麓山。

正统二年（1437）四月三日，《崇华寺碑》，杨溥撰，夏昶正书，程南云篆额，

---

[1] 此碑已佚，据《北京市志稿》记其原在地位宛平县之西原，具体地址今已不可考。

门头沟区城子。

正统二年（1437），《净明寺题名碑》，门头沟区圈门。

正统三年（1438）九月十三日，《净明寺碑》，胡滢撰，程南云正书，吴中篆额，门头沟区圈门。

正统三年（1438），《底哇答思塔铭》，奉政大夫程南云撰，门头沟区潭柘寺下塔院。

正统四年（1439）七月吉日，《敕赐西峰禅寺碑记》，地址不详。

正统四年（1439），《重建西峰禅寺记碑》，地址不详。

正统四年（1439），《敕赐宝林禅寺兴造记》，门头沟区冯村宝林寺。

正统七年（1442），《敕赐万寿禅寺重建碑》，门头沟区戒台寺。

正统八年（1443）四月，《宝林寺碑》，王直等撰，正书，门头沟区上岸村。

正统八年（1443）四月，《宝林寺碑》，胡濙撰，蒋守约正书，吴亮篆额，门头沟区上岸村。

正统八年（1443）十月十三日，《崇华寺碑》，倪谦撰，程南云正书，张益篆额，门头沟区城子。

正统十二年（1447）九月九日，《太观碑》，胡濙撰，黄养正正书，程南云篆额，门头沟区上岸村。

正统十二年（1447）卒，《大明漳国忠毅公张氏墓志》，李教谕之山翁赐撰，贾琮篆盖并书丹，门头沟区。

正统十四年（1449）十月上旬，《阳坡寺碑》，大海撰，南浦正书，无相篆额，门头沟区南辛房阳坡园。

景泰四年（1453）九月，《净明寺中官题名碑》，门头沟区圈门。

景泰四年（1453）九月，《净明寺碑》，商辂撰，王叔安正书并篆额，吴子真刻，门头沟区圈门。

景泰五年（1454）十二月九日，《崇化寺寺产碑》，门头沟区城子崇化寺。

景泰七年（1456）七月七日，《僧道孚谕祭碑》，门头沟区戒台寺塔院。

天顺二年（1458）闰二月二日刻，《道源谕祭碑》，门头沟区潭柘寺。

天顺二年（1458）三月二十七日刻，《净明寺敕谕碑》，门头沟区圈门。

天顺二年（1458），《明重修仰山栖隐寺碑记》，门头沟区仰山栖隐寺。

天顺三年（1459）六月十五日刻，《道源墓碑》，尹直撰，正书，门头沟区潭柘寺。

成化三年（1467）卒，《明故侯母太夫人张氏墓志铭》，门头沟区永定镇万佛堂村西。

成化三年（1467）四月一日，《道韵塔铭》，门头沟区戒台寺东塔院。

成化五年（1469），《万寿禅寺敕谕碑》，门头沟区戒台寺。

成化七年（1471），《内官监太监郑公母太夫人吴氏墓志》，门头沟区南官园知青林场出土，现存区博物馆。

成化八年（1472）四月，《万佛寺碑》，尹得撰，汪容正书，程洛篆额，门头沟区上岸乡万佛堂村。

成化九年（1473）四月八日，《道孚大师行实碑》，胡淡撰，程南云正书，张宁篆额，门头沟区戒台寺。

成化九年（1473）五月七日，《圆照寺圣旨碑》，门头沟区石厂村。

《万寿寺谕禁碑》，地址不详。

成化十年（1474）六月二十二，《崇化寺田产告示碑》，门头沟区城子。

成化十一年（1475）十月，《圆照寺碑》，彭时撰，田子玉正书，王概篆额，门头沟区戒台寺。

成化十五年（1479）六月二十二日，《谕禁碑》，门头沟区戒台寺。

成化十六年（1480）三月二十五日，《崇华寺敕谕碑》，门头沟区城子。

成化十八年（1482）三月，《谕祭碑》，门头沟区龙泉镇琉璃渠村老君堂。

成化二十年（1484），《募造铜钟碑》，门头沟区戒台寺。

成化二十二年（1486），《重修灵严寺碑》，门头沟区水灵严寺。

弘治元年（1488）七月十一日，《明故郭公墓志》，赵昂撰，杜昌书，军庄镇东阳坨村朝阳庵。

弘治二年（1489）十月一日刻，《龙泉寺碑》，杨杞撰，干信正书，李伦篆额，门头沟区水涧。

弘治三年（1490）刻，《罗祥墓碑》，吴原撰，鲁昂正书，熊宗德篆额，门头沟区西峰寺村西。

弘治四年（1491）七月二十三日卒，《内官监太监郑公墓表》，初葬于翠微山之原，后迁葬于本县西山京西乡冯村牛心坨下面聚云山之原。

弘治七年（1494），《韩仕宁墓碑》，门头沟区斋堂镇沿河城龙门口北坡上。

弘治十年（1497）二月八日祭，《罗照谕祭碑》，门头沟区城子崇化庄。

弘治十一年（1498）刻，《罗照墓碑》，门头沟区城子崇化庄。

弘治十三年（1500）九月吉日后，《重修府君庙记碑》，地址不详。

弘治十六年（1503）四月十七日刻，《永明庵碑》，释悟晓撰，僧异庵正书并篆额，樊普兴、王普谦镌，门头沟区大峪高家园。

弘治十六年（1503）十一月一日刻，《弘恩寺碑》，李东阳撰，周文通正书，张懋篆额，门头沟区南辛房。

弘治十□年九月十九日，《敕赐弘恩寺地界碑》，门头沟区潭柘寺镇南辛房村北。

正德六年（1511）六月十五日，《净房山古刹双林寺重修翻盖佛殿文记碑》，地址不详。

正德七年（1512）三月一日刻，《广慧寺碑》，刘忠撰，王敬正书，张懋篆额，门头沟区南辛房桑峪村。

正德八年（1513），《魏氏先茔之记碑》，郭清撰文，门头沟区斋堂镇沿河城南五里坡村城子坨下。

正德八年（1513）八月十五日，《大悲岩记碑》，地址不详。

正德十年（1515）四月刻，《杨定墓碑》，刘启撰，乔宗正书，方英篆额，门头沟区石厂村。

正德十四年（1519），《柏峪口刻石》，门头沟区斋堂镇柏峪村北古道山崖。

嘉靖六年（1527），《灵严寺碑》，门头沟区水灵严寺。

嘉靖九年（1530）十一月初六日，《重修通仙观碑铭并序》，地址不详。

嘉靖十年（1531）四月刻，《秀峰庵碑》，黄绅正书，门头沟大台禅房村。

嘉靖十七年（1538）刻，《建造皇史宬等工程题名碑》，正书，曹鸾、杜海镌，门头沟戒台寺。

嘉靖二十二年（1543）刻立，《下苇甸修路刻石》，门头沟区妙峰山镇下苇甸村。

嘉靖二十八年（1549）三月上吉刻，《田斌墓碑》，屠楷撰，黄献正书并篆额，门头沟区潭柘寺。

嘉靖三十五年（1556）夏刻，《万寿寺戒坛碑》，高拱撰，正书，额篆书，门头沟区上岸戒台寺。

嘉靖三十□年，《德胜寺残碑》，门头沟区雁翅镇大村西五里的山腰上。

嘉靖四十一年（1562）八月十日，《崇化寺香火地碑》，门头沟区城子。

嘉靖四十四年（1565）四月一日刻，《万寿寺碑》，门头沟区上岸戒台寺。

隆庆元年（1567）十月下旬，《龙泉寺碑》，李翰撰，刘巡正书并篆额，刘浩刻，门头沟区水涧。

隆庆二年（1568），《辽金城山白瀑寿峰禅寺重建大悲千佛记》，门头沟区白瀑寿。

隆庆六年（1572）九月吉日，《敕赐西峰寺碑记》，地址不详。

万历三年（1575）秋，《万历三年秋防汪道昆杨兆等人鼎建长城刻石》，地址不详。

万历六年（1578），《石窟崖修桥补路碑》，地址不详。

万历十年（1582）四月，《万佛寺碑》，门头沟区上岸乡万佛堂村。

万历十一年（1583）九月九日，《"仙人洞"匾》，地址不详。

万历十九年（1591）四月吉日，《沿河口修城记碑》，地址不详。

万历二十年（1592），《玄帝庙碑》，虞淳熙撰，正书，门头沟区上岸乡石厂村。

万历二十年（1592）五月二日，《送龙子归潭柘文》，门头沟区潭柘寺。

万历二十二年（1594）正月上浣刻，《愿力塔碑》，李世廷撰，正书，李环篆额，门头沟区潭柘寺。

万历二十二年（1594）五月，《慈圣寿瑞莲圣母像》，门头沟区樱桃沟。

万历二十二年（1594）十月刻，《张太监舍地碑》，门头沟区上岸龙岗村。

万历二十五年（1597）三月，《徐增寿墓碑》，赵志皋撰，李言恭行书并篆额，门头沟区南辛房鲁家滩。

万历二十五年（1597）三月刻，《徐氏（定国公）神道碑》，赵志皋撰，李言恭行书并篆额，门头沟区潭柘寺。

万历三十年（1602）八月六日刻，《圆通庵碑》，刘永年撰，王胤正书，殿希卿篆额，门头沟区赵家台。

万历三十二年（1604）八月，《□口庵香亭题名幢》，门头沟区大台村。

万历三十七年（1609）六月十日刻，《三慧洞施茶功德碑》，僧真能正书，徐忠镌，门头沟区上岸马鞍山。

万历三十八年（1610），《东斋堂关帝庙碑（纪念碑西侧碑）》，地址不详。

万历三十八年（1610）仲春吉旦立，《义冢碑》，原立于斋堂城西门外，现存于头沟区博物馆。

万历四十五年（1617）四月吉旦，《"辑宁"匾》，地址不详。

天启四年（1624）九月，《沿河城碑》，地址不详。

崇祯三年（1630）卒，《毛立芳将军墓表》，门头沟区斋堂村。

崇祯十四年（1641）四月，《重建大悲岩观音寺碑记》，地址不详。

崇祯十五年（1642）立，《双石头村〈官道碑〉》，门头沟区斋堂镇双石头村关帝庙。

崇祯十七年（1644）前，《明故孺人袁氏墓志铭盖》，地址不详。

崇祯十七年（1644）前，《梨园岭村某庵捐资碑》，地址不详。

崇祯十七年（1644）前，《"沿字拾叁号台"匾》，地址不详。

崇祯十七年（1644）前，《"沿字拾伍号台"匾》，地址不详。

崇祯十七年（1644）前，《"沿字拾壹号台"匾》，地址不详。

崇祯十七年（1644）前，《捐资碑》，地址不详。

无年月（明），《极乐洞碑》，门头沟区上岸乡佛龛山。

无年月（明），《义轩尘公塔幢》，门头沟区龙泉镇城子村西崇化寺遗址。

无年月（明），《明故孺人袁氏墓志（盖）》，现存区博物馆。

无年月（明），《唐家坟碑刻》，门头沟区永定镇冯村西。

无年月（明），《灰口界碑》，门头沟区军庄镇灰口村公路边。

无年月（明），《王平口齐家庄巡检司地界碑》，门头沟区大寒岭。

（四）清代

顺治二年（1645）十一月四日刻，《龙兴庵碑》，胡世安撰，郝杰正书，韩昌彀双勾篆额，门头沟区三家店。

顺治十五年（1658）五月十五日制，《耿聚忠诰封碑》，门头沟区龙门耿王坟。

康熙三年（1664）二月十四日制，《耿聚忠妻和硕柔嘉公主诰封碑》，门头沟区龙门耿王坟。

康熙十二年（1673）八月二十一日祭，《耿聚忠妻和硕柔嘉公主谕祭碑》，门头沟区龙门耿王坟。

康熙十二年（1673），《涧沟村关帝庙铸铁钟》，门头沟区妙峰山涧沟村关帝庙。

康熙十七年（1678），《固山贝子谥献福喇塔碑》，门头沟区坡头村。

康熙十九年（1680）五月五日刻，《三皇庙碑》，昌逢时撰并正书，门头沟区龙岗村。

康熙二十年（1681）左右，《九龙山天妃庙修庙碑》，门头沟九龙山娘娘庙。

康熙二十二年（1683）正月，《重修灵岳禅林碑记》，门头沟区灵岳寺。

康熙二十二年（1683）九月十六日刻，《噶布喇墓碑》，门头沟区原城子村。

康熙二十四年（1685）十二月刻，《万寿寺戒坛碑》，门头沟上岸村。

康熙二十五年（1686）五月，《善翁和尚塔铭》，门头沟卢井府村。

康熙二十六年（1687）四月九日，《耿聚忠谕祭碑》，门头沟区龙门耿王坟。

康熙二十六年（1687）五月十二四日刻，《耿聚忠墓碑》，门头沟区耿王坟。

康熙二十七年（1688）六月中浣刻，《德麈禅师塔颂》，张增撰并正书，门头沟区城子崇化寺。

康熙二十八年（1689）三月谷旦，《妙峰山香会序碑》，张献撰并正书，门头沟区妙峰山。

康熙二十九年（1690）十月初四，《乐修善和尚灵塔塔铭》，门头沟区卢井府村。

康熙三十三年（1694）立，《刘懋恒墓碑》，门头沟区斋堂镇新高铺村西、白虎头村口之东的大通坡。

康熙四十二年（1703）四月十六日，《和硕显亲王谥密丹臻碑文》，地址不详。

康熙四十七年（1708），《郭罗洛氏墓碑》，门头沟区城子西坡。

康熙四十九年（1710）六月，《广慧寺碑》，明幼（撰）并正书，门头沟区南辛房桑峪村。

康熙四十九年（1710）闰七月刻，《五十三舍地碑》，僧道材撰，正书，门头沟区上岸栗园庄。

康熙四十九年（1710）闰七月刻，《岫云寺莲池记》，吴陈琰撰，顾霭隶书并篆额，门头沟区潭柘寺。

康熙五十年（1711）四月十五日，《妙峰山流芳碣记》，门头沟区妙峰山。

康熙五十三年（1714）四月刻，《大悲圣会碑》，王景曾撰并正书，门头沟区潭柘寺。

康熙五十五年（1716）四月卒，《武深布墓碑》，门头沟区西山冯村。

康熙五十六年（1717）卒，《和硕怀恪公主碑》，门头沟区三家店。

康熙五十七年（1718）四月六日刻，《弘恩寺碑》，门头沟区南辛房。

康熙五十八年（1719）十月吉旦，《重修大悲岩灵岩寺碑记》，地址不详。

雍正元年（1723）三月二十三日刻，《耿聚忠妻和硕柔嘉公主墓碑》，门头沟区龙门耿王坟。

雍正二年（1724）四月刻，《天庆庵舍地碑》，门头沟区东辛房南官园村。

雍正三年（1725）三月一日刻，《供米茶会碑》，僧明寿撰，正书，门头沟区潭柘寺。

雍正五年（1727）八月一日立，《宛平怀来交界孤山石刻》，门头沟区斋堂镇白羊石虎村西部山谷。

雍正六年（1728）八月刻，《马王庙碑》，毛曰辑撰并正书，门头沟区色树坟王平村。

雍正六年（1728）八月刻，《圣寿庵庙产碑》，门头沟区色树坟王平村。

雍正八年（1730）三月谷旦，《阎怿汪溦碑》，地址不详。

雍正十一年（1733）丁巳月乙未日，《京西马鞍山石厂村妙峰山顶上进香碑》，门头沟区妙峰山。

雍正十二年（1734）五月一日，《诚起妙峰山进香圣会碑》，门头沟区妙峰山。

乾隆二年（1737）四月十四日，《阜成门内朝天宫二人圣会》，门头沟区妙峰山。

乾隆二年（1737）五月，《保福寺引善圣会》，吏部堂主事傅延资撰，门头沟区妙峰山。

乾隆六年（1741），《龙华三会碑》，张若霭正书并篆额，门头沟区潭柘寺。

乾隆六年（1741）刻，《岫云寺置地修道碑》，张若霭撰，正书，门头沟区潭柘寺。

乾隆六年（1741）八月立，《崇化寺告示碑》，地址不详。

乾隆七年（1742）一月吉旦，《金顶妙峰山进香碑记》，地址不详。

乾隆八年（1743）四月八日刻，《茶豆圣会碑》，门头沟区戒台寺。

乾隆八年（1743）七月十五日，《修井碑》，赵近智撰并正书，门头沟区大峪村。

乾隆九年（1744）二月题，《岫云寺诗刻》，高宗弘历撰并行书，门头沟区潭柘寺。

乾隆九年（1744）四月八日刻，二十三年五月重刻，《三元大悲圣会碑》，门头沟区戒台寺。

乾隆九年（1744）五月二十五日，《五圣庙佛殿碑》，门头沟区宽街。

乾隆十三年（1748）立，《博尔屯自叙生平碑》，现存门头沟区雁翅镇田庄办事处院内。

乾隆十三年（1748）五月刻，《二郎庙碑》，门头沟区三家店中街。

乾隆十三年（1748）秋刻，《楞严胜会碑》，僧格勒撰，廓霜行书，额双勾篆书，门头沟区潭柘寺。

  乾隆十四年（1749）五月初一日，《金顶妙峰进香》，门头沟区妙峰山。

  乾隆十五年（1750）九月十九日立，《博尔屯自述生平碑》，门头沟区雁翅镇田庄村。

  乾隆十六年（1751）四月十四日，《金斗献花圣会碑》，门头沟区妙峰山。

  乾隆十六年（1751）二月上浣刻，《大悲胜会碑》，门头沟区潭柘寺。

  乾隆十六年（1751）六月十九日，《成喆行实碑》，吴勒三撰并正书，傅雯篆额，门头沟区戒台寺。

  乾隆十六年（1751）九月一日刻，《广善米会置香火地碑》，门头沟区戒台寺。

  乾隆二十年（1755）五月初一日，《妙峰山进香》，门头沟区妙峰山。

  乾隆二十一年（1756）立，《山西义坟碑》，门头沟区琉璃渠村西瓦厂出土。

  乾隆二十二年（1757）十月一日刻，《安乐延寿二堂记》，方观承撰，于敏中正书，门头沟区潭柘寺。

  乾隆二十三年（1758）五月吉日，《真武庙重修序碑》，地址不详。

  乾隆二十三年（1758），《万寿戒坛启建三元大悲圣会碑》，地址不详。

  乾隆二十四年（1759）七月刻，《关帝庙碑》，贾昭昱正书，门头沟区北岭平地村。

  乾隆二十五年（1760）七月十五日刻，《楞严坛会记》，于敏中撰并正书，门头沟区潭柘寺。

  乾隆二十七年（1762）四月，《万寿寺茶棚碑》，门头沟区戒台寺。

  乾隆二十七年（1762）十月十五日刻，《冯添寿舍地碑》，门头沟区戒台寺。

  乾隆二十九年（1764）二月中浣刻，《活动松诗刻》，高宗弘历撰并行书，门头沟区戒台寺。

  乾隆二十九年（1764）三月刻，《戒坛寺碑》，门头沟区戒台寺。

  乾隆三十年（1765）三月初七日奏祀，《马氏墓地碑》，门头沟区王平镇南港村东。

  乾隆三十一年（1766）十二月一日刻，《天仙庵碑》，于宗瑛撰，富森泰正书，舒涛篆额，门头沟区北岭崔家岭。

  乾隆三十三年（1768）四月刻，《岫云寺香火地碑》，德保撰并正书，门头沟区潭柘寺。

  乾隆三十五年（1770）四月十四日谷旦，《天仙圣母感应碑碣》，门头沟区妙峰山。

  乾隆三十八年（1773）四月八日，《妙峰山天仙圣母宫碑碣记》，皇六子书，门头沟区妙峰山。

  乾隆三十八年（1773）六月十六日刻，《五百罗汉碑》，朱珪撰，观保正书，门头沟区戒台寺。

  乾隆三十九年（1774）十月一日刻，《如意老会碑》，卢和命行书，额正书，门头沟区戒台寺。

乾隆四十年（1775），《重建瓜打石茶棚》，门头沟区妙峰山。

乾隆四十一年（1776）四月八日刻，《如意老会置香火地碑》，门头沟区戒台寺。

乾隆四十一年（1776）七月一日刻，《超盛诰封碑》，门头沟区上岸宝林寺。

乾隆四十二年（1777）八月，《永远免夫□□碑记》，地址不详。

乾隆四十三年（1778），《妙峰山义和膏药老会碑记》，门头沟区妙峰山。

乾隆四十四年（1779）四月下浣题，《戏题活动松诗刻》，高宗弘历撰并行书，门头沟区戒台寺。

乾隆四十五年（1780）刻，《龙华道场碑》，德保撰，正书，门头沟区潭柘寺。

乾隆四十六年（1781）八月刻，《如意圣会题名碑》，门头沟区戒台寺。

乾隆四十七年（1782）七月，《二人老会》，门头沟区妙峰山。

乾隆四十七年（1782）四月八日刻，《放堂吉祥老会题名碑》，门头沟区戒台寺。

乾隆四十七年（1782）四月刻，《观音院碑》，巴尼珲撰，正书，门头沟区潭柘寺。

乾隆四十七年（1782）六月刻，《岫云寺大悲坛记》，德保撰并正书，额篆书，门头沟区潭柘寺。

乾隆四十八年（1783）二月下浣题，《对活动松有警诗》，高宗弘历撰行书，门头沟区戒台寺。

乾隆五十年（1785）正月，《大悲圣会题名碑》，门头沟区戒台寺。

乾隆五十年（1785），《送龙子归龙潭文》，达观撰，门头沟区潭柘寺大雄宝殿东侧。

乾隆五十年（1785）十一月十九日题，《白果树诗碑》，陈观礼撰并行书，门头沟区上岸西峰寺。

乾隆五十年（1785）十二月十三日刻，《常福保等舍地碑》，门头沟区上岸戒台寺。

乾隆五十一年（1786）十月刻，《龙王庙碑》，侯纯德撰，侯锡辂正书，侯锡钺双勾篆额，门头沟区三家店。

乾隆五十二年（1787）十二月七日，《边文学等舍地碑》，门头沟区戒台寺。

乾隆五十二年（1787）四月十三日谷旦，《献供斗香膏药胜会碑》，地址不详。

乾隆五十四年（1789）三月一日刻，《大悲老会题名碑》，门头沟区戒台寺。

乾隆五十五年（1790）四月八日刻，《如意盛会题名碑》，门头沟区戒台寺。

乾隆五十五年（1790）十月刻，《弘恩寺碑》，巴尼珲撰并正书，门头沟区南辛房。

乾隆五十五年（1790）十月刻，《观音院碑记》，巴尼珲撰并正书，门头沟区潭柘寺。

乾隆五十六年（1791）五月上浣刻，《药王庙碑》，李文亮、樊福旺刻，门头沟区上岸桥户营村。

乾隆五十六年（1791）十月刻，《裕轩祠堂记》，刘湄撰，陈万青正书，门头沟区上岸戒台寺。

乾隆五十六年（1791）十月刻，《图鏳布（裕轩）传刻石》，周永年撰，邵玉正书，门头沟区上岸戒台寺。

乾隆五十六年（1791）十一月刻，《裕轩慕堂两先生合祀记》，刘湄撰，裴谦正书，门头沟区戒台寺。

乾隆五十七年（1792）四月一日刻，《作新井碑》，门头沟区上岸冯村。

乾隆五十七年（1792）刻，《裕轩慕堂先生祠楣额》，王杰隶书，门头沟区戒台寺。

乾隆五十八年（1793）八月八日刻，《广善米会捐资题名碑》，门头沟区戒台寺。

乾隆五十八年（1793）九月六日刻，《双圣庙碑》，韩欣撰，刘子仪正书，韩梦麟篆额，樊福旺刻，门头沟区大峪村后街。

乾隆五十九年（1794）八月一日刻，《玉成桥碑》，王钊撰，刘振基正书，门头沟区大台宅舍台村。

乾隆五十九年（1794）八月，《修补桥路功德碑》，王之瀚撰，孙天鉴正书，南玉印刻，门头沟区大台宅舍台村。

乾隆六十年（1795）四月十七日，《观音老会题名碑》，门头沟区戒台寺。

乾隆六十年（1795）夏月吉日，《修补道路圣会碑碣》，门头沟区妙峰山娘娘庙。

乾隆六十年（1795）四月十九日刻，《子孙胜会题名碑》，门头沟区戒台寺。

乾隆六十年（1795）五月十三日立，《东板桥村重桥路摩崖碑》，门头沟区东板桥村村东桥。

无年月（乾隆），《如意老会碑》，门头沟区戒台寺。

乾隆六年三月后之乾隆年间（1741—1795），《潭柘山岫云寺置地修道碑记》，地址不详。

刻，附乾隆（1736—1795）后，《龙华三会碑》，张若霭正书并篆额，门头沟区潭柘寺。

嘉庆二年（1797）正月一日刻，《如意老会题名碑》，门头沟区戒台寺。

嘉庆三年（1798）八月，《如意老会题名碑》，门头沟区戒台寺。

嘉庆四年（1799），《新春如意大悲老会题名碑》，门头沟区潭柘寺。

嘉庆五年（1800）正月刻，《大悲随心圣会题名碑》，门头沟区潭柘寺。

嘉庆五年（1800）三月二十三日刻，《大悲随心圣会题名碑》，门头沟区戒台寺。

嘉庆六年（1801），《万年长青甲子悬灯灵丹圣会》，门头沟区妙峰山。

嘉庆七年（1802）八月刻，《永明海灯圣会碑》，门头沟区戒台寺。

嘉庆九年（1804）三月，《永明海灯圣会碑》，门头沟区潭柘寺。

嘉庆十年（1805），《天桥浮村三义庙捐资碑》，门头沟区斋堂天桥浮村三义庙。

嘉庆十年（1805）四月，《西华门南池子后铁门公议沿路茶棚施献茶叶圣会》，门头沟区妙峰山。

嘉庆十年（1805）四月刻，《如意老会题名碑》，门头沟区潭柘寺。

嘉庆十一年（1806）四月，《京邑财神老会公议碑》，地址不详。

嘉庆十一年（1806）四月，《广安门外马官营源留圣会》，门头沟区妙峰山。

嘉庆十一年（1806）五月，《海甸新庄保福寺题名》，门头沟区妙峰山。

嘉庆十二年（1807），《清起建茶棚碑》，门头沟区妙峰山。

嘉庆十二年（1807）十二月八日刻，《度博行实碑》，荣柱撰，僧悟照正书，门头沟区戒台寺东塔院。

嘉庆十五年（1810），《重修三义庙碑》，门头沟区斋堂天桥浮村三义庙。

道光二年（1822）三月十三日刻，《攒捎老会题名碑》，比丘通瀛正书，门头沟区潭柘寺。

道光二年（1822）四月十一日，《财神赐福万善人缘》，门头沟区妙峰山。

道光二年（1822）四月二十四日刻，《楞严圣会碑》，英华正书，张永功、周行山刻，门头沟区潭柘寺。

道光三年（1823）四月初八，《义兴万缘清茶老会碑》，门头沟区妙峰山。

道光四年（1824）四月，《重修茶棚碑》，门头沟区妙峰山。

道光八年（1828），《三官庙碑》，门头沟区三家店三官庙。

道光八年（1828）四月一日刻，《天仙庙碑》，卢继全撰并在正书，额双勾题，张鸣山镌，门头沟区北岭崔家岭。

道光八年（1828）四月一日刻，《观音洞捐资题名碑》，门头沟区戒台寺。

道光八年（1828）四月一日刻，《观音洞碑》，门头沟区戒台寺。

道光十一年（1831）五月二十日，《继序修补道路功德摩崖碑》，地址不详。

道光十一年（1831）九月上浣刻，《圣寿庵碑》，刘云龙撰并正书，额篆书，魏进忠镌，门头沟区大台王平村。

道光十四年（1834）春季，《清合义面茶会碑》，门头沟区妙峰山。

道光十四年（1834），《峰口庵碑记》，门头沟区大台峰口庵。

道光十四年（1834），《重修峰口庵东西山路碑记》，门头沟区大台峰口庵。

道光十五年（1835）四月一日刻，《禁开禁闭煤窑碑》，于士魁正书，额双勾题，高明亮刻，门头沟区大台板桥村。

道光十五年（1835），《引善老会碑》，门头沟区妙峰山。

道光十五年（1835）四月初一榖旦立，《军粮厅布告碑》，门头沟区板桥村大官庙。

道光十六年（1836）四月十一日，《光明海灯重修碑》，地址不详。

道光十六年（1836）七月初一日，《重镌康熙二年马景福等〈题名碑〉》，门头沟区妙峰山。

道光十七年（1837）刻，《尤铭海墓碣》，恩琏撰并正书，门头沟区南辛房南官园村。

道光十七年（1837）刻，《重金五百罗汉碑》，门头沟区戒台寺。

道光十八年（1838）八月吉日，《戒台寺重修罗汉殿并金装诸神捐资人名碑》，地址不详。

道光十八年（1838），《军粮厅布告碑》，门头沟区大台板桥村。

道光十八年（1838）九月十五日，《上岸村西井碑》，门头沟区上岸村。

道光十九年（1839）七月上浣刻，《戒台寺石道捐资题名碑》，门头沟区。

道光十九年（1839）八月十五日刻，《戒台寺石道捐资题名碑》，门头沟区。

道光二十年（1840）八月上浣，《施资题名碑》，门头沟区戒台寺。

道光二十一年（1841）六月一日刻，《观音洞捐资题名碑》，门头沟区戒台寺马鞍山。

道光二十二年（1842）三月上浣刻，《如意老会碑》，门头沟区戒台寺。

道光二十二年（1842）四月二十二日刻，《大悲圣会修桥路碑》，门头沟区戒台寺。

道光二十二年（1842）五月，《清建寨尔峪头道行宫碑》，门头沟区妙峰山。

道光二十二年（1842）五月一日刻，《如意圣会题名碑》，门头沟区潭柘寺。

道光二十二年（1842）九月，《福寿寺碑》，靳颖田撰，赵庆云正书，王明刻，门头沟区北岭安家滩村。

道光二十三年（1843）七月一日刻，《圣寿庵碑》，叶敬轩撰并正书，魏进忠刻，门头沟区大台乡王平口村。

道光二十四年（1844）四月初八日，《清义兴万缘粥茶圣会重修庙宇碑》，门头沟区妙峰山。

道光二十八年（1848），《重修三义庙碑》，斋堂天桥浮村三义庙。

道光二十八年（1848），《重修大庙起造神堂山门碑》，门头沟区斋堂天桥浮村三义庙。

道光二十九年（1849）十月刻，《观音寺碑》，喀勒充阿撰并正书，魏进忠刻，门头沟区上岸南村。

道光三十年（1850）六月上浣刻，《嘉兴庵碑》，门头沟区上岸村。

道光三十年（1850）八月，《三慧洞捐资题名碑》，门头沟区马鞍山。

刻，附道光三十年（1850）后，《幽冥钟院碑》，张潏正书，门头沟区戒台寺。

道光年间，《合村重修庵堂垣墙大桥碑记》，门头沟区大台板桥村。

咸丰三年（1853），《续立峰口庵道路行善碑》，门头沟区峰口庵关城西侧。

咸丰五年（1855）三月刻，《白衣观音庵碑》，王凌阁撰并正书，门头沟区三家店中街。

咸丰六年（1856），《修围门碑》，刘占元撰，正书，门头沟区大台王平口村。

咸丰七年（1857）七月，《海淀新庄保福寺二顶进香引善圣会》，门头沟区妙峰山。

咸丰八年（1858）六月刻，《东辛房修井碑记》，马惠孚撰，正书，魏进忠刻，门头沟区东辛房。

咸丰十年（1860）四月刻，《天仙庙碑》，门头沟区上岸乡何各庄。

同治二年（1863）七月，《重建光明海灯会》，门头沟区妙峰山。

同治三年（1864），《禅房村争窑泉地碑》，门头沟区木城涧矿西南三里有古村禅房村遗址。

同治三年（1864），《斋堂宝峰寺告示碑》，门头沟区斋堂宝峰寺。

同治五年（1866）五月，《修井碑》，□云祥正书，牛仲周刻，门头沟区上岸村何各庄村。

同治六年（1867）四月，《重修寨尔峪茶棚》，门头沟区妙峰山。

同治九年（1870）四月，《妙峰山茶棚碑》，门头沟区妙峰山。

同治九年（1870）四月一日刻，《观音洞碑》，裕英撰，如格正书，额篆书，门头沟区潭柘寺。

同治十年（1871）刻，《天仙庙碑》，刘望渤撰，陈泰、刘永爵正书，高明刻，门头沟区北岭崔家岭。

同治十一年（1872）二月，《修理涧村路径记》，门头沟区妙峰山。

同治十一年（1872）二月刻，《三圣庙碑》，陈善撰，唐莹辉正书，王福生刻，门头沟区庄户东板桥。

同治十一年（1872）八月谷旦，《重修道路碑记》，地址不详。

同治十一年（1872），《重修西山大路记》，门头沟区三家店白衣庵。

同治十一年（1872）九月一日刻，《少师如意会题名碑》，门头沟区潭柘寺。

同治十一年（1872）十一月刻，《关帝庙碑》，刘朝仑撰，唐荧辉正书，高永顺刻，门头沟区大台宅舍台村。

同治十三年（1874），《灵隐寺碑》，门头沟区大台板桥村。

同治十三年（1874），《王奶奶墓碑》，门头沟区妙峰山。

光绪元年（1875），《重修财神殿东配殿碑》，门头沟区潭柘寺财神殿西侧。

光绪元年（1875），《万古流芳功德碑》，门头沟区潭柘寺财神殿西侧。

光绪二年（1876）八月，《重修山门记》，门头沟区妙峰山。

光绪二年（1876）八月，《天仙圣母感应碑》，门头沟区妙峰山。

光绪三年（1877）四月，《北坞村净道圣会》，门头沟区妙峰山。

光绪四年（1878）三月刻，《永明海灯圣会碑》，沈椿龄撰，刘焜正书，蔡元兴刻，门头沟区潭柘寺。

光绪四年（1878）七月，《重修东西配殿碑记》，门头沟区妙峰山。

光绪四年（1878），《西配财神殿碑》，门头沟区妙峰山。

光绪五年（1879）三月二十四日，《福观增修碑记》，门头沟区妙峰山。

光绪五年（1879）十二月二十六日刻，《吉祥庵碑》，门头沟区上岸乡栗园庄。

光绪六年（1880）三月，《重修妙峰山南道西北涧圣母行宫碑记》，门头沟区妙峰山。

光绪七年（1881）四月，《豁免煤税碑》，梁作舟撰，马希光正书，游书和篆额，门头沟区圈门。

光绪七年（1881）四月，《煤行公议碑》，马翰如撰，马希光正书，游书和篆额，张栋梁刻，门头沟区圈门窑神庙。

光绪七年（1881）十月二十日，《王德榜刻石题字》，门头沟区丁家湾。

光绪七年（1881）九月下浣，《龙王庙碑》，寿安撰，宋邦选正书，郭玉良刻，门头沟区三家店。

光绪八年（1882）二月，《妙峰山回香亭义兴万缘粥茶棚重修庙宇碑》，门头沟区妙峰山。

光绪八年（1882）孟春谷旦，《王德榜刻石题字》，门头沟区野溪漫水桥南侧。

光绪八年（1882）八月，《普光会修楼房碑》，门头沟区潭柘寺。

光绪八年（1882）九月，《献供老会碑》，崇善撰，正书，门头沟区潭柘寺。

光绪九年（1883）三月，《三官庙碑》，苏冲阿撰，殷顺元正书，牛德山刻，门头沟区三家店中街。

光绪九年（1883）九月十六日，《秀峰庵碑》，苏士文撰并正书，门头沟区大台禅房村。

光绪十年（1884）八月二十日，《重修潭柘寺琉璃牌楼碑志》，地址不详。

光绪十一年（1885）十月，《关帝庙碑》，门头沟区上岸乡王村。

光绪十二年（1886）三月二十日，《子孙老会碑》，门头沟区潭柘寺。

光绪十四年（1888）九月十五日，《龙王庙碑》，门头沟区上岸乡王村。

光绪十五年（1889），《裕轩祠堂碑》，门头沟区戒台寺。

光绪十五年（1889）六月，《二郎庙碑》，张子蔚撰，殷顺元正书，牛德山刻，门头沟区三家店中街。

光绪十五年（1889），《吕祖圣会碑》，门头沟区潭柘寺。

光绪十七年（1891），《万寿寺戒坛碑》，奕䜣撰并正书，门头沟区戒台寺。

光绪十八年（1892）正月二日，《如意老会题名碑》，董德保正书，门头沟区戒台寺。

光绪十九年（1893）四月，《崇文门宣理司茶棚碑文》，门头沟区妙峰山。

光绪十九年（1893）八月二十日，《普光圣会碑》，门头沟区潭柘寺。

光绪二十年（1894）八月二十日，《如意会修琉璃牌楼碑》，门头沟区潭柘寺。

光绪二十年（1894），《重修五里坨村大小庙宇碑记》，门头沟区五里坨西街玉皇庙。

光绪二十一年（1895）四月二十四日，《关帝庙庙产碑》，正书，周克忠刻，门头沟区上岸乡石门营。

光绪二十一年（1895）五月，《关帝庙碑》，谢隽杭撰，王维藩正书，门头沟区上岸乡石门营。

光绪二十一年（1895）五月，《观音庙碑》，赵永志撰，正书，门头沟区上岸乡石门营。

光绪二十一年（1895），《宛平县齐家司灵桂川军下村重修龙虎山天仙庙碑记》，地址不详。

光绪二十二年（1896）四月，《万善长青献鲜圣会》，门头沟区妙峰山。

光绪二十三年（1897）七月，《马王庙碑》，门头沟区色树坟王平村。

光绪二十三年（1897），《供佛设斋茶老会碑》，门头沟区潭柘寺毗卢阁东。

光绪二十五年（1899），《四路香道武当各会壁石》，门头沟区妙峰山。

光绪二十五年（1899）四月，《安乐延寿二堂碑》，吉安撰，正书，门头沟区潭柘寺。

光绪二十五年（1899）五月，《关帝庙碑》，吴兰湘撰并正书，门头沟区北岭平地村。

光绪二十五年（1899）六月，《圆照寺观音殿碑》，马希光撰并正书，门头沟区上岸乡石厂村。

光绪三十一年（1905）八月一日，《岫云寺天王殿碑》，门头沟区潭柘寺。

光绪三十一年（1905）八月一日，《东观音洞碑》，门头沟区潭柘寺。

光绪三十一年（1905）四月初一，《天津路灯会重修玉皇庙碑记》，门头沟区妙峰山。

光绪三十一年（1905）八月，《龙潭山路碑》，门头沟区潭柘寺。

光绪三十二年（1906）八月二十四日，《五显财神殿碑》，梁文琛等撰，正书，门头沟区戒台寺。

光绪三十二年（1906）九月二十六日，《增福会修茶房碑》，门头沟区潭柘寺。

光绪三十二年（1906）九月，《谭鑫培为地藏圣会置地碑》，门头沟区戒台寺。

光绪三十二年（1906）十月下旬，《玉皇庙碑》，刘增广撰，齐金铸正书，胡永和、李顺立刻，门头沟区大台宅舍台村。

光绪三十四年（1908）四月二十一日，《献盐圣会提名碑》，门头沟区潭柘寺。

年月泐（光绪末），《严禁大有煤窑碑》，门头沟区大台王平口村。

宣统元年（1909）三月，《观音殿碑》，门头沟区潭柘寺。

宣统元年（1909）仲冬之月穀旦，《杨本敬墓碑》，门头沟区龙泉镇琉璃渠村西北山坡上。

宣统二年（1910）二月，《天津信意馒首会石碣》，门头沟区妙峰山。

宣统三年（1911）前，《王平司交界碑》，地址不详。

宣统三年（1911）夏，《万寿寺方丈室碑》，溥伟撰并正书，门头沟区戒台寺。

宣统三年（1911）九月十五日，《法华献供老会碑》，门头沟区潭柘寺。

宣统三年（1911），《重修观音殿碑》，门头沟区潭柘寺文殊殿前。

宣统三年（1911），《重修老虎洞碑》，忏摩居士撰，门头沟区潭柘寺老虎洞。

无年月（宣统），《卧龙松榜书》，溥伟正书，门头沟区戒台寺。

无年月（清），《王平社修庵修路残碑》，门头沟区大台王平口村。

无年月（清），《修石桥碑》，门头沟区大台板桥村。

无年月（清），《捐资题名碑》，门头沟区北岭草地村。

无年月（清），《陇驾庄清墓无字碑》，门头沟区妙峰山镇陇家庄村。

无年月（清），《四达子墓碑》，门头沟区永定镇何各庄村。

无年月（清），《遵旨永禁碑》，门头沟区军庄镇香峪村。

（五）民国

民国三年（1914）五月，《捐田备资设位祭祖碑》，门头沟区潭柘寺。

民国四年（1915），《谭鑫培茔地碑》，门头沟区上岸乡果园庄西北二里。

民国五年（1916）六月二十一日，《牛站村家族产权碑》，门头沟区牛战村。

民国六年（1917）四月八日，《阎礼墓碑》，吕蕴华撰并正书，门头沟区上岸乡冯村。

民国六年（1917）十月，《郑沅继室葛芬墓志》，郑沅撰并正书，李准篆盖，门头沟区出土。

民国七年（1918）卒，《谭鑫培墓地碑刻》，门头沟区永定镇栗园庄村。

民国八年（1919）四月十五日，《关帝庙土地执照碑》，门头沟区上岸乡冯村。

民国八年（1919）四月，《五道庙碑》，门头沟区上岸乡冯村。

民国八年（1919），《张帅夫人重修碑》，门头沟区妙峰山。

民国九年（1920）四月，《天津阁郡众善灯棚同人公建碑》，门头沟区妙峰山。

民国九年（1920）十二月十日，《王璟芳墓志》，王葆心撰，张海若隶书，陈庆慈篆盖，门头沟区出土。

民国九年（1920）冬月上旬吉立，《极乐洞修路刻石》，门头沟区戒台寺后山极乐洞。

民国十年（1921）四月，《万寿善缘缝绽会碑》，门头沟区妙峰山。

民国十年（1921）五月，《戒台寺建山路碑》，门头沟区。

民国十年（1921）十二月，《戒坛寺碑》，徐世昌撰并行书，门头沟区戒台寺。

民国十年（1921）六月二十日，《重修白瀑寺寿峰禅寺碑文》，门头沟区白瀑寺。

民国十年（1921）六月二十九日，《重修白瀑寺碑文记》，门头沟区白瀑寺。

民国十年（1921）十二月十三日卒，《内田忠光墓碑》，门头沟区军庄镇东阳坨村。

民国十一年（1922）九月，《戒坛寺禁矿碑》，白廷夔撰并隶书，门头沟区戒台寺。

民国十二年（1923）二月，《洪水口告示碑》，地址不详。

民国十二年（1923）十月一日，《能尽灵应记》，门头沟区潭柘寺。

民国十二年（1923）九月十六日，《周自齐墓志》，门头沟区龙泉镇城子村西崇化庄。

佛历二九五一年（民国十三年，1924）四月，《因亮灵塔碑》，多兴撰，江朝宗正书，门头沟区潭柘寺。

民国十四年（1925）四月初一日，《天津众善灯棚碑》，门头沟区妙峰山。

民国十四年（1925）五月，《朱家宝墓志》，马其昶撰，赵世骏正书，吴昌硕篆盖，门头沟区。

民国十六年（1927），《重修关帝庙》，门头沟区鲁家滩关帝庙。

民国十六年（1927）九月，《子孙会碑》，吴心毅撰，雷观群正书，门头沟区潭柘寺。

民国十九年（1930）三月十九日，《刘若曾及妻子刘氏合葬志》，王树枬撰，蒋式瑆正书，张权篆盖，门头沟区出土。

民国十九年（1930）六月，《十方院碑》，邢厚田撰并正书，张凤和刻，门头沟区东辛房。

民国十九年（1930）八月十八日，《慈善圣母殿碑》，陆树仁撰并正书，门头沟区潭柘寺。

民国十九年（1930）九月初九日，《重修瓜打石茶棚碑》，门头沟区妙峰山。

民国十九年（1930），《琉璃渠村胜诉碑》，门头沟区琉璃渠村，现存区博物馆。

民国二十年（1931）四月，《万寿善缘缝绽老会重修粥茶棚碑》，门头沟区妙峰山。

民国二十一年（1932），春，《赚泉墓碣》，吴颜恒撰，孙揆均正书，门头沟区潭柘寺塔院。

民国二十一年（1932），五月，《重修妙峰山玉仙台娘娘庙碑记》，门头沟区妙峰山。

民国二十一年（1932），孟夏之月毂旦，《维护岩子井碑》，门头沟区门头村。

民国二十二年（1933），《药王殿创设和忠乐善茶棚碑文》，门头沟区妙峰山。

民国二十三年（1934），《重修贵子港庙宇复设茶棚记》，门头沟区妙峰山。

民国二十五年（1936）四月，《修建傻哥哥殿碣石》，门头沟区妙峰山。

民国二十五年（1936）四月，《潭柘寺石栏志》，门头沟区潭柘寺大雄宝殿前东侧墙上。

民国三十年（1941），《妙峰山挺进军刻石》，门头沟区妙峰山娘娘庙西北石壁上。

民国三十二年（1943）卒，《刘增广墓碑》，门头沟区军响煤窝七里峪沟。

民国三十五年（1946）七月七日谷旦，《宛平县人民八年抗战为国牺牲烈士纪念碑》，地址不详。

□□四年三月二十四，《大悲老会题名碑》，门头沟区戒台寺。

无年月（民国），《草地村捐资题名碑》，门头沟区北岭。

无年月（民国），《琉璃渠村题名碑》，地址不详。

无年月，《天水伯赵公碑首》，地址不详。

无年月，《捐资人名碑》，地址不详。

无年月，《重修潭柘嘉福寺碑记》，门头沟区潭柘寺斋堂院西侧。

无年月，《噶布喇墓碑》，门头沟区。

无年月，《卫公墓志（盖）》，门头沟区。

无年月，《金鋐墓碑》，门头沟区军庄镇。

无年月，《中宪大夫太和张公和李氏合葬墓铭》，门头沟区龙泉镇大峪村，现无存。

无年月，《内官监太监侯忠及母张氏墓志》，门头沟区永定镇万佛堂村西。

无年月，《火村南华严寺修路刻石》，门头沟区斋堂镇火村村南三里元代古刹华严寺遗址附近"仙女台"。

无年月，《珠窝湖修路刻石》，门头沟区斋堂镇桑峪村村北八里珠窝湖。

（六）新中国成立后

1988年仲春，《古城村秉心圣会碑》，门头沟区妙峰山。

1992年，《左安门外红寺村太平同乐秧歌会碑》，门头沟区妙峰山。

1992年四月初一，《左安门内众友同心中幡圣会碑》，门头沟区妙峰山。

1993年四月初一，《海淀小西天天伦轿房碑》，门头沟区妙峰山。

1993年四月初三，《东便门唐将坟村同心助善秧歌老会碑》，门头沟区妙峰山。

1994年仲夏，《金顶妙峰山文武各会朝顶进香碑》，门头沟区妙峰山。

1994年，《妙峰山重建庙宇功德碑》，门头沟区妙峰山。

1995年四月初八，《同心永乐开路圣会碑》，门头沟区妙峰山。

1995年，《永外时村文武乐善八卦少林会碑》，门头沟区妙峰山。

1996年六月六日，《元君功秧歌会碑》，门头沟区妙峰山。

1996年十月二十五日，《丰合东管头燕青打播五虎少林圣会碑》，门头沟区妙峰山。

1998年三月二十三日，《丰台西铁营村系春开路会碑》，门头沟区妙峰山。

1998年四月，《西北望皇会幼童少林五虎棍会碑》，门头沟区妙峰山。

1998年十月二日，《西北旺高跷秧歌会碑》，门头沟区妙峰山。

1999年，《妙峰山景区管理处立积德行善碑》，门头沟区妙峰山。

1999年三月，《东管头村老少同乐五虎少林圣会碑》，门头沟区妙峰山。

1999年四月初一，《西直门外同心和善五虎打路会碑》，门头沟区妙峰山。

2001年春，《朝阳全盛中幡圣会碑》，门头沟区妙峰山。

2001年四月初一，《聚义乐善国术圣会、文武乐善八卦少林会碑》，门头沟区妙峰山。

2001年九月十六日，《中坞村万民同乐文场会碑》，门头沟区妙峰山。

2001年秋，《宣武区老年同乐太狮圣会碑》，门头沟区妙峰山。

2001年，《门头沟文化局"文物保护单位，娘娘庙及灵官殿"碑》，门头沟区妙峰山。

2002年四月初一，《同心乐善五虎少林会碑》，门头沟区妙峰山。

2002年四月十九，《舞龙舞狮秧歌会碑》，门头沟区妙峰山。

2002年四月，《玉泉山功德寺普心同乐玉龙舞狮会碑》，门头沟区妙峰山。

2002年，《大有庄普天同庆会碑》，门头沟区妙峰山。

2003年三月，《同心合善蝴蝶少林老会朝莲花金顶妙峰山进香碑》，门头沟区妙峰山。

2003年四月初一，《妙峰山管理处千元功德碑》，门头沟区妙峰山。

2003年四月二日，《三路居新善吉庆开路老会碑》，门头沟区妙峰山。

2004年四月初一，《崇文区崇阳助善车船圣会碑》，门头沟区妙峰山。

2004年二月二十，《共心向善馒头圣会碑》，门头沟区妙峰山。

2004年春，《同心向善馒头圣会碑》，门头沟区妙峰山。

2004年春，《厚德积善馒头圣会碑》，门头沟区妙峰山。

2005年三月十九，《东管头村群英好善五虎少林燕青打擂少林圣会碑》，门头沟区妙峰山。

2005年三月十九，《广安门外东管头村万善虔诚旱船圣会碑》，门头沟区妙峰山。

2006年四月初，《左安门外十里河佛保生霞云车圣会碑》，门头沟区妙峰山。

2006年四月初一，《李福明立佛光普照碑》，门头沟区妙峰山。

2006年四月初六，《左安门玉海升平小车圣会碑》，门头沟区妙峰山。

2006年四月二十七，《丰台区房家村同心议善开路圣会碑》，门头沟区妙峰山。

2007年正月，《丰台区南苑聚义同善文武圣会碑》，门头沟区妙峰山。

2007年，《北京市海淀区西苑阅武同心舞狮会碑》，门头沟区妙峰山。

《妙峰山管理处千元功德碑》，门头沟区妙峰山。

《捐万元善款功德碑》，门头沟区妙峰山。

## 三、石景山区

（一）元代以前

东汉元兴元年（105）十月，《秦君神道左阙》，石景山区八宝山侧出土。

东汉元兴元年（105）十月，《秦君神道右阙》，石景山区八宝山侧出土。

东汉元兴元年（105）十月，《秦君墓刻辞一》，石景山区八宝山侧出土。

东汉元兴元年（105）十月，《秦君墓刻辞二》，石景山区八宝山侧出土。

东汉元兴元年（105）十月，《驰虎画像秦君墓石刻之一》，石景山区八宝山侧出土。

东汉元兴元年（105）十月，《驰虎画像秦君墓石刻之一》，石景山区八宝山侧出土。

东汉元兴元年（105）十月，《持戟卒画像秦君墓石刻之一》，石景山区八宝山侧出土。

东汉元兴元年（105）十月，《墨顶（一）秦君墓石刻之一》，石景山区八宝山侧出土。

东汉元兴元年（105）十月，《墨顶（二）秦君墓石刻之一》，石景山区八宝山侧出土。

东汉元兴元年（105）十月，《墨顶（三）秦君墓石刻之一》，石景山区八宝山侧出土。

东汉元兴元年（105）十月，《墨顶（四）秦君墓石刻之一》，石景山区八宝山侧出土。

西晋元康五年（295），《刘靖戾陵堰碑》，今已不存。车厢渠之阳。

西晋永嘉元年（307）四月十九日，《王浚妻华芳墓志》，石景山区八宝山骨灰堂西出土。

唐宝历元年（825）正月十三日卒，《殿中侍御史彭城刘公夫人清河张氏墓志》，石景山区老古城村出土。

唐大和三年（829）卒，《唐御史中丞刘翺暨妻张氏墓》，石景山区老古城村出土。

唐大中元年（847），《游击将军纪公夫人》，地址不详。

唐咸通六年（865）卒，《摄檀州刺史充威武军使论博言墓志》，于金则书并篆盖，石景山区老古城村出土。

唐乾符三年（876）葬，《左监门卫兵曹参军梁弘义墓志》，郭彦撰，石景山区。

唐中和二年（882）二月十一日，《摄檀州刺史乐邦穗墓志》，李缊撰，乐藏况书丹，杨元会刻工，石景山区庞村出土。

无年月（唐618—907），《翊府左郎将李仙期墓志》，石景山区青龙山狮子窝。

无年月（唐618—908），《幽州卢龙节度步军将夫人张氏墓志》，郭少达撰并书，石景山区庞村出土，现存北京市文物研究所。

五代，《左谏议大夫窦禹钧阴》，范仲淹撰，原在鲁谷黄庄，今已无存。

辽统和六年（989）十二月二十四日卒，《营州刺史兼御史大夫李熙墓志》，石景山区石槽村南出土。

辽统和十五年（997）五月十九日，《契丹国故始平军节度管内观察处置等使崇禄大夫检校太保使持节辽州诸军事行辽州刺史兼御史大夫上柱国昌黎县开国男食邑三百户韩公（佚）墓志铭并序》，地址不详。

辽统和十五年（997）五月十九日后，《辽故始平军节度使韩公（佚）夫人王氏墓志铭》，地址不详。

辽咸雍五年（1069）二月十二日卒，《检校工部尚书韩资道墓志》，李炎撰，石景山区八宝山革命公墓。

辽咸雍七年（1071），《耶律仁先妻郑氏造塔记》，石景山区八大处灵光寺。

辽乾统八年（1108），《中都大昊天寺妙行大师碑铭并序》，石景山区五里坨村北荐福山下。

辽乾统八年（1108），《燕京大昊天寺妙行大师行状碑》，石景山区五里坨村北荐福山下。

无年月（辽907—1125），《京兆郡开国公杜悆墓志》，郑皓撰，石景山区鲁谷西小区。

金皇统六年（1146）五月十九日，《金定远大将军吴前鉴墓志》，刘仲渊撰，李从书，石景山区金王府村。

金正隆二年（1157）五月葬，《宣威将军韩部墓志》，刘航撰、孙汶书丹，石景山区八宝山革命公墓。

金大定四年（1164），《金昊苪寺碑》，模式口隆恩寺。

金大定二十年（1180），《妙行大师行状碑》，义藏笺书刻，觉琼等建，南宫隆恩寺，现奉天博物馆收藏。

金崇庆元年（1212）卒，《显武将军吴璋阡表》，石景山区。

无年月（金1115—1234），《知蓟州军州事、上轻车吕士宗墓志》，荆口撰文，石景山区焦家坟村南。

无年月（金1115—1234），《东平县开国侯吕士安墓志》，赵渊撰文，石景山区焦家坟村南。

无年月（金1115—1234），《金殿中侍御史吕嗣延墓》，吕造撰，石景山区焦家坟村南。

无年月（金1115—1234），《东平县君韩氏墓志》，吕造撰，石景山区焦家坟村南。

无年月（金1115—1234），《将仕郎赵励墓志》，赵宾撰，刘子裕书，石景山区。

无年月（金1115—1234），《清河张伟墓》，前进士马升撰，石景山区高井，现藏石景山区田义墓石刻展区。

（二）元代

元至元三年（1266），《汾州石匠摩崖石刻》，地址不详。

元至元五年（1268）二月十六日，《定志塔铭》，定圆撰并正书，石景山区八宝山下。

元大德四年（1300）卒，《追封鲁国公博果密（不忽木）墓碑》，石景山区衙门口地区。

元大德九年（1305）十二月二十七日，《金刚般若波罗蜜经》，（后秦僧）鸠摩罗什译，赵孟頫正书，石景山区八大处灵光寺佛牙舍利塔内。

元至大二年（1309）九月二十九日卒，《佛性圆融崇教大师定演墓志》，赵孟頫撰，石景山区八宝山崇国寺南塔院，今已无存。

元至大四年（1311）卒，《昭文馆大学士靳德进墓》，石景山区鲁谷地区，今已无存。

元元统三年（1335）正月日，《集贤直学士宋本行状》，弟翰林修撰裦谨状，石景山区福田公墓。

元至正元年（1341）五月二十八日卒，《荣禄大夫康里回回（不忽木长子）神道碑》，地址不详。

元至正十五年（1355）正月，《御史中丞杨朵儿只墓志》，周伯琦撰文，周泰刊，石景山区杨庄村。

无年月（元 1271—1368），《御史中丞多尔济神道碑》，石景山区杨庄村。

无年月（元 1271—1368），《追赠夏国公杨教化神道碑》，石景山区杨庄村。

无年月（元 1271—1368），《礼部尚书王倚神道碑》，地址不详。

无年月（元 1271—1368），《福建廉访副使仇锷神道碑》，赵孟頫撰，葬今西下庄一带。

无年月（元 1271—1368），《太中大夫仇溶墓志》，石景山区西下庄。

无年月（元 1271—1368），《大司农卿郝景文墓志》，马祖常撰，石景山区卢师山，现已无存。

无年月（元 1271—1368），《翰林直学士宋褧墓志》，原在北京射击场，现已无存。

无年月（元 1271—1368），《元正议大夫王倚碑》，石景山区卢师山。

无年月（元 1271—1368），《元参政郝景文碑》，石景山区卢师山。

（三）明代

永乐十九年（1420）四月卒，《追封广宁侯刘荣墓碑》，石景山区广宁村。

正统四年（1439）九月二十六日，《李福善等造佛顶尊胜陀罗尼经幢》，石景山区蟠龙山法海寺内。

正统五年（1440）卒，《庆都公主圹志》，石景山区黑石头村出土，现存石景山区田义墓石刻展区。

明正统六年（1441）五月十五吉日，《三宝施食幢》，地址不详。

正统八年（1443）十月十五日，《法海寺碑》，胡濙撰，吴谦正书，贾英镌，石景山区蟠龙山。

正统八年（1443）十月十五日，《法海寺碑》，王直撰，吴谦正书，陈敬，贾英镌，石景山区法海寺。

正统九年（1444）六月十八日卒，《武康伯徐祯墓志》，刘铉撰，石景山区玉泉医院，现存田义墓。

正统九年（1444）冬节日，《楞严经幢》，石景山区蟠龙山法海寺内。

正统十年（1445）二月十五日，《颁赐法海寺大藏经》，石景山区蟠龙山法海寺。

正统十二年（1447），《法海寺铜钟铭》，石景山区蟠龙山法海寺。

景泰元年（1450）四月六日卒，《清平伯吴英墓志》，王直撰，吴馀庆书丹，程南云篆，石景山区模式口村出土。

景泰三年（1452）正月二十八日卒，《锦衣卫百户蒋兴墓志》，赵昂撰，赵荣书，程南云篆，石景山区琅山村。

景泰四年（1453）八月十五日，《李童墓碑》，胡濙撰，正书，石景山区法海寺西南。

景泰五年（1454）七月，《镇海寺碑》，如幻撰，祁寓藻正书，石景山区八大处秘魔崖。

成化五年（1469）闰二月十五日，《证果寺碑》，姚夔撰，赵昂正书，孙继宗篆额，石景山区八大处秘魔崖。

成化五年（1469）闰二月十五日，《报恩碑》，姚夔撰，赵昂正书，孙继宗篆额，石景山区八大处秘魔崖。

成化五年（1469）十月，《赐敕香盘禅寺报恩碑》，地址不详。

成化六年（1470），《证果寺铜钟铭》，八大处八处证果寺。

成化六年（1470）十二月十八日，《延顺墓志》，万安撰，李震正书，李侃篆盖，石景山区高井村出土。

成化七年（1471）十月二十二日，《福寿谕祭碑》，石景山区法海寺外。

成化九年（1473）六月二十六日，《延祐墓志》，李侃撰，同璟正书，周骙篆盖，石景山区高井村出土。

成化九年（1473）卒，《秀怀王妃圹志》，石景山区秀府村北出土。

成化十四年（1478）十二月十日，《明故都知监太监弓公（胜）墓志铭》，地址不详。

成化十五年（1479）三月初三，《驸马都尉石璟墓志》，薛远撰，杨杞书丹，乔凤篆额，出土于琅山村北。

成化十五年（1479）十一月二日，《灵光寺碑》，石景山区八大处。

成化十五年（1479）十一月二日，《灵光寺碑》，石景山区八大处。

成化十五年（1479）十一月二日，《御制大圆通寺碑》，碑已不存，碑文载于明沈榜著《宛署杂记》。

成化十五年（1479）十一月二日，《御制大圆通寺重修碑》，碑已不存，碑文载于明沈榜著《宛署杂记》。

成化十五年（1479）十二月二十八日薨，《隆庆公主圹志》，石景山区琅山村。

成化十九年（1483）三月三十日卒，《嘉祥公主圹志》，石景山区刘娘府村。

成化二十年（1484）八月二十一日卒，《广德公主圹志》，石景山区西山疗养院出土。

成化二十二年（1486）九月十八日，《福寿禅师塔碑》，傅瀚撰，姜立纲正书并篆额，阎杰刻，石景山区蟠龙山法海寺。

弘治四年（1491）五月九日，《王宪妻朱氏（固安郡主）圹志》，石景山区八大处出土。

弘治五年（1492）卒，《昌国公张峦神道碑》，石景山区翠微山。

弘治五年（1492）卒，《昌国公张峦墓志》，丘浚撰，石景山区翠微山。

弘治六年（1493）五月二十一日卒，《尚膳监太监宁英墓志》，万安撰，赵祥书丹，储材篆额，石景山区八大处出土。

无年月[弘治八年]（1495），《刚铁祠题名碑》，石景山区八宝山刚铁祠。

无年月[弘治八年]（1495），《刚铁祠题名碑》，石景山区八宝山刚铁祠。

弘治八年（1495）五月，《黑山会坟茔碑》，石景山区八宝山刚铁祠。

弘治八年（1495）八月十四日，《慧义谕聚碑》，石景山区蟠龙山法海寺。

无年月[弘治八年]（1495），《刚铁墓碑》，石景山区八宝山刚铁祠。

弘治十二年（1499）六月十五日，《保明寺碑》，石景山区西黄村。

弘治十三年（1500）三月初六日，《大明内官监左监丞赵公（新）墓志铭》，地址不详。

弘治十五年（1502）七月二十一日，《明岐惠王圹志》，地址不详。

弘治十五年（1502）七月二十一日，《明岐惠王妃王氏圹志盖》，地址不详。

弘治十六年（1503）八月八日，《明岐惠王第二女圹志》，地址不详。

弘治十六年（1503），《御马监太监景聪墓碑》，石景山区法海寺。

弘治十六年（1503），《工部为比例乞恩赐给祠额祭葬事碑》，石景山区隆恩寺出土，现藏石景山区田义墓石刻展区。

弘治十八年（1505）六月二十七日，《黎义谕祭碑》，石景山区蟠龙山法海寺西山下。

弘治十八年（1505）七月二日，《黎义墓碑》，白钺撰，赵永正书，张伟篆额，石景山区蟠龙山法海寺南。

正德元年（1506）十一月二十五日卒，《惜薪司太监王瑀墓志》，石珩撰，周文通书丹，蒋恭篆，石景山区福田寺村。

正德二年（1507）卒，《雍靖王圹志》，石景山区雍王府村。

正德七年（1512）十月，《司礼监太监李荣神道碑》，杨廷和撰，李燧书，张懋篆，石景山区李荣墓。

正德七年（1512）卒，《司礼监太监李荣墓志》，李东阳撰，李燧书，张懋篆，石景山区李荣墓。

正德八年（1513），《三十五佛名铜钟铭》，石景山区承恩寺。

正德八年（1513）二月卒，《神宫监太监邓贤墓志》，杨缵撰，石景山区刘娘府出土。

正德八年（1513）九月十日，《承恩寺敕谕碑》，石景山区模式口村。

正德九年（1514）逝世，《驸马都尉樊凯墓志》，杨廷和撰，蔡震书丹，张懋篆盖，石景山区北京铁路局西山疗养院内出土。

正德十年（1515）二月十五日，《重修法海禅寺记》，原在石景山区法海寺大雄宝殿东侧，今已不存。

正德十年（1515），《承恩寺记》，李东阳撰，原在石景山区承恩寺内，今已不存。

正德十二年（1517）三月，《古镜寿塔》，石景山区八大处。

正德十四年（1519）六月，《内官监太监莫英神道碑》，蒋冕撰，杨潭篆，金云鸿书，石景山区天泰山东。

正德十五年（1520）三月，《白石主人传（内官监太监莫英）》，石景山区天泰山东。

嘉靖元年（1522）六月十九日卒，《秀府顺义郡主圹志》，石景山区琅山村。

嘉靖元年（1522）卒，《广宁伯刘佶墓志》，石景山区广宁村。

嘉靖元年（1522），《敕赐双泉禅寺报恩碑》，石景山区双泉寺村双泉寺。

嘉靖四年（1525）二月，《保明寺碑》，石景山区西黄村。

嘉靖四年（1525）二月五日卒，《尚膳监太监乔宇墓志》，顾可学撰文，谈相书丹，龚珮篆盖，石景山区。

嘉靖四年（1525）九月十二日卒，《新宁伯谭祐墓志》，费宏撰，李钺书丹，郭勋篆，石景山区黑头山出土。

嘉靖五年（1526）十一月二十三日卒，《内官监太监李堂墓志》，石景山区福田寺。

嘉靖九年（1530）二月初四，《恩荣官陈伟墓志》，蔡需撰，廖云龙书丹，蔡子举篆盖，石景山区八宝山出土。

嘉靖九年（1530）薨，《泾简王妃圹志》，石景山区西下庄。

嘉靖十年（1531）五月，《刚铁墓碑》，石景山区八宝山刚铁祠。

嘉靖十一年（1532）四月，《金西白碑》，孙绍祖撰，郑纲正书并篆额，石景山区西黄村。

嘉靖十一年（1532）四月，《金西白墓表》，曹松正书并篆额，石景山区黄村。

嘉靖十二年（1533）卒，《驸马都尉游泰墓志》，夏言撰，郭勋篆，张伟书，石景山区。

嘉靖十四年（1535）卒，《清平伯吴家彦妻墓志》，刘仑撰，徐陟书，杨儒篆，石景山区模式口村，现存首都博物馆。

嘉靖十五年（1536）十月十六日卒，《张室孺人周惠闲墓志》，张文宪撰，唐国相书，吴希孟篆，石景山区模式口出土，今藏北京石刻艺术博物馆。

嘉靖十六年（1537）正月五日卒，《中奉大夫周钺及妻墓志》，志文楷书，孙僧撰并书，庞仲庸篆额，石景山区琅山村。

嘉靖十六年（1537）后，《明泾简王（朱祐橓）妃曹氏圹志》，地址不详。

嘉靖十九年（1540）八月十日，《御马监太监张保墓志》，高擢撰并书篆，石景山区五里坨净德寺出土，今藏北京市文物研究所。

嘉靖二十六年（1547）六月十六日卒，《内官监太监辛寿墓志》，石景山区西下庄。

嘉靖二十六年（1547）十一月十四日，《保明寺第三代住持张氏墓志》，曹彬撰并书丹，石景山区黄姑寺。

嘉靖二十六年（1547）十二月三日卒，《御马监监丞席良墓志》，陈宏撰，高仲书并篆，石景山区模式口出土。

嘉靖二十七年（1548）卒，《广宁伯刘泰墓志》，地址不详。

嘉靖二十八年（1549）十一月二十八日卒，《侯国宁墓碑》，石景山区模式口村慈祥庵内。

嘉靖二十九年（1550）仲秋九月，《大悲殿碑》，石景山区八大处。

嘉靖三十年（1551）五月，《护国寺碑》，石景山区八宝山革命公墓内。

嘉靖三十年（1551）五月，《护国褒忠祠碑》，徐阶撰，谈相正书并篆额，石景山区八宝山刚铁祠。

嘉靖三十年（1551）五月，《黑山会流芳碑》，石景山区八宝山刚铁祠。

嘉靖三十年（1551），《八大处信士信官题名摩崖碑》，地址不详。

嘉靖三十年（1551），《八大处摩崖残碑》，地址不详。

嘉靖三十一年（1552）卒，《司礼监太监麦福墓志》，石景山区荐福山。

嘉靖三十二年（1553），《承恩寺第一代住持永公塔碑》，石景山区模式口，现存承恩寺。

嘉靖三十八年（1559）九月六日卒，《辅国将军朱成鐩墓志》，李豸撰，谢岩、张巨弼书篆，石景山区。

嘉靖四十四年（1565）正月二十八日，《广宁伯太夫人刘母马氏墓志》，地址不详。

嘉靖四十五年（1566）二月十五日，《释迦如来双迹灵相图》，（沙门）宗正正书，石景山区八大处灵光寺。

嘉靖□□年十二月二十六日，《御马监太监张寿墓志》，杨一清撰文，李时书丹，郭勋篆额，石景山区。

隆庆二年（1568）七月二十日，《卫守正墓志》，徐阶撰，李春芳正书，朱希忠篆盖，石景山区模式口。

隆庆三年（1569）四月十二日，《明故锦衣卫指挥使游公（铉）墓志》，地址不详。

无年月（嘉靖），《刚铁墓碑》，石景山区八宝山刚铁祠。

万历元年（1573）三月，《护国寺碑》，杨博撰，正书，张鸾刻，石景山区八宝山革命公墓内。

万历四年（1576）岁次丙子七月，《重修皇姑寺碑记》，石景山区西黄村。

万历五年（1577）七月二十七日葬，《司礼监管监事太监郑真墓志》，徐阶撰，王槐书，李勋篆，石景山区五里坨隆恩寺路东。

万历六年（1578）四月八日，《如来三十二相图》，石景山区八大处灵光寺。

万历六年（1578）六月二十四日，《锦衣卫指挥同知许良卿墓志》，张元忭撰，成逊书，姜璧篆，石景山区田义墓石刻展区。

万历九年（1581），《锦衣卫指挥佥事陈桂及恭人合葬墓志》，王守义镌，石景山区八宝山出土。

万历十年（1582）八月九日，《敕田义押发怀埔谕》，石景山区模式口。

万历十一年（1583）三月十二日，《田义敕谕碑》，石景山区模式口村。

万历二十年（1592）四月，《刚祖祠碑》，王家屏撰，正书，石景山区八宝山刚铁祠。

万历二十二年（1594）十二月十七日，《梁邦瑞妻朱氏（永宁长公主）圹志》，石景山区下庄出土。

万历甲午（1594），《净土寺铁钟铭》，石景山区八大处六处香界寺。

万历二十二年（1594）六月初五卒，《永宁公主圹志》，石景山区西下庄村。

万历二十八年（1600），《万历二十八年铜钟铭》，石景山，区八大处五处。

万历三十三年（1605）九月十五日，《田义谕祭碑》，石景山区模式口。

万历三十三年（1605）九月十七日，《田义谕祭碑》，石景山区模式口。

万历三十三年（1605）九月十九日，《田义谕祭碑》，石景山区模式口。

万历三十三年（1605）十月吉旦，《乾清宫近侍司礼监掌印兼掌酒醋面局印总督礼仪房司礼监太监渭川田公（义）墓表碑铭》，地址不详。

万历三十三年（1605）十月，《田义墓碑》，沈一贯撰，潘世元正书，沈鲤篆额，石景山区模式口。

万历三十五年（1607）六月，《褒忠祠碑》，冯有经撰，正书，石景山区八宝山刚铁祠。

万历三十五年（1607）六月十二日逝，《宁安公主圹志》，现存石景山区田义墓。

万历三十七年（1609）十月七日，《朱常洵（福王）长女圹志》，石景山区苹果园刘娘府出土。

万历三十七年（1609）十二月十二日，《荣禄大夫陈如忠及妻墓志》，张邦纪撰文，伯子祥书丹，王问篆盖，石景山区八宝山出土。

万历三十七年（1609）十月二十八日奄逝，《皇太子第二子朱由㰕圹志》，石景山区西小府村。

万历三十□年，《净土寺置田碑》，许用宾撰并正书篆额，石景山区首都钢铁厂内。

万历四十三年（1615）六月，《大慈寺碑》，张瑞图撰，王继曾正书，杨道寅篆额，石景山区苹果园黄庄。

万历四十四年（1616）卒，《皇太子第三子朱由楫圹志》，石景山区西小府村。

万历四十八年（1620）四月，《天主宫碑》，许用宾撰并正书篆额，郑文义镌，石景山区首都钢铁厂内。

无年月（万历），《田义墓碑》，沈一贯撰，潘世元正书，沈鲤篆额，石景山区模式口。

天启元年（1621）九月十四日卒，《张升墓志》，李诚撰并正书及篆盖，石景山区模式口。

天启二年（1622）十月□日，《清公塔记》，石景山区西黄村。

天启四年（1624）十二月二十六日，《（光宗）朱常洛妃李氏圹志》，石景山区苹果园刘娘府。

天启七年（1627）二月卒，《桂王第二女圹志》，石景山区田义墓石刻展区。

崇祯二年（1629）十二月初三卒，《怀隐王圹志》，石景山区刘娘府村。

崇祯五年（1632）九月十一日，《马荣墓碑》，孙征兰撰，许用宾正书，苟好善篆额，石景山区模式口。

崇祯十七年（1644）前，《藏文六字真言摩崖》，地址不详。

崇祯十七年（1644）前，《成玉题记》，地址不详。

无年月（明1368—1644），《本念禅师碑》，郭如楚撰并正书，石景山区黄庄。

无年月（明1368—1644），《兵马坟碑》，石景山区八宝山革命公墓西墙外。

无年月（明1368—1644），《王公墓志盖》，石景山区八大处出土。

无年月（明1368—1644），《甘露泉题记》，石景山区八大处龙泉寺。

无年月（明1368—1644），《清泠二字摩崖》，石景山区八大处灵光寺。

无年月（明1368—1644），《内官监太监梁宣墓志》，李东阳撰，刘柴书丹，谭祐篆盖，石景山区八宝山出土。

无年月（明1368—1644），《司礼监太监冯保预作寿藏》，褒忠祠，今已无存。

无年月（明1368—1644），《昌国公张峦神道碑》，地址不详。

无年月（明1368—1644），《内官监太监赵举墓志》，石景山区杏石口出土，现存首都博物馆。

无年月（明1368—1644），《内官监太监杨蕙墓志》，习孔教撰并书，顾寰篆额，石景山区北京射击场出土，现藏北京市文物研究所。

无年月（明1368—1644），《新宁伯谭祐夫人柳氏墓志》，石景山区黑头山东出土，现存田义墓石刻展区。

无年月（明1368—1644），《新宁伯谭祐妻吴氏墓志》，徐俊民撰，张翰书，郭勋篆额，石景山区黑头山东出土，现存田义墓石刻展区。

无年月（明 1368—1644），《新宁伯谭功承墓志》，张文宪撰，朱希忠书丹，陈鏸篆，石景山区黑头山东出土。

无年月（明 1368—1644），《新宁伯谭忠墓志》，程南云篆盖，朱廷晖书丹，李时勉撰，石景山区黑头山东出土，现藏北京市文物研究所。

无年月（明 1368—1644），《新宁伯谭忠之子谭瑛墓志》，程敏政撰文，赵昂书丹，王镛篆额，石景山区黑头山东出土，现藏北京市文物研究所。

无年月（明 1368—1644），《宣城伯卫守正墓志》，徐阶撰，李春芳书丹，朱希忠篆，石景山区模式口村出土，现存北京市文物研究所。

无年月（明 1368—1644），《广宁伯刘允中墓志》，贾名儒撰，王谟书，吴继爵篆，石景山区广宁村出土，今藏田义墓石刻展区。

无年月（明 1368—1644），《文渊阁大学士李淳墓志》，谢铎撰，周文通书丹，乔宇篆额，石景山区南宫工程兵大队院内收集，今藏田义墓石刻展区。

无年月（明 1368—1644），《封太夫人高氏墓志》，李侃撰，赵昂书丹，邢简篆盖，石景山区高井村出土。

（四）清代

顺治二年（1645），《中峰庵建山门为前殿三宇碑记》，林维造撰，李迎晙篆额，黄维宁书，石景山区五里坨南宫猴山。

顺治十三年（1656）四月七日，《孙龙谕祭碑》，石景山区黄庄。

顺治十三年（1656）十月上浣，《孙龙墓碑》，史大成撰，正书，石景山区黄庄。

顺治十七年（1660）三月，《顺治帝题"敬佛"碑》，石景山区法海寺。

顺治十七年（1660）五月，《慧枢行地禅师立〈奉旨示禁碑〉》，石景山区法海寺。

顺治十七年（1660）六月，《李承训及妻黄氏合葬志》，沙澄撰，艾元徵正书，霍达篆盖，石景山区模式口。

顺治十八年（1661）三月，《刘进忠墓碑》，张凤起撰，正书，石景山区福田公墓。

康熙二年（1663）六月十日，《□善胤墓碑》，沙澄撰，田麟正书，袁之弼篆额，刘光扬刻，石景山区八大处黄土坟。

康熙三年（1664）吉日，《显圣宫香会勒名碑记》，石景山区八宝山娘娘庙原址。

康熙五年（1666）三月，《敕赐万安山法海禅寺十方碑记》，石景山区法海寺。

康熙五年（1666）三月，《敕赐法海禅寺碑记》，石景山区法海寺。

康熙九年（1670），《昌化寺铜钟铭》，石景山区八大处昌慈古香道昌化寺。

康熙九年（1670），《皇姑寺五代归圆大师碑记》，石景山区皇姑寺。

康熙九年（1670）四月，《皇姑寺题名碑》，石景山区西黄村。

康熙十年（1671）十二月，《善应寺碑》，龚鼎孳撰，严绳孙正书并篆额，石景山区八大处。

清康熙十年（1671），《康熙十年高尔位造铜钟铭》，石景山区八大处六处香界。

康熙十一年（1672）闰七月十七日，《皇恩准给碑》，石景山区田义墓显德祠。

康熙十一年（1672）闰七月十九日，《慈祥庵呈文碑》，石景山区模式口村。

康熙十一年（1672）八月十八日，《龙泉庵庙产碑》，石景山区八大处。

康熙十三年（1674）十月九日卒，《慈有方墓碑》，石景山区模式口村。

康熙十四年（1675）十二月十四日，《于得水及妻王氏继室宛氏诰封碑》，石景山区杨庄村西。

康熙十四年（1675）十二月十四日，《越国祯及妻卞氏（赵珹之父母）诰封碑》，石景山区西黄村。

康熙十六年（1677）夏日，《敬佛二字刻石》，（圣祖）玄烨正书，石景山区八大处香界寺。

康熙十六年（1677），《大悲菩萨自传真像碑》，地址不详。

康熙十七年（1678）七月，《圣感寺碑》，（圣祖）玄烨撰，正书，石景山区八大处香界寺。

康熙二十一年（1682）三月谷旦，《□□□神会记碑》，地址不详。

康熙二十二年（1683），《朱国治御祭碑》，石景山区模式口村。

康熙二十二年（1683）十月二十九日祭，《汉军都统佐领赵珹谕祭碑》，石景山区，今已不存。

康熙二十四年（1685）四月十三日，《佛科多谕祭碑》，石景山区八宝山。

康熙二十八年（1689）十月，《都督同知侯袭爵墓志》，张朝璘撰，李铠篆额，张容书丹，石景山区西黄村。

康熙二十八年（1689）十月二日，《赵国祚墓碑》，石景山区西黄村。

康熙二十九年（1690），《大悲寺铁钟铭》，石景山区八大处三山庵。

康熙三十年（1691）七月三十日，《于成龙及妻李氏继妻周氏诰封碑》，石景山区西黄村西。

康熙三十年（1691）八月十一日，《王之鼎基碑》，石景山区西黄村西。

康熙三十年（1691）八月，《赵一鹤及妻陈氏（赵璟之祖父母）诰封碑》，石景山区西黄村。

康熙三十年（1691）八月，《赵国祥及妻邹氏（赵璟之父母）诰封碑》，石景山区西黄村。

康熙三十一年（1692）三月三十日卒，《河南按察使金事梁忠及妻施氏墓志》，师若琪撰文，谈九乾书丹、张连篆额，石景山区苹果园出土。

康熙三十一年（1692）七月二十日，《副都统佐领阿尔虎墓碑》，石景山区卢师山。

康熙三十一年（1692）九月三日，《于成龙及妻李氏商氏诰封碑》，石景山区苹果园南。

康熙三十一年（1692）十一月二十日，《于得水及妻王氏宛氏（于成龙之父母）诰封碑》，石景山区苹果园南。

康熙三十四年（1695）十月初八日，《诰授光禄大夫于得水墓志》，李振裕撰，李元振篆额，查升书丹，石景山区杨庄。

康熙三十四年（1695）十一月十九日，《于得水谕祭碑》，石景山区杨庄村西。

康熙三十五年（1696）五月，《显圣官香会碑》，石景山区八宝山。

康熙三十七年（1698）七月，《佛科多墓碑》，石景山区八宝山。

康熙三十八年（1699），《显圣宫铁钟铭》，石景山区八宝山娘娘庙内。

康熙三十八年二月初八日（1699 年 3 月 9 日），《监察御史罗密雅墓碑》，石景山区高井出土，现存承恩寺。

康熙三十八年（1699）三月十九，《诰赠光禄大夫龙席库墓志》，赵吉士撰，石景山区八角村。

康熙三十八年（1699）三月十九，《龙席库谕祭碑》，石景山区八角村。

康熙三十八年（1699）八月十一日，《三等伯提督王之鼎墓碑》，石景山区杨庄村西。

康熙三十九年（1700）四月五日，《于成龙谕祭碑》，石景山区苹果园南。

康熙三十九年（1700）八月二十五日，《于成龙谕祭碑》，石景山区苹果园南。

康熙三十九年（1700）十月，《于成龙神道碑》，石景山区苹果园南。

康熙三十九年（1700）十二月十日，《于成龙墓碑》，石景山区杨庄村西。

康熙三十九年（1700），《总督河道、提督军务于成龙墓志》，王士禎撰，吴涵篆额，阮尔询书丹，石景山区杨庄村。

康熙三十九年（1700），《兵部尚书兼都察院右都御史于龙墓志》，王士禎撰，石景山区杨庄村。

康熙四十年（1701）七月，《刚祖祠碑》，石景山区八宝山刚铁祠。

康熙四十年（1701）十二月，《刚祖圣会碑》，石景山区八宝山刚铁祠。

康熙四十年（1701），《黑山会司礼监太监刚公护国□碑》，地址不详。

康熙四十年（1701），《重修黑山会褒忠祠碑》，地址不详。

康熙四十六年（1707）八月二十六日，《赵琏墓碑》，石景山区西黄村。

康熙四十九年（1710）四月七日，《天仙圣母祠碑》，王原祁撰，正书，石景山区蟠龙山娘娘庙。

康熙五十五年（1716）十月十九日，《郭琭谕祭碑》，石景山区苹果园。

康熙五十六年（1717）正月，《观音庵碑》，石景山区八大处下庄。

康熙五十六年（1717）八月一日，《朱国治墓碑》，石景山区模式口村。

康熙五十七年（1718）三月十五日，《郭瑮墓碑》，石景山区八角村。

康熙五十九年（1720）四月一日，《显应寺碑》，石景山区西黄村。

康熙六十年（1721），《圣感寺铁钟铭》，石景山区八大处六处香界寺。

康熙六十年（1721）五月，《修建慧云禅林记》，石景山区八大处三处三山庵。

康熙六十一年（1722）三月，《赵氏功德碑》，石景山区慈善寺。

康熙六十一年（1722），《朱文盛墓碑》，石景山区模式口村。

康熙□十九年，四月十三日，《蟠龙山进香碑》，石景山区模式口村蟠龙山娘娘庙内。

无年月（康熙），《大悲菩萨自传真像》，石景山区八大处香界寺。

雍正十年（1732）四月，《永年寺碑》，韩光基撰，实隆正书，石景山区八宝山。

雍正十年（1732）四月，《北惠济庙雍正御制碑文》，地址不详。

乾隆三年（1738）五月十五日谷旦，《蟠龙山进香碑记文》，地址不详。

乾隆四年（1739）八月十一日，《梅进朝墓碑》，石景山区八宝山。

乾隆五年（1740）四月初八吉日，《游山圣会碑》，地址不详。

乾隆六年（1741）春月，《太监墓碑阴》，石景山区八宝山革命公墓料场。

乾隆九年（1744）甲子□春月，《重修普济寺佛殿碑记》，郭昌泰撰文，桑国锁篆书，石景山区北辛安村西。

乾隆九年（1744）五月，《任迪吉墓碑》，赫瞻撰并正书，石景山区八大处。

乾隆十年（1745），《报恩圣会碑》，石景山区天泰山慈善寺。

乾隆十三年（1748）十月，《八大刹诗摩崖》，（高宗）弘历撰并行书，石景山区八大处。

乾隆十四年（1749）十一月，《香界寺碑》，（高宗）弘历撰并正书，石景山区八大处香界寺。

乾隆十五年（1750）三月，《巡视永定河诗》，（高宗）弘历撰并正书，石景山区庞村。

乾隆十八年（1753）正月十二日卒，《于承恩墓碑》，石景山区八宝山。

乾隆十八年（1753）五月，《关帝庙碑》，德保撰并正书，石景山区西黄村。

乾隆二十年（1755）三月，《巡视永定河诗》，（高宗）弘历撰并正书，石景山区庞村。

乾隆二十三年（1758）四月初一日，《仝心圣会碑》，地址不详。

乾隆二十四年（1759）春月十九日，《报恩秉心放堂老会碑》，石景山区天泰山慈善寺。

乾隆二十六年（1761）四月一日，《碧霞元君灵应碑》，石景山区蟠龙山。

乾隆二十七年（1762）九月一日，《五圣庵碑》，石景山区八宝山东南石榴村。

乾隆三十一年（1766）□□，《娘娘殿碑》，刘文质撰并正书，石景山区首都钢铁厂内。

乾隆三十六年（1771）四月八日，《合心圣会碑》，石景山区蟠龙山娘娘庙。

乾隆三十七年（1772）九月初一，《放堂圣会碑》，天泰山慈善寺。

乾隆三十八年（1773）四月吉日，《献灯圣会碑记》，地址不详。

乾隆三十八年（1773），《蟠龙山子孙胜会碑记》，地址不详。

乾隆四十一年（1776），《量周灵塔额》，石景山区八大处。

乾隆四十一年（1776）四月十三日，《钱粮圣会碑》，石景山区天泰山慈善寺。

乾隆四十三年（1778）四月二十三日，《如意攒香圣会碑》，肇升撰，石景山区天泰山慈善寺。

乾隆四十五年（1780）五月十五日，《悬灯会石记》，石景山区香界寺，今已不存。

乾隆四十六年（1781）正月卒，《诰授光禄大夫李绶墓志》，纪昀撰，刘墉书，董诰篆盖，石景山区黄庄出土。

乾隆四十七年（1782），《乾隆四十七年碑》，石景山区天泰山慈善寺。

乾隆四十八年（1783）春月，《三吉如意老会碑》，石景山区天泰山慈善寺。

乾隆五十三年（1788）八月，《褒忠祠碑》，赵秉冲撰，正书，石景山区八宝山革命公墓内刚公祠。

乾隆六十年（1795）三月，《慈善寺路灯老会碑》，石景山区天泰山慈善寺。

乾隆六十年（1795）五月，《重修粘补隆恩中峰庵碑记》，石景山区中峰庵。

乾隆六十年（1795），《重修翠微山大悲寺记碑》，地址不详。

嘉庆五年（1800）八月，《重建天太山慈善寺大悲坛碑记》，地址不详。

嘉庆七年（1802），《慈善寺重修碑》，地址不详。

嘉庆十年（1805），《福惠寺碑》，张□鸿撰，石景山区青龙山福慧寺。

嘉庆十二年（1807）二月，《惠月灵塔额》，董诰正书题榜，石景山区八大处。

嘉庆十九年（1814），《重修五圣宫功德碑记》，石景山区杨庄村五圣宫。

嘉庆二十一年（1816）三月，《游香界寺诗》，（仁宗）颙琰撰并行书，石景山区八大处香界寺。

道光二年（1822）二月二十五日，《证果寺碑》，崇理撰，程恩泽正书，石景山区八大处秘魔崖。

道光二年壬午（1822）三月，《镇海寺旧碑记》，地址不详。

道光三年（1823）四月八日，《万善桥碑》，石景山区八大处。

道光四年（1824）八月，《药碾碑》，本真子正书，赵永林刊，石景山区蟠龙山腰。

道光七年（1827）九月，《慈祥庵碑》，（沙门）昊鉴撰，吕进祥正书，石景山区模式口村。

道光八年（1828）五月，《东井碑记》，石景山区北辛安街。

道光十三年（1833）四月，《崇理塔铭》，裕全（豫王）撰，普济正书经，石景山区八大处。

道光十六年（1836）七月七日，《崇公和尚荼昆碑记》，妙因居士撰，正书，石景山区八大处。

道光十九年（1839）五月，《护国寺碑》，单懋谦撰并正书，石景山区八宝山革命公墓内。

道光二十三年（1843），《鲜果圣会碑》，石景山区天泰山慈善寺。

道光二十三年（1843）三月，《承恩寺碑》，钟泰撰，科年正书，石景山区模式口村。

道光二十四年（1844）四月一日，《重修娘娘宝殿众善人等功德碑记》，石景山区杨庄五圣宫大殿。

道光二十七年（1847）十月，《广闻塔记》，续成撰，正书，石景山区下庄。

道光二十七年（1847）十一月，《长寿庵开山第一代闻公和尚愿幢》，石景山区西下庄，现已无存。

道光二十七年（1847），《德克金布秘魔崖诗刻》，地址不详。

道光三十年（1850），《承恩寺碑》，钟年撰，科年正书，广智篆盖，石景山区模式口村。

无年月（道光），《秘摩崖诗》，德克金布撰并正书及镌，石景山区八大处。

咸丰十一年（1861），《观音庵重修碑记》，石景山区五里坨观音庵。

同治七年（1868）四月十五日，《东井碑记》，王铎撰并正书，张仁等刻，石景山区北辛安街。

同治九年（1870）五月，《八宝山碑》，王培南撰并正书，石景山区八宝山。

同治九年（1870）十月，《古井题名碑》，石景山区古城村朝阳庵。

同治十年（1871）九月，《登石景山唱和诗刻》，地址不详。

同治十二年（1873）岁次仲夏，《重修黑山护国寺碑记》，吴县潘祖荫书，石景山区褒忠护国寺。

光绪八年（1882），《重修天太山慈善寺碑记》，宝清书，石景山区天泰山慈善寺。

无年月（1636—1912），《重修天太山慈善寺警戒后世碑文》，真实书，石景山区天泰山慈善寺。

光绪十年（1884）九月十九日后，《重修翠微山双泉寺记碑》，石景山区双泉寺村双泉寺。

光绪十八年（1892）九月，《登石景山唱和诗》，桂本诚、方汝霖和并正书，石景山区首钢厂内。

光绪十八年（1892）九月十八日卒，《张进忠墓碑》，石景山区八宝山。

光绪二十年（1894）三月，《故宦官题名碑》，石景山区八宝山刚公祠。

光绪二十年（1894）十月十六日，《重修五里坨大小庙宇碑记》，石景山区五里坨西街原玉皇庙内。

光绪二十一年（1895）岁次乙未壬午月望日，《重修五神庙碑志》，任鸿德书，石景山区北辛安大街东头南北岔交界。

光绪二十三年（1897）十月五日卒，《丁瑞斌墓碑》，石景山区八宝山。

光绪二十五年（1899）九月望日，《重修弥勒佛殿碑记》，王喆臣撰并书，石景山区天泰山慈善寺。

光绪二十八年（1902）六月，《额勒和布墓碑》，石景山区杏石口村。

宣统元年（1909）三月，《刚铁祠碑》，石景山区八宝山刚公祠。

宣统二年（1910）仲夏桂月，《八宝山碑》，石景山区八宝山。

宣统二年（1910）十二月二日中，《梁得山墓碑》，石景山区八宝山。

宣统三年（1911）前，《三顶献灯老会题名碑》，地址不详。

宣统三年（1911）八月二十六日，《黑山护国寺碑》，石景山区八宝山革命公墓内。

宣统三年（1911）十月，《张兰福感德碑》，石景山区八宝山护国寺内。

宣统五年（1913）八月，《贤良寺塔院碑》，吉安撰，常思昆正书，石景山区八大处塔院。

宣统八年（1916）二月，《董长庆墓碑》，石景山区八宝山。

大清岁次戊午年（可能是康熙十七年，1678）杏月谷旦，《扫塔感恩胜会碑》，第三十四世洞明隆撰，石景山区天泰山慈善寺。

无年月（清1636—1912），《丁松岩及妻陈氏王氏墓碑》，石景山区八宝山焦家坟。

无年月（清1636—1912），《文诚斋墓碑》，石景山区苹果园杏石口。

无年月（清1636—1912），《心纯塔》，石景山区八大处塔院。

无年月（清1636—1912），《月潭灵塔额》，石景山区八大处香界寺。

无年月（清1636—1912），《兴宗灵塔额》，石景山区八大处。

无年月（清1636—1912），《阮连寿墓碑》，石景山区八宝山护国寺内。

无年月（清1636—1912），《吴仁轩神道碑》，石景山区苹果园东下庄。

无年月（清1636—1912），《海峰塔额》，石景山区八大处塔院。

无年月（清1636—1912），《蓬生灵塔额》，石景山区八大处香界寺。

无年月（清1636—1912），《晟一塔额》，石景山区八大处塔院。

无年月（清1636—1912），《倭仁及妻乌苏氏墓碑》，石景山区杏石口。

无年月（清1636—1912），《梁崧生墓碑》，石景山区福田公墓。

无年月（清1636—1912），《福余盒及套章佳氏喜塔腊氏墓碑》，石景山区杏石口。

无年月（清1636—1912），《慧安灵塔额》，石景山区八大处香界寺。

无年月（清 1636—1912），《魏成禄墓碑》，石景山区八宝山。

无年月（清 1636—1912），《护围寺题名碑》，吴裕福正书，贾明远刻，石景山区八宝山革命公墓内。

无年月（清 1636—1912），《天然幽谷榜书》，石景山区八大处。

无年月（清 1636—1912），《固安堤记》，原在石景山下的永定河河堤上，后存在丰台区卢沟桥回龙庙，今下落不明。

无年月（清 1636—1912），《文华殿大学士对哈纳墓碑》，现存石景山区福田公墓。

无年月（清 1636—1912），《汉萍禅师塔铭》，石景山区八大处姚家寺，现已无存。

辛酉年五月，《吴文寿墓碑》，石景山区八宝山。

（五）民国

民国五年（1916）二月十九日，《翠微山灵光洞安设佛位碑文》，石景山区八大处灵光寺。

民国六年（1917）十月一日，《关帝庙碑》，武良粥正书，石景山区八大处下庄灵应寺。

民国八年（1919），《重修永公塔院碑》，承恩寺后裔法安本明顶礼拜撰，石景山区高井，现存承恩寺。

民国九年（1920）十二月，《龙汝霖妾（龙觐光母）马氏墓碑》，严天骏撰，郑沅正书，石景山区上庄村。

民国九年（1920）十二月，《龙觐光墓碣》，严天骏撰，李萌秾正书，石景山区上庄村。

民国十年（1921）十月，《同济桥修桥碑》，地址不详。

民国十年（1921）夏月，《龙王庙碑》，石景山区五里坨民俗陈列馆后院。

民国十年（1921）八月，《普济桥碑》，法安（本明）撰，江凤鸣正书，石景山区八大处贤良寺。

民国十年（1921）八月，《同济桥碑》，石景山区八大处。

民国十二年（1923）八月，《灵光寺碑》，关崇谦撰并隶书，石景山区八大处。

民国十二年（1923）九月，《同济桥碑》，石景山区八大处。

民国十五年（1926）四月十六日卒，《湖北名士李凤山墓志》，柯劭忞撰，宝熙书丹，罗振玉篆盖，石景山区模式口出土。

民国十八年（1929）九月十日卒，《湖北名士李凤山妻墓志》，贺良朴撰，张海若书丹，夏寿田篆盖，石景山区模式口出土。

民国十九年（1930）八月，《贤良寺塔院后记》，本明撰并正书，石景山区八大处塔院。

民国二十年（1931）六月初一，《重修龙王庙碑文》，张开遵撰文，石景山区五里坨村东。

民国二十年（1931）七月，《龙泉寺诗》，石景山区八大处。

民国二十年（1931）七月二十六日卒，《周颂声妻张氏墓碑》，崔麟台撰并隶书，石景山区福田公墓。

民国二十年（1931）九月，《寒松老人方政墓志》，孟锡珏撰文并书丹，石景山区八大处四平台。

民国二十一年（1932）五月三日，《汪大润墓碑》，石景山区福田公墓。

民国二十二年（1933）十二月，《孔繁清妻于氏碑》，王恩波篆（撰）并正书，石景山区八大处下庄。

民国二十三年（1934）秋，《显应寺碑》，卢延真撰并正书，石景山区西黄村。

民国二十三年（1934）十月十六日卒，《徐少笙墓碑》，石景山区八大处黄土坡。

民国二十四年（1935）三月三十日，《重修吕祖庙碑》，正书，卢延真隶书阴，石景山区西黄村。

民国二十四年（1935）八月，《高继宗墓碑》，陈夔龙撰，高凌霨正书，石景山区苹果园西小府村。

民国二十四年（1935），《王绳祖墓碑》，于右任正书，石景山区八大处黄土坡。

民国二十五年（1936），春，《招止事记》，袁翼撰，袁毓麟正书，石景山区八大处秘魔崖。

民国二十六年（1937）九月，《张伯烈及妻李氏墓表》，傅岳棻撰，张海若隶书，胡钧篆额，石景山区苹果园刘娘府。

民国二十六年（1937）十月卒，《著名学者周进墓志》，柯昌泗撰，商承祚篆盖，劳健书丹，石景山区周家坟出土。

民国二十七年（1938）一月，《陈觉生墓碑》，寿鉨撰并正书，陈云亭刻，石景山区八大处邵家坟。

民国三十年（1941）八月一日，《何其慎墓碑》，赵羨渔撰，颜玉泰正书，石景山区福田公墓。

民国三十一年（1942）三月二十八日，《夏莲妻赵菡荭墓碑》，夏莲撰，正书，石景山区福田公墓。

民国三十三年（1944）三月二十二日卒，《夏穗卿妻许德蕴墓志》，石景山区福田公墓。

民国三十三年（1944）四月，《金国宾墓志》，朱敬五隶书，石景山区福田公墓。

民国三十三年（1944）六月十一日卒，《林行规墓碑》，陈宗蕃撰，马衡正书，石景山区福田公墓。

民国三十三年（1944）七月，《夏穗卿妻许德蕴墓碑》，石景山区福田公墓。

民国三十四年（1945）三月十五日，《慈善寺重修碑》，地址不详。

民国三十四年（1945）八月八日，《林鹤翔母醒地碑》，林法君撰，正书，石景山区福田公墓。

民国三十六年（1947）四月二十七日，《盛建勋墓碑》，石景山区福田公墓。

民国三十六年（1947）四月二十七日，《盛建勋墓志》，傅增湘撰，石景山区福田公墓。

民国三十六年（1947）五月二十六日，《高步瀛墓碑》，余嘉锡撰，沈兼士正书并篆额，石景山区福田公墓。

民国三十六年（1947）六月十六日，《吉祥圣会碑》，王喆臣书，石景山区天泰山慈善寺。

民国三十六年（1947）十一月，《信修明自述碑》，信修明撰，潘龄皋正书，石景山区八宝山刚铁祠。

民国三十七年（1948）七月，《刘汉章墓志》，石景山区福田公墓。

民国三十七年（1948）三月，《刚炳祠重茸诗刻石》，地址不详。

民国，《霆威将军鲍贵卿墓碑》，地址不详。

民国，《河北霸县真儒高步瀛墓碑》，余嘉锡撰，石景山区福田公墓。

民国，《总统府顾问林行规墓碑》，陈宗蕃撰文，马衡书丹，石景山区福田公墓。

（六）新中国成立后

黄历四六四八年（1951）四月十九日，《卢学孟墓碑》，石景山区福田公墓。

1951年七月四日卒，《田中修妻万瑞兰墓碣》，田容桂等撰，许竹逸正书，石景山区福田公墓。

1952年九月，《刘光兴及妻任馨荃墓志》，石景山区福田公墓。

1952年十月二十六日，《田中修妻万瑞兰墓碑》，田中修撰，彭八百正书，刘荣章刻，石景山区福田公墓。

1956年十月，《朱带煌居士墓碑》，石景山区八大处灵光寺，现已无存。

1958年六月，《佛牙舍利塔基石》，石景山区八大处灵光寺。

1960年四月八日，《佛牙合利塔记》，赵朴初撰并行书，石景山区八大处灵光寺。

1960年九月，《般若波罗蜜多心经》，（唐僧）玄奘译，正书，石景山区八大处灵光寺佛牙舍利塔内。

庚寅年四月八日，《佛字摩崖》，石景山区八大处。

无年月，《残摩崖》，石景山区八大处。

无年月，《"四柏一孔桥"石额》，地址不详。

无年月，《"秘魔崖"石额》，地址不详。

无年月，《"真武洞"石额》，地址不详。

## 四、房山区

（一）元代以前

隋、唐、辽、金、元、明，《房山云居寺石经》，分刻15143石，30314张。尺寸不等，房山区石经山。

无年月〔长寿二年九月—延载元年五月（693—694）〕，《宋小儿造金刚经碑》，房山区石经山七洞门外。

北魏太和二十三年（499），《比丘僧政弥勒造像题记》，房山区红寺村洪业寺。

北魏景明三年（502）十一月十一日，《刘未刘堆等四人造弥勒像》，房山区石佛寺。

北魏，《降□魔怨制诸外道等字残刻经》，房山区出土。

北齐天统四年（568）三月一日，《北齐光林寺静妃造像题记》，房山区红寺村洪业寺。

北齐隆化元年（576），《百咏南禅师塔记》，房山区上方山，已佚。

隋开皇九年（589）十一月廿日，《隋韩君（智）墓志》，地址不详。

隋仁寿元年（601），《隋智泉寺舍利感应记》，王邵撰，地址不详。

隋仁寿元年（601），《隋立幽州智泉寺舍利塔铭》，王臣睐撰，地址不详。

隋仁寿元年（601）十一月四日，《隋国良乡县司功韩君（辅）墓志》，地址不详。

隋大业十年（614）二月二十三日，《隋大业刻经》，房山区万佛堂村孔水洞。

隋大业十年（614）二月二十三日，《隋大业刻经》，房山区万佛堂村孔水洞。

隋大业十二年（616）四月，《青石佛舍利函铭文》，房山区石经山雷音洞。

隋（581—618），《维摩诘所说经》，地址不详。

隋（581—618），《隋杨君让墓古碑》，房山区阳乡旧店西。

唐武德四年（621）正月十五日，《贤劫千佛之碑》，地址不详。

唐武德八年（625），《静琬刻经题记》，地址不详。

唐贞观二年（628），《静琬题记》，房山区石经山雷音洞门左上角。

唐贞观五年（631），《云居上寺洞扉题记》，静琬撰并正书，房山区云居寺石经山。

唐贞观八年（634），《镌华严经题记》，静琬撰并正书，房山区云居寺石经山。

唐总章二年（669）四月八日，《玄导题记》，房山区石经山雷音洞门楣。

唐咸亨五年（674），《庞怀佰造像记》，房山区云居寺石经山第八洞。

唐仪凤二年（677），《唐故左领军良乡府旅帅吕府君墓志铭并序》，房山区石楼镇吉羊村。

唐垂拱元年（685）四月八日，《故上柱国庞府君金刚经颂》，房山区云居寺石经山雷音洞侧。

唐延载元年（694）五月，《宋小儿造金刚经碑》，地址不详。

武周时期（684—704），《袁敬金刚般若波罗蜜经碑》，房山区云居寺石经山雷音洞门外东侧。

唐景龙末年，《僧玄□为应天皇帝顺天皇后造石经颂》，房山区西南六十五里白带村关王庙。

唐长安二年（702），《大周故处士张君举墓志铭》，房山区石楼镇西部。

唐景云二年（711）四月八日，《王璬造石浮屠铭》，王璬撰，宁思道正书，丁处约刻，房山区云居寺北塔旁。

唐太极元年（712）二月十三日，《柏州安成县霍行泰浮图记》，房山区西朗堡图铭寺。

唐太极元年（712）四月八日，《田义起石浮图颂》，王利贞撰，行书，房山区云居寺北塔旁。

唐开元九年（721）四月八日，《刘元望造石浮图铭》，（释）玄英撰，正书，房山区石经山九层塔南面。

唐开元九年（721）八月八日，《题云居上寺诗》，吉逾等撰，正书，房山区云居寺石经曝经台。

唐开元十年（722）四月八日，《李文安为妻薛氏造石浮图铭》，梁高望行书，房山区云居寺北塔。

唐开元十四年（726）二月八日，《云居寺石经堂碑》，□镇撰，□惟良正书，房山区石经山第一洞。

唐开元十五年（727）二月，《石浮图铭》，王大悦撰，正书，房山区云居寺北塔。

唐开元十五年（727）四月，《唐房山汤记》，张嘉贞撰，地址不详。

唐开元二十一年（733）十月，《焦玄岩等拜佛题名》，房山区石经山曝经台旁。

唐开元二十七年（739）三月，《大房山投龙壁记》，张湛撰，房山区磁家务万佛堂孔水洞。

唐开元二十八年（740）四月八日，《石浮屠后记》，王守泰撰，正书，房山区云居寺石经山曝经台金仙公主塔背面。

唐天宝元年（742）正月十□日，《李邕书云麾将军李秀断碑残柱础》，地址不详。

唐天宝元年（742）四月八日，《般若波罗蜜多心经》，陈令望造，正书，房山区云居寺石经山。

唐天宝六年（747），《安禄山石浮图铭》，房山区石经山南台石浮图。

唐天宝十一年（752），《感石头浮起图记》，地址不详。

唐天宝十二年（753），《归德郡太守兼诸军事李时德政记》，地址不详。

唐天宝十二年（753），《感怨文》，房山区云居寺。

唐天宝十二年（753），《王晋等造佛菩萨并李时用德政碑记》，房山区云居寺。

唐天宝十二年（753）十月二十五日，《王晋等造佛菩萨并中台石浮图记》，房山区石经山中台。

唐宝应二年（763），《唐故特进行左武卫大将军归义都督府都督上柱国归义王赠开府仪同三司李府君夫人故贝国大夫人清河张氏墓志铭并序》，房山区房山第一医院。

唐宝应二年（763），《拙崖篮和尚塔记》，房山区上方山，已佚。

唐大历五年（770）三月八日，《万佛堂内唐大历五年题刻》，地址不详。

唐建中二年（781）八月，《题云居上寺诗序》，地址不详。

唐建中四年（783）二月廿五日，《唐开府仪同三司试太常卿兼左金吾卫大将军上柱国刘公（如泉）墓志铭并序》，地址不详。

唐贞元十九年（803）十月廿五日，《唐故银青光禄大夫行瀛州别驾莫州刺史上柱国申国公蔡府君（雄）墓志》，地址不详。

唐永贞元年（805）十一月二十五，《张道升墓志》，李伯良撰，房山区良乡。

唐元和三年（808）正月二十七日，《唐故征君史府君（光）墓志铭并序》，地址不详。

唐元和四年（809）四月八日，《涿鹿山石经堂记》，刘济撰，房山区雷音洞井亭。

唐元和四年（809）四月八日，《范怍清等题名》，房山区云居寺石经曝经台。

唐元和五年（810），《唐故幽州卢龙节度观察御史中书令赠太师刘公墓志之铭》，房山区坟庄村刘济墓。

唐元和五年（810），《云居寺韩烈等藏经记》，房山区石经山施茶亭，已失。

唐元和十四年（819），《石经山孔雀洞刻佛本行集经并题记》，地址不详。

唐长庆元年（821）四月二十五日，《诚然等题名》，房山区水头村。

唐长庆三年（823）十月廿八日，《唐故妫州怀戎县令杨府君（鳞）夫人河南达奚氏墓志铭并序》，地址不详。

无年月〔附长庆后〕，《引杖河源题字》，房山区水头村。

唐会昌元年（841）四月八日，《金光明经》，（僧）义净译，正书，房山区石经山第八洞。

唐咸通六年（865），《归义县魏惟俨等题名碑》，房山区石经山。

唐咸通八年（867）四月十五日，《刘仁佐题记》，房山区云居寺石经山四洞门外右墙。

唐咸通八年（867）十一月四日，《真性神道碑》，何筹撰，张景宗行书并篆，房山区云居寺。

唐咸通八年（867）十一月四日，《真性道行碑》，何筹撰，张景宗行书并篆，房山区云居寺。

唐咸通十一年（870）十月十六日，《唐故幽州副将乐安郡孙府君（英）夫人太原王氏合祔墓志铭并序》，地址不详。

唐咸通十二年（871），《唐石经堂题名》，姚可矩撰，为元和四年碑碑阴，地址不详。

唐咸通十五年（874），《杨元宏造般若波罗蜜经》，杨元宏正书，地址不详。

唐光启四年（888）五月十二日，《孙士林墓碑》，孙照撰，正书，陈存宝刻，房山区广禄庄。

唐乾宁五年（898）四月八日，《缘遇等题名》，房山区石经山山顶九层塔前面右方。

唐天祐四年（907）前，《唐杨公墓志盖》，地址不详。

无年月（唐），《王忠信等题名》，房山区云居寺石经山。

无年月（唐），《佛说般若波罗蜜多心经》，房山区云居寺北香树庵。

无年月（唐），《袁敬造金刚经碑》，房山区石经山七洞门外。

无年月（唐），《多宝佛造像一》，房山区石经山第八洞旁。

无年月（唐），《多宝佛造像二》，房山区石经山第八洞旁。

辽应历五年（955）四月八日，《佛顶尊胜陀罗尼真言并序及北郑院邑人起建陀罗尼经幢记》，地址不详。

辽应历十年（960）四月，《崇圣院碑》，王鸣凤撰，卢进达正书，段得聪刻，房山区坨里南山十字寺。

辽应历十五年（965），《云居寺碑》，王正撰，郑熙正书并篆额，李延照刻，房山区云居寺。

辽统和三年（985）八月十一日，《重镌云居寺碑》，智光撰，房山区云居寺。

辽统和十四年（996）三月十八日，《宝严寺塔记》，房山区瓦井村。

辽太平六年（1026）正月十七日，《韩绍勋等题记》，房山区石经山山顶九层塔前面左上方。

辽清宁二年（1056），《涿州超化寺诵〈法华经〉沙门法慈修建实录》，房山区庄公院。

辽清宁三年（1057）二月二十七，《清凉寺塔座记》，正书，王辰见刻，房山区窦店。

辽清宁四年（1058）三月一日，《四大部经成就碑记》，赵遵仁撰，王诠正书，房山区石经山第七洞外。

辽咸雍二年（1066），《咸雍残碑》，房山区良乡县东门塔顶。

辽太康二年（1076）六月，《大悲心陀罗尼经幢》，地址不详。

辽太康六年（1080）四月一日，《王仁治题记》，房山区石经山第七洞外。

辽太康六年（1080）四月二十八日，《城东井亭院圆寂道场藏舍利记》，记沙门善欢述，比丘思迪正书，地址不详。

辽太康七年（1081）四月十日，《大辽析津府良乡县张君于谷积山院读藏经之记碑》，地址不详。

辽大安二年（1086）四月十八日，《行法师塔幢记》，张善撰并正书，汉、梵，房山区大韩继。

辽大安五年（1089）三月十五日，《忏悔上人坟塔记》，王虚中撰，贾溉正书，邵师儒刻，房山区上方山。

辽大安九年（1093），《静琬塔额》，房山区云居寺。

辽乾统二年（1102）十二月四日，《佛顶尊胜陀罗尼经幢》，（僧）道称撰，正书，吴志宣刻，房山区西门外大洪寺村。

辽乾统三年（1103）四月十八日，《佛顶尊胜陀罗尼经幢》，（僧）佛陀波利译，正书，房山区。

辽乾统四年（1104）三月十七日，《佛顶尊胜陀罗尼经幢》，地址不详。

辽乾统五年（1105）十月二十一日，《白继琳幢记》，房山区刘李店村。

辽乾统八年（1108）十月六日，《奉为先灵父母特建尊胜陀罗尼□妙幢》，房山区长沟镇南王村。

辽乾统九年（1109）五月，《李从善墓幢》，房山区刘李店村，现存房山区文物管理所。

辽乾统九年（1109）十月七日，《造舍利灵塔记》，镌于天开塔地宫小石塔塔基。

辽乾统十年（1110）三月四日，《赵公议为亡考建尊胜经幢》，房山区瓦井村。

辽乾统十年（1110），《辽涿州云居寺供塔灯邑记》，僧行能撰，圆融正书，房山区云居寺。

辽天庆二年（1112）七月十八日，《白怀祐造幢记》，房山区刘李店村。

辽天庆五年（1115）二月十三日，《大辽燕京西大安山延福寺莲花峪更改通圆通理旧庵为观音堂记并诸师实行录》，地址不详。

辽天庆五年（1115）三月，《六聘上方逐月朔望常供记》，房山区上方山兜率寺。

辽天庆六年（1116）四月二十七日，《正慧陀罗尼经塔幞记》，房山区张坊镇小学内。

辽天庆六年（1116）八月十一日，《孝言为亡过父母建塔记》，房山区南正村。

辽天庆七年（1117）三月一日，《云居寺南塔舍利函记》，房山区云居寺南塔下。

辽天庆七年（1117）四月，《定光佛陁罗尼幢》，房山区周口店村西山永寿禅寺。

辽天庆七年（1117）四月十五日，《释迦佛合利塔记》，房山区云居寺南塔旁。

辽天庆七年（1117）十一月一日，《辽故翰林学士金紫崇禄大夫行尚书□提点大理寺上护军平昌□开国公食邑二千户食实封贰佰户诸路团孟公（初）墓志铭》，地址不详。

辽天庆八年（1118）五月十七日，《云居寺续秘藏石经塔记》，忠才撰，惟和正书兼行书，志德镌，房山区云居寺。

辽天庆十年（1120）十一月二十三日，《辽大安山延福寺李山主（供臻）实行录幢》，地址不详。

辽天庆十年（1120）九月二十三日，《崇昱大师坟塔记》，见陈述《全辽文》，拓本见民国《安次县志》卷十。《西山问道集》第80页有录文，地址不详。

□□年二月二日，《惠澄等造像经幢》，惠澄等造，正书，房山区云居寺南塔。

无年月（辽），《陀罗尼经幢》，房山区良乡后十三里村。

无年月（辽），《佛顶尊胜陀罗尼幢》，房山区南正。

无年月（辽），《佛像大悲心陀罗尼经幢》，房山区南尚乐独树村。

金天会十二年（1134）四月，《李公直建陀罗尼塔铭》，房山区张坊村二郎庙。

金天会十四年（1136）七月七日，《云居寺续造石经碑》，（沙门）见嵩撰，行书，房山区云居寺石经山。

金天眷元年（1138）十二月八日，《谷积山院建佛顶尊圣陀罗尼幢》，房山区北车营村谷积山灵鹫禅寺。

金天眷三年（1140）四月，《云居寺镌葬藏经总经题字号目录》，地址不详。

皇统元年（1141）十月十五日，《三间法堂碑》，房山区黄院大金山。

皇统八年（1148）三月廿七日，《悟玄墓志》，现存北京首都博物馆。

金天德三年（1151），《云居寺孝公塔幢》，前陀罗尼咒后记，地址不详。

金贞元元年（1153）五月二十四日，《大金故慧聚寺严行大德闲公（悟闲）塔铭并序》，地址不详。

金贞元三年（1155）四月九日，《了性塔幢》，□行撰并正书，房山区良乡。

金正隆元年（1156）二月，《当寺故禅人度公幢铭》，房山区上方山舍利殿院内。

金正隆元年（1156）九月初三，《遐龄益寿禅师塔记》，冯国相撰，房山区上方山舍利殿院内。

金正隆二年（1157）三月十八日，《良乡县宏业寺悦禅师塔记幢》，城内大寺。

金正隆三年（1158），《优婆夷□□经幢记》，房山区上方山，已佚。

金正隆三年（1158）四月八日，《大金中都洪家庄院比丘尼坟塔记》，房山区上方山。

金正隆五年（1160）七月，《云居寺重修释迦佛舍利塔记碑》，李构撰，地址不详。

金正隆年间，《比丘尼妙深经幢记》，房山区上方山舍利殿院内。

无年月（金海陵王时约1149—1160），《石门限浅雕》，房山区坟庄达穆冈出土。

无年月（金海陵王时约1149—1160），《石门限浅雕》，房山区坟庄达穆冈出土。

无年月（金海陵王时约1149—1160），《石门棚浅雕》，房山区坟庄达穆冈出土。

无年月（金海陵王时约 1149—1160），《石棺浮雕一》，房山区坟庄达穆冈出土。

无年月（金海陵王时约 1149—1161），《石棺浮雕二》，房山区坟庄达穆冈出土。

无年月（金海陵王时约 1149—1162），《石棺浮雕三》，房山区坟庄达穆冈出土。

金大定二年（1162），《金睿宗（完颜宗辅）文武简肃皇帝之陵》，地址不详。

金大定十一年（1171）十月二十一日，《智炬如来破地挞陀罗尼幢》，房山区辛庄村福胜寺。

金大定十一年（1171），《阿閦如来灭轻重罪障陀罗尼幢》，房山区辛庄村福胜寺。

金大定十二年（1172），《天开寺观音院寺主源公塔记》，房山区天开寺。

金大定十二年（1172）四月，《德备塔幢》，房山区良乡大柴草坞开古庄。

金大定十四年（1174）四月，《刘天甫等捐资题名碑》，房山区云居寺石经山。

金大定十五年（1175）六月，《无止斋记》，房山区上方山兜率寺。

金大定十六年（1176）二月十七日，《德莹塔幢》，田履信撰，房山区良乡西南后十三里村。

金大定二十年（1180）七月十五，《乌林荅天锡题记》，房山区万佛堂村孔水洞。

金大定二十年（1180）十一月二十八日，《燃身明禅师塔铭并序》，见山主沙门圆晕，善阳沙门行钦书，房山区上方山舍利殿院内。

金大定二十一年（1181）三月十三日，《省诠塔记》，房山区石楼支楼村。

金大定二十三年（1183），《德净灵塔幢》，房山区上方山接待庵。

金大定二十四年（1184）二月十六日，《蔡公直造幢》，房山区平峪村。

金大定二十四年（1184）五月三十一日，《瑜珈院主崇公灵塔记》，沙门师景撰，房山区上方山瓣香庵，今改立华严庵。

金大定二十五年（1185），《报先寺尼净坟石幢记》，地址不详。

金大定戊口（1188），《杨善建真言残幢》，房山区南尚乐石窝福胜寺。

金大定二十九年（1189）三月十六日，《大安山龙泉峪西石堂尼院第二代山主超师（善超）塔铭》，地址不详。

金明昌三年（1192）十二月初八日，《赵公之碣》，房山区张坊镇广禄庄村东。

金明昌五年（1194）七月，《金镇国上将军广宁府判班演暨妻刘氏合葬墓志》，地址不详。

金明昌五年（1194）重阳日，《大金大房山灵峰寺之记》，苏敬安书，赵彦谦刻，房山区灵峰寺。

泰和元年（1201），《石经出云居寺故提点法师塔灵》，房山区云居寺。

泰和元年（1201），《谦公法师灵塔记》，地址不详。

金泰和二年（1202）十月二十二日，《善广塔幢》，房山区云居寺。

金泰和六年（1206）四月，《清凉寺女冠卜道坚昇云幢》，房山区窦店。

金泰和八年（1208）三月十三日，《张百琼建陀罗尼幢》，房山区北尚乐观音堂遗址。

金泰和八年（1208）四月十八日，《东岳庙女冠卜道坚升云之幢》，房山区窦店镇清凉寺。

金大安元年（1209），《六聘山天开寺忏悔上人坟塔记》，王虚中撰，贾溉正书，房山区上方寺。

金大安二年（1210）四月十八日，《行法师塔记》，房山区大韩继村香光寺。

金大安三年（1211）四月十六日，《大金故奉议签事杨公（瀛）神道碑》，地址不详。

金大安四年（1212）二月二十八日，《史君庆墓幢》，房山区张坊。

金崇庆元年（1212）四月二十二日，《奉先县禁山榜示碑》，房山区上方山兜率寺。

金崇庆元年（1212）二十五日，《金崇庆某师墓幢》，地址不详。

金至宁元年（1213），《中都竹林寺第十六代和尚塔铭》，房山区上方山舍利殿院内。

金贞祐三年（1215）至元至元元年（1264）间，《难藏家丑碑》，地址不详。

无年月（金），《四方佛真言幢》，房山区董家林善惠寺。

无年月（金），《佛像幢》，房山区云居寺南塔。

无年月（金），《大悲心陀罗尼经幢》，房山区鞍子石佛寺。

（二）元代

元朝癸巳（太宗五年）（1233）九月，《行懿禅师功德碑》，武庭实撰并正书及篆额，王昌等刻，房山区史家营曹家坊村。

窝阔台九年（1237）五月十六日，《重建龙泉大历禅寺之碑》，地址不详。

至元九年（1272）五月十五日，《通真观碑》，彭志祖撰并正书，宁克诚篆额，耿志明刻，房山区南韩继西瓦井。

至元十八年（1281）四月初七日，《大都大延洪寺栗国碑》，房山区新街村。

至元二十二年（1285）五月初四日，《涞水县石门村白云□记碑》，地址不详。

至元二十三年（1286）二月，《纯公云塔经幢》，沙门正智撰，政元正书，地址不详。

至元二十三年（1286）五月如四日，《重修涞水县石门村白云观记》，褚志良立石，房山区西石门村白云观。

至元二十五年（1288）四月吉日，《元玄靖达观大师刘公（志厚）墓志铭》，地址不详。

至元二十五年（1288），《黄山玉室洞天记》，房山区檀木港。

至元二十八年（1291）二月七日，《隆阳宫碑》，田璞撰，严忠翰正书并篆额，张彬刻，房山区南尚乐。

至元二十八年（1291）七月初三日，《宣赐栗园圣旨之碑》，刘道源书丹篆额，房山区新街村。

至元二十八年（1291），《涿州房山县重修天开寺碑》，石局副使李文秀镌，房山区天开村。

至元三十年（1293）三月，《兴圣寺坚公禅师寿塔铭》，僧实宝撰并正书，地址不详。

至元三十一年（1294）四月，《白话圣旨碑》，地址不详。

元贞二年（1296），《宣赐栗园圣旨之碑》，房山区北车营村谷积山灵鹫禅寺。

大德八年（1304）二月二十一日，《贾德全墓碑》，杨升撰，汪希中正书并篆额，贾壤正书宗谱，杨甫进刻，房山区西白岱。

延祐元年（1314），《房山建学碑》，魏必复撰，房山区学宫。

延祐二年（1315）十月，《文庙碑》，魏必复撰并正书，王约篆额，房山区。

延祐三年（1316），《薛禅皇帝圣旨碑》，房山区孤山口西。

延祐四年（1317）九月，《护持天开中院记》，魏必复撰并正书，房山区下中院村。

延祐五年（1318）二月二十五日，《杨资贵墓碑》，房山区北尚乐杨氏家族墓地。

延祐七年（1320）二月清明前吉日，《元故康公墓志》，嗣康仲禄等立石，李仲信刊，地址不详。

至治二年（1322）二月，《刘真君碑》，房山区南尚乐辛庄北隆阳宫。

至治三年（1323），《义信塔记》，克复正书，高兴、高玉刻，房山区史家营曹家坊村。

泰定元年（1324）二月二十八日，《康氏先茔碑》，贾壤撰并篆额，焦叔庸正书，蔡琮刻，房山区南尚乐。

泰定二年（1325）二月二日，《龙王祠石碣记》，王东菴撰并正书，胡信刻，房山区天开村龙王庙。

泰定二年（1325）三月，《显和禅师碑》，（释）行兴撰并正书，李泰篆额，蔡琮刻，房山区南韩继西瓦井。

泰定三年（1326），《泰定三年题记》，房山区石经山。

泰定五年（1328）二月十五日，《元焦公（珵）墓志》，地址不详。

元泰定，《鲁翁墓碑》，房山区良乡镇鲁村。

至顺元年（1330），《重修云居寺碑》，郑熙撰并正书，房山区云居寺。

至顺元年（1330）六月十日，《龙神庙碑》，许伯庸撰并篆额，杨弘善正书，杨得滋、杨择刊，房山区北尚乐。

至顺元年（1330）九月四日，《帝舜庙碑》，林栋撰并正书及篆额，房山区南尚乐石窝东独树村。

元统二年（1334）四月二十五日，《龙王祠题名碑》，正书，胡信刻，房山区皇后台村。

至元二年（1336）六月一日，《云居寺藏经碑》，法祯撰并正书，陈颢篆额，房山区云居寺。

至元三年（1337）三月，《贾和墓碑》，苏天爵撰，魏履正书，赵世安篆额，房山区西白岱。

至元三年（1337）四月，《天开寺重建碑记》，僧福珪撰，必剌篆额，房山区天开寺。

至正元年（1341）八月，《元修华严堂经本记》，贾志道撰，地址不详。

至正元年（1341），《慧月僧补刻〈胜鬘狮子吼一乘大方便方广经〉》，地址不详。

至正五年（1345），《大都谷积山新作罗汉石室记》，已佚，房山区北车营村谷积山灵鹫禅寺。

至正六年（1346），《县尹朱公去思碑》，马守恕撰，地址不详。

至正七年（1347）三月，《大元敕赐上万谷积山灵岩禅寺碑》，已佚，房山区北车营村谷积山灵鹫禅寺普光明殿后。

至正七年（1347），《京师谷积山灵岩寺石塔记》，已佚，房山区北车营村谷积山灵鹫禅寺。

至正七年（1347），《灵岩寺新井铭》，已佚，北车营村谷积山灵鹫禅寺。

至正七年（1347）十月，《贾壤墓碑》，苏天爵撰，吕思诚正书，孔思立篆额，房山区西白岱。

至正九年（1349）三月清明前二日，《杨弘善墓碑》，贾彝撰，王惟麟正书，贾诚篆额，杨择刻，房山区南尚乐惠南花村。

至正九年（1349）八月，《保安观碑》，贾彝撰，蒲良正书，王居礼篆额，吕新、吕节刻，房山区南尚乐石窝交庄。

至正十一年（1351）立，《元景德寺碑》，王潜撰，周伯琦正书，地址不详。

至正十一年（1351）立，《天开寺碑》，房山区天开寺。

至正十二年（1352）立，《元六聘山天开寺碑》，僧洪珪撰并书，地址不详。

至正十三年（1353）五月，《文庙记》，王贤撰，魏履正书，姚庸篆额，房山区旧县城。

至正十四年（1354）十月十五日，《黑龙潭庙记》，欧阳玄撰，杨德庸正书，周伯琦篆额，赵义刻，房山区大安山。

至正二十五年（1365）正月，《十字寺碑》，黄溍撰，李好文正书，赵期颐繁额，宁永福刻，房山区坨里南山。

至正二十八年（1368）前，《"戒定慧"匾》，地址不详。

无年月，《张公墓碑》，房山区南尚乐独树村。

无年月，《张公墓碑》，房山区南尚乐独树村。

无年月，《张公墓碑》，房山区南尚乐独树村。

无年月，《盆花浮雕》，房山区坨里南山十字寺。

《梁都运斗南墓》，房山区良乡县南立教屯。

《徽政院副使张九思墓》，房山区良乡县境南。

辽金元时期，《佛顶尊胜陀罗尼经幢》，地址不详。

辽金元时期，《奉为二师建□□塔》，地址不详。

辽金元时期，《奉为□□□□特建佛顶尊胜陀罗尼塔》，地址不详。

辽金元时期，《梵文经幢》，地址不详。

（三）明代

洪武七年（1374）十二月，《皇后台龙王庙记》，范仲杰撰并正书，房山区天开村龙王庙。

永乐十四年（1416）十一月至日（十三日），《游石经山诗碑》，易英等撰，正书，房山区石经山九层塔北面上方。

永乐十五年（1417），《永安公主墓志》，房山区公主坟村委会。

永乐十六年（1418）八月十三日，《姚广孝神道碑》，房山区崇各庄长乐寺。

宣德元年（1426）六月九日，《江空普等题名》，房山区石经山曝经台旁。

宣德三年（1428），《玉皇宝诰》，房山区石经山古井上方崖壁龛。

宣德七年（1432）八月二十四日，《张安等题名碑》，房山区石经山。

宣德八年（1433）正月，《接引殿题名》，房山区上方山云梯庵西外壁。

宣德十年（1435）八月十五日，《福田寺碑》，房山区黄院村阳溪山。

正统五年（1440）二月十五日，《敕赐灵鹫禅寺记碑》，地址不详。

正统五年（1440）四月八日，《敕赐灵鹫禅寺兴建记碑》，地址不详。

正统六年（1441），《内官监倪太监寿藏记》，房山区下庄村，现存云居寺。

正统六年（1441）十一月初九日，《内官监太监倪忠墓镇墓文》，房山区下庄村倪忠墓。

正统七年（1442）正月十五日，《敕赐谷积庵记》，房山区北车营村谷积山东北谷积庵。

正统十三年（1448）八月吉日，《敕赐般若禅寺之记》，房山区北车营村谷积山灵鹫禅寺西北寿塔西北侧。

正统十三年（1448）八月吉日，《移嵩山祖庭大少林禅寺宗派之图》，地址不详。

正统年间（1436—1449），《中山禅寺新建之记碑》，地址不详。

景泰五年（1454），《敕赐般若禅寺开井之记》，住山沙门本连立石，房山区北车营村谷积山般若禅寺遗址东侧。

景泰七年（1456），《良乡县重修城隍庙碑》，房山区良乡老城西门内街北。

天顺元年（1457）十一月二十一日，《圆通寺礼部札付碑》，地址不详。

天顺五年（1461）正月十五日，《禅房寺碑》，彭镐撰，庞克恭正书，贾岫篆额，顾刊，房山区北尚乐。

成化元年（1465）正月十六日，《成融道行碑》，张禧撰并正书，思林题额，房山区琉璃河镇著家林。

成化元年（1465）九月九日，《兴隆寺碑》，道深撰并正书及篆额，高惠连刻，房山区西北歇息岗。

成化二年（1466）四月八日，《重修上方山兜率寺接引弥陀佛殿碑记》，房山区上方山云梯庵西侧。

成化四年（1468）一月十五日，《重修华严禅寺记》，房山区黄元寺村华严寺旧址。

成化九年（1473）五月，《张普旺造石弥勒像碣》，李守真正书，房山区小西天雷音洞外。

成化十年（1474）三月，《慧聚寺碑》，（沙门）思恩撰，李守义正书，王材刻，房山区甘池村西沟。

成化十年（1474）十月吉日，《房山县距京师西南百里许有山名凤凰山曰华严禅寺重修古刹碑记》，汪谐撰文，范福聪镌，圣水峪西北凤凰山北华严遗址。

成化十年（1474）十月吉日，《重修凤凰山华严禅寺碑记》，房山区圣水峪西北凤凰山北华严遗址。

成化十一年（1475）三月吉日，《敕赐圆通寺创建记碑》，地址不详。

成化十三年（1477）正月，《佛座题名》，房山区石经山雷音洞。

成化十五年（1479）三月，《谷积山和尚塔地宫石刻》，地址不详。

成化十六年（1480）十一月，《常乐寺碑》，商辂撰，杨珏正书，孙添济篆额，房山区崇各庄常乐寺村。

成化十七年（1481）三月，《自来塔碑》，房山区崇各庄常乐寺村。

成化十七年（1481）三月一日，《三元庙香楼碑》，王颜正书，刘敏等刻，房山区西门外大洪寺南山。

成化十七年（1481）后，《明故奉政大夫尚宝司卿齐公墓志铭》，地址不详。

成化十八年（1482）五月六日，《刘宾谕祭碑》，房山区南韩继西瓦井。

成化二十年（1484）七月，《清凉寺并东岳行祠碑》，黄杰撰，□本正书，陈思忠篆额，刘敏等刻，房山区樊店镇西门外。

成化二十二年（1486）三月，《重修真武庙记》，李执拜记，范福亮镌，房山区千河口。

成化二十二年（1486）七月九日，《洪叶寺碑》，杜昌撰，浚中正书，任道逊莱额，黄友安刻，房山区石楼支楼村。

成化二十三年（1487）四月八日，《第五代住持禹缘和尚灵塔铭》，房山区口儿村连泉顶连泉禅寺。

弘治二年（1489）八月中秋，《重修施烛碑记》，本山书记德泽书，金台龚鉴镌，房山区圣水峪西北凤凰山北华严遗址。

弘治五年（1492）五月，《重修白云山华严寺记碑》，性庸撰，悟澄书，房山区圣水峪西北白云山南华严遗址。

弘治七年（1494）六月，《兜率寺天梯路记》，彭礼撰，李纶正书并篆额，王用刻，房山区上方山。

弘治七年（1494）六月，《兜率寺天梯路记》，李璋撰，杨金正书，李纶篆额，房山区上方山。

弘治九年（1496）三月，《龙兴寺碑》，德泽正书，冀永、许增刻，房山区天开村。

弘治九年（1496），《云盖寺匾额》，房山区大次洛云盖禅寺。

弘治十二年（1499），《僧录左善世兼大慈仁并大觉住持周吉祥禅师传》，齐武卫撰，焦芳书并篆，房山区孤山口村东，周祥吉塔旁。

弘治十二年（1499）十月十五日，《龙兴寺碑》，田仲贤撰，于瑁正书，房山区天开村。

弘治十六年（1503）四月，《大功德寺碑》，房山区窦店庄头村。

弘治十六年（1503）十月，《兴禅寺碑》，然胜撰，定成正书并题额，房山区南尚乐。

正德元年（1506），《重修良乡县署碑》，良乡老城西门内街南良乡县衙内。

正德四年（1509），《重修梯锁之记》，房山区中崄梯锁傍。

正德六年（1511）九月，《磨碑寺碑》，慈仁撰，德云正书，房山区南尚乐石窝东北岩上树。

正德七年（1512）六月，《重修清源庙碑记》，房山区羊头岗中学校。

正德八年（1513）八月十日，《明故昭勇将军义勇中卫指挥使周公（瑛）墓志铭》，地址不详。

正德十一年（1516），《夏岛墓诗刻》，李东阳撰并草书，房山区石楼东南二站。

正德十一年（1516），《古燕郑氏家世代谱》，房山区前朱各庄村郑氏家族墓地。

正德十一年（1516）三月二日，《大明敕赐英国公张氏山场记》，李元徵撰文，房山区口儿村连泉顶连泉禅寺。

正德十一年（1516）三月二日，《大明重修中和峪吉祥寺碑记》，巩思宪撰，李文芝篆额，房山区口儿村连泉顶连泉禅寺。

正德十一年（1516）十一月吉日，《重修慧聚寺记碑》，地址不详。

正德十一年（1516）十一月，《慧聚寺碑》，滕霄撰，邵文恩正书，顾经篆额，许增镌，房山区长沟西甘池西沟。

正德十三年（1518）四月，《大石厂新井碑》，郑洪撰，陈瑛正书并篆额，房山区南尚乐石窝。

正德十四年（1519）三月二十日，《常乐寺碑》，佛树撰，佛斋正书，房山区崇各庄常乐寺村。

正德十四年（1519）九月重阳，《木岩寺贤公大师塔记》，真喜立石，季永刻，房山区周口店木岩寺村木岩寺。

正德十五年（1520）四月八日，《福胜寺碑》，定成撰，定昭正书并题额，刘宣等镌，房山区南尚乐石窝南半壁店。

正德十五年（1520）十月，《三官庙碑》，郑洪撰，陈瑛正书并篆额，房山区石窝村天仙庙。

正德十六年（1521）三月二十二日，《宝严寺正殿碑》，杨□撰，赵文举正书，曹俊篆额，房山区南韩继西瓦井。

嘉靖三年（1524），《创建三官庙碑记》，房山区赵各庄三官庙旧址。

嘉靖三年（1524）十月，《云盖寺碑》，刘旺撰，杨禄正书，房山区石楼大次乐。

嘉靖五年（1526）六月二十一日，《敬一箴碑》，（世宗）朱厚熜撰并正书，房山区旧县城。

嘉靖六年（1527）十一月十六日，《明故恩荣寿官张公（玺）墓志铭》，地址不详。

嘉靖七年（1528）四月二十日，《明（张玺）故孺人贾氏合葬墓志铭》，地址不详。

嘉靖七年（1528）五月九日，《龙王庙碑》，董塘撰，张□□正书，邓恭篆额，房山区尚乐村。

嘉靖八年（1529），《龙湾二厂榜示碑》，房山区。

嘉靖八年（1529）二月，《关王庙碑》，张鹏举撰并正书，齐山刻，房山区北关饶乐府村。

嘉靖八年（1529）二月二十五日卒，《奉政大夫四川按察司佥事雪堂杨公墓志铭》，王用宾撰，房山区窦店镇瓦窑头村。

嘉靖八年（1529）四月上浣，《连泉寺碑》，圆净撰，正书，李时篆额，齐山等刻，房山区河北南他窖村。

嘉靖八年（1529）四月，《龙圣庵记》，李久学、弭绣撰，正书，吴禄等刻，房山区口头村。

嘉靖十一年（1532）十一月初二日，《北岩头重修碣记》，地址不详。

嘉靖十二年（1533），《重修上方山兜率寺塔记》，纪如撰，轩邢琇书，房山区上方山塔院。

嘉靖十五年（1536）闰腊月九日，《甘为露等题名》，房山区云居寺石经山雷音洞外。

嘉靖十七年（1538）正月，《极乐寺碑》，贾道济撰，正书，房山区红螺山。

嘉靖十八年（1539）四月初八日，《大房山连泉禅寺住持暹公寿铭》，房山区口儿村连泉顶连泉禅寺。

嘉靖二十年（1541）十二月，《禅房院碑》，郝勋撰，杨琴正书，房山区北尚乐。

嘉靖二十二年（1543），《杜泰等石经题刻》，房山区石经山。

嘉靖二十二年（1543）十月十五日，《三元殿碑》，高兰撰，赵俊正书，刘兰篆额，房山区西门外大洪寺南山。

嘉靖二十四年（1545）四月，《王道墓表》，杨沦撰，王梦弼正书，王崇学篆额，房山区周口店北山口村王家坟。

嘉靖二十四年（1545）九月初十日，《明故北川张公（潮瀚）墓志铭》，地址不详。

嘉靖二十五年（1546）三月，《碧霞元君祠记》，李□撰，赵俊正书，房山区西门外山上。

嘉靖二十五年（1546）五月十五日，《和磨碑寺诗》，毛伯温撰，正书，房山区南尚乐石窝。

嘉靖二十五年（1546）五月十五日，《和磨碑寺诗》，颜可学撰，正书，房山区南尚乐石窝。

嘉靖二十五年（1546）五月十五日，《宿磨碑寺督石诗》，甘为霖撰，正书，房山区南尚乐石窝。

嘉靖二十五年（1546）七月，《仙露寺碑》，（僧）大章撰，赵锦正书并篆额，张放、赵美刻，房山区琉璃河镇南洛村。

嘉靖二十六年（1547），《大房山连泉寺建造倚公辞缘归空灵塔碑记》，雨天泽撰，荣卉庵书丹，房山区口儿村连泉顶连泉禅寺。

嘉靖二十六年（1547），《满公塔铭》，房山区口儿村连泉顶连泉禅寺。

嘉靖二十六年（1547）闰九月四日，《明故张（桐）母杨孺人墓志铭》，地址不详。

嘉靖二十七年（1548），《重修胜米石堂胜泉寺起造石佛记》，房山区柳林水村圣莲山。

嘉靖二十八年（1549）十月十三日，《东岳庙记》，杨守公撰并正书，师通刻，房山区窦店镇清凉寺。

嘉靖三十一年（1552）十月，《禅房寺金刚殿碑》，王大经撰，正书，房山区北尚乐。

嘉靖三十五年（1556）十二月，《石窝采石碑》，房山区南尚乐石窝大庙。

嘉靖三十五年（1556）十二月，《关王庙碑》，房山区南尚乐石窝。

嘉靖三十六年（1557）三月葬，《守朴赵公墓志铭》，房山区太平庄村。

嘉靖三十七年（1558）四月，《兜率寺碑》，杨霆撰，汪槐正书并篆额，房山区上方山。

嘉靖四十二年（1563）六月十日，《龙神庙题名》，房山区北尚乐。

嘉靖四十二年（1563），《敕修琉璃河桥堤记》，房山区琉璃河二街村北。

嘉靖四十三年（1564）闰二月上旬后，《某太监迁葬残碑铭残石》，地址不详。

嘉靖四十三年（1564）七月，《房山督石宿磨碑寺唱和诗》，朱衡、李迁撰，正书，房山区南尚乐石窝。

嘉靖四十三年（1564）七月，《闻蝉诗》，李迁撰，正书，房山区南尚乐石窝。

嘉靖四十三年（1564）七月，《游石经寺诗》，李迁撰，正书，房山区南尚乐石窝。

无年月（嘉靖），《登小西天诗》，房山区石经山雷音洞外右璧。

无年月（嘉靖），《玉皇宝诰龛刻石》，房山区石经山第八洞。

隆庆三年（1569）六月，《房山石城记》，郑民悦撰，胡鉴正书，李如梓篆额，房山区旧县城。

隆庆五年（1571），《乳峰庵碑》，房山区虹螺山。

隆庆六年（1572）四月，《隆阳宫碑》，尹校撰，乔应春正书，雷诏篆额，杨进孝镌，房山区南尚乐石窝。

隆庆六年（1572）八月，《小西天诗》，赵锦撰，正书，房山区南尚乐石窝。

隆庆六年（1572）八月，《磨碑寺诗石刻》，赵锦撰，正书，房山区南尚乐石窝。

隆庆六年（1572），《京都顺天府涿州房山县歇息岗长春寺碑记》，陈效忠书，于先芳篆，房山区歇息岗村长春寺。

万历三年（1575）三月，《轩褚□残题记》，房山区云居寺石经山雷音洞左壁。

万历三年（1575）四月，《黎民表题记》，房山区云居寺石经山四洞门外右墙。

万历三年（1575）九月，《文庙碑》，朱衡撰，乌升正书，毛登篆额，房山区旧县城。

万历四年（1576）四月初八日，《万历四年冯保碑》，房山区上方山云梯顶端。

万历四年（1576）四月初八日，《创建永亨庵碑》，房山区上方山永亨庵。

万历四年（1576）四月初八日，《永亨庵孙秀等题名碑》，房山区上方山永亨庵。

万历五年（1577），《佛说四十二章经》，刘效祖顿首跋，本山住持智宇，镌字东安任应春，张应乾，房山区上方山兜率寺。

万历六年（1578）十月，《房山县学碑》，陈万升撰，郑尼悦正书并篆，房山县城。

万历八年（1580）二月，《观音堂碑》，洪雨撰，高禄正书，杨进奉镌，房山区南尚乐石窝铁匠营。

万历九年（1581），《万佛寺记》，原在上万村大南峪，已佚，碑文见《徐渭集》。

万历十三年（1585）十二月一日，《念佛摩崖》，房山区石经山第一洞。

万历十四年（1586）九月初八日，《钦赐永慈寺护寺碑记》，房山区上方山永亨庵。

万历十六年（1588），《重修云蒙山大历古迹万佛龙泉宝殿碑铭》，地址不详。

万历十六年（1588）六月，《东岳庙古槐记》，杨守公撰，正书，房山区窦店镇清凉寺。

万历十六年（1588），《万佛堂碑》，石星撰，曾同亨正书，李辅篆额，房山区磁家务万佛堂。

万历十七年（1589）三月，《兴隆寺碑》，郑民悦撰，胡鉴正书并篆额，房山区西北歇息岗。

万历十七年（1589）春吉日，《大历古迹"万佛龙泉宝殿"石额》，地址不详。

万历十八年（1590）五月，《二郎庙碑》，袁奎撰，正书，高进忠镌，房山区南尚乐石窝。

万历十八年（1590）八月，《东岳庙碑》，杨守公撰，正书，贾添宝刻，房山区窦店镇西门外。

万历二十年（1592），《真武庙碑》，洪雨撰并正书，刘自□镜，房山区南尚乐石窝。

万历二十年（1592），《汉白玉外函铭文》，房山区石经山。

万历二十年（1592），《达观真可禅师发愿文》，房山区石经山。

万历二十年（1592）六月，《东峪寺石额》，徐琰书，房山区三岔村。

万历二十年（1592）七月十五日，《静琬塔院记》，德清撰，黄辉正书，陆光祖篆额，房山区云居寺。

万历二十年（1592）七月，《静琬塔铭》，房山区云居寺。

万历二十年（1592）八月二十日，《涿州西石经雷音堀舍利记》，沙门释德清撰，房山区石经山。

万历二十年（1592）八月二十日，《汉白玉三函铭文》，房山区石经山。

万历二十一年（1593）正月，《药神庙碑》，赵友琴撰，傅钦点正书，马朝篆额，房山区南尚乐西北鞍子口。

万历二十二年（1594）五月十五日，《极乐寺碑》，程奎撰，正书，房山区虹螺山。

万历二十四年（1596）二月，《石经寺施茶碑》，王泽民撰，正书，房山区石经山接待庵。

万历二十四年（1596）三月二十九日，《郑堂及妻李氏（郑民悦之父母）诰封碑》，房山区北朱各庄。

万历二十五年（1597）七月，《顺天府涿州房山县迤南窑村建立观名碑记》，房山区顾册村北极玄应观旧址。

万历二十六年（1598）七月，《郑堂及妻李氏墓碑》，房山区北朱各庄。

万历二十六年（1598）九月，《三义庙碑》，管学畏篆（撰），正书，房山区大韩继。

万历三十年（1602）三月十五日，《重修庙记》，刘□□、男□真喜立，石匠丁自然、李籍镌，房山区大石窝。

万历三十年（1602）九月，《琉璃河桥碑》，沈一贯撰，包渐林正书并篆额，房山区琉璃河镇北桥南。

万历三十一年（1603），《重修李家岭泰山娘娘行宫碑》，房山区东村。

万历三十一年（1603）八月一日，《观音庵碑》，胡瓒撰，正书，房山区琉璃河桥北。

万历三十二年（1604）五月，《普会寺碑》，谢天叙撰，谢再□正书，杨尚□篆额，房山区董家林。

万历三十二年（1604）六月，《上方山诗刻》，孙慎行、郑振先等撰，房山区上方山兜率寺。

万历三十三年（1605）十二月，《香光寺告示》，房山区大韩继。

万历三十三年（1605）十二月十三日，《香光寺顺天府告示》，房山区大韩继。

万历三十三年（1605）十二月十四日，《颁赐香光寺天藏经碑》，房山区大韩继。

万历三十四年（1606）五月，《香光寺碑》，房山区大韩继。

万历三十四年（1606），《文林郎江西道监察御史方公墓志铭》，房山区周口店西庄村。

万历三十五年（1607）九月九日，《兜率寺香火院地契碑》，焦夔正书，戴宁刻，房山区上方山。

万历三十六年（1608），《重修太湖山华严寺佛殿僧房碑》，房山区上方山西南太湖村华严寺遗址后山崖上。

万历三十七年（1609）七月吉旦，《重修房山县学记碑》，地址不详。

万历三十七年（1609），《福德庄严碑记》，房山区岫云观。

万历三十七年（1609）九月，《护国恩惠寺碑》，房山区琉璃河。

万历三十七年（1609）九月，《恩惠寺碑》，叶向高撰，包渐林正书，陈良弼篆额，房山区琉璃河镇四门口村。

万历三十八年（1610）十二月，《敕谕恩惠寺碑》，房山区岫云观。

万历三十九年（1611）五月，《三教寺十方院碑》，袁宏道撰，苏惟霖正书，王图篆额，房山区塔湾村。

万历四十二年（1614）正月一日，《陈瑶及妻徐氏（陈效忠之父母）诰封碑》，房山区南关外。

万历四十二年（1614）二月，《房山学田记》，成基命撰，正书，房山区旧县城。

万历四十二年（1614）二月，《南大庙创建碑》，房山区南尚乐石窝。

万历四十三年（1615），《重修太湖山华严寺碑记》，冯曾檜熏沐谨撰，房山区上方山西南太湖村华严寺遗址后山崖上。

万历四十三年（1615）二月，《关帝庙碑》，梅之焕撰，张肇林行书并篆额，房山区南尚乐石窝。

万历四十三年（1615）二月，《南大庙题名碑》，房山区南尚乐石窝。

万历四十五年（1617），《敕赐万寿禅院碑记》，赐进士第袁中道撰，房山区窦店村南。

万历四十六年（1618）八月二十八日，《敕谕延福寺碑》，房山区窦店村南。

万历四十七年（1619）四月，《观音庵碑》，袁宁撰并正书，范志高刻，房山区南尚乐半壁店。

□□三月十日，《张玠及赛李氏墓碑》，房山区南尚乐独树村。

无年月（明万历），《创修良乡西门瓮城碑》，杨守鲁撰，良乡老城西门瓮城内。

无年月，《□□墓碑》，房山区张坊村。

无年月，《火龙洞诗刻》，房山区石经山。

天启元年（1621）七月十五日，《拒马河分水碑》，郭德明正书，房山区南尚乐东广润庄。

天启二年（1622），《护国大善弘恩寺碑》，吏部侍郎王舜鼎撰，房山区望楚村西弘恩寺。

天启三年（1623）十二月八日，《小西天施茶亭碑》，房山区云居寺石经山接待庵。

无年月［附天启六年（1626）前］，《明题名碑阴》，房山区。

天启六年（1626），《张逢春等题名》，房山区。

天启六年（1626）五月，《重修接待庵碑》，房山区上方山接待庵。

天启六年（1626）十月上浣，《长春寺碑》，房山区西北歇息岗。

天启七年（1627）六月二十三日卒，《太监张诺轩墓碑》，房山区长沟刘济墓。

崇祯二年（1629），《石窝店创井碑》，正书，邵思料镌，房山区南尚乐石窝。

崇祯三年（1630）十一月，《大石窝西店新建井碑记》，本店住人书，张奇、刘丕基、董世明镌，房山区南尚乐石窝。

崇祯四年（1631）三月四日，《宝藏题刻》，房山区石经山第六洞。

崇祯四年（1631）十一月，《西店建井碑》，刘子敬撰，张奇正书，刘丕基、董世明镌，房山区南尚乐石窝。

崇祯六年（1633）五月，《潼关碑》，房山区太子续。

崇祯七年（1634）三月，《王皇塔圣像碑》，田自新撰，正书，房山区南尚乐高庄。

崇祯十年（1637）十二月初八日，《皇明乾清宫管事提督宫内两司房兼掌尚衣监印务尚膳监太监信吾王公（之佐）墓志铭》，地址不详。

崇祯十三年（1640），《曹化淳诗碣》，房山区上方山舍利殿。

崇祯十三年（1640）十月上吉，《关帝庙碑》，苏文衮撰，田彻正书，邵世良、陈京镌，房山区南尚乐辛庄。

崇祯十五年（1642），《关帝阁石额》，房山区良乡镇鲁村关帝阁。

崇祯十六年（1643），《重修超化寺碑记》，岳映年题，房山区庄公院。

崇祯十六年（1643），《张奇等题名》，房山区。

崇祯十六年（1643）八月下浣，《永寿禅院碑》，曹烨撰，曹圻正书，房山区周口店西山藏云岑石板台。

崇祯十七年（1644），《孤山银公和尚铭》，房山区孤山口村普济寺西北。

崇祯十七年（1644）前，《谷积山太监墓石刻》，地址不详。

崇祯十七年（1644）前，《内府供用库掌印南溪张公"寿域"石额》，地址不详。

崇祯十七年（1644）前，《"念佛"摩崖》，地址不详。

崇祯十七年（1644），《乳峰庵碑》，房山区虹螺山。

无年月（明），《福胜寺题名碑》，房山区南尚乐辛庄。

无年月（明），《甘为霖题记》，房山区云居寺石经山雷音洞外。

无年月（明），《张英等残题名》，房山区云居寺石经山雷音洞右窗上。

无年月（明），《郑登等题名》，房山区石经山第三洞旁。

无年月（明），《高进忠题记》，房山区云居寺石经山雷音洞右窗西侧。

无年月（明），《捐资题名碑》，房山区。

无年月（明），《曝经台碑》，房山区石经山。

（四）清代

顺治二年（1645）四月八日，《关帝庙碑》，杨安民撰并正书，陈仰龙篆额，朱大荣镌，房山区长沟南正。

顺治十年（1653）立，《重修良乡学宫碑记》，房山区良乡文庙，已佚。

顺治十二年（1655）六月十六日，《硕敬谨亲王碑文》，房山区敬谨亲王墓。

顺治十二年（1655）十月八日，《棱德弘墓碑》，于先芳篆（撰），陈效忠正书，房山区西甘池。

顺治十三年（1656）五月七日，《关帝祠碑》，张元枢撰，杨三知正书，杨之枘篆额，王从善刻，房山区琉璃河镇西南白庄东。

顺治十四年（1657），《九春杨公墓志铭》，房山区窦店镇瓦窑头村。

顺治十四年（1657）四月，《洪叶寺碑》，马名奇撰，正书，房山区石楼支楼村。

顺治十六年（1659）四月，《万佛堂碑》，毋口坤测，陈君显正书，刘名世篆额，房山区磁家务万佛堂村。

顺治十六年（1659），《城隍庙碑》，房山区。

顺治十七年（1660）二月中浣，《杨守仓墓碑》，张元枢撰，正书，房山区琉璃河镇北董家林。

顺治十八年（1661），《关帝庙碑》，房山区南顾册村。

顺治十八年（1661）五月十二日，《和硕敬谨亲王碑文》，房山区敬谨亲王墓。

顺治十八年（1661）九月六日，《金太祖世宗陵碑》，房山区周口店西北柴厂金陵。

康熙元年（1662）正月元旦，《重建慧化禅寺记碑》，地址不详。

康熙元年（1662）三月，《重修三元宫记》，孙光礼书丹，房山区留台尖三官庙。

康熙元年（1662）五月，《关帝庙碑》，宋宾王撰，赵嘉胤、张同春正书并篆额，房山区南尚乐石窝。

康熙二年（1663）九月一日，《金太祖世宗陵碑》，房山区周口店西北柴厂金陵。

康熙三年（1664）闰三月二十八日，《施茶记》，张瑾光撰，房山区留台尖三官庙。

康熙九年（1670）七月十三日，《王国光谕祭碑》，房山区公主坟村。

康熙九年（1670）九月重阳前，《禅房寺碑》，李殖繁撰并篆额，正书，高自林刻，房山区北尚乐。

康熙十年（1671）十二月十七日，《王国光诰封碑》，房山区公主坟村。

康熙十一年（1672），《新建魁楼碑》，良乡知县李庆祖撰，良乡文庙东南，已佚。

康熙十一年（1672）七月，《雷音寺施香火地碑》，房山区石经山。

康熙十一年（1672）八月一日，《硕赛墓碑》，房山区磁家务。

康熙十一年（1672），《香树庵碑》，周龙舒撰，正书，房山区云居寺北。

康熙十二年（1673）正月十五日，《观音庵碑》，境空撰，明瑞正书，房山区张家庄。

康熙十四年（1675）二月，《房山县禁路榜示碑》，房山区上方山接待庵。

康熙十五年（1676），《款龙桥碑》，住山沙门智眼捐资造，房山区上方山兜率寺山门外的款成桥东侧。

康熙十五年（1676）十月二十五日，《董得贵诰封碑》，房山区良乡南坊村。

康熙十六年（1677）十一月，《董得贵及妻舒穆禄氏纳喇氏诰封碑》，房山区良乡南坊村。

康熙十七年（1678）六月，《安氏茔地碑》，张凤鹏撰，正书，房山区良乡南鲁村。

康熙十八年（1679）八月，《杨斗垣墓碑》，房山区西甘池。

康熙十九年（1680）四月八日，《衍庆庵记》，张振奇撰并正书，房山区石楼西北夏村。

康熙二十年（1681）九月，《中山寺创建维摩之院碑记》，地址不详。

康熙二十一年（1682）四月，《杨登科墓碑》，杨显承撰，李竑邺正书，房山区琉璃河镇东北董家林南。

康熙二十一年（1682），《田进喜墓碑》，李柱撰，丘民新正书，李燕俊篆额，房山区窦店东北。

康熙二十二年（1683），《重修铁瓦殿记》，房山区河北镇政府院内。

康熙二十九年（1690）三月初四日，《贾公祠宪批碑》，地址不详。

康熙三十年（1691），《皇清资政大夫江南布政使司右布政使圣兆毛公墓碑记》，黄百家撰文，陈奕禧书丹，房山区黄土坡村毛一鳞墓。

康熙三十年（1691）二月一日，《良乡通气院前修路碑》，许兆麟撰，正书，房山区良乡南门外。

无年月［康熙三十年（1691）八月］，《佛说阿弥陀经》，支谦译，正书，房山区云居寺。

无年月［康熙三十年（1691）八月］，《金刚般若波罗蜜经》，（后秦僧）鸠摩罗什译，正书，房山区云居寺。

康熙三十年（1691）八月，《药师琉璃光如来本原功德经》，房山区云居寺。

无年月［康熙三十年（1691）八月］，《妙法莲华经观世音菩萨普门品》，房山区云居寺。

无年月［康熙三十年（1691）］，《大佛顶首楞严经残石，附心经》，地址不详。

无年月［康熙三十年（1692）］，《佛说五十三佛三十五佛名经》，房山区云居寺。

康熙三十三年（1694）八月，《庄公院三清殿碑》，罗在公撰并行书，房山区孤山口东北娄子水。

康熙三十三年（1694）十月，《王樑父母墓碑》，房山区良乡南富庄。

康熙三十三年（1694）十一月二十三日，《诺迈谕祭碑》，房山区北羊头岗。

康熙三十五年（1696）三月十四日，《伊桑阿诰封碑》，陈奕禧行书，房山区皇后台村。

康熙三十五年（1696）三月二十日，《诺迈墓碑》，房山区北羊头岗。

康熙三十六年（1697），《王继文谕祭碑》，房山区西庄方家坟。

康熙三十七年（1698）三月三日，《云居寺碑》，房山区。

康熙三十七年（1698）三月三日，《溟波和尚碑》，徐士廷撰，王定国正书，房山区云居寺。

康熙三十七年（1698）七月，《创建贾公祠碑记》，罗在公撰，李伟书丹，房山区二站村贾岛墓。

康熙三十七年（1698）十月，《庄公院石殿碑》，罗在公撰，李天性正书，齐维蕃篆额，李福元刻，房山区孤山口东北娄子水。

康熙三十七年（1698）前后，《庄公院助缘题名刻石》，地址不详。

康熙三十九年（1700）三月初四日，《宪批碑》，房山区二站村贾岛墓。

康熙三十九年（1700），《建立上方山云水洞大悲庵碑记》，房山区云水洞外。

康熙四十年（1701）五月，《九圣祠碑》，赵之瑜撰并正书，房山区河北南他窖村。

康熙四十一年（1702）六月，《重修百花山护国显光寺前殿碑记》，房山区莲花庵村百花山显光寺。

康熙四十一年（1702），《如意禅林碑》，汪绎撰并正书，房山区良乡大十三里村。

康熙四十二年（1703）七月十八日，《伊桑阿谕祭碑》，房山区皇后台村。

康熙四十五年（1706）和月，《安氏先茔记》，王景曾撰，正书，房山区鲁村北。

康熙四十五年（1706）四月十六日，《观音龙王堂碑》，房山区周口店长沟峪。

康熙四十六年（1707）四月，《安民先茔碑》，王景曾撰，正书，房山区鲁村。

康熙四十八年（1709），《独树村题名碑》，房山区南尚乐独树村。

康熙四十八年（1709）四月，《兴禅寺碑》，袁延度撰，崔际平正书，房山区南尚乐。

康熙五十一年（1712）七月，《西方庵碑》，房山区良乡大十三里村。

康熙五十一年（1712）十一月二十一日，《董郝善及妻郭罗罗氏继配黑摄李氏墓碑》，胡会思撰并正书，满、汉文，房山区良乡南坊村。

康熙五十六年（1717）三月十五日，《重修观音庵碑》，房山区双孝村观音庵。

康熙五十七年（1718）五月七日，《诺罗布墓碑》，房山区西甘池。

康熙六十年（1721）正月，《福聚寺碑》，蒋廷锡撰，胤祉正书，房山区琉璃河镇西南白庄。

康熙六十一年（1722）六月一日，《寿因寿碑》，允禄正书，房山区塔湾村。

康熙六十一年（1722）九月二十七日，《邰世贵阖家施地碑》，上方山兜率寺山门外六碑之一。

无年月（康熙），《伊桑阿谕祭碑》，房山区皇后台村。

雍正元年（1723）九月，《药王庙碑》，彭萼采撰，正书，房山区南尚乐石窝。

雍正二年（1724），《独树里石匾》，房山区独树村。

雍正二年（1724）八月十五日，《成悟塔铭》，沈树本撰，沈荣仁正书，薄海篆额，房山区窦店弘恩寺。

雍正五年（1727）十一月，《刑部敦谕刻石》，尚弘正撰，檀馨正书，房山区坨里北口头村。

雍正七年（1729）闰七月，《先农坛碑》，尹元贡撰，石俊正书，李揆叙篆额，高廷儒刻，房山区东关外。

雍正七年（1729）八月，《弘恩寺碑》，常保住撰，舒明书，望楚村西弘恩寺，已断为两截。

雍正九年（1731）二月，《西山仪凤碑》，常明撰，正书，房山区西北凤凰亭。

雍正九年（1731）三月，《怡贤亲王（允祥）庙碑》，房山区旧县城。

雍正十年（1732），《大清西域寺圆通广禅师塔铭》，王惟乾、周东昇仝镌，房山区云居寺。

雍正十年（1732）二月一日，《明广塔碑》，陈元龙撰，王图炳正书，三泰篆额，房山区云居寺塔院。

雍正十三年（1735）二月，《真武殿碑》，许高伟撰并正书，李生锦、李才刻，房山区张坊。

乾隆二年（1737）六月，《香树庵碑》，房山区云居寺北。

乾隆二年（1737）夏月，《五圣祠碑》，张良柱撰，正书，彭惠臣刻，房山区西北凤凰亭。

乾隆二年（1737）九月，《南大庙碑》，房山区南尚乐石窝。

乾隆三年（1738），《上方山供众地亩碑记》，三楚沙丘明曦撰，房山区上方山兜率寺山门外六碑之一。

乾隆四年（1739），《认买入官房地碑》，弘晈撰文、书丹，房山区云居寺。

乾隆四年（1739），《光禄寺少卿内务府总管董公墓表》，陈大复拜撰，观保拜书，在原新街社区，原为南坊村地。

乾隆四年（1739）十二月，《观音庵碑》，鄂尔泰撰并正书，房山区顾册南双孝村。

乾隆五年（1740），《孙国玺谕祭碑》，上万村孙国玺墓。

乾隆五年（1740）十月上浣，《"寒雀"一首》，（高宗）弘历撰并行书，房山区行宫。

乾隆五年（1740）冬，《"日暮"一首》，（高宗）弘历撰并行书，房山区行宫。

乾隆五年（1740）冬，《"古寺疏钟"一首》，（高宗）弘历撰并行书，房山区行宫。

乾隆六年（1741），《庄公院交接契文》，郝人伟正书，刘秉中刻，房山区孤山口东北娄子水。

乾隆七年（1742）二月，《无题一首》，（高宗）弘历撰并行书，房山区行宫。

乾隆八年（1743）四月，《云居寺地产碑》，弘晈撰并正书，房山区云居寺。

乾隆八年（1743）七月二日，《弘普墓碑》，房山区磁家务。

乾隆八年（1743）十月，《云居寺大悲殿记》，多罗慎郡王允禧撰并书，房山区云居寺。

乾隆九年（1744）正月下浣，《"轻阴"一首》，（高宗）弘历撰并行书，房山区行宫。

乾隆九年（1744）二月上浣，《"对月"二首》，（高宗）弘历撰并行书，房山区行宫。

乾隆十年（1745）九月，《观音庙碑》，房山区西门外大洪寺村。

乾隆十一年（1746），《明贤圣修尊宿供众碑记》，房山区上方山兜率寺山门外六碑之一。

乾隆十一年（1746）三月，《达汉及妻谢氏（玉柱之祖父母）齐喜及妻舒穆鲁氏（玉柱之父母）诰封碑》，房山区西门外。

乾隆十一年（1746）四月八日，《云居寺题名碑》，房山区云居寺。

乾隆十一年（1746）四月，《永保堂记》，宋宗元撰并正书，朱维龙正书，房山区良乡南门外。

乾隆十一年（1746）七月，《常明谕祭碑》，房山区良乡刘庄。

乾隆十一年（1746）九月，《实福塔碑》，〔弘晈〕撰并正书，郑国宣、李吉士刻，房山区云居寺行宫旁塔院。

乾隆十一年（1746）九月，《"秋夜闻雁"三首》，（高宗）弘历撰并行书，房山区行宫。

乾隆十一年（1746）九月，《"饼菊"二首》，（高宗）弘历撰并行书，房山区行宫。

乾隆十一年（1746）十月上浣，《王时震及妻邰氏合葬墓表》，房山区张家庄。

乾隆十一年（1746）十月，《关帝庙碑》，苏成撰，行书，房山区南尚乐石窝。

乾隆十三年（1748）五月七日，《冯文敏公德政碑》，房山区南尚乐广润庄。

乾隆十三年（1748）八月，《吟"凉"一首》，（高宗）弘历撰并行书，房山区行宫。

乾隆十三年（1748）八月，《"秋麦"一首》，（高宗）弘历撰并行书，房山区行宫。

乾隆十四年（1749）十二月十九日，《那苏图墓碑》，房山区北关北庄村。

乾隆十四年（1749）三月下浣，《"良乡道中"一首》，（高宗）弘历撰并行书，房山区行宫。

乾隆十四年（1749）三月，《吟"夜"一首》，（高宗）弘历撰并行书，房山区行宫。

乾隆十四年（1749）三月，《吟"射"一首》，（高宗）弘历撰并行书，房山区行宫。

乾隆十五年（1750）八月，《乾隆御笔〈官柳一首〉诗刻》，地址不详。

乾隆十五年（1750）八月，《"西北风"一首》，（高宗）弘历撰并行书，房山区行宫。

乾隆十五年（1750）秋日，《"水碓"一首》，（高宗）弘历撰并行书，房山区行宫。

乾隆十六年（1751）闰五月，《王氏世谱碑》，房山区南顾册村。

乾隆十六年（1751）九月，《咏"夕"一首》，（高宗）弘历撰并行书，房山区行宫。

乾隆十六年（1751）秋，《"易州道中"一首》，（高宗）弘历撰并行书，房山区行宫。

乾隆十八年（1753）二月上浣，《"微雨"一首》，（高宗）弘历撰并行书，房山区行宫。

乾隆十八年（1753）二月，《"拒马河"一首》，（高宗）弘历撰并行书，房山区行宫。

乾隆十八年（1753）四月，《火神庙题名碑》，房山区南尚乐石窝。

乾隆十九年（1754）闰四月十五日，《福增格施地碑》，福增格撰并正书，房山区云居寺。

乾隆十九年（1754）十二月八日，《海宽和尚碑》，（庄亲王）允禄撰并草书，房山区城西北塔湾村。

乾隆二十年（1755）三月，《"晓行□事"四首》，（高宗）弘历撰并行书，房山区行宫。

乾隆二十年（1755）四月八日，《吴主氏施地碑》，房山区云居寺。

乾隆二十年（1755）春，《"过卢沟桥"一首》，（高宗）弘历撰并行书，房山区行宫。

乾隆二十年（1755）五月，《金河诗刻》，（高宗）弘历撰并行书，房山区行宫。

乾隆二十一年（1756），《建立供众斋僧碑记》，房山区上方山兜率寺山门外六碑之一。

乾隆二十一年（1756）八月初一日，《多罗顺承郡王泰斐英阿碑文》，房山区二龙岗村。

乾隆二十一年（1756）二月，《"长沟"三首》，（高宗）弘历撰并行书，房山区行宫。

乾隆二十一年（1756）二月，《"柳色"一首》，（高宗）弘历撰并行书，房山区行宫。

乾隆二十二年（1757）四月初八，《上方山寺义田碑记》，房山区上方山兜率寺山门外六碑之一。

乾隆二十三年（1758）三月，《"菜花"一首》，（高宗）弘历撰并行书，房山区行宫。

乾隆二十三年（1758）春，《"麦色"一首》，（高宗）弘历撰并行书，房山区行宫。

乾隆二十四年（1759）二月五日，《黄庭桂墓碑》，房山区南白岱村。

乾隆二十四年（1759），《大清国京都顺天府房山县邑南二站村观音庵住持僧辉山自置施香火地亩碑记》，房山区二站村。

乾隆二十五年（1760）二月二十七日，《京县郊南亲劳军诗刻》，（高宗）弘历撰并行书，房山区良乡范家坟。

乾隆二十五年（1760）二月下浣，《"夜雨"一首》，（高宗）弘历撰并行书，房山区行宫。

乾隆二十六年（1761）五月谷旦，《传临济正宗磐山南涧下第三十四世上和下安仁翁和尚塔》，地址不详。

乾隆二十六年（1761）六月，《杨显福墓碑》，王人骥撰并正书，房山区琉璃河镇北董家林南。

乾隆二十六年（1761）八月，《香火地四至碑》，房山区南尚乐石窝南大庙。

乾隆二十六年（1761），《石佛殿碑》，房山区长沟西南正。

乾隆二十八年（1763），《立香火地碑记》，房山区大高舍村三义庙。

乾隆二十八年（1763）二月，《刘王氏施地碑》，房山区云居寺。

乾隆二十八年（1763）秋，《关帝庙戏楼碑》，房山区大洪寺村。

乾隆二十九年（1764）二月，《老米会施田碑记》，房山区上方山兜率寺东配殿南山墙外。

乾隆二十九年（1764）三月，《药师堂临济正宗传法宗派幢》，房山区上方山舍利殿院内。

乾隆二十九年（1764）三月十五日，《山神庙碑》，房山区南尚乐磨碑寺岩上蝎子山。

乾隆三十一年（1766）三月，《南大庙凿并碑》，林念德撰并行书，房山区南尚乐石窝村。

乾隆三十一年（1766）三月中旬，《隆阳宫香火地碑》，许之蕙正书，崔慰霖篆额，刘长宗镌，房山区南尚乐石窝村。

乾隆三十一年（1766）五月中旬，《隆阳宫碑》，常河等撰并正书，高廷儒镌，房山区南尚乐石窝村。

乾隆三十二年（1767）三月二十七日，《和硕庄恪亲王碑文》，房山区磁家务村庄亲王墓。

乾隆三十三年（1768）二月十三日，《高从礼及妻鲁氏（高朗之父母）诰封碑》，房山区南尚乐高家庄。

乾隆三十三年（1768）二月十三日，《高朗及妻武氏继室齐氏合葬墓碑》，房山区南尚乐高家庄。

乾隆三十三年（1768）四月，《龙凤寺碑》，房山区南白岱村小学。

乾隆三十三年（1768）五月，《三义庙碑》，房山区张坊。

乾隆三十四年（1769）三月，《郭氏祖茔碑》，房山区南尚乐惠南庄。

乾隆三十六年（1771）二月，《张有相及妻李氏合葬墓碑》，房山区独树村。

乾隆三十八年（1773），《乾隆癸巳诗碑》，房山区金门闸。

乾隆三十八年（1773），《金门闸浚淤碑》，房山区金门闸。

乾隆三十八年（1773）四月吉日，《至昆墓碑》，地址不详。

乾隆四十年（1775）四月初五日，《华严米会碑》，房山区上方山兜率寺山门外六碑之一。

乾隆四十年（1775）六月，《镇海佛光寺碑》，张梦桂撰，郭琰正书，房山区长沟坟庄。

乾隆四十三年（1778），《曹母王孺人捐置学田碑》，知良乡县事张习撰，房山区良乡文庙，已佚。

乾隆四十三年（1778）六月八日，《暝波行略碑》，湛富正书，刘丕然、王世良镌，房山区云居寺北塔院。

乾隆四十三年（1778）八月八日，《际瑜和尚塔碑》，通理撰，池凤毛正书，刘不然、王世良刻，房山区云居寺北塔院。

乾隆四十四年（1779）六月一日，《龙神庙碑》，常尔瑜撰，常庆云正书，马佺篆额，李相刻，房山区东班各庄西黑龙关。

乾隆四十四年（1779）十月二十日，《弘暻墓碑》，房山区琉璃河镇北董家林南。

乾隆四十四年（1779）六月二十七日，《修补龙神庙碑记》，地址不详。

乾隆四十五年（1780）八月，《净如施财置地碑》，房山区云居寺。

乾隆四十六年（1781）二月，《嘉善□璪檀般记》，〔了英〕撰并正书篆额，房山区云居寺南引杖河岸西。

乾隆四十七年（1782）八月，《房山县告示碑》，房山区南关外。

乾隆四十九年（1784）三月二十三日，《保护庄公院庙产告示》，房山区孤山口东北娄子水。

乾隆五十年（1785）正月一日，《满保侧室沈氏诰封碑》，房山区北朱各庄。

乾隆五十一年（1786）后，《庄公院告示碑》，地址不详。

乾隆五十一年（1786）六月上浣，《丹天窑祖兴云殿碑》，李毓对撰，李毓屾正书并篆额，房山区南顾册村。

乾隆五十一年（1786）七月，《三义庙碑》，徐梦陈撰并正书，李文旺刻，房山区长沟北正村。

乾隆五十三年（1788）九月，《永瑞墓碑》，房山区磁家务。

乾隆五十三年（1788）九月下浣，《观音庵碑》，杨铎撰，房山区南尚乐半壁店。

乾隆五十四年（1789）五月，《云盖寺三义庙观音庵七圣庙等庙产碑》，宋成业撰，宋弘沧正书，房山区石楼大次乐。

乾隆五十四年（1789）八月，《碧霞元君行宫碑》，吴立本撰并正书，王琛镌，房山区南尚乐石窝。

乾隆五十六年（1791）二月，《白衣庵香火地碑》，张慎缄撰，正书，胡士重刻，房山区琉璃河镇南白庄。

乾隆五十八年（1798），《重修厂庙题名碑》，正书，杜荣刻，房山区张坊。

无年月（乾隆），《董殿邦墓表》，陈大复撰，观保正书，满、汉文，房山区良乡南坊村。

无年月（乾隆），《贾岛祠诗》，德保撰并正书，房山区石楼东南二站。

嘉庆二年（1797）十月，《关帝庙碑》，徐梦陈撰并正书，王如茂篆额，高焕章刻，房山区长沟西南正。

嘉庆三年（1798）七月，《灵官庙碑》，王炳撰并正书，张尔亨刻，房山区石窝天仙庙。

嘉庆四年（1799），《上方山施舍供众地亩碑记》，西护广济寺宗公和尚撰，房山区上方山兜率寺山门外六碑之一。

嘉庆七年（1802），《通顺功德碑》，上方山兜率寺方丈和尚顺立，房山区上方山舍利殿。

嘉庆七年（1802），《了正塔碑》，徐梦陈撰，陈照正书，王月顺等刻，房山区云居寺北塔院。

嘉庆九年（1804）四月上浣，《禅房寺碑》，徐梦陈撰，杨成本正书，杨成德篆额，高焕章刻，房山区北尚乐。

嘉庆九年（1804）九月，《庆寿庵碑》，黎德符撰，李芳正书，房山区磁家务半壁店。

嘉庆九年（1804）十月，《关帝庙碑》，徐梦陈撰，罗焕正书，房山区磁家务万佛堂村。

嘉庆九年（1804），《磨碑寺后殿钟楼捐资题名碑》，房山区南尚乐磨碑寺岩上蝎子山。

嘉庆十年（1805）八月，《三义庙碑》，房山区长沟镇。

嘉庆十一年（1806）六月，《关圣帝君大殿碑》，温景煜撰，温际亨正书，王申勒，房山区禾开村娘娘庙。

嘉庆十一年（1806）六月，《药王庙碑》，王世楫撰，邢天一正书，房山区南尚乐西北鞍子口。

嘉庆十二年（1807）秋月，《菩萨庵碑》，房山区张坊。

嘉庆十三年（1808），《重修圣米石塘碑碣》，任玉珮敬撰，房山区柳林水村圣莲山。

嘉庆十三年（1808）三月一日，《关帝庙碑》，孟叙中正书，房山区良乡肖庄。

嘉庆十三年（1808）五月，《关帝庙碑》，房山区南尚乐石窝独树村。

嘉庆十三年（1808）六月，《观音庵碑》，苏在湄撰，隗凌云正书，王树本刻，房山区南尚乐惠南庄。

嘉庆十四年（1809）春，《赐田土碑》，房山区云居寺。

嘉庆十四年（1809）三月上浣，《云居寺瞻礼诗》，（仁宗）颙琰撰并行书，房山区云居寺。

嘉庆十四年（1809）三月，《常守义墓表》，李棣光撰，高永清正书，房山区凤凰亭。

嘉庆十四年（1809）六月上浣，《嘉庆御笔〈云居寺瞻礼二十韵〉诗碑》，地址不详。

嘉庆十六年（1811），《蒋予蒲刻》，房山区上方山兜率寺东侧的一斗泉之斗泉庵。

嘉庆十六年（1811）五月，《古沟石桥碑》，高燃撰并正书，房山区南尚乐半壁店。

嘉庆十七年（1812）二月二日，《二郎庙碑》，赵辉斗撰，张永安正书，王永泰刻，房山区张坊。

嘉庆十八年（1813）三月上浣，《再游云居寺瞻礼诗》，（仁宗）颙琰撰并行书，房山区云居寺。

嘉庆十八年（1813）四月佛诞日，《嘉庆十八年碑》，房山区上方山兜率寺东配殿南山墙外。

嘉庆十八年（1813）八月，《王静斋墓碑》，房山区。

嘉庆十九年（1814）三月九日，《悟辉等施地碑》，悟辉撰，正书，房山区云居寺。

嘉庆十九年（1814）六月，《观者殿碑》，吕恢撰，霍文彩正书，王树本刻，房山区张坊。

嘉庆十九年（1814）六月，《郭公庵碑》，吕恢撰，霍文彩正书，王树本刻，房山区张坊。

嘉庆十九年（1814）八月，《八郎庙碑》，邢天一撰，续登洲正书，王树本镌，房山区南尚乐石窝。

嘉庆十九年（1814）八月，《达焕和尚碑》，彭希濂撰并正书，房山区云居寺南塔院。

嘉庆二十年（1815），《兴禅寺碑》，张允修撰，徐阅第正书，房山区南尚乐。

嘉庆二十年（1815）十月，《田自贤及妻俞氏李氏墓碑》，房山区南尚乐。

嘉庆二十一年（1816）四月，《玉虚宫碑》，夔铭撰并行书，房山区黄山店西北宝金山。

嘉庆二十一年（1816）十二月，《白衣观音堂碑》，邢关一撰，续登洲正书，王树本刻，房山区南尚乐石窝。

嘉庆二十二年（1817）四月，《苗尧臣墓碑》，房山区甘池将军庙。

嘉庆二十二年（1817）七月上浣，《石佛寺碑》，杨松年撰，张樊正书，房山区琉璃河镇西。

嘉庆二十三年（1818）二月，《建本功德碑》，正书，（僧）悟辉刻，房山区云居寺。

嘉庆二十三年（1818）四月，《三义庙四至碑》，房山区张坊。

嘉庆二十三年（1818）六月，《贾公（岛）祠碑》，孙锦撰，正书，房山区石楼东南二站。

嘉庆二十三年（1818）十月，《万泉庵碑》，邢天一撰，邢肇霈正书，王清泰，王树本镌，房山区南尚乐石窝。

嘉庆二十五年（1820）三月，《傅宅地亩碑记》，王石如书，房山区云居寺千佛殿。

嘉庆（1798—1820）无年月，《玉虚宫顺天府告示》，房山区黄山店西北宝金山。

道光元年（1821）三月十七日，《永鋆墓碑》，房山区琉璃河镇北董家林村东。

道光三年（1823）三月中旬，《关帝庙东西禅堂碑》，崔跃龙撰，张亦侗正书，李义镌，房山区南尚乐辛庄。

道光三年（1823）三月，《赵培润舍地碑》，房山区云居寺。

道光三年（1823）十月二十三日，《仙峰置香火地四至》，房山县南尚乐石窝。

道光四年（1824）六月，《道光上谕碑》，房山区金门闸。

道光四年（1824）七月十五日，《九神庙碑》，王廷献撰，正书，吴天成刻，房山区石楼二站学校。

道光四年（1824）九月，《敬惜字纸碑》，金鼎梅撰，潘转周正书，王清秦刻，房山区旧县城。

道光四年（1824）十月，《福寿寺碑》，刘启琨（篆）撰，许风池行书，王树本刻，房山区石楼杨驸马庄。

道光四年（1824）十一月二十一日，《伦柱墓碑》，房山区皇后台。

道光五年（1825），《重修龙凰寺记》，房山区南白岱村。

道光七年（1827）八月十八日，《悟辉塔铭》，通申撰，普济正书，房山区云居寺南塔院。

道光七年（1827）八月十八日，《真善功德茔地碑》，通申撰，普济正书，房山区云居寺南引杖河岸西。

道光八年（1828）五月，《西域山大云居寺重修大悲坛碑记》，房山区云居寺。

道光九年（1829）四月，《西域云居寺千佛殿碑》，吕延烈撰并正书，房山区云居寺。

道光九年（1829）八月，《关帝庙碑》，吕振清撰，王得雄正书，王树本刻，房山区南尚乐广润庄。

道光九年（1829）八月，《观音庙碑》，王得雄撰，吕振清正书，王树本刻，房山区南尚乐广润庄。

道光九年（1829）十月，《禅房寺碑》，陈鉴撰，许凤池正书，杨廷栋题额，王树本刻，房山区北尚乐村。

道光十年（1830）六月，《火神庙碑》，邢肇濡撰，安清吉正书，房山区南尚乐石窝。

道光十年（1830）六月，《常守仁墓表》，邢天锡撰并正书，房山区凤凰亭。

道光十年（1830）九月二十日，《白衣庵碑》，房山区南韩继西瓦井。

道光十一年（1831）正月，《三佛寺碑》，白玉书撰并正书，房山区张坊片上村。

道光十一年（1831）二月上浣，《刘氏先茔碑》，刘彰、刘兰撰，正书，房山区南尚乐。

道光十一年（1831）二月，《刘士光及妻隗氏墓碑》，房山区南尚乐。

道光十一年（1831）九月，《林禅寺题名碑》，房山区张坊。

道光十二年（1832）三月，《三义庙碑》，陈鉴撰，郭振正书，张全谱刻，房山区张坊。

道光十二年（1832）三月，《五圣庙碑》，邢肇濡撰并正书，房山区南尚乐石窝山神庙。

道光十三年（1833）九月，《绵课墓碑》，房山区磁家务。

道光十四年（1834）四月九日，《乌雅氏祭田碑》，元福撰，正书，房山区北羊头岗。

道光十五年（1835）六月，《观音殿碑》，房山区南尚乐石窝。

道光十五年（1835）六月，《香树庵碑》，慈海撰并正书，广泰刻，房山区云居寺北。

道光十六年（1836），《重修良乡县学宫记》，知良乡县事彭世昌撰，房山区良乡文庙。

道光十六年（1836）二月二十三日，《杨氏先茔碑》，许凤池撰并正书，房山区北尚乐村西北。

道光十六年（1836）二月二十三日，《杨成己及妻郭氏墓碑》，房山区北尚乐村西北。

道光十六年（1836）四月，《真达塔碑》，明心撰，慈海正书，房山区云居寺塔院。

道光十六年（1836）七月，《常文璐墓碑》，全景熙撰，邢肇濡正书，房山区凤凰亭。

道光十六年（1836）七月，《常文璐墓志》，全景熙撰，邢肇濡正书，房山区凤凰亭。

道光十六年（1836）十一月，《誉济桥碑》，吕振清撰，许凤池正书，张焕□篆额，宋海明刻，房山区南正双磨村。

道光十六年（1836），《常文玺墓碑》，全景熙撰，邢肇濡正书，房山区北关北庄村北。

道光十六年（1836），《常文璐妻李氏新阡记》，常秦撰并正书，房山区北关北庄村北。

道光十八年（1838），《关帝庙造马殿碑》，房山区周口店南新街。

道光十八年（1838）正月，《西辰功德碑》，王得雄撰，苏裕昆正书，续长乐刻，房山区南尚乐惠南庄观音庵。

道光十八年（1838）五月，《文昌帝君阴骘文》，房山区良乡西门外。

道光十八年（1838）五月，《太上感应篇》，房山区良乡西门外。

道光十九年（1839）四月，《文昌庙碑》，高云林撰，赵垫正书，高中道篆额，房山区南尚乐半壁店。

道光十九年（1839）四月，《萧氏先茔碑》，梁春江撰，董玉栋正书，宋载赓题额，房山区北关北庄村西南。

道光二十年（1840）二月，《王兴及妻杨氏墓碑》，房山区。

道光二十年（1840）五月十八日，《大、宛二县朝山进香碑》，房山区莲花庵村百花山显光寺。

道光二十一年（1841）十月，《观音庵碑》，杨瑞撰，刘玉晖正书，房山区石楼大次乐。

道光二十四年（1844）四月上浣，《关帝庙碑》，段成撰，田锦川正书，房山区南韩继西瓦井。

道光二十五年（1845）三月，《隗执扎及妻冯氏王氏墓碑》，房山区石窝村。

道光二十五年（1845）八月，《天开庙戏楼碑》，张寅撰，孙肇兰正书，刘钓刻，房山区天开村天开寺。

道光二十五年（1845）八月，《关帝庙碑》，王德馨撰，张永悦正书，房山区窦店镇。

道光二十六年（1846）五月，《关帝庙碑》，高云林撰并正书，房山区南尚乐石窝半壁店。

道光二十七年（1847），《玉皇殿前常明海灯碑记》，房山区上方山兜率寺院内西侧。

道光二十八年（1848）八月，《美报祠碑》，邢肇需撰并正书，杜彬刻，房山区南尚乐。

道光二十八年（1848）八月一日，《观音洞碑》，房山区皇后台村。

道光二十八年（1848）十月，《常文宪墓表》，常洵撰，王万龄正书，房山区凤凰亭。

道光二十九年（1849）七月，《留台尖南禅房碑》，邱秉哲撰，张元瑛正书，房山区西门外大洪寺南山。

道光二十九年（1849）八月，《洪业寺碑》，张蓉第撰，李咸一正书，房山区西门外大洪寺村北。

道光二十九年（1849）九月，《王琴父、母邢氏、继母王氏杜氏墓碑》，房山区后石门村。

道光二十九年（1849）九月，《王琴、妻杨氏墓碑》，房山区后石门村。

咸丰元年（1851）三月，《娘娘行宫碑》，游凤岐撰，萧维林、张宝书正书，宫国煦篆额，房山区周口店长沟峪。

咸丰元年（1851）四月八日，《胡铭施地碑》，郭宝勋撰并正书，房山区云居寺。

咸丰元年（1851）六月，《明伦堂碑》，邢秉哲撰，赵垫正书，张蓉第篆额，房山区城。

咸丰二年（1852）八月一日，《观音庵碑》，吕桂景撰，陈士昭正书，赵登云刻，房山区西白岱村。

咸丰四年（1854）十一月，《小白带村石坡碑》，胡嘉猷撰，正书，房山区西白贷。

咸丰五年（1855）正月二十五日，《善禄谕祭碑》，房山区良乡大柴草坞南坊村西。

咸丰五年（1855）十月，《张联纲及妻王氏崔氏合葬墓碑》，房山区。

咸丰五年（1855）囗月十三日建立，《重修关帝庙碑记》，崔文雄书，赵坚镌，房山区李庄村。

咸丰六年（1856），《善禄墓碑》，房山区良乡大柴草坞南坊村西。

咸丰八年（1858）三月，《东岳庙碑》，邱秉哲撰，潘毓芳正书，郭履福刻，房山区窦店镇清凉寺。

咸丰八年（1858）三月，《清凉寺碑》，邱秉哲撰，潘毓芳正书，郭履福刻，房山区窦店镇。

咸丰十一年（1861）八月，《高骧云墓碑》，杨葆元正书，房山区北尚乐村。

同治元年（1862）四月十三日，《杨廷樨及妻二刘氏（杨葆元之父母）诰封碑》，房山区北尚乐村南。

同治元年（1862）十月，《阎王庙碑》，李汶弼撰，许风池正书，房山区岳各庄。

同治二年（1863）九月十三日，《八村公议条款碑》，房山区南尚乐广润庄。

同治二年（1863）九月二十日，《房山县保甲条款榜示碑》，房山区南尚乐石窝。

同治二年（1863）十月，《东良各庄菩萨庙碑记》，李汝弼撰文，张桂一书丹，房山区东良各庄村。

同治二年（1863）十月，《镇海佛光寺碑》，白师曾撰，王襄正书，郭玉良刻，房山区长沟坟庄。

同治二年（1863），《三官殿观音堂关圣殿碑》，崔文采撰并正书，郭玉梁刻，房山区南尚乐辛庄。

同治三年（1864）九月十六日，《反本寻源归复临济正宗碑》，了信撰，韩隽正书，国仁篆额，房山区云居寺北塔院。

同治三年（1864）十月二十九日，《空利塔铭》，许乃普撰，姚玉璋正书，续林刻，房山区云居寺北塔院。

同治三年（1864）十月二十九日，《显慧塔碑》，许乃普撰，姚玉璋正书，续林刻，房山区云居寺北塔院。

同治三年（1864）十一月一日，《刘万金施舍碑》，姚玉璋撰并正书兼行书，续林刻，房山区云居寺。

同治四年（1865）二月，《磨碑寺药王庙碑》，康天铎撰并正书，郁昌富镌，房山区南尚乐石窝东北岩上。

同治四年（1865）四月，《龙王庙碑》，康天铎撰并正书，房山区南尚乐石窝。

同治五年（1866）正月，《绵愉墓碑》，房山区良乡崇各庄。

同治六年（1867）五月，《文昌阁碑》，房山区霞云岭东北下石堡村。

同治七年（1868）四月，《三义庙五道庙碑》，王琦撰，王守正正书，王邦昌镌，房山区南尚乐后石门。

同治七年（1868）六月初九日，《同治七年顺天府告示》，房山区接待庵。

同治七年（1868）十月，《观音庙碑》，赵锦堂正书，房山区南尚乐石窝。

同治八年（1869）五月九日，《东岳庙碑》，谢良玉撰，王玺正书，郭屡富刻，房山区琉璃河镇南福兴村。

同治八年（1869）八月，《牤牛河石桥碑》，高建勋撰，晋荣正书，房山区琉璃河西南白庄东。

同治九年（1870）五月，《观音堂碑》，阎惠孚撰，牛庄正书并篆额，孔顺刻，房山区周口店。

同治九年（1870）十月一日，《恩惠寺地亩告示》，房山区琉璃河四门口村。

同治十年（1871）四月二十八日，《七斗泉庙碑》，李瑞撰，丁本善正书，房山区坨里北口头村。

同治十一年（1872）五月，《重修金门闸减水石坝记》，桂本诚书丹，房山区金门闸。

同治十一年（1872）十一月，《大佛殿及关帝庙捐资题名碑》，房山区长沟南正。

同治十二年（1873），《新建挟河中桥碑》，知涿州事周绍达撰，房山区白庄村东。

同治十二年（1873）五月，《关帝庙碑》，温玉衡撰，崔文雄正书，房山区南尚乐鞍子口。

同治十二年（1873）五月，《地藏寺碑》，白师曾撰，许风池正书，房山区岳各庄。

同治十二年（1873）闰六月，《同益会碑》，王茂林撰，刘炳庚正书，王邦晶刻，房山区石楼大次乐。

同治十三年（1874）二月，《善愿常存碑》，房山区云居寺。

同治十三年（1874）十月，《福寿寺碑》，邢肇需撰，王贵辅正书，李永顺等刻，房山区石楼杨鞘马庄。

光绪元年（1875），《关帝庙碑》，张云第撰并正书，房山区琉璃河镇董家林。

光绪二年（1876）四月初八，《施财功德碑》，房山区云居寺。

光绪二年（1876）五月上浣，《云居寺凿井碑》，正书，续林刻，房山区云居寺。

光绪二年（1876），《温氏先茔碑》，温如玉撰，房山区南尚乐石窝。

光绪二年（1876）五月，《普济庵碑》，游观第撰，刘芳正书，房山区交道北江树。

光绪二年（1876）八月，《公输子祠碑》，邢肇需撰，邢景耀正书，赵廷彦刻，房山区南尚乐石窝。

光绪四年（1878）六月，《娘娘庙碑》，邢肇需撰，邢景耀正书，赵廷彦刻，房山区南尚乐石窝。

光绪四年（1878）七月十五，《大清国京都顺天府房山县重修二站村九神庙碑记》，王廷献撰，房山区二站村。

光绪四年（1878）十二月二十三日，《玉虚宫买卖契约》，魏德普、刘佑清、刘东江镌，房山区宝金山玉虚宫。

光绪五年（1879）闰三月十三日，《光绪顺天府告示》，房山区宝金山玉虚宫。

光绪五年（1879）十月上浣，《禅房寺碑》，邢肇翰撰，张桂一正书，王邦昌刻，房山区北尚乐。

光绪五年（1879）十月二十一日，《玉虚宫碑》，房山区黄山店西北宝金山。

光绪六年（1880）四月，《永逸桥碑》，王矗撰，朱仕正书，房山区北良各庄。

光绪七年（1881）三月，《南甘池村桥碑》，刘天往撰并正书，房山区南甘池。

光绪七年（1881）四月二十四日，《观音庙碑》，房山区天开东南龙门口。

光绪八年（1882）三月，《密增行略碑》，镜如撰，景廉正书，续林刻，房山区云居寺北塔院。

光绪八年（1882）三月谷旦，《增公（密增）和尚行略》，地址不详。

光绪八年（1882）五月，《盛昱等题记》，房山区云居寺北塔太极元年塔。

光绪九年（1883）四月，《普济桥碑》，王贻恺撰，齐华龄正书，张学滋篆额，刘贵等刻，房山区南正双磨村。

光绪九年（1883）十二月四日卒，《常履坦墓碑》，赵元营撰并正书，刘青绶篆额，段致中刻，房山区周口店。

光绪十年（1884）正月，《关帝庙碑》，邱城撰，刘青绶正书并篆额，房山区北关饶乐府村。

光绪十一年（1885）五月，《李氏宗祠碑记》，游观第撰，陈璞书，房山区大紫草坞村。

光绪十一年（1885）十月，《比丘僧莲如功德碑》，房山区上方山兜率寺院内西侧。

光绪十一年（1885）十一月，《杨子英德政碑》，长馨撰，铨荣正书，房山区良乡南门外。

光绪十一年（1885）十一月，《张坊禁牙税铭》，正书，王守常镌，房山区西白岱。

光绪十二年（1886）八月，《奕祥墓碑》，房山区良乡崇各庄。

光绪十三年（1887）十一月，《观音庙碑》，王耀先撰，罗恒吉正书，房山区张坊。

光绪十四年（1888），《重修关帝庙碑记》，房山区坨里村关帝庙。

光绪十四年（1888）四月，《建桥修庙碑》，王桀舫撰并正书，房山区南尚乐后石门。

光绪十四年（1888）六月，《娘娘庙碑》，潘厚山撰，冯天麟正书，李永福刻，房山区周口店长沟峪。

光绪十五年（1889）四月二十三日，《龙王庙碑》，吴锡福撰，正书，房山区十渡西庄村。

光绪十五年（1889）四月二十三日，《龙王庙碑》，臧国栋撰，正书，房山区十渡西庄村。

光绪十五年（1889）五月，《万泉庵碑》，邢最高撰，邢福济正书，王守常、王守纲镌，房山区南尚乐石窝。

光绪十五年（1889），《关帝庙碑》，张鉴撰并正书，房山区西门外大洪寺村。

光绪十六年（1890），《重修红桥庵碑》，证果敬撰，房山区上方山红桥庵。

光绪十六年（1890）四月，《云居寺传戒碑》，皇六子和硕恭亲王撰并书，房山区云居寺。

光绪十七年（1891），《重修三官庙碑记》，房山区肖庄村。

光绪十七年（1891），《重修上方山兜率寺舍利殿》，完颜嵩撰并书，房山区上方山舍利殿院内。

光绪十七年（1891）四月，《香光寺碑》，嵩申撰并正书，房山区大韩继。

光绪十七年（1891）四月，《王氏先茔碑》，王宝兴撰，王守勤正书，房山区南尚乐后石门。

光绪十七年（1891）六月上浣，《三教堂关帝殿碑》，高仁峒撰，常九龄正书，房山区良乡肖庄。

光绪十九年（1893），《重修圣母宫碑》，云观主人高云溪，房山区柳林水村圣莲山南庙。

光绪二十年（1894）四月，《重修斋堂碑文》，房山区上方山兜率寺院内西侧。

光绪二十年（1894）九月十九日，《因果不昧碑》，房山区上方山舍利殿院内。

光绪二十二年（1896），《重善桥记》，于鸿逵书，房山区重善桥北。

光绪二十二年（1896）三月一日，《施地租碑》，王棠荫撰，王贻恺正书，刘青绶篆额，房山区石楼。

光绪二十三年（1897），《独力创修节孝祠碑记》，良乡县训导逯凤图撰，房山区良乡文庙东。

光绪二十三年（1897）六月，《邢肇源及妻孟氏墓碑》，房山区南尚乐前石门。

光绪二十三年（1897）九月，《重修碧霞元君宫记》，刘青绶记，房山区饶乐府村南碧霞元君祠旧址。

光绪二十三年（1897）十月，《重修仁义局碑记》，果树撰，王义镌刻，李天福书丹，房山区南窖村碧霞娘娘行宫。

光绪二十三年（1897）十月，《龙神庙戏楼碑》，马良昶撰，佟修正书并篆额，李得名刻，房山区东班各庄西黑龙关。

光绪二十四年（1898）三月，《邢景恒墓碑》，房山区南尚乐前石门。

光绪二十四年（1898）五月上浣，《山神庙碑》，耿步武正书，房山区南尚乐磨碑寺岩上蝎子山。

光绪二十四年（1898）五月上浣，《隆聚本厂地契碑》，房山区南尚乐磨碑寺岩上蝎子山。

光绪二十五年（1899）正月，《清马凤祥墓碑》，房山区郑家磨村。

光绪二十五年（1899），《永安桥捐资题名碑》，房山区北良各庄村。

光绪二十五年（1899）四月，《药王庙碑》，吴锡珍撰，崔镇山正书，刘杰刻，房山区南乐鞍子口。

光绪二十五年（1899）七月，《玉虚宫碑》，房山区黄山店西北宝金山。

光绪二十五年（1899）十月下浣，《三义庙提名碑》，朱仕撰，朱云龙正书，石天祥等刻，房山区东良各庄。

光绪二十六年（1900）正月，《禁伤茔树公告碑》，房山区南尚乐前石门。

光绪二十六年（1900）四月，《高家庄桥道记》，邢景耀撰，王卓正书，王化行篆额，刘富刻，房山区南尚乐。

光绪二十七年（1901），《皇清处士讳廷芳字香清要公之墓》，房山区王家磨村。

光绪二十七年（1901）六月，《要氏先茔碑》，要庆平撰并书，房山区王家磨村。

光绪二十八年（1902）四月，《补修良乡县文庙记》，教谕郑荣桂，房山区良乡文庙。

光绪二十八年（1902）七月，《樊范氏姑擅舍地碑》，房山区交道大高舍村。

光绪二十八年（1902）中秋，《三清洞石额》，房山区六渡王老铺村。

光绪二十八年（1902）中秋，《三清洞碑记》，房山区六渡王老铺村。

光绪二十八年（1902）十月，《三圣观碑》，李张瑞撰，李明伦正书并篆额，续俊升、萧明同刻，房山区庄户台村。

光绪二十九年（1903）七月，《重续漕溪派系碑》，冯尚俭正书，房山区长沟西甘池玄天寺。

光绪二十九年（1903）七月，《深祥（秀光）和尚自叙碑》，深祥（秀光）撰，王贻恺正书并篆额，冯尚俭撰引，赵福荣镌，房山区长沟西甘池玄天寺。

光绪二十九年（1903）十二月中浣，《良乡县蠲免差役碑》，陈绣撰，梁吉正书，房山区崇各庄南窖各庄。

光绪三十年（1904）五月，《城隍庙会碑》，张斗山撰，杨广达正书，王庆长篆额，房山区旧县城。

光绪三十年（1904）六月，《城守司厅筑廨记》，李张瑞撰，赵宗瀛行书，李文汉篆额，石荣华刻，房山区城内西街。

光绪三十年（1904）七月十六日，《三义庙碑》，段书元撰，赵鹤龄正书，房山区大韩继。

光绪三十一年（1905）四月，《梁春江及妻方氏席氏邢氏墓碑》，房山区坟庄。

光绪三十一年（1905）四月七日，《李〔山〕颂德碑》，李鹤龄撰，正书，房山区周口店长沟峪西沟坡。

光绪三十二年（1906）十一月上旬，《广誉老会等施钱及地产碑》，刘永生撰并正书，房山区琉璃河镇西南白庄。

光绪三十三年（1907）三月，《云居寺善会碑》，（僧）本修正书，房山区云居寺。

光绪三十三年（1907）六月，《古沟石桥碑》，高兰亭撰，高雅峰正书，贾清和刻，房山区南尚乐半壁店。

光绪三十四年（1908）五月，《极乐寺碑》，王振清撰，郭树声正书，贾清和等刻，房山区张坊。

宣统元年（1909），《重建金门闸记》，吕佩芬撰并书，房山区金门闸。

宣统元年（1909）八月中浣，《公议碑》，王维翰撰，赵鹤龄正书，门秀刻，房山区石楼杨驸马庄。

宣统二年（1910）十月，《关帝庙碑》，左登瀛撰，正书，房山区良乡后十三里村。

宣统二年（1910）十月，《温裕衡及妻郝氏张氏墓碑》，房山区石窝。

宣统三年（1911）三月三日，《李嵩□先茔碑》，李□□撰，李仁增正书，房山区南尚乐半壁店。

宣统三年（1911）五月三日，《乳峰庵碑记》，房山区乳峰庵。

宣统三年（1911）九月，《岫云观碑》，陈明霈撰并正书，房山区珑璃河镇四门口村。

宣统三年（1911）九月初二，《良乡县治石羊村重修白衣庵戏楼碑记》，邑人优增生游从侣撰文，生员郑云庆书丹，房山区西石羊村。

宣统三年（1911）十一月，《戴毓珍妻成氏墓碑》，吴□撰，正书，房山区南尚乐东北辛庄。

宣统三年（1911），《西域云居寺地藏阁碑文》，李德隆撰，周泽覃书，房山区云居寺。

无年月（清），《邢氏先茔碑》，邢福保撰，邢福龄正书，房山区北尚乐。

无年月（清），《云居寺残碑》，房山区。

无年月（清），《香火地题名碑》，房山区南尚乐石窝南大庙。

无年月（清），《捐资题名碑》，房山区。

无年月（清），《福胜寺题名碑》，房山区南尚乐辛庄。

无年月（清），《佛画像》，房山区南尚乐。

无年月（清），《般若波罗蜜多心经》，房山区水头村香树庵。

无年月（清），《优免杂役碑》，房山区南尚乐石窝。

无年月（清），《祭祀碑》，房山区北关。

清宣统三年（1911）前，《窦店清真寺启盖礼拜寺来历清碣刻石》，地址不详。

（五）民国

民国元年（1912）十一月，《琉璃河桥碑》，吕植撰，吕钧正书，房山区琉璃河。

民国二年（1913）五月初九，《重立碑碣记》，房山区芦子水村百院氏家族墓地。

民国三年（1914）九月，《鲁班庙碑》，张沛撰，正书，房山区琉璃河镇南福兴村。

民国四年（1915），《乐毅墓碑》，房山区富庄村。

民国四年（1915）二月，《邢景耀及妻杨氏殷氏墓碑》，房山区南尚乐前石门。

民国四年（1915）六月，《重修长阳村石桥碑记》，邑人生员王朝凯，房山区长阳村。

民国四年（1915）十二月，《杨锡恩及妻张氏墓碑》，邢福保撰，邢福龄正书，房山区南尚乐。

民国五年（1916），《旌表节孝王太孺人墓表》，房山区东羊庄村。

民国五年（1916）三月，《朝山进香碑》，陈桂林撰，王德元正书，刘仲镌，房山区云居寺。

民国五年（1916）六月三十，《冯辑之妻王氏墓表》，吴士杰撰，左登瀛正书，见之深篆额，房山区良乡东阳庄。

民国六年（1917）五月，《侯氏墓田碑》，侯德荫撰，安善正书，房山区原行宫北。

民国八年（1919）四月，《崔镇山墓碑》，张文标撰，陈振儒正书，房山区南尚乐惠南庄。

民国八年（1919）五月，《京兆房山县城南乡赵各庄重修关帝庙碑》，冯传谱撰并书，房山区赵各庄村关帝庙旧址。

民国八年（1919）五月，《罗浚沼等题名》，房山区云居寺北塔。

民国八年（1919）十月，《良乡护城桥遮碑》，见之深撰，正书，房山区良乡南门外。

民国九年（1920）十月，《李鹤龄墓表》，高润生撰，苑钟山正书，高树桓正书，阴，刘忠刻，房山区周口店长沟峪。

民国九年（1920），《赵静荣墓碑》，白月恒撰，恽宝惠正书，刘毓瑶篆额，房山区东关。

民国九年（1920），《李公松年世谱》，高树桓附记并书，房山区长沟峪。

民国十年（1921）正月，《周君霁邨暨其妻金君璧如墓》，吴杨天骥篆额，易陈云诰书文，房山区北正村。

民国十年（1921）正月，《邢氏先茔碑》，邢福济撰并正书，房山区南尚乐前石门。

民国十年（1921）正月，《邢肇需及妻常氏孙氏王氏墓碑》，房山区南尚乐前石门。

民国十年（1921）三月，《周口店新石防记》，阳石立撰并正书篆额，杨景星刻，房山区周口店。

民国十年（1921）五月，《石坝碑》，白继珩撰并正书，贾玉祥刻，房山区张坊。

民国十一年（1922）九月十九日，《重修莲花山长星观碑记》，宋玉龙谨记，房山区柳林水村圣莲山南庙。

民国十一年（1922）九月，《杨燮元妻刘氏墓碑》，赵增楷撰，陈云诰正书并篆额，刘忠谨刻，房山区北尚乐。

民国十二年（1923）正月上浣六日谷旦，《谷积山灵鹫寺碑》，地址不详。

民国十二年（1923），《重修天王寺碑记》，房山区罗府街北、天王寺街天王寺内。

民国十二年（1923）三月，《乐毅墓石联》，良乡县知事周志中撰并书，房山区富庄村乐毅墓。

民国十二年（1923）五月，《重修玄帝庙碑记》，房山区南窖村玄帝庙。

民国十二年（1923）四月下浣，《常履一墓表》，谢需撰并正书，房山区周口店。

民国十二年（1923）四月，《高秉仁及妻王氏牌位墓记》，阳石立撰并正书，石俊刻，房山区坟庄。

民国十二年（1923），《张桂庭神道碑》，张振清撰，正书，房山区石楼西北夏村。

民国十二年（1923）七月，《城隍庙碑》，谟尔根保撰，雷庆棠正书，房山区良乡西门外。

民国十三年（1924），《哑叭河桥碑文》，房山区哑叭河村。

民国十三年（1924）三月，《李茂春墓碑》，阳石立撰并正书，杨景星刻，房山区南顾册村。

民国十三年（1924）三月二十三日，《龙王殿碑》，孙显卿撰，赵荣甲正书并篆额，张志刻，房山区天开村娘娘庙。

民国十三年（1924）四月，《普济桥碑》，焦毓桐撰，磨振藻正书并篆额，刘克宽等刻，房山区南正双磨村。

民国十三年（1924）四月，《重修上英水村真武庙记》，□存□撰文，坨里秦从周书丹，主持僧园□，房山区上英水村真武庙。

民国十三年（1924）九月，《大澄塔铭》，陆树仁撰，成增正书，贾玉祥、王永利刻，房山区云居寺北塔院。

民国十三年（1924）九月，《印照塔铭》，陆树仁撰，黎全林正书，续俊声、王凤林刻，房山区云居寺北塔院。

民国十三年（1924）□月廿六日，《宛平县公署布告》，柳林水村圣莲山南庙。

民国十三年（1924），《京西莲花山蟠桃宫落成碑记》，常熟孙雄撰，南海关文湛书，房山区柳林水村圣莲山南庙。

民国十三年（1924），《创建莲花山蟠桃宫碑记》，张怀芝撰文，张稷臣书丹，房山区柳林水村圣莲山南庙。

民国十四年（1925）二月，《广润惠南两庄引水沟患争碑》，侯德九撰文，王兆祥敬书，房山区广润庄，现在云居寺。

民国十五年（1926）正月，《邢兆麟及妻于氏墓碑》，房山区南尚乐后石门。

民国十五年（1926）三月中浣，《真修募缘功德碑》，房山区云居寺。

民国十五年（1926）四月谷旦，《重修天元寺碑记》，地址不详。

民国十五年（1926）十一月，《重修三大士庙碑文记》，阎从仁撰文，赵明德书丹，赵崇德篆额，房山区小营村。

民国十一年（1922）至十六年（1927），《磨碑寺佛画石》，房山区大石窝镇岩上村。

民国十六年（1927）五月，《重修张坊村南石坝碑记》，自继珩撰文并书，房山区张坊村南拒马河北岸。

民国十六年（1927）八月，《送子庵碑》，吴锡珍撰，陈振儒正书，刘锡绶、李泽海刻，房山区南尚乐惠南庄。

民国十八年（1929）二月，《钱殿元墓碑》，吴锡珍撰，陈振儒正书，房山区南尚乐。

民国十八年（1929）三月，《磨碑寺碑》，杨福履撰并正书，刘忠、刘仲镌，房山区南尚乐石窝东北岩上。

民国十八年（1929）五月，《田增及妻邢氏墓碑》，邢福荫撰，陈云浩正书，房山区南尚乐。

民国十八年（1929）七月十一日，《黄龙山车道纪念碑》，王惠庚撰，杜铁岩行书，房山区石窝天仙庙。

民国十八年（1929）九月，《惠南庄墨斋周老君台善碑志》，陈振儒撰并正书，房山区惠南庄村。

民国十九年（1930）二月九日，《贵恒墓碑》，高树撰并正书，房山区东甘池。

民国二十年（1931）十月，《清真寺碑》，贾玉昆横并正书，汉文、阿拉伯文，贾玉祥刻，房山区周口店新街村。

民国二十年（1931）夏历仲冬□□□，《半壁店村创筑石桥碑记》，张克勤撰文书丹，刘忠镌，房山区半壁店村。

民国二十一年（1932）二月，《天仙殿碑》，李毓嘉撰，马葆善正书并篆额，王凤林刻，房山区石楼西梨园店。

民国二十一年（1932）五月，《钱氏先茔碑》，陈振儒正书并策额，刘树棠刻，房山区南尚乐惠南庄。

民国二十一年（1932）七月中浣，《陈兴亚等题记》，房山区云居寺北塔太极元年塔。

民国二十一年（1932），《陈兴亚石经山诗刻》，房山区石经山。

民国二十一年（1932），《发现藏经目录记》，房山区云居寺千佛殿。

民国二十二年（1933），《喜寿墓碑》，房山区水头村香树庵。

民国二十二年（1933），《撤销花果税纪功碑》，王宝庄撰，石贵峰书丹，房山区张坊村。

民国二十二年（1933）三月，《王氏先茔记》，刘成撰，刘永顺正书并刻，房山区南尚乐石窝村。

民国二十三年（1934），《重修三世佛殿碑记》，房山区岫云观。

民国二十四年（1935），《下石堡建造村公所碑》，房山区下石堡村。

民国二十四年（1935）五月，《河北省房山县城南赵家庄村重修泰山行宫记》，赵经撰，赵毓俊书，房山区赵各庄三官庙旧址。

民国二十四年（1935）五月，《整立三官庙旧碑记》，赵经撰，赵毓俊书，房山区赵各庄三官庙旧址。

民国二十四年（1935）四月九日，《三爷殿碑》，王恩溥撰，周鸣岐正书，周旺篆（题）额，房山区石窝村天仙庙。

民国二十四年（1935）九月，《上方山云水洞展拓碑记》，王树翰撰，王树常书丹，房山区上方山云水洞左壁。

民国二十四年（1935）九月，《碧霞元君行宫后殿碑》，李世昌撰并正书篆额，房山区南顾册村。

民国二十四年（1935）九月，《碧霞元君行宫碑》，李世昌撰并正书篆额，房山区南顾册村。

民国二十四年（1935）十月下浣，《刘骏声墓碑》，焦琴舫撰，唐振藻正书，高铸篆额，房山区北正。

民国二十五年（1936）三月，《侯德九墓碑》，唐振藻撰并正书莱额，王凤林刻，房山区原行官。

民国二十五年（1936）六月，《韩泰然功德碑》，房山区长沟三义庙。

民国二十五年（1936）八月，《张坊镇桥梁记》，吴锡珍撰文，白继珩书丹，白秀峦碑额篆，房山区张坊村南。

民国二十五年（1936）十一月，《张子华墓碑》，焦毓桐撰并篆额，莘书宝正书，房山区西甘池。

民国二十五年（1936），《房山县富民第一泉碑》，房山区大石窝镇下营村。

民国二十五年（1936），《房山县富民第三泉碑》，房山区大高庄村。

民国二十五年（1936），《房山县富民第五泉碑》，房山区大高庄村。

民国二十六年（1937）三月，《酉山李公墓》，吴佩孚撰，张兰清书，房山区琉璃河二街村。

民国二十六年（1937）五月，《胜泉寺碑》，焦琴舫撰，唐行侪正书，刘芳、刘振纲刻，房山区东甘池将军庙。

民国二十六年（1937）七月，《普兴寺碑》，焦毓桐撰，徐琨正书并篆额，侯堃刻，房山区东良各庄。

民国二十七年（1938）十月，《钱宝琪基碑》，周国樑撰，孙景贤正书，李芳、王凤林刻，房山区南尚乐惠南庄。

民国二十九年（1940），《河北省房山县城南赵各庄村子孙圣会碑记》，赵经撰，赵毓俊书，房山区赵各庄村北泰山行宫旧址。

民国三十年（1941）正月，《张松龄功德碑》，焦毓桐撰，康缙正书，刘柱高篆额，房山区长沟双磨房。

民国三十年（1941）四月十五日，《保留古槐记》，王振清撰，宋启正书，王凤林刻，房山区南尚乐，石窝。

民国三十一年（1942）三月，《康厚斋及妻朱氏墓碑》，房山区。

民国三十一年（1942）三月，《康厚斋及妻朱氏墓碑》，焦毓桐撰并篆额，唐振藻正书，刘克常、刘克明刻，房山区。

民国三十一年（1942）七月十日，《井泉碑》，郭尚义撰，郭德明正书，刘树棠刻，房山区南尚乐惠南庄。

民国三十一年（1942）十月，《观音庵碑》，焦毓桐撰，方天沛行书并篆额，刘树棠刻，房山区沿村大庙。

民国三十二年（1943）四月一日，《房涞涿三县分水碑》，郭宜轩撰，郭德明正书，刘树棠刻，房山区南尚乐惠南庄。

民国三十二年（1943）六月十六日，《引水沟息争碑》，侯德九撰，王兆祥正书，郭德明复书，房山区南尚乐广润庄。

民国三十二年（1943）七月初一日，《倡办公益垂示记》，房山区双磨村。

民国三十二年（1943）十一月，《戴自清妻张氏墓碑》，康苁卿撰，高金寿正书，焦毓桐篆额，房山区辛庄。

民国三十三年（1944）六月十五日，《长沟镇小学校捐资题名碑》，正书，梅义刻，房山县长沟镇。

民国三十三年（1944）六月十五日，《长沟镇小学校碑》，田洪波撰，王志儒正书，焦琴舫题额，房山县长沟镇。

民国三十三年（1944）十一月，《观音庵碑》，焦琴舫撰，高镛隶书并篆额，房山区沿村大庙。

民国三十六年（1947）五月，《重修胜泉寺碑记》，焦琴舫撰，唐行斋书丹，房山区东甘池村将军庙。

民国三十六年（1947）十一月，《郭士红墓碑》，房山区张坊。

民国年间□丙辰月庚寅日，《常乐寺、东石府两村公立碑》，地址不详。

无年月（民国），《常履哲墓碑》，齐树楷撰，周存培正书，房山区周口店。

无年月（民国），《显亮和尚碑》，陈振儒撰并正书，房山区辛庄福胜寺。

无年月（民国），《教场阡表》，〔李〕心藻撰，赵宗瀛正书并篆额，房山区东关。

明末或以后，《李廷翰七言诗刻》，地址不详。

无年月（民国），《常绮墓碑》，苏绳武撰，王元白正书，房山区周口店。

乙丑年四月二十七日，《寇公量祈雨题记》，房山区云居寺北塔东南小塔。

无年月，《老子画像》，房山区石窝大庙。

无年月，《三义庙题名碑》，房山区长沟镇。

无年月，《佛顶尊胜陀罗尼经幢》，房山区罗汉塔。

无年月，《佛像幢》，房山区北尚乐。

无年月，《药师像》，房山区南尚乐磨碑寺岩上蝎子山。

无年月，《碑座浮雕》，房山区。

无年月，《梵文摩崖》，房山区石经山。

无年月，《东峰石梯碑残石》，房山区石经山一洞。

无年月，《重金千佛记残石》，房山区石经山一洞及洞外。

无年月，《□□王碑现石》，房山区石经山洞外。

## 五、大兴区

（一）明代以前

隋开皇十四年（594）四月十五日刻，《梁麑专志》，大兴区。

唐大历十一年（776）八月二十九日葬，《王景秀墓志》，大兴区。

唐元和十四年（819）十一月十六日葬，《崔载墓志》，成表微撰，正书，大兴区。

唐咸通十四年（873）八月二十八日葬，《阎好问墓志》，阎周彦撰，正书，大兴区。

唐中和三年（883）二月十一日葬，《敬延祚墓志》，张宾撰，正书，大兴区。

辽天庆三年（1113）五月二十四日，《大辽金紫崇录大夫右散骑常侍柱国开国公致仕马直温故妻清河郡夫人张氏墓志铭并序》，地址不详。

金天会六年（1128），《金募化大悲禅院碑》，佚，大兴区闫家庄。

金贞元元年（1153）十月五日，《庞忠言幢记》，大兴区。

金大定十七年（1177），《大金中都大兴府安次县崇福乡采魏广教院长老寂照大师实行碑记》，大兴区文物管理所。

金明昌元年（1190）七月十五日，《王福墓碑》，韩元外篆额冯沂、赵元镌，大兴区。

金明昌五年（1194）四月二十一日，《一切如来随心陀罗尼经幢》，地址不详。

（二）明代

明嘉靖四年（1525）五月二十六日，《明亡女鲍校妻翟氏墓志铭》，地址不详。

明嘉靖二十六年（1547）四月二十八日葬，《崔元妻朱氏圹志》，大兴区。

明万历八年（1580）十一月二十四日，《明故御马监太监静庵王公（守成）墓志铭》，地址不详。

明万历十三年（1585）二月吉旦，《重修古刹镇国观音寺碑记》，地址不详。

明万历十三年（1585）二月刻，《观音寺碑》，董文采撰，徐继申正书并篆额，大兴区海子角村。

明万历十三年（1585）二月刻，《观音寺碑》，刘效祖撰，徐奎正书并篆额，大兴区海子角村。

（三）清代

康熙三十七年（1698）十一月二十二日葬，《褚维城及妻李氏墓志》，褚国孝撰，李奇勋正书，赵东旭篆盖，大兴区。

雍正八年（1730）六月，《恭勤夫人谢氏敕建碑》，地址不详。

乾隆五年（1740）八月，《乾隆御笔〈咏南苑双柳树作〉诗碑》，地址不详。

乾隆三十八年（1773）三月，《乾隆御制〈永定河神祠诗〉碑》，地址不详。

乾隆三十八年（1773）四月谷旦，《普济真君庙碑》，地址不详。

乾隆三十九年（1774）三月二十四日，《朱满夫妇诰封碑》，地址不详。

乾隆四十四年（1779）十月十六日，《晋赠太子太保原任礼部尚书钟音碑文》，地址不详。

乾隆五十一年（1786）二月中浣，《南苑专河行宫诗刻》，高宗弘历撰并正书，大兴区黄村。

嘉庆二年（1797）十二月，《阿桂墓碑》，仁宗颙琰正书，大兴区小羊坊。

道光十三年（1833）三月刻，《那彦成墓碑》，宣宗旻宁正书，大兴区康庄。

光绪十年（1884）闰五月十六日，《顺天府尹为给宛平县东芦城知悉告示碑》，地址不详。

光绪二十年（1894），《沈蕙姑墓志》，蒋庆第撰正书，大兴区。

光绪二十七年（1901）六月刻，《清真寺碑》，王凤滨撰，王魁元正书并题额，大兴区南苑西红门。

光绪三十四年（1908）九月，《英亲王后裔绰公墓刻石》，地址不详。

宣统元年（1909）五月下旬，《重修清真寺碑序》，地址不详。

（四）民国

民国七年（1918）五月刻，《衙门桥碑》，大兴区旧宫村。

民国七年（1918）刻，《江朝宗德政碑》，大兴区旧宫村。

民国九年（1920）四月中旬刻，《鹿圈石桥碑》，穆宪章正书，大兴区鹿圈村。

民国十六年（1927）四月十六日葬，《王丹臣妻孙氏墓志》，冯恕撰，并正书及篆盖，大兴区。

# 参考书目

著作：

白铁铮：《老北平的故古典儿》，台北：慧龙出版社，1977年。
包世轩：《西山问道集》，北京：北京燕山出版社，2011年。
北京大兴县文化馆北京大兴县志办公室：《大兴县民间故事集》，北京：北京大兴县文化馆，1986年。
北京民间文学丛书编辑部：《香山传说》，北京：中国文联出版公司，1985。
北京民间文学丛书编辑部：《颐和园传说》，北京：中国文联出版公司，1985。
北京石刻艺术博物馆：《北京石刻艺术博物馆藏石刻拓片编目提要》，北京：学苑出版社，2015年。
北京石刻艺术博物馆：《新日下访碑录》，北京：北京燕山出版社，2013年。
北京市档案馆：《北京寺庙历史资料》，北京：北京档案出版社，1997年。
北京市丰台区文化馆文化创作协会：《丰台的传说》，北京：丰台区文化馆，1988年。
北京市门头沟区文联民俗协会：《千年古村——下清水》，北京：中国博雅出版社，2007年。
北京市石景山区地方志办公室：《民俗风物》，北京：中国文献出版社，2008年。
北京市园林绿化局：《北京市公园分类分级管理办法》，《北京市人民政府公报》2016年。
北京市政协文史和学习委员会：《首都文史精粹丛书》，北京：北京出版社，2015年。
北京市政协文史资料委员会：《北京文史资料精选》，北京：北京出版社，2006年。
北京文物精粹大系编委会：《北京文物精粹大系·石刻卷》，北京：北京出版社，2004年。
北平市政府工务局：《北平市城郊地图》，北京：中国地图出版社，1947年。
孛兰等：《元一统志》，北京：中华书局，1966年。

# 参考书目

曹小云、曹嫄：《历代方志方言文献集成》，北京：中华书局，2021 年。

常华：《古今妙峰山香道》，北京：北京燕山出版社，2019 年。

常人春：《老北京的风俗》，北京：燕山出版社，1996 年。

常人春：《老北京风情记趣》，北京：北京出版社，1993 年。

陈晓华主编：《四库学》（第 5 辑），北京：社会科学文献出版社，2019 年。

陈学霖：《刘伯温与哪吒城》，台北：东大图书，1996 年。

陈学霖：《明初的人物、史事与传说》，北京：北京大学出版社，2010 年。

陈子实：《北平童谣选辑》，台北：大中国出版社，1968 年。

丁志隆：《中国侨批与世界记忆遗产》，厦门：鹭江出版社，2014 年。

杜成娴：《十不闲与诗赋弦》，北京：中国民间文艺出版社，1988 年。

方师铎撰，朱介凡主编：《北平丛话》，台北：天一出版社，1976 年。

丰台区文化委员会：《丰台区石刻文物图录》，北京：北京燕山出版社，2008 年。

冯其利：《清代王爷坟》，北京：紫禁城出版社，1996 年。

冯惟敏：万历《保定府志》，北京：书目文献出版社，1992 年。

奉宽：《妙峰山琐记》，广州：国立中山大学民俗学会，1929 年。

顾希佳：《浙江民间故事史》，杭州：杭州出版社，2008 年。

郭黛姮、贺艳：《圆明园的记忆遗产——样式房图档》，杭州：浙江古籍出版社，2010 年。

国际古迹遗址理事会、国际历史园林委员会：《佛咯伦萨宪章》，1982 年。

国家图书馆选编：《民国时期社会调查资料汇编》，北京：国家图书馆出版社，2013 年。

洪大用、黄家亮组编：《李景汉文集第 1 卷北京社会调查》，北京：中国人民大学出版社，2019 年。

奂匀等：《北京儿童》，上海：少年儿童出版社，1955 年。

黄兴涛、夏明方：《清末民国社会调查与现代社会科学兴起》，福州：福建教育出版社，2008 年。

金受申：《北京通》，北京：大众文艺出版社，1999 年。

李家瑞：《北平风俗类征》，北京：北京出版社，2017 年。

李家瑞：《北平俗曲略》，上海：上海文艺出版社，1990 年。

李慷云、张广林主编：《斋堂川》，北京：团结出版社，2011 年。

李时珍：《本草纲目》，武汉：崇文书局，2015 年。

李慰祖：《四大门》，周星补编，北京：北京大学出版社，2011 年。

李文海：《民国时期社会调查丛编》，福州：福建教育出版社，2004 年。

李晓东：《文物学》，北京：学苑出版社，2005 年。

刘侗、于奕正：《帝京景物略》，北京：北京古籍出版社，1980 年。

刘铁梁主编：《中国民俗文化志 北京·门头沟卷》，北京：中央编译出版社，2006 年。

刘锡诚主编：《妙峰山·世纪之交的中国民俗流变》，北京：中国城市出版社，1996 年。

刘义全：《门头沟文物见闻》，北京：中国文联出版社，2004 年。

刘振河：《娄子水村志》，北京：北京燕山出版社，2017 年。

马衡：《凡将斋金石丛稿·中国金石学概要》，北京：中华书局，1977 年。

门头沟文化丛书编委会：《门头沟文物史料 考古篇》，北京：中国文联出版社，2004 年。

苗地、潘永卫主编：《阳台山的传说》，北京：北京燕山出版社，2016 年。

倪晓建：《金石记忆：碑刻铭文里的老北京》，北京：学苑出版社，2008 年。

潘明率：《京西古道聚落之建筑营造》，北京：中国建筑工业出版社，2018 年。

潘荣陛、富察敦崇：《燕京岁时记》，北京：北京古籍出版社，1981 年。

潘荣陛：《帝京岁时纪胜》，北京：北京古籍出版社，1981 年。

彭哲愚、张宝章：《颐和园圆明园的传说》，石家庄：河北少年儿童出版社，1985 年。

沈德符：《万历野获编》，北京：文化艺术出版社，1998 年。

宋应星：《天工开物》，钟广言注释，广州：广东人民出版社，1976 年。

苏州市工商档案管理中心、世界记忆项目苏州学术中心：《传承人类记忆遗产：联合国教科文组织世界记忆项目研究》，苏州：苏州大学出版社，2021 年。

孙贯文：《北京大学图书馆藏历代石刻拓本草目》，太原：三晋出版社，2020 年。

孙涛主编：《卢沟桥的传说》，北京：文化艺术出版社，2002 年。

谭文：《北京掌故》，香港：上海书局，1974 年。

唐淑荣、卢国懿：《房山民间文学》（上、下），北京：中国广播电视出版社，2008 年。

唐柱国：《燕京旧语》，台北：双十出版社，1966 年。

汪启淑：《水曹清暇录》，杨辉君点校，北京：北京古籍出版社，1998 年。

王春年主编：《大房洞天》，北京：北京言实出版社，2019 年。

王刚主编：《石景山名胜掌故传说》，北京：同心出版社，2002 年。

王赛时：《中国酒史》，济南：山东大学出版社，2010 年。

王士瞋：《古夫于亭杂录》，赵伯陶点校，北京：中华书局，1988 年。

王文宝：《北京风物传说故事选》，福州：福建人民出版社，1983 年。

王新蕊：《门头沟三家店龙王庙》，《北京学研究文集》，北京：同心出版社，2006 年。

王养濂：《康熙宛平县志》，北京：北京燕山出版社，2007 年。

隗合旺：《房山区芦子水村志》，海口：三环出版社，2021 年。

魏元旷：《都门琐记》，民国 22 年。

文化生活出版社：《北京的回忆》，香港：文化生活出版社，1975 年。

吴涛、安全山：《京西古道》，北京：中国长安出版社，2015 年。

吴廷燮：《北京市志稿》，《金石志》，北京：北京燕山出版社，1998 年。

吴效群：《妙峰山：北京民间社会的历史变迁》，北京：人民出版社，2006 年。

谢继胜、魏文、贾维维：《北京藏传佛教艺术 – 北京藏传佛教文物遗存研究 (元、明、清)》第一册，北京：北京人民出版社，2019 年。

谢肇淛：《五杂俎》，上海：上海古籍出版社，2012 年。

徐珂：《清稗类钞》，北京：中华书局，2003 年。

徐自强、吴梦麟：《古代石刻通论》，北京：紫禁城出版社，2002 年。

徐自强：《北京图书馆藏北京石刻拓片目录》，北京：书目文献出版社，1994 年。

雪如：《北平歌谣集》，台北：东方文化出版社，1970 年。

阎明：《一门学科与一个时代——社会学在中国》，北京：清华大学出版社，2004 年。

杨海山：《京郊清代墓碑》，北京：学苑出版社，2014 年。

杨亦武：《房山碑刻通志》，北京：社会科学文献出版社，2018 年。

于虹：《京华通览 北京灾害史略》，北京：北京出版社，2018 年。

于敏中：《日下旧闻考》，北京：北京古籍出版社，1985 年。

岳永逸：《口耳之学——燕京札记》，北京：九州出版社，2022 年。

岳永逸：《灵验·磕头·传说 民众信仰的阴面与阳面》，北京：生活·读书·新知三联书店，2010 年。

岳永逸：《田野逐梦——走在华北乡村庙会现场》，南宁：广西人民出版社，2007 年。

岳永逸：《土著之学——辅仁札记》，北京：九州出版社，2021 年。

岳永逸：《行好：乡土的逻辑与庙会》，杭州：浙江大学出版社，2014 年。

张宝章、彭哲愚：《北京清代传说》，沈阳：春风文艺出版社，1984 年。

张宝章、彭哲愚：《香山的传说》，石家庄：河北少年儿童出版社，1985 年。

张宝章、严宽：《曹雪芹和香山》，北京：北京出版社，1998 年。

张江裁、许道龄：《北平庙宇碑刻目录》，北京：国立北平研究院总办事处出版社，1936 年。

张进刚主编：《黄山店村志》，北京：周口店镇黄山店村党支部、周口店镇黄山店村村委会，2015 年。

张青仁：《幡鼓齐动进香来：老北京的香会》，郑州：中州古籍出版社，2015 年。

张青仁：《行香走会：北京香会的谱系与生态》，北京：中央民族大学出版社，2016 年。

张守玉、刘德泉：《门头沟传统民俗普查及保护实用前景》，《北京学研究文集》，北京：同心出版社，2009 年。

张维佳、张弛编著：《京韵流芳 北京民间曲艺选介》，北京：商务印书馆，2017 年。

张云涛：《北京戒台寺石刻》，北京：北京燕山出版社，2007 年。

张云涛：《潭柘寺碑记》，北京：中国文史出版社，2010 年。

张则之搜集：《汉英对照北平歌谣》，Kinchen Johnson 翻译，北京：商务印书馆，1932 年。

张之洞：《（光绪）顺天府志 130 卷》，卷 41《河渠志六》，清光绪十二年刻十五年重印本。

张紫晨、李岳南：《北京的传说·前言》，上海：上海文艺出版社，1982 年。

赵世瑜：《狂欢与日常：明清以来的庙会与民间社会》，北京：北京大学出版社，2017 年。

震钧：《天咫偶闻》，北京：北京古籍出版社，1982 年。

政协北京市门头沟区文史资料委员会：《京西碑石纪事》，香港：银河出版社，2003 年。

政协北京市门头沟区文史资料研究委员会：《京西古道》，香港：银河出版社，2002 年。

政协北京市门头沟区学习与文史委员会、北京市门头沟区雁翅镇党委、政府、北京市门头沟区雁翅镇苇子水村民委员会：《京西古村——苇子水》，北京：中国博雅出版社，2008 年。

政协北京市石景山区委员会：《石景山历代金石碑刻选》，北京：北京日报出版社，2021 年。

政协门头沟区委员会：《京西揽胜》，北京：北京燕山出版社，1998 年。

中共北京市委党史研究室、北京市地方志编纂委员会办公室：《碣石村志》，北京：北京出版社，2020 年。

中共石景山区委宣传部：《北京市石景山历代碑志选》，北京：同心出版社，2003 年。

中国民间文艺研究会北京分会：《北京风物传说》，北京：中国民间文艺出版社，1983 年。

中国文化遗产研究院：《北平庙宇调查资料汇编》，北京：文物出版社，2015 年。

周辉：《北辕录》，北京：中华书局，1991 年。

周家楣、缪荃孙：《光绪顺天府志》，北京：古籍出版社，1987 年。

周维权：《中国古典园林史》，北京：清华大学出版社，1990 年。

周肇祥：《琉璃厂杂记》，北京：北京联合出版公司，2016 年。

Archibald Little: *The fairy foxes: a Chinese legend,* Tokio: Kelly & Walsh, L.D, 10895.

Chan Hok-lam: *Legends of the Building of Old Beijing*, University of Washington Press, 2008.

Georges Bouillard: *Péking et Ses environs*, A. Nachbauer, 1922.

Juliet Bredon: *Peking: A historical and intimate description of its chief places of interest*, Kelly & Walsh, 1922.

［德］艾伯华（Wolfram Eberhard）：《中国民间故事类型》，王燕生、周祖生译，北京：商务印书馆，1999年。

## 论文：

安邵凡：《重访平郊村——20世纪40年代华北城郊日常生活的社会学呈现与历史学细读》，《开放时代》2022年第3期。

北京市档案馆：《北京档案史料》2018年第1辑，《北京档案》2018年第7期。

曹荣：《灵验与认同——对京西桑村天主教群体的考察》，《民俗研究》2012年第5期。

杜锦凡：《清朝酒政概述》，《群文天地》2012年第6期。

段济秦：《物质文化遗产概念的法律界定》，《中国文物科学研究》2019年第1期。

贺建芹、李以明：《行动者网络理论：人类行动者能动性的解蔽》，《科技管理研究》2014年第11期。

侯俊丹：《从清河到禄村：燕京社会学社区研究传统再考察》，《中国农业大学学报》2021年第3期。

侯俊丹：《市场、乡镇与区域：早期燕京学派的现代中国想象——反思清河调查与清河实验（1928—1937）》，《社会学研究》2018年第3期。

贾珺：《北京西郊承泽园》，《中国园林》2008年第4期。

贾珺：《小桥凌水 长堤卧波——北京西郊达园记》，《中国园林》2005年第9期。

鞠熙：《天下第一会：京西涿州赴会故事中的天下观》，《民族艺术》2021年第6期。

李二苓：《"都市化"乡村：民国北京郊区的社会调查》，《民国研究》2017年第1期。

李光伟、陈思翰：《康熙朝京师祈雨与王朝治理》，《中国高校社会科学》2020年第5期。

刘铁梁：《村落——民俗传承的生活空间》，《北京师范大学学报（社会科学版）》1996年第6期。

刘铁梁：《作为公共生活的乡村庙会》，《民间文化》2001年第1期。

刘宣、王小依：《行动者网络理论在人文地理领域应用研究述评》，《地理科学进展》2013年第7期。

刘泳斯：《当代中国北方的村际网络与信仰网络——关于京西门头沟大台地区千军台、庄户、板桥幡会、庙会的研究》，《宗教研究》2010年。

刘毓兰：《清代京师的祈雨活动》，《紫禁城》1995年第1期。

毛巧晖：《地方性、地方感与地域认同——曹雪芹传说的文化生产路径之考察》，《贵州社会科学》2021年第1期。

孟令法、雷天来、刘艳超、李凤勤、潘阳力：《2020年度民俗类非物质文化遗产研究报告》，《中国非物质文化遗产》2021年第2期。

牟学苑、油小丽：《鲁迅、赵景深与小泉八云的〈大钟的灵魂〉》，《石河子大学学报（哲学社会科学版）》2011年第2期。

齐鸿浩：《消失了的行业庙会——记九龙山娘娘庙会》，《北京档案》2002年第12期。

齐钊：《"社区"、"区域"、"历史"：理解中国的三种进路——对燕京大学社会学系学术传统与研究特色的再分析》，《开放时代》2013年第6期。

施爱东：《北京"八臂哪吒城"传说演进考》，《民族艺术》2020年第3期。

舒瑜：《物的生命传记——读〈物的社会生命：文化视野中的商品〉》，《社会学研究》2007年第6期。

王存厚：《北京二锅头酒的由来与发展》，《酿酒》2003年第2期。

王浩：《德胜寺残碑校释》，《故宫学刊》2013年第2期。

王建波、阮仪三：《作为遗产类型的文化线路——〈文化线路宪章〉解读》，《城市规划学刊》2009年第4期。

王申、程呈：《觉生寺"前班求雨住处"题记与清代觉生寺祈雨》，《北京文博文丛》2017年第3期。

王申：《清光绪二十九年觉生寺祈雨考》，《北京文博文丛》2020年第1期。

王煦：《民国时期北京郊区民众文化观念变迁——以社会调查史料为基础》，《北京史学》2018年第1期。

王玉珏：《全球文献遗产保护政策"风向标"——联合国教科文组织〈世界记忆项目总方针〉（2021）研究》，《档案与建设》2022年第1期。

温建辉：《清末民初来华传教士酿造葡萄酒史略》，《晋中学院学报》2019年第3期。

温宗勇、曹雨傲、邢晓娟、娄维思、穆海音：《图观北京之西山永定河文化带》，《北京规划建设》2020年第6期。

吴建雍：《民国初期北京的社会调查》，《北京社会科学》2000年第1期。

肖瑞宁：《"三山五园"的历史变迁》，《北京档案》2018年第9期。

徐天基、罗丹：《村落间仪式性馈赠及交往的变迁——以京西黑龙关庙会为例》，《民俗研究》2010年第1期。

徐天基、罗丹：《北京黑龙关庙会二月二调查报告》，《节日研究》2010年第1期。

徐桐、向岚麟：《文化线路建构的事件驱动与文明驱动》，《南京社会科学》2020年第9期。

徐桐：《建立"中国风景园林"专类遗产体系刍议——以园林遗产为例》，《中国园林》2020年第7期。

许春晓、何玲玲：《我国文化遗产的时空演变及其影响因素研究》，《中南林业科技大学学报（社会科学版）》2020年第3期。

杨程斌：《园林文物的分类与研究——以园林类博物馆为例》，《文物鉴定与鉴赏》2020年第9期。

杨菁、李江：《北京西郊皇家园林的整体视觉设计》，《中国园林》2014年第2期。

杨菁、叶翔、张小弸：《从皇家禁地到庆典舞台：北京西郊万寿寺的微观格局变迁》，《建筑师》2021年第3期。

杨培娜、申斌：《走向民间历史文献学——20世纪民间文献搜集整理方法的演进历程》，《中山大学学报》2014年第5期。

叶浩生：《西方心理学中的具身认知研究思潮》，《华中师范大学学报（人文社会科学版）》2011年第4期。

湛晓白、赵昕昕：《清末来华西人歌谣收集活动的文化史考察——以韦大列和何德兰为中心》，《民俗研究》2021年第4期。

张士闪：《京西幡会：一个追求"天人吉祥"的联村仪式》，《民族艺术》2007年第3期。

张文君、陈丹良、张大玉：《社会有机体理论视角下的县域传统村落集群保护发展方法研究》，《小城镇建设》2022年第9期。

张燕：《门头沟清代煤业合同窑址考》，《首都博物馆论丛》2011年。

赵景深：《小泉八云谈中国鬼》，《文学周报》1929年第6辑。

赵旭东：《地方志与风俗的区域研究——对早期燕京大学社会学系两篇毕业论文的分析》，《民俗研究》2012年第1期。

赵之枫、闫惠、张健：《世界遗产地传统村落空间演变与发展研究——以明十三陵风景名胜区"陵邑"村落为例》，《华中建筑》2010年第6期。

中国圆明园学会：《世界记忆遗产——样式雷》，《世界遗产》2010年第1期。

周全霞：《清康雍乾时期的酒政与粮食安全》，《湖北社会科学》2010年第7期。

朱光亚、余惟佳：《中国传统园林遗产保护的理念初探》，《建筑遗产》2021年第4期。

朱浒、赵丽：《燕大社会调查与中国早期社会学本土化实践》，《北京社会科学》2006年第4期。

**学位论文：**

关达宇：《京西北地区明长城沿线防御聚落保护利用研究》，北京工业大学硕士学位论文，2019年。

李雅祺：《北京灵水村传统村落文化景观保护与传承研究》，北京林业大学硕士学位论文，2017年。

潘怿晗：《皇家园林文化空间与文化遗产保护》，中央民族大学博士学位论文，2010年。

任毅:《明十三陵建筑遗存的风险管控研究》，北京建筑大学硕士学位论文，2022年。

吴艳莹：《京西永定河流域传统村落的空间格局与发展规划研究》，北京交通大学硕士学位论文，2021年。

张英杰：《北京清代南苑研究》，北京林业大学博士学位论文，2011年。

赵咏哲：《京西山梆子戏》，中国艺术研究院硕士学位论文，2016年。

朱瑞兴：《互联网＋背景下北京美丽乡村公共文化广场营造的研究》，北京建筑大学硕士学位论文，2019年。